U0930105

中国口腔医学年鉴

YEARBOOK OF CHINESE STOMATOLOGY

2008 年卷

主　编　周学东

副主编　俞光岩　张志愿　赵铱民
　　　　边　专　凌均棨　王松灵
　　　　夏　刚

四川出版集团·四川科学技术出版社

图书在版编目(CIP)数据

中国口腔医学年鉴.2008 年卷/周学东主编. -成都:四川科学技术出版社,2009.9

ISBN 978-7-5364-6886-3

Ⅰ.中... Ⅱ.周... Ⅲ.口腔科学-中国-2008-年鉴 Ⅳ.R78-54

中国版本图书馆 CIP 数据核字(2009)第 157217 号

中国口腔医学年鉴 2008 年卷

主　　编　周学东
责任编辑　任维丽
责任校对　薛玉萍
责任出版　邓一羽
出版发行　四川出版集团·四川科学技术出版社
　　　　　成都市三洞桥路 12 号　邮政编码 610031
成品尺寸　185mm×260mm
　　　　　印张 23.75　字数 570 千　插页 2
印　　刷　成都市富生实业有限公司
版　　次　2009 年 9 月成都第一版
印　　次　2009 年 9 月成都第一次印刷
定　　价　73.00 元
ISBN 978-7-5364-6886-3

■本书如有缺页、破损、装订错误,请寄回印刷厂调换。
■如需购本书,请与本社邮购组联系。
地址/成都市三洞桥路 12 号　电话/(028)87734035
邮政编码/610031　网址:www.sckjs.com

《中国口腔医学年鉴》第十二届编辑委员会

沈　刚　上海交通大学
谷志远　浙江大学
邱蔚六　上海交通大学
陈　力　哈尔滨医科大学
陈　智　武汉大学
陈万涛　上海交通大学
陈吉华　第四军医大学
陈扬熙　四川大学
陈谦明　四川大学
周　洪　西安交通大学
周　健　安徽医科大学
周　诺　广西医科大学
周延民　吉林大学
周学东　四川大学
周曾同　上海交通大学
易新竹　四川大学
罗颂椒　四川大学
金　岩　第四军医大学
侯玉东　滨州医学院
俞立英　复旦大学上海医学院
俞光岩　北京大学
姜　婷　中华口腔医学会
宫　苹　四川大学
胡　静　四川大学
胡勤刚　南京市口腔医院
赵士芳　浙江大学
赵云凤　四川大学
赵守亮　同济大学
赵志河　四川大学
赵怡芳　武汉大学
赵铱民　第四军医大学
郑麟蕃　北京大学
钟良军　新疆医科大学
钟德钰　青岛大学
倪龙兴　第四军医大学
凌均棨　中山大学
唐瞻贵　中南大学
夏　刚　卫生部疾控局口腔卫生处
徐　欣　山东大学
徐礼鲜　第四军医大学
栾文民　卫生部北京医院
宿玉成　北京协和医院
巢永烈　四川大学
曹选平　郑州大学
梁景平　上海交通大学
章锦才　广东省口腔医院
章魁华　北京大学
阎福华　福建医科大学
麻健丰　温州医学院
黄世光　暨南大学
黄洪章　中山大学
傅民魁　北京大学
曾祥龙　北京大学
温玉明　四川大学
程祥荣　武汉大学
董福生　河北医科大学
谢志坚　浙江大学
路振富　中国医科大学
樊明文　武汉大学
潘可风　同济大学
潘亚萍　中国医科大学
翦新春　中南大学
魏奉才　山东大学

序　言

《中国口腔医学年鉴》是中国口腔医学发展的一部史记性、综合性、实用性和资料密集型的连续出版物，每年一卷。编辑出版本书的目的是全面、客观、及时、准确地记载，并向国内外读者介绍中国口腔医学在学科建设、人才培养、科学研究、国内外学术交流、医疗技术、医院建设、社会服务等各个领域取得的成就和经验。《中国口腔医学年鉴》自1984年创刊至2007年卷已连续出版了16卷，它既是了解和研究中国口腔医学发展史的珍贵资料，也是中国口腔医学与国际口腔医学广泛交流的重要平台。

本卷为2008年卷，选材时限为2008年1月至12月，设回顾、论坛、博士后出站报告摘要、优秀博士学位论文摘要、文选·述评、教育、人物、口腔医学组织机构、记事、文献法规、特载和索引12个栏目。

回顾栏目对2008年中国在儿童口腔医学、老年口腔医学、口腔中西医结合、口腔麻醉学学科建设、基础和临床研究以及口腔计算机辅助设计与制作技术的研究所取得的丰硕成果进行了回顾与展望。论坛栏目对我国口腔医学基础研究的进展、牙髓生物学研究进展、肿瘤干细胞生物学特性研究等口腔医学领域一些新颖、前沿性研究课题的研究现状和研究成果进行了全面综述和展望性评述。博士后出站报告摘要来源于国内部分口腔医学科研流动站研究人员所从事的国内外前沿性课题研究成果报告。优秀博士学位论文摘要选自我国口腔医学博士学位授予单位推荐的2008年度毕业的口腔医学博士研究生的优秀学位论文，其中，《脂肪基质细胞多向分化能力及其在组织工程中应用的研究》为2008年度全国优秀博士学位论文。文选·述评栏目由国内知名的口腔医学专家精选出2008年度公开发表于中国口腔医学、生物医学以及其他综合性医学杂志、高校学报等核心期刊中，能代表中国口腔医学最新研究水平的论著，并客观、公正地评述其研究价值和学术水平。

教育栏目介绍了2008年度中国口腔医学博士和硕士研究生招生培养简况，获得口腔医学博士学位和硕士学位的研究生简况；教育部公布的2008年国家级教学团队、国家精品课程、同意设置的高等学校本科专业名单以及学科评估高校排名结果。人物栏目介绍了2008年中华全国总工会授予的“抗震救灾重建家园工人先锋号”先进集体，2008年中国医师奖获得者、北京奥运会首席牙医、新增列博士研究生导师等。口腔医学组织机构栏目介绍了中华口腔医学会部分专业委员会及其专业学组新一届成员名单、新成立的省口腔医学会等组织机构。记事栏目介绍了2008年度中国口腔医学领域发生的重大事件，在中国召开的国际、国内口腔医学学术会议等，荣获国家部委、省（自治区、直辖市）和中国人民解放军军级以上单位授予的口腔医学科技成果奖以及获得的科研基金资助项目；收录了部分2008年公开出版发行的口腔医学专著和教材。文献法规栏目收录了中华人民共和国教育部、卫生部2008年度发布的有关口腔医学领域的重要文件、通知等。2008年5月12日，中国四川省汶川县发生了8级特大地震；2008年8月，第29届奥运会在北京成功举办，全国口腔医学界众志成城抗震救灾，出色完成北京奥运会口腔医疗服务，本卷特载栏目对其作了特别报道。

《中国口腔医学年鉴》在编纂出版过程中得到了全国口腔医学院（系）、口腔医院以及众多口腔医学专家们的鼎力支持和热心帮助，受到广大读者的厚爱和关心，与出版单位保持着长期友好的合作，在此谨致诚挚谢意。为进一步办好《中国口腔医学年鉴》，不断丰富和充实内容，提高质量，欢迎广大读者提出宝贵的建议和意见。

《中国口腔医学年鉴》第十二届编辑委员会

2009年8月

目　次

我国儿童口腔医学研究回顾

北京大学口腔医学院
中华口腔医学会儿童口腔医学专业委员会　葛立宏

近年来,随着口腔医学及其相关学科的迅速发展,特别是分子生物学等基础学科和计算机科学、口腔材料学等研究的不断深入,在儿童口腔医学专业人员的不断努力下,我国儿童口腔医学的研究进入了一个新的快速发展阶段。一批经过良好医、教、研培训的年轻有朝气的高学历人才开始从事儿童口腔医学研究,并获得国家级科研项目资助,有关儿童口腔医学高质量的科研论文在 SCI 收录期刊上发表等。儿童口腔医学专业委员会定期组团参加国际和亚洲儿童牙科学术年会,并在会上报告自己的科研成果,与国际同行进行交流,受到了同行的关注。

2008 年 1 月 5 ~6 日,中华口腔医学会儿童口腔医学专业委员会在哈尔滨召开了第 6 次全国儿童口腔医学学术会议,展示了近五年来我国儿童口腔医学在基础理论、临床治疗新技术、新疗法等方面的发展概况及其研究成果。

下面就我国儿童口腔医学的现状和发展作一简要回顾。

一、牙齿的生长发育与组织工程

疾病的分子生物学研究是近年来国际上研究的热点。国内几所重点口腔医学院校都开展了这方面的研究。特别是对单纯型和伴综合征型的牙齿发育异常的致病基因突变位点的研究取得了令人鼓舞的成果,如遗传性牙齿先天缺失、低磷酸酯酶症、遗传性釉质发育不全、掌跖角化牙周破坏综合征、牙龈纤维瘤病等。大量研究报告分别报道发现了以上疾病的致病基因新的突变位点。目前许多研究小组开展了基因突变所引发的蛋白质功能变化的研究,对遗传性牙齿发育异常家系的分析报道,其科学性、规范性都有了提高。

与牙齿先天缺失的研究相比,额外牙机制的研究目前仍较少。其中,同源异形盒转录因子 6(*pax6*)基因纯合突变胎鼠上前牙区有额外牙的发生,提示人们 *pax6* 在上前牙的发育中起重要作用,有可能是额外牙的致病基因之一。

目前,对牙齿发育和组织再生领域的研究及报道层出不穷,如大鼠 Hertwing's 上皮根鞘细胞和 Apical bud 细胞的生物学特点的研究,大鼠磨牙成釉器上皮与冠、根部牙乳头重组体内种植的研究以及磨牙牙根发育模式基因(*mrpl*)的组织表达谱研究与结构分析的研究等。这些研究为了解牙齿生长发育的机制提供了有意义的依据。探讨牙齿发育异常的致病基因及其机制有助于人们深入了解正常牙齿的发育过程。

乳牙、年轻恒牙牙髓干细胞的研究有了突破性进展,在证明了乳牙、年轻恒牙牙髓细胞具有被诱导分化成脂、成骨、成纤维和成神经的能力后,一些学者开始将注意力转向研究牙齿发育异常系统病的牙髓干细胞功能研究。有人比较了低磷酸酯酶症患者的乳牙牙髓干细胞与正常健康同龄儿童乳牙牙髓干细胞生物学特性的差异后得出结论,认为低磷酸酯酶症患者的牙髓及牙本质形成过程均受到了影响,患者乳牙牙髓干细胞的增殖能力、非特异碱性磷酸酶(tissue nonsp ecific alkaline phosphatasia,TNSAKP)基因的表达量及细胞的矿化能力均低于正常对照组,并认为可能与患者牙齿矿化缺陷的机制相关。

应用牙齿发育原理,从成牙组织中分离、培养一定量的生物活性细胞,通过提供细胞增殖、分化所需的微环境,在体内或体外构建有功能的生物活性牙齿——组织工程化牙齿,是国内外目前的研究热点。值得关注的是,我国儿童口腔医学工作者已开始研究牙齿发育、再生的机制,为进一步实现牙齿再生而努力。

二、乳恒牙的替换和咬合诱导研究进展

在儿童6~12岁期间,乳恒牙分别按照一定的时间和顺序脱落及萌出。关于乳牙牙根的生理性吸收是目前的研究热点之一。

以Beagle犬为研究对象的实验结果证实,乳牙牙根的生理性吸收是牙周膜和牙髓组织共同参与造成的;恒牙胚先天缺失的Beagle犬动物模型中,乳牙牙根的吸收明显延缓,但是最终也出现吸收。在分子水平,核因子β受体活化剂配体(receptoractivator of nuclear factor κB ligand,RANKL)和骨保护素(osteoprotegerin,OPG)在乳恒牙替换和牙齿萌出中的作用受到国内外许多学者的关注。有学者研究认为RANKL在人类乳牙牙根生理性吸收过程中有表达,提示其可能促进乳恒牙替换。OPG可能通过抑制破骨细胞的分化及成熟,参与牙齿的萌出。我国学者对转化生长因子β、肿瘤坏死因子α、氯离子通道ClC-7等的研究,为研究乳恒牙替换和乳牙吸收、脱落的机制提供了理论基础。

一些学者针对儿童牙齿萌出、替换期间发生的问题及咬合诱导的时机、方法进行了研究,如乳前牙反殆的治疗时机,新型导萌装置牵引埋伏阻生牙齿的临床应用等。有学者研究了7~9岁儿童乳磨牙缺损治疗后咀嚼效能的变化,认为对儿童的乳磨牙缺损,不论缺损是单侧还是双侧,个别还是多个,进行治疗后均可提高其咀嚼效能,甚至恢复至正常水平。

三、儿童龋病和牙髓病与根尖周病的临床及基础研究

低龄儿童龋(early childhood caries,ECC)是影响我国儿童口腔健康的常见疾病。近年来,在婴幼儿龋致龋菌的来源、致病性、分子生物学检测技术、龋齿活跃性检测、传播规律、流行病学以及婴幼儿龋病的早期防治等方面的研究都取得了新的进展。了解我国儿童龋病的动态变化规律对儿童龋病的预防有重要指导意义,有学者对上海市同所幼儿园乳牙患龋情况进行了长达10年的追踪观察发现,通过有效的预防措施,这所幼儿园儿童患龋状况明显好转,为儿童龋病预防提供了有益经验。

筛选出龋齿的易感者,有利于对重点人群采取积极的措施,预防龋齿发生。北京和上海都有儿童口腔医学学者研究龋病活跃性检测法,认为Cariostat龋齿活动检测有助于筛选龋齿易感者,对此类患者应进行重点防治。

龋病是一种传播性疾病,了解儿童龋病的传播和变异链球菌的定殖规律,可以为预防婴幼儿龋提供新的思路。与国外主要由母亲看护不同,祖辈看护是我国幼儿看护的特点。有学者发现北京城区由祖辈看护的1~2岁幼儿变异链球菌的主要来源是祖辈看护人。

近年来,随着粘接技术和充填材料的发展,我国大部分地区儿童口腔科都用粘接性树脂材料取代了银汞合金,了解新型材料的性能及其影响因素对于提高治疗效果有重要意义。有学者针对自酸蚀粘接系统是否影响窝洞封闭剂微渗漏进行了实验研究发现,第5代和第6代粘接系统与釉质之间具有良好的

封闭作用,可以推荐临床使用。化学-机械去腐法在治疗龋齿方面因其安全、有效、无痛等优点,多篇研究认为适合儿童龋齿的治疗。

以氢氧化钙和碘仿糊剂为主要成分的 Vitapex 应用于诱导受感染的年轻恒牙根尖形成和乳牙根管充填治疗。有学者将其与其他材料比较并进行长期观察发现,Vitapex 在根尖诱导成形术和乳牙根充方面效果较好,是理想的乳牙和年轻恒牙根充材料。有学者观察了无机三氧化复合物(mineral trioxide aggregate,MTA)一次性封闭根尖开放年轻恒牙的疗效,发现 MTA 是一种很有潜力的根尖封闭材料,其一次性根尖封闭作用大大简化了治疗过程。

四、儿童牙齿外伤

许多研究都显示,随着城市化发展和环境的变化,我国儿童牙齿外伤呈上升趋势,近年的一些流行病学研究都证实了这一现象。牙齿外伤的治疗特别是复杂外伤的处理及其预后评估研究都取得了有意义的结果。

影响再植牙预后的因素较多而且复杂,由于其预后差困扰着医师和患者。有些学者对外伤后再植牙进行长期多因素观察,认为患牙的保存方式及就诊是否及时会影响再植牙替代性吸收的发生。延期再植牙经正确的临床治疗,仍可在口腔内保留数年。牙齿脱出可以导致牙髓坏死,牙根发育情况和外伤类型与脱出性损伤牙齿的牙髓预后相关。这些结论对于提高牙齿再植的成功率,充实再植牙成功预后的理论,促进教学效果很有实际意义。

过去许多儿童患者的家长将外伤后的牙齿断冠带到医院就诊,希望医师再粘接上。但由于效果差,医师很少开展断冠再粘接。随着粘接技术的发展和方法的改进,许多儿童口腔医师开展断冠再粘接术,有学者研究了几种断冠粘接模式,得出结论"内部倒凹舌侧排溢道加唇侧洞斜面"以及"内部倒凹唇侧洞斜面"的粘接模式,为前牙外伤断冠粘接的最佳方式,它能较好地恢复外伤牙的美观形态及功能。

近年来,防护牙托在预防高危人群牙齿外伤方面的作用得到肯定,其临床应用研究方面也取得了进展。有学者检测内衬材料和防护牙托主体粘接后的抗剪切强度,探讨了将重衬法应用于替牙期定制类防护牙托的可行性后得出结论,认为重衬法的应用可延长替牙期防护牙托的使用寿命。这为在青少年中推广防护牙托提供有意义的参考。

一些儿童口腔医学工作者还报告了 MTA 在儿童牙齿外伤的使用。过去牙外伤后活髓切断术都用氢氧化钙,但形成的钙化桥打通困难,且有侧穿的风险,而 MTA 形成的钙化桥打通就相对容易。用 MTA 行根尖诱导成形术,不用再将药物取出更换根管充填物。研究还发现根折牙齿用 MTA 根管充填也可取得较好的效果。

五、儿童口腔科治疗中焦虑和疼痛控制的研究

近年来,儿童患者行为管理的研究受到儿童口腔医护人员的关注,也取得了有意义的进展,特别是口腔科治疗中焦虑和疼痛的控制。许多院校儿童口腔科相继开展了氧化亚氮(笑气)吸入法、口服药物镇静技术、静脉注射镇静技术和全身麻醉下牙齿治疗技术,这些方法的应用,有效地控制了儿童的焦虑和疼痛,提高了医疗质量,开始有该方面研究成果在医学期刊上发表。值得注意的是,这些治疗技术的开展也为智障、牙科恐惧症和低龄儿童提供了有效的治疗方法。

从 1999 至 2008 年,北京大学口腔医院儿童口腔科共有 216 例患儿接受了全身麻醉下牙齿治疗,并且患儿人数呈逐年增加趋势。这些患者中最小年龄为 1 岁零 7 个月,最大年龄者为 15 岁零 3 个月;正常儿童 168 例,智障和自闭症患儿 48 例;单个患儿全身麻醉下

治疗牙数最少为 8 颗，最多为 24 颗；治疗内容依次为充填修复、根管治疗、拔牙、预防治疗、间隙保持、牙龈切除、预成冠修复等。从麻醉开始到麻醉结束，拔管时间最短为 65 分钟，最长为 340 分钟。所有患儿在儿童口腔科全麻治疗室完成治疗后，于复苏室观察 2 小时，当日回家。术后随访，家长和患儿对治疗效果满意，未见术后并发症。

随着我国国民生活水平的提高，生活节奏的加快以及家长、社会对残疾儿童口腔健康状况越来越重视，开展全身麻醉下儿童牙齿疾病治疗的时机已经来临，将会有全面的更多的研究儿童口腔患者焦虑与疼痛控制的文章发表。

我国老年口腔医学研究回顾

中国人民解放军总医院　刘洪臣　储冰峰

近年来，随着口腔医学、老年医学的迅速发展，尤其是 2000 年中华口腔医学会老年口腔医学专业委员会成立后，有了专门的机构协调学科发展工作，我国老年口腔医学的发展取得了长足的进步。下面就近年来我国老年口腔医学的发展作一回顾。

一、老年口腔医学学科建设发展

近年来，全国有数十家口腔医院和综合医院建立了独立的老年口腔病专科或专业组，针对老年口腔特点，广泛开展医疗、教学、科研和保健工作。很多单位都将老年口腔专科作为综合科室，集中牙体病、牙髓病、牙周病、黏膜病、口腔修复、口腔外科等多学科的医务人员为老年人开展口腔病诊疗，极大地方便了老年患者，同时又提高了医疗质量和效益。国内许多院校继续培养从事老年口腔医学专业的研究生，学科人才建设得到进一步的加强。有关老年口腔医学临床与基础研究论文也日益增多。《中华老年口腔医学杂志》迄今已出版发行 7 卷共 23 期，发表老年口腔医学学术论文的数量显著增加，信息交流更加广泛。2008 年 12 月，在江西南昌召开了第 4 届老年口腔医学学术会议及中华口腔医学会老年口腔医学专业委员会换届选举会议，会议共收到论文 76 篇，内容涉及老年口腔流行病学、老年牙体病学、牙髓生物学、牙周黏膜病学、牙槽外科学、老年口腔种植、老年牙体缺损与缺失修复、老年颞下颌关节疾病及老年口腔保健服务模式、老年口腔病的微创治疗。会上进行了老年口腔医学专业委员会的换届选举，实行了前任、现任和候任主任委员制。上述成绩表明，我国老年口腔医学学科建设得到全面发展，综合实力逐渐增强，形成了鲜明的特色和具备了相当的规模，今后会产生更大的社会效益和经济效益。

二、关注老年口腔健康，宣传普及老年口腔保健知识

我国已进入老龄化社会，老年人口占总人口比例逐步提高，平均寿命延长，老年人的口腔健康状况、口腔卫生保健工作面临的形势严峻。第三次全国口腔健康流行病学调查结果显示，我国中老年人龋齿患病率分别高达 88.1% 和 98.4%，牙周健康率分别为 14.5% 和 14.1%。口腔疾病使很多老年人过早丧失咀嚼功能，有的还引起或加重心脏病、糖尿病、心血管疾病和关节病等，严重危害全身健康。加强口腔卫生宣传教育，宣传普及老年口腔保健知识，改善老年人口腔卫生状况，是全社会的责任和义务。2008 年全国“爱牙日”活动系列主题是“关注中老年人口

腔健康"，口号是"健康的牙齿是幸福晚年的保证"。通过发放口腔健康教育资料，开展社区教育活动，面向中老年人免费口腔检查，借助大众媒体宣传普及老年口腔防治知识，宣传普及效果好，引起了全社会的重视和临床关注，社会效益显著。

三、微创治疗理念和方法在老年口腔临床医学中的推广及应用

微创牙科治疗（minimal intervention dentistry，MID）是一种全新的齿科医疗理念，MID 着眼于疾病的早发现、早诊断、早治疗，强调病症早期的微创治疗以及发生不可逆性损伤时制定以患者为本的治疗方案。微创牙科治疗理念已经贯穿于老年口腔病的预防、诊断、治疗和维护的全过程，尤其是依据 MID 理念设计的老年龋病防治方案，着眼于改善口腔微环境，降低患龋风险，终止甚至逆转龋病进程，必须进行手术治疗时尽量减低患者疼痛的综合性防治体系，其主要内容包括患龋风险评估、龋病早期诊断（未成洞前）、促进外部和内部再矿化、微创去龋和窝洞预备以及生物材料的选择和使用。

龋病的早期诊断目的在于终止或逆转龋病发展，修复缺损的牙体组织结构。对龋病早诊断、早干预的前提条件是患龋风险与当前龋病活动性的评估。患龋风险评估的相关指标包括基线患龋率、变异链球菌水平、唾液缓冲能力与流速以及窝沟点隙形态分析；而龋损发展速度则反应当前龋病活动性。传统龋病检查手段有口腔探针和咬翼片，现今激光探测、定量光导荧光（quantitative light-induced fluorescence）等新技术为龋病早诊断提供了更多更准确的辅助手段。

龋病进程控制与早期治疗，MID 从分子水平抵抗细菌感染，能在病程早期逆转龋病发展促使未成洞的龋损愈合。控制细菌感染的方法有氯己定、臭氧局部应用、保护漆封闭等。龋病发展进程得到控制后开展早期治疗，恢复口腔内的矿物离子平衡促进脱矿的牙体硬组织再矿化。此治疗阶段需要定期口腔检查，反复对患者进行指导与检测，直至细菌感染得到控制可逆性龋损愈合。龋病发展终止后即可对不可逆的牙体组织和功能缺损进行微创修复。如最近文献报道，应用最多的伢典（carisolv）化学去龋法，主要利用伢典，含次氯酸钠和携带不同电荷的三种氨基酸。它能够软化龋坏牙本质，使其在临床上容易剥离，同时对健康的牙本质有保护作用。临床使用时将伢典凝胶混匀，滴于龋洞内，1 分钟后用特殊器械刮净龋坏牙本质，随即用复合树脂充填修复，即可获得微创无痛的修复效果。

对龋病充填修复，G. V. Black 提出的洞型设计和预防性扩展是 20 世纪牙科学的基石，强调建立自洁外形，取得抗力型、固位型、便利型，去余龋，完成轴壁与洞缘、窝洞清理。这种传统的备洞原则损失的牙体组织多，易造成牙冠薄弱。MID 理念提倡改良牙体外科手术治疗，主要包括微小洞型设计、黏结性修复材料的使用、微创去龋技术的应用及对失败充填体进行修补而不将其完全去除和重新充填。龋洞的微创、长期修复既包括各种微创窝洞预备方法，也包括非创伤性修复技术（ART），预防性树脂修复（PRR）和三明治叠加等窝洞充填方案。其中的微创窝洞预备技术可分为机动机械法（隧道，沟槽式窝洞预备），非机动机械法（Carisolv 系统，酶解法）和激光光蚀法。在窝洞预备设计过程中，把握要点：1）去除病变牙本质层，获得足够手术通路；2）无需去除无基釉质；3）边缘避开直接咬合接触点；4）"预防性扩展"已成为过时的概念。

四、老年口腔种植修复

关于人工种植牙，在老年人群开展人工种植牙工作已很普及，在牙种植体的选择、种植义齿的适应证及修复设计原则与成年人常

规牙种植没有区别。但老年人应强调结合全身健康状况，综合考虑能否接受种植手术。特别强调种植手术完成后的口腔卫生维护。解放军总医院对于患糖尿病、骨质疏松症老年人的种植问题进行了有关尝试并获得成功。患糖尿病、骨质疏松症老年人种植牙已不再是禁忌，通过系统的全身疾病治疗，加上与局部给药、改进的临床种植技术相结合，使老年糖尿病及骨质疏松症患者的种植成功率达到正常人的水平。

五、老年口腔疾病其他治疗进展

对老年复杂根管的治疗，随着根管显微镜的广泛应用于临床，老年人根管治疗水平明显提高。目前开展了通过计算机三维动画软件展示老年人牙根管的复杂形态，强调与普通的圆根管相比，扁根管和 C 型根管的峡区和弧形根管清理、成形和充填难度增加，术中易穿孔、形成台阶，临床上应针对不同的根管形态选用适当的预备、充填器械和技术。对老年人根管治疗难点处理，强调在显微镜放大的视野下，能够定位隐蔽根管、发现微裂、辨别髓室底和周围的牙本质、识别峡区及根管系统的细微结构，运用合适的器械和方法为老年人根管治疗获得更多的成功机会。

老年牙周病的防治，强调老年口腔保健，重点是定期洁治，采用综合手段进行长期口腔维护，以保证疗效，延长牙齿的使用寿命。

在老年残根残冠的修复方面，科学合理地利用老年人口腔内的残冠残根进行修复，是老年口腔修复治疗的关键技术。高新技术的应用，如人工种植牙、精密附着体等修复方式的转变，为残根残冠应用提供了条件。

对口腔颌面部肿瘤的防治，手术、放疗、化疗等综合手段防治老年口腔肿瘤是目前倡导的最好方法。

六、老年口腔疾病基础研究进一步深入

口腔的老龄化改变可发生于口腔所有组织，研究和发现与衰老有关因子、指标在口腔的表现已起步。运用分子生物学、免疫组织化学、细胞生物学手段探索延缓口腔组织器官衰老的措施，保证老年人完善的口腔功能，是目前老年口腔医学的一个研究热点。此外，探索患系统性疾病（如糖尿病）、特殊条件（骨质疏松、放疗术后）老年患者牙种植后组织病理改变、愈合机制以及通过牙种植体的特殊设计作为全身和局部给药途径新方法，也正在进行探索性研究。

七、老年口腔医学研究展望

逐渐普及全科医疗的概念。从事老年口腔临床工作需要牙体牙髓病学、口腔修复学、口腔种植学、口腔颌面外科学和牙周黏膜病学等多学科的知识，综合运用、综合治疗，才能获得最好的社会经济效益。今后，培养老年口腔病专科医师，更多的是需要培养全科医师。

进行老年口腔种植新技术、新概念的研究和应用。解放军总医院刘洪臣教授提出了种植牙局部给药系统假说，通过对种植牙改进设计，将一些全身用药方法改为局部给药，可以达到全身治疗的效果。目前已完成很多研究，并在糖尿病、骨质疏松症的老年患者牙种植中获得了良好的疗效。继续深入研究，会取得更大的成绩。

运用分子生物学、细胞生物学等研究口腔组织的衰老机制、细胞凋亡机制，探索延缓口腔组织器官衰老的药物、方法，维护老年人的口腔健康和功能，也是未来老年口腔医学的发展趋势。

口腔医学中西医结合研究回顾和展望

中华口腔医学会中西医结合专业委员会
上海交通大学口腔医学院　周曾同

回顾口腔医学的中西医结合研究，首先要从其“母体”——中医学的口齿病谈起。因为，中西医结合研究既是口腔医学的一种研究方法和途径，又是口腔医学和中医学的一个交叉学术领域。从学科学的角度看，其发展的必然结果是产生“中西医结合口腔医学”。笔者站在这个视角对口腔医学中西医结合研究进行回顾与展望。

一、口腔医学中西医结合研究回顾

纵观祖国医学发展史，早在公元前2世纪《史记·扁鹊仓公列传》就有记载“齐中大夫病龋齿，臣意炙其左太阳穴，即为苦参汤，日漱二三升，出入五六日，病已”；其后历代医家，多有论及口腔疾病者。至唐代，不仅有邵英俊、广陵正师、中和先生的《口齿论》、《排玉集》等口腔专著出现，还设立了“耳目口齿科”；宋袭唐制，设立“口齿兼咽喉科”；元代又将口齿咽喉科分开，设立独立的“口齿科”；明清之后，随西方医学的传入，口腔疾病的诊疗被西医牙科和外科渐替，中医的口齿科渐渐淡出至今。新中国成立以后，我国政府于20世纪60年代在有条件的口腔医院设立了中医科，在中医医院设立了口腔科。一批有志于中医口腔学和中西医结合口腔学的同仁付出了艰苦的努力，做出了许多成绩。然而，离形成中西医结合口腔医学的学科体系仍有很大差距。

从现有的文献报道来看，口腔医学中西医结合研究主要集中在针对某些口腔具体病症的防治方面。包括口腔肿瘤的预防和术前术后治疗，口腔黏膜病的中西医结合防治，龋病的中医药防治，牙周病的中西医结合综合诊疗，口腔颌面部疼痛的中医针灸和药物镇痛，颞下颌关节病的中医药内外治法以及中医药在牙列畸形治疗中的应用等。已经研制成功了苔藓饮、增生平、固齿健周丸等口腔疾病专用中成药，出版了《实用中医口病学》、《中西医结合口腔黏膜病学》、《口齿病》等专著。这些研究和著作涉及病因病机、诊断分型和疗效标准、治疗方法和药物、预防与护理等临床研究及基础研究内容。

（一）病因病机

对口腔疾病的病因病机研究大部分停留在分别罗列西医和中医的病因学知识，这种“平行叙述”的方式虽然对进一步的中西医结合研究能起到收集整理资料的作用，但尚未达到“结合”境界。可喜的是，已经有人将中医的“风、寒、暑、湿、燥、火”等基本病因以及“气虚、血淤、痰结、水滞”等病机与病毒、微循环、血管生成、免疫状态等西医的病因病机联合研究，相互印证，发现共识，融会贯通。例如，面瘫：中医的病因病机为“风邪袭络”、“寒邪侵络”、“风热郁络”、“风湿痹络”、“风痰阻络”；研究发现病毒与“风邪”、“风热”有关，血管改变与“风寒”有关，水肿与“风湿”有关。而对“络”的影响则通过“痰结”、“血淤”、“水滞”等病机最终作用于面神经，发生面瘫。又如，颞下颌关节属于中医“痹证”范畴。主要为风、寒、湿、热之邪侵入人体，有研究认为，颞下颌关节区微循环障碍、代谢物积聚是产生疼痛的机制，与中医“气血淤滞”、“不通则痛”的理论相符。再如，牙周炎之牙槽骨吸收，中医认为肾主骨，齿为骨之余，肾亏则骨疏松，引起牙松动，研究牙周炎大鼠的性激素水平有明显下降。

(二)诊断分型和疗效评价

中医讲究以症状为基础的辩证分型，西医则重视以病理、生化指标为依据的临床分型。目前口腔中西医结合研究发表的论著中鲜有将两者结合的阐述。在有关腮腺疾病、颞下颌关节病、口腔黏膜下纤维化、牙周病等口腔疾病的报道中，有西医而无中医的诊断标准；而在灼口综合征等以症状为主的疾病，则有中医但无西医标准。然而，有少数报道，已同时采用中医、西医诊断和疗效评价双重标准。例如有人对干燥综合征以2002年干燥综合征(Sjogren's syndrome，SS)国际分类标准与“胃阴虚(口舌干燥)”、“肺阴虚(鼻部干燥)”、“肝阴虚(眼部干燥)”、“肾阴虚(咽喉干燥)”等中医辨证标准结合作为诊断分型和疗效评价依据；有人对口腔癌采用WHO的实体瘤疗效评价标准和中医症候分级标准结合并将两者用“积分值”方式归总的方法对头颈部恶性肿瘤术后中医疗法进行评价；还有人引进了与中医疗效评价指标相近的卡氏(Karnofsky PS，KPS)评分标准，对中医药治疗颌面部鳞癌化疗患者生存质量进行评估，这些方法都是中西医结合的有益尝试。

(三)治疗方法和药物研究

这是近年来研究报道最集中的领域，涉及的口腔疾病包括口腔颌面外科学、口腔黏膜病学、牙周病学、牙体病学、口腔预防学等口腔医学的各个学科。其中，对药物治疗的报道远远超过非药物治疗。

1. 药物治疗研究　大部分研究都将西医的经典治疗方案设立为对照组，以中医药加西医方案为控制组，但随机双盲时有欠缺。研究采用的中药包括经验复方、中成药、单味中药、中药有效成分等不同层次。例如治疗白斑、扁平苔藓等口腔癌前病变的增生平、复方绞股蓝、云芝精华、复方冬菊、白芍总苷等中成药以及去斑汤等中医药经验方的研究；对口腔癌术后治疗的益气养阴解毒方、参阳方、贞芪扶正冲剂的研究；对牙周病的益肾清火方的研究；用于治疗三叉神经痛的龙雷胶囊；治疗面瘫的古方牵正散加减；治疗腮腺疾病的古方普济消毒饮加减；治疗复发性口腔溃疡的凉膈散、丹栀逍遥散、天王补心丹加减；治疗灼口综合征(BMS)的佳蓉片、黄连清心饮等。研究表明中西医结合的疗效均优于或等同于单纯西药方案。

在这些研究中，有些采用了现代技术对有效中药和中药成分进行了药效学及药理学研究，阐明中药机制，改进和提炼经验方剂，开发有效药物，有一定深度。例如，对参阳方的基础研究发现该方对舌鳞癌S-D大鼠血清细胞因子Th1有逆转向Th2漂移和纠正T细胞亚群紊乱增强细胞免疫的功能，从而对人舌鳞癌指标裸鼠移植瘤有抑制作用；又如，复方绞股蓝是在临床经验方的基础上，采用绞股蓝总甙和灯盏花素等中药成分经拆方研究，发现绞股蓝总甙抑制金地鼠颊囊白斑癌变过程中端粒酶活性、灯盏花素对白斑的血管完整性有保护作用，从而防止白斑癌变，提示两味中药的扶正和活血功效可能与此有关。受此启发，上海交通大学周曾同课题组又组成新一代的抗白斑癌变方剂——复方东菊，完成了中药新药的临床前实验，为开发新药打下基础。

2. 非药物治疗研究　口腔疾病的中西医结合非药物治疗研究主要集中在对面瘫、关节病等疾病的针灸和各种穴位疗法。例如，面瘫治疗：取风池、翳风、颊车、地仓、合谷、太冲、承浆、牵正等穴位，采用透穴电针、激光穴位照射、艾灸温针、离子导入、药物穴位注射、穴位磁贴等方法，配合以牵正散等中药药物，其临床疗效均优于单纯用地塞米松注射加B族维生素。颞下颌关节病：除采用上述穴位外，对于久病患者还增加肾俞、绝骨、手三里等穴位用补法留针，配合以推拿手法，有较好疗效。

还有人用针灸治疗口干症,美国和瑞典有机构研究发现针灸对口干症的作用机制与针灸刺激神经元释放脉管活性内肽、改善腺体功能和血液供应有关。

(四)预防和护理

预防口腔疾病的研究以发现抗口腔微生物的中草药为热点,包括对口腔条件致病菌——假丝酵母菌、致龋的变异链球菌、牙周菌斑、根管内细菌等。例如研究发现大蒜素对感染根管的厌氧菌有显著的杀灭作用;以升麻、地骨皮、青盐、梅片、月桂硫酸酯盐等为原料的复方中草药牙粉对正畸患者牙周组织的菌斑形成有抑制作用;多种中草药牙膏对变异链球菌均有明显的抑制作用;白芍总苷、盐酸小檗碱有抗假丝酵母菌作用,可以用于头颈部肿瘤放疗后的真菌感染防护;用黄连、黄檗、黄芪、白芷、白芨组成的"三黄二白汤"护理白血病、鼻咽癌等疾病放疗后的口腔黏膜反应,有预防继发感染的作用。以苦参、白芷、苍术、山栀为原料的复方苦参含漱液对糜烂型口腔扁平苔藓的细菌感染有良好的护理作用。

(五)其他基础研究

在口腔医学领域里,纯粹的中西医结合基础研究相当薄弱。譬如有关口腔疾病的病症关系、证实质、复方药理、符合中医证型的口腔病动物模型等几乎都是空白。

除了前述围绕一病一药的机制研究之外,值得一提的是,在口腔组织工程研究方面,有人已经想到采用一些中西医结合的方法进行探索,并且有所发现。例如:为探讨人口腔黏膜组织工程血管化问题,采用活血化淤中药灯盏花的有效成分干预人口腔黏膜的组织工程构建,结果发现,灯盏花素能促进口腔黏膜的血管化,有利于组织工程构建口腔黏膜的成活;还有人将黄芪多糖与壳聚糖/聚乳酸一起组成支架,以骨髓基质细胞(BMSC)为种子细胞修复犬牙周骨缺损,取得良好效果。有人根据中医药强肾补骨理论,用淫羊藿苷、黄芪苷1加入BMSC培养液,发现能促进BMSC的增殖和促进BMSC合成碱性磷酸酶从而增进成骨能力。

二、口腔医学中西医结合研究展望

当前,我国正面临中西医结合发展的大好机遇。党和政府一贯支持中西医结合,继2002年国务院办公厅转发《中药现代化发展纲要》后,2007年3月21日国家16部委又联合发布了《中医药创新发展纲要(2006—2020)》。近两年,卫生部部长多次在包括全国卫生工作会议在内的重要会议和场合,明确提出"中西医结合代表未来医学发展方向",要建立中西医结合新医学。可见,环境和需要催生着中西医结合口腔医学。回顾几代口腔人的努力,已经在中西医结合领域取得了不少成绩。然而,作为学术体系,中西医结合口腔医学尚未建立。这个光荣的历史任务落在我们以及后几代口腔人的身上。尽管建立中西医结合口腔医学不可能在我们这一代手上完成,但至少有几件事应当重视并且着手干起来。

(一)为中西医结合口腔学科正名

中西医结合口腔学科是中西医结合口腔医学的载体和体现。作为"外壳",当然需要"内核"成熟才能完整。然而,"外壳"的重要性在于对"内核"的诱导作用,同时,还能对不断生成的新内容提供储存、归纳、融合、提炼的空间。因此,为中西医结合口腔学科正名是当务之急。

1. 设立专科,进入学科目录和专科人才培养　在有条件的口腔医院中医科或中医医院口腔科基础上设立中西医结合口腔科,吸纳中西医两方面人才,开展口腔肿瘤、口腔黏膜病、龋病、牙周病、口腔颌面部感染、颞下颌关节病、牙列畸形等疾病的中西医结合的临床诊疗和中医药疗效机制的研究、口腔中西医结合知识更新和推广。

参照中西医结合内科学、中西医结合外

科学、中西医结合妇产科学、中西医结合儿科学、中西医结合骨伤科学、中西医结合皮肤性病学、中西医结合传染病学的学科设置，在我国现行的学科目录中增加单列中西医结合口腔科学，编写教材，列入中西医结合专业教学大纲和教学计划。

在有条件的高等医学院校设立单列的中西医结合口腔学科硕士点，或在目前的中西医结合耳鼻喉学科硕士点招收中西医结合口腔学科方向的研究生，培养专科人才。

2. 融入中医、中西医结合学科“大家庭” 尽管口腔学界长期以来从未停止中西医结合的学术研究，在中华口腔医学会的一贯重视下，于2008年10月在北京成立了中华口腔医学会口腔中西医结合专业委员会，但是，由于缺乏与其他医学界的积极交流，游离于中医药大学科和中西医结合大学科的“大家庭”之外的状态使口腔中西医结合研究的信息未引起应有的重视，以至于在中西医结合口腔学界的参与度很低。口腔中西医结合有其特殊性，但参加到“中国中医药学会”和“中国中西医结合学会”的“学科大家庭”中去，就能借助“大家庭”的力量解决面临许多共同性问题，同时又能借鉴“大家庭”中其他学科的建设经验加快学科发展。

3. 中医口腔古籍整理发掘和传承 自有人类以来，口腔疾病就客观存在，解决口腔疾患的方法和经验可见于历代医籍，其中不少精华，尤其是除牙以外的口腔软组织疾病，有许多方药方法至今仍有极高的应用价值。发掘和整理中医口腔古籍，是理清思路、摸清“家底”、传承祖国医学精华，发挥创新的基石，也是建立中西医结合口腔学科的出发地。在这方面一些学者先期做了很好的工作，一些专著，现在应该组织力量，在此基础上进一步发掘和编辑出版一部更加全面更具权威性的专著作为中西医结合口腔学科的基本工具书。

（二）为中西医结合口腔医学研究夯实基础

由于时代的局限，古老的中医药学与现代医学之间在思维体系和具体表述方面有很大差别。为了便于现代人对中医口腔医学的理解和东西方医学界的交流及认同，需要在以下一些基本概念和领域夯实基础。

1. 学术名词的标准化 建筑于古汉语基础的中医药学表述中一词多义或一义多词屡见不鲜。例如，中西医在口腔病名、症名，药物的度量衡单位，解剖名称等学术名词上存在差异，例如中医“口糜”(《内经气厥论》)既指口腔黏膜糜烂，又指溃疡等口腔症状，与现代口腔科学中的复发性口腔溃疡、口腔扁平苔藓、口腔白斑、口腔盘状狼疮等诸多疾病相对应。而“牙周炎”一病，在不同的古籍中有齿挺、齿衄、牙漏、牙菌、牙宣、齿豁、齿垢、齿动、暴骨搜牙等十几种称谓。含糊不清的学术名称，必然增加研究内涵和外延的不确定性。所以，有必要下工夫将中医口腔的学术名词(包括病名、症名、腧穴名等)与现代口腔医学的学术名词作系统性的对照研究，例如ICD-10与GB/T病证分类的对应研究。

2. 诊疗过程的规范化 中医诊疗讲究辨证施治，异病同治和同病异治是常见现象。这种诊治传统，既有个体化的诊疗优势，又有不便总结推广的弊端，更不符合现代循证医学研究的要求。为此，2006年“十一五”国家科技支撑计划特设立了“中医治疗常见病研究”重点项目，要求对中医治疗有优势、疗效突出的常见病进行研究，形成可供推广的规范化诊疗方案。在口腔医学中西医结合研究领域应开展对口腔白斑症、口腔扁平苔藓、牙周病、颞下颌关节病等口腔常见病的研究，使诊疗过程规范化。

3. 评价体系客观化 尽管对于诊疗效果的评判，不少口腔疾病至今并无统一的行业标准，但现代口腔医学强调客观检验指标的价值是不争的事实。与此相反，中医疗效的评判却以患者整体自觉症状改善为主，鲜有客观指标。中西医结合口腔医学应该将两者有机地结合起来。在以宏观体征改善为主的中医评价体系和以微观检验数据为主的西医评价体系里引进当代的“结局评价（oucome assessment）”、“生命质量（quality of life，QOL）”和“中医微观辨证”等疗效评价新概念，借鉴生存质量表（HRQOL）、健康调查表（NHP）、疾病影响调查表（SIP）、生存质量指数（QWB）等方法，创制出可测量的中西医结合疗效评价系统。

4. 动物模型证型化　现代医学伦理学要求，凡研究疾病发生机制或开发药物，均需经历借助动物模型的“替身试药”阶段，中医药也不例外。从《现代医学实验动物学》、《比较医学》等系统阐述医学动物模型制作理论和方法的著作中可以发现，建立单纯的西医疾病模型相对较易，而要建符合中医理论的“证”模型就难。因此，建立中西医结合研究所需的病症结合模型成为口腔医学中西医结合研究的瓶颈。可以选择比较成熟的某些口腔黏膜病动物模型（例如金地鼠颊囊白斑）借鉴全身性疾病证型方法和思路，制作证型化白斑模型。

（三）为中西医结合口腔医学研究寻找利器

跳出传统，寻找和学习新理论、新理念、新方法进行口腔医学中西医结合研究。

1. 中药分子和分子中药学　按照中药分子和分子中药学概念和理论，可以对临床发现的有效方剂进行药效学的深入研究，探索其“中药分子”，改组和创制出成分清楚、机制明确、靶点清晰的“分子中药”，提高疗效和认同度。

2. 血清药理学和血清药化学　血清药理学负责将体内的“血清粗提物”与体外药理活性物质比较，差示部分即为发挥药效的部分。血清药化学则负责对“血清粗提物”进行成分分离鉴定。这种技术能够帮助寻找治疗口腔疾病的中药有效成分，是口腔中西医结合药物研究的重要手段。

除此之外，还有代谢组学技术、分子生物色谱技术、中药组合化学技术、高效液相色谱技术、中药生物芯片技术以及“散弹理论”、“水闸门理论”等新理论新技术可以借鉴。

3. 现代肿瘤学和血管生成　抑制现代肿瘤学的肿瘤多因素多步骤发生和癌化学预防等观念与现代中医对肿瘤的认识极为接近，其中对肿瘤血管生成的研究又与中医的活血化淤法不谋而合。学术观点上的相似和中西医共同关心的热点启示着，在中西医结合诊治口腔癌前病变和抑制口腔肿瘤生成的研究领域，无论是寻找药物、发现机制、证实治则都大有研究空间，可以作为重点联合攻关方向。

中国口腔麻醉学回顾和展望

中华口腔医学会口腔麻醉学专业委员会　朱也森

1846年，Morton医生在美国麻省总医院施行乙醚麻醉成功为一名患者实施颌下腺摘除手术，从此开创了近代麻醉学的新纪元，也是口腔麻醉史的开端。自20世纪40年代口腔麻醉技术传入我国，经过几代人的不懈努力，我国口腔麻醉学有了很大发展，学科地位也在不断提高。下面就我国口腔麻醉学的历史、现状、进展和展望作一简单介绍。

一、我国口腔麻醉学历史回顾

中国第一所牙科诊所于1907年在成都设立，在此基础上于1911年建立了华西协合大学牙症医院。随后，在北京、上海、武汉等地陆续建立了口腔专科医院。由于早期口腔外科手术主要是在局部麻醉下完成的，由口腔科医师实施，因此这些口腔医院创立之初均未设立口腔麻醉科，专门从事口腔麻醉专业的人员更是凤毛麟角。

20 世纪 40 年代末，我国现代麻醉学的开拓者吴珏、尚得延、李杏芳等回国后相继在全国各地开展了临床麻醉工作，培养专业麻醉人才。此后，一些口腔医院也有了我国第一批专业的口腔麻醉人员并设立了口腔麻醉科或口腔颌面外科麻醉组。然而，当时大部分从事口腔麻醉的主要是经过特殊培训的护士，也有一些口腔医师转行而来。临床技术水平参差不齐，麻醉方法相对简单，硬件设备简陋，缺乏必要的监测，麻醉并发症和死亡率都比较高。

1989 年，中华人民共和国卫生部第 12 号文件明确提出麻醉科是一级临床科室，极大地促进了麻醉学学科的发展。从此，我国口腔麻醉学也步入了高速发展的黄金时期。1998 年，中华人民共和国执业医师法的颁布，彻底改变了以往由口腔医师或护士兼做麻醉师的局面，进一步明确了全身麻醉包括镇静药物的使用以及术中监护管理等都应由专业的麻醉医师承担。据不完全统计，目前我国的口腔麻醉医师数量已达千余人，广泛分布在全国各级医疗机构中，他们除了大部分在口腔专科医院任职以外，还有相当一部分在综合性医院工作。

二、口腔麻醉范围的拓展

现代麻醉学的范畴很广，不仅包括临床麻醉操作、围术期生理功能监测、维持机体内环境的稳定、解除术后疼痛等内容，而且还包括危重医学和疼痛治疗。在我国，口腔外科除了简单的齿科门诊手术外，还从事各种颅颌面畸形、创伤、肿瘤等的治疗，包括婴幼儿唇腭裂修复、颅颌面畸形矫正、颌面部骨折治疗、各种口腔肿瘤（舌、牙龈、腭、上下颌骨）切除和修复以及颌面部血管瘤或脉管畸形的综合治疗，手术范围早已广泛涉及颅、颌、颈部。这类手术通常在气管插管全身麻醉下实施，需要完善的监测和围术期管理。在口腔门诊治疗室，越来越多的患者需要口腔麻醉医师实施有效的镇静和镇痛，以保障手术的舒适和安全。术后镇痛和颌面部疼痛治疗也是口腔麻醉医师的业务之一。为了满足临床需要，在一些条件较好的口腔医院也相继建立由口腔麻醉科管理的重症监护病房。

三、口腔麻醉临床进展

近年来，随着生物制药技术和计算机信息技术的快速发展，各种新型麻醉药物和麻醉技术层出不穷，极大地提高了口腔麻醉的安全性和可靠性。

（一）麻醉药物应用进展

新合成的瑞芬太尼属 μ 阿片类受体激动剂麻醉药，其半衰期短、清除快、无蓄积作用。其呼吸抑制作用恢复很快，无需拮抗药。舒芬太尼镇痛作用比芬太尼强 5～10 倍，作用维持时间长 2 倍，适合中等以上手术的麻醉和术后镇痛。强效非甾体类抗炎镇痛药如氯诺昔康、氟比洛芬酯已用于术后疼痛治疗，明显减少了阿片类药物的用药量并相应减轻恶心、呕吐等不良反应。新型吸入麻醉药七氟烷无色透明，带香味，无气道刺激性，麻醉诱导起效快，麻醉后苏醒也快，对循环系统抑制作用轻，适用于心肌缺血或受损成人患者及患儿全身麻醉。近年来肌肉松弛药的发展迅速，例如起效时间仅次于琥珀胆碱的非去极化肌松药罗库溴铵，可迅速完成气管插管，提高了麻醉的安全性。阿曲库铵及顺式阿曲库铵是中短效非去极化肌松药，主要通过血浆假性胆碱酯酶灭活，体内代谢迅速，适用于肝肾功能不全的患者。

（二）麻醉技术和方法新进展

麻醉工作站是现代麻醉机与微电子技术

完美结合、高度一体化、集成化和智能化的麻醉工作平台。其主要特点为一体化麻醉机操作界面、集成化的呼吸回路、功能齐全的麻醉呼吸机和完善的监测报警系统，为麻醉医师创造了优良的工作环境，且提高了对患者麻醉的安全性。

随着对麻醉药物临床药代动力学和药效动力学的深入研究，加上计算机技术及新型短效静脉麻醉药的临床应用，推动了靶控输注（target controlled infusion，TCI）技术的应用和发展，使全凭静脉麻醉（total intravenous anesthesia，TIVA）和麻醉性监护治疗（monitored anesthesia care，MAC）得以安全有效地实施。如今，口腔麻醉医师不再局限在手术室内施行麻醉，还到口腔门诊治疗室施行麻醉。

通过实时测定脉搏血氧饱和度、呼末二氧化碳和动脉血压，能及时地了解患者的通气、氧合和机体的灌注状态，大大降低了麻醉并发症和死亡率，显著提高了麻醉的安全性。使用脑电双频指数、听觉诱发电位来监测意识状态，这对于研究麻醉药物的药效学以及指导用药、提高临床麻醉的质量具有重要意义。

患者术后自控静脉镇痛（patient controlled analgesia，PCA）是基于一种反馈环路原理，由患者自己在疼痛时静脉给予镇痛药的装置。最主要的优点为减少镇痛药物量，镇痛迅速，患者具有自主性，镇痛效果满意。

四、口腔麻醉学科学研究

口腔麻醉学是一门基础医学与临床医学密切结合的学科，科学研究的热点和进展体现在以下几个方面。

（一）全身麻醉原理研究

全身麻醉机制至今不明，成为制约整个麻醉学发展的一大障碍。全世界麻醉学家、神经生理学家和药理学家均对此进行了不懈的努力和探索，目前得出的假说和理论有脂质学说、蛋白质学说和突触及受体机制。因为全身麻醉的原理非常复杂，虽然目前不能完全阐明，但许多研究成果已令人鼓舞。相信应用现代分子生物学和遗传学等手段，将能进一步揭示全身麻醉的机制。

（二）麻醉药的脏器保护或损害作用

麻醉药对脏器的保护作用是当前研究的热门课题，研究其对脑、心等重要脏器的保护作用，包括静脉麻醉药硫贲妥钠、丙泊酚、咪达唑仑、依托咪酯和氯胺酮，吸入麻醉药异氟醚、七氟醚和地氟醚等。硫贲妥钠、丙泊酚和吸入麻醉药具有降低基础代谢、减少氧耗和抗氧自由基等作用，脏器保护作用较为肯定。然而最近的研究又得出相反结果，提示全身麻醉药可能对婴幼儿的神经系统发育具有负面影响，有待进一步深入研究。

（三）麻醉药的药动学和药效学研究

药代动力学和药效动力学研究对指导麻醉用药有非常重要的意义，尤其是特殊人群如老年人和小儿。按药代动力学和药效动力学原则用药，临床效果更好，并可节约用药和减少药物的不良反应，提高麻醉质量及安全性。

（四）围术期困难气道的管理

口腔颌面外科手术患者中困难气道的比例达到30%以上，围术期气道管理是口腔麻醉的重要内容。在气道困难预测方面，近年来有很多的大样本研究资料可供参考。许多困难插管技术也得到开发并成功地用于临床，如喉罩、可视喉镜、纤维支气管镜和盲探气管插管装置等。麻醉医师可以根据患者的具体情况结合个人经验予以选用，提高了麻醉诱导的安全性，减少了麻醉意外的发生。

五、口腔麻醉医师教育与培训

我国口腔麻醉医师大部分来自本科专业，为临床医学或麻醉学的医学院校毕业生。各级医院的口腔麻醉医师的教育与培训大致包括住院医师培养、在职人员进修和继续教育等形式。

口腔麻醉住院医师培养方式基本与其他临床科室类似，即采用专科医师培训“3 + X”

模式。所谓“3 + X”模式是指医学生毕业后申请进入住院医师培训计划，进行以医学二级学科为基础的临床培训，时间为 3 年。培训结束后，继续申请以医学三级学科为基础的临床培训，时间为 X 年。根据“3 + X”模式，临床医学或麻醉学专业毕业生参加中华人民共和国执业医师资格考试并获得临床医师资格证书，此时即可申请进入住院医师培训计划。在住院医师期间，根据《临床住院医师规范化培训办法》，最初 3 年到内科、外科等各临床科室轮转，考核成绩合格才接受口腔麻醉专科培训。一般要系统学习麻醉药理、生理、解剖等基础理论，掌握各种麻醉技能。经过 3 ~ 4 年专科培训后方可成为基本合格的口腔麻醉住院医师。主治医师的培训方式主要为各种形式的继续教育，如参加各类口腔麻醉学学习班等。一些基层口腔麻醉医师也可以到教学条件较好的三级甲等医院进修学习。1978 年以来，国家教委大力发展研究生教育，国内一些口腔教学医院的麻醉科也设立了口腔麻醉学硕士和博士研究生培养点。研究生教育提高了我国口腔麻醉专业人员的整体素质。

六、口腔麻醉学学科建设与管理

为了口腔麻醉学学科的进一步发展和学科的地位提升，1990 年组建了中华口腔医学会口腔颌面外科专业委员会口腔麻醉学组，在各方条件成熟之际，于 2008 年正式成立了中华口腔医学会口腔麻醉学专业委员会。学会充分发挥常委会的核心作用，重大决定均由常委会集体讨论决定。在工作中大家分工负责，群策群力，充分发挥人才优势以提高学会的工作效率和水平，进一步加快学科的发展。

自口腔麻醉学组成立以来，积极开展了国内外口腔麻醉学学术交流，并取得了良好的效果。其中包括每隔 4 年召开一次全国口腔麻醉学术会议，2006 年在日本横滨举办的第 11 届国际口腔麻醉会议，2007 年日本福冈举办的首届一次亚洲口腔麻醉学会联盟会议，2008 年在上海举行的首届口腔麻醉学高峰论坛和首届二次亚洲口腔麻醉学会联盟会议暨 2008 年全国口腔麻醉学术年会等，增进了彼此的友谊并建立了经常性的口腔麻醉学会业务联系与合作。2007 年，学会还联合日本、韩国口腔麻醉学会共同组建了亚洲口腔麻醉学会联盟（Federation of Asian Dental Anesthesiology Societies，FADAS）。

七、展望

口腔麻醉学是高风险学科，保证患者的安全始终是学科发展的重中之重。由于我国幅员辽阔，各级医疗机构实际情况存在较大差异，因此制定中国口腔麻醉医师的准入制度和完善专科医师及住院医师培养工作势在必行。此外，还应制定适合我国国情的口腔麻醉操作指南，使大家能够按医疗常规行医，提高医疗质量和科研水平，使口腔麻醉的安全性和可控性不断增强。

据统计，欧洲、美国、日本等地区和国家口腔门诊麻醉比例高达 70% 以上。与这些国家相比，我国口腔门诊镇痛和镇静的比例比较低，门诊治疗仍以口腔医师实施局部麻醉为主。这主要归结于我国口腔麻醉医师的数量相对较少、硬件设备相对缺乏造成的。可喜的是这一状况正在改变，口腔门诊镇痛与镇静已逐渐被口腔医师和患者们接受。随着人们生活水平的提高和口腔麻醉专科医师队伍的壮大，将会有越来越多的口腔麻醉医师深入口腔门诊，为广大患者和口腔医师服务。

不可否认，口腔麻醉学在我国还是一门年轻的学科，学科建设有待完善。口腔麻醉专科医师的人数、结构组成和分布尚不明确，有必要启动口腔麻醉医师专科会员制度。相信这项工作必将进一步完善麻醉学会的组织机构，增强学会工作的凝聚力，明确全国专科会员的基本情况，从组织机构方面真正将麻醉学会工作与国际接轨。

口腔医学计算机辅助设计与计算机辅助制作的过去和现在及将来

北京大学口腔医学院
卫生部口腔医学计算机应用工程技术研究中心　吕培军

口腔医学,特别是口腔修复医学最大的特点是医师与技师配合,通过自己的专业知识和技能,为患者设计和制作具有特定形态及生理功能的修复体。各种个性化、多样化的义齿、颌面赝复体、夹板、矫治器的设计与制作是口腔医疗活动的基本内容和疗效的直接体现。

因此,如何为患者精确、完美、高效地设计和制作各种修复体,一直是口腔修复医学工作者长期以来孜孜不倦,努力追求的目标和理想。

然而,传统的口腔修复体设计、制作方法和工艺,是以医师和技师的个人理论水平、临床经验和手工操作能力为基础来实现的。因缺乏客观性和量化标准,故难于与现代工业和科学技术的成果相结合,从而延缓了口腔修复技术的进步与发展。

20世纪70年代,法国牙医Francois Duret教授,开创性地将工业领域中最先进的计算机辅助设计与计算机辅助制作(computer aided design and computer aided manufacturing,CAD-CAM)的概念和方法引入到口腔修复体的设计与制作中来。1983年,Duret的第一台牙科CAD-CAM样机在法国问世。1985年,Duret利用该系统制作了世界上第一个CAD-CAM全冠。1986年,德国西门子公司生产了世界上第一台商业用的牙科CAD-CAM系统——CEREC Ⅰ,从而开创了以计算机技术为支撑平台的数字化口腔修复时代。

CAD-CAM技术,其中CAD是指借助计算机硬件和软件生成并运用各种数字和图形信息进行产品的设计。CAM是指由计算机控制的数控加工设备,如数控铣床等对产品进行自动加工成型的制作技术。口腔CAD-CAM系统不仅融合了数学、光学、电子技术、计算机图像、图形处理、自动控制和自动化加工等多学科的知识与技术,还包含了大量的口腔医学知识、临床经验数据等。

口腔CAD-CAM系统通常由数据采集(数字化印模)、CAD、CAM三部分子系统组成。

一、口腔计算机辅助设计与制作的早期研究

早期口腔CAD-CAM系统主要应用于嵌体和单冠的设计及制作。与工业CAD-CAM系统面对的,可用数学、几何描述的加工零部件不同,口腔CAD-CAM系统的设计与加工对象是形状极其复杂的牙齿解剖形态,是一种复杂的自由曲面,通常在数学上无准确和有效的描述。因此人们不得不投入大量资金和人力针对这种特殊需求进行研究开发。

1. 早期的研究与开发是以大学的口腔医学教授为主,由工程技术人员配合进行的,其代表人物是法国里昂大学牙医学院Francois Duret教授和瑞士苏黎世大学牙医学院的Mormenn博士。因此,这一时期研发的SOPHA系统和CEREC系统,在设计思想和理念上均是以临床椅旁型为基本概念而提出的。

值得提出的是，尽管当时不少牙科医生和技师出自于对CAD-CAM的不了解以及对行业未来的一些担心，而并不看好这一技术。但一些热衷CAD-CAM技术的口腔医师，坚信它将代表口腔修复未来的主流技术。1989年，在温哥华举行的国际牙科计算机学术研讨会上，与会代表一致提出十年内CAD-CAM技术将取代传统的失蜡法和铸造机。这种提法现在看起来虽然有些激进和不够现实。但事实证明他们的科学预见性是正确的，对事物的执著是令人尊敬的。正是在这种预见和执著精神作用下，口腔CAD-CAM技术才有今天的进步和发展局面。

2. 早期的数据获取方法，多采用光学系统，如SOPHA系统采用激光全息干涉法。CEREC系统采用相位法(投影光栅)在口内直接采集三维牙颌形态数据，当然也有学者尝试使用三维机械测量的方法。各家都在探索能取代传统的口腔印模制取，以简化临床操作步骤，缩短患者修复体的制作周期。这一时期的测量精度不很高，在20～60 μm之间。

3. 由于当时CAD技术平台本身的功能所限，对修复体的三维重建、设计、图形显示等功能还不够理想。尤其在数据库中，对修复体量化设计时所涉及的口腔修复理论中一些基本参数、规律的研究、提取、检验等工作还有许多空白，因此修复体的设计自动化程度不高，结果也不够完善，精确度亦较差。如CEREC Ⅰ系统设计的嵌体则没有颌面形态，需医师在临床上依据对殆形态自行调磨建立。

4. 早期的CAM设备，除CEREC系统研制开发了自己的专用设备外，其余系统多采用通用的工业数控机床，其体积大而笨重，操作过程复杂，不便将其作为医疗仪器而放置在诊室中。对修复体加工主要采用数控铣、磨的去除加工成型，大部分修复体加工精度误差在100～200 μm之间。也有学者尝试使用激光、电火花、线切割等加工成型方式。

5. 相关材料的研发也是早期CAD-CAM技术发展的重要组成部分。综观口腔修复学和临床医学的发展历程，无不与修复材料的研究与发展密切相关。由于CAD-CAM系统采用的是与传统铸造工艺完全不同的概念和方法，因此，必须研制新的与之配套的口腔修复材料。除合金材料外，各种陶瓷基的增韧的可切削材料是研发的重点。

总之，这一时期口腔CAD-CAM研究与应用的特点表现为口腔医学专家主要在大学实验室中进行研究和探索。但由于CAD-CAM的概念和知识在大多数口腔医师和技师中还不普及，人们对传统技术的信任和依赖，加之口腔CAD-CAM系统在技术上也的确还不成熟，因此新旧观念的交替和更新令口腔修复学界困惑。少数人坚持研究开发，宣传鼓动，但更多的人则是在观望，他们期待临床上拿出更多更成功的病例报道，以证实口腔CAD-CAM较传统方法优越和可行。

二、口腔计算机辅助设计与制作技术的现况

随着CAD-CAM技术的日趋完善和成熟以及其在人类生产、生活各领域的广泛应用，众多的口腔医学院校和牙科厂商也开始加大在这一领域的投入与研发，并纷纷推出自己的产品。迄今为止，已报道的产品和系统就多达30余种，在市场上出售的商品也有10余种。

1. 目前，口腔CAD-CAM系统在精度和自动化程度上较过去有很大提高，在功能上也更加完善和方便，同时开始出现临床应用和技工室应用两种形式的分化，后者多由牙科医疗器械厂家研发和生产。研究方式也多由原来口腔医学院校专家的自由探索转向相关公司厂家以商品化为目的的专业研究与开发。

随着牙科固定修复CAD-CAM技术的成

熟和全球推广，近年来，氧化锆类修复体加工模式发生了改变，世界各地的牙科技师可应用开放式三维模型扫描仪获取牙科模型数据后，通过互联网发送至加工中心。分布于世界各地的加工中心在标准格式（通常为STL数据格式）的三维扫描数据基础上设计修复体并加工成基底冠，并用国际特快专递送回，最后由牙科技师烤瓷并完成修复体的制作。这种开放式的集中加工模式不仅节省了初期用于购买高精度加工设备大笔投资费用，还有利于控制修复体的制作质量。

2. 在数据采集技术上，目前有些系统采用非接触式的口外间接激光（点、线）测量方法，也有一些系统采用结构光（光栅）照相的方法，直接（CEREC系统）或间接（KAVA系统）获取牙颌形态的三维数据。目前最先进的数据采集设备精度可达到1 μm。也有人采用层析法、立体视觉、三维彩色等方法获取数据，但这些方法目前尚未能形成主流技术。近年来，以结构光（光栅）、线激光和三维立体摄影技术为代表，根据设计对象的需要定制扫描模块的牙科模型专用三维扫描仪渐成主流，高效率、高分辨率和更加人性化的操作界面是它们的突出特点，但基于多自由度数控结构的接触式扫描装置仍被一些牙科CAD-CAM系统所采用。

3. 各种系统的CAD设计程序中，除尽力提高各类修复体设计的自动化程度，还在设计过程中注意加强人机交互的亲和性，并更多地兼顾临床医师和技师的思维习惯及工作方式。随着研究和应用的不断深入，对与修复体设计有关的数学表达的研究工作以及相关的数据收集、分析、归纳、整理也在逐步深入，使与设计相关的口腔修复数据库日臻完善，特别是在复杂嵌体、贴面、固定桥、个性化种植体零件的形态、功能设计上都已具有较高的水准和精度。近年来，牙科修复CAD软件的研究主要集中于该技术在传统修复领域的拓展，例如各种颌面部赝复体的设计与制作，各种复杂固定活动联合修复体的设计与制作，各种针对牙科种植修复的设计、规划软件，种植体支持的各种修复体的CAD模块，种植手术导板和个性化基台CAD软件也逐渐被牙科厂商所重视，种植体生产商和牙科CAD-CAM系统生产商不断推出相关产品。但是，对下颌运动轨迹记录装置与虚拟殆架，将其设计为具有功能性颌面形态修复体方面的研究进展相对缓慢。

必须指出，除正向CAD的方法被广泛用于固定修复体外，目前已有一些学者使用反求工程的概念和快速成型（rapid proteping，RP）的方法设计和制造各种修复体，包括颌面赝复体、可摘局部义齿和全口义齿，并已获得初步成功。

4. 在修复体CAM方面，许多公司已研发出口腔专用的3-5轴数控加工设备。并且在加工轨迹规划、仿真模拟、工件夹持、冷却、刀具设计、加工效率等技术性能方面都有很大提高，其加工精度也可达10 μm左右，从而大大优于传统手工制作的水平。

目前，各类固定修复体大多是以磨削去除成型方式完成。而离散-堆积成型的方式，即快速成型（RP）的方法，早期主要用于任意复杂形态的颌面赝复体的制作加工。但随着RP的理论、工艺和材料的进步与完善，现在也开始被用于各类固定修复体的制作。最近有报道，应用选择性激光熔覆技术（SLM）可在11～12小时内一次加工制作230个单位的冠、桥，可摘局部义齿金属支架等修复体，并且具有相当不错的制作精度，所用材料可以是镍铬锰合金或钛合金。该方法充分展示了其在口腔医学领域中的巨大应用前景和卓越的技术优势。

此外，随着氧化锆全瓷材料生产能力的提升，可切削氧化锆坯料生产成本大幅下降，目前也有一种专用的氧化锆修复体三维仿形（手工）加工系统开始进入市场，牙科技师首先制作蜡、树脂或贱金属基底冠，利用“配钥匙”原理放大加工(放大率与氧化锆二次烧结收缩率一致)氧化锆基底冠,由于其成本低廉,技术难度不高,被许多中小型牙科技工中心所青睐。

5. 在相关材料的研究和应用方面也有较大进步。其中各种可切削陶瓷材料,特别是几经改善的氧化锆生物陶瓷、不同基质添料的可切削复合树脂、钛或钛合金等材料的研发始终是重点。但目前还需要解决的是1)如何进一步简化工艺步骤;2)在提高强度的前提下又能具有较好的生物力学相容性;3)如何更好、更简单地在制造过程中实现颜色的自动化匹配问题。纵观目前,口腔 CAD-CAM 和 RP 的概念和方法已被口腔医学界广泛接受。国外前几年就已出现完全数字化的、非传统技术的牙科技工加工中心。有些著名的牙科 CAD-CAM 系统已销售上万套设备,并在世界各地形成了庞大的客户群,他们拥有自己的学术期刊并每年定期召开学术研讨会。

这种技术也不再局限在口腔修复领域,它同时也被口腔颌面外科、口腔正畸科广泛采纳和应用。最近也有报道在口腔内科(牙体、牙周)领域使用快速成型方法在体外再现口腔内复杂根管或牙周病变牙齿周围骨组织的三维透明模型,以便对病变程度、治疗方案预习和预后作出更准确分析判断。近年来,基于三维测量技术、计算机辅助设计技术和快速成型技术的一种崭新的正畸治疗技术——无托槽隐形矫治术正在逐渐被广大追求美观的正畸患者所接受。同时,应用 CAD-CAM 制作的个性化托槽以及用于精确定位托槽的导板也有报道。

CAD-CAM 技术在口腔种植修复领域也取得了令人瞩目的成果。主要包括计算机虚拟种植规划专家系统的研究,种植外科手术导航和基于即刻负重理念和技术的即刻永久固定修复体的临床应用研究,患者一次就诊就可以全部完成种植体的植入、最终修复体的戴入,从而在最短的时间内为患者制作兼具美观、功能和舒适的固定修复体,该技术的进一步研究和广泛应用必将为牙列缺损、牙列缺失患者带来福音。

总体来说,国外发达国家的口腔 CAD-CAM 应用水平和普及程度要高于发展中国家。当然,一种新的技术要完全取代传统的技术,不仅是思维观念的改变,它同时也是一种知识体系的进步和更新。这就需要时间,需要实施新技术的知识环境和物质环境,其中如何降低使用新技术的成本也是一个非常重要的前提。

三、口腔计算机辅助设计与制作技术发展趋势和方向

当今,我们所处的世界是一个科学与技术飞速发展,日新月异的时代。在口腔医学界,CAD-CAM 的概念刚刚开始被普遍接受的时候,“先进制造技术”的概念又摆在了我们的面前。

先进制造技术(advanced manufacturing technology,AMT)之概念是由美国在 20 世纪 80 年代末期首先提出的一个综合性、交叉性前沿学科群,是制造技术和信息技术以及其他现代高技术相结合而产生的一个完整的技术群,并被公认为是面向 21 世纪的重要技术手段。一般来说,比较被人们接受的定义是:“先进制造技术是以人为主体,以计算机为重要工具,不断吸收机械、光学、电子、信息(计算机和通信、控制理论、人工智能等)、材料、环保、生物以及现代系统管理等最新科技成果,涵盖产品生产的各个环节的先进工程技术的总称”。

先进制造技术特点是:制造模式将朝着快速响应的智能化制造系统发展。设计和制造工艺紧密结合,统一在一个人身上,这也是口腔临床理想的一种工作模式。

目前,口腔医学的先进制造技术包括 CAD-ACM 和 RP 两大技术平台,但又是这些技术平台的升华和综合进步。现有的 CAD-

CAM加工精密度高,但成型能力受加工对象的形状复杂性制约。而快速成型不受加工对象的形状复杂性制约,但目前的加工精度偏低。

尽管先进制造技术的种类和手段很多,但从现实发展情况来看,口腔CAD-CAM和RP技术在今后十年内,在各类口腔假体的设计与制作中将是主流技术,并终将在不太长的时间里逐步淘汰传统的铸造工艺和手工制作方式。

总之,口腔医疗追求的最终目标是个性化、美观、高效、简便地为患者设计、制作各类修复体,而先进制造技术是唯一能够使我们实现这一目标的方法。

我国口腔医学基础研究进展

首都医科大学口腔医学院 王松灵 宋铁砾

我国口腔医学基础研究起步较晚，较其他学科相对薄弱，但近年来随着基础研究手段迅速发展、国内相关部门大力支持以及国际合作交流不断增多，使我国口腔医学基础研究也有了较大的进步。下面笔者对近年口腔医学基础研究进展作一综述。

一、口腔颌面部发育及遗传疾病相关基础研究

(一)牙齿发育相关基础研究

牙齿发育是一个极其复杂的生物学过程，现已发现的参与牙齿发育的蛋白、信号分子等有几十种，并且形成了牙齿发育调控的复杂网络。近几十年中，以啮齿类动物牙胚作为器官发育、形态发生和细胞分化的经典模型，国外对牙齿发育分子机制研究已经有许多重要发现，对一部分信号作用机制也逐渐明了。相对于国外同领域的研究状况，国内各科研院所相关研究虽逐渐增加，但还有很大差距。国内以小鼠为对象的研究主要集中在某些发育相关信号分子在不同发育阶段牙胚中蛋白水平或基因水平的表达，或利用基因静默、干扰技术观察其对牙胚发育的影响，但更深入理解其作用机制尚待进一步研究。以鼠类为对象的研究对于解释人类牙齿发生发育机制还嫌不足，国内也有部分学者利用合法获得的人牙胚进行了一些初步研究。研究显示，一些在小鼠牙齿发育中起重要作用的基因，如 *bmp4*、*fgf8*、*msx1*、*pax9*、*pitx2* 以及 *shox2* 与其在人牙胚中的表达很相似，但在部分细节有明显差异。在钟状期人牙胚，*msx1* 仅表达于与间充质邻近的内釉上皮，在帽状期，*fgf8* 只表达于上皮，而 *pax9* 和 *shox2* 则同时表达于上皮和间充质，这些基因表达模式对于更深入的理解人类牙齿发育有一定的积极作用。在国内外已开展的牙齿发育机制研究中，主要集中在牙早期发育调控，很少涉及牙根的形成。第四军医大学口腔医学院课题组通过研究牙根发育不良疾病相关基因时，筛选到一个牙齿发育相关基因 *adam28*，进而围绕这一基因做了研究工作。研究证实，*adam28*在鼠牙胚各个发育阶段均有表达，并可能作为信号分子在上皮和间充质相互诱导中起重要作用。利用改良消减杂交技术建立了大鼠牙根发育启动相关差异表达基因文库，发现了一些牙根发育相关基因。该课题组研究显示，在大鼠牙根发育启动后，其发育具有独立性，此时期大鼠牙胚颈部的组织有独立发育牙根和牙周组织的能力，发育期牙根其根端组织在结构和功能上均不同于早期的牙乳头和牙囊，它同时包含上皮和间充质，在牙根发育过程中，作为一个功能性整体起作用，大鼠体内肾被膜下移植后，能够形成类似自然形成的牙根和牙周组织样结构。据此，提出了“发育期牙根根端组织”这一概念，认为从牙根发育启动到牙根发育完成，这一部分结构可能作为牙根和牙周组织的“生发控制中心”，不但包含牙根发育所必需的各种前体细胞，还包含各种信号分子和细胞外基质构成特殊微环境调控牙根和牙周组织的共同发育。

国内口腔医学领域涉及颌面部其他组织器官发生发育机制的研究还非常薄弱。近年来所发表的文章也少见，有些研究工作刚起

步，今后需要进一步加强。

（二）口腔颌面部疾病分子遗传学方面的研究

目前对遗传疾病的研究已经由单纯的表型分析深入到对DNA分子本质认识水平，在国家对遗传资源保护政策支持下，经过长时间的艰辛探索，我国对口腔颌面部遗传疾病分子机制方面也作出了贡献。一项对一个牙本质发育不全Ⅱ型（DGI-Ⅱ）家系连续4代研究表明，患者牙本质涎磷蛋白（DSPP）基因外显子1存在重要突变，突变点位于牙本质涎蛋白第2个氨基酸脯氨酸编码区，这是继*DSPP*基因外显子3突变发现后又一个被发现的突变，从而扩展了导致DGI-Ⅱ的*DSPP*基因突变谱。对另一个DGI-Ⅱ家系连续6代的研究中，通过对4号染色体上的6个短链重复序列进行分析发现，患者*DSPP*基因第2个内含子的杂合子缺失突变导致了移码突变，但这种情况在家族中未发病者和正常对照中则没有，进一步以高效液相色谱分析证明这种突变是等位基因特异性的，故而证明这种杂合子缺失突变也是DGI-Ⅱ发病的重要机制之一。在一个伴发牙本质发育不全的骨发育不全Ⅰ型的家系，筛查到一个*COL1A*1基因RNA剪切位点的突变，突变导致内含子27的5′端由GT改变为AT，这一发现为深入研究该疾病发生的分子机制打下了基础。南京大学附属口腔医院课题组对两个不相关的先天缺牙症家系进行了筛查，发现两个家系中均存在*EDA*基因错义突变，突变位点不同，*EDA*基因是少汗性外胚叶发育不良的致病基因，但被研究的两个家系中除了先天缺牙之外无其他表型，这一发现提示单纯发生先天缺牙的可能机制。首都医科大学口腔医学院研究组对一个汉族痣样基底细胞癌综合征家系致病基因进行了研究，发现了Shh信号系统中*PITX*2的错义突变，功能研究表明该突变导致Shh下游信号增强。上海交通大学医学院附属第九人民医院研究组在Van der Woude综合征中发现了*IRF*6基因的3个错义突变和一个无义突变；武汉大学口腔医学院研究组在一个非综合征型常染色体显性遗传性牙龈纤维瘤病家系中，找到了一个新的基因座*GINGF*3，再次从分子遗传学角度证明了这种疾病很强的遗传异质性；北京大学口腔医学院研究组在研究一个Rieger综合征家系时，发现了一个以前未报道过的*PITX*2基因外显子5的4个碱基对缺失，进一步证明了*PITX*2基因在牙齿形态发生中的重要作用。

二、口腔干细胞与组织工程学相关基础研究

口腔组织工程学近年来发展较快，其中牙齿和骨组织工程是研究较多的部分。组织工程研究中干细胞是机体修复和再生的基础，干细胞研究是最受关注的热点之一。

（一）牙源性相关干细胞与牙再生

牙源性间充质干细胞是口腔特有的干细胞，是牙组织工程中最重要的细胞来源，国内相关研究主要集中在干细胞生物学行为、微环境中细胞因子的诱导调控等。干细胞诱导分化方面，以往的研究多为非生理性诱导方式，具有局限性。近期研究发现牙胚细胞所提供的发育微环境非常适合成体牙髓干细胞的增殖和分化，牙髓干细胞以牙胚细胞条件液培养或与牙胚细胞分层培养的情况下可向功能性成牙本质细胞分化，诱导分化后的牙髓干细胞团移植于大鼠的肾被膜下，可形成规则的牙本质-牙髓复合体结构；以同样的方式培养牙周膜干细胞，也能促进牙骨质-牙周膜样的组织形成。进一步的研究还证实了牙源性上皮成分在诱导中起决定性作用，并且利用这一发现用同种异体牙髓干细胞构建出了嵌合体牙胚样结构。上皮-间充质细胞复合比例对决定牙冠形态有重要作用，将大鼠磨牙牙髓干细胞与切牙根尖蕾细胞复合，只有在等比条件下才能形成典型的磨牙牙冠结

构。牙齿干细胞在大型哺乳动物的体内实验也取得了进展。国内学者参与的国际合作研究中,分离鉴定了根尖乳头干细胞。根尖乳头干细胞免疫表型与牙髓干细胞极为相似,也具有成牙本质和成骨的潜能,但其增殖能力较牙髓干细胞强2~3倍,研究提示根尖乳头干细胞具有更强的成牙能力。首都医科大学口腔医学院研究组与南加州大学研究组合作,以小型猪自体根尖乳头干细胞和牙周膜干细胞复合于生物支架材料,回植入小型猪颌骨,成功再生出包含类似牙本质、牙骨质和牙周膜的生物牙根,且具有一定的生理功能。以治疗牙齿疾病为目的的干细胞应用研究也取得了重要进展,该研究组还建立了小型猪牙周炎骨缺损模型,以分离培养的小型猪自体牙周膜干细胞,与人工材料复合后回植病损区,重建了牙周组织,取得了较满意的效果。这些研究不同于以往牙齿干细胞研究局限于小型啮齿类动物的状况,为牙齿干细胞用于治疗人类疾病搭建了桥梁。

(二)非牙源性干细胞与牙齿组织工程

由于成体牙齿干细胞数量有限,而且已发现的牙齿干细胞几乎全部为间质干细胞,还不能用作再生成釉细胞的上皮干细胞来源。成体干细胞具有可塑性,利用其横向分化和跨系分化的能力寻找可以被利用的非牙源性干细胞也引起了众多学者的兴趣。近年来研究较多的包括骨髓基质干细胞、脂肪干细胞等。2006年,首都医科大学研究组与法国等研究组合作利用上皮-间充质分离技术将c-kit/CD117阳性的骨髓基质干细胞诱导分化成为成釉样细胞,成为跨系分化很好的证明。四川大学华西口腔医学院研究组研究显示在适当的诱导条件下,脂肪干细胞可以向成牙本质细胞方向分化,并表达成牙相关的标志基因。第四军医大学口腔医学院研究组则将牙髓干细胞和骨髓基质干细胞的成牙能力作了比较,牙髓干细胞的成牙能力明显高于后者,但他们认为皮肤、黏膜中的表皮干细胞资源相对丰富,而且与牙在发育模式上又有高度相似性,改造这些细胞用于成牙有不错的前景。2008年,在实验中,他们已成功地将小鼠的毛囊真皮乳头间充质细胞诱导分化成为具有成牙潜能的成牙本质细胞样细胞。这些研究都为寻找更广泛的可供利用于牙齿再生的干细胞提供了新的思路。

(三)其他口腔组织工程学研究

相对于牙齿,骨组织工程学研究更成熟,虽然离临床应用尚有距离,但已经有了较为完善的理论和技术路线。如今细胞生物学和分子生物学发展迅速,很多生长因子都可以纯化和克隆。近年来的研究表明生长因子(成骨相关)与干细胞结合可以增强其成骨能力。以hBMP-2转染后的大鼠骨髓基质干细胞,其成骨能力明显增加,在骨质疏松大鼠骨缺损模型中可以加速骨愈合;将成骨相关基因转染大鼠脂肪干细胞,能明显促进其成骨分化等。新型材料也为骨组织工程发展起到了推动作用,国内口腔医学领域也有不少相关研究,如探索种子细胞与不同材料结合修复动物体内颅颌面部骨缺损的效果等。除骨组织工程研究外,还有颞下颌关节、涎腺等组织工程方面的研究,不过相对较少,没有合适的种子细胞来源是限制其发展的因素之一。如涎腺组织工程,迄今为止尚无一个实验室培养出被医学界认可的涎腺干细胞。原代培养涎腺细胞是获得种子细胞的一个方向,有研究成功地建立了小型猪腮腺细胞的体外培养方法,并且体外培养的小型猪腮腺细胞具有蛋白合成及分泌功能,小型猪腮腺细胞在体外生物材料单层培养中还可获得细胞间紧密连接。

三、基因转导与基因治疗相关基础研究

(一)涎腺基因转导与基因治疗

自从十几年前美国国立卫生研究院提出转导外源性基因治疗涎腺本身甚至口腔、全身疾病的构想之后,很多研究也逐渐展开。

首都医科大学研究组通过比较不同种属的哺乳动物涎腺系统，确定了我国自主研发的小型猪是研究涎腺疾病较为理想的模型。在使用小型猪进行涎腺基因转导研究中，证实了腺病毒载体能够将外源基因转导到小型猪腮腺内并可以表达，且转导产物具有明显的生物活性，转导时间、转导体积和转导剂量是影响外源基因在小型猪腮腺内表达的重要因素，并确定了最佳体积、最佳剂量和表达时间曲线，为今后涎腺基因治疗、基因疗法深入研究打下了基础。进一步建立了小型猪腮腺放射损伤模型，在这一模型上以 10^9pfu 腺病毒介导的水通道基因转导至腮腺，发现治疗后能明显增加放射损伤的小型猪腮腺的唾液分泌，为应用基因转导方案治疗腮腺放射性损伤提供了大型动物依据，为其进入临床搭建了桥梁。该治疗方案已获得美国 FDA 批准，目前正在进行临床试验。

（二）肿瘤基因治疗

基因治疗方法在肿瘤治疗尤其是恶性肿瘤治疗中是一种潜在的治疗方法。在口腔肿瘤方面，主要研究方法是以现有的口腔肿瘤细胞系，利用基因转染或 siRNA 干扰等方法，观察某些免疫相关细胞因子、抑癌基因、自杀基因、抗血管生成因子等对肿瘤细胞的作用。将人肿瘤坏死因子受体 1 基因转染到 Tca8113 细胞建系之后，观察重组人肿瘤坏死因子 α 联合肿瘤坏死因子 1 对舌癌细胞的杀伤作用，发现转染细胞存活仅 20%，而未转染细胞存活 80% 以上；免疫球蛋白超家族类细胞黏附分子对人腺样囊性癌细胞增殖具有明显抑制作用。一组关于肿瘤抑制基因、促凋亡基因的研究表明，这些基因对口腔癌细胞系均有明显的抑制增殖作用。有关自杀基因对口腔癌的作用多与抗肿瘤化疗联系在一起，研究发现自杀基因与抗肿瘤药物联合可以明显增强对肿瘤细胞的杀伤力。血管内皮生长因子类可以增加口腔癌细胞的转移能力，而内皮抑制素则可以抑制荷瘤裸鼠舌癌的生长。对部分口腔颌面部良性肿瘤，基因治疗对其生长抑制也具有一定的积极作用。目前，肿瘤基因治疗药品重组人 P53 腺病毒注射液已经进入临床，并有部分用于头颈鳞癌的辅助治疗，其他尚处在实验室实验阶段。

四、口腔颌面部肿瘤相关基础研究

（一）常见肿瘤的生物学特性相关研究

成釉细胞瘤是临床上最为常见的牙源性肿瘤，因其具有局部侵袭性的性质，所以一直是被关注的热点。相对于以往多限于临床研究的状况，近年来，为了更深入地解释这种病变的特性，相关的基础研究也在逐渐增多。较多研究集中在检测与成釉细胞瘤生物学特性有关的生物大分子的改变，如凋亡、增殖动力相关蛋白，细胞外基质黏附分子和蛋白水解酶类物质，参与调控破骨细胞的因子等。端粒酶活化和凋亡作用被抑制在成釉细胞瘤的发展中起着积极的作用，大多数成釉细胞瘤中凋亡细胞数量很少，与正常口腔黏膜、牙源性角化囊肿相比，凋亡抑制蛋白 Bcl-2 在成釉细胞瘤中阳性率最高，而且以强阳性为主，并且 hTERT 和 Bcl-2 表达伴随疾病复发恶变而增强。基质金属蛋白酶类（MMP）在成釉细胞瘤中高表达，尤其是 MMP-2，与其侵袭性特性紧密相关，而层黏连蛋白和纤黏连蛋白在成釉细胞瘤基底膜区表达缺失也可能是该肿瘤复发和局部侵袭机制之一，在肿瘤侵袭颌骨时，MMP-2、MMP-9 和 RANKL 可能共同参与了骨吸收过程。

牙源性角化囊肿也是临床上最常见的疾病之一，同样具有局部侵袭性和内在的生长潜力。2005 年 WHO 对头颈部肿瘤的新分类中，已将其归属在良性肿瘤，但对这一分类仍有很多争议，正角化牙源性囊肿在组织学和生物学行为方面，不表现牙源性角化囊肿上皮的形态分化特点，细胞增殖活性较低，二者之间的差异有显著性，前者可能代表一组有别于牙源性角化囊肿的颌骨病损。这一发现提示对牙源性角化囊肿需要更深入认识,对临床治疗方式的选择可能也会有较好的参考意义。

口腔恶性肿瘤中口腔鳞癌比例最高,围绕其展开的研究也较多,主要集中在其侵袭和转移机制方面,如基膜的变化,蛋白水解酶类在基膜降解中的作用,血管形成与转移侵袭的关系等。有不少相关研究涉及基因水平与转录水平,使人们对口腔鳞癌的侵袭和转移有了更深入的认识。相对早期诊断和治疗的口腔癌患者,晚期病损,即使是多学科的综合治疗也不能获得理想的效果。因此,如何寻找有效地用于鳞癌早期诊断和预后监测的特异分子标志物以及靶向治疗的药物靶标,一直是广大学者努力的方向。

近十多年来,以高通量分子扫描为基础的基因组学、蛋白质组学迅速发展,有助于从整体上动态真实地反映细胞生理变化,揭示肿瘤的实质。四川大学研究组运用双向电泳-串联质谱-生物信息学为核心的功能蛋白组学技术分析了20例新鲜口腔鳞癌组织和癌旁正常组织的蛋白表达谱,高通量鉴定出与肿瘤相关的差异表达蛋白,筛查出一批可信度较高的与口腔鳞癌发生发展相关的蛋白,其中有8个为首次在口腔鳞癌中检出,这些蛋白有可能作为新的靶点以研究口腔鳞癌的发病机制、诊断以及治疗。该研究进一步对RACK1蛋白进行了表达验证和肿瘤相关功能分析,发现RACK1在口腔鳞癌中可以成为一种潜在的、有应用价值的早期诊断和侵袭预测的分子标志物,并且其RNA干扰结果首次揭示了RACK1在肿瘤凋亡调节中的作用,提示其作为有效药物靶标的可能性。同样利用蛋白质组技术,浙江大学研究组在口腔鳞癌不同标本来源(癌组织细胞、血清、唾液)的肿瘤蛋白标记整合应用、构建口腔肿瘤功能蛋白质组学立体架构方面进行了探索,分别建立了4个血清诊断模型、3个唾液诊断模型和3个组织学诊断模型,在正常组与原发口腔鳞癌组诊断模型试验结果的特异性、敏感性等均近90%甚至更高,这也为口腔黏膜上皮的癌前病变、癌变、复发和转移的早期诊断模型建立打下了基础。

(二)肿瘤基因和肿瘤干细胞相关研究

国内研究机构对口腔颌面部肿瘤中的癌基因与抑癌基因进行了研究。研究显示口腔癌中癌基因高表达,并与组织分化程度相关,在一定程度上可提示预后。凋亡抑制基因*survivin*在口腔正常组织、癌前病变组织和鳞癌组织中表达依次增高,并且与鳞癌的分化程度、淋巴结转移以及肿瘤中微血管密度密切相关;*survivin*在腺样囊性癌中也有表达,且表达阳性者通常预后不良;细胞周期蛋白D1(cyclinD1)基因过度表达与口腔鳞癌发生发展也有密切关系,表达阳性者生存期显著降低;*EMS*1基因扩增与原发肿瘤肿瘤T分级、分化程度等存在显著相关性;*c-erb* B-2基因异常表达与舌鳞癌分期和转移差异有显著相关性等。抑癌基因突变和表达下调与口腔癌发生发展也有密切关系,*p*53基因突变与P53蛋白阳性表达率在低分化口腔鳞癌中明显高于高、中分化者;随着口腔鳞癌的发展,P27蛋白表达有持续下调的趋势,而P27的过度表达能引起口腔鳞癌细胞周期静止或细胞凋亡;P73参与了口腔鳞癌的发生与发展,在口腔癌前病变和鳞状细胞癌中表达逐渐增加;磷酸酶及张力蛋白同源的基因(phosphatase and tensin homologue deleted on chromosome 10,PTEN)与口腔鳞癌的分化程度也具有显著的相关性。

肿瘤干细胞是肿瘤复发、耐药和转移的根源,因此对肿瘤干细胞研究也正在加快速度,但国内头颈癌中相关研究较少。特异标志物是寻找肿瘤干细胞的关键,国内部分院校对此做了有益的探索。四川大学华西口腔医学院研究组采用单细胞体外培养法,观察腺样囊性癌细胞增殖特点,发现只有$CD44^{+}$/$CD24^{-}$的干细胞亚群具有极强的增殖分化能力，并且在凋亡、黏连、信号传导等有关的基因上均与其他亚群存在差异。由此提示ACC-2中存在肿瘤干细胞，而$CD44^{+}/CD24^{-}$是其必须兼备的表面标志。华中科技大学同济医学院严宁研究组发现在全能干细胞标志物癌转录因子Oct-4在正常口腔黏膜中不表达，但在口腔鳞癌细胞中只有一小部分表达，这一小部分细胞具有诱发并维持口腔鳞癌细胞恶性表达的能力，提示这些全能表达Oct-4的细胞很可能是肿瘤干细胞。

五、基于口腔常见病预防和治疗的基础研究

在龋病病因学方面，我国学者提出了生物电化学理论。该理论认为，在以细菌为主的多因素影响下，龋病伴随氧化还原电位的变化，存在生物电化学原电池现象，可以通过控制致龋菌、抑制自由基产生、消除Eh负电位和增大牙齿表面电阻的方法来防治龋病。在免疫防龋方面，武汉大学口腔医学院研究组进行了疫苗的构建、免疫效果以及安全性检测方面的研究，已有动物实验证实，多基因融合疫苗免疫效果明显优于单基因疫苗，不同免疫途径诱发血清特异性抗体和唾液特异性抗体有明显的差异，黏膜免疫途径能最有效地诱导唾液特异性抗体的产生，降低动物龋的发生；成功构建了DNA防龋疫苗，并筛选出有效的疫苗免疫途径，通过动物实验证实了所构建的疫苗具有高水平的免疫原性和显著的防龋效果。与祖国传统医学相结合的中草药防龋研究和转基因防龋食品疫苗也初步显示了其潜在的价值。

正畸治疗、牙周炎以及一些全身疾病都会引起颌骨变化。近年来国内对相应的颌骨代谢调控研究也逐渐增多。以往骨代谢研究多对偏重于炎症介质类物质，近年来则涉及了更多的细胞因子。一项观察P物质和其神经激肽（neurokinin，NK）受体neurokinin-1（NK1）拮抗剂对破骨细胞功能影响的研究显示，P物质能明显增加破骨细胞骨吸收陷窝的面积，增强其吸收功能；碱性成纤维细胞生长因子和胰岛素样生长因子都可以促进体外培养牙周膜细胞增殖，但前者降低了骨保护因子表达，提示利用细胞因子促进牙周再生时，应考虑到对牙周骨代谢平衡的影响；降钙素基因相关肽可以通过调节成骨细胞OPG/RANKL的比例，间接调节破骨细胞的活性；整合素可能参与破骨细胞前体向破骨细胞转化以及破骨细胞的迁徙和黏附；一些促进骨吸收的因子如1,25-$(OH)_2D_3$可使破骨细胞分化因子表达增强等。临床常用药物对骨代谢影响方面，如降脂药辛伐他汀不仅可以促进大鼠颅盖骨的成骨活性，还可以明显抑制破骨细胞的功能，具有预防骨质疏松的作用；一些植物成分对破骨细胞骨吸收具有抑制作用，可逆转雌激素下降造成的骨转换率增高。还有研究探讨了临床生物力对骨代谢的影响。所有这些对临床治疗方法的改进都提供了一定的理论基础，具有积极的作用。

以上从几个主要方面综述了目前国内口腔医学基础研究一些进展，还有其他分支学科的基础研究也均取得了较好的进展，但总的来说偏重于临床应用方面，比如口腔材料学，还有部分新分出的学科，如口腔药物学等，还处在起步阶段。近年来在口腔医学基础研究领域中，我国学者逐渐活跃起来，一些由中国学者完成或主要完成的论文发表在国际著名医学杂志上，如*Mol Cell Proteomics*，*Stem Cells*，*PLoS ONE*，*Biomaterials*等，这也从侧面说明了我国口腔基础研究已取得长足进步，我国口腔医学基础研究队伍正在不断壮大，创新性成果将会更多。有理由相信，我国口腔基础医学研究将会有更加灿烂美好的明天！

我国牙髓生物学研究进展

口腔疾病研究国家重点实验室 彭栗 叶玲 周学东

牙髓生物学是一门涵盖内容广泛、基础医学与口腔医学交叉性学科，主要包括髓腔解剖学、牙髓组织胚胎学、牙髓生物化学、牙髓神经生物学、牙髓微生物学、牙髓免疫学、牙髓生理学、牙髓病理学、牙髓药理学等方面的内容。牙髓生物学起源于20世纪50年代，1970年在美国召开的第一次"人体牙髓生物学会议"标志牙髓生物学的正式确立。通过近40年的发展，这一领域已引起越来越多学者的关注，每年都有大量的研究成果问世，极大地推动了这一学科的发展。更为重要的是，研究牙髓生物学并不局限于牙髓、牙齿发育等领域，而且对龋病、牙髓根尖周病的病因探讨及有效防治措施的提出也起着重要的作用。

我国学者自牙髓生物学确立之初就开始了大量卓有成效的研究，近年来在牙髓生物学领域取得了令人鼓舞的进展。下面就我国牙髓生物学的研究进展评述如下。

一、干细胞与牙组织工程

牙髓干细胞是国内外牙髓生物学领域学者们近年来研究的热点，中国学者在此领域取得了很多重要的科研成果。施松涛及其研究团队最先报道了牙髓干细胞的存在，随后国内众多学者成功地从人乳牙及年轻恒牙，猪、鼠等的牙髓中分离培养出了具有高度增殖、自我更新能力和多向分化潜能的间充质干细胞，并进行了一系列的干细胞表面特异抗原的鉴定。牙髓干细胞分化能力也是众多学者关注的热点。有学者通过成神经、成骨/成牙本质、成脂、成肌、成软骨等培养液的诱导，证实人牙髓干细胞具有多向分化潜能，可作为一种新的多向分化性干细胞来源用于组织工程学领域研究。研究证实，在BMP2、TGF-β、FGF的体外诱导下，牙髓干细胞有向牙本质样细胞分化的趋势。关于牙髓干细胞体外培养易老化和大规模扩增难等问题的研究，有报道Notch配体*Deltal*基因能促进人牙髓干细胞的体外增殖活性，使其处于较原始的未分化状态，保持了细胞的分化能力，获得的基因改造牙髓干细胞一方面有望作为组织工程的种子细胞，另一方面也为进一步研究牙髓干细胞向不同方向分化的机制、相关基因治疗等打下了良好的基础。

在组织工程应用方面，已发现牙髓干细胞在与牙胚细胞条件液培养、分层培养的情况下，可向功能性成牙本质细胞谱系分化，诱导分化后的牙髓干细胞团移植至肾被膜下，形成了规则的牙本质牙髓样复合体结构。牙髓干细胞与根尖蕾细胞按1:1比例进行体内重组时，会形成典型的牙冠样结构。

发育期牙根的根端复合体(developing apical complex，DAC)是近年来又一研究热点。DAC包含大量具有高增殖活性的未分化间充质前体/干细胞，提示DAC较其邻近的成体牙髓组织具有更为"胚胎性"的特征。DAC表达多种牙本质相关的矿化蛋白，提示DAC细胞具有成牙本质细胞向分化的潜力。

在牙齿发育形成过程中，由神经嵴细胞迁移分化而来的牙乳头细胞，作为牙胚发育过程中唯一具有分化为成牙本质细胞的间充质细胞群体，发挥着重要的调节作用，受到高度关注。牙乳头细胞在平面和三维体外诱导环境中均可呈现典型成牙本质样形态分化，在支架材料孔隙中形成类似成牙本质小管状结构，并表达牙本质涎磷蛋白(dentin sialophosphoprotein，DSPP)，体内培养可见细胞分化和细胞外基质形成。由此推断，牙胚间充质干细胞是颇具前景的牙组织工程种子细胞，多孔支架具有进一步应用和改良的潜力。

二、成牙本质细胞分化和牙本质形成

成牙本质细胞为终末分化细胞，成牙本质细胞分化和牙本质形成的机制至今尚未完全明确。建立稳定的、克隆化的、具有成牙本质细胞生物学表型和功能的细胞系对推动牙髓牙本质复合体相关研究十分重要。我国学者采用分子生物学和细胞生物学等方法，原代培养人成牙本质细胞样细胞后，转染人端粒酶反转录酶（human telomerase reverse transcriptase，hTERT）基因，建立了永生化人成牙本质细胞样细胞系 hTERT-hod-1。该细胞系保持了人成牙本质细胞样细胞的生物学特征，在体外培养中可分泌牙本质细胞外基质并矿化。此细胞系的建立为探讨成牙本质细胞的分化以及合成、分泌牙本质基质的机制，以明确牙本质的形成过程，为牙本质的组织工程提供充足种子细胞提供保障。

成牙本质细胞样细胞系小鼠成牙本质细胞（MDPC-23）是另外一个良好的成牙本质细胞模型。通过对此细胞系的研究，我国学者掌握了大量成牙本质细胞的生物学特性。MDPC-23 可表达 TGF-β 信号通路下游分子 Smad 蛋白，细胞内 Smad 可转导 TGF-β 信号至细胞核内并活化靶基因的转录，同时细胞内 Smad 信号分子表达数量还对 TGF-β 刺激作出不同的反应，调控 TGF-β 信号在细胞内的强度和持续时间。TGF-β 可下调 MDPC-23 细胞增殖，Smad2、Smad3 均参与介导 TGF-β 对细胞的生长抑制作用。TGF-β 还可通过 Smad 信号途径调控牙本质基质蛋白 mRNA 的表达，其中 Smad3 参与介导 TGF-β 细胞内信号转导过程。TGF-β 在 Smad3、核心结合因子 α1（core-binding factor alpha 1，Cbfα1）参与下抑制 *DSPP* 基因的转录。Smad 作为 TGF-β 细胞内信号分子，在成牙本质细胞分化及细胞外基质形成过程中发挥关键的调控作用，对 Smad 信号分子在成牙本质细胞中的功能作进一步深入研究，将有利于最终阐明 TGF-β 调控成牙本质细胞分化、牙本质形成和矿化的分子机制。

我国学者对出生后小鼠牙髓牙本质复合体形成过程中 Runt 相关转录因子 2（runt-related transcription factor 2，Runx-2）的作用进行研究发现，在牙根尚未发育之前的牙胚钟状晚期，Runx-2 只在前牙本质中有表达，在牙髓细胞和成牙本质细胞中皆为阴性；约从第 11 天开始，随着牙根的发育，Runx-2 在牙根部成牙本质细胞、牙髓细胞中表达为阳性，在冠部成牙本质细胞中表达为阴性。有学者报道，当受到外源性刺激后，牙髓组织内的 Runx-2 信号通路被激活，尤其是在损伤初期和修复性牙本质形成前期表现得更为明显。牙髓损伤动物模型建立 5 天后，牙髓细胞进入分化期，根髓部位出现散在的星形细胞，此时 Runx-2 在新出现的星形细胞特异性表达，提示 Runx-2 在成牙本质样细胞分化阶段起着重要的调控作用。深染的核分裂象提示 Runx-2 也参与了牙髓前体细胞的分裂增殖。据此推断，Runx-2 参与牙髓牙本质复合体的发育和牙本质的形成及矿化，并且起重要作用。

三、牙髓细胞研究现状

在国内外众多学者对牙髓干细胞的研究进行得如火如荼之时，我国有相当一部分学者把注意力放在了牙髓细胞上。首先牙髓细胞的研究和牙髓干细胞的研究并不重复，由于目前牙髓干细胞的表面特异标记物仍未明确，在某些研究中采用牙髓细胞仍是可行的选择。牙髓细胞实为牙髓成纤维细胞，在体外易于获得，并可大量扩增。有报道 15 ~ 20 代的牙髓细胞仍能较好地保持 5 代以内牙髓细胞的生物学特性，可以方便地进行科学研究。研究表明，牙髓细胞参与了牙髓的损伤修复,并促进了牙本质样细胞的形成和牙本质的分泌及矿化,研究牙髓细胞对于理解牙髓的损伤修复具有重要意义。

通过研究 TGF-β1 对牙髓细胞分化的调控机制,提出体外培养的人牙髓细胞表面表达 TGF-β1 型和Ⅱ型受体,TGF-β1 抑制体外牙髓细胞的增殖促进其分化,对细胞内微丝骨架具有解聚和重组作用,为解释牙本质牙髓复合体损伤后牙髓细胞向受损部位的迁移现象提供了可能性。TGF-β1 可以通过多种信号通路如 P38 丝裂原活化蛋白激酶(P38 mitogen-activatedproteinkinase, P38MAPK)、细胞外信号调节激酶(extracellular signalregulated kinases, ERK1/2)MAPK 以及 Smad 通路实现信号转导,P38MAPK 对 TGF-β/Smad 信号通路中的两种受体调控型 Smad 即 Smad2 和 Smad3 的磷酸化具有调节作用,提示 P38MAPK 信号通路参与了 TGF-β1 在牙髓细胞内信号转导,并对细胞的分化指标碱性磷酸酶活性具有调控作用,MAPK 信号通路的特异性阻断药物对 TGF-β/Smad 信号通路的调控作用的实验发现为临床牙髓保存治疗的策略提出了新思路。

四、牙髓微生物学研究

牙髓组织特殊的组织生理特点及所处的特殊解剖结构提示,探讨牙髓根尖周病的病因和防治需要考察细菌对牙髓组织的致炎能力。有学者采用牙龈卟啉单胞菌活菌胞内攻击牙髓成纤维细胞后,牙髓成纤维细胞固有免疫反应胞内类型识别受体的表达水平,成功地建立了牙龈卟啉单胞菌胞内感染宿主细胞的体外模型。研究表明,牙龈卟啉单胞菌能够攻击牙髓成纤维细胞,进入到细胞内部,牙髓成纤维细胞内的牙龈卟啉单胞菌以及牙髓成纤维细胞能在一定的时间内保持活力。这一课题组还研究了牙髓成纤维细胞胞内类型识别受体的表达情况,结果表明,牙髓成纤维细胞表达宿主细胞固有免疫反应系统中的胞内类型识别受体核苷酸结合寡聚结构域受体 1(NOD1)、NOD2 和信号转导分子激酶受体互作蛋白 2(receptor interact protein 2, RIP2),当牙龈卟啉单胞菌胞内攻击牙髓成纤维细胞时其基因表达水平显著上调。牙髓成纤维细胞能识别进入胞内的细菌,参与了牙髓组织的固有免疫反应。

五、牙髓免疫学研究

在牙髓免疫学相关研究中,有学者通过脂多糖(LPS)化学诱导成功构建了大鼠牙髓炎模型。发现热休克蛋白 70(HSP70)在牙髓炎早期能够保护牙髓细胞,限制炎症发展,在损伤晚期则可能参与牙齿矿化修复过程;HSP27 在牙髓炎过程中能够保护牙髓细胞,限制炎症发展,在牙髓损伤修复期是主要介导牙齿矿化修复细胞因子之一。

单核细胞趋化蛋白 1(MCP1)是单核巨噬细胞强有力的激活和趋化因子,在机体的多种炎性疾病的发生发展过程中起着重要作用。实验证实 MCP1 为诱导性表达细胞因子,在正常牙髓组织中无表达,急性牙髓炎组织中——在巨噬细胞、中性粒细胞中阳性表达,在慢性牙髓炎组织中——在血管内皮细胞、巨噬细胞、中性粒细胞、成纤维细胞中有阳性表达,为阐明 MCP1 在牙髓炎性疾病发生发展的作用机制提供了初步依据。

白细胞介素-1(IL-1)作为一种多功能细胞因子,是重要的炎症介质,具有广泛的生物学活性。根尖渗出液中 IL-1β 浓度与根尖周炎临床表现的严重程度之间关系密切,随着急性期临床症状的缓解,根尖渗出液 IL-1β 浓度、样品体积均明显下降,提示白细胞介素-1β 主要参与根尖周炎急性期的炎症反应。

大鼠根尖周炎模型的组织学结果表明,根尖周炎症时,中性多形核白细胞(PMN)和成纤维细胞密度是反映根尖周炎症程度的两个重要方面。在根尖周炎活动期,根尖周组织中成纤维细胞密度明显下降,PMN 密度显著增加，且PMN始终是根尖周组织中最大优势的炎症细胞，其数量与炎症反应的轻重密切相关。替硝唑对活动期大鼠根尖周炎有较好的控制作用，可明显抑制中性多形核白细胞和单核-巨噬细胞的炎性浸润。

研究龋病过程中牙髓局部免疫系统如何参与牙髓的各种病理变化过程发现，正常牙髓中有神经肽和抗原呈递细胞的分布，这些物质随时抵御外来抗原的侵袭，从而保证牙髓的健康。牙髓组织中的神经肽和抗原呈递细胞的数量与龋坏深度呈正相关，龋坏早期，神经肽和树突状细胞对龋源性刺激作出了反应，随龋坏发展，局部免疫应答增强，表现为神经肽和抗原呈递细胞对龋源性刺激共聚集，局部相互作用加强，共同调节牙髓免疫反应。在龋坏的早期阶段，从生物学角度入手，调动牙髓的自身防御潜能，是可以达到保存活髓的目的，并为临床选择保存活髓时机及活髓药物提供理论基础和实验依据。

六、相关信号分子研究

牙本质基质蛋白1(dentin matrix proteinl，DMPl)是矿化组织特异性蛋白中的重要成员。有学者对其调节牙本质矿化过程，参与牙髓损伤修复过程进行了研究。结果表明DMPl主要表达于钟状晚期分泌型成牙本质细胞，在前成牙本质细胞、前成釉细胞和牙乳头细胞中表达弱阳性，提示DMPl在成牙本质细胞分化成熟以及牙本质形成过程中发挥着重要作用。DMPl在不同龋坏人恒牙中有表达，主要表达于成牙本质细胞和成牙本质细胞样细胞胞浆与胞突，和前期牙本质以及深龋组修复性牙本质。龋损可促进成牙本质细胞中DMPl的表达说明该蛋白参与牙髓自身修复过程。DMPl参与调节成牙本质细胞矿化过程，可能具有启动牙本质矿化的作用，能够影响MDPC-23细胞游离和总钙离子浓度，提示DMPl参与调节成牙本质细胞的钙离子代谢和转运过程，在牙本质矿化过程中发挥重要作用。

牙胚发育高度相关基因Wnt家族在促进牙乳头细胞分化方面也取得初步进展。Wnt家族成员的经典信号分子如Wnt3a、Wnt6、Wnt10b介导的Wnt-β-catenin信号转导通路及非经典信号分子Wnt5a介导的Wnt5a-Ca^{2+}信号通路均在体外培养的牙乳头细胞中发挥促进其分化为牙本质细胞的作用。我国学者对*wnt*基因家族成员中以Wnt5a为代表的非经典通路对牙乳头细胞(HDPC)生物学功能及信号转导通路作了初步研究，目前证实人牙胚发育至钟状期，Wnt5a蛋白在成牙本质细胞层及血管周围组织阳性表达，间充质组织呈弱阳性表达。成功构建了人*wnt5a*基因的重组腺病毒Ad-Wnt5a，证实Wnt5a抑制了HDPC的细胞活性及增殖能力；转染了Ad-Wnt5a的HDPC的迁移能力明显下降；Wnt5a可显著增加HDPC的碱性磷酸酶(AKP)活性，并可促进HDPC的矿化，过表达Wnt5a影响了HDPC分化相关基因的表达；AKP、骨唾液蛋白(BSP)、I型胶原(Col I)、骨黏连蛋白(ON)、骨桥蛋白(OPN)、牙本质基质蛋白1(DMP1)被显著上调。

肝细胞生长因子(hepatocyte growth factor，HGF)是一种间充质来源的多效性细胞因子，有研究已证实HGF对多种组织器官的生长发育、形态发生、组织修复再生具有重要的生理调节功能。我国学者研究了HGF在牙髓损伤修复中所起的作用发现，HGF在人和鼠牙乳头细胞中表达，与牙髓牙本质复合体的发育关系密切；急性牙髓炎患者的牙髓组织中可检出HGF量的增加；根尖囊肿的成纤维细胞中可检出HGF，外源性HGF可促进人牙髓细胞的生长，提示HGF与牙髓组织的病理生理过程密切相关。通过制备大鼠修复性牙本质形成模型，发现窝洞预备后3天，HGF在大鼠牙髓细胞及成牙本质细胞细胞质中呈强阳性表达，窝洞预备后15天表达有所减弱，30天和正常对照组大鼠牙髓细胞及成牙本质细胞细胞质中呈弱阳性表达，胞核中均阴性表达，说明肝细胞生长因子参与了牙髓损伤早期修复及修复性牙本质形成的过程。ERK/MAPK 信号通路被证明参与了 HGF 刺激牙髓细胞增殖的过程，其下游核转录因子 PPAR-γ、ELK-1 均能被 HGF 上调表达。

肿瘤坏死因子受体相关因子6(TNF receptor associated factor 6，TRAF6)是近年来备受重视的细胞质内多功能信号分子，有学者研究了其对成牙本质细胞的增殖、矿化及损伤修复方面的作用。结果提示，TRAF6 在大鼠牙胚发育全过程中呈动态时空表达模式，从基因和蛋白水平证实在永生化成牙本质细胞样细胞 MDPC-23 中表达。通过建立稳定表达 TRAF6 siRNA 的成牙本质细胞模型，进一步阐明 TRAF6 可能是一种新发现的参与调控成牙本质细胞增殖、矿化能力及多种细胞外基质蛋白表达的重要的信号分子。

核转录因子-κB(NF-κB)被认为是参与炎症反应基因转录的重要蛋白质分子。有学者对 NF-κB 在实验性鼠牙髓炎、根尖周炎、人正常和炎症牙髓中的表达及生物学作用进行了研究，结果在牙髓炎症发展过程中 NF-κB 存在着时空表达特性，提示在牙髓炎症中 NF-κB 作为炎症反应的枢纽，始终参与调控作用。在实验性鼠根尖周炎模型中，7～14 天 NF-κB mRNA 表达随炎症发展而递增，说明 NF-κB mRNA 的表达量与根尖周炎症的病变发展过程密切相关。NF-κB 在 LPS 诱导体外培养的人牙髓细胞发生核转位，通过激活 NF-κB 的途径实现刺激 IL-6 分泌合成。TRAF6-NF-κB 通路可能不仅参与调控成牙本质细胞的增殖和矿化能力，在介导的成牙本质细胞损伤过程中同样意义重大。

从人成牙本质样细胞中成功克隆出 L 型钙离子通道 α1 亚基 D 亚型的特异性基因，并构建了高效表达载体，对蛋白进行纯化用于多克隆抗体的制备，为进一步了解人成牙本质细胞的钙离子转运机制奠定了基础。

七、牙髓神经生物学研究

在牙髓神经生物学方面，通过研究老年人牙髓感觉功能的时间生物学性质和牙髓感觉的昼夜节律规律发现，人体牙髓感觉功能 24 小时内呈近似余弦的昼夜节律变化，感觉阈值的最高峰和最低谷分别出现在 0:00 与 12:00。老年人牙髓感觉功能昼夜节律无明显的性别差异。磨牙牙髓感觉阈值及昼夜波动大于前牙。糖尿病、高血压可导致老年人牙髓感觉昼夜节律的相位在时间轴上较正常人向右移动 4 个小时，但是对女性高血压患者的影响不大。该研究丰富了牙髓生物学理论，为指导老年牙髓病的临床诊断与治疗奠定了基础。

创伤性咬合可引起牙齿感觉过敏症及牙髓炎等牙髓疾病，这些疾病的主要病理改变是早期的牙髓充血和晚期的牙髓炎症、变性、坏死。研究认为创伤性咬合使牙髓感觉神经释放 P 物质(SP)、降钙素基因相关肽(CGRP)异常，引起牙髓微循环障碍。SP、CGRP 阳性纤维表达增强与成牙本质细胞、多细胞层细胞增生及功能活跃，第三期牙本质形成相关，SP、CGRP 阳性纤维表达减弱与成牙本质细胞和多细胞层细胞萎缩相关。表明牙髓感觉神经释放的神经肽通过影响牙本质形成过程，改变牙本质的屏障保护作用，影响咬合创伤导致牙齿感觉过敏症以及牙髓炎、牙髓变性等牙髓疾病的进程。证实神经因素在创伤性咬合导致牙齿感觉过敏症和牙髓炎、牙髓变性等牙髓疾患中发挥了重要作用。

八、遗传性牙本质发育不全研究

近年来，随着分子遗传学的发展，目前较一致的观点认为牙本质涎磷蛋白基因为遗传性牙本质发育不全的致病基因。目前，通过对遗传性牙本质发育不全Ⅱ型患者基因突变分析，我国学者已发现如下几种突变：在 A 基因外显子 3(Exon3)出现一个无义突变,密码子由 CAG 变成终止密码子 TAG,造成蛋白质合成中断;在 Intron3 和 Exon3 剪接供体上的突变,可能造成整个 Exon3 的丢失;Exon2 信号肽区,有可能导致不完全的切割和蛋白质转运;Exon3 第一个碱基突变;两个汉族家系位于 Exon4 的 Asn164Tyr 突变和 Cys159Trp 突变。通过对 *DSPP* 基因突变类型、突变方式等特征,从分子水平探讨遗传性牙本质发育不全的发病机制,初步揭示了中国人家族性遗传性牙本质发育不全的遗传模式及与 *DSPP* 基因突变的关系,探讨分子遗传学机制,为建立基因诊断的方法提供理论依据。

通过以上对我国学者近年来在牙髓生物学领域研究成果的回顾,可以欣喜地发现,目前我国不仅在牙胚发育、牙髓干细胞与组织工程等研究热点方面取得丰硕的成果,而且在几乎涵盖所有牙髓生物学领域都获得显著的进步。我国在牙髓生物学领域已经进入了相对快速的发展阶段,相信我国的牙髓生物学研究水平将会有更加飞速的发展,在国际牙髓生物学研究领域占据更重要的位置。

口腔鳞癌中肿瘤干细胞生物学特性

上海交通大学医学院附属第九人民医院　张萍　邱蔚六

肿瘤干细胞学说源自对肿瘤异质性的观察。肿瘤内部包含着具有不同表型和功能的细胞群体。目前对这些不同细胞群体主要有两种观点:一种认为这些不同细胞群体能够随机进入细胞周期形成新的肿瘤组织,即随机理论;另一种观点则认为这些细胞群体处于不同层级,其中只有一小部分具有形成新的肿瘤组织的能力,是肿瘤生长、转移和复发的根源,即具有干细胞样的特性,也称为肿瘤干细胞。近年来,随着对干细胞研究的不断深入和对肿瘤干细胞理论认识的不断加深,越来越多的研究表明,在实体肿瘤中只有部分具有干细胞样特性细胞才有形成新的肿瘤组织的能力,这些细胞是肿瘤生长、转移和复发的根源。通过对这群细胞的生物学特性的研究并建立相应的实验模型,寻找靶向肿瘤干细胞的抗癌策略,以根治肿瘤复发和转移,已成为恶性肿瘤研究和治疗的新热点。

自 Bonnet 从急性髓细胞白血病(acute myelocytic leukemia, AML)中分离出 $CD34^+/CD38^-$ 细胞群,并证实其是唯一能够在 NOD-SCID 鼠体内形成 AML 的细胞亚群,即 AML 的肿瘤干细胞后,研究者先后从乳腺癌、脑肿瘤、肺腺癌、前列腺癌、胃肠道肿瘤、视网膜母细胞瘤、黑色素瘤、肝癌、结肠癌以及头颈鳞癌中成功分离鉴定出了肿瘤干细胞。这些肿瘤干细胞往往表达相应来源的正常组织干细胞的一些标志物,都具有很强的自我更新能力,能够在免疫缺陷型动物体内形成肿瘤,而且所形成的肿瘤组织与其起源的肿瘤组织具有相似的形态结构。

在我国,口腔颌面-头颈部癌约占全身恶性肿瘤的 5.6%,而在全世界每年有超过 40 万例口腔颌面-头颈部癌新患者。鳞状细胞癌是其中最常见的一种病理类型,占 80% 以上。尽管随着各种治疗方法和手段的不断提高,口腔鳞癌患者的生存质量得到了一定改善,但患者的 5 年生存率仍仅为 50% ~65%,据统计其死亡率已经高于宫颈癌、何杰金淋巴瘤、脑肿瘤、肝癌、前列腺癌、肾肿瘤及皮肤癌。和其他类型的恶性肿瘤一样,口腔鳞癌患者死亡的主要原因也是肿瘤的复发和转移。因此,针对肿瘤干细胞生物学特性的研究无疑将会为口腔鳞癌的临床研究和治疗开辟新的方向。

一、口腔鳞癌肿瘤干细胞的自我更新能力

自我更新是干细胞特有的能力。它表现为干细胞能够通过对称分裂产生两个完全相同的子代干细胞,以完成干细胞的短暂扩增;也可以进行不对称分裂,产生一个与亲代完全相同的干细胞和一个祖细胞,祖细胞随后定向分化为终末细胞,从而维持了正常组织器官的生长发育。同样,研究发现肿瘤干细胞也是通过对称分裂和不对称分裂两种方式维持了肿瘤的生长。口腔鳞癌来源自恶变的口腔黏膜上皮。而口腔黏膜上皮主要有3种上皮细胞成分,口腔黏膜干细胞、短暂扩增细胞以及终末分化细胞。其中,口腔黏膜干细胞通过不对称分裂产生另外一个干细胞和一个定向祖细胞即短暂扩增细胞,短暂扩增细胞则进一步产生终末分化细胞。当将正常的口腔黏膜上皮进行体外培养时,干细胞、早期的短暂扩增细胞及晚期的短暂扩增细胞分别形成3种不同类型的克隆,大而排列紧密的全克隆,大小居中的部分克隆以及小而不规则的终末克隆,代表了起始细胞不同的自我更新和增殖能力。而Locke等发现,在将口腔鳞癌细胞进行体外培养时,根据口腔鳞癌细胞自我更新和增殖能力的不同,同样可以形成这三种类型的克隆。进一步研究表明,这三种克隆形成细胞黏附能力、增殖能力、细胞膜蛋白以及细胞内一些信号分子之间都存在明显差异。自我更新能力最强的全克隆形成细胞往往高水平表达一些干细胞相关的分子,例如β1整合素、β-catenin、CK15、E-cadherin、CD44、ESA、CD133等。

二、口腔鳞癌干细胞的分化潜能

正常口腔黏膜干细胞能够分化为口腔黏膜的各种细胞成分,在体外培养时能够分化形成复层鳞状上皮。正常口腔黏膜干细胞的增殖和分化通常都受到微环境及多种细胞内的信号通路的严格调控。在口腔鳞癌中,由于微环境的变化以及肿瘤细胞内多种信号分子的异常,口腔鳞癌干细胞在这些信号分子的异常调控之下分化则产生具有不同增殖能力的子代癌细胞。例如,Prince的研究表明,CD44阳性的口腔鳞癌干细胞既能够产生CD44阳性的细胞,也可以产生CD44阴性的细胞,并同时伴随角质上皮细胞分化相关蛋白involucrin的表达升高;而CD44阴性的口腔鳞癌细胞却只能形成CD44阴性的细胞;同样,Astumi也发现Podaplanin阳性的口腔鳞癌干细胞能够同时产生Podaplanin阳性和阴性的子代细胞,Podaplanin阴性的口腔鳞癌细胞却只能产生Podaplanin阴性的子代细胞。笔者课题组也发现口腔鳞癌中SP细胞能够分化为SP及非SP细胞,伴随着角质上皮细胞分化相关分子表达的升高,而非SP细胞则只能形成非SP细胞。这些实验结果都表明,只有口腔鳞癌干细胞能够分化为相对成熟的口腔鳞癌细胞。

三、口腔鳞癌干细胞的标志物

口腔黏膜干细胞的研究相对较少,多参考表皮干细胞的标志物,例如β1整合素、β6整合素和CD71、S100A4和S100A6、CK19等,迄今仍未能找到一种完全可靠的公认的标志物。同样,针对口腔鳞癌干细胞的研究更是刚刚起步。Mackenzie等采用"organotypic"体外培养体系,证实了在口腔鳞癌中仅有很少量的细胞具有克隆形成能力,Locke等则发现即使是在体外长期培养扩增的人口腔鳞癌细胞也包含着不同类型的细胞亚群,分别与正常口腔黏膜上皮的干细胞和短暂扩增细胞相对应,而其中一小群细胞似乎具有干细胞样特征。随着研究逐步深入,2007年,Prince等首先从新鲜的口腔鳞癌临床标本中分选出CD44阳性的细胞亚群,并在NOD-SCID鼠中证实了只有CD44阳性细胞亚群具有成瘤能力,并确定CD44是口腔鳞癌干细胞的标志物之一。2008年,Chiou等采用微球体的方法富

集口腔鳞癌干细胞样亚群，并证实和其他口腔鳞癌细胞相比，口腔鳞癌干细胞高表达 Oct-4、Nanog、Nestin、CD133、CD117 和 ABCG2。目前认为口腔鳞癌干细胞可能标志物包括：CD44、CD133、β1 整合素、Podaplanin 和 SP 等。

四、口腔鳞癌干细胞的高致瘤性

目前分离鉴定肿瘤干细胞的标准之一就是其致瘤能力。评价一种细胞是否为肿瘤干细胞的“金标准”仍然是异体移植试验。与非肿瘤干细胞相比（CD44 阴性），CD44 阳性的口腔鳞癌干细胞的成瘤能力显著增强。Prince 等的研究结果证明，只需要 5 000 个 CD44 阳性的口腔鳞癌细胞即可以在严重联合免疫缺陷（NOD-SCID）小鼠体内成瘤，而至少需要 4 ~5 104 个 CD44 阴性的细胞才可能在 NOD-SCID 鼠体内形成肿瘤。同样，Chiou 等发现，经微球体培养法富集口腔鳞癌干细胞后，1 000 个细胞即可以在裸鼠体内成瘤，而富集前的口腔鳞癌细胞成瘤至少需要1 105 个肿瘤细胞。并且，Chiou 等的研究还发现，高表达口腔鳞癌干细胞标志物的口腔鳞癌患者的预后要明显较低表达口腔鳞癌干细胞标志物的患者差，且肿瘤分化程度更低。

五、口腔鳞癌干细胞内信号转导通路的异常

正常干细胞的增殖和分化处于一系列信号转导通路的调控之中，而在肿瘤干细胞中，往往有这些信号通路的异常。目前，针对肿瘤干细胞内一些关键性信号通路已相继开发出了一些靶向药物，包括各种治疗性抗体、小分子化合物以及一些诱导分化的药物，部分已经进入了临床使用。

（一）Wnt 信号通路

Wnt 信号通路参与调控表皮干细胞的命运，β-catenin 是 Wnt 信号通路的关键分子，β-catenin 的表达与表皮细胞的增殖潜力呈正相关，而口腔鳞癌干细胞中有 β-catenin 的异常激活，且与口腔鳞癌的淋巴结转移及 survivin 的表达水平显著相关。

（二）Notch 信号通路

体外和体内实验均证实 Notch 信号激活能够引起上皮细胞的分化。在鼠的角质上皮细胞中，Notch 1 信号通路的激活引起上皮细胞早期分化标志如 CK1 和 involucrin 表达升高；Notch 1 能够直接诱导 p21、caspase3 和 PKC-β 的表达诱导胚胎角质上皮细胞启动分化。p63 在鳞状上皮层发生中起重要作用，而激活 Notch 信号可以抑制 p63 的表达；反之持续的 p63 表达可以抑制 Notch 的正常功能。Notch 信号通路和其他信号通路，包括 Hedgehog 以及 Wnt 之间也具有交互作用。在 Notch 1 缺失的情况下，激活 Wnt 和 Shh 能够导致鳞状细胞癌的发生。

（三）Hedgehog 信号通路

Hedgehog 信号通路对维持干细胞的稳态具有重要作用。Shh 是该信号通路的主要配体之一。Hedgehog 信号通路在成体组织中通常不表达，但在多种恶性肿瘤中可被激活。Shh 的过表达则导致上皮过度增生，在移植人表皮的免疫缺陷型小鼠模型中表现为角质上皮细胞表层的过度增生。Shh 信号的异常激活能够诱导口腔鳞癌细胞的异常增殖并抑制凋亡。

针对肿瘤干细胞生物学的深入研究，寻找肿瘤干细胞靶向治疗的方法和策略可望对研发新一代抗肿瘤药物及肿瘤的靶向治疗产生深远的影响。与其他一些类型的恶性肿瘤相比，目前针对口腔鳞癌干细胞的研究正处于起步阶段，尚缺乏很好的公认的干细胞标志物，也没有简便而有效的分离方法或是很好的动物模型。要真正了解口腔鳞癌干细胞的生物学特性，还需要大量的研究工作。同时，随着对口腔鳞癌干细胞生物学特性和各种靶向治疗方法的深入研究，将为最终攻克口腔鳞癌提供新的思路和途径。

口腔颌面部脉管性疾病的综合序列治疗

上海交通大学医学院附属第九人民医院　张志愿

脉管性疾病(vascular anomalies)包括血管瘤和脉管畸形两大类,是婴幼儿期最常见的良性肿瘤或发育畸形。文献报道,血管瘤在新生儿的发病率为 1.1% ~2.6%,1 岁时的发病率高达 10%。其中,35% ~60% 发生在头颈部。虽然脉管性疾病属于良性病损,但发生在颌面部的病变不仅导致严重的容貌毁损,还可能因为阻塞呼吸、消化道而有碍发音、进食,甚至导致出血、窒息并危及生命。20 世纪 80 年代以前,国内外对于脉管性疾病的分类、诊断比较混乱,以至于在治疗上因“治疗过度”而带来许多后遗症或“治疗不足”而贻误时机。上述现象目前已经得到改观:首先国际上于 1992 年成立了国际脉管性疾病研究学会(International Society for the Study of Vascular Anomalies,ISSVA);其次,国内口腔颌面外科学界率先成立了脉管性疾病学组,并先后 2 次召开了卓有成效的研讨会,并以学组名义推出了脉管性疾病的诊疗指南。尽管如此,对于一些复杂的脉管性疾病,如巨大静脉畸形的治疗仍然十分棘手,单一治疗手段往往效果不佳,需要多学科的紧密协作,才能获得理想的临床疗效;同时,每种单一的治疗手段都有其适应证和优缺点。因此,对脉管性疾病的治疗,也需要提倡综合序列治疗观点。

综合序列治疗的概念和价值在恶性肿瘤的治疗中已得到公认,其可显著提高头颈部恶性肿瘤的治愈率和生存率。综合序列治疗包含两层含义:首先是治疗手段的多样性,即采用 2 种或 2 种以上的治疗手段;而序列治疗,则是将若干种治疗措施按照一定的先后顺序进行排列,这种排列,绝非将几种治疗措施简单、盲目、机械地拼凑或叠加在一起,而是有目的、科学而合理地将若干种治疗措施按照一定的先后顺序排列实施。综合序列治疗具有以下特点:1)目的明确。综合序列治疗方案中的各项治疗措施均有其各自明确的目的,或为了提高总疗效,或为其他治疗措施的实施创造条件,或有利于保存器官的解剖外形和功能。2)计划严格。制定综合序列治疗方案时,根据疾病的自然史和特定病程制定周密的计划,确定哪几种治疗措施、各种治疗措施孰先孰后,按计划进行,而不是杂乱无章地利用多种治疗措施,使各种治疗措施都能在最佳时间里介入。3)组合最佳。综合治疗方案中的各治疗措施应互不干扰,互不降低疗效,能起到协同作用。

基于文献资料和笔者的经验,脉管性疾病综合序列治疗的总原则是:1)根据疾病的分类选择综合治疗手段。例如激素治疗对血管瘤有效,而对脉管畸形无效,因此疾病分类对选择治疗方法起决定性作用。2)各种手段的组合序列由病变所处的病程、自然史等因素共同决定。例如血管瘤的增殖期以密切随访和促进其消退的药物治疗为主,而消退后所遗留的畸形则以手术整形为主;又如早期小的静脉畸形以硬化治疗为主,巨大静脉畸形则应施以硬化、手术、翻瓣激光等多种治疗手段。

一、血管瘤的综合序列治疗

(一)血管瘤的常规治疗

1. 激素治疗　适用于增殖期血管瘤的治疗,常规使用泼尼松,按 4 ~5 mg/kg 体质量计算,隔日晨起顿服,持续 8 周;第 9 ~10 周减量一半;第11周,每次1片;至第12周结束,为一疗程。一般可给药2~3个疗程,间隔4~6周。应向患儿家长交代说明药物可能导致的不良作用,并注意随访。如遇感染、出血、发热等,应暂停服药。皮质激素治疗血管瘤的机制尚不完全清楚,一般认为,皮质激素具有抑制未成熟血管内皮细胞和成纤维细胞增生的作用。

2. 干扰素治疗　α-干扰素可作为治疗血管瘤伴发血小板减少综合征(Kasabach-Merritt)的一线用药,也可作为治疗病变侵犯主要脏器(如眼)或腔道(如鼻腔)而严重影响功能、危及生命,或生长在四肢、有导致截肢危险并经激素治疗无效的重症婴幼儿血管瘤的二线用药。给药途径是皮下注射,剂量可按体表面积计算:3×10^6U/m^2。一般观察7~10个月,若有不良反应立即停药。干扰素通过抑制血管内皮细胞的生成和增殖作用,达到治疗血管瘤的目的。

3. 平阳霉素治疗　平阳霉素适用于经激素治疗疗效不佳者,或患者就诊时已超过血管瘤自然消退年龄者。剂量和给药途径:婴幼儿局部注射剂量不超过2 mg/次。大面积血管瘤可分点注射,隔1~2周重复注射。对大面积血管瘤,在激素治疗间歇期,局部注射平阳霉素效果较好。婴幼儿平阳霉素总剂量不宜超过30~40 mg。平阳霉素治疗血管瘤的机制可能是抑制血管内皮增殖和使血管瘤组织硬化。

4. 压迫治疗　主要适用于易于安放弹性气袋的四肢、躯干、乳腺等部位血管瘤的治疗。秦中平等的研究表明,气压疗法对血管瘤有确切疗效,能明显促进和加快病变的消退,治疗过程不影响器官功能,外观也较自然消退为好。对Kasabach-Merritt综合征,压迫治疗有确切的疗效,可预防血管瘤并发症的发生。该法经济实用,无创伤和不良反应。选择型号合适的袖带式压迫治疗器置于瘤体表面,皮肤表面衬以缓冲护垫,两端用黏合扣固定,通过单向阀充气加压,压力表观察压力读数(压力应低于患者肢体舒张压的15 mm Hg,以免导致组织压迫坏死)。为保证治疗效果,应持续佩戴1个月以上,最好为3个月。治疗结束时,打开单向阀排气,解除压迫即可。关于气压法治疗血管瘤的机制,Miller等认为,机械性压迫能够使血管腔缩窄,促进血管瘤组织内的血液排空,瘤体血供减少、缺氧,使血管内皮变性,从而使血管瘤退化消失。Stringer认为,Kasabach-Merritt综合征患者巨大的瘤体内淤积了大量的血液,从而造成血小板等凝血因子被消耗在局部,气压疗法可使瘤内淤积的血液排空,使陷入瘤内的血小板释放到循环血液中,血小板计数上升,从而对Kasabach-Merritt综合征起到治疗作用。

5. 手术治疗　手术治疗主要是对血管瘤消退后所遗留的畸形实施外科整形。

(二)血管瘤的综合序列治疗方案

血管瘤的主要损害不是来自病变本身,而往往来自过于积极的治疗。过去采用手术、冷冻、放射性核素贴敷、放射等治疗的病例,经过远期随访,证实其后遗损害和美容效果均不理想。积极治疗的并发症可达50%,并有30%的复发率。因此,应该强调治疗的目的不仅是为消除病变,还必须保持健康的正常组织和外观。对血管瘤病例,应仔细测量肿瘤体积、拍照,作详细记录,进行数年的定期随访观察,即使出现溃疡、出血和感染等并发症,也只需局部加压、清洁和抗感染等简单处理。最主要的是应向患儿家长详细解释,消除顾虑,经常给予指导,建立亲密联系,以获得最满意的结果。唯有在以下情况时接受药物、加压包扎、激光、手术等治疗:1)累及口、咽、颈、生殖器等重要组织,并有生命危险;2)血管瘤伴血小板减少综合征;3)广泛血管瘤病或内脏血管瘤伴心衰;4)血管瘤活动性出血;5)经5年随访无消退迹象者。但任何治疗效果都不能像自行消退那样令人满意。

1. 增殖期　以动态观察为主,如果肿瘤快速生长、累及重要部位、出现并发症时,应遵循如下治疗程序:采用压迫疗法(四肢、躯干)、(口服)激素→平阳霉素(病变内注射)→α-干扰素(皮下注射)。

增殖早期:多主张采用激素治疗。

增殖中晚期:此期血管瘤突出皮肤,组织变厚,血管腔很少,仍应首选激素治疗。也可试用α-干扰素或平阳霉素,抑制内皮细胞增殖。如治疗失败,则应考虑手术切除。手术解剖应细致,并高度重视止血。术中采用双极电凝或Nd:YAG激光,对止血十分有益。

2. 退化期　以随访观察为主,视具体情况行手术整形。

退化早期:治疗目的是改善面容。病变越成熟,血管腔越大,增大的血管腔对激光光凝术和血管收缩更敏感,可以用铜蒸汽激光(CVL)、578 nm的染料激光(穿透力0.5 mm)治疗。光凝治疗后,病变退化速度加快,表皮增厚,或许能减轻以后的皮肤萎缩。对广泛复合型血管瘤,光凝治疗皮肤病变后6周,应行手术切除。翻瓣时解剖平面内的血管减少,止血变易,伤口可一期愈合。手术成功的关键是仔细止血,细心分离。

退化晚期:治疗目的仍然是改善外形,治疗时应注意处理以下问题:皮肤萎缩、毛细血管扩张、纤维脂肪组织过度沉积。激光光凝术仅对毛细血管扩张有效。由于病变内存在各种直径不同的血管,因而铜蒸汽激光和染料激光均有价值,使用的次序无关紧要。过多的纤维脂肪组织可考虑手术切除,萎缩皮肤可予手术整复。手术可在患儿入学前或更晚期进行。

二、脉管畸形的综合序列治疗

(一)脉管畸形的常规治疗

1. 激光光动力学治疗(PDT)　激光光动力学治疗是基于血管内皮细胞能够迅速吸收光敏剂,经适当波长和能量的激光照射,其光动力作用导致血管内皮细胞坏死,病变部位的血管网被选择性破坏,故可选择性消除病变部位的异常颜色,适用于微静脉畸形的治疗。目前主要使用氪激光和铜蒸汽激光,光敏剂为PSD-007或HPD。选择合适波长的激光照射,使激光波长与光敏剂的最大吸收峰相匹配,组织达到最大吸收量,从而获得最佳疗效。

2. 硬化剂治疗　硬化剂注射治疗可作为单一的治疗方法用于静脉畸形,亦可与手术、Nd:YAG激光等联合应用治疗静脉畸形。对于广泛静脉畸形,硬化剂应多次注射,注射的次数多,治疗后复发的机会较大,其目的是控制病变。常用硬化剂为5%鱼肝油酸钠(1次不超过5 mL)、平阳霉素(1次不超过8 mg);平阳霉素硬化治疗微囊性或大囊性淋巴管畸形疗效很理想,通常无需配合手术的单一硬化治疗,即可解决问题。

3. Nd:YAG激光治疗　Nd:YAG激光治疗静脉畸形具有广泛的临床前景,可采用扫描式照射、组织间照射及手术翻瓣结合Nd:YAG激光治疗。口腔黏膜浅表的静脉畸形可直接用Nd:YAG激光治疗,效果较理想。口腔颌面深部静脉畸形可以手术翻瓣结合Nd:YAG激光治疗,即手术翻瓣使深部的静脉畸形得以暴露,再实施激光照射,从而充分发挥Nd:YAG激光治疗的功能和优点,疗效满意。照射时以冰生理盐水冲洗术区降温,可有效防止连续Nd:YAG激光所致高温对面神经等重要组织的损伤。

4. 介入栓塞治疗　采用Seldinger技术穿刺股动脉,选择或超选择栓塞颈动脉分支,对动静脉畸形的供血动脉进行栓塞,适用于动静脉畸形的治疗。根据治疗目的,可分为术前辅助性栓塞和永久性栓塞:前者可用可吸收性明胶海绵栓塞剂或不可吸收性栓塞剂(二氰基丙烯酸对丁酯、乙醇、聚乙烯醇泡沫微粒和金属螺圈等),其目的是减少手术出血，栓塞后48～72小时内手术，最好不超过2周，以防栓塞血管再通（尤其是使用可吸收性栓塞剂）而起不到减少术中出血的目的；后者使用不可吸收的永久性栓塞材料，其目的是使病灶得到永久栓塞而无需手术。

5. 手术治疗　局限的静脉畸形，即使是婴幼儿或在腮腺部位，也可采用手术切除。范围广泛者，可在注射硬化剂后部分切除以矫正外形。术前宜作病变造影或MRI（MRA）检查，以充分了解病变范围及其侧支循环，供手术设计参考。要充分估计失血量并采取相应措施，避免出现不可挽回的损失。多个或面积较大静脉畸形切除后的组织缺损，可用植皮或皮瓣修复；手术切除或整复可以作为激光光动力治疗微静脉畸形的辅助治疗；动静脉畸形也可以辅助栓塞后手术切除，术前应做数字减影血管造影（digital subtraction angiography，DSA）、MRI（MRA）检查，以了解病损范围。

（二）脉管畸形的综合序列治疗方案

中线型微静脉畸形可予观察，多数能够自行消退。其他类型的脉管畸形，均应明确类型后尽早处理。早期、局限的脉管畸形，无论采用激光、硬化剂注射或手术治疗，均能取得满意疗效。而常见的情况是，脉管畸形范围广泛，多部位受累，体积大，成分复杂，必须遵循有计划的、个体化设计的、多学科参与的、排列有序的综合序列治疗，与唇腭裂、恶性肿瘤的处理原则一致。涉及口腔颌面外科、激光科、小儿（内、外）科、影像科、超声科、介入治疗科、皮肤科、眼科、耳鼻喉科、头颈外科、普通外科、整形外科、美容外科等多个学科。

1. 中线型微静脉畸形　以观察为主，多自行消退。

2. 微静脉畸形　可选用脉冲染料激光治疗，铜蒸汽激光治疗，氪离子激光光动力治疗（PDT）。

3. 静脉畸形　根据部位、大小和回流速度，采取综合治疗。口腔黏膜、浅表畸形：Nd：YAG激光，平阳霉素注射，手术切除；深部、局限、低回流型畸形：硬化剂治疗（5%鱼肝油酸钠、消痔灵、平阳霉素注射）；深部、巨大、高回流型畸形：无水乙醇静脉栓塞及其他硬化剂治疗，翻瓣激光（腮腺区、颈部），手术等综合治疗。

大面积静脉畸形的处理：大面积静脉畸形因其范围广，累及多层组织（皮肤、黏膜、肌）和重要组织结构（大血管、神经），是目前临床上的治疗难题。除多种治疗方法联合应用外，秦中平等提出根据静脉回流速度，对高回流型静脉畸形选择“回流静脉栓塞治疗”。

4. 动静脉畸形　根据部位、范围，采取相应治疗。对软组织内相对局限病变，辅助栓塞后手术或硬化剂治疗；对软组织内弥漫型病变，以栓塞（双重栓塞疗法）为主的综合治疗；颌骨病变可做永久性栓塞治疗，或暂时性栓塞后再手术治疗。

动静脉畸形的治疗有一定难度。结扎主要动脉和营养血管几乎无任何作用，因为侧支循环异常丰富。近年来选择性动脉栓塞术使这种病变的治疗成为可能。对于相对局限的软组织病变，可采用手术切除或术前行无水乙醇辅助栓塞后手术切除。弥漫性软组织病灶可采用辅助性栓塞后手术切除，对病变已涉及重要组织器官而无法手术者，可采用无水乙醇等永久性栓塞剂栓塞治疗或双重栓塞疗法永久性栓塞。对于颌骨病变，范新东等采用双重介入的永久性栓塞治疗获得良效。颌骨动静脉畸形的治疗目的是控制急性出血和预防可能引起的大出血，主要通过早期诊断、永久消灭颌骨内的“静脉池”和定期随访来实现。早期诊断的措施包括提高口腔医师对颌骨动静脉畸形的认识，当临床鉴别诊断困难时，应尽早采用较敏感的CT和特异的MRI、DSA检查。

颌骨病变治疗的关键是永久消灭其内在的“静脉池”，主要通过用适当的永久性栓塞材料填塞颌骨内“静脉池”的中央并使其骨化来实现。对拔牙引起的急性出血病例，透视下紧急行牙槽窝穿刺螺圈栓塞进行止血；对非急性出血或可控急性出血的上颌骨动静脉畸形病例，首先采用供应动脉的血管内无水乙醇或聚乙烯醇泡沫微粒（PVA）栓塞，然后行病变区牙槽骨直接穿刺，螺圈栓塞；对非急性出血或可控急性出血的下颌骨动静脉畸形病例，供应动脉的血管内PVA栓塞后，切开局部黏膜，暴露病变区牙槽骨，穿刺行螺圈栓塞（骨皮质过硬时可借助骨钻完成骨穿刺）。

5. 淋巴管畸形　微囊型、大囊型淋巴管畸形以平阳霉素、溶血性链球菌制剂（OK-432）病变内注射为主，手术治疗（重要部位严重并发症）为辅。

6. 混合畸形　根据不同病变，选择不同治疗方法。

淋巴管微静脉畸形临床上十分常见，含有较多的微静脉成分，小面积病变采用平阳霉素病变内注射容易治愈；但对大面积病变或巨舌症，单纯注射疗法效果差，需先行病变或巨舌部分切除，残余病变再行平阳霉素局部注射，多数能控制病变发展，部分病例可以通过延长疗程而治愈。淋巴管静脉畸形，多为广泛性病变，采用手术切除为主加术后平阳霉素注射的综合疗法，一般可控制病变发展，使面部外形得到不同程度的改善。但因病变广泛，组织切除受限以及病变内含有较多错构的静脉成分，治愈困难。这类患儿常因感冒等诱因，病灶局部经常出现炎症反应等并发症，需反复就诊治疗。目前尚缺乏根治性疗法，有待进一步研究解决。

博士后出站报告摘要

家族性颅骨锁骨发育不全的分子遗传学研究

（摘　要）

北京大学口腔医学院博士后研究人员　贾静　　合作导师　冯海兰

颅骨锁骨发育不全(cleidocranial dysplasia, CCD)是一种罕见的遗传性疾病(MIM119600),发病率为百万分之一,不同性别、所有种族均可罹患,是具有典型临床表现的常染色体显性遗传骨骼系统疾病。其典型的临床表现为锁骨发育不全或缺如;囟门未闭或延迟闭合,颅缝增宽,颅顶膨隆;多生牙,乳牙滞留,恒牙迟萌。其他表现还包括:胸部狭窄或呈圆锥状;脊柱侧凸,脊柱前凸;身材矮小;鼻梁塌陷;颏部隆凸,牙列拥挤,腭盖高拱,腭裂;眼距增宽;短指,拇指宽大;耻骨联合间隙增宽;反复的呼吸道或耳部感染等。

CCD的致病基因经遗传连锁分析定位于6p21,1997年,Mundlos等证实*RUNX2*基因是CCD的致病基因,*RUNX2*一个等位基因的功能缺失突变引起了人CCD的缺陷。RUNX2是转录因子RUNX家族成员之一,该家族的共同特征是均含有一个相似的DNA结合区域runt结构域。研究发现,RUNX2对骨组织的形成和重建起着重要作用,作为成骨细胞的特异转录因子,RUNX2决定着多能干细胞向成骨细胞分化,促进软骨细胞的成熟和软骨的血管化。另外,RUNX2与牙齿组织钙化密切相关,在牙板增殖过程中发挥了重要作用,是牙齿形成必需的转录因子,并参与调节牙齿萌出过程中的牙槽骨改建。

近几年来,国外的一些研究者陆续进行了一系列CCD致病突变的检测和相关蛋白质分子的功能研究。国内对于中国人群CCD的基因突变研究尚处于个别病例基因检测阶段,并且无关于突变蛋白质功能的研究。

本课题组对临床收集到的4个颅骨锁骨发育不全家系及4例散发患者进行外周血基因组DNA的提取。利用聚合酶链反应,DNA直接测序进行突变检测,针对缺失改变进一步进行PCR产物的重组质粒的测序确定突变类型。在5个先证者中检出了4种突变和1种多态性改变。4种突变分别为R225Q、R193X、L136P、1198-1199 insA;多态性改变为63-68Del 18 bp。证实*RUNX2*基因是此5例CCD先证者的致病基因。R225Q、R193X和63-68Del 18 bp曾在国外不同的相关研究中多次被报道。R225Q突变体并不影响RUNX2与PEBP2/CBFB结合,但是使蛋白质与DNA结合的能力丧失,同时影响RUNX2向细胞核内聚集,使蛋白质滞留在细胞质中,影响其作用的发挥。突变R193X导致蛋白质翻译的提前终止,破坏了runt功能域的完整性并删除了蛋白质C端PST功能域(脯氨酸-丝氨酸-苏氨酸富集区),提示RUNX2 C端功能域的重要性。63-68Del 18 bp的多态性改变引起QA功能域(谷氨酸-丙氨酸富集区)6个丙氨酸序列的缺失。

本研究在3例散发患者的外显子0-7及启动子区均未检测到*RUNX2*基因的突变,这3例患者均呈现出典型的CCD临床表现。由此可见,在中国CCD患者人群中,*RUNX2*基因突变检出率不是100%,这与国外的研究统计一致。因此,需要对*RUNX2*基因的调控机制做更深入的研究,一旦了解了这些机制,可能就会检测出它们的突变点。

本课题第一部分研究结果提示 *RUNX*2 基因的改变与中国人群 CCD 患者发病关系密切,在中国人中该基因的突变可能存在与国外患者不同的类型。基因型和表型无明显相关性。对 *RUNX*2 基因的突变检测可用于诊断和遗传咨询,避免有家族史的家庭出生类似患儿。本研究中检出的突变的结果可用于相应家系后代的产前诊断,扩大了 *RUNX*2 基因的突变谱,为今后进行该基因功能的研究奠定了基础。

本研究在 2 个 CCD 患者家系中检出了 2 个新的突变类型:1198-1199 insA 和 L136P。1198-1199 insA 突变造成正常第 400 个氨基酸 Y(UAC)形成终止密码子(UAA),致使其后面的氨基酸缺失。位于外显子 1 的 L136P 突变使 runt 结构域第 36 位的亮氨酸突变为脯氨酸。

本课题组通过分子动力学模拟方法分析了 L136P 突变对 RUNX2 功能的影响及其分子机制。研究选择带有 DNA 结构的解析结构较全的 1H9DA 作为同源模建的模板。使用 MODELLER 模建得到了 RUNX2 的 runt 结构域的三维结构以及 runt 结构域在第 36 位的亮氨酸突变为脯氨酸后的高级结构,分别构建了 RUNX2 的 runt 结构域及其突变体与 DNA 结合的电中性周期水盒溶液体系。对模板以及模建结构进行 Discrete Optimized Protein Energy(DOPE)分析,结果显示模建得到的结构具有较高可信度。

以 Amber 和 CHARMM 软件模拟比较 RUNX2 及其突变体与 DNA 的作用情况,分析 L136P 突变体对 RUNX2 正常功能的影响以及导致 CCD 的分子机制。结果显示,当 RUNX2 的 runt 结构域发生 L136P 突变后,RUNX2 的 runt 结构域与 DNA 结合能力明显减弱,与 DNA 结合的 C 端尾巴也呈现与 DNA 解离的态势,说明该突变是通过削弱 RUNX2 对靶基因的转录调控作用而导致疾病发生的。初步揭示了此突变位点导致 CCD 的分子机制。因此,分子动力学模拟方法可作为研究 CCD 疾病功能及分子机制的可靠手段,为今后该基因功能的深入研究提供指导。

全长 *RUNX*2A cDNA 的获得是进一步对 RUNX2 进行功能研究的基础。人 *RUNX*2A 基因位于 6 号染色体,包含 8 个外显子和 7 个内含子,cDNA 全长为 1 566 bp。本研究第三部分分别针对 *RUNX*2A 基因的 8 个外显子设计特异性引物,以人基因组 DNA 为模板,通过 PCR 方法分别钓取了 *RUNX*2 基因的 8 个外显子,然后利用重叠延伸 PCR 方法,通过拼接全长获得了 *RUNX*2A 的 cDNA。测序结果显示我们获得的序列与 GENBANK 中报道的序列完全一致,表明我们成功获得了 *RUNX*2 的 cDNA 全序列。这为进一步对 RUNX2 的功能研究奠定了基础,提供了工具。

通过探索突变蛋白质的功能,可以进一步研究牙齿发育异常的相关基因在生长发育中的作用,有助于深入了解导致 CCD 的病因机制,揭示牙齿在发育过程中所受干扰,从而更好地理解牙齿发育过程,认识牙齿发育过程中的分子调控机制。

[关键词] 颅骨锁骨发育不全;RUNX2;基因突变;同源模建

(贾静现工作单位:北京武警总医院口腔科)

天然多酚类化合物防龋的研究
——葡萄籽提取物防龋的研究

（摘　要）

四川大学博士后研究生　谢倩[1]　　合作导师　冯小明[1]　吴大茹[2]

（1. 四川大学化学学院；2. 美国伊力诺依大学芝加哥分校牙学院）

龋病是人类最常见的口腔疾病。龋病是在以细菌为主的多种因素影响下，牙体硬组织发生的进行性破坏的一种疾病，发病率高，严重影响人类的口腔健康和全身健康，是世界卫生组织确定的人类重点研究和重点防治的非传染性疾病。寻找天然产物预防龋病一直是国内外的研究重点。

多酚类化合物具有抗菌，抗氧化的作用。笔者的研究小组前期研究发现，多酚类化合物五倍子提取物具有抑制致龋细菌生长和代谢的作用，并发现五倍子具有抑制釉质脱矿的作用。葡萄籽提取物也是一种多酚类化合物，目前有学者研究发现，葡萄籽提取物的药理作用主要包括1）抗脂质过氧化和清除自由基作用：葡萄籽提取物是迄今为止人们发现的最强有效的自由基清除剂之一；2）保护心血管和预防高血压作用：葡萄籽提取物可以有效降低低密度脂蛋白和胆固醇水平，提高血管抵抗力，降低毛细血管渗透性，预防血栓的形成，有助于预防心血管疾病的发生；3）抗肿瘤作用：动物实验证明葡萄籽提取物可以使鸟氨酸脱羧酶和髓过氧化物酶活性降低，抑制肿瘤生长，降低肿瘤发生率，减少肿瘤数量，缩小肿瘤体积；4）抗辐射作用：机体受辐射后可产生内源性自由基，引发脂过氧化损伤，葡萄籽提取物具有清除自由基，抑制氧化损伤的功效。同时，葡萄籽提取物的主要有效成分原花色素还是一种天然的胶原交联剂。有研究报道，葡萄籽原花色素还具有增加脱矿牙本质抗拉强度的作用。

一、研究目的

目前，对于葡萄籽提取物防龋的活性成分及其防龋机制还缺乏相关报道，因此，本研究拟通过体外抗菌实验，pH 值循环实验及细菌致龋模型等方法，对天然多酚类化合物——葡萄籽提取物的防龋效能进行综合评估，为进一步开发利用提供理论依据和实验基础。

本研究将以葡萄籽提取物为代表，研究多酚类化合物对口腔细菌生长、代谢、生物膜形成的影响以及其对人牙根面组织脱矿及再矿化的影响。

二、研究方法

1. 利用体外抗龋筛选实验，测试样品对口腔细菌生长、产酸、聚集、生物膜形成及代谢的影响，检测葡萄籽提取物对口腔细菌的影响。用96孔板法测定葡萄籽提取物对变异链球菌、格氏链球菌、具核梭杆菌、牙龈卟啉单胞菌的最小抑菌浓度（MIC）和最小杀菌浓度（MBC）。使用活菌计数法测量葡萄籽提取物对变异链球菌及具核梭杆菌生长曲线的影响。根据葡萄籽提取物对变异链球菌 MIC 测定结果，选取 MIC 及低于 MIC 浓度（2、1、0.5、0.25 mg/mL），利用 pH 值测量仪动态监测葡萄籽提取物对变异链球菌产酸的影响。根据葡萄籽提取物对变异链球菌 MIC 测定结果，选取 MIC 及低于 MIC 浓度（2、1、0.5、0.25、0.0625 mg/mL），利用分光光度仪测量葡萄籽提取物对变异链球菌聚集的影响。

2. 生物膜是细菌最常见的生态环境，利用 96 孔板法研究葡萄籽提取物对生物膜形成的影响；利用二甲氧唑黄比色法（XTT 法）研究葡萄籽提取物对 24 小时变异链球菌生物膜代谢活性的影响。

3. 利用 pH 循环模型，研究葡萄籽提取物对牙根面脱矿及再矿化的影响；利用变异链球菌构建细菌致龋模型，测试葡萄籽提取物对由细菌导致的根面龋的影响，以便对葡萄籽提取物的抑龋效能进行进一步评估。

三、研究结果

1. 实验结果表明，葡萄籽提取物对口腔细菌生长有一定抑制作用，对厌氧菌抑制作用较强，对变异链球菌、格氏链球菌的最低抑菌浓度为 4 mg/mL，而对具核梭杆菌及牙龈卟啉单胞菌的最低抑菌浓度分别为1 mg/mL 和 0. 25 mg/mL。通过葡萄籽提取物对变异链球菌生长曲线的影响发现，葡萄籽提取物在 6 小时内对变异链球菌只能起到抑制作用，而无明显的杀菌作用。从 pH 值变化曲线中可看到，0. 25 mg/mL 的葡萄籽提取物能明显抑制培养基中 pH 值的降低。通过对细菌聚集的研究发现，0. 5 mg/mL 的葡萄籽提取物可引起表兄链球菌的快速聚集，有利于细菌的清除。研究葡萄籽提取物对生物膜形成及代谢活性的影响表明，葡萄籽提取物在不影响细菌生长的情况下，可抑制变异链球菌生物膜的形成，MBIC50 为 0. 0625 mg/mL。XTT 分析显示，葡萄籽提取物对于已经形成 24 小时的变异链球菌生物膜代谢也有较强作用。0. 5 mg/mL 葡萄籽提取物可抑制 50% 的生物膜代谢活性。

2. 通过 pH 循环脱矿模型研究发现，经葡萄籽提取物处理组其标本横断面显微硬度明显高于去离子水组，差异有统计学意义（$P < 0.05$），但与 NaF 相比，其作用小于 1 000 mg/L氟化钠溶液。偏光显微镜分析各组病损深度发现，葡萄籽提取物处理组（99. 3 ± 10. 34）μm 及氟化钠处理组（57. 42 ± 15. 55）μm 病损深度显著小于去离子水处理组（126. 50 ± 15. 46）μm。扫描电镜观察结果证实，经 pH 循环后，去离子水处理组大量胶原纤维暴露，脱矿严重，而葡萄籽提取物处理组只有表面少量胶原纤维暴露，脱矿程度明显低于去离子水组，结果和偏光显微镜、横断面显微硬度分析结果一致。表明葡萄籽提取物具有抑制脱矿的作用。经 pH 循环再矿化模型发现，对于已经形成的牙齿根面龋损，经过 pH 循环后，病损都进一步加深，横断面显微硬度表明，葡萄籽提取物处理组和氟化钠处理组病损处显微硬度高于去离子水组，具有统计学意义。而氟化钠处理组和葡萄籽提取物处理组之间没有统计学差异。偏光显微镜分析和激光共聚焦显微镜分析都发现经过 pH 循环后，病损表层形成沉积带，葡萄籽提取物处理组明显较其他组宽，并且对应显微硬度分析，在此部位葡萄籽提取物组其显微硬度值高于去离子水处理组。

3. 使用以主要致龋菌变异链球菌为实验菌株的细菌致龋模型葡萄籽提取物对细菌及硬组织的影响发现，在细菌模型中，2 mg/mL 葡萄籽提取物和 10 mg/L 氟化钠具有明显的防龋作用，其病损深度明显小于对照组，2 mg/mL葡萄籽提取物组的培养基终末 pH 平均值明显高于其他组。在激光共聚焦显微镜分析中，发现 2 mg/mL 葡萄籽提取物组病损区域明显小于其他组，与偏光显微镜分析结果一致。

四、研究结论

本研究通过体外细菌实验、pH 循环模型和细菌致龋模型，首次对天然多酚类化合物——葡萄籽提取物对口腔致病菌的抑制作用，防治龋病的效能进行了综合评估。实验结果表明葡萄籽提取物具有抑制口腔细菌生长，抑制细菌生物膜形成及代谢，抑制牙齿组织脱矿并促进其再矿化的效果。该结果为进一步阐明多酚类化合物防龋的药理机制提供了理论依据和实验基础，为新型抗龋制剂的研发提供了全新的思路。

［关键词］ 多酚类化合物；龋病；脱矿及再矿化；口腔生物膜

富含血小板血浆促进放疗后兔下颌骨骨牵张效果的实验研究

（摘　要）

四川大学华西口腔医学院博士后研究人员　田磊　　合作导师　田卫东

放疗后的颌骨牵张成骨的临床研究和基础研究国内外目前报道较少，促进放疗后骨牵张新骨形成的研究也主要集中在高压氧和一些生长因子的作用上面，对于富含血小板血浆(platelet rich plasma，PRP)能否促进放疗后骨牵张的新骨形成尚未见报道。为此，笔者设计了一种兔下颌骨放疗后的牵张成骨(distraction osteogenesis，DO)模型，并对其可行性进行分析；将PRP应用于放疗后的兔下颌骨牵张，观察PRP对放疗后低活力状态下下颌骨牵张成骨的影响，探讨PRP促进骨修复和促进放疗后兔下颌骨牵张成骨的尽可能的机制，为进一步的临床研究奠定基础。

一、下颌骨放射治疗后的牵张成骨

（一）放疗骨的牵张成骨动物实验模型的建立

放疗后的下颌骨缺损能否采用牵张成骨技术进行重建目前仍是一个较有争议的问题。为此，笔者采用新西兰兔为实验动物，经过5.4 Gy/次，隔日一次，共5次的加速器放疗后，经3个月，采用牵张器行双侧下颌骨牵张成骨研究；经7天延迟期，10天牵张期和6周固定期，结果发现，动物耐受放疗、手术及牵张良好，双侧下颌骨均被牵张延长，兔是一种较好的放疗骨牵张模型动物。

（二）兔放疗下颌骨的牵张成骨实验研究

本实验用于评价放疗下颌骨的牵张成骨可行性及与非放疗骨的牵张成骨效果进行比较。采用新西兰兔作为实验动物，单侧下颌骨经受5.4 Gy/次，隔日一次，共5次的加速器放疗；3个月后，手术骨切开，安装牵张器；经7天延迟期，以0.5 mm ×2/d的速度牵张10天；后经6周固定期，取材行放射学、组织学、电镜及骨密度检查，比较实验组与对照组的成骨能力。结果发现放疗下颌骨可被成功牵张延长，但是成骨质量差于正常下颌骨。

二、兔富含血小板血浆的制备和生物学特性分析

（一）富含血小板血浆的制备和生长因子检测

取新西兰兔耳中央静脉的外周血，以两次离心法制备兔的富含血小板血浆；对制得的PRP进行血小板计数以评价其浓度，采用双抗夹心ELISA法测定PRP中含有的血小板衍生生长因子(platelet-derived growth factor，PDGF)、血管内皮生长因子(vascular endothelial growth factor，VEGF)、转化生长因子β1(transforming growth factor β1，TGF-β1)的浓度。结果显示，两次离心法可制备出符合要求的不同浓度的血小板，方法简单可靠，制备出的PRP含有丰富的生长因子。

（二）富含血小板血浆对兔骨髓间充质干细胞增殖效应的实验研究

取新西兰兔髂骨骨髓，进行骨髓间充质

干细胞(bone marrow stem cell, BMSC)培养。在培养过程中应用不同浓度的 PRP,观察 PRP 对体外培养的兔 BMSC 生长的作用。以 MTT 法分析检测 PRP 对兔 BMSC 增殖的影响。结果发现,PRP 对 BMSC 的增殖有较明显的促进,不存在明显的时-效关系。但这种促进作用在 PRP 浓度相对较低时,较为明显,30% 的 PRP 有最强的促进增殖作用。

(三)富含血小板血浆对兔骨髓间充质干细胞分化影响的实验研究

观察 PRP 对体外培养的兔骨髓间充质干细胞成骨分化的诱导作用。利用碱性磷酸酶染色、钙结节计数、成骨标志性蛋白骨钙素(OC)、Ⅰ型胶原免疫组化染色等方法确定兔骨髓间充质干细胞骨向分化,并检测成骨活性。结果显示,PRP 有明显促进兔BMSC成骨细胞分化和增强成骨活性的作用,不同浓度 PRP 的促进效果不同,不存在明显的量效关系,其中 20% 和 30% 的 PRP 的促进分化能力最强。

三、富含血小板血浆促进放疗后兔下颌骨牵张成骨新骨形成的实验研究

采用 PRP 局部注射兔下颌骨牵张成骨区,观察 PRP 促进放疗骨牵张成骨早期骨形成的作用。通过 X 线检查、荧光动力学、骨密度、微血管计数、扫描电镜能谱分析等检查和组织学观察的结果分析,证明 PRP 能够促进放疗后下颌骨牵张成骨新骨形成,改善成骨质量并且提高了钙盐沉积的矿化速度。PRP 可减弱放疗对牵张成骨的抑制,是一种有意义的临床治疗方法。

[关键词] 下颌骨; 牵张成骨; 放射治疗; 骨密度; 扫描电镜; 富含血小板血浆; 骨髓间充质干细胞; 成骨细胞; 细胞培养; 兔

(田磊现工作单位:第四军医大学口腔医院口腔颌面外科)

比较蛋白质组学筛选口腔黏膜上皮细胞体外癌变相关蛋白的研究

(摘　要)

上海交通大学口腔医学院博士后研究人员　钟来平　　合作导师　张志愿

口腔鳞癌是口腔颌面部最常见的恶性肿瘤,预后较差,5 年生存率只有 50% ~70%。早期发现、早期诊断和早期治疗是提高患者生存率及生活质量的关键。除了常规的临床检查外,一些相关的临床辅助检查有助于实现早期发现和早期诊断。随着生物标志物研究的深入,寻找具有临床诊断价值或预后判断价值的生物标志物,一直是广大科学家和临床医师研究的热点之一。而探索生物标志物在口腔鳞癌发生发展中的作用,也可以为研究口腔鳞癌发病机制和治疗靶标提供依据。

随着蛋白质组学概念的提出,从整体角度研究细胞内动态变化的蛋白质组成成分、表达水平与修饰状态,开展功能基因组学研究,揭示生物学行为以及基因表达调控机制,逐渐成为研究的热点。目前最常用的蛋白质组学方法是比较蛋白质组学技术,其中最流行和最可靠的技术平台是双向凝胶电泳和质谱技术的联合应用。它在生命科学领域得到了广泛的应用,在肿瘤医学的临床和基础研究中也如此,主要用于筛选差异表达的蛋白质,为研究肿瘤诊断和预后评判提供分子标志物,也为进一步的药物研究提供靶点。

一、研究目的

本课题的前期研究成功建立了口腔黏膜上皮细胞体外癌变模型，在一定程度上模拟了口腔黏膜上皮细胞在多因素作用下的多阶段、多步骤癌变过程，为研究口腔鳞癌的发生发展机制建立了实验平台。针对口腔黏膜上皮细胞体外癌变模型，笔者采用比较蛋白质组学研究方法分析口腔黏膜上皮细胞在癌变不同阶段的差异蛋白质，通过双向凝胶电泳和质谱技术进行分离及鉴定，并对部分差异蛋白质从细胞水平和组织水平方面进行检测，在验证鉴定结果的同时，探讨比较蛋白质组学方法在筛选口腔黏膜上皮细胞体外癌变模型各阶段细胞间差异蛋白质的应用价值。探讨部分筛选差异蛋白质在口腔黏膜上皮细胞体外癌变模型各阶段细胞、口腔鳞癌细胞系和口腔鳞癌患者组织中的表达情况及其临床应用价值。

二、研究方法和结果

（一）应用比较蛋白质组学方法鉴定口腔黏膜上皮体外癌变模型中的差异蛋白质

体外培养口腔黏膜上皮细胞体外癌变模型各阶段细胞，含永生化上皮细胞系（HIOEC）细胞、癌变早期阶段细胞 HB56 细胞和典型鳞癌细胞 HB96 细胞，提取各阶段细胞的蛋白质后，采用双向凝胶电泳技术和图像分析软件 PDQuest 分离及分析不同阶段细胞间的差异蛋白质点，再采用液相色谱串联质谱法（LC-MS/MS）分析系统鉴定差异蛋白质点，获得具体差异蛋白质名称。采用 Gene Ontology Annotation 将已知差异蛋白质进行分类，包括细胞组成、分子功能和生物过程。

结果：口腔黏膜上皮细胞体外癌变模型中的各阶段细胞生长良好，HIOEC 细胞为分散生长的多角形上皮样细胞，细胞大小较一致，H-E 染色可见细胞形态较一致，核浆比例适中；HB56 细胞表现为接触抑制消失，局部可见细胞重叠生长，H-E 染色可见细胞核浆比例增加，有多个核仁，可见核分裂象；HB96 细胞增生明显，细胞接触抑制消失，局部细胞表现为重叠生长，H-E 染色可见细胞核浆比例增加，有多个核仁，核分裂较多，可见散在瘤巨细胞。采用双向凝胶电泳技术和图像分析软件 PDQuest，得到差异蛋白质点 54 个，其中位于 HIOEC 细胞的差异蛋白质点 29 个，位于 HB56 细胞的 3 个，位于 HB96 细胞的差异蛋白质点 22 个。采用 LC-MS/MS 质谱鉴定后，共得到候选差异蛋白质 45 个，其中仅位于 HIOEC 细胞的差异蛋白质 24 个，仅位于 HB56 细胞的 2 个，仅位于 HB96 细胞的 16 个，同时位于 HIOEC 和 HB96 细胞的 2 个，同时位于 HB56 和 HB96 细胞的 1 个。根据 Gene Ontology Annotation 分类，按细胞组成分布最多的差异蛋白质位于细胞质和细胞膜，按分子功能分布最多的是磷酸酶活性、催化活性、结构分子功能和钙离子结合功能，按生物过程分布最多的是代谢过程、细胞信号传导和细胞黏附与运动。

（二）口腔鳞癌体外癌变模型中差异蛋白质在细胞水平和组织水平的检测

采用实时荧光定量 PCR（real-time PCR）法和蛋白质印迹（Western blotting）方法分别检测口腔黏膜上皮细胞体外癌变模型不同阶段细胞（HIOEC、HB56 和 HB96）和口腔鳞癌细胞系（Tca8113、TSCC、CAL27、OSC 和 NT）中部分差异蛋白质如膜联蛋白（Annexin）A1、Annexin A2、组织蛋白酶 B（Cathepsin B）、S-100A6、细胞角蛋白（KRT）17 和丝切蛋白（cofilin）的 mRNA 水平和蛋白质表达水平。采用 real-time PCR 和免疫组织化学方法分别检测 30 对口腔鳞癌患者癌组织和癌旁组织中的 mRNA 水平和蛋白质表达水平，结合口腔鳞癌患者的临床资料，分析这些差异蛋白质的临床应用价值。统计学分析软件采用 SPSS 10.0，当 $P < 0.05$ 时，被认为差异有统计学意义。

结果：Western blotting 检测 HIOEC、HB56 和 HB96 细胞中的6个差异蛋白质表达情况与质谱鉴定的结果相符，Annexin A1 和 S-100A6 的蛋白质表达水平在 HIOEC 细胞中较高，Annexin A2、Cathepsin B 和 KRT 17 在 HB 细胞中表达较高，而 cofilin 在 HB56 细胞中表达较高；mRNA 水平的检测结果与蛋白质表达情况并不是完全一致，需要进一步研究。口腔鳞癌患者组织中的检测结果提示癌组织中 Annexin A1 和 S-100A6 的蛋白质表达阳性程度显著低于癌旁组织，而 Cathepsin B、Annexin A2、KRT 17 和 cofilin 的蛋白质表达阳性程度显著高于癌旁组织，其结果与质谱鉴定的结果相符；癌组织中 Annexin A1 和 S-100A6 的 mRNA 水平显著低于癌旁组织，Cathepsin B 和 KRT 17 mRNA水平显著高于癌旁组织，Annexin A2 和 cofilin mRNA 水平较癌旁组织差异无统计学意义。Annexin A1 和 Annexin A2 的表达阳性程度与癌组织的病理分化程度显著相关，癌组织病理分化程度越差，Annexin A1 mRNA 水平和蛋白质阳性表达程度以及 Annexin A2 蛋白质阳性表达程度越低。

三、研究结论

1. 比较蛋白质组学方法中的双向凝胶电泳和质谱分析技术能够很好地分离及鉴定口腔黏膜上皮细胞体外癌变模型中不同阶段细胞的差异蛋白质。

2. 比较蛋白质组学方法分离和鉴定的差异蛋白质具有较好的可靠性，筛选的差异蛋白质具有一定的临床应用价值，尤其是 Annexin A1 和 Annexin A2 的表达情况与口腔鳞癌组织病理分化程度相关。对差异蛋白质功能的进一步研究有望找到作为肿瘤早期诊断或预后监测的生物标志物，也可能找到具有潜在临床应用价值的药物治疗靶标。

［关键词］ 口腔鳞癌； 体外癌变模型； 比较蛋白质组学； 双向凝胶电泳； 质谱分析

牙种植体骨感知现象的初步探讨
——无牙颌及无牙颌种植修复患者的皮层可塑性研究

（摘　要）

北京大学口腔医学院博士后研究人员　陈琰　　合作导师　林野

随着牙种植技术的广泛开展和当代无牙颌种植修复理念的逐渐被接受，越来越多的无牙颌患者愿意采用这种方式来恢复其咀嚼功能。临床经验和研究发现这些患者除了感觉到义齿佩戴更加舒适外，还能获得良好的触觉及定位能力，其咀嚼行为、咬合力控制、肌肉协调性等方面与天然牙非常接近。这种现象被称为“骨感知（osseoperception）”，是一种在缺乏功能性牙周膜机械感受器传入的情况下用来确认口腔运动觉的能力 。2005 年相关研究者们将骨感知定义为：1）来源于骨结合修复体，其接受机械刺激时的感觉通过肌肉、关节、黏膜、皮下和骨膜组织等机械感受器传导；2）中枢神经系统信息处理在维持感觉运动功能中发生适应性改变。其中，中枢神经系统在种植体感觉运动整合过程中发生的适应性改变是骨感知研究的重要组成部分，骨感知理论使骨结合和神经生理学有机地结合在一起。

一、研究目的

中枢神经系统的适应性是骨感知研究重

要的组成部分。种植体支持义齿负重时,感觉运动感受器的种类、位置、性质及对感觉运动的控制等问题都有待于解决;同时,与种植体感觉运动相关的中枢神经传导通路、通路上神经元的性质和如何对牙种植体进行感觉运动调控还很不清楚,但这些却是理解人类如何学习新的口腔功能和如何适应改变了的口腔环境的基本前提,是理解临床修复技术恢复口腔咀嚼功能时如何在患者身上产生康复效果的基础。目前国际上尚无有关牙齿缺失后采用牙种植体进行修复的中枢神经系统可塑性的研究报道,本研究即采用功能性核磁共振成像这一先进的脑功能成像方法,从感觉运动功能恢复的角度对无牙颌患者以及无牙颌种植修复患者的大脑皮层可塑性(neuroplasticity)改变进行初步探讨。

二、研究方法

研究对象为北京大学口腔医院种植中心2005—2007年无牙颌种植修复复查患者12例(男8例,女4例,年龄48~71岁,功能负重6~68个月),其中覆盖义齿(金沉积双套冠及切削杆固位)9例,平均年龄59.1岁,平均种植体数8枚,双颌种植支持义齿5例,单下颌种植义齿4例;种植固定义齿全颌修复3例,均为男性,平均年龄55.3岁,平均种植体数22枚(金合金金属烤瓷联冠及桥体修复);双颌无牙颌初诊患者8例(男5例,女3例,年龄48~72岁,常规全口义齿修复,功能负重1~5年)。

所有实验任务均在中国人民解放军第306医院磁共振室完成,功能性磁共振成像所用扫描仪2.0 TPrestige (GE/Elscint, Haifa, Israel)和标准的头线圈。采用任务相关的任务-静止减法模式,整个任务持续3分钟。任务分别为佩戴义齿牙尖交错位紧咬和无牙颌闭口至无牙颌位,静止为下颌位于息止颌位。功能性图像采用单次激发平面回波T2加权序列进行横轴面扫描,获得无间隔的覆盖全脑的20层图像。3D解剖像扫描采取梯度回波、T1加权序列,扫描时间8分钟。将产生的MNI(Montreal Neurological Institute,MNI,蒙特利尔神经研究所)模板坐标转换为Talairach模板坐标,Talairach坐标值采用Talairach daemon client软件(美国得克萨斯州立大学SanAntonio科研影像中心)进行脑区判定,采用SPM 99软件包(Wellcome Department of Imaging Neuroscience, University College London, UK)进行统计分析及结果判定。

三、研究结果

无牙颌患者佩戴常规全口义齿前闭口至无牙颌位时初级感觉运动皮层、Broca区以及前额叶皮层、顶上小叶、颞中回等有激活。佩戴常规全口义齿后前额叶皮层、颞上回、前运动皮层、顶上回激活显著,而与咀嚼运动相关的初级感觉运动皮层、Broca区激活人数较少。种植体支持覆盖义齿修复患者在紧咬时前额叶皮层、前运动皮层、顶上回、基底神经节、丘脑、海马旁回等激活较多见;佩戴种植体支持覆盖义齿患者大脑皮层的激活主要呈两种形式,一种主要激活顶上回和背外侧前额叶皮层,另一种主要激活Broca区和腹外侧前额叶皮层。未发现不同的激活形式与患者年龄、性别、义齿固位方式以及种植体位置、是否为双颌种植有关;而种植体支持固定义齿患者的皮层激活与天然牙列者更为接近,在Broca运动语言区、初级感觉皮层、初级运动皮层、前运动皮层、岛叶、颞上回、丘脑、基底神经节、海马等激活较显著;常规全口义齿修复患者脑激活位点的个体差异性较大,而个体差异性最小的为种植体支持固定全口义齿修复患者。

四、研究结论

通过对本研究的结果分析及有关脑功能研究的文献回顾,得出以下结论:

1. 无牙颌患者初级感觉运动皮层的广泛

激活和重组可能是由于缺牙造成的牙周膜丧失后其他部位感受器(黏膜、骨膜、关节、肌肉、皮肤等)接受感觉运动信息的补偿机制。

2. 种植体支持全口义齿在紧咬状态下大脑皮层激活的区域与传统全口义齿有较大差别。

3. 常规全口义齿修复患者在初级感觉和运动皮层未激活,而相对在前额叶皮层有显著激活,这可能是患者感觉和运动功能较差的原因。患者的咀嚼运动可能更加类似于一个任务的学习过程,与经验、记忆、适应力和行为控制有关,是一个个体依赖性较强的修复方式。

4. 种植体覆盖义齿组的激活呈现两种趋势,一种主要在背侧前额叶皮质和顶上回,另一种主要在腹侧前额叶皮质和 Broca 运动语言区,这体现出了其他两组的特点,可能提示它们对种植覆盖义齿的适应性。

5. 种植体支持覆盖或固定义齿修复患者紧咬时在基底神经节有明显激活,可能暗示这种修复与更精细的感觉和下颌运动控制有关,海马的激活可能证明这种修复方式与记忆具有相关性。

6. 种植体支持固定义齿的感觉和运动皮层反馈与天然牙列者最为接近,口颌面部初级感觉和运动皮层代表区的激活或许可以解释触觉、实体觉及咀嚼功能的改善,这也许就是患者产生骨感知的生理基础之一。

本研究提示采用数量较多的种植体以联冠或桥体形式进行无牙颌全口义齿的修复时,中枢神经系统对种植体的感觉及运动反馈更加接近于天然牙列,说明这种修复方式能够以更自然的方式恢复患者的咀嚼功能。也就是说,最终的修复越容易恢复原来的功能,感觉运动神经系统的反馈越容易得到重建。

[关键词]　功能性磁共振成像; 骨感知; 牙种植体; 全口义齿; 大脑皮层; 神经可塑性

(陈琰现工作单位:中国人民解放军第二炮兵总医院口腔科)

组装技术在新型牙种植体表面构建中的关键问题研究

(摘　要)

浙江大学口腔医学院博士后研究人员　李晓东　　合作导师　赵士芳

一、研究目的

目前,口腔临床上使用的种植体都是表面改性后表面为无机成分的种植体,其均能获得较高的种植成功率(10 年成功率一般在 95% 以上)。但是,口腔种植术的周期相当长,给患者生活带来诸多不便。因此,在现有研究的基础上,努力探索新的种植体表面改性方法以获得新型种植体,保证高的种植成功率并显著缩短骨整合发生的时间,这将能较大程度地减轻患者的痛苦,具有较大的科学意义和一定的临床应用前景。

将活性物质引入到种植体表面是目前口腔种植领域的研究热点,相对于传统的物理和化学方法而言,这种方法获得的种植体表面更接近于活性组织,对成骨细胞的增殖分化有一定促进作用,可促使新骨形成,有望获得比无机表面的种植体更快的骨整合速度。因此,探索寻找新的技术平台有效而可控地将种植体表面生物活化,使其有利于细胞分化和组织重构,是目前种植体表面改性的根本科学问题。静电自组装技术(layer by layer technique, LbL)是现在材料学领域的热点研究技术,LbL 技术可以赋予改性后的表面精确而可控的性能,同时,层层自组装温和的分子间作用力和组装条件,对生物分子和基材的广泛适应性及在纳米尺寸设计的精确可控性为负载生物活性物质表面设计提供了良好的选择。本研究利用 LbL 技术,采用胶原和透明质酸构建了仿细胞外基质的活性涂层,并对该涂层进行了详细的评价。

二、研究方法

(一)仿生涂层的构建

将钛片分为 A、B、C 三组,用不同的方法处理,其中 A、B 作为对照组。A 组:光滑钛片组,即用 400 ~4 000 目的砂纸仔细打磨钛片,然后依次用去离子水,100% 乙醇和丙酮超声清洗各 15 分钟,60 ℃烘干。B 组:酸蚀钛片组,用 A 组的光滑钛片放在氧化性酸的混合液中常温处理 1 小时,然后用去离子水充分冲洗,氮气吹干。C 组:仿生钛片组,用 B 组的酸蚀钛片在胶原溶液和透明质酸钠溶液中交替浸泡相同时间,然后用去离子水充分冲洗,这样就有一层胶原和一层透明质酸通过层层自组装技术组装在钛片表面。经过 9 次浸泡,应该有 9 层胶原和透明质酸被组装在钛片表面。

(二)细胞培养

在本研究中,应用人牙龈成纤维细胞(HGF)和小鼠成骨前体细胞(MC3T3-E1)以评价仿生钛片的生物相容性。HGF 细胞的培养液为 DMED 加 10% 胎牛血清,MC3T3-E1 细胞的培养液为 α-MEM 加 10% 胎牛血清。培养条件:二氧化碳孵箱,37 ℃,95% 湿度和 5% CO_2,细胞汇合后用 0.25% 胰酶消化。实验时细胞的接种密度为 $1.0 \times 10^4/cm^2$,在细胞接种前,所有的钛片正反两面用紫外线各照射 1 小时消毒。所有细胞实验用钛片置于 6 孔细胞培养板中,然后细胞接种于钛片表面。

三、研究结果

(一)钛片表面形貌组成的表征

随着组装层数的增加,钛片表面先由粗糙变光滑,然后随着组装层数的增加,钛片由光滑逐渐变粗糙。X 线光电子能谱(XPS)结果显示,随着组装层数增加,钛片表面氮含量不断升高,这说明胶原和透明质酸被成功地组装到了钛片表面。具有胞外基质仿生结构的钛片被成功制备。

(二)人牙龈成纤维细胞细胞培养和仿生钛片的生物相容性评价

1. HGF 细胞黏附伸展能力检测　HGF 细胞分别在光滑、酸蚀和仿生钛片上培养,然后固定、染色,在荧光显微镜下观察摄片,计算细胞形态因子。结果显示,仿生钛片上的细胞形态因子明显小于酸蚀组,而酸蚀组又明显小于光滑组。由此可见,仿生组钛片有利于人牙龈成纤维细胞在其上的黏附和伸展。

2. HGF 细胞增殖能力测试　细胞的 DNA 含量一般是恒定的,检测 DNA 含量可推测细胞数目,从而可检测细胞在某一材料上的增殖能力。结果显示,在早期(4 天)光滑组钛片的细胞增殖情况好于其他 2 组,但在后期(7 天和 14 天),仿生组的细胞增殖情况明显优于酸蚀组,而酸蚀组又明显优于光滑组。

3. HGF 细胞分化能力检测　采用 Ellisa 的方法检测细胞培养中Ⅰ型胶原的含量,并用定量 RT-PCR 法检测Ⅰ型胶原蛋白基因转录水平的表达。结果显示,细胞培养中 HGF 细胞分泌的Ⅰ型胶原的量基本上是随着培养时间的增加而升高的,仿生组高于另外两组,但差异均无统计学意义;而仿生组Ⅰ型胶原基因转录水平明显高于其他 2 组,而酸蚀组又明显高于光滑组,差异都有统计学意义。

(三)小鼠成骨前体细胞细胞培养和仿生钛片的生物相容性评价

1. MC3T3-E1 细胞黏附伸展能力检测

MC3T3-E1 细胞培养的检测结果显示,仿生组 MC3T3-E1 细胞伸展更好,有更多的细胞突起。仿生组细胞形态因子显著小于酸蚀组,而酸蚀组又显著小于光滑组。MC3T3-E1 细胞在仿生组钛片上黏附伸展最好,酸蚀组次之,光滑对照组最差。

2. MC3T3-E1 细胞增殖能力测试 4 天时,光滑组上的 DNA 含量稍高于另外 2 组,但是培养 7 天后,仿生组上的细胞增殖情况明显好于其他组。到第 14 天时,3 组钛片上的 DNA 含量差异无统计学意义。与 HGF 细胞相比,MC3T3-E1 的增殖相对较快。笔者认为 14 天时由于生长空间的限制才导致 DNA 含量无差异,表明仿生组钛片有利于 MC3T3-E1 细胞在其上的增殖。

3. MC3T3-E1 细胞分化能力检测 通过检测碱性磷酸酶(AKP)、骨钙素(OC)在蛋白水平和基因转录水平上的表达,分析 MC3T3-E1 细胞在不同钛片上的分化能力。AKP 活性的检测发现,各组钛片上的 MC3T3-E1 细胞的 AKP 活性随着培养时间的增加而不断升高。仿生组的 AKP 活性明显高于酸蚀组,而酸蚀组又明显高于光滑对照组。显然,钛片经仿生处理后明显加快了 MC3T3-E1 细胞的分化。OC 含量的检测发现,仿生组上的细胞分泌 OC 最多,酸蚀组次之,而光滑对照组最少。这也同样说明仿生处理后的钛片有利于 MC3T3-E1 细胞的分化。

4. AKP mRNA 和 OC mRNA 表达水平的检测 各组钛片上的 MC3T3-E1 细胞的 AKP mRNA 和 OC mRNA 的表达水平随着培养时间的增加而不断升高。仿生组细胞的 AKP mRNA和 OC mRNA 的表达水平明显高于其他组,差异有统计学意义。这从基因转录水平上说明仿生处理后的钛片有利于 MC3T3-E1 细胞分化。

四、研究结论

仿生表面对成骨细胞生物学评价结果说明,仿细胞外基质处理后的钛片有利于小鼠成骨前体细胞细胞的黏附、伸展、增殖和分化,具有良好的生物相容性。因此认为种植体表面的仿生处理有利于种植体周围骨的形成,从而达到良好的骨结合,可提高种植体治疗的成功率。不仅如此,仿生表面牙龈成纤维细胞的生物学评价结果说明,仿细胞外基质处理后的钛片有利于人牙龈成纤维细胞的黏附、伸展、增殖和分化,具有良好的生物相容性。表明种植体颈部的仿生处理能够提高种植体周围牙龈组织的附着、增强牙龈组织的封闭作用,从而减少种植体的失败率。

[关键词] 种植体; 组装; 仿生; 骨整合

应用反求工程和快速成型技术制作个体化桩核的研究

(摘 要)

中山大学博士后研究人员 王忠东[1] 合作导师 凌均棨[1] 吴纪楠[2]

(1. 中山大学光华口腔医学院; 2. 中山市人民医院口腔医疗中心)

一、研究背景和目的

残冠、残根是口腔科常见和多发病症,患牙往往伴有牙髓、根尖周以及牙周病变。为了达到控制病变、修复形态和恢复功能之目的,需进行口腔多学科的综合治疗,包括牙体牙髓、牙周、牙槽外科以及修复、正畸等。牙体严重缺损的残冠、残根,经过完善牙髓治疗后,修复牙体形态和恢复其功能主要有两种修复方式:直接桩冠和桩核冠。在临床上残冠、残根可单独发生，也可继发新的疾患，还可与其他口腔疾患甚至某些相关系统疾病并存，这种病症的复杂性、多样性提示临床对其治疗应该进行个体化口腔修复治疗。

快速成型（rapid prototyping, RP）集中体现了计算机辅助设计（computer aided design, CAD）、激光加工、数控和新材料开发等多学科、多技术的综合应用。RP 技术具有快速性、准确性以及擅长制造复杂实体的特点，广泛应用于工业精密制造领域。该技术与反求工程（reverse engineering, RE）相结合，形成包括设计、制造、检测为一体的快速设计制造闭环反馈系统。将 RE、RP 技术运用于制作口腔修复体，能简化、规范制作工序，节约制作成本，与其他自动化加工技术相比，有明显的潜在优势和较好的应用前景。本研究在分析传统口腔修复体制作方法的基础上，提出应用快速原型制造（rapid prototyping manufacturing, RPM）技术制作桩核的技术方案，同时进行了基础和临床应用研究，以期为桩核的临床制作提供一种新的方法，为残冠、残根患者进行个体化口腔修复治疗提供新思路。

二、研究方法和结果

（一）应用反求工程方法重建残冠、残根的三维数字模型

探讨用反求工程方法实现残冠、残根数字模型三维重建的方法，为个体化桩核的 CAD 设计与制作奠定基础。

方法：1）选取牙体硬组织完整的离体牙齿（前牙和前磨牙）10 颗，按桩核预备标准预备后分别用螺旋 CT 机和 Mi-CT 机进行扫描，所获得数据以 DICOM 格式文件进行存储；2）应用 Mimics 软件将螺旋 CT 机和 Mi-CT 机扫描获得的数据分别进行处理，获得牙齿标本的数字模型，Geomagic 9.0 软件进行三维测量，同时生成 STL 格式文件；3）用游标卡尺对牙齿标本进行测量，并与软件测量所获得的数据进行比较，采用配对比较 t 检验进行统计学分析。

结果：1）用反求工程方法对离体牙标本实现了三维重建，获得其数字模型。Mi-CT 数据源三维数字模型较螺旋 CT 数据源三维数字模型而言，模型边缘轮廓更为锐利、清晰；2）应用螺旋 CT 机和 Mi-CT 机扫描获得的数字模型，经软件测量，与牙齿标本测量结果相比差异无统计学意义（$P > 0.05$）。

（二）个体化桩核的设计与制作

1. 应用 CT 和激光扫描法建立桩核体的三维数字模型（库）　构建桩核体的三维数字模型（库），为个体化桩核的设计、制作提供基础条件。

方法：在标准模型上制备桩核体的模板，分别采用螺旋 CT 和激光扫描对其进行测量，应用 Mimics 软件和 Geomagic 9.0 软件实现桩核体的三维实体化重建，并进行相应的软件测量，采用 One-way ANOVA 比较进行统计学分析。

结果：1）应用螺旋 CT 和激光扫描数据对桩核体的模板实现了三维实体化重建，获得桩核体的三维数字模型（库）。2）螺旋 CT 和激光扫描数据所建立的桩核体三维数字模型，边缘轮廓连续、平滑，肩台清晰可辨。3）软件测量与实体模型的测量值高度相关，系统与常用的测量手段间具有较好的一致性。其中，软件测量组 CT-M、软件测量组 M-M 和实体测量组 M 之间，差异无统计学意义（$P > 0.05$）。

2. 应用 RPM 技术制作个体化桩核的实验研究　探讨应用 RPM 技术制作个体化桩核的可行性，以期为临床应用奠定基础。

方法：1）以 CT 影像为数据源，通过 Mimics 软件处理，建立残冠、残根数字模型；2）以 CT 影像为数据源，通过 Geomagic 9.0 软件构建桩核体三维数字模型（库）；3）应用反求软件得到残冠、残根点云数据，对桩核体及根部进行曲面设计，借助 CAD 软件对曲面模型进行实体化操作及工艺结构设计，将其轮廓数据转换为快速成型系统中的轮廓数据，快速

成型制造出个体化桩核。

结果：在建立残冠、残根数字模型和桩核体三维数字模型（库）的基础上，由计算机辅助设计，快速成型制造出个体化桩核。修复体各部件达到设计位置，在离体牙上精密就位，效果满意。

3. 应用RPM技术制作个体化桩核的适合性　研究RPM技术制作个体化桩核的适合性，探讨RPM技术的制作精度，以指导临床实践。

方法：1)用数控车床精密加工残冠、残根基牙代型，以螺旋CT扫描数据建立代型数字模型；2)分别用常规失蜡精密铸造法和RPM技术制作桩核；3)采用扫描电镜观测并拍片计数的方法，测量RPM技术制作个体化桩核、常规铸造桩核的边缘适合性和内部适合性，采用组间比较 t 检验进行统计学分析。

结果：所制作的所有桩核均可精密就位，效果满意。常规制作桩核和RPM制作桩核边缘浮出量分别为 (47.99 ± 9.26) μm和 (45.95 ± 8.09) μm，二者比较差异无统计学意义（$P > 0.05$）。常规制作桩核和RPM制作桩核组织面与代型之间间隙，在根管口处分别为 (104.31 ± 14.14) μm和 (79.33 ± 9.69) μm，二者比较差异有统计学意义（$P < 0.01$）；在根管中部，分别为 (83.91 ± 12.86) μm和 (80.68 ± 10.74) μm，二者比较差异无统计学意义（$P > 0.05$）；在根管底部，分别为 (108.51 ± 13.61) μm和 (82.05 ± 11.46) μm，二者比较差异有统计学意义（$P < 0.01$）。

（三）应用快速原型制造技术制作个体化桩核的临床应用研究

研究RPM技术制作个体化桩核在临床应用的可行性，以期为残冠、残根患者提供个体化口腔修复治疗。

方法：对2例（5颗牙）上前牙缺损病例，在进行完善根管治疗的基础上，以螺旋CT扫描数据，通过图像处理得到目标区域的数字模型，并转换成点云数据。应用反求软件对个体化桩核进行曲面设计，借助CAD软件对曲面模型进行实体化操作及工艺结构设计。在进行RP模型制作后经铸造得到个体化桩核，对患者试戴后，进行桩核冠修复。

结果：获得了患者牙列及咬合关系的三维数字模型，RPM技术制作的个体化桩核在口腔内就位顺利，各部件达到设计位置。桩核冠修复后，咬合关系良好，达到美观设计要求。

三、研究结论

1. 用反求工程方法能够准确、快速地实现残冠、残根模型的三维重建。

2. 应用螺旋CT和激光扫描数据，能够准确、快速建立桩核体的三维数字模型（库），该数字模型（库）能直接被用来进行CAD设计。

3. RPM技术可用于制作个体化桩核的设计和制造，为个体化修复开辟了新的途径，具有良好的应用前景。

4. RPM技术制作个体化桩核可应用于临床实践，为残冠、残根患者提供个体化口腔修复治疗，具有重要的临床应用价值及良好的应用前景。

［关键词］　残冠；残根；桩核；个体化；快速成型；反求工程

富含血小板血浆与纳米羟磷灰石-胶原复合材料的制备与应用研究

（摘　要）

吉林大学博士后研究人员　马宁[1]　　合作导师　崔占臣[2]
（1. 吉林大学口腔医学院；2. 吉林大学化学学院）

一、研究目的

牙周病是常见病和多发病，牙周组织缺损的修复主要针对牙周韧带、牙骨质和牙槽骨的修复。组织工程技术（tissue engineering）为牙周组织的重建开辟了新的治疗途径。牙周组织工程学包括生长因子-支架材料、种子细胞-支架材料和种子细胞-生长因子-支架材料三种构建方式，由于后两种构建方式用于临床还有许多问题（种子细胞的来源、免疫原性等）不能解决，因此在牙周组织工程中，利用合适的载体材料携带外源性生长因子促进牙周组织再生是目前研究的热点。

羟磷灰石（hydroxyapatite，HA）是脊椎动物骨髓及牙齿中的主要无机成分。在骨质中其周围规则地排列着骨胶原纤维，牙槽骨中的HA的含量高达97%。HA陶瓷具有良好的生物活性和骨传导性，能够与骨直接形成键性结合，被大量地应用于骨替代植入材料。HA的骨诱导性可提供良好的骨细胞黏附生长环境，其多孔结构则为细胞生长、组织再生及血管化提供条件，符合骨组织工程的生物学要求。纳米级HA晶体与天然骨的微观结构极其相似，将有利于改善骨植入体的力学性能，同时提高缺陷填充的愈合速度。

胶原（collagen，Co）是生物体内一种纤维蛋白，Ⅰ型胶原遍布于机体的各部分，具有很强的抗张能力。胶原重要的生物学功能是它不仅构成细胞外基质的骨架结构，而且与细胞相互作用并影响细胞的形态、骨架组装与增殖及分化。胶原与细胞周围的基质表现出相互影响的协调性。其可降解性和能促进细胞生长代谢，可与其他合成材料、无机材料、有机材料以及生物复合的特点，使之成为组织工程中的一种重要材料。

富含血小板血浆（flatelet-rich hlasma，PRP）是自体血小板的浓缩体，含有丰富的血小板和生长因子，起主要作用的为转化生长因子-β（TGF-β）和血小板衍生生长因子（PDGF），且主要存在于血小板中的α颗粒内，当PRP与$CaCl_2$和凝血酶混合后这些因子即释放出来，促进骨组织的再生和修复。本研究将PRP与纳米羟磷灰石（nHA）-Co复合，探讨复合此种材料的有效方法，并通过动物实验评价复合材料的生物学性能，充分发挥每种材料的优点，使之成为组织工程学中一种新型替代骨组织的生物活性材料和支架材料。

二、研究方法和结果

（一）复合生物膜的制备

1. nHA-Co复合膜制备　采用化学沉淀法制备nHA，采用醋酸溶解和蛋白酶降解消化法从牛肌腱中提取Ⅰ型Co，用戊二醛交联将二者混合到一起，制备成nHA-Co复合膜，冻干，备用。

2. PRP-nHA-Co复合膜制备　1）实验动物抽取10 mL动脉血（预先加入1 mL 10%柠檬酸钠抗凝剂）；2）采用二次离心法制备

PRP,血样经两次离心(1 000 r/min,10 分钟;3 000 r/min,8 分钟)制得富含血小板血浆;3)将 $CaCl_2$、凝血酶以 6∶1(v/v,体积比)与制得的 PRP 混合,分别加入到 nHA-Co 复合膜中,备用。

结果:1)提取的胶原经十二烷基聚丙酰胺凝胶电泳(SDS-PAGE)结果出现1条带(相对分子质量为 98×10^3 左右),证明提取样品为Ⅰ型胶原。扫描电镜观察,经戊二醛交联的胶原膜呈三维网状结构。2)合成羟磷灰石颗粒尺寸平均为 10 nm×50 nm～20 nm×80 nm,与天然骨相似,符合自然骨中 HA 为纳米尺寸的要求。3)提取的 PRP 血小板含量是全血含量的4倍以上,符合 PRP 浓度要求。4)复合材料表面孔隙和大小分布较均匀,羟磷灰石颗粒均匀地分布于胶原基质中,并且与胶原界面结合良好。

(二)复合膜细胞生物相容性实验

1. 骨髓基质细胞的提取与培养　选取4周龄大耳白兔,无菌条件下用自股骨大转子部抽吸双侧股骨骨髓行骨髓基质细胞(BMSC)的提取与培养。用地塞米松、维生素C和β-甘油磷酸钠的 DMEM 培养液诱导,21天后见细胞呈集落生长,进行 Von Kossa 染色。

2. 成骨细胞与 nHA-Co 复合培养　培养前 nHA-Co 复合膜用 Co^{60} 射线照射消毒,BMSC以 $5\times10^6\ mL^{-1}$ 的细胞密度接种,进行BMSC与复合膜共同培养,使细胞黏附于复合膜,取出培养膜片用 PBS 漂洗,4%戊二醛固定,H-E 染色,光镜观察;常规制作扫描电镜(SEM)样本,观察细胞黏附和形态特点。

结果:1)培养的兔 BMSC,经 Von Kossa 染色呈明显的阳性反应,证明其具备成骨细胞的特性。2)BMSC 与材料的复合培养,光镜观察可见细胞黏附于膜表面和边缘,材料表面的细胞增殖连接成片;SEM 观察,膜表面可见大量的 BMSC 附着,同时在膜孔隙中也有细胞生长,贴附紧密,部分区域有细胞外基质形成。说明本实验研制的复合材料生物相容性好,对细胞无不良刺激,材料无细胞毒性。

(三)复合膜修复下颌骨缺损实验

取20只健康成年新西兰大耳白兔,在双侧下颌骨下缘中部形成 1.0 cm×0.5 cm 的矩形骨缺损。右侧为实验组,缺损处用 PRP-nHA-Co 复合膜覆盖;左侧为对照组,不放膜,分层缝合。术后28天、56天分期处死动物,取双侧下颌骨,行软X线照相;常规切片 H-E 染色,光镜下观察。

结果:1)肉眼观察,兔生存状态良好,进食正常,切口愈合良好。2)软X线观察,对照组56天后仍可见先前的下颌骨缺损切迹。PRP-nHA-Co 复合膜实验组28天后骨缺损区内可见增高的骨样密度显影,56天后可见骨密度增加,骨缺损区完全愈合。3)组织学观察,对照组28天见大量纤维组织,少量新生骨小梁和成排的骨母细胞。56天时可见板状骨出现。实验组28天时骨缺损内仍见复合膜大量存在,新生骨小梁相互吻合形成网状结构;56天复合膜已降解,整个缺损被新生骨取代,界限明显,完成了骨修复。

(四)复合膜引导牙周组织再生实验

将8只成年健康雄性杂犬双侧下颌共32颗牙作为实验部位,设同体对照。手术剥离龈瓣,充分暴露骨壁,用裂钻磨除实验牙颊面骨壁达釉质牙骨质界下约5 mm,近远中宽约4 mm,呈"U"字形骨缺损。在根面处制备切迹,刮除以上暴露根面的牙周膜和牙骨质,并做根面平整。右侧为实验组,在相应牙位植入 PRP-nHA-Co 复合膜材料;左侧对照组不放置膜。术后第4、8周分别处死动物各4只,切取双侧下颌骨标本,拍16排 CT 片观察牙槽骨新生;常规切片 H-E 染色,光镜下观察。

结果:1)肉眼观察,动物生存状态良好,牙龈附着愈合良好,龈沟探诊小于 1.2 mm。2)16排 CT 片观察,实验组出现新生牙槽骨,骨嵴基本恢复到原来高度；对照组牙槽嵴高度未见增加。3）组织学观察，对照组4周时缺损区可见异物肉芽肿形成；纤维组织增生明显，包绕大量中性粒细胞、淋巴细胞和多核异物巨细胞，未见成骨。8周时缺损区有少许片状成骨。结合上皮增生明显，形成长结合上皮。实验组4周时在复合膜植入处纤维组织增生较明显，大量多核异物巨细胞，中性粒细胞和淋巴细胞浸润。可见少量软骨样基质和软骨组织，钙盐沉积。8周时肉芽肿内纤维组织增生减少、老化，炎症细胞明显减少，大量软骨样基质和软骨组织形成，钙盐沉积增加；新生的骨组织与牙槽骨连接紧密，但二者间仍有明显的界限。牙根部见新生细小牙周纤维和少量牙骨质形成。

三、研究结论

1. 本实验合成的羟磷灰石颗粒尺寸与天然骨相似，符合天然骨中HA为纳米尺寸的要求；提取的Ⅰ型胶原，纯度高，抗原性低；经戊二醛交联，羟磷灰石与胶原纤维间形成紧密键合。

2. nHA-Co生物相容性好，无细胞毒性，对细胞无不良刺激，可作为优良的骨替代材料。

3. PRP被牛凝血酶激活后在开始阶段大量释放出生长因子，随后血小板会继续合成和分泌生长因子，有持续性作用。

4. PRP-nHA-Co复合膜植入组织内6～8周完全降解，能够使牙周组织再生。

5. PRP-nHA-Co复合生物膜可以作为组织工程学中一种新型替代骨组织的生物活性材料和支架材料。

［关键词］ 组织工程；胶原；富含血小板血浆；纳米羟磷灰石

优秀博士学位论文摘要

脂肪基质细胞多向分化能力及其在组织工程中应用的研究

（摘　要）

四川大学华西口腔医学院博士研究生　林云锋　　导师　田卫东

（该论文获2008年全国百篇优秀博士学位论文）

因创伤、感染、肿瘤术后和先天缺陷导致的软硬组织缺损，是临床上常见而又亟待解决的难题。传统的自体组织移植，无非是拆东补西，其供区并发症显而易见且组织量不足、形态功能不匹配的情况时有发生；应用异体或异种组织移植，免疫排斥反应和潜在的疾病传播问题又显突出；生物材料的应用，同样存在着刚性不匹配、有悖正常生理功能和异物反应等问题。所以目前临床上使用的各种组织修复与重建方法虽然各有优缺点，但总体来说不尽如人意。

为了修复和重建病损组织的结构及功能，诞生了一门新兴科学——组织工程学。其方法是将分离到的种子细胞，经体外培养扩增后种植于天然或人工合成的、具有良好生物相容性并可被人体逐步降解吸收的支架材料上。组织工程的种子细胞应取材方便并具有良好的体内外增殖与分化能力，并且在组织构建中种子细胞能继续行使正常生理功能。在种子细胞的研究中，近年来国内外学者致力于成体干细胞或前体细胞的分离培养及应用研究。成体干细胞是指那些存在于已分化组织中的未分化细胞。研究表明，在自然条件下，成体干细胞大多处于休眠状态或倾向于分化为所在组织的各种细胞，以利于维持机体的正常新陈代谢；在特定的外界条件诱导下，一种组织的成体干细胞可以“横向分化”成其他组织的功能细胞，参与组织的损伤修复。

脂肪基质细胞（adipose tissue-derived stromal cell，ASC）是近年来最热门研究的成体干细胞，被认为是最有可能用于临床的种子细胞之一。脂肪基质细胞具有向脂肪细胞、成骨细胞、成软骨细胞、成肌细胞和成神经细胞等多个方向分化的能力，可在体外大量扩增，加之脂肪贮备量大、取材方便的优势，使其更具实际的应用价值。目前在组织工程中，脂肪基质细胞初步应用研究已取得了良好的效果。当前国内外关于脂肪基质细胞的研究集中以下方面：脂肪基质细胞获取和培养方法的优化；不同诱导条件下脂肪基质细胞的分化结果和分化机制的研究；脂肪基质细胞中各种细胞成分的相互作用机制；脂肪基质细胞进行自体（异体）移植时的细胞标记问题；脂肪基质细胞复合不同类型的支架材料进行各种软硬组织缺损的修复与功能重建。

本课题采用酶消化法获取绿色荧光蛋白（green fluorescent protein，GFP）转基因小鼠脂肪基质细胞，通过体外多向诱导的培养方法，研究内源性GFP对ASC分化能力的影响；然后以腺病毒（adenoviral vectors，Ad）为载体，转染外源性GFP基因到Balb/c小鼠ASC中，比较内外源性GFP对小鼠ASC分化能力的影响；进而研究外源性GFP对人脂肪基质细胞分化能力的影响。在此基础上，结合组织工程的方法,研究ASC体外成软骨分化能力,并使用经过成软骨诱导的ASC复合藻酸盐支架材料,种植于裸鼠皮下,研究ASC形成异位软骨组织的能力;再使用经过成骨诱导的ASC复合纳米双相磷酸钙陶瓷支架材料,研究ASC异位及原位成骨能力。

研究结果显示:

1. GFP转基因小鼠的脂肪基质细胞在表达内源性GFP的同时,仍保持了向成骨细胞、脂肪细胞、成神经细胞、成肌细胞等方向的分化能力,二者没有明显的相互影响,提示GFP转基因小鼠ASC是一种理想的细胞模型。

2. Ad-GFP转染的Balb/c小鼠ASC与GFP转基因小鼠ASC具有相似的生长、增殖特性;二者在成软骨分化过程中,*sox 9*、*Aggrecan*、*col-*Ⅰ、*col-*Ⅱ、*col-*X基因以及Col-Ⅰ、Col-Ⅱ蛋白的表达时间和强度基本相同,说明可以用Ad-GFP转染Balb/c小鼠ASC来替代GFP转基因小鼠ASC进行脂肪基质细胞标记、追踪;Ad-GFP转染为ASC的研究提供了高效、低毒、廉价的标记方法。

3. Ad-GFP转染人脂肪基质细胞,可以获得80%以上的转染效率,而人脂肪基质细胞在表达外源性GFP的同时仍可以分化为成骨细胞、成软骨细胞、成肌细胞、脂肪细胞,这将为人脂肪细胞移植提供良好的细胞标记。

4. 人脂肪基质细胞体外单层培养时,经过成软骨诱导后,可以分化为成软骨细胞;在此基础上,使用经过成软骨诱导的人脂肪基质细胞复合可注射式藻酸钠支架,种植于裸鼠皮下,检测到软骨特异性基因*sox 9*、*Aggrecan*、*Link Protein*、*comp*、*col-*Ⅰ、*col-*Ⅱ、*col-*X以及特异性蛋白Col-Ⅰ、Col-Ⅱ、Col-X、GAG的表达,说明人脂肪基质细胞经成软骨诱导后可用作种子细胞形成异位软骨组织,为软骨组织工程研究提供了新的种子细胞。

5. ASC复合纳米双相磷酸钙陶瓷(NanoBCP)异位及原位成骨能力研究中,通过大体观察、X线检查、H-E染色、三色染色、免疫组化染色、RT-PCR等方法从组织学、基因和蛋白水平证实经过成骨诱导的ASC复合NanoBCP有显著的异位成骨能力,并可以修复大鼠自体颅骨极量缺损,ASC将为骨组织工程的研究开辟新的途径。

6. 第一鳃弓外胚间充质细胞可以定向分化为脂肪细胞、成骨细胞、成软骨细胞、成神经细胞、内皮细胞、成肌细胞和成牙本质样细胞,具有多向分化潜能,显示了良好的可塑性,可用作牙颌面组织工程学的种子细胞来源。

综上所述,本研究在国内首次对人或动物的脂肪基质细胞多向分化潜能进行了较系统的研究,深入探讨了ASC定向分化的关键基因和信号分子,阐述了脂肪基质细胞的分化机制;在国内外首次证实了腺病毒载体转染外源性GFP对ASC分化没有明显的影响,可以采用Ad-GFP转染的方法标记人或动物脂肪基质细胞,为ASC的体内追踪和研究找到了一种成本低廉、操作简单、转染效率高、细胞毒性小的标记方法,将会推动和促进ASC的广泛深入研究。在此基础上,本研究采用组织工程的方法,以ASC为种子细胞,复合藻酸盐、纳米双相磷酸钙陶瓷等支架材料,成功构建了异位骨、软骨组织,并成功修复了大鼠颅骨极量缺损。证实脂肪基质细胞可以作为骨、软骨组织工程的理想的种子细胞,为骨、软骨缺损的修复与再生探索了新的治疗思路和方法。

本课题组研究证实,脂肪基质细胞具有许多其他类型成体干细胞所不具有的优势:脂肪组织来源广泛,取材方便,获取细胞量大,易于分离纯化。这种基质细胞具有稳定的群体倍增率,同时具有分化和自我更新潜能以及免疫相容性,在基因操作中易于感染腺病毒、慢病毒、反转录病毒,可成为这类病毒载体的理想靶细胞,所以脂肪基质细胞将来可能会成为骨髓基质细胞的替代品。脂肪有希望成为组织工程最大的种子细胞库,将会极大地推动组织工程的发展。本研究为今后脂肪基质细胞的深入研究和临床应用奠定了重要的理论基础和实验依据。

[关键词] 脂肪基质细胞；多向分化；绿色荧光蛋白；软骨；骨；组织工程

牙源性角化囊性瘤中*PTCH*1基因突变的检测及功能初探

（摘 要）

北京大学口腔医学院博士研究生 孙丽莎 导师 李铁军

一、研究目的

牙源性角化囊性瘤(keratocystic odontogenic tumor,KCOT)是一种常见的颌骨牙源性病损,它具有较高的生长潜能和明显的复发倾向,可单发,也可伴发痣样基底细胞癌综合征(nevoid basal cell carcinoma syndrome, NBCCS)。NBCCS是一种表现复杂、可累及多种组织器官的常染色体显性遗传病,患者可表现多种发育异常,并易患多种类型的肿瘤。NBCCS的致病相关基因为*PTCH*1基因,其编码蛋白patched,作为sonic hedgehog蛋白(SHH)的受体,通过Hedgehog信号传导通路对G蛋白偶联受体——smoothened(SMO)进行负调控,抑制Hedgehog信号通路上的目的基因(如*TGF*-β家族、*Wnt*家族、*BMP*家族、*PTCH*1等)的转录及其促生长作用。

*PTCH*1基因是一种肿瘤抑制基因,推测*PTCH*1基因异常可导致Hedgehog传导通路的组成性激活(constitutive activation),进而引起一系列发育异常和肿瘤的发生。近来发现patched可能通过结合成熟促进因子(maturation-promoting factor, MPF)(CyclinB1-cdk1 complexes)进而影响其进入细胞核以参与细胞周期调控。*PTCH*1基因突变可在NBCCS患者及多种NBCCS相关肿瘤中被检出。相关研究主要集中在对NBCCS遗传家系或对NBCCS伴发的肿瘤(如皮肤基底细胞癌、成神经管细胞瘤)等方面,而对于颌骨KCOT的研究较少。目前对于KCOT发病的始动因素及分子机制仍不清楚,鉴于NBCCS和KCOT之间如此明显的临床病理联系,笔者决定从*PTCH*1基因入手,进一步探讨*PTCH*1基因突变在散发性及NBCCS相关性KCOT发病中的作用。

二、研究方法

本研究采用聚合酶链反应-变性高效液相色谱(PCR-DHPLC)技术筛查和DNA直接测序的方法,对8例NBCCS相关性KCOT和7例散发性KCOT进行了*PTCH*1基因的突变检测;*PTCH*1为Hedgehog信号通路的受体,同时又是该通路的靶基因,其表达水平反映传导通路的活化状态,本研究采用实时荧光定量(Real-Time)PCR法检测了8例KCOT中*PTCH*1 mRNA的表达水平,从而了解KCOT组织中Hedgehog信号通路的活化状态。

通过构建野生型和突变型*PTCH*1真核表达质粒转染293A细胞,采用流式细胞术和荧光素酶报告实验初步探讨所检测到的2种可导致蛋白截断的*PTCH*1突变{移码突变c.1558_1574del [p. His520ArgfsX4]和无义突变c.2619C > A [p. Tyr873X]}对细胞周期调控和下游传导通路的影响,进一步研究突变基因编码蛋白质与野生型蛋白质的功能差异,剖析该基因突变致病的机制。

三、研究结果

1. DHPLC 筛查及测序分析，在 9 例 KCOT 病例（其中 3 例为散发性 KCOT，6 例为 NBCCS 相关性 KCOT）中检测到 9 处未见报道的 *PTCH*1 突变（其中 1 处突变位点在 2 个非关联的病例中出现）和 3 处已有报道的突变位点。这 12 处突变包括 5 处移码突变（c. 983delA, c. 1325dupT, c. 1558_1574del, c. 2635delG, c. 2196_2197del），1 处无义突变（c. 2619C > A），3 处错义突变（c. 863G > A, c. 1247C > G, c. 3440T > G），3 处发生于外显子-内含子接头部位（c. 1347 + 6G > A, c. 1504-1G > A, c. 2560 + 1G > T），经 RT-PCR 实验证实引起 mRNA 的异常剪切，分别导致 exons9-10、exons10-11 和 exon15 剪切跨越。有意义的是，4 例病例（2 例散发性 KCOT 和 2 例 NBCCS 相关 KCOT）分别携带两处 *PTCH*1 基因突变，提示 *PTCH*1 基因失活的"二次打击"机制可能参与了一部分 KCOT 的发病过程。另外，本研究还检测到 13 处已有报道的 *PTCH*1 基因多态性位点。

2. 采用 Real-Time PCR 在 5 例散发 KCOT（2 例携带 *PTCH*1 突变），3 例 NBCCS 相关 KCOT（均携带 *PTCH*1 突变）中检测 *PTCH*1 基因的表达，结果在 2 例病例 {KC19：c. [983delA (+) 1325dupT] 和 NB9：c. [2619C > A (+) 1504-1G > A]} 中发现 *PTCH*1 基因的显著高表达（分别为正常黏膜对照的 123.7 倍和 221.5 倍），另 2 例病例 {KC21：c. [1558_1574del (+) 2635delG] 和 NB12：c. 1247C > G} 也表现 *PTCH*1 基因的较高表达（分别为对照的 3.3 倍和 4.8 倍），这 4 例患者均携带 *PTCH*1 基因的突变。

3. 通过定点突变技术构建突变 *PTCH*1 真核表达载体 mptc-m1-pREP4 和 mptc-m2-pREP4，与野生型 *PTCH*1 表达载体 mptc-pREP4 成功转染 293A 细胞，经过 Hygromycin B 抗性筛选，得到稳定表达野生型和突变型 patched 蛋白的细胞株（经过 Western blotting 鉴定）。采用流式细胞术细胞周期检测，发现稳定表达突变型和野生型 patched 蛋白细胞株的细胞周期分布存在显著差异，转染 mptc-pREP4 组出现明显的 G2/M 期阻滞，mptc-m1-pREP4 和 mptc-m2-pREP4 组 S 期细胞明显增多，提示 patched 蛋白突变体影响了细胞周期进程；进一步的 Gli1 -荧光素酶报告实验证实 patched 突变体可增强 Hedgehog 信号通路下游转录因子 Gli1 的活性。

四、研究结论

研究进一步证实：*PTCH*1 基因突变与 NBCCS 的发病密切相关，部分散发性 KCOT 中也存在类似于 NBCCS 的分子发病机制。本研究首次对 KCOT 中 *PTCH*1 的表达进行了定量研究，证实在携带 *PTCH*1 突变的部分病例 Hedgehog 信号通路处于激活状态，突变的类型和程度影响 Hedgehog 信号通路激活程度。对突变体初步的功能研究证实 *PTCH*1 基因突变可能导致了 Hedgehog 信号通路的异常激活，在散发性和 NBCCS 相关性 KCOT 的发病过程中起重要作用。然而，有关 *PTCH*1 基因突变的功能机制还有很多问题有待进一步阐释，本研究为后续 *PTCH*1 功能研究的开展奠定了基础。

［关键词］ 牙源性角化囊性瘤；痣样基底细胞癌综合征；*PTCH*1 基因；基因突变

压应力对骨髓间充质干细胞成骨分化早期阶段成骨和破骨生成能力的影响

（摘 要）

四川大学华西口腔医学院博士研究生 刘钧 导师 赵志河

一、研究背景和目的

间充质干细胞（mesenchymal stem cell，MSC）是目前公认的生成组织工程化肌腱、血管、骨等组织最有前途的种子细胞之一。有学者发现牙周膜细胞有诱导MSC呈现典型的牙周膜细胞的特点，提示MSC很可能是牙周膜细胞的前体细胞，在牙周组织修复和再生中有良好的临床应用前景。牙周组织重建作为正畸牙移动的生物学基础，其机制涉及错综复杂的生理和病理组织改变，MSC很可能在该过程中发挥关键性作用。正畸力作用下MSC能分化为成骨细胞，并同时诱导生成破骨细胞，分别进行牙槽骨的沉积与吸收，实现牙周骨组织的重建。因此，以MSC为研究对象是进一步探索正畸牙移动机制的必由途径。应力作为正畸医师的“药”，其对正畸牙移动过程中的骨重建作用是不容置疑的。但应力是如何调控局部的MSC向成骨细胞早期分化并同时影响破骨细胞的诱导生成，目前尚未见报道。研究这一问题对于进一步阐明正畸牙牙周对矫治力的生物学反应至关重要。

目前，已有众多学者致力于以骨组织工程为代表的干细胞力学生物学研究，前期研究已显示了力学刺激应用于干细胞骨组织重建修复的优势，但相关力学作用机制研究尚较缺乏，这无疑制约着力学生物学在该领域的进一步有效应用。因此深入研究应力对MSC成骨分化的调控及其机制，尤其是成骨分化的早期启动阶段，可能将会给干细胞骨组织重建修复提供新的思路。

本研究从细胞和分子水平上观察检测动态与静态压应力刺激对大鼠骨髓MSC成骨诱导分化早期阶段成骨及破骨生成能力的影响。研究分为三个部分：压应力对骨髓MSC成骨分化早期阶段成骨生成能力的影响；压应力对骨髓MSC成骨分化早期阶段促成骨生成的力学信号通路（ERK/p38 MAPK）研究；压应力对骨髓MSC成骨分化早期阶段破骨诱导生成能力的影响。

二、研究方法

用贴壁法分离培养大鼠（2～3周龄S-D雄性大鼠，约80～100 g）骨髓MSC。根据细胞表面抗原、成脂与成骨分化检测对MSC进行鉴定，成骨诱导剂（OS）采用0.05 mmol/L AsAp、10 mmol/L β-GP、10^{-8} mol/L Dex。根据前期预实验MSC成骨诱导检测碱性磷酸酶（AKP）比活性，选定MSC成骨诱导0、3和7天三个时间点代表其成骨分化早期阶段三个分化时间点。取生长良好的2～4代MSC以$2\times10^4/cm^2$接种，亚融合后分别成骨诱导3天和7天。然后将OS培养液换为普通培养液，使用本课题组与四川大学生物力学实验室合作研制的细胞压应力数控加载系统对大鼠骨髓MSC分化早期阶段（0、3、7天）分别施加动态压应力（10～36 kPa，0.25 Hz）和静态压应力（23 kPa）刺激，加力时间每天1小时，持续1、3、5天。动、静态压应力数控加载由基于 Boland C + + Build 5 开发平台自行设计的加载控制软件实现。

从细胞和分子水平上观测动态（10 ~ 36 kPa，0.25 Hz）与静态（23 kPa）压应力刺激对大鼠骨髓 MSC 成骨诱导分化早期阶段的影响。采用 MTT 法检测增殖活力，酶比活力定量检测 AKP 表达，实时荧光定量（Real-Time）RT-PCR 技术检测成骨分化关键调控因子 *Runx2* 与 *Osx* 的基因表达、破骨诱导关键性决定因子 *RANKL* 与 *OPG* 的基因表达。并将加力后的成骨分化早期阶段 MSC 与单核细胞株（RAW264.7）进行共培养，培养液中加入破骨诱导分化剂地塞米松 Dex（10^{-7} mol/L）和 1,25$(OH)_2$ VitD_3（10^{-8} mol/L），48 小时半换液一次，共培养 9 天，重酒石酸盐抗酸性磷酸酶（TRAP）试剂盒染色观察其破骨诱导生成能力的变化。

本课题组还进一步研究了压应力对骨髓 MSC 成骨分化早期阶段促成骨生成的 MAPK 力学信号通路（ERK/p38 MAPK）参与情况，采用 Western Blot 法检测 ERK 与 p38 MAPK 蛋白的表达。根据参考文献和本实验前期浓度梯度实验确定 ERK1/2 信号通路特异性阻断剂 PD98059 作用终浓度为 10 μmol/L，该浓度 PD98059 能有效抑制 ERK1/2 磷酸化，并且 PD98059 加入后对细胞生长无明显影响，细胞脱落凋亡现象很少。研究添加 ERK 通路抑制剂 PD98059 对力学诱导作用的影响。

三、研究结果

1. 动、静态压应力对 MSC 早期成骨分化增殖活力基本无影响，除了未诱导 MSC（OS，0 天）加载静压力 5 天后增殖活性有明显增强。关于静压力增强 MSC 增殖活性的机制研究的报道目前较少，其具体机制尚不明确。

2. 加载动、静态压应力后成骨特异性表达的 AKP 比活性、成骨特异性转录因子 *Runx2* 和 *Osx* mRNA 基因表达变化趋势较为一致，即动、静态压应力均能增强 MSC 成骨分化，甚至对于完全未诱导 MSC（OS，0 天）动、静态压应力均能使相应成骨指标大幅度提高，其中动压力组增强幅度大于静压力组。*Runx2* 基因对力学刺激反应极其敏感，这可能是因为本实验所选择的 MSC 分化阶段属于早期，完全未诱导 MSC（OS，0 天）*Runx2* 基因表达量极低的原因；另一方面，该结果也提示压应力很有可能就是通过调控 *Runx2* 基因这一关键节点实现大鼠骨髓 MSC 的骨向分化诱导效应。

3. 本研究结果显示 p38 MAPK 未参与压应力诱导的 MSC 成骨分化过程，而动、静态压应力作用均能使各分化点 MSC ERK1/2 发生不同程度的磷酸化激活。

4. ERK1/2 特异性阻滞剂 PD98059 处理后，加力组和未加力组成骨分化相关指标均有不同程度降低，压应力力学信号对施加阻滞剂 PD98059 组有一定的维持成骨分化状态的作用，提示 ERK1/2 通路参与了早期成骨分化过程以及力学诱导的成骨分化作用，压应力力学信号促进 MSC 成骨分化。PD98059 对加力各组 *Runx2* 基因表达均有抑制作用，但抑制后的 *Runx2* mRNA 水平与对照组相比仍然处于较高水平，这进一步证实 *Runx2* mRNA表达对应力作用反应敏感，在此过程中 ERK1/2 磷酸化有一定的参与，但可能不在整个压应力力学信号的传入与输出中扮演关键角色。

5. 动、静态压应力作用下 MSC 成骨分化早期阶段 ERK1/2 磷酸化高峰水平随诱导的时间增加而有增强的趋势，但高峰期出现时间有先后，总体上动压力组到达高峰期的时间要早于相应静压力组，这可能是静压力的促成骨分化作用较为缓慢的原因之一。

6. 动、静态压应力作用下 MSC 成骨分化早期阶段 RANKL/OPG mRNA 表达比值增高，静压力作用稍强于相应动压力组，与单核细胞株（RAW264.7）共培养 TRAP 染色结果相似。MSC 成骨分化早期阶段各分化时间点

(OS,0、3、7天)的破骨生成能力对压应力的反应敏感程度不尽相同,这也提示应力作用下的早期牙周组织重建生物学机制的复杂性。

7. 综合三部分的研究结果,发现加载压应力可以使成骨分化早期阶段的MSC进一步成骨向分化,同时其破骨诱导生成能力也有一定的增强,这可以由*RANKL*与*Runx*2之间可能存在的相互关联来解释。但这一猜想需要进一步的相关研究来证实,如通过抑制*Runx*2基因表达检测*RANKL*表达的变化,或对*RANKL*基因启动子区域的进一步研究可能将会有助于揭示*RANKL*诱导激活的机制。

四、研究结论

动、静态压应力均能促进MSC成骨分化早期阶段进一步骨向分化,甚至对于完全未诱导MSC(OS,0天)动、静态压应力也均能使相应成骨指标有大幅度提高,其中动压力比静压力作用更快、更强。p38 MAPK未参与压应力诱导的MSC成骨分化过程,而动、静态压应力作用均能使各分化点MSC ERK1/2发生不同程度的磷酸化激活,ERK1/2通路起到了早期成骨分化以及力学诱导的成骨分化作用。压应力力学信号促进MSC成骨分化而抑制其成脂分化,该作用有可能不是仅通过ERK1/2磷酸化实现的。静、动态压应力均有较强的促MSC破骨诱导分化作用。MSC成骨分化早期阶段各分化时间点对压应力的反应不尽相同,提示早期骨重建复杂的生物学机制。

[关键词] 压应力; 力学生物学; 成骨早期分化; 破骨生成; 间充质干细胞

利用牙囊细胞和脂肪间充质干细胞构建组织工程牙周样结构的研究

(摘 要)

第四军医大学口腔医学院博士研究生 武俊杰 导师 段银钟 金岩

一、研究目的

牙周组织的再生从本质上讲就是牙周发育过程的再现,因此构建组织工程牙周样结构必须模拟牙周发育时的微环境。牙囊细胞是牙周组织的前体细胞,可以分化为成牙骨质细胞、成纤维细胞和成骨细胞。然而,目前对于牙囊细胞分化的机制还不清楚,对于牙囊细胞能否成为牙周组织工程的种子细胞还不明确。脂肪间充质干细胞具有取材方便、细胞量大、多向分化能力强、免疫源性低等诸多优点,已经引起了学者们的广泛关注。那么,这种细胞能否在牙周发育微环境的诱导下参与牙周组织的再生?为了回答以上问题,本研究拟通过比较牙囊细胞与牙周膜细胞的异同,研究牙囊细胞分化的条件,以便更深入地认识这种存在于牙周发育时期的细胞,探讨牙周发育的微环境,并将所获得的结果用于指导以牙囊细胞和脂肪间充质干细胞为种子细胞的工程化牙周组织的构建,为今后的临床应用奠定基础。

二、研究方法和结果

(一)牙囊细胞与牙周膜细胞的比较研究

复苏冻存的第四代人牙囊细胞和人牙周膜细胞,使用倒置显微镜进行细胞形态学观察,使用流式细胞术检测两种细胞的表面分子表达,将细胞与陶瓷骨(ceramic bovine bone,CBB)复合,移植入裸鼠皮下,4 周、6 周后取材,组织学观察。

结果:两种细胞均为成纤维细胞样细胞,牙囊细胞胞体稍短,呈不规则的放射状排列,牙周膜细胞胞体则更为细长,呈整齐规则的有序排列。造血系细胞标志 CD11b、CD34、CD45 在两种细胞中呈阴性表达;间充质细胞标志 CD29、CD44、CD90、CD105 在两种细胞中均高表达;牙周膜细胞 CD14 表达高于牙囊细胞(6.23% vs. 2.72%),牙囊细胞间充质干细胞标记物 STRO-1 表达高于牙周膜细胞(20.99% vs. 14.10%),牙囊细胞 MACAM/CD146 表达明显高于牙周膜细胞(96.89% vs. 17.11%)。两种细胞与 CBB 复合后,在裸鼠皮下能够生成非常相似的组织结构。

(二)牙本质非胶原蛋白对牙囊细胞的影响

分离、培养出生后 6 ~ 7 天的 S-D 仔鼠的牙囊细胞,实验组细胞用浓度为 250 mg/L 牙本质非胶原蛋白(dentin non-collagenous proteins, DNCP)的培养液进行诱导。然后进行体外实验:使用倒置显微镜、扫描电镜及透射电镜观察细胞形态学;采用 MTT 法、5-溴脱氧尿嘧啶核苷(BrdU)标记法进行细胞增殖检测及细胞周期分析;采用碱性磷酸酶(AKP)活性检测、von Kossa 染色、免疫细胞化学分析、RT-PCR 法对细胞矿化能力进行检测。建立牙囊细胞体内分化模型,进行大鼠肾被膜下移植。

结果:经 DNCP 诱导后,牙囊细胞的形态发生明显改变,增殖受到抑制,矿化能力增强,表达矿化相关的蛋白和基因,呈现成牙骨质细胞特征,在牙本质载体中生成大量的牙骨质样结构。

(三)牙胚根部细胞条件培养液对牙囊细胞的影响

分离培养出生后 6 ~ 7 天 S-D 仔鼠的牙囊细胞,实验组细胞用牙胚根部细胞条件培养液(ATGC-CM)进行诱导。体外实验包括 MTT 检测、流式细胞周期分析、AKP 活性检测、免疫细胞化学分析;体内移植实验利用牙囊细胞体内分化模型,进行大鼠肾被膜下移植;移植物进行免疫组化染色。

结果:经 ATGC-CM 诱导后,细胞增殖受到抑制,AKP 活性增强,表达矿化组织形成细胞和牙周膜成纤维细胞的相关蛋白,在牙本质载体中生成大量的骨样组织和纤维组织,免疫组化染色确定该矿化组织为骨组织。

(四)利用牙囊细胞和脂肪间充质干细胞体内异位构建牙周样结构的研究

用 DNCP 和 ATGC-CM 共同诱导大鼠牙囊细胞,之后将细胞与经处理的牙本质块复合,由新型聚乳酸聚乙醇酸共聚物(poly lactic acid-co-glycolic acid,PLGA)纤维膜包裹,移植入大鼠肾被膜下,术后 4 周、8 周取材,组织学观察;分离、培养并鉴定大鼠脂肪间充质干细胞;用 DNCP 和 ATGC-CM 共同诱导脂肪间充质干细胞,之后采取三种复合方式:1)将脂肪间充质干细胞与 CBB 复合;2)与牙本质块复合,之后用 PLGA 膜包裹;3)与脱矿骨管腔内的牙本质块复合;移植入大鼠肾被膜下,术后 4 周、8 周取材,进行组织学观察。

结果:经诱导后,牙囊细胞在牙本质表面形成牙骨质样结构,有纤维组织垂直埋入其中,呈现牙骨质/牙周膜样结构;分离、培养的大鼠脂肪间充质干细胞具有干细胞的特性;经诱导后,脂肪间充质干细胞可以在 CBB、牙本质块表面形成牙骨质/牙周膜样结构,牙本质块组更为明显,在靠近脱矿骨一侧生成骨样组织。

四、研究结论

1. 牙囊细胞与牙周膜细胞具有高度的同源性,两者均来自外胚间充质细胞;牙囊细胞与牙周膜细胞均含有干细胞成分,牙囊细胞中含有的未分化的间充质干细胞更为丰富;牙囊细胞与牙周膜细胞的分化,需要一定的外部条件进行诱导。

2. DNCP 能够促进牙囊细胞向成牙骨质细胞分化,这一结论补充了牙骨质生成的经典理论。

3. 牙胚根部细胞条件培养液中含有多种与牙根牙周组织发育相关的生物活性因子;牙胚根部细胞条件培养液可以诱导牙囊细胞向成骨细胞、成纤维细胞分化。

4. 牙囊细胞在一定的诱导条件下能够形成牙骨质/牙周膜样结构;通过异位组织工程的方法进行体内构建牙周膜样结构是可行的;脂肪间充质干细胞是间充质来源细胞,具有多向分化能力;脂肪间充质干细胞在一定的诱导条件下,可以在体内异位环境中形成牙骨质/牙周膜样结构,有望成为牙周组织工程领域的一类重要的种子细胞。

[关键词]　牙囊细胞;脂肪间充质干细胞;牙周组织;再生医学;细胞分化;组织工程;牙骨质;微环境

腺病毒及腺病毒相关病毒介导正常小型猪腮腺基因转导表达特性研究

(摘　要)

首都医科大学口腔医学院博士研究生　颜兴　　导师　王松灵

涎腺的解剖与生理学特点适合作为基因疗法的靶器官。利用基因转导技术通过涎腺投递治疗基因,具有潜在的治疗涎腺本身疾病、口腔和上消化道疾病以及治疗全身系统性疾病的临床前景。涎腺基因疗法是将携带外源基因的载体经导管逆行灌注投递至涎腺,外源基因与涎腺细胞整合,表达基因所编码的蛋白质,分泌入唾液与血液,补偿缺陷基因功能以治疗全身系统性疾病。涎腺基因疗法在啮齿类动物中表现出良好的治疗价值,但在将其应用于临床前,应在大型动物体内进一步研究其特性,以搭建基础过渡到临床的桥梁。

本课题前期研究表明小型猪腮腺形态功能与人类相似,是研究涎腺疾病较为理想的大型动物模型。

一、研究目的

旨在研究腺病毒与腺病毒相关病毒为载体介导正常小型猪腮腺基因转导表达特性,为进一步应用其载体进行涎腺基因转导提供大型动物研究资料。

二、研究方法

本研究分为以下四部分。

1. 应用腺病毒(Ad5)介导人促红细胞生成素(*hEPO*)和人生长激素(*hGH*)的基因转导小型猪腮腺,以研究不同分泌途径蛋白质的表达特点与分泌机制。小型猪 9 只,分为 3 组:第一组经腮腺导管逆行注射 AdCMV*hEPO*,第二组注射 AdCMV*hGH*,剂量 10^{11} v. p/侧,第三组为对照组。按转导后 3、7、14 天时间点取血清、唾液标本,检测转基因蛋白浓度;14 天取腮腺与脏器组织标本,做实时定量荧光检测(real-time quantitative PCR,QPCR)与 H-E 染色。

2. 比较分别携带巨细胞病毒(cytomegalovirus, CMV)启动子、延长因子 1α(elongation factor 1 alpha, EF1α)、LTR2EF1α 三种不同启动子的腺病毒,转导小型猪腮腺的表达效果。小型猪 4 组,每组 3 只,分别双侧转导 AdCMV*hEPO*、AdEF1α*hEPO*、AdLTR2EF1α-*hEPO*,一组作为对照。按时间点 3、7、14、28、60、90 天采集血液与唾液样本,观察转基因

hEPO 的表达及血液学变化。

3. 应用不同的载体投递量，检测转基因蛋白的表达与载体的生理学效应，选择最佳载体投递量。应用 AdLTR2EF1α*hEPO*，分别采用 10^{11} v. p/侧、10^{10} v. p/侧、10^{9} v. p/侧各投递至 3 组共 9 只小型猪腮腺，按时间点 3、7、14、28、60、90 天采集血液与唾液样本，观察转基因 *hEPO* 的表达及血液学变化。

4. 研究观察 2 型腺病毒相关病毒（adeno-a ociatedvirus，AAV）介导外源基因 *hEPO*（AAV*hEPO*）转导小型猪腮腺的长期表达情况，比较 AAV 与 Ad 在小型猪腮腺基因转导中的差异。小型猪 6 只，分两组。实验组双侧转导 AAV*hEPO* 各 10^{11} v. p/侧，按时间点 2、4、6、8、10、12 周观察血液与唾液 *hEPO* 表达情况。

三、研究结果

1. AdCMV*hEPO* 组血液 *hEPO* 第 3 天有表达，第 14 天降至 0，红细胞压积（HCT）值第 14 天升高 10%，唾液 *hEPO* 高表达。AdCMV *hGH* 主要分泌入唾液。血清第 14 天出现转基因蛋白抗体，转导后血常规与血生化短暂变化，QPCR 显示 Ad5 主要分布于腮腺，组织学未见明显病理变化。

2. 三组载体均成功获得 *hEPO* 表达，其中 AdLTR2EF1α 转导效率最好，三组载体对血液学指标与组织学影响轻微。

3. 10^{11} v. p 与 10^{10} v. p 组血液中有 *hEPO* 表达，HCT 值升高，10^{9} v. p 组血液未见表达。血常规与血生化有轻度改变，呈现剂量正相关性。转导后 90 天组织学检查无异常。

4. AAV2 介导 *hEPO* 转导后，血液转基因 *EPO* 表达于 8 周达到峰值，可维持至 12 周及更长，致小型猪血液 HCT 值升高达 16%；AAV2 对血常规与血生化指标影响轻微，4 周恢复至转导前水平；对腮腺及脏器无病理学损害。

四、研究结论

转基因 *hEPO* 可分泌入血，产生生物学效应；*hGH* 分泌入唾液；Ad5 载体用于腮腺基因转导安全有效。启动子为杂合反转录病毒的 AdLTR2EF1α 载体比 EF1α 与 CMV 启动子的常规腺病毒载体表现出更高的转基因水平，转基因蛋白的分泌总量更多、持续分泌时间延长。就转基因 *hEPO* 的生物学效应与载体影响而言，AdLTR2EF1α*hEPO* 投递量为 10^{10} v. p 更加合理。Ad 与 AAV 载体介导 *hEPO*转导小型猪腮腺，转基因蛋白表达可分泌入血液，产生生物学效应。转基因蛋白血液唾液的分布规律与啮齿类动物不同，AAV 可长期介导基因在涎腺中长期表达，是可用于涎腺基因转导的较理想有效载体。

本研究应用与人类涎腺相似的小型猪动物模型，选择人促红细胞生成素（*hEPO*）及人生长激素（*hGH*）为目的基因，应用 5 型腺病毒（Ad5）与 2 型腺病毒相关病毒（AAV2）为载体介导，进行正常腮腺基因转导研究。通过本研究，在涎腺基因转导中有以下发现：

1. 研究发现在大型动物腮腺基因转导后，转基因蛋白的分泌与其分泌类型有关。固有分泌途径（CPS）蛋白 hEPO 在血浆中有较高表达，足够产生生物学效能；受调分泌途径（RPS）蛋白 hGH 只在唾液中表达。

2. 转基因 CPS 蛋白的表达特点在不同种属动物间存在差异。相对大、小鼠，CPS 蛋白 hEPO 在小型猪腮腺转导中的血液唾液分泌比率较低，唾液分泌浓度更高。提示涎腺基因转导技术在应用于临床前，需要更多的大型动物实验研究。

3. 不同启动子介导的 Ad 载体在腮腺基因转导中的表达效率不同。杂合反转录病毒 MoMLV 启动子的 Ad 载体比 EF1α 与 CMV 启动子的常规 Ad5 载体表现出更高的转基因表达水平。

4. 通过筛选高表达效率载体、降低载体

投递量的方法,可以在获得同等转基因治疗效果的同时,降低转基因对宿主的生理影响。

5. 应用AAV2介导*hEPO*在大型动物模型中转基因成功。转基因蛋白hEPO表达强度较Ad5转导后表达水平低,但可在血液与唾液中稳定表达超过12周,同时产生生物学功效。

[关键词] 基因转导;腮腺病毒;病毒载体;人促红细胞生成素;基因治疗

变异链球菌-表兄链球菌复合防龋DNA疫苗的研究

(摘　要)

武汉大学口腔医学院博士研究生　牛玉梅　　导师　樊明文

一、研究目的

构建包含变异链球菌(*Streptococcus mutans*,*S. mutans*)和表兄链球菌(*Streptococcus sobrinus*,*S. sobrinus*)两种致龋菌的抗原片段的防龋DNA复合疫苗pGJGAC/VAX,检测其在真核细胞中的表达,并通过不同途径免疫BALB/c小鼠,评价小鼠体内的特异性抗体水平。

二、研究方法

(一)变异链球菌-表兄链球菌复合防龋DNA疫苗pGJGAC/VAX的构建及鉴定

提取表兄链球菌OMZ176基因组DNA,根据Gene Bank发表的表兄链球菌OMZ176 GTF-Ⅰ与变异链球菌葡萄糖基转移酶(GTF)催化活性区(catalytic region,CAT)同源序列(Gene Bank登录号:D13858),按照引物设计原则设计半巢式PCR引物,A:5′GGATCCT-GCCAAATATCAAAAAATGGA-C3′, B:5′AT-CAA-AAAATGGACGGAAAACTTGGAC3′,C:5′GCGGCCGCTCATGGGATAGAGCCCTTG3′引入BamHⅠ和NotⅠ位点。以表兄链球菌OMZ176基因组DNA为模板,以Taq plus高保真酶进行PCR。PCR产物纯化后T-A克隆测序后酶切,将得到的目的片段克隆到BglⅡ和NotⅠ双酶切后的pGJA-P/VAX载体中(BamHⅠ和BglⅡ为同尾酶,能够产生相同的黏性末端),将新质粒命名为pGJGAC/VAX。再将pGJGAC/VAX转化*E. coli* JM109,涂布Kan^+的LB平皿,次日挑选含有重组质粒的阳性克隆,提取重组质粒经酶切电泳鉴定。重组质粒经NotⅠ和BglⅡ分别单酶切后均呈单一6.9 kb条带,经XhoⅠ单酶切后呈两条带,分别为5.0 kb和1.9 kb,与预期结果一致。测序结果显示CAT序列第540位碱基由G突变为C,但表达的氨基酸均为亮氨酸,其余DNA序列与氨基酸序列同Gene Bank发表的表兄链球菌OMZ176 GTF-Ⅰ与变异链球菌GTF的CAT同源序列完全一致。

中国仓鼠卵巢细胞系(CHO)用无血清DMEM培养液在37 ℃、5% N_2和5% CO_2并预先放有盖玻片的培养板中培养。转染时用一定量的去内毒素的质粒和转染试剂lipofectamine™ 2000混匀,并设pVAX1质粒为阴性对照。细胞培养48~72小时后吸取培养上清,十二烷基硫酸钠-聚丙烯酰胺凝胶电泳(SDS-PAGE),并设rCAT重组蛋白作为阳性对照。蛋白免疫印迹结果显示经pGJGAC/VAX转染的CHO细胞表达的重组蛋白,可以与特异性CAT抗体反应,相对分子质量为144×10^3,rCAT阳性对照在相对分子质量为43×10^3处显示抗原抗体反应,pVAX1转染的细胞上清中不含特异性蛋白。将转染实验后的培养板中的盖玻片取出,Hank′s液漂洗后用中性甲醛固定30分钟,0.01 mol PBS缓冲液漂洗山羊血清后室温下封闭10分钟,甩去多余液体,加1:50抗变异链球菌表面蛋白(PAc)或1:50抗GTF的葡聚糖结合区(glucan-biding domain,GLU)或1:100抗GTF的CAT抗体,4℃过夜。漂洗后滴加生物素化羊抗兔或羊抗小鼠IgG,37℃温育30分钟,漂洗后加入Cy3荧光素标记的抗体37℃温育30分钟,PBS漂洗,使用荧光显微镜观察结果。由CHO细胞表达的重组蛋白可以和特异性抗PAc或抗GLU或抗CAT抗体反应,证实pGJGAC/VAX可以在真核细胞正确表达,其表达的蛋白具有免疫反应性。

(二)复合防龋DNA疫苗pGJGAC/VAX免疫小鼠的实验研究

构建编码CTLA4-Ig,pac基因A区和GTF GLU区的对照质粒pGJGA/VAX,该质粒包含复合防龋DNA疫苗pGJGAC/VAX中除了表兄链球菌OMZ176 CAT区基因序列以外的全部序列。大量提取质粒pGJGAC/VAX,pGJGA/VAX和空载体质粒pVAX1。4~6周龄BABL/c雌鼠36只随机分为6组,每组6只。A、C、E组于鼻黏膜分别滴注溶于0.25%布比卡因的pGJGA/VAX、pGJGAC/VAX和pVAX1各50 g;B、D、F组于股四头肌分别注射溶于生理盐水的pGJGA/VAX、pGJGAC/VAX和pVAX1各50 g,2周后同样剂量加强免疫一次。免疫前及免疫后每隔2周采集唾液和血液样本,处理后-70℃保存。酶联免疫吸附实验检测特异性抗体。通过标准曲线计算得出血清样本中特异性抗体的含量,唾液样本则计算抗PAc、抗GLU或抗CAT IgA抗体占唾液中总IgA的比值,以便使样本中Ig的含量变化标准化。所得实验数据采用完全随机设计,使用SPSS 13.0软件进行单因素方差分析,SNA-q检验进行两两比较。

三、研究结果

重组质粒的基因序列与预期完全相符。细胞免疫组织化学以及蛋白质免疫印迹结果显示,pGJGAC/VAX表达的抗原可以与特异性抗PAc、抗GLU和抗CAT抗体发生免疫反应。免疫小鼠的实验结果显示,pGJGAC/VAX免疫组血清抗PAc IgG和抗GLU IgG水平及唾液抗PAc IgA和抗GLU IgA水平均与不含CAT区基因序列的对照质粒pGJGA/VAX引起的抗体水平差异无统计学意义($P>0.05$),但均显著高于空载体pVAX1免疫组($P<0.01$)。pGJGAC/VAX免疫组血清抗CAT IgG水平显著高于对照质粒pGJGA/VAX及pVAX1免疫组($P<0.01$)。

四、研究结论

本实验成功构建了同时包含变异链球菌和表兄链球菌两种致龋菌的主要抗原的防龋DNA复合疫苗pGJGAC/VAX,可在真核细胞中正确表达,动物实验证实pGJGAC/VAX有效地诱导黏膜和系统体液免疫反应,能够产生抗变异链球菌和表兄链球菌两种致龋菌主要抗原的特异性抗体。

[关键词]　表兄链球菌;变异链球菌;DNA疫苗

Toll样受体2,4在牙周炎发生发展中的作用及机制初探

（摘　要）

上海交通大学口腔医学院博士研究生　孙颖　　导师　束蓉

牙周炎是一种感染性疾病,细菌及其产物是引起牙周炎的始动因素。牙周炎造成的组织损伤是病原微生物与局部刺激因素所引起的直接损伤和宿主对持续存在的菌斑微生

物的免疫应答所引起的间接损伤共同作用的结果。Toll 样受体 2,4(Toll-like receptor 2,4,TLR2,4)是 TLR 家族的重要成员,能够识别包括内毒素(lipopolysaccharide,LPS)在内的绝大多数已经发现的病原相关分子模式(pathogen associated molecular pattern,PAMP)。TLR2,4 在牙周炎的发生发展过程中究竟发挥什么作用,这些作用又是如何发挥的,目前尚未完全明确。

一、研究目的

本研究拟测定 TLR2,4 在人牙周膜成纤维细胞(human periodontal ligament cell,HPDLC)中的表达,通过比较牙龈卟啉单胞菌(*P. gingivalis*)、中间普氏菌(*P. intermedia*)、伴放线放线杆菌(*A. actinomycetemcomitans*)、具核梭杆菌(*F. nucleatum*)等牙周可疑致病菌全菌和 *P. gingivalis* LPS 刺激对 HPDLC 表达 TLR2,4 及分泌 IL-1β、IL-6、IL-8、IL-10、TNF-α 的影响,探讨它们在 HPDLC 参与免疫应答过程中的作用及机制,以初步揭示牙周炎发生发展的免疫学机制。

二、研究方法

1. 采用组织块培养法体外分离培养 HPDLC,检测波形丝蛋白和角蛋白的表达,以确定其生物学来源;采用 MTT 法观察 HPDLC 在体外的生长特性。

2. 采用反转录-聚合酶链反应(RT-PCR)和免疫细胞化学技术检测 TLR2,4 在 HPDLC 的表达。采用实时荧光定量(real-time)PCR 技术,对 *P. gingivalis*、*P. intermedia*、*A. actinomycetemcomitans*、*F. nucleatum* 等牙周可疑致病菌全菌和 10 mg/L *P. gingivalis* LPS、1 mg/L *P. gingivalis* LPS 分别刺激 HPDLC 后,TLR2,4 mRNA 表达水平的变化进行检测;采用 ELISA 法检测细胞因子 IL-1β、IL-6、IL-8、IL-10 和 TNF-α 分泌水平的变化;探讨 anti-TLR2 单抗和 anti-TLR4 单抗对上述作用的影响。

3. 采用基因芯片技术观察 HPDLC 在 TLR4 配体,1 mg/L 大肠杆菌(*Escherichia coli*,*E. coli*)LPS 刺激下 TLR4 信号传导通路基因表达的改变,并采用 real-time PCR 技术进行验证。

4. 采用 Western blot 技术检测 1 mg/L *E. coli* LPS 刺激 HPDLC 后,磷酸化 IRAK1(phospho-IRAK1,p-IRAK1),磷酸化 I_kB-α(phospho-I_kB-α,p-I_kB-α)表达水平的变化;并探讨 anti-TLR4 单抗对上述反应的影响。

三、研究结果

1. 通过组织块法分离培养的 HPDLC 表达波形丝蛋白,不表达角蛋白,属于中胚层来源的细胞。MTT 检测显示,细胞传代后的第 2~5 天是进行实验的最佳时期,具有良好的增殖能力。

2. RT-PCR 和免疫细胞化学检测结果显示,HPDLC 表达 TLR2,4 mRNA 和蛋白。*P. gingivalis*、*P. intermedia*、*A. actinomycetemcomitans*、*F. nucleatum* 等牙周可疑致病菌全菌和 10 mg/L *P. gingivalis* LPS 分别刺激 HPDLC 后,TLR2,4 mRNA 表达均增强($P<0.05$),而 1 mg/L *P. gingivalis* LPS 刺激 HPDLC 后,仅 TLR2 mRNA 表达增强($P<0.05$)。上述牙周可疑致病菌全菌和 10 mg/L *P. gingivalis* LPS 刺激后,HPDLC 分泌 IL-1β、IL-8、IL-10 等细胞因子的能力能够被 anti-TLR2 单抗和 anti-TLR4 单抗抑制($P<0.05$),但 1 mg/L *P. gingivalis* LPS 刺激后,HPDLC 分泌上述细胞因子的能力不能被 anti-TLR4 单抗抑制($P>0.05$)。

3. 1 mg/L *E. coli* LPS 刺激 HPDLC 后,基因芯片的检测结果显示,在 113 个基因中包括 *TLR4*、*CSF2*、*IL-6* 在内的 12 个基因(10.6%)表达增强(>2 倍),包括 *Fos*,*LY64*,*LY86* 在内的 15 个基因(13.3%)表达减弱(<-2 倍)。real-time PCR 的验证结果证实

了 *TLR*4、*IL* - 6、*IL* - 10 和 *Fos* 四个基因表达水平的改变。

4. 1 mg/L *E. coli* LPS 刺激后，HPDLC 表达 p-IRAK1 和 p-I_kB-α 的水平增高，这一作用能被 anti-TLR4 单抗抑制。

四、研究结论

本研究将 TLR 引入牙周炎的研究，较深入系统地探讨了牙周炎发生发展的免疫学机制。结果显示，*P. gingivalis*，*P. intermedia*、*A. actinomycetemcomitans*、*F. nucleatum* 等牙周可疑致病菌或 *P. gingivalis* LPS 对HPDLC的刺激可能启动 TLR2，4 的信号传导，促进细胞因子 IL-1β、IL-6、IL-8、IL-10 和 TNF-α 的分泌，从而启动炎症和免疫反应。

本研究首次将基因芯片技术应用到 HPDLC TLR 信号传导通路的研究，通过基因芯片检测，揭示了HPDLC在 LPS 刺激下 TLR4 信号传导通路基因表达的改变，为后续研究提供了可能的介入点。

[关键词]　Toll 样受体 2；Toll 样受体 4；人牙周膜成纤维细胞；牙周可疑致病菌；内毒素；牙周炎

（孙颖现工作单位：南京医科大学附属口腔医院牙周科）

中间普氏菌铁摄取机制及对慢性牙周炎致病作用的研究

（摘　要）

第四军医大学口腔医学院博士研究生　关素敏　　导师　吴军正

一、研究背景

慢性牙周炎是牙周组织的慢性感染性疾病，其特点是牙周组织破坏、牙周袋形成、牙槽骨吸收，最终导致牙齿丧失。牙菌斑生物膜中的革兰氏阴性菌如牙龈卟啉单胞菌、中间普氏菌等是引起牙周炎的始动因子。牙周致病菌在龈下环境中定植、繁殖，产生内毒素、蛋白酶等毒性物质直接破坏牙周组织；同时引发一系列宿主免疫反应，产生大量炎性介质，间接导致牙周结缔组织破坏、牙槽骨吸收。

中间普氏菌是革兰氏阴性产黑色素专性厌养杆菌，与急性坏死性溃疡性牙龈炎、慢性牙周炎、牙周脓肿以及妊娠性牙龈炎的发病密切相关。其主要致病因子包括脂多糖、凝集素、纤毛、囊泡、蛋白水解酶等。

铁是中间普氏菌的必需营养素，必须从宿主内摄取铁以维持其生长。有学者认为龈沟液内主要的铁源可能是红细胞溶解所释放的血红蛋白（hemoglobin，Hb）。中间普氏菌可释放大量凝血及溶血因子，凝集、溶解红细胞并释放 Hb，且 Hb 作为唯一铁源可以促进该菌增殖，但对于该菌从 Hb 摄取铁的机制尚无研究报道。

细菌在体内的生长繁殖是其致病的首要条件，但细菌所引发的一系列宿主反应是导致组织破坏的主要因素。牙周炎发生时，宿主细胞所产生的基质金属蛋白酶（matrix metalloproteinase，MMP）和其他蛋白酶在牙周组织的破坏中起重要作用。MMP 是一组锌和钙依赖性蛋白酶，可降解细胞外基质（extracellular matrix，ECM）和基膜成分。大量研究表明，与牙周健康部位相比，牙周炎部位的龈沟液以及牙周组织中多种 MMP 水平明显升高，提示 MMP 与牙周炎密切相关。

牙周膜是连接牙槽骨和牙骨质的结缔组织，其主要细胞成分牙周膜成纤维细胞不仅在牙周膜的形成和内稳态平衡维持中起重要作用,也在相邻组织牙槽骨和牙骨质的修复、重建及再生中起重要作用。中间普氏菌可诱导人牙龈上皮细胞和牙周膜细胞表达炎性细胞因子,但关于中间普氏菌对 MMP 表达调控作用的研究甚少,迄今尚无中间普氏菌对牙周组织细胞 MMP 调控作用的研究报道。

二、研究目的

探讨中间普氏菌利用 Hb 铁的可能机制;探讨中间普氏菌对人牙周膜细胞(human periodontal ligament cell, HPDLC)MMP 分泌的调控作用,探讨丝裂原激活的蛋白激酶(mitogen activated protein kinase, MAPK)信号系统在中间普氏菌诱导的 MMP 表达中的调控作用,以期揭示中间普氏菌在牙周炎发生中的致病机制。

三、研究方法

1. 运用斑点印迹、蛋白电泳和蛋白印迹技术,鉴定中间普氏菌血红蛋白结合蛋白(hemoglobin-binding protein, HBP)。

2. 运用阴离子层析、Hb 凝胶亲和层析和羟磷灰石层析技术,分离纯化 HBP;氨基酸测序技术测定其氨基酸序列。运用表面等离子共振和斑点印迹技术分析 HBP 与血红蛋白的结合特性。

3. 利用十二烷基硫酸钠-聚丙烯酰胺凝胶电泳技术检测中间普氏菌对 Hb 的降解作用。

4. 利用中间普氏菌上清刺激原代培养的人牙周膜细胞,RT-PCR 法检测 MMP mRNA 表达,明胶酶谱、ELISA 法检测 MMP 蛋白分泌水平。

四、研究结果

(一)中间普氏菌对血红蛋白的利用及其铁摄取机制

1. 研究结果证实中间普氏菌可有效利用 Hb 作为其铁源。中间普氏菌细胞可与 Hb 结合,两者的结合受 pH 值影响,在弱酸性环境中的结合强度高于弱碱性环境。pH 5.0 时,中间普氏菌与 Hb 的结合能力最强。

2. 鉴定并分离纯化出与 Hb 结合的相对分子质量为 60×10^3 中间普氏菌外膜蛋白。氨基酸测序结果表明,未发现这些序列与已知的 HBP 具有同源性,提示中间普氏菌 HBP 可能为新发现的一种 HBP。

3. 相对分子质量为 60×10^3HBP 与 Hb 的结合受 pH 值影响,pH 5.0 时,HBP 与 Hb 的结合能力最强。表面等离子共振技术对 HBP 和 Hb 相互作用的实时监测结果表明,两者之间的解离系数为 1.48×10^{-8} M,提示 HBP 与 Hb 呈特异性结合。

4. 抑制性研究结果表明珠蛋白可显著抑制 HBP 与 Hb 的结合,而血红素、过氧化氢酶以及细胞色素 C 对两者的结合没有影响,提示 Hb 的珠蛋白结构域而非血红素结构域参与了 HBP 与 Hb 的结合。

5. 铁的限制对 HBP 的表达无明显影响,提示 HBP 为组成性表达的蛋白;铁限制对中间普氏菌与 Hb 的结合能力也无明显影响。

6. 中间普氏菌可降解 Hb,该降解具有时间依赖及 pH 值依赖效应,pH 5.0 时降解作用最强。参与 Hb 降解的可能是一种组成性表达的半胱氨酸蛋白酶。

(二)中间普氏菌对人牙周膜细胞基质金属蛋白酶表达的调控作用

1. HPDLc 组成性表达 MMP-1、2、3、8、14、15,TIMP-1 和 TIMP-2。中间普氏菌培养上清刺激 HPDLc 24 小时后,可诱导 MMP-9,上调 MMP-1、8、15,下调 TIMP-2 mRNA 的表达,对其他 MMP mRNA 表达无明显影响。

2. 中间普氏菌培养上清可浓度依赖性地诱导 HPDLc 分泌 MMP-9,增强 MMP-1、8 和组织金属蛋白酶抑制剂(tissue inhibitor of metalloproteinase, TIMP)-1 的分泌,降低 TIMP-2 的分泌。但对 MMP-2 和 MMP-3 的分泌无明显调控作用。

3. MAPK 信号通路在中间普氏菌诱导的

MMP 分泌中起不同调控作用：细胞外调节蛋白激酶（extracellularregulatedproteinkinases，ERK）、c-jun 氨基末端激酶（c-jun N-terminal kinase，JNK）和 p38 抑制剂对中间普氏菌诱导的 MMP-9 分泌无任何调控作用；ERK 和 JNK 显著抑制中间普氏菌对 MMP-1 和 TIMP-1 的促分泌作用；p38 抑制剂显著抑制中间普氏菌对 MMP-8 的上调作用；JNK 和 p38 抑制剂逆转了中间普氏菌对 TIMP-2 的抑制作用；所有 MAPK 抑制剂均对 MMP-2 和 MMP-3 的分泌无明显影响。提示 MAPK 信号通路在中间普氏菌对 MMP 和 TIMP 的表达调控中发挥不同作用。

五、研究结论

1. 中间普氏菌可有效利用 Hb 作为其铁源，该菌从 Hb 摄取铁的可能机制是：中间普氏菌细胞外膜 60×10^3 HBP 与 Hb 特异性结合后其半胱氨酸蛋白酶降解 Hb，释放血红素。有效的铁摄取机制保障了中间普氏菌在体内的定植和繁殖。

2. 中间普氏菌可诱导 HPDLC 表达并分泌 MMP-9，促进 HPDLC 表达并分泌 MMP-1、8 和 TIMP-1，抑制 HPDLC 分泌 TIMP-2。中间普氏菌通过其对 MMP 表达的广泛调控而参与牙周结缔组织的降解和破坏，从而在慢性牙周炎的发生发展中起一定作用。

［关键词］　中间普氏菌；血红蛋白；铁摄取；基质金属蛋白酶；人牙周膜细胞；丝裂原激活的蛋白激酶

辛伐他汀促进牙周组织再生的实验研究

（摘　要）

吉林大学口腔医学院博士研究生　刘树泰　　导师　孙宏晨　Xiaohui Rausch-Fan

一、研究背景和目的

牙周组织缺损是临床上各种原因所致的牙周组织疾病中最常见的体征，是导致成年人群失牙最直接的原因。而且随着生活水平的提高和人们保健意识的增强，临床患者数量有逐渐增加的趋势。此外，许多类型的牙周组织疾病还是引起心血管等系统性疾病的主要原因。因此，研究牙周组织再生的调控机制，寻找有效的促进牙周组织缺损性再生的生物性或化学药物性治疗的方法，不仅对人们理解牙周组织损伤和再生过程的机制具有重要的理论意义，而且对有效减少临床上牙周病源性的失牙以及减少牙源性因素导致的心血管等系统性疾病的发病率，提高人们的健康水平，也具有重要的临床应用价值和社会意义。

临床上牙周治疗的最终目的是实现牙周组织缺损的再生性修复，即牙骨质和牙槽嵴等硬组织缺损后的再生、新生牙周膜纤维重新附丽在牙根表面和牙槽嵴上，并实现功能性排列。由于牙周局部微环境同时具有软硬两种不同的组织类型，细胞种类多，成分复杂，调控牙周组织再生的机制又极其复杂，使得牙周组织缺损性再生的基础研究及临床应用并不尽如人意。几十年来，用于治疗牙周组织缺损性再生的技术有引导组织再生术（GTR）、转基因治疗和组织工程学技术等，但以上技术存在结果不可预见性、需要造成二次创伤、价格昂贵或免疫排斥等问题而难以在临床上全面推广。鉴于此，有学者将目光投向了寻找效果明显、价格低廉且临床操作简单的化学药物，以探讨其促进牙周组织再生的可行性。

最先研究的药物是二磷酸盐（bisphosphate），它可以降低炎症导致的牙槽骨和牙骨质吸收，并使牙周组织纤维容易再次形成功能性具有支持作用的排列结构。二磷酸盐类药物的给药方式主要是口服和静脉给药，但这两种方法存在药物的有效治疗浓度维持时间短，需要频繁大量服药的问题，而长期应用又会对胃肠道和肾脏造成不同程度的损伤。

辛伐他汀（simvastatin）是降低外周血胆固醇的传统药物，近年来的研究已证实它具有增加骨量、提高骨密度、促进骨形成相关基因表达的功能，并已全身应用于治疗更年期女性骨质疏松症等骨性疾病。由于牙周组织与骨组织都来自于外胚间充质，最近研究发现辛伐他汀可促进骨组织损伤再生，笔者的课题组关于“辛伐他汀抑制拔牙后剩余牙槽嵴吸收的实验研究”已完成，并且利用动物实验证实了辛伐他汀对剩余牙槽嵴吸收的抑制作用。在此基础上，笔者设计了一系列体内和体外实验，研究辛伐他汀对因创伤造成的牙周组织炎症和缺损的抑制作用及促进组织缺损性再生的效果，并分析、探讨辛伐他汀影响牙周组织再生的机制，为辛伐他汀在牙周组织再生中的临床应用奠定理论基础。

二、研究方法和结果

（一）辛伐他汀促进牙周组织再生的体内研究

选用 36 只清洁级健康雄性 Wistar 大鼠，随机分成实验组（$n=18$）与对照组（$n=18$），全麻状态下于上颌双侧磨牙区腭侧手术造成牙周组织创伤。实验组于术前术后以 10 mg/kg · d 辛伐他汀的剂量连续灌胃方式分别给药 7 天，对照组给以相同剂量的生理盐水。术后 8 天处死动物，组织学方法观察并评价损伤处牙周组织的炎症程度，损伤处牙周膜纤维的量及排列程度，根面牙骨质（或牙本质）吸收陷窝，破骨（或牙）细胞的数目等。

结果显示，两组之间炎症细胞浸润程度差异有统计学意义（$P<0.05$），实验组牙周膜内胶原纤维的数量较对照组明显增多，尤其是呈一定方向平行及斜行排列的胶原纤维，且纤维之间有新生血管，纤维束排列也比较致密有序，结果差异有统计学意义（$P<0.05$）。实验组较对照组有更多的新生牙槽骨形成，新形成的牙槽骨矿化程度较低，沉积于原有的牙槽骨表面，其中可见较多成骨细胞，部分标本有骨岛形成。对照组破骨细胞平均数量是（5.36 ± 2.53）个，而实验组则是（3.11 ± 2.06）个，差异有统计学意义（$P<0.05$）。

（二）辛伐他汀对人牙周韧带细胞功能影响的实验研究

取因正畸治疗需要拔除的健康第三磨牙或前磨牙，组织块法培养人牙周韧带细胞。细胞用 10^{-9} mmol、10^{-8} mmol、10^{-7} mmol 和 10^{-6} mmol 浓度的辛伐他汀（用不含血清的培养基配制）处理后，采用 MTT 法、磷酸对硝基苯酯法和实时荧光定量 PCR 法分别检测细胞的增殖能力、碱性磷酸酶（AKP）活性水平、成骨相关基因的表达水平等。

结果显示，辛伐他汀对 PDL 细胞增殖能力仅有轻微的促进增殖的作用；但它可以明显促进 PDL 细胞中碱性磷酸酶的活性水平，以 10^{-7} mmol 浓度的辛伐他汀的促进作用最明显（$P<0.01$），随着浓度增加或减少，其促进碱性磷酸酶活性的作用逐渐减弱，10^{-9} mmol 浓度的辛伐他汀对 PDL 细胞碱性磷酸酶活性几乎没有影响。辛伐他汀可以增加 PDL 细胞中 *OC*、*OPG*、*RANKL* 三种基因的表达水平，且这种增加效应基本呈剂量依赖的方式（$P<0.05$）。

（三）辛伐他汀对人牙槽骨成骨细胞功能影响的实验研究

取因正畸治疗需要拔除健康的第三磨牙，并因存在骨阻力需要去除部分骨组织的病例。将切除的筛状骨组织采用组织块法培养人牙槽骨成骨细胞。细胞的处理方法及检测内容均同实验(二)。

结果显示,辛伐他汀对人牙槽骨成骨细胞(AOB)细胞增殖能力的影响主要表现为抑制作用($P < 0.05$),低浓度的辛伐他汀对 AOB 细胞碱性磷酸酶的活性具有确切的促进作用($P < 0.01$),而高浓度的辛伐他汀对其碱性磷酸酶活性的影响不明显。经辛伐他汀处理后 AOB 细胞中 *OC*、*OPG*、*RANKL* 三种基因的表达水平都明显增加($P < 0.01$ 或 $P < 0.05$)。

(四)辛伐他汀对 MG63 细胞系功能影响的实验研究

常规培养人骨肉瘤细胞系 MG63 细胞,细胞的处理方法及检测内容均同实验(二)。

结果显示,作用初期(24 小时内)低浓度的辛伐他汀明显提高 MG63 细胞系的增殖能力($P < 0.05$),而高浓度则呈现抑制效应。24 小时以后,辛伐他汀则主要表现出抑制细胞增殖的效应($P < 0.01$)。与此类似,低浓度的辛伐他汀可以促使细胞 AKP 活性增加($P < 0.01$),而高浓度的辛伐他汀对 AKP 活性影响不明显。辛伐他汀对 MG63 细胞内 *OPG*、*OC* 基因的表达水平有明显促进作用($P < 0.01$ 或 $P < 0.05$),而对 *RANKL* 的表达水平影响不明显。

四、研究结论

本研究结果表明,辛伐他汀全身应用可以抑制牙周组织局部的炎症性反应和局部组织的吸收,并促进牙周膜和牙槽骨的修复性再生;对参与牙周组织改建的细胞,低浓度的辛伐他汀在作用初期具有轻微的促增殖的作用,但随着作用时间延长和浓度增加,其抑制细胞增殖的作用越来越明显。辛伐他汀可以促进细胞的骨向分化能力和成骨相关基因的表达,在抑制牙周组织吸收的同时,还可以促进其修复性再生,表明辛伐他汀具有积极的促进牙周组织改建的作用。

[关键词]　辛伐他汀;牙周组织缺损;牙周组织再生;牙周韧带细胞;牙槽骨成骨细胞;MG63 细胞系

应用人富血小板血浆和脂肪基质细胞构建组织工程骨

(摘　要)

北京大学口腔医学院博士研究生　刘云松　　导师　冯海兰

一、研究背景

口腔颌面部骨组织缺损是口腔科医师经常要面对的难题。造成骨缺损的原因有很多,包括牙周病、外伤、肿瘤等,而治疗骨缺损的方法却很有限,以往主要应用自体骨移植或人工骨替代材料。但是,自体骨移植取材受限并且会增加手术创伤;人工骨材料生物相容性差并且成骨能力有限。近年来,骨组织工程技术飞速发展,为骨缺损的修复提供了新的选择。组织工程化骨系统一般由三个要素构成,包括种子细胞、成骨向诱导因子和三维支架材料。一个理想的组织工程化骨系统要求:种子细胞是自体来源的,获得容易,损伤小;成骨向诱导因子费用低、安全、不会引起免疫排斥;支架材料易降解,组织相容性好。但是迄今为止,现有的组织工程化骨系统还不能同时满足这三个方面的要求,这就限制了组织工程化骨的临床应用。

为了解决以上问题,本研究应用人脂肪基质细胞(human adipose tissue-derived stromal cell, hADSC)和人富血小板血浆(human platelet-rich plasma，hPRP）构建了一种新型可注射组织工程化骨，这种组织工程化骨由三个部分组成：1）hADSC 作为种子细胞；2）hPRP 释放生长因子作为成骨向诱导因子；3）hPRP 来源纤维蛋白作为支架材料。hADSC 和 hPRP 都具有来源广泛、采集容易、损伤小、安全性好、患者易接受、易从自体获得等优势，所以这种组织工程化骨代表了一种新型的理念，即应用自体来源纯生物的材料，而非人造材料修复骨缺损。同时，由于 hPRP 在激活前是液体状态，这又赋予了这种新型组织工程化骨可以注射应用的特性，不但可以简化临床操作，而且又符合微创的原则。如果可以验证这种新型组织工程化骨的体内成骨能力，那么它将为骨缺损的修复提供一个较为理想的生物学解决方案。

二、研究目的

探索各种贮存条件下人富血小板血浆（hPRP）的生物学稳定性；验证人脂肪基质细胞（hADSC）的多向分化能力；通过体外实验检测不同浓度 hPRP 对 hADSC 增殖和成骨向分化的作用；构建一种由 hPRP 和 hADSC 组成的可注射组织工程化骨，并验证其体内成骨能力。

三、研究方法

（一）人富血小板血浆的制备和生物学稳定性研究

制备健康志愿者的 hPRP，血小板计数。将每份 hPRP 释放生长因子分为 3 组，分别贮存在 4 ℃、-20 ℃和 -70 ℃，在制备后 0、2、4、6、8、10 天这几个时间点，测定 3 组标本中转化生长因子 β1（TGF-β1）和血小板衍生生长因子 AB（platelet derived growth factor-AB，PDGF-AB）的浓度。同时，用不同温度（4 ℃、-20 ℃、-70 ℃）贮存不同时间（2、6、10 天）的 hPRP 释放生长因子培养人脂肪基质细胞，用 MTT 法比较各组标本促进细胞增殖的生物学活性。

（二）人脂肪基质细胞的分离和多向分化能力的检测

应用经典酶消化法分离 hADSC，分别用成骨向分化培养液（DMEM + 10% FBS + 地塞米松 + 维生素 C + β-甘油磷酸）、软骨向分化培养液（DMEM + 1% FBS + 胰岛素 + 维生素 C + 转化生长因子 β1）及脂肪向分化培养液（DMEM + 10% FBS + 地塞米松 + 胰岛素 + 吲哚美辛 + 异丁基甲基黄嘌呤）诱导人脂肪基质细胞向成骨细胞、软骨细胞及脂肪细胞分化。用冯库萨（von Kossa）染色和碱性磷酸酶染色鉴定成骨向分化，而软骨向分化和脂肪向分化分别用阿尔新兰（Alcian blue）染色和油红 O 染色显示。成骨细胞、软骨细胞以及脂肪细胞特异相关或标志基因的表达用 RT-PCR 检测。

（三）人富血小板血浆促进人脂肪基质细胞增殖和成骨向分化的体外研究

首先从吸脂术获得的脂肪组织中分离 hADSC，两步离心法获得 hPRP，再定量检测标本中 TGF-β1 和 PDGF-AB 的浓度。应用含不同浓度 hPRP 的培养液培养 hADSC，浓度为 2.5% ~ 15.0%，并设置阳性对照和阴性对照。通过 MTT 法、碱性磷酸酶定量检测和钙沉积定量检测实验检测不同浓度的 hPRP 对 hADSC 增殖和成骨向分化的作用。

（四）人富血小板血浆结合人脂肪基质细胞构建组织工程化骨的动物体内研究

应用 hADSC 的 hPRP 悬液与激活剂反应，形成凝胶状组织工程化骨，通过扫描电镜观察其微观结构。在裸鼠腹股沟皮下注射这种组织工程化骨，经饲养 4 周后，通过大体观察、X 线片观察、H-E 染色、免疫组化染色观察所构建的组织工程化骨的体内成骨效果。

四、研究结果

1. hPRP 的血小板计数与其中 TGF-β1 的浓度呈显著相关关系（$r = 0.81, P < 0.05$）。

在体外贮存过程中，TGF-β1 和 PDGF-AB 的浓度下降很快，低温是保存生长因子相对适宜的环境。贮存 10 天后，在 -20 ℃和 -70 ℃贮存的标本其 TGF-β1 和 PDGF-AB 的浓度显著高于贮存在 4 ℃的浓度(4 ℃ vs -20 ℃，$P<0.01$；4 ℃ vs -70 ℃，$P<0.01$)。MTT 实验也得到相近结果。

2. hADSC 在定向分化诱导剂的作用下可分别向成骨细胞、软骨细胞及脂肪细胞分化。

3. hPRP 对 hADSC 的增殖和成骨向分化有促进作用，而且含 hPRP 10.0% ~12.5% 培养液的效果最显著。

4. hPRP 在激活后可以形成纤维蛋白支架，为 hADSC 的增殖提供了支持结构和生长因子。构建的组织工程化骨在裸鼠体内可以形成骨样结构。

五、研究结论

1. 人富血小板血浆释放生长因子只能在低温环境中短时间贮存；

2. 人脂肪组织中可以分离出有多向分化能力的人脂肪基质细胞；

3. 适当浓度的人富血小板血浆可以显著促进人脂肪基质细胞的增殖和成骨向分化，经人富血小板血浆培养的人脂肪基质细胞具有一定体外成骨能力；

4. 本研究构建的组织工程化骨有希望成为一种很有应用前景的修复骨缺损的方法。

[关键词]　人富血小板血浆；人脂肪基质细胞；增殖；分化；组织工程

骨闪烁显像和共振频率分析在种植体骨整合评价中的作用

（摘　要）

武汉大学口腔医学院博士研究生　周毅　　导师　王贻宁

一、研究目的

现代骨内种植体已成为牙列缺损和牙列缺失的常规治疗方法。骨整合是指存活的骨组织与负荷的种植体表面直接有效的结构和功能连接，是种植体骨界面的成功结合形式，也是种植义齿修复的基础和前提。因此，用量化的指标客观、有效地评价种植体骨整合效率是评估种植体临床疗效的一个至关重要的方面。

牙种植体骨整合的评价方法可分为：侵入性和非侵入性方法。侵入性方法有组织学方法、种植体拔出和压入实验等。侵入性方法具有创伤性，可用于动物实验研究，但不适用于临床的常规检查。非侵入性骨整合的评价方法主要有：叩诊和动度的临床检查、根尖片和曲面断层片检查、电子计算机体层摄影(CT)、牙周测试仪法、共振频率分析法(resonance frequency analysis, RFA)、放射性核素骨闪烁显像。由于以上方法具有无创伤性的特点，可以对种植体进行连续的监测，因此在临床种植体骨整合的评价上显得尤为重要。

有研究表明，根尖 X 线片、曲面断层片检查和 CT 可提供种植体周的骨影像，具有直观和简易的优势。但是，根尖 X 线片、曲面断层片的敏感性不高，无法检测种植体骨组织改变的早期阶段或较小的骨密度变化，因此往往不能检测出种植体周围骨组织的细微变化。放射性核素骨闪烁显像方法具有检测骨组织改建的组织学变化细微差异的特点，这为种植体骨整合的组织学评估提供了新的思路。核素骨闪烁显像是一种利用骨性放射性核素及其标记化合物^{99m}锝-亚甲基二磷酸盐(^{99m}Tc-methylene diphosphonate，^{99m}Tc-MDP)进行骨组织显像的技术。其原理是^{99m}Tc-MDP可以聚集在骨活跃区,利用特殊仪器可以对其聚集量进行量化。骨组织对^{99m}Tc-MDP的摄取量与成骨细胞的活性、新骨生成的活跃程度及局部血流状况相关。与根尖X线片和曲面断层片相比,核素骨闪烁显像可以鉴别骨内的微小变化。研究发现^{99m}Tc-MDP在种植体骨改建中具有明显的活性变化,即在牙种植体植入后^{99m}Tc-MDP摄取量出现上升,然后4周左右逐渐下降,4月后降至术前水平。有学者认为核素骨闪烁显像是检测种植体骨整合形成过程的有效技术。然而,目前尚无研究探讨核素骨闪烁显像与骨整合的“金标准”组织学的相关性。虽然,有人推测^{99m}Tc-MDP的摄取量与种植体周成骨细胞的活性有关,但缺少实验依据。可见,目前对于核素骨闪烁显像在骨整合评价中的作用认识尚不充分,因此本研究拟采用两种不同表面性能的种植体,通过种植体动物实验模型,检测核素骨闪烁显像在骨整合评价中的作用,并将该评价结果与数字化X线片分析、组织学和组织形态学分析等结果进行比较。

除了组织学的界定,骨整合的认定还包括生物力学的内容,种植体稳定性是种植体成功的重要标准。RFA因其无创、使用简单、可以重复测量等优点被广泛用于临床和实验研究。RFA用于评价种植体骨丧失的预后价值是RFA研究的一个热点。RFA的应用是基于种植体与骨的结合形成或丧失会改变RFA值。可是,由于研究对象、采用的种植系统、方法不同,目前针对这个问题尚未形成统一的标准,而且临床结果是相互矛盾的,因此仍然需要大样本的临床研究和长期复查报告提供更有说服力的数据。欧洲骨整合学会年会的专家意见也认为单一采用RFA不能对种植体-骨界面进行定性或定量评价种植体与骨的结合。因而,本研究拟采用两种不同表面性能的种植体,通过种植体动物实验模型,检测RFA值与骨整合的组织学的相关性,为评价种植体骨整合提供实验依据。

二、研究方法

将60枚喷砂酸蚀或光滑表面种植体植入30只兔的股骨髁突内。在术后1、2、4、6、8和12周,取含种植体的骨块接受骨闪烁显像、数字化X线片分析、组织学和组织形态学分析,并在种植体植入时和上述时间点进行共振频率分析。分析不同检测方法(骨闪烁显像、共振频率分析、数字化X线片分析、组织学和组织形态学)参数随时间的变化趋势及不同愈合时间组间的差异;分析骨闪烁显像和共振频率分析值与组织形态学参数的相关性;比较两种种植体的表面特征差异(扫描式电子显微镜观察、X线衍射分析和X线光电子能谱分析)以及不同检测方法鉴别种植体不同表面的能力。

三、研究结果

1. 骨闪烁显像的结果表明,骨示踪剂的浓集程度随时间改变有显著性变化,先上升后下降,这一变化与种植体周围组织学结果成骨细胞聚集和骨形成活性的变化一致,但与共振频率分析值变化不一致。时间点之间的两两比较发现,在基线值与其他时间点以及12周与其他时间点之间差异有统计学意义;而数字化X线片分析的参数在不同时间无显著性变化;共振频率分析的基线值在组间差异无统计学意义,共振频率分析值随时间变化呈逐渐上升趋势,方差分析显示1周的共振频率分析值与其他时间点,2周与6、8、12周,4周与6、8、12周之间有统计学差异;种植体-骨整合率和靠近种植体表面的新骨密度都随时间变化逐步上升,两两比较发现:1周种植体-骨整合率与其他时间点,12周与其他时间点,以及2周与8周差异有统计学意义；靠近种植体表面的新骨密度两两比较发现：1 周与 6 周差异有统计学意义。变化趋势与共振频率分析值的变化相同。

2. 组织形态学参数（种植体-骨整合率和靠近种植体表面的新骨密度）与骨闪烁显像的参数间没有显著相关性，而与共振频率的绝对值和变化值有显著相关性。同时，骨闪烁显像的参数与共振频率的绝对值和变化值没有显著相关性。

3. 两种种植体表面粗糙度有差异，但化学成分及晶体结构未见明显差异，说明达到了制造不同粗糙度种植体表面的目的。在鉴别两种表面的种植体的能力上发现：种植体-骨整合率在 6、8 和 12 周差异有统计学意义，靠近种植体表面的新骨密度尚无差异；共振频率分析值的变化值在 6 周和 8 周差异有统计学意义；而骨闪烁显像和数字化 X 线片参数在两组间差异无统计学意义。

四、研究结论

本研究发现骨闪烁显像和共振频率分析提供的种植体骨整合信息是互补的。骨闪烁显像是在微观和细胞水平上提供种植体骨整合形成过程中骨形成与改建的信息，而不是量化地界定最终的种植体-骨结合特性。共振频率分析可能是一种可靠的种植体稳定性的评价方法，共振频率值提供的是骨整合的最终宏观结果，而不能反映骨整合形成过程中的微观过程。对于核素骨闪烁显像和共振频率分析在骨整合评价中作用的认识是临床应用的基础。

近年来，采用材料表面改性技术合成具有生物活性的种植材料，有目的地调控种植体的组织愈合形式和愈合过程已成为种植材料学研究的热点。作为两种种植体骨整合的无创评价方法，骨闪烁显像和共振频率分析在骨整合中作用的研究有着重要的意义。

在将来的研究中，有必要进一步进行高质量的临床研究，深入探讨骨闪烁显像和共振频率分析的作用及适应证，为临床实践提供可靠的无创检测方法。

［关键词］　核素骨闪烁显像；共振频率分析；种植体；骨整合

紫草素在口腔鳞癌核因子-κB 信号通路中作用机制的研究

（摘　要）

上海交通大学口腔医学院博士研究生　阮敏　　导师　张陈平

一、研究背景和目的

抗肿瘤治疗一直是临床上的一大难题，手术治疗对早中期的实体瘤效果较好，但对晚期患者疗效相对较差；放化疗虽然有效，但毒副作用较大；基因治疗前景很广，但是离临床实际应用还有较长的距离；低毒高效的天然植物成分已经成为抗肿瘤治疗的新希望。当今抗肿瘤药物发展战略之一即是从天然产物中寻找活性成分，特别是与现代分子生物学的进展结合起来，期望进一步提高肿瘤治疗效果。

口腔鳞状细胞癌是一种侵袭性较强的头颈部上皮来源恶性肿瘤，近年来，在我国有发病率上升且发病年龄年轻化的趋势。尽管包括手术、放疗和化疗在内的各种治疗手段都在不断改进，口腔鳞癌患者的 5 年生存率仍徘徊在 60% 上下，晚期患者则仅为 20% ~

40%,术后造成的功能障碍和容貌破坏,亦给患者带来了极大的心理负担和生活障碍。因此,从天然植物中研究开发具有靶向性的低毒有效化学药物,并最终应用于临床以提高口腔鳞癌尤其是晚期口腔鳞癌患者的生存率和生存质量极为重要。

近年来大量研究表明,从天然植物紫草中提取出的小分子化合物紫草素可以从多个层面上抑制肿瘤的发生发展,相对于目前临床应用的化学制剂,其对人体的毒副作用较小,可能成为一种新型的低毒高效抗肿瘤药物,具有良好的发展应用前景。

基于上述背景,本研究拟通过实验观察并探讨紫草素靶向治疗口腔鳞癌的可行性及相关分子机制,为口腔鳞癌的有效防治探索新的途径。观察紫草素在体外对口腔鳞癌Tca-8113细胞系增殖、凋亡以及转移侵袭等生物学行为的影响,重点研究核因子-κB(nuclear factor-kappaB, NF-κB)信号通路及其下游调控分子Bcl家族和Caspase家族在紫草素抗口腔鳞癌过程中的参与机制,为今后的紫草素相关衍生物的合成改进及临床应用提供实验依据。

二、研究方法

1. 以口腔鳞癌Tca-8113细胞为研究对象,正常口腔黏膜细胞作为对照,采用四甲基偶氮唑蓝(MTT)法观察紫草素对癌细胞的体外增殖抑制作用,用光镜和透射电镜观察细胞形态结构的变化,流式细胞仪分析细胞周期,采用DNAladder及流式细胞Annenxin V/PI染色检测细胞凋亡情况。

2. 通过细胞运动迁移实验、细胞黏附实验和Transwell侵袭实验观察紫草素对Tca-8113细胞的体外黏附、运动及侵袭能力的影响,进一步通过免疫细胞化学和酶联免疫吸附实验(ELISA)检测紫草素对Tca-8113细胞基质金属蛋白酶(MMP)-2、9分泌和E-cadherin、CD44v6蛋白表达的影响。

3. 采用蛋白印迹法(Western blot)检测IBa,磷酸化-IκBa蛋白的表达,免疫细胞化学法检测P65蛋白的定位及表达,凝胶迁移滞后实验(EMSA)检测NF-κB的DNA结合活性。

4. 采用Western blot检测Bcl-2及Bax蛋白的表达,ELISA分析紫草素及泛Caspase抑制剂作用前后Caspase-3、8、9的活性。

三、研究结果

1. MTT结果显示,在10~50 μmol/L浓度范围内,紫草素对Tca-8113细胞的增殖抑制作用呈现明显的时间和浓度依赖性;电镜下可见典型的细胞核皱缩及凋亡小体;DNA琼脂糖凝胶电泳观察到典型梯状条带;流式细胞仪定量分析结果显示亚G1期细胞明显增加,各实验组细胞凋亡率均明显高于对照组。

2. 细胞运动迁移实验与黏附实验和Transwell侵袭实验显示紫草素对Tca-8113细胞的体外黏附、运动及侵袭能力没有显著影响;免疫细胞化学技术检测和ELISA表明紫草素作用后Tca-8113细胞MMP-2、9的分泌无明显变化;E-cadherin蛋白的表达虽有增高趋势,但与对照组相比未达到统计学上的差异。

3. Western blot和免疫细胞化学法检测结果显示,紫草素处理后的口腔鳞癌Tca-8113细胞内IκBa蛋白和P65蛋白无明显变化,但磷酸化-IκBa蛋白的表达水平却明显降低;EMSA结果显示紫草素作用后,NF-κB的DNA结合活性受到明显抑制。

4. 紫草素作用后,Tca-8113细胞内Bcl-2蛋白的表达显著减少,Caspase-3、8、9在紫草素诱导的细胞凋亡过程中被激活,泛Caspase阻断剂Z-Asp-CH2-DCB则可以明显抑制紫草素引起的细胞增殖抑制及凋亡。

四、研究结论

1. 紫草素对口腔鳞癌细胞系Tca-8113

具有明显的增殖抑制及凋亡诱导作用，可用于口腔鳞癌化学防治的新尝试。

2. 紫草素对口腔鳞癌 Tca-8113 细胞系的体外黏附能力、运动迁移能力及侵袭能力均无明显抑制作用，对 MMP-2、9 的分泌也无明显影响，但可以轻微地上调 E-cad 蛋白的表达，有通过化学改型而达到抑制肿瘤细胞侵袭转移的潜力。

3. 紫草素的诱导口腔鳞癌细胞凋亡作用至少部分通过抑制 NF-κB 信号通路活性来实现，应用紫草素特异性地抑制口腔鳞癌中高激活状态的 NF-κB 通路可成为口腔鳞癌防治的一个新的有效途径。

4. Bcl 家族及 Caspase 家族中的 Bcl-2 和 Caspase-3、8、9 作为 NF-κB 信号通路的下游效应分子参与了紫草素诱导的口腔鳞癌细胞系 Tca-8113 的凋亡。

［关键词］ 紫草素；口腔鳞癌；凋亡；侵袭；NF-κB 信号通路

颞下颌关节滑膜细胞对应力的分子应答机制

（摘　要）

浙江大学口腔医学院博士研究生　吴梦婕　　导师　谷志远

一、研究目的

颞下颌关节紊乱病（temporomandibular disorders，TMD）是口腔外科临床的常见病，关节盘前移位（anterior disc displacement，ADD）是其中最常见类型。然而，临床研究发现一些有症状的关节盘移位患者在不恢复关节盘正常解剖位置的情况下进行保守治疗亦可达到良好的疗效，因为颞下颌关节（temporomandibular joint，TMJ）运动的两个主要承力区髁突和关节盘在 ADD 后可发生一系列的适应性改建以适应新的盘突关系。而目前生物力学研究多集中在大骨关节上，对于 TMJ 盘移位后髁突以及双板区的力学研究较少。

本研究在已有的动物模型和组织学研究结果的基础上，通过在滑膜细胞上加载应力来观察细胞形态学的变化和成骨相关因子表达的情况以及丝裂原活化蛋白激酶（mitogen-activated proteinkinase，MAPK）通路上 3 个重要信号传导分子信号调节蛋白激酶（ERK）、p38、C-Jun 氨基末端激酶（C-Jun NH2-terminalkinase，JNK）表达及活化水平的检测，探讨 TMJ 适应性改建的分子机制。

二、研究方法和结果

（一）应力作用对大鼠滑膜细胞形态学以及成骨相关因子表达的影响

1. 无菌条件下取 Sprague-Dawley 大鼠双侧 TMJ 髁突关节盘后区平滑光亮的滑膜组织，用组织块法进行培养，将获得的滑膜细胞分别用巨噬细胞标记物 CD68 和纤维原细胞标记物 vimentin 对培养的细胞进行鉴定。结果显示培养的滑膜细胞均对 vimentin 蛋白表达阳性，CD68 蛋白表达阴性，说明该细胞来源于中胚层，并具有成纤维细胞的特点，为滑膜细胞 B 型细胞，即滑膜成纤维细胞（synovial fibroblasts，SF）。同时设计加载应力模式为静水压力（hydrostatic pressure，HP）0 kPa、30、60 和 90 kPa 12 小时。

2. 分别用 MTT 法、流式细胞术、超微电镜、免疫染色等方法检测不同程度的 HP 对 SF 增殖、细胞周期、超微结构以及细胞骨架的影响。MTT 结果显示受到不同 HP 的各组 SF 增殖率间不存在显著差异。运用流式细胞术分析细胞周期所得的结果也表明应力组和正常组细胞 G2 期与 G1 期细胞数目大致相同。而在不同强度的HP下SF的F-actin呈现较为不同的变化。正常情况下,F-actin在细胞间呈现大量有序排列的突起;在应力情况下,细胞外形被拉伸,呈现较强的应力纤维染色特征。不同HP下SF的超微结构也呈现不同程度的改变。随着压力的增大,SF胞体皱缩,胞膜及其内侧空泡形成,胞核更加致密,甚至会出现少量细胞器变性,核内结构少量溶解以及染色质与核膜分离。

3. 分别用免疫细胞化学和Western blot法检测不同强度HP作用下的SF中TGF-β、BMP-2和SOX-9表达情况。对免疫细胞化学结果进行灰度测定,用t检验和单因素方差分析对灰度值进行统计学分析。Western blot结果用Biosense 300 software软件进行信号分析,以3-磷酸甘油醛脱氢酶(GAPDH)蛋白的光密度值进行标准校正,计算TGF-β、BMP-2和SOX-9蛋白产物的相对量。结果显示,TGF-β和BMP-2在正常细胞表达不高,在HP作用下表达明显增强,但随着HP强度增高,该变化并不明显。SOX-9在30 kPa时染色高于正常培养的细胞染色,60 kPa时表达增加,90 kPa时表达又稍有降低。Western blot结果与免疫细胞化学的结果一致。

(二)应力对滑膜细胞丝裂原活化蛋白激酶通路蛋白表达的影响

1. 将原代培养的SF加载应力后,用Western blot方法对不同HP作用下丝裂原活化蛋白激酶(MAPK)通路上3个重要蛋白ERK、JNK和P38在SF表达及其活化情况进行检测,初步探讨上述3个通路在异常应力下的作用。结果显示,与正常细胞相比,30 kPa HP作用显著抑制了ERK蛋白表达,60 kPa时恢复到正常组水平,但90 kPa时又有所降低;而ERK的活化水平在30 kPa时最高,在90 kPa时最低;30 kPa应力作用同时也提高了JNK蛋白的表达,在60 kPa和90 kPa时,JNK的表达依次明显降低;而应力作用对P38的表达以及JNK、P38的磷酸化水平基本无影响。

2. 在原代培养的SF中加入15 μmol PD 98059在30 kPa HP作用下分别培养5分钟,30分钟,1、2、4、8和12小时,以同等应力同等时间点未加入PD 98059收集的细胞作对照。ERK的阻断剂PD98059按照说明书用二甲基亚砜(DMSO)溶解,对照组细胞在加载应力前用PD98059孵育1小时。空白组细胞用0.04%的DMSO孵育。收集细胞培养液并用ELISA试剂盒检测,在加载应力前加入ERK阻断剂PD98059,探讨在ERK/MAPK通路调节应力下TGF-β的作用。SF在应力作用下TGF-β的分泌量增加,尤其在30 kPa作用下分泌量增加较多,而在加入ERK特异抑制剂PD98059后,TGF-β的活性得到了显著抑制。

三、研究结论

1. 滑膜细胞在应力作用下形态学和超微结构会发生变化,且这种变化程度与应力大小有关。

2. 静水压力能引起滑膜细胞骨形成相关蛋白的变化,这种改变与力学的大小呈现不同趋势的变化,说明TGF-β、BMP-2和SOX-9对滑膜细胞在应力作用下起不同的调节作用。

3. 静水压力能引起MAPK通路上ERK、JNK、P38等重要信号分子的改变并引起ERK的活化,提示ERK通路的作用发挥着重要作用。并且TGF-β介导的ERK通路在滑膜细胞应力作用下的自我适应和调节过程中起着信号传导的作用。

[关键词] 颞下颌关节; 静压力; 改建滑膜成纤维细胞; 软骨形成; 分子机制; 丝裂原活化蛋白激酶

电沉积含氟磷灰石梯度涂层的工艺和结构及性能研究

（摘　要）

四川大学华西口腔医学院博士研究生　王剑　　导师　巢永烈

一、研究目的

钛表面制备羟磷灰石（HA）涂层既能保证基体金属的强度，又能大大增加材料的生物相容性，是钛表面改性的一个研究热点。在众多的HA涂层的制备方法中，电化学沉积方法具有工艺非线性、常温沉积、涂层性状易于控制等优点，特别适合于在口腔种植体，颌面赝复体等具有复杂表面形态的基体上进行涂层制备，这也是等离子喷涂法无法与之媲美的。然而，电化学沉积技术也有涂层结合力不足的缺点。为了充分利用其优点，弥补其缺点，本研究拟在电化学沉积技术的基础上综合运用电化学复合沉积技术、功能梯度涂层技术、含氟磷灰石沉积技术以及仿生矿化碳酸磷灰石沉积技术制备功能梯度含氟磷灰石复合涂层。

二、研究方法

电沉积含氟磷灰石梯度涂层的基本思路如下：1）最内层用电化学复合沉积的方法在纯钛表面制备致密的含氟磷灰石（FHA）/纳米TiO_2/纳米ZrO_2复合涂层，以提高涂层结合强度和钛基底抗腐蚀性。FHA复合涂层具有较高的生物活性和较低的溶解性，能缓解涂层和基底热膨胀系数的差异，保证涂层长期稳定性；2）中间层采用电化学沉积方法制备纯HA涂层，增强涂层生物活性，并达到梯度涂层由表及里性状的平缓渐变；3）表面用仿生矿化的方法形成碳酸磷灰石（CHA）涂层，与天然骨磷灰石结构更加相近，有相对较大的溶解性，植入后立即促进成骨细胞增殖分化，增加早期骨结合率。通过对涂层的梯度设计和功能设计，获得了涂层从内到外生物活性、溶解度增加的梯度以及从外到内化学稳定性和结合强度增加的梯度。

要获得上述梯度功能涂层，首先要分别掌握电化学沉积法合成各单一涂层的工艺方法，并对单一涂层的性能进行必要的表征，在此基础上优化涂层工艺参数，继而进一步设计组装成为梯度功能涂层，最后对梯度功能涂层进行性能表征和体外生物活性评价。本实验分为以下五个部分。

（一）电化学羟磷灰石涂层的制备和性能表征

1. 基底钛片打磨，清洗，表面4%氢氟酸粗糙化处理。

2. 实验用电解液由$Ca(NO_3)_2.4H_2O$、$NH_4H_2PO_4$、$NaNO_3$以及H_2O_2构成，pH值为6.0，溶液中Ca/P=1.67。

3. 电化学沉积过程在电解槽中进行，石墨棒作阳极，钛片作阴极，电沉积温度为60 ℃，恒电流法进行涂层沉积，电流密度$i=0.6\ mA/cm^2$，沉积时间为30分钟。

4. 沉积后涂层用0.1 mol/L NaOH 60 ℃下水热处理48小时，650 ℃真空烧结2小时。

5. 结构表征　宏观观察涂层形貌和附着情况，金相显微镜观察涂层表面形貌，扫描电子显微镜（SEM）观察涂层表面和断面形貌，X线衍射分析（XRD）涂层晶体结构，傅里叶红外光谱仪（FTIR）测定涂层中磷酸根和羟基的振动光谱，X线光电子能谱仪（XPS）进行元素扫描及定量分析，测定$n(Ca)/n(P)$等物质的量比，用剪切拉伸的方法测定涂层的结合强度。

（二）电化学含氟磷灰石涂层的制备和性能表征

FHA 涂层的制备与实验（一）HA 涂层的制备方法大体相同，只是沉积前在电解液中加入不同量的 NaF 粉末，达到电解液中 F^- 浓度分别为 0.001 mol/L、0.004 mol/L、0.008 mol/L、0.012 mol/L 和 0.016 mol/L。涂层后处理及结构表征方法均与实验（一）相同。

（三）电化学含氟磷灰石/纳米 TiO_2（纳米 ZrO_2）涂层的制备和性能表征

电解液配方与实验（一）相同，根据实验（二）推荐的引氟浓度，在电解液中加入 0.012 mol/L NaF 作为引氟剂，再加入20 g/L 纳米 TiO_2 或纳米 ZrO_2 微粒至电解液中，沉积参数及后续处理、检测均同实验（一）。

（四）仿生矿化碳酸磷灰石涂层的制备和性能表征

将 HA、FHA、FHA/TiO_2 以及 FHA/ZrO_2 复合涂层试样浸泡在仿生矿化液中 1～7 天，温度保持为 37 ℃，浸泡后对涂层进行结构表征。

（五）电化学功能梯度含氟磷灰石复合涂层的制备和性能表征

首先，通过电化学复合共沉积方法在钛表面沉积 FHA/TiO_2 或 FHA/ZrO_2 复合涂层；其次，在复合涂层表面沉积纯 HA 涂层；最后，将涂层后的钛置于仿生溶液中，在表面形成 CHA 涂层。梯度涂层制备完毕后，在涂层表面接种成骨细胞，通过 SEM 及 MTT 法观察涂层的体外细胞相容性。

三、研究结果

（一）电化学羟磷灰石涂层的制备和性能表征

通过对本部分 HA 涂层的制备和工艺优化，得到了制备电化学 HA 涂层的实验参数，即 0.042 mol/L $Ca(NO_3)_2 \cdot 4H_2O$、0.025 mol/L $NH_4H_2PO_4$、0.15 mol/L $NaNO_3$ 以及 6% 质量比的 H_2O_2 构成电解液组分，pH 值 6.0，电极间距 2.5 cm，搅拌速度 180r，60 ℃，恒电流法，电流密度 $i = 0.6\ mA/cm^2$，沉积时间为 30 分钟。沉积后 0.1 mol/L NaOH 溶液中于 60 ℃下水热处理 48 小时，最后 650 ℃真空烧结；制备的 HA 涂层纯度高，厚度约为 5 μm，烧结后涂层结合强度为 15 MPa。

（二）电化学含氟磷灰石涂层的制备和性能表征

通过在电解液中加入 NaF，可以在涂层中引入氟，生成 FHA 涂层；涂层的抗溶解性、结晶度、结合强度均高于纯 HA 涂层，推荐引氟量为 0.012 mol/L 氟离子浓度，此时得到的 FHA 理论分子式为 $Ca_{10}(PO_4)6F_{1.25}(OH)_{0.75}$。

（三）电化学含氟磷灰石/纳米 TiO_2（纳米 ZrO_2）涂层的制备和性能表征

在制备 FHA 的电解液中加入 20 g/L 纳米 TiO_2 或纳米 ZrO_2 可以得到电化学复合共沉积涂层 FHA/TiO_2、FHA/ZrO_2。复合涂层结晶度高，晶体择优取向、基团构成、溶解性均与 FHA 涂层相似，结合强度较 HA、FHA 涂层高。

（四）仿生矿化碳酸磷灰石涂层的制备和性能表征

各种涂层在模拟体液中浸泡 7 天后，表面均覆盖了一层弱结晶的 CHA 层，表明氟的引入以及微粒的共沉积并没有降低涂层的生物活性，所得到的 CHA 沉积层由 A 型 CHA 和 B 型 CHA 共同组成。

（五）电化学功能梯度含氟磷灰石复合涂层的制备和性能表征

本部分实验在前四部分获得的 HA、FHA、FHA/TiO_2、FHA/ZrO_2 以及 CHA 涂层的基础上，将涂层进行梯度沉积和优化，得到了完整的梯度功能涂层。扫描电镜显示梯度涂层与钛基底结合良好，无明显界面，涂层内部也无明显界面和裂隙；各层次涂层的 XRD、XPS、SEM 结果均与前四部分相似；梯度涂层结合强度与复合涂层相当，而且涂层越靠近内部，结合强度越高；体外细胞培养提示梯度涂层具有良好的细胞亲和力和生物活性，能够有效增强成骨细胞的早期黏附和铺展，对成骨细胞增殖和分化也有明显的促进作用。

四、研究结论

综上所述，本研究提出的电沉积含氟磷灰石梯度涂层技术是种植体表面改性的一种新方法和新思路，对提高钛种植体早期生物活性和远期稳定性具有积极意义，蕴含着良好的临床应用前景。

［关键词］　电化学沉积法；含氟磷灰石；羟磷灰石；涂层

纯钛表面喷砂酸蚀复合微弧氧化处理的研究

（摘　要）

中山大学光华口腔医学院博士生　邓飞龙　　导师　凌均棨

牙种植体表面是影响种植体骨结合的主要因素之一，多年来学者们一直在努力寻找最佳的骨种植体界面。20 世纪 60 年代，瑞典的 Branemark 教授推崇的机械处理表面（光滑表面）的纯钛种植体及骨结合理论奠定了现代口腔种植学的基础。机械处理的钛种植体与它表面的天然 TiO_2 薄膜被认为是生物惰性的，无促进成骨作用。其主要缺点是在植入早期很难与组织形成化学结合，而且骨结合形成慢，愈合期长。因此，目前的研究热点是采用不同处理工艺改变种植体表面的化学性质和表面形貌，促进种植体在早期形成骨结合，同时改进膜层与钛基体的结合强度以保证种植体长期行使功能。

一、研究目的

本研究拟对喷砂酸蚀处理的纯钛表面形态进行分析；研究微弧氧化（micro-arc oxidation，MAO）不同处理电压获得的膜层形貌特征；采用不同水热条件使 MAO 膜层表面生成羟磷灰石（HA）结晶并对其形成的条件进行探讨；分析 MAO 膜层在模拟人体体液中的矿化变化；通过表面理化性能分析和细胞生物相容性及动物体内骨结合特性的研究，开发出具有自主知识产权的喷砂酸蚀复合 MAO 表面种植体。

二、研究方法和结果

（一）喷砂酸蚀纯钛表面的微弧氧化生物改性

分别采用直径为 106 μm、250 μm 的 Al_2O_3 颗粒对钛样品进行喷砂，部分用氢氟酸（HF）双重酸蚀制备喷砂后酸蚀的样品，再对两种样品分组，使用 300V、400V、450V、550V 处理电压进行 MAO 处理。通过扫描电镜观察表面形貌，能谱分析仪测量表面元素含量。

结果：250 μm 直径 Al_2O_3 颗粒喷砂后双重酸蚀表面更为粗糙，最大凹陷的直径可达 50 μm；随着处理电压从 300V 增至 550V，MAO 膜层的多孔疏松表面的孔径、裂纹、膜层厚度、膜层内疏松程度均进一步增加，膜层结合强度及自身强度减弱。

（二）羟磷灰石结晶涂层的制备及其仿生矿化性能的研究

选择膜层理化性能较好的 400V MAO 处理组，180 ℃水热处理条件下分别保持 4、8 和 12 小时，通过扫描电镜观察、能谱分析、X 线衍射分析（XRD）、表面粗糙度、接触角、表面能和动态超显微硬度测量，对样品表面形貌、化学成分、晶相、表面粗糙度和表面能等理化性能进行分析。将 400V 处理的 MAO 样品浸泡在模拟人体体液中，通过扫描电镜、XRD 检测，分析 MAO 膜层表面形成的晶体及其组成。

结果：扫描电镜观察到水热处理后样品表面均析出一层白色晶体，4 小时时晶体大小不一，呈长条片状，8 小时时晶体细小呈网格样外观，12 小时时晶体增大，动态显微硬度最大，但 Ca/P 最小。XRD 显示 8 小时和 12 小时时的晶体为 HA。随着水热处理时间延长，MAO 膜层表面析出的晶体由长条片状混合细小白色晶体，向粗大的柱状混合网格样细晶体转变，Ca/P 轻度降低。XRD 证实水热处理 8 小时和 12 小时的 MAO 膜层表面形成 HA 结晶。样品在模拟人体体液浸泡 8 小时后可见大量晶核形成，48 小时后片状晶体组成的致密矿化层覆盖表面，XRD 谱可见 HA 和磷酸八钙峰及一些锐钛矿和金红石的弱峰。

（三）喷砂酸蚀纯钛微弧氧化表面的理化性能分析

根据前两部分的实验结果，选择最佳的喷砂后酸蚀 MAO 处理条件和水热处理条件制作样品，按不同表面处理方法分为 4 组：A 组直径为 250 μm Al_2O_3 颗粒喷砂 HF 酸蚀后 MAO 处理，B 组为直接 MAO 处理，C 组为 MAO 处理后水热处理 8 小时，D 组为未处理组。通过扫描电镜观察、能谱分析、表面粗糙度、接触角、表面能和膜层超显微动态硬度的测量，对各组样品进行表面形貌和化学性质等理化性能的分析。

结果：所研制的喷砂后酸蚀 MAO 处理样品具有独特的 30 μm × 40 μm 圆形凹陷，表面粗糙度最高，表面极性成分增加以及超显微动态硬度值最高。3 种不同处理方法的 MAO 膜层中 Ca/P 值近似，水热处理的 MAO 样品表面出现 HA 结晶微粒，表面能最高。

（四）喷砂酸蚀纯钛微弧氧化表面对成骨细胞生物学行为的影响

表面采用胰蛋白酶消化离心法体外分离培养 Bal b/c 乳鼠颅骨成骨细胞，将第 2 代成骨细胞接种到实验（三）的 4 组钛片表面，通过扫描电镜、MTT 法、碱性磷酸酶（AKP）活性及骨钙素（OC）浓度的检测来观察成骨细胞在不同表面上的生物学行为，如附着、增殖和分化等。

结果：喷砂酸蚀纯钛 MAO 表面和水热处理 MAO 表面成骨细胞的附着率均较高，喷砂酸蚀纯钛 MAO 表面成骨细胞在 2 小时时已经伸出板状伪足，AKP 活性和 OC 浓度最高，水热处理 MAO 表面的细胞增殖率最高。

（五）喷砂酸蚀微弧氧化纯钛种植体的 Beagle 犬颌骨植入实验

采用实验的 4 组纯钛种植体，植入预先已拔除后牙的 Beagle 犬的下颌骨中，在愈合 3 周和 6 周时取出标本，通过顶出试验、界面破坏模式分析、骨-种植体接触率计算、种植体周围骨量及骨质测量，评价喷砂酸蚀后 MAO 处理种植体骨结合强度的情况，并从组织形态计量学上研究喷砂酸蚀后 MAO 处理种植体的促成骨特性。

结果：植入后 3 周和 6 周，喷砂后酸蚀 MAO 处理表面种植体均具有最高的界面抗剪切强度、骨-种植体接触率、近端骨量和骨密度以及其表面残留组织、胶原量、胶原交联程度和钙盐结晶分布范围最高。

三、研究结论

1. 不同微弧氧化处理电压下纯钛表面形貌的改变时，300V 和 400V 为适宜处理电压，400V MAO 处理样品获得比 300V 更高的 Ca/P。喷砂后残留于钛基体表面的 Al_2O_3 颗粒破坏了 MAO 膜层的连续性，而喷砂后酸蚀的样品再行 MAO 处理可获得均匀连续的氧化膜层，并且 MAO 处理没有改变喷砂酸蚀形成的基本形态，其中 250 μm 直径 Al_2O_3 颗粒喷砂后双重 4% HF 酸蚀 MAO 处理表面的一级孔洞大小与成骨细胞最为接近。

2. 在 180 ℃的水热条件下，随着处理时间的增加，MAO 膜层表面晶体由长板状向多柱状融合改变，数量增多，Ca/P 有降低趋势，膜层的超显微动态硬度有上升趋势。在 8 小时和12小时的处理时间下,无定形磷酸钙盐向HA转化,膜层的超显微动态硬度显著提高。处理电压为400V的MAO表面,在模拟人体体液中能形成含有HA的生物矿化层,具有良好的生物相容性。

3. 喷砂酸蚀复合MAO处理表面具有最佳的生物学表面形貌,其表面具有的特殊形貌结构使表面超显微动态硬度值最高,增强了膜层自身的抗压强度。水热处理的MAO样品表面散在的HA晶体增加其分散和极性成分,促使表面能增高,增强亲水性能。

4. 喷砂酸蚀纯钛MAO表面成骨细胞较早地表现出分泌功能形态,分化和功能表达最好。

5. 喷砂后酸蚀MAO处理表面种植体表面与骨组织之间的界面强度大于新生骨组织强度,顶出种植体后的断裂面位于新生骨组织内。并且具有最强的界面抗剪切强度,骨结合强度优于MAO表面、水热处理的MAO表面及光滑表面。

[关键词]　微弧氧化;水热法处理;钛表面;羟磷灰石

氟离子注入钛表面对骨细胞相容性和抗菌性能的影响

（摘　要）

中国医科大学博士研究生　刘慧颖　　导师　艾红军

一、研究目的

牙种植体作为植入体内的医用装置,已成为修复牙列缺损和牙列缺失的主要治疗手段之一。种植材料的表面性状和形态可影响牙种植后的生存质量,决定组织细胞在其表面的黏附、增殖和分化,对种植体的初期稳定性和远期固持率发挥十分重要的作用。其中,钛以其优良的生物相容性、力学性能、耐腐蚀性和良好的可加工性在牙种植领域中得以广泛应用。但是钛也有其自身的缺点。钛基本属于生物惰性材料,不能与骨组织形成生物性结合从而获得理想的骨整合,同时钛自身不具备抗菌性能,在植入及修复后易出现菌斑堆积于钛种植体周围。大量统计结果证实,临床上种植体的松动、脱落,相当一部分原因是由于种植体颈部菌斑堆积,致病菌通过其菌体表面物质、产生的毒素及代谢产物等破坏种植体周围软组织封闭屏障以及骨性结合界面,导致种植体周围炎并最终出现骨性结合界面丧失,种植失败。因此,探求一种同时具有良好的生物相容性和抗菌性能的种植体材料对提高种植体周围骨整合、减少种植周围炎的发生是极其必要的。

氟作为机体生命活动所必需的微量元素之一,对全身骨骼生长发育和维持骨骼生理结构功能具有重要作用。微摩尔剂量的氟即可促进成熟的成骨细胞活性,使碱性磷酸酶表达、胶原合成和骨钙素合成增加。同时,氟化物具有良好的抗菌性能。近20年来通过利用氟化钠抑制链球菌防龋已在全球范围内应用并取得了良好的效果,目前也有学者开始致力于应用氟化物抑制革兰氏阴性厌氧菌的研究以达到预防牙周炎和种植体周围炎的目的。本实验应用等离子体浸没离子注入技术,将氟离子引入光滑商业纯钛表面,并通过微观分析方法,对其表面的化学组成和物理结构进行综合评价。将牙龈卟啉单胞菌和成骨细胞分别接种于氟离子注入纯钛前后的材料表面,建立细菌与材料界面间、细胞与材料界面间的直接接触关系,综合评价通过等离子体浸没离子注入技术对纯钛表面进行氟离子注入后改性材料的抗菌性能及其对成骨细胞生物学行为的影响,为探索具有良好的生物相容性和抗菌性能的种植材料提供一种材料改性方法。

二、研究方法

1. 氟离子注入钛表面及其微观分析　本实验通过等离子体浸没离子注入技术对纯钛进行氟离子注入表面改性。应用 PHI-5700 ESCA 型 X 线光电子能谱仪分析氟离子注入钛表面改性材料的化学元素组成；扫描电镜观察其表面形貌；氟离子选择电极法测量氟离子释放浓度。

2. 氟离子注入钛表面改性材料的抗菌性能　采用改性材料表面直接细菌培养法，菌落计数观察氟离子注入前后钛片表面对牙龈卟啉单胞菌的抑制作用；应用扫描电镜观察牙龈卟啉单胞菌在氟离子注入前后钛片表面的形态变化。

3. 氟离子注入钛表面改性材料对成骨细胞生物学行为的影响　将成骨样细胞系 MG-63 接种于氟离子注入前后的钛片表面并分别培养 24、48、72 小时后，检测各项指标。1）细胞毒实验：MTT 法检测改性材料对成骨细胞增殖的影响。2）成骨细胞黏附和增殖实验：扫描电镜观察 MG-63 形态；丫啶橙染色法检测 MG-63 黏附和增殖的数量；PI 单染法流式细胞仪分析 MG-63 的细胞周期。3）成骨细胞黏着斑形成的测定：免疫荧光法观察氟离子注入纯钛改性材料表面 MG-63 黏着斑的形成，激光共聚焦显微镜观察并摄片，测量细胞荧光强度，计数黏着斑形成数量。4）成骨细胞Ⅰ型胶原形成和表达的测定：免疫荧光法检测Ⅰ型胶原的形成；反转录聚合酶链反应检测Ⅰ型胶原 mRNA 的表达；蛋白印迹法检测Ⅰ型胶原蛋白的表达。

三、研究结果

（一）氟离子注入钛表面改性材料的微观分析

1. 改性层的化学组成　XPS 分析显示，氟离子注入后材料表面主要为钛、氧、氟、碳 4 种元素，比纯钛表面新增了氟元素的信号，且随着氟离子注入时间的增加氟信号逐渐增强。高斯拟合结果显示氟离子注入前样品表面的 Ti2p3/2 峰位置在 458.5eV 处，可归结为二氧化钛；注入后样品表面在约 458.7eV 及 459.9eV 处都出现 Ti2p3/2 峰，分别归结为二氧化钛及三氟化钛。

2. 改性层的表面形貌　氟离子注入后，材料表面形成许多均匀分布的、散在的团粒状物质，大部分嵌入基体组织中，少量突出于材料表面，并且随着氟离子注入时间的延长，沉积于改性层表面的团粒数量逐渐增多，且团粒之间有大小较均匀的孔隙存在。从 20 000倍扫描电镜照片可以看出，氟离子注入 7 小时组表面沉积的团粒大小和形状更加均匀一致，边界更加清晰。

3. 氟离子释放　材料氟离子的释放小于 0.10 mg/L 的检出极限。

（二）氟离子注入钛表面改性材料对牙龈卟啉单胞菌的抑制作用

1. 菌落计数　氟离子注入组钛片表面牙龈卟啉单胞菌菌落的数量明显少于纯钛表面，差异有统计学意义（$P<0.01$）；且随着氟离子注入时间的延长，其表面的菌落数量减少明显，除 F-Ti 5 小时组与 F-Ti 7 小时组外（$P<0.05$），不同氟离子注入时间的各组之间差异有统计学意义（$P<0.01$）。

2. 氟离子注入钛表面对牙龈卟啉单胞菌黏附和菌体形态的影响　在纯钛表面黏附的牙龈卟啉单胞菌数量较多，菌细胞分散且大多为单个生长，菌细胞形态规则，边缘光滑呈球杆状，为正常菌体形态；而氟离子注入后，改性材料表面牙龈卟啉单胞菌黏附的数量较纯钛表面减少且出现菌细胞形态变异。

（三）氟离子注入钛表面改性材料对成骨细胞生物学行为的影响

1. MTT 法分析结果　氟离子注入组钛片表面成骨样细胞 MG-63 细胞增殖数量明显多

于对照组纯钛表面，差异有统计学意义（$P<0.01$）；并且随着氟离子注入时间的延长增殖数量明显增多，不同氟离子注入时间的各组之间差异有统计学意义（$P<0.01$）。但培养72小时后，F-Ti 7小时样品表面的细胞增殖数量则与F-Ti 5小时之间无统计学意义（$P>0.05$）。

2. 改性材料对成骨细胞黏附和增殖的影响　1）扫描电镜：纯钛表面MG-63大多为多边形或圆形，伸展不良好。氟离子注入钛表面的成骨细胞伸展良好，以多个细长的突起牢固的黏附于基底材料的表面，并且，随着氟离子注入时间的延长，钛片表面成骨细胞的密度有增加的趋势，伸出细长的伪足与周边的细胞形成良好的交通。2）细胞的黏附与增殖：所有材料表面黏附和增殖的MG-63细胞数随培养时间的延长而增加。培养后6小时，各组材料表面细胞数量无统计学意义（$P>0.05$）。培养至24小时后，氟离子注入纯钛组表面的细胞数比未注入的纯钛组多，具有统计学意义（$P<0.05$）；但是F-Ti 7小时组样品表面的细胞黏附数量与F-Ti 5小时组之间无统计学意义（$P>0.05$）。3）流式细胞仪分析细胞周期：MG-63细胞接种48小时后，氟离子注入组与未注入组表面细胞的G0/G1和G2/M期的比例无统计学意义（$P>0.05$）。氟离子注入组细胞S期的比例明显高于未注入之纯钛组，且随着氟离子注入时间的增加而增加（$P<0.05$）。在DNA直方图上，在G1峰前未出现凋亡峰。

3. 改性材料表面成骨细胞黏着斑的形成　氟离子注入前后钛片表面MG-63的细胞膜上均可见绿色点状或簇状的纽蛋白荧光染色。定量对比显示，黏着斑形成的数量随培养时间的延长逐渐增加；培养6小时后，氟离子注入组材料表面的黏着斑形成数量比纯钛组表面形成的多，差异有统计学意义（$P<0.05$）；培养至24小时后，两种材料表面均有大量的黏着斑形成，差异无统计学意义（$P>0.05$）。

4. 改性材料表面成骨细胞Ⅰ型胶原的形成和表达　1）成骨细胞Ⅰ型胶原的形成：材料表面Ⅰ型胶原形成的数量随培养时间的延长逐渐增加。荧光强度的定量对比显示，培养6小时、24小时后，氟离子注入组材料表面的Ⅰ型胶原蛋白形成数量明显多于纯钛组表面，差异有统计学意义（$P<0.01$）；48小时后，氟离子注入组材料表面的Ⅰ型胶原蛋白形成数量比纯钛组表面多，差异有统计学意义（$P<0.05$）。2）材料表面成骨细胞Ⅰ型胶原mRNA和蛋白的表达：两组材料表面Ⅰ型胶原mRNA和蛋白的表达均为阳性。随着培养时间的延长，两组材料表面成骨细胞分泌的Ⅰ型胶原mRNA量和蛋白量均逐渐增加，且氟离子注入组材料表面的Ⅰ型胶原mRNA和蛋白的表达较纯钛组表面多，差异有统计学意义（$P<0.05$）。

四、研究结论

1. 氟离子注入纯钛后，其表面化学元素主要为氧、钛、氟和碳，其化学组成主要为二氧化钛和三氟化钛；氟离子注入后，材料表面形成许多均匀分布的、散在的团粒状物质。

2. 本实验检测条件下，氟离子释放量低于0.10 mg/L的检出极限。

3. 氟离子注入纯钛表面改性材料可抑制*P. gingivalis*的黏附并影响其菌体形态。

4. 该改性材料无细胞毒性。

5. 氟离子注入纯钛表面改性材料利于成骨细胞在其表面的黏附和增殖、黏着斑的形成及Ⅰ型胶原蛋白的形成和表达。

［关键词］　钛；等离子体浸没离子注入；氟离子；牙龈卟啉单胞菌；成骨细胞

（刘慧颖现工作单位：大连医科大学附属口腔医院）

文选·述评

口腔解剖生理学

安氏Ⅱ、Ⅲ类错殆畸形治疗后咬合关系与牙量比例的相关性研究[张达,胡敏,王芳等. 现代口腔医学杂志,2008,22(6):574~576]

选择治疗结束的153例安格尔Ⅱ、Ⅲ类错殆畸形患者的模型,利用PAR指数评分将患者分为咬合理想组与咬合不理想组,分别测量每副模型Bolton全牙比值,根据其正常值得出两组样本牙量不调的比率并作统计学分析。结果显示,治疗后咬合不理想组Bolton全牙比值不调比例(71.43%)明显高于治疗后咬合理想组(47.27%);治疗后咬合不理想组模型分类研究结果显示,咬合不理想组全牙牙量不调明显高于咬合理想组($P=0.003$),其中安格尔Ⅱ^{2}类全牙量不调发生率最高(85.0%),其次为安格尔Ⅲ类(68.8%),再次为安格尔Ⅱ^{1}类(66.7%)。因此作者认为,上下牙量比例直接影响治疗后尖牙、双尖牙及磨牙咬合关系的调整。

述　评

咬合是指上下牙列之间的接触关系,因此存在上下牙列大小匹配问题。建立正常咬合接触关系对于行使正常咬合功能非常重要,而上下牙列中牙量比例不匹配会直接影响咬合的对应接触关系,在矫治过程中应当注意这种影响,并且为建立正常咬合接触关系可以考虑进行必要的调整。

（王美青）

兔颞下颌关节盘前移位后凋亡调控信号Bcl-2及Bax在髁突软骨细胞表达的研究[肖进,刘登峰,徐兴侨等. 口腔医学研究,2008,24(5):520~522]

关节盘前移位后盘后区的组织存在明显的改建活动,髁突是否存在改建活动呢?该文作者采用Western blot方法,研究在手术造成关节盘前移位后1、2、4周时,日本大白兔髁突软骨细胞中凋亡调控基因*bcl-2*及*bax*的表达变化情况。检测结果显示,实验组较对照组Bax蛋白含量明显增加,且随着术后时间的延长而增加。Bcl-2蛋白则相反,实验组较对照组动物关节软骨内表达减少,且随着术后时间的延长而进一步递减。由此表明,在颞下颌关节盘前移位后软骨凋亡过程中,*bcl-2/bax*可能都起一定调控作用。

述　评

关节盘前移后髁突软骨也会发生一定的改建活动,其中凋亡是重要的改建活动之一。该文作者观察到凋亡调控基因*bcl-2/bax*的表达都有一定的变化,证实了这一推论。

（王美青）

下颌运动虚拟再现的六自由度测量[郝裕一,秦明新,李忠科. 实用口腔医学杂志,2008,24(3):313~316]

下颌运动是咀嚼功能的基础,记录下颌运动是目前口腔临床常用的评价咀嚼功能的方法之一。作者设计了一种记录下颌骨六自由度位移的方法,以真实再现下颌的运动过程。其中设计了2个重叠的网格屏和2束成一定夹角的激光束,用一个CCD视频摄像机采集测量图像,通过简单的计算得到下颌骨位置与姿态的变化信息,结合上下牙列的三维扫描数据,以三维图形形式再现了咬合运动。所用的计算公式简单,实时性强,经连续测量,未见误差积累,测量精度可满足口腔临床上再现下颌运动的要求。

述　评

记录、描述下颌运动特征是评价咀嚼功能活动的重要途径之一,目前临床上多采用机械式、磁-电感应式、光-电感应式下颌运动轨迹描记仪。以激光束、摄像机记录,以牙列三维扫描图像模拟再现所记录的下颌运动,是一种探索新的下颌运动记录方式的有价值的尝试。

(王美青)

雌激素对大鼠咬肌热休克蛋白 70 表达的影响［李冰雁，赵煜，李晓箐等. 华西口腔医学杂志，2008，26(5)：560～562］

将 60 只雌性未孕 12 周龄 Sprague-Dawley 大鼠随机分成 3 组，每组 20 只。假手术组大鼠在轻微骚动卵巢后缝合，去卵巢组大鼠去除卵巢后缝合，雌激素替代组大鼠去卵巢后接受雌二醇替代治疗。分别于手术后第 4、8 周每组各处死 10 只大鼠，采用免疫组织化学方法观察大鼠咬肌内热休克蛋白 70(HSP70)表达的变化。结果显示，手术 4 周后 3 组大鼠咬肌 HSP70 的表达差异无统计学意义($P>0.05$)，而 8 周时去卵巢组大鼠 HSP70 的表达明显下降，与假手术组、雌激素替代组之间的差异有统计学意义($P<0.05$)，而假手术组与雌激素替代组之间的差异无统计学意义($P>0.05$)。由此表明卵巢切除会导致大鼠咬肌 HSP70 的表达下降，雌激素替代疗法可以预防因卵巢切除而导致的 HSP70 表达降低。

述　评

咀嚼肌功能紊乱是一种常见的颞下颌关节紊乱病类型，颞下颌关节紊乱病具有明显的女性优势。该文作者以卵巢切除、雌激素替代的实验方法，证实了雌激素在该症发生中的作用。

(王美青)

CT 和 MRI 图像融合三维重建颞下颌关节的研究［林有籁，刘月华，王冬梅等. 华西口腔医学杂志，2008，26(2)：140～143］

选择 1 例健康青年男性志愿者，在其双侧 TMJ 区和颏部共放置 12 个人造球形标记，经 CT 和 MRI 扫描，获取含有所有球形标记的 TMJ 医学图像。分别采用 CT 和 MRI 医学图像融合技术建立 TMJ 软硬组织的三维几何模型。基于人造球形标记在三维空间上配准，对 TMJ 软硬组织进行三维重建。结果建立了具有良好几何相似性的 TMJ 三维几何模型(包括关节盘、关节窝、下颌骨和下牙列)，方法简便快捷，定位精确，模型逼真，解剖结构清楚，能较真实地反映颞下颌关节各结构的空间位置关系，满足真实、合理地对 TMJ 软硬组织进行三维重建的需求。

述　评

颞下颌关节生物力学研究是颞下颌关节研究领域中非常活跃的一个内容，三维重建颞下颌关节是颞下颌关节生物力学研究的重要基础。该研究所建立的三维重建颞下颌关节几何模型的方法，虽然采用了 CT、MRI 等先进影像手段，但仍然相对简便，值得推荐。

(王美青)

慢性不可预知性应激刺激对大鼠下颌关节超微结构的影响［梁军，胡敏，韩晔华等. 中华口腔医学杂志，2008，43(1)：30～33］

采用 16 只 12 周龄雄性 Wistar 大鼠，实验组(8 只大鼠)施以慢性不可预见性应激刺激，6 周后完整解剖分离下颌髁突和关节盘，戊二醛固定、喷金、扫描电镜观察。结果显示，实验组髁突表面凝胶不完整，胶原纤维紊乱、断裂、暴露深层胶原组织等，关节盘近髁突关节面表面凝胶样物质覆盖仍较完整，但沟回排列不规则，沟回隆起缩窄降低，沟变浅，而对照组无此改变。由此表明长期慢性不可预知性应激刺激可造成大鼠下颌关节超微结构的损伤。

述　评

应激是常见的生理—心理反应，颞下颌关节紊乱病是否可能存在心理因素值得探讨。该研究从应激角度证实，慢性不可预知性刺激可导致大鼠下颌髁突软骨超微结构损伤。因此支持长期心理紧张是颞下颌关节疾病的潜在刺激因素的论点。

(王美青)

兔颞下颌关节骨关节病动物模型超微结构的观察［王栋，田卫东，李声伟等. 口腔颌面修复学杂志，2008，9(2)：144～147］

选择 35 只新西兰白兔，通过向颞下颌关节内注射Ⅱ型胶原酶的方法以诱导兔产生颞下颌关节骨关节病(TMJOA),通过扫描电镜动态观察4、8、12、16、20、24周后兔颞下颌关节的超微结构变化。结果显示,实验组动物于4周后出现较明显的骨关节病损,其中12周时达到病变高峰,但20、24周时局部有明显的修复现象。研究结果表明,采用关节腔内注射Ⅱ型胶原酶的方法可以导致兔颞下颌关节骨关节病样改变,可以作为一种研究颞下颌关节骨关节病的动物模型。

述 评

颞下颌关节骨关节病是颞下颌关节紊乱病最为严重的类型,建立良好的动物模型对于研究有关病理问题具有重要意义。该研究的特点在于发现,向颞下颌关节内注射胶原酶后随着观察时间的延长,新西兰白兔出现骨关节病样病损的颞下颌关节具有明显的修复反应,这为研究有关颞下颌关节自愈性、自限性问题提供了平台。

(王美青)

口腔组织病理学

口腔癌相关成纤维细胞对舌癌细胞株增殖活性的影响[林靖雯,陈谦明,李胜富等. 四川大学学报:医学版,2008,39(2):184~187]

在体外建立口腔癌相关成纤维细胞(CAF)与舌癌细胞株Tca8113的交互作用模型,观察CAF对舌癌细胞增殖能力的影响。结果发现,CAF和Tca8113直接混合培养组的Tca8113细胞形态及生长方式发生变化,癌细胞间黏附性降低,有侵袭周围CAF的趋势;与正常成纤维细胞相比,CAF增强了Tca8113的增殖活性($P<0.05$),并提高了处于S期和G2期的癌细胞的比例(48.1% vs. 40.0%)。表明口腔CAF可在体外促进舌癌细胞株Tca8113的增殖,提示其在口腔鳞癌发展中起重要作用。

述 评

上皮性恶性肿瘤中上皮-间质相互作用的研究备受关注,与癌细胞相邻的所谓癌相关成纤维细胞(CAF)可通过与癌细胞的相互"对话",影响肿瘤的生长、侵袭和转移。作者在建立口腔CAF和Tca8113共同培养体外模型的基础上,初步证实口腔CAF可促进舌癌细胞的增殖,如进一步深入研究,明确上皮-间质相互作用的分子机制,将可能探索以肿瘤间质为靶向的抗癌新疗法。

(李铁军)

成釉细胞瘤中细胞周期素D1及其抑制因子的表达[薛明,钟鸣,王洁等. 现代口腔医学杂志,2008,22(2):164~166]

采用原位杂交和免疫组化方法检测成釉细胞瘤中细胞周期素D1(cyclin D1)、周期素依赖激酶抑制因子$p16^{INK4}$、$p21^{WAF1}$ mRNA和$p27^{KIP1}$蛋白的表达及临床生物学意义。结果发现,成釉细胞瘤中cyclin D1 mRNA阳性率为42.6%(23/54);$p16^{INK4}$、$p21^{WAF1}$ mRNA和$p27^{KIP1}$蛋白的阳性率分别为31.5%(17/54)、22.6%(12/53)、16.7%(9/54)。伴随成釉细胞瘤的复发与恶变cyclin D1 mRNA阳性率逐渐上升,$p16^{INK4}$、$p21^{WAF1}$ mRNA和$p27^{KIP1}$蛋白则呈阴性表达。成釉细胞瘤中cyclin D1 mRNA的表达与$p21^{WAF1}$ mRNA、$p27^{KIP1}$蛋白之间呈显著负相关(r_k分别为-0.213和-0.284,$P<0.05$)。提示成釉细胞瘤的发生发展可能与cyclin D1过表达及$p16^{INK4}$、$p21^{WAF1}$ mRNA、$p27^{KIP1}$蛋白丢失等多种因子相关。

述 评

成釉细胞瘤虽属良性肿瘤,但呈局部侵袭性生长,具有较高的术后复发倾向,因此备受关注。有关其侵袭性行为的研究多集中在基质金属蛋白酶或肿瘤性血管生成等方面,该研究结果提示细胞周期素cyclin D1及其抑制因子可能参与成釉细胞瘤发生发展的调控。

(李铁军)

EphA2在涎腺肿瘤中的表达及其临床意义[吴中兴,赵怡芳,邵喆等. 中华口腔医学研究杂志:电子版,2008,2(3):228~233]

采用免疫组化SP法检测10例正常涎腺

组织、30 例多形性腺瘤、30 例黏液表皮样癌(MEC)、30 例腺样囊性癌(ACC)中 Eph 受体酪氨酸激酶 A2(EphA2)的表达差异,并分析其临床病理意义。结果发现,EphA2 在正常涎腺组织中主要表达于腺管上皮,而腺泡细胞几乎不表达。EphA2 在正常涎腺组织、多形性腺瘤、涎腺癌(包括黏液表皮样癌和腺样囊性癌)中的表达依次增高,存在显著性差异($P<0.05$)。EphA2 的表达与涎腺癌瘤体大小、TNM 分期、复发和淋巴结转移有关($P<0.05$)。提示 EphA2 可能影响涎腺肿瘤发生发展及其预后。

述　评

EphA2 是酪氨酸激酶受体家族中的一种,目前研究已证实其表达与多种系统来源的肿瘤有关,肿瘤恶性程度越高其表达水平也越高。作者在正常涎腺组织、多形性腺瘤和涎腺癌中证实 EphA2 的表达依次增高,且与肿瘤大小、TNM 分期、复发和淋巴结转移等诸多重要的预后指标相关,因此 EphA2 可能成为反映涎腺肿瘤行为及预后的重要标记物。

(李铁军)

口腔鳞状细胞癌中 RhoA 的表达及作用[周峻,何勇,金岩等. 口腔医学,2008,28(3):113~115]

采用免疫组化和反转录聚合酶链反应(RT-PCR)技术检测口腔鳞状细胞癌组织及其转移灶、癌旁组织、增生鳞状上皮和正常口腔黏膜中 RhoA 的表达及其意义。结果发现,RhoA 在非癌组织均不表达或弱表达,40 例口腔鳞癌中 25 例表达 RhoA(阳性率 62.50%),两者之间差异有统计学意义($P<0.05$)。低分化鳞癌中 RhoA 的阳性率为 66.67%,中、高分化鳞癌中 RhoA 的阳性率为 60.71%,两者之间也有统计学差异($P<0.05$)。16 例有淋巴结转移的鳞癌组织中 13 例表达 RhoA,阳性率为 81.25%,24 例无淋巴结转移的鳞癌组织中 12 例表达 RhoA,阳性率为 50%,两者之间有统计学差异($P<0.05$)。RT-PCR 检测发现鳞癌组织中 RhoA mRNA 光密度相对值明显高于癌旁组织、增生鳞状上皮和正常口腔黏膜组织($P<0.01$),但低于转移灶($P<0.05$)。提示 RhoA 的表达与鳞状细胞癌分化程度、转移程度有关,有望作为鳞状细胞癌预后和转移的参考指标。

述　评

RhoA 是 Ras 基因超家族的一个成员,参与细胞信号传导和细胞增殖的调节。近年来发现其表达与肿瘤的侵袭、转移密切相关。该研究证实 RhoA 在口腔鳞癌组织中的表达水平显著高于非癌组织(癌旁及正常黏膜),且与肿瘤分化、转移等相关,有望成为判断口腔鳞癌患者预后的新指标。

(李铁军)

负向调控基质金属蛋白酶-2 的表达抑制成釉细胞瘤的侵袭性[曾东林,黄洪章,张磊涛. 中华口腔医学研究杂志:电子版,2008,2(1):19~22]

体外构建基质金属蛋白酶-2(MMP-2)靶向小干扰 RNA(siRNA)质粒表达载体,并转染体外培养的成釉细胞瘤细胞,以观察 MMP-2 靶向 siRNA 对成釉细胞瘤细胞 MMP-2 基因的负向调控作用及对肿瘤侵袭性的抑制作用。结果发现,体外培养的成釉细胞瘤细胞可表达 MMP-2,siRNA 质粒表达载体成功转染成釉细胞瘤细胞后,其 MMP-2 mRNA 表达减少 69.3%,MMP-2 蛋白表达减少 64.2%($P<0.05$),细胞侵袭实验显示其抑制率为 61.2%。作者认为 MMP-2 可能与成釉细胞瘤的侵袭性密切相关,MMP-2 靶向 siRNA 可沉默成釉细胞瘤细胞中的 MMP-2 基因。

述　评

基质金属蛋白酶-2(MMP-2)可降解细胞外基质,与肿瘤的侵袭、转移关系密切。RNA 干扰技术是近年来兴起的基因研究手段,作者成功采用这一技术沉默成釉细胞瘤体外培养细胞中的 MMP-2 基因,并发现转染后细胞的侵袭性也受到抑制。这项研究为深入了解成釉细胞瘤的局部侵袭机制以及治疗干预提供了新思路。

（李铁军）

短发夹状 RNA 沉默 *H-ras* 基因对人涎腺腺样囊性癌细胞增殖的影响[于利洁，王洁，董福生等. 中华口腔医学杂志，2008，43（2）：113～117]

构建 *H-ras* 靶向 H-ras-shRNA 质粒并转染涎腺腺样囊性癌肺高转移细胞株（SACC-M）细胞，通过体外细胞增殖与凋亡的观察及裸鼠成瘤实验，探讨 *H-ras* 基因对涎腺腺样囊性癌（SACC）生物学特性的影响以及作为 SACC 基因治疗靶点的可行性。结果发现，H-ras-shRNA质粒能有效降低 SACC-M 细胞中 *H-ras* 表达，*H-ras* 基因抑制率为61.80%，H-ras 蛋白表达抑制率为62.76%。转染细胞的增殖活性明显受抑，G0G1 期比例增加；实验组细胞凋亡率为30.82%，显著高于阴性对照组和空白对照组的4.29%及4.16%。同时，*H-ras* 沉默细胞在裸鼠体内成瘤的能力降低。表明 *H-ras* 靶向 shRNA 干扰质粒能持续有效地抑制 SACC-M 细胞中 *H-ras* 基因及蛋白的表达水平，降低细胞体内外的增殖活性，并能有效诱导细胞凋亡。

述　评

作者采用 RNA 干扰技术有效地抑制了 SACC-M 中癌基因 *H-ras* 的表达水平，并证实沉默 *H-ras* 基因后，SACC-M 细胞的体外增殖活性和体内成瘤能力均得到有效抑制。这项研究为涎腺腺样囊性癌的基因治疗提供了重要的实验依据。

（李铁军）

口腔鳞状细胞癌中心体扩增与染色体不稳定的相关性研究[杨宏，蔡扬，于燕妮等. 中华口腔医学杂志，2008，43（2）：118～120]

采用间接免疫荧光和流式细胞术等方法，分析口腔鳞状细胞癌（OSCC）细胞中心体异常与 DNA 非整倍体之间的相关性，探讨染色体不稳定形成的可能机制。结果发现，与正常口腔黏膜相比，OSCC 组织中出现中心体数目扩增及排列紊乱，且非整倍体 OSCC 组（19/21）的中心体扩增发生率显著高于二倍体 OSCC 组（6/11）（*Fisher* 确切概率 = 0.032）；相关分析显示中心体扩增与 OSCC 非整倍体之间存在相关关系（Spearman $r = 0.413$，$P = 0.019$），中心体扩增程度与核型异常程度之间呈直线正相关关系（Pearson $r = 0.364$，$P = 0.041$）。表明细胞中心体扩增作为有丝分裂过程中染色体分离错误的始动因素，可能是 OSCC 非整倍体形成的原因之一。

述　评

细胞中心体是一种非膜性细胞器，作为细胞微管的调节、组织中心，在细胞有丝分裂过程中对两极纺锤体的形成、移动以及确保细胞复制后染色体平均分配致两个子细胞中起重要作用。近年来研究提示细胞中心体的异常可能与 DNA 非整倍体的形成有关。该研究证实口腔鳞状细胞癌组织中，中心体扩增与 DNA 非整倍体之间存在相关关系，提示细胞中心体的检测可能成为反映 OSCC 染色体不稳定性的新手段。

（李铁军）

口腔微生物学

变异链球菌、血链球菌及嗜酸乳杆菌代谢组学鉴定的初步研究[熊萍，周京琳，肖丽英等. 华西口腔医学杂志，2008，26（5）：537～540]

采用核磁共振（H-NMR）的代谢组学方法对变异链球菌、血链球菌及嗜酸乳杆菌的代谢物谱图进行检测，并应用主成分分析法进行数据分析。结果显示，3 组数据内部有集中的聚类关系可以区分这三种细菌，提示代谢组学分析在口腔细菌的快速鉴定方面具有良好的发展前景。

述　评

细菌种属的鉴定在牙体牙髓病和牙周病的病因学研究中占有重要地位，传统的细菌鉴定方法在快速、准确鉴定细菌方面不尽如人意。代谢谱分析方法是一种新兴的快速、高通量、全面的表型分类方法,在口腔微生物领域的研究中刚刚起步。该研究结果表明采用基于 H-NMR 的代谢组学方法及主成分分析法可以通过检测、分析细菌胞外代谢产物揭示各细菌组间的各自的聚类关系,验证了采用该方法研究口腔致龋菌特征性代谢物的可行性。提示代谢组学分析法在口腔细菌的快速鉴定方面具有良好的应用前景,为口腔微生物学的研究提供了途径。

（凌均棨）

变异链球菌 UA159 磷酸蔗糖变位酶基因功能丧失菌株的构建[段劲,刘筱娣,郭丽宏.实用口腔医学杂志,2008,24(1):69~73]

将变异链球菌 UA159 磷酸蔗糖变位酶基因(*psm*)内部上下游 2 段序列分别克隆至自杀质粒 pFW 5 的 2 个多克隆位点(MCS-Ⅰ和 MCS-Ⅱ),构建重组质粒,经酶切和测序证实。利用同源重组原理,采用自然转化的方法,实现重组自杀质粒和变异链球菌 UA159 同源序列的等位交换。经过 PCR 和测序分析,证实变异链球菌 UA159 基因组中的 *psm* 被重组质粒的基因取代,成功构建了变异链球菌 UA159 *psm* 功能丧失菌株。

述　评

磷酸蔗糖变位酶基因(*psm*)是高龋者口腔中 c 血清型的变异链球菌高致龋毒力株特异的基因。磷酸蔗糖变位酶的生化功能已经明确,它催化 6-P-氨基葡萄糖转化为 1-P-氨基葡萄糖。该反应是形成 UPD-N-乙酰氨基葡萄糖的第一步,UPD-N-乙酰氨基葡萄糖是形成细胞壁肽聚糖的前体,因此磷酸蔗糖变位酶参与了肽聚糖的合成,但其生理功能仍不清楚。该研究构建了变异链球菌 UA159 *psm* 功能丧失菌株,为进一步研究变异链球菌 UA159 *psm* 功能奠定基础。

（凌均棨）

变异链球菌 *luxS* 基因敲除重组质粒的构建[童忠春,马丽芳,倪龙兴等.实用口腔医学杂志,2008,24(2):182~185]

通过设计引物,以质粒 pEGFP-N1 为模板,进行聚合酶链式反应(PCR)得到抗卡那霉素的 DNA 片段,再以变异链球菌的 DNA 为模板,通过 PCR 得到 *luxS* 基因上下游序列,将这 3 段 DNA 片段分别按序列插入到 pMD19-T 载体的多克隆酶切位点中。通过酶切和测序证实 $kana^+$ 和 *luxS* 基因两侧同源序列成功连入到 pMD19-T 载体相应酶位点,成功构建了变异链球菌 *luxS* 基因敲除重组质粒。

述　评

生物膜中细菌根据自身的密度,分泌一系列可扩散的小分子进行细菌间的交流。AI-2 分子是重要的信号传导分子,它的合成酶 LuxS 广泛存在于多种细菌中,该酶是激活甲基循环的重要组成部分。牙菌斑生物膜中的变异链球菌受密度感应系统调控,变异链球菌中的 *luxS* 基因对其致病力有重要作用,调控牙菌斑生物膜的形成、细菌的产酸耐酸能力、对氧的耐受力及变链素的合成等。该研究用 PCR 的方法得到抗卡那霉素耐药基因 DNA 序列和 *luxS* 上下游的同源序列,然后分别连入到 pMD19-T 载体的多克隆酶切位点中,成功构建了变异链球菌 *luxS* 基因敲除重组质粒,为将来构建变异链球菌 *luxS* 突变株研究其功能奠定基础。

（凌均棨）

天然菌斑生物被膜中变形(异)链球菌、远缘链球菌和血链球菌的荧光原位检测[凌均棨,姬亚昆.中华微生物学和免疫学杂志,2008,28(2):162~165]

应用激光共聚焦扫描显微镜结合荧光原位杂交技术的方法对釉质磨片表面初期形成的菌斑生物膜内的变异链球菌、远缘链球菌和血链球菌进行研究,观察这三种细菌的空间分布,测量三种细菌的扫描厚度。结果显示,菌斑生物被膜呈三维立体结构,三种细菌在菌斑生物被膜形成初期的平均扫描厚度随时间延长而增加。提示应用荧光原位杂交技术结合激光共聚焦扫描显微镜可以快速、灵敏地检测菌斑生物被膜内的变异链球菌、远缘链球菌和血链球菌。

述 评

牙菌斑生物膜研究是口腔生物学和口腔微生态学领域的热点，了解天然菌斑生物膜的空间结构是研究的重要内容之一。现有的细菌检测方法难以真实客观地反映菌斑的三维结构与其中主要细菌的空间分布及生长规律。该研究采用荧光原位杂交技术结合激光共聚焦扫描显微镜，建立了灵敏、准确、可靠的菌斑生物被膜内细菌检测技术，客观、真实地反映了釉质磨片天然菌斑生物膜形成初期的三维结构和主要细菌的空间分布及扫描厚度，为进一步认识和研究菌斑生物被膜的结构提供了理论基础及实验依据。

（周学东）

古细菌在牙周病患者龈下菌斑中的定性和定量分析［李超伦，姜云涛，张明珠等. 中华口腔医学杂志，2008，43(10)：589～591］

收集侵袭性牙周炎、慢性牙周炎、慢性龈炎及牙周健康者的龈下菌斑，进行定性和定量检测。结果显示龈下菌斑中牙周炎组古细菌的检出率、古细菌16S rRNA基因平均拷贝数均高于龈炎组，差异有统计学意义（$P<0.05$）。提示古细菌不是健康口腔常驻微生物和导致侵袭性牙周炎发病的特异性致病菌，但是其在牙周炎组和龈炎组的感染强度不同，可能为牙周炎的致病因素之一。

述 评

牙菌斑作为牙周炎的始动因子始终是口腔医学领域的研究热点，古细菌为近来发现的牙菌斑内的一种未获培养的可能与口腔疾病相关的微生物。目前古细菌在口腔疾病中的致病性的研究刚刚起步，尚无确凿证据证实其与人类口腔疾病之间存在因果关系。该研究使用非培养依赖的分子生物学检测技术，应用定性和定量检测基因的方法获取不同类型牙周病患者龈下菌斑中古细菌分布的信息，探讨了古细菌与牙周病的相关性，有助于探索传统实验室培养技术无法研究的微生物领域，对于牙周病病因学的发展有重要意义。

（凌均棨）

牙周炎患者唾液中伴放线放线杆菌的检出状况分析［冯向辉，张立，孟焕新等. 中华口腔医学杂志，2008，43(7)：402～405］

收集50例侵袭性牙周炎患者、48例慢性牙周炎患者和25例非牙周炎患者的非刺激性全唾液和集合龈下菌斑，应用聚合酶链反应技术检测两种样本中的伴放线放线杆菌（*A. actinomycetemcomitans*）。结果显示，伴放线放线杆菌在侵袭性牙周炎患者唾液中的检出率显著高于其他两组，伴放线放线杆菌在侵袭性牙周炎患者唾液中的检出率也显著高于集合龈下菌斑样本。年龄大于或等于30岁是唾液中存在伴放线放线杆菌的危险指征，出血指数大于等于3的位点超过70%与唾液中存在伴放线放线杆菌有关。提示伴放线放线杆菌可能参与侵袭性牙周炎的发生发展，其存在状况与牙周病的活动性相关。

述 评

伴放线放线杆菌是侵袭性牙周炎的重要可疑致病菌，可存在于龈下菌斑及口腔内其他部位。以往的研究主要以少数位点的龈下区域取样代表个体水平牙周致病微生物的感染状况，具有一定局限性。该研究比较了伴放线放线杆菌在不同取样部位、不同人群中的检出率，研究结果提示应用唾液样本检测伴放线放线杆菌可以降低假阴性率，较敏感地反映个体水平伴放线放线杆菌的感染状况。该研究有助于加深人们对牙周病病因学的进一步认识，同时为大样本量的流行病学调查时群体的取样提供了新的思路。

（凌均棨）

不同*fim*A基因型牙龈卟啉单胞菌对牙龈成纤维细胞基质金属蛋白酶表达的影响［赵蕾，杨禾，吴亚菲等. 中华口腔医学杂志，2008，43(12)：727～731］

将牙龈卟啉单胞菌（*P. gingivalis*）ATCC33277（Ⅰ型）、WCSP115（Ⅱ型）、WCSP1.5（Ⅲ型）、W83（Ⅳ型）分别与牙龈成纤维细胞在标准条件下共同孵育，应用RT-PCR和ELISA法分别检测牙龈成纤维细胞基质金属蛋白酶（MMP）-1、MMP-2的mRNA及蛋白表达水平。结果显示，与对照组相比，*P. gingivalis*刺激下牙龈成纤维细胞MMP-1、MMP-2的mRNA和蛋白表达水平均明显上调；其中Ⅱ型*fim*A型*P. gingivalis*的刺激作用强于其他各型，Ⅲ型*P. gingivalis*的刺激较弱，差异有统计学意义。提示*P. gingivalis*可诱导牙龈成纤维细胞过表达MMP，*fim*A基因型与*P. gingivalis*的毒力作用相关。

述　评

牙龈卟啉单胞菌是牙周炎的重要致病菌。牙龈卟啉单胞菌及其毒力成分可刺激宿主细胞过表达MMP，其菌毛编码基因*fim*A的遗传多态性与其致病力存在相关性，其中Ⅱ型牙龈卟啉单胞菌是与我国人群牙周炎发生密切相关的*fim*A基因型牙龈卟啉单胞菌。不同*fim*A基因型牙龈卟啉单胞菌促进宿主细胞表达趋化细胞因子的能力存在差异。该研究比较了不同*fim*A基因型牙龈卟啉单胞菌刺激人牙龈成纤维细胞表达MMP-1、MMP-2水平的差异，分析了不同*fim*A型牙龈卟啉单胞菌引发的牙周组织胶原破坏的差异，探讨了*fim*A基因型与牙龈卟啉单胞菌致病力的关系。该实验为不同*fim*A型牙龈卟啉单胞菌携带者牙周病损程度存在差异的机制提供实验依据，值得进一步探讨。

（凌均棨）

口腔疾病分子生物学

外源性碱性成纤维细胞生长因子对人腺样囊性癌细胞株ACC-2增殖和细胞外信号调节激酶、Cyclin D1及$p21^{waf/cip1}$通路的影响［丁蕾，朱声荣，谢三祥等. 华西口腔医学杂志，2008，26(2)：118～120］

培养人ACC-2细胞，MTT比色法测定不同浓度的外源性bFGF对细胞增殖的影响；采用ERK活性测定试剂盒测定ERK活性，免疫印迹法测定$p\text{-}ERK_{1/2}$和下游的Cyclin D1及$p21^{waf/cip1}$表达，并观察丝裂原蛋白活化激酶（MEK）抑制剂U0126对上述指标的干预作用。结果MTT实验显示bFGF明显增强ACC-2细胞增殖，bFGF可上调ERK活性，免疫印迹法显示bFGF明显增强$p\text{-}ERK_{1/2}$、Cyclin D1表达及抑制$p21^{waf/cip1}$表达。U0126可抑制bFGF的以上效应。作者认为，bFGF可促进人ACC-2细胞增殖，其途径与上调$p\text{-}ERK_{1/2}$活性、抑制$p21^{waf/cip1}$表达进而增强Cyclin D1表达有关。

述　评

腺样囊性癌（ACC）是最常见的唾液腺恶性肿瘤之一。该研究采用多种技术手段证实了bFGF信号分子对ACC-2细胞的影响，并进一步检测了下游分子，探讨了bFGF信号通路促进ACC-2细胞增殖的机制，为进一步研究ACC发病机制及治疗提供了理论支持。

（陈智）

软骨寡聚基质蛋白、趋化因子9和细胞角蛋白19在口腔黏膜下纤维化中的表达［李宁，翦新春. 中华口腔医学杂志，2008，43(9)：551～555］

采用免疫组化技术检测66例口腔黏膜下纤维化（OSF）和14例正常颊黏膜标本中3种蛋白的表达与定位，同时采用蛋白免疫印迹（Western blotting）和反转录聚合酶链反应（RT-PCR）方法分别在OSF患者和正常颊黏膜组织中检测其蛋白和mRNA的表达。结果发现36例（55%）OSF呈现软骨寡聚基质蛋白（COMP）阳性表达，并与嚼槟榔的时间和病理分期有关（$P<0.05$）；趋化因子9（CXCL9）阳性表达的OSF病例有43例（65%），正常颊黏膜中细胞角蛋白19（KRT19）均在基底细胞胞质内呈强阳性表达，OSF中只有7例（11%）出现基底细胞KRT19弱阳性表达。Western blotting和RT-PCR结果与免疫组化结果一致。作者认为COMP、CXCL9和KRT19在OSF发生发展过程中发挥着重要作用。

述　评

口腔黏膜下纤维化是一种慢性、隐匿性具有癌变可能的口腔黏膜病。它与咀嚼槟榔密切相关,而发病的分子机制却不甚明了。该文作者采用多种技术手段分别在蛋白和mRNA水平上检测了软骨寡聚基质蛋白、趋化因子9以及细胞角蛋白的表达,强有力地证明了三种细胞因子与口腔黏膜下纤维化的发生发展存在密切关系,为进一步研究口腔黏膜下纤维化发病机制奠定了基础。

(陈智)

应用蛋白质组学研究白斑差异表达蛋白[王文梅,郑春兰,蒋文晖等.口腔医学研究,2008,24(3):255~258]

采用蛋白质组学技术,对口腔白斑与正常黏膜组织的差异表达蛋白进行了研究。提取口腔白斑组织及正常口腔黏膜组织的蛋白,进行二维电泳,选择在表达差异量较大的蛋白质点进行质谱和生物信息学分析。结果发现,人口腔白斑及正常黏膜组织的双向凝胶电泳图谱的平均蛋白质点数分别为1 726±67和1 608±73,差异表达蛋白质点数为38个,其中16个点在白斑中为高表达,22个点在白斑中为低表达。选择11个表达差异量较大的蛋白质点进行质谱和生物信息学分析,鉴定出其中的5个点,分别为膜联蛋白A2,角蛋白8,角蛋白1,Ⅱ型角蛋白亚基,免疫球蛋白(Ig)κ型轻链的恒定区(C区)片段等。作者认为,上述蛋白质在口腔白斑发生发展过程中发生了改变。

述　评

蛋白质组学技术是近年来非常成熟和广泛应用的先进技术,通过与正常组织比较,可以发现在口腔疾病组织中表达异常的蛋白质,有助于加深对口腔疾病发生的分子机制认识。此项研究正是采用该方法,获得了口腔白斑蛋白质差异表达的丰富信息,可以在以后的工作中围绕发现的几种候选蛋白质展开深入研究。

(陈智)

白细胞介素6基因-572位点多态性与重度慢性牙周炎易感性的相关分析[管泽民,刘京津,马欣等.中华口腔医学杂志,2008,43(7):410~413]

用聚合酶链反应-限制性片段长度多态性法(PCR-RFLP)检测93例重度慢性牙周炎患者和96名健康对照者的*IL*-6-572位点基因多态性,比较两组间此位点基因型分布和等位基因频率的差异。结果显示,*IL*-6-572位点*CC*、*CG*、*GG*基因型在牙周炎组和健康对照组的分布频率分别为52.7%、40.9%、6.4%和67.7%、31.3%、1.0%,三种基因型在牙周炎组与对照组的分布差异有统计学意义($P<0.05$);等位基因*G*、*C*在牙周炎和对照组之间的比例分别为26.9%、73.1%和16.7%、83.3%,其频率分布差异亦有统计学意义($P<0.05$)。相对于*CC*基因型,暴露于*CG*基因型+*GG*基因型的相对危险度为1.88(95% CI:1.04-3.40,$P<0.05$)。作者认为本组人群患重度慢性牙周炎的易感性与*IL*-6-572位点基因多态性有关,其风险随等位基因*G*的增加而显著增加。

述　评

遗传因素作为牙周炎易感因素的重要组成部分,成为近期对牙周炎研究的热点。以往的研究已证明多个基因序列与牙周炎的易感性相关。作者采用PCR-RFLP技术,发现白细胞介素6基因-572位点(*IL*-6-572位点)多态性与重度慢性牙周炎敏感性有相关性。等位基因*G*将增加重度牙周炎的易感性。该研究结果丰富了牙周炎的易感基因库并为牙周炎的病因和发病机制的进一步研究奠定了坚实的基础。

(陈智)

基于连接酶检测反应的*CGRP*和*IL*-1A基因多态与重度慢性牙周炎的相关性研究[李灵敏,曹志中,沈霖德.牙体牙髓牙周病学杂志,

2008,18(5):241~246]

收集 100 例重度慢性牙周炎患者和 118 例健康对照者的颊黏膜拭子并抽提 DNA,应用聚合酶链反应-连接酶检测反应技术(PCR-LDR)检测 *CGRP* 1210、*CGRP* 4218、*CGRP* +5247 以及 *IL*-1A-889 基因型,并使用软件 SHEsis 进行单体型分析,进行各组间基因型分布和等位基因频率的 $\chi 2$ 检验。结果发现,重度慢性牙周炎患者组 *CGRP* 1210、*CGRP* +5247 以及 *IL*-1A-889 阳性基因型均显著高于健康对照组($P<0.05$),*CGRP* 4218 的基因型、等位基因频率在各组间的分布差异无统计学意义($P>0.05$)。最终建立了一个基于连接酶检测反应的基因多态性并行检测系统。作者认为 *IL*-1、*CGRP* 基因多态性与重度慢性牙周炎有相关关系,*IL*-1A-889、*CGRP* 1210 和 *CGRP* +5247 阳性基因型可能是重度慢性牙周炎易感性的遗传标志,同时提示 *IL*-1、*CGRP* 基因型在不同地域、不同人种中的分布可能不相同。

述　评

高温连接酶检测反应技术(LDR)是利用高温连接酶检测到模板 DNA 与两条探针 DNA 的接头处存在着碱基错配,则连接反应不能进行的原理,而实现 SNP 分型的一种新兴的检测方法。作者通过建立 LDR 检测系统,检测基因降钙素基因相关肽和白细胞介素-1A 的多态性与汉族人群重度慢性牙周炎遗传易感性。实验结果不但对牙周病的预防和针对性治疗有重要意义,同时 LDR 检测系统的建立还为牙周病遗传易感性的研究提供了新思路。

(陈智)

机械应力对人牙周膜成纤维细胞整合素 β1 mRNA 表达的调节[朱庆党,巢永烈,陈新民等.华西口腔医学杂志,2008,26(2):194~197]

采用 Forcel 四点弯曲加载装置通过对体外培养的人牙周膜成纤维细胞分别施加不同动态张、压应力(强度为 1 000、2 000、4 000 μs train,加力时间为 0、0.5、1、4、8、12 小时),采用实时荧光定量 PCR 法研究机械力对人牙周膜成纤维细胞整合素 β1 mRNA 表达的影响。发现施加动态的张、压应力后,人牙周膜成纤维细胞整合素 β1 mRNA 表达量下调,这种下调变化与所施加应力的性质、大小和作用持续时间相关. 人牙周膜成纤维细胞整合素 β1 对张、压应力刺激的感应不完全一致,机械力刺激越强,整合素 β1 表达越明显。作者认为动态张、压应力刺激在本实验提供的微应力范围内可以促进目的基因 mRNA 表达改变,不同的机械力对细胞整合素 β1 效应不同。

述　评

实时荧光定量 PCR 技术是研究组织或细胞中某种基因表达量的变化的很好的方法。作者用实时荧光定量 PCR 法发现在不同动态张、压应力条件下,牙周膜成纤维细胞整合素 β1 效应不同。此项研究对正畸治疗的理论研究尤其是在分子机制方面有重要的意义。

(陈智)

口腔免疫学

DNA 防龋疫苗联合蛋白质疫苗诱导小鼠免疫应答的研究[张睿,樊明文,彭彬等.口腔医学研究,2008,24(3):245~247]

重组质粒 pCIA-P 经鼻腔滴注途径免疫小鼠,并以其相应抗原 rPAc 蛋白或 rPAc 蛋白及黏膜佐剂 rCTB 经鼻腔滴注加强免疫。ELISA 法检测血清和唾液中特异性抗体水平。结果表明,以 rPAc 蛋白或 rPAc 蛋白及黏膜佐剂 rCTB 加强免疫可显著提高唾液中 IgA 型特异性抗体和血清 IgG 型特异性抗体水平。并且以 rPAc 蛋白和黏膜佐剂 rCTB 加强免疫组产生了最高水平的唾液 IgA 型特异性抗体及血清 IgG 型特异性抗体。

述　评

变异链球菌是龋病的主要致病菌,但临床 I 期试验结果表明,针对变异链球菌的 DNA 疫苗防龋效果不够理想。该研究动物实验证实 DNA 防龋疫苗联合应用蛋白质疫苗能提高体液免疫效果。其意义在于为进一步研究龋病新型复合免疫方案提供了实验基础。

（陈万涛　徐骎）

口腔扁平苔藓组织中PD-L1和PD-L2的表达［李琴，秦孝鹏，唐国瑶．临床口腔医学杂志，2008，24（10）：599～602］

用免疫组织化学方法检测30例口腔扁平苔藓组织和10例正常口腔黏膜组织中程序性死亡-1配体（PD-L1）和程序性死亡-2配体（PD-L2）的表达，并对其表达水平与年龄、性别、病程、是否伴有异常增生等临床指标进行相关分析。结果显示，PD-L1和PD-L2在口腔扁平苔藓组织的表达高于正常黏膜组织，差异有统计学意义。PD-L1和PD-L2的表达与性别、年龄、病程、临床分型、活检部位、是否伴有异常增生等临床指标无关。结果提示，PD-L1和PD-L2在口腔扁平苔藓的发生及发展中起重要作用。

述　评

口腔扁平苔藓是一种常见的口腔黏膜疾病。许多研究表明，口腔扁平苔藓是T细胞介导的细胞免疫性疾病。PD-L1和PD-L2是新近发现的B7家族成员，对T细胞增殖有调节作用。该实验发现PD-L1和PD-L2在口腔扁平苔藓组织上皮固有层的表达高于正常黏膜组织，此现象与口腔扁平苔藓的临床病理学改变相吻合。提示PD-L1和PD-L2参加了口腔扁平苔藓的发生、发展过程。具体作用机制有待深入的研究和探讨。

（陈万涛　徐骎）

口腔鳞癌及其临床病理特征对外周血树突状细胞的影响［王志勇，施佩花，胡勤刚等．口腔医学研究，2008，24（5）：530～533］

采用流式细胞术对81例口腔鳞癌患者外周血树突状细胞（dendritic cell，DC）水平进行检测，分析口腔鳞癌及其临床病理特征对外周血DC的影响。结果发现，与口腔颌面部良性病变者相比，口腔鳞癌患者外周血DC水平显著降低。肿瘤的大小、淋巴结转移情况、临床分期以及肿瘤分化程度对肿瘤患者外周血DC水平均有显著的影响。作者认为口腔鳞癌可能阻抑DC的分化、发育，导致外周血DC水平降低，并且与患者的临床病理特征有关。

述　评

树突状细胞是激活初始型T淋巴细胞的专职抗原递呈细胞，发挥免疫监视功能，因而在肿瘤免疫中发挥重要的作用。研究结果证实了口腔鳞癌患者外周血树突状细胞水平显著降低，表明T细胞参与的细胞免疫在机体抗肿瘤免疫中发挥着重要作用。究竟是口腔鳞癌及其代谢产物阻抑了树突状细胞的分化、增殖，还是因为患者树突状细胞水平降低引发的肿瘤？回答这个问题还需要有足够的实验研究。

（陈万涛　徐骎）

小鼠对口腔念珠菌感染的体液免疫应答［章小缓，胡雁．中华口腔医学研究杂志：电子版，2008，2（3）：211～216］

用20 μL含1×10^8念珠菌的菌液接种于念珠菌阻抗株鼠BALB/c和念珠菌敏感株鼠CBA/CaH小鼠的口腔黏膜，建立口腔念珠菌感染模型；采用十二烷基硫酸钠-聚丙烯酰胺凝胶电泳（SDS-PAGE）和蛋白免疫印迹方法检测血清抗体。结果显示，念珠菌敏感株鼠CBA/CaH的口腔感染比阻抗株鼠BALB/c严重；CBA/CaH小鼠在口腔免疫后5周产生了IgG1、IgG2a、IgM，IgM抗体可以识别白色念珠菌的相对分子质量为38×10^3、42×10^3、47×10^3抗原。而BALB/c小鼠仅产生IgG1。作者认为，抗白色念珠菌抗体IgM可能对宿主的口腔念珠菌感染起保护作用。

述　评

无创伤方式建立的CBA/CaH小鼠口腔黏膜的念珠菌感染模型，表型非常接近人类。应用该模型研究发现，CBA/CaH小鼠在口腔念珠菌感染后产生了IgM，因此认为CBA/CaH小鼠能产生念珠菌特异性抗体IgM。但是作者提出的抗白色念珠菌抗体IgM可能对宿主的口腔念珠菌感染起保护作用的结论,需要更多的实验数据支持。

(陈万涛　徐骎)

水中草颗粒对实验动物复发性口腔溃疡红细胞免疫功能的研究[沈敏鹤,阮善明,鲍奂等.中华中医药学刊,2008,26(12):2605~2607]

建立复发性口腔溃疡动物模型,将成模的复发性口腔溃疡家兔随机分为模型对照组、左旋咪唑组、水中草低剂量组和高剂量组,同时设立正常对照组。从实验的第 7 周开始,左旋咪唑组、水中草低剂量组及水中草高剂量组每日分别以相应药物灌胃,共连续 28 天。最后根据红细胞 C3b 受体花环试验和免疫复合物花环试验检测红细胞免疫功能。实验结果表明,模型对照组家兔红细胞 C3b 受体花环率显著降低,免疫复合物花环率显著增高,给予左旋咪唑、水中草颗粒后,红细胞 C3b 受体花环率显著升高,红细胞免疫复合物花环率显著降低。据此,作者认为水中草颗粒能够提高红细胞 C3b 受体花环率及降低红细胞免疫复合物花环率。

述　评

复发性口腔溃疡是口腔黏膜最常见的疾病。目前普遍认为其是一种自身免疫性疾病,红细胞免疫功能的低下可能是复发性口腔溃疡患者反复频发的原因之一。作者通过免疫学方法建立复发性口腔溃疡动物模型,在此基础上给予水中草颗粒干预,发现该药具有改善模型动物免疫状态的效果。研究结果为水中草颗粒将来在临床上的应用提供了实验基础。

(陈万涛　徐骎)

河南地区 HIV/AIDS 患者常见口腔病变的辨治分型[卫淑华,姜枫,张荣欣.河南中医学院学报,2008,23(2):5~6]

根据中医辨证论治的原则,将 HIV 感染及艾滋病患者分为湿热熏蒸证、毒火熏灼证、气阴两虚证和脾肾阳虚证,分别采用甘露消毒丹、导赤散、龙胆泻肝汤、凉膈散、黄连解毒汤、归芍天地煎、养阴清肺汤、六味地黄汤、附子理中汤、桂附地黄汤加减治疗,取得了一定的疗效。作者认为,HIV 感染及艾滋病患者艾毒伤正在先,继之造成口腔的免疫屏障破坏,致口腔病变丛生,在辨证时不能忽略其特殊性。需要攻邪实与补正气并举,仔细权衡,以期达到祛邪不伤正、扶正不助邪的目的。

述　评

HIV 感染及艾滋病患者的口腔病变是较早出现的临床症状,也是影响患者生存质量的一个重要问题。作者总结自身治疗经验,将传统中医辨证理论应用到艾滋病常见的口腔病变治疗,对于改善艾滋病患者的口糜、口疮及牙龈病变有明显效果。是中医中药治疗艾滋病的有益尝试。

(陈万涛　徐骎)

HARRT 过程中 285 例 HIV/AIDS 患者口腔病损的临床观察[罗峰,何德柱.现代预防医学,2008,35(4):780~781]

高效抗逆转录病毒(HARRT)又称鸡尾酒疗法,是通过 3 种或 3 种以上的抗病毒药物联合使用来治疗艾滋病,该疗法的应用可以减少单一用药产生的耐药性,最大限度地抑制病毒的复制。作者对 285 例接受 HARRT 后人类免疫缺陷病毒(HIV)感染和获得性免疫缺陷综合征(AIDS)患者的免疫功能和临床症状进行检测和观察,重点观察治疗过程中 HIV 感染和 AIDS 患者口腔病损发生的情况。结果发现,在本组 HIV 感染及 AIDS 患者中实施 HARRT 后,HIV 感染及 AIDS 患者的口腔白色念珠菌病、单纯疱疹性口炎、非特异性口腔溃疡以及卡波济肉瘤等口腔病损发生率明显下降,大多数处于 AIDS 发病期的患者 CD4 细胞大于 $200/mm^3$,免疫功能得到一定的恢复,临床症状也得到了改善。

述　评

HARRT 疗法可有效恢复 AIDS 患者的免疫机能,能显著降低口腔机会性感染和肿瘤的发生率,患者生活质量随之得到提高。相信,随着我国政府对 AIDS 防治工作的高度重视和救治救助体系的日益完善,随着社会对 HIV/AIDS 患者歧视和偏见的不断消除,有望进一步提高这类患者的治疗效果和生存质量。

(陈万涛 徐骎)

口腔生物力学

埋伏牙牙周应力分布的三维有限元分析[张君,王旭霞,马士良等.华西口腔医学杂志,2008,26(1):19~22]

选取实验模型,进行双螺旋 CT 扫描,应用 Ansys 软件建立埋伏牙的三维有限元模型,在建立的埋伏牙三维有限元模型上添加牙周膜模型。对建立的三维有限元模型进行三种工况下的力学加载,分别计算其牙周应力的分布情况。加载一:加载力方向与牙体长轴一致时,埋伏牙牙周应力区间较小,最大应力值较小,应力分布比较平均。加载三:加载力方向与牙体长轴垂直时,埋伏牙牙周应力区间较大,最大应力值较大,但应力分布集中于加载指向的一侧。加载二:加载力方向与牙体长轴成45°时,埋伏牙牙周应力区间和最大应力值中等,牙周应力分布居于二者之间。牵引力的方向与牙体长轴一致时,埋伏牙的最大牙周应力较小,分布比较平均,有利于埋伏牙的牵引萌出。牵引力方向与牙体长轴成一定角度时,随着角度的增大,最大牙周应力变大,分布更加集中,不利于埋伏牙的牵引萌出。临床上应根据实际情况选择牵引力的方向,以使埋伏牙最终达到其正常位置。如牵引力方向与牙体长轴所成角度较大时,应适当增加支抗来抵抗较大的牵引力。

述 评

有限元分析法是一种与现代计算机技术相联系的理论应力分析方法,三维有限元模型的建立经历了磨片法、切片法、三维测量、CT 和 MRI 图像处理法。该文作者应用了目前国际上比较流行的螺旋 CT 扫描的方法获得高仿真性完整的三维实体模型,分析了不同加载力下埋伏牙的牙周应力,为临床牵引治疗埋伏牙提供了基础实验依据。螺旋 CT 可以对骨内埋伏牙进行三维重建,比较直观地反映骨内埋伏阻生牙的真实情况,确切显示埋伏阻生牙的大小、形态、方向和在颌骨中位置的高低以及埋伏阻生牙与相邻牙胚及牙根的距离或嵌入关系。牙周膜对牵引应力的反应是否平均是埋伏牙能否顺利萌出的关键,借助计算机技术研究牙周应力的分布对于提高临床诊断和治疗的快速性、准确性具有重要的指导意义。

(周洪)

修复上颌无牙颌不同种植体位置和数目的应力分析[于书娟,刘洪臣,李笑梅等.口腔颌面修复学杂志,2008,9(2):131~134]

在双侧侧切牙和尖牙的三维有限元模型Ⅰ上建立 4 个种植体,通过局部修改,建立 2 个种植体在双侧尖牙的模型Ⅱ,4 个种植体在双侧尖牙和中切牙的模型Ⅲ。应力垂直加载于上颌右侧第一磨牙,加力 300 N,用 MSC 软件进行静态应力分析。模型Ⅱ中 23 种植体处的应力大约是模型Ⅰ的 3 倍。模型Ⅲ的附着体、23 种植体和 13 种植体的应力比模型Ⅰ和模型Ⅱ明显高。然而,模型Ⅲ 中 21 种植体和 11 种植体的应力比模型Ⅰ中 22 种植体和 12 种植体处的应力低。在模型Ⅲ中,4 个种植体的应力相差很大。在 3 个模型中,4 个种植体在双侧侧切牙和尖牙的模型Ⅰ在生物力学方面是最合理的。

述 评

对种植修复的生物力学研究是口腔种植修复领域研究的一个重要方面,关系着种植修复的成败。该文作者分析了三种设计方式下种植体的应力分布情况,对不同部位种植修复后的应力状态进行了比较分析,提出了临床修复治疗工作中种植体的位置、数目的设计应符合生物力学规律才能达到较佳的修复效果,为临床修复治疗提供了参考依据。

(周洪)

种植体-基台连接形式对种植体周围骨组织应力分布的影响[刘学军,李智勇,夏海斌等.中

华口腔医学杂志,2008,43(1):50~53]

利用 COSMOSM2.85 软件包建立种植体支持的下颌第一磨牙三维有限元模型,种植体-基台的连接形式分别采用平齐对接(模型 A)和平台转换(模型 B)。采用垂直和斜向两种形式加载,比较两种模型种植体周围骨组织的应力分布情况以及种植体-骨界面颊舌侧相同位置的应力大小。不同加载条件下两种模型种植体周围骨组织应力集中在种植体颈部颊舌侧骨皮质内,斜向加载时最大应力值高于垂直加载时。距离种植体-基台连接处越远,应力值越小,骨皮质到骨松质交界处的应力变化最明显。与模型 A 相比,模型 B 种植体骨界面相同节点的最大应力值较小。与平齐对接形式相比,平台转换设计可改善种植体周围骨组织的应力分布,降低种植体颈部骨组织所受的应力。

述　评

采用三维有限元方法,分析两种不同种植体-基台连接形式对于种植体周围骨组织的应力分布情况,从生物力学角度说明采用平台转换形式可以在不同的载荷作用下获得更佳的应力分布状态。研究种植体-基台连接方式对界面应力的影响有利于种植技术的进一步发展,进而最大限度减少种植体周围牙槽骨的吸收,获得理想的美学效果,为种植体的基台设计提供了参考依据。

(周洪)

微钛种植体即刻加力口内抑制上颌骨生长的动物模型建立[苍松,白玉兴,高晓辉等.北京口腔医学,2008,16(4):195~197]

选用生长发育期恒河猴为实验动物,以植入颧骨 L 形钛板为支抗,通过镍钛拉簧对上颌骨中的种植体施加向后牵引力,观察对上颌骨矢状方向生长的作用。持续作用 5 周后,上颌骨矢状方向的生长受到抑制,前牙呈现反𬌗。实验结果表明口内即刻直接施加矫治力于颌骨的方式能有效地抑制上颌骨生长,对于抑制生长发育期上颌前突探索了一种新矫治方法。

述　评

微种植支抗是近年发展起来的一种崭新而有效地加强支抗的方法,能在不影响美观的情况下极大地减少正畸治疗对患者配合程度的依赖。以往种植支抗一般用作内收前牙,竖直、压低磨牙以及纠正中线等。作者以恒河猴为研究对象,成功建立了利用颧骨为支抗、对上颌骨中的自攻型微钛种植体即刻施加向后牵引力、抑制上颌骨向前生长的动物模型,为种植支抗应用于颌骨矫形治疗提供了实验依据。随着正畸种植系统向自攻设计、即刻负载的方向发展以及种植钉骨结合界面生物力学研究的进一步深入,种植支抗将对传统的正畸治疗产生更加深入的影响。

(周洪)

调拌方法对磷酸锌黏固剂材料抗压强度的影响[李灏来,刘丹,毕小琴等.华西口腔医学杂志,2008,26(2):172~174]

选择 3 名护士在环境温度和湿度、调拌比例和时间及频率均相同并使用同一调拌用具的条件下,分别用单向旋转法、正反双向交替旋转法和上下提拉折叠法 3 种临床常用的调拌方法调拌磷酸锌黏固剂,调拌后装入高 10 mm、内径 5 mm 的塑料圆柱形模具内,待凝固后取出,测试其抗压强度。结果显示,采用正反双向交替旋转法调拌的磷酸锌黏固剂材料的抗压强度最大,为(106.11 ± 4.82) MPa;上下提拉折叠法调拌的材料抗压强度次之,为(77.57 ± 6.26) MPa;单向旋转法调拌的材料抗压强度最小,为(54.41 ± 5.08) MPa。后两组均未达到临床要求的抗压强度 100 MPa,而正反双向交替旋转法调拌的材料达到了临床要求。临床上使用磷酸锌黏固剂时,作者建议采用正反双向交替旋转法调拌。

述　评

磷酸锌黏固剂作为口腔治疗常用的垫底和黏结材料已为大家熟知,该文作者比较了不同调拌方法对磷酸锌黏固剂材料抗压强度的影响,提示应注意临床操作细节的重要性。在口腔材料的调拌中要注意粉剂与液剂比例、调拌时间、调拌频率、调拌用具以及调拌方法的影响。

（周洪）

自锁托槽和传统托槽摩擦力的实验研究［丁少华，蔡萍．口腔医学研究，2008，24（4）：420～423］

用自锁托槽（DamonⅢ，In-ovation）和传统金属直丝弓托槽做摩擦力实验，所有托槽均选用上颌第一前磨牙托槽。应用Instron 8841万能材料测试机测量托槽沿着各种弓丝（0.04064 cm镍钛丝、0.04064 cm澳丝、0.04572 cm×0.0635 cm镍钛丝、0.04572 cm×0.0635 cm不锈钢丝）滑动时摩擦力的大小。改变托槽与弓丝之间的角度，测量托槽与弓丝成不同角度时（0°、3°、6°、9°）摩擦力的大小。结果自锁托槽的摩擦力在各种角度下均明显小于传统托槽。随着接触角的增加，自锁托槽和传统托槽摩擦力均增大，不锈钢丝和澳丝比镍钛丝摩擦力增加得更迅速。提示托槽的类型、弓丝的材料和尺寸、接触角的变化对弓丝与托槽间摩擦力有显著的影响。自锁托槽能明显减小摩擦力。

述　评

自锁托槽在正畸临床中的应用日渐增多，它最大的优点在于相对传统托槽摩擦力的降低使它有利于牙齿的排齐并能减少临床矫治时间。该实验利用摩擦力体外测量装置，比较了自锁托槽和传统金属直丝弓托槽在使用不同材料、不同尺寸的弓丝，用不同的结扎方式以及弓丝与托槽接触角变化时摩擦力大小的差异，显示托槽类型、结扎方式、弓丝材料和接触角对摩擦力大小均有一定的影响，自锁托槽虽然消除了结扎对摩擦力的影响，却无法消除由接触角增大而产生的摩擦力。

（周洪）

张应力下成骨性转录因子在骨髓间充质干细胞中的表达［戚孟春，梁永强，孙红等．实用口腔医学杂志，2008，24（5）：654～658］

密度梯度离心法体外分离培养大鼠骨髓间充质干细胞（MSC）。应用四点弯曲加力系统对细胞施加40分钟、2 000 με的机械牵张力，检测MSC细胞增殖及碱性磷酸酶（AKP）活性，并采用实时荧光定量RT-PCR检测*Ets*-1、核心转录因子（*Cbfα*1）和*AKP*的基因表达。机械力刺激下，MSC的增殖活力、*AKP*活性以及*Ets*-1、*Cbfa*1和*AKP*的基因表达均显著增高。*Ets*-1表达较早，加力后0.5小时达到最高峰；而*Cbfα*1表达较晚，加力后6小时达到最高峰；*AKP*的表达与*Cbfα*1相似。3个基因表达增高均在6～12小时后恢复到正常水平。单一周期的张应力可诱导*Ets*-1、*Cbfα*1和*AKP*在MSC中呈时间依赖性表达，并促使MSC短暂性骨向分化。机械力刺激是MSC骨向分化的关键驱动因子，对牵张成骨骨痂形成具有重要的作用。

述　评

骨髓间充质干细胞作为成骨细胞的种子细胞是近年的研究热点。该实验利用四点弯曲加力装置对培养的大鼠骨髓间充质干细胞施加单一周期的机械张力刺激，用RT-PCR检测力刺激后转录因子*Cbfα*1和*Ets*-1以及*AKP*的基因表达规律。实验表明，单一周期的机械张力刺激可促进MSC细胞增殖，提高其*AKP*的活性，显著上调成骨相关基因*Ets*-1、*Cbfα*1和*AKP*的表达，从而促使MSC向成骨细胞短暂分化。研究间充质干细胞对机械力刺激的反应以及相关成骨性信号分子的表达，对于牵张成骨和正畸牙齿移动分子机制的认识具有重要的意义。

（周洪）

钛镍记忆合金牵张器结合ADM增高犬牙槽嵴的动态观察［肖红喜，胡敏，温伟生等．口腔颌面外科杂志，2008，18（3）：169～172］

用健康成年雄性杂种犬12只建成牙槽嵴萎缩模型后，一侧行牵张手术，放入脱细胞真皮基质（ADM）及两个直径1.0 mm、复形温度为33 ℃的"S"形牵张器；另一侧为对照侧，仅放入同样牵张器行牵张术，不放人 ADM。术后 1 周、1 个月、3 个月拍摄 X 线片并分别测量下颌两侧牙槽嵴高度。结果术后即刻实验侧和对照侧牙槽嵴增高高度差异无统计学意义。术后 1、3 个月对照侧牙槽嵴增高高度均高于实验侧。ADM 作为屏障膜，减缓牵张速度，延长牵张时间，在镍钛记忆合金牵张成骨过程中，是一种理想的引导骨组织再生（GBR）引导膜。

述　评

牵张成骨技术作为热点话题，在矫治牙颌面畸形及整复颌骨缺损方面有着独特的优点。该实验将牙槽嵴牵张成骨技术与引导骨组织再生技术相结合，选用 ADM 为引导膜，通过在缺损侧增加阻力层，改善牵张过程中的力线偏移；通过增加对应于牵张力的整体抗力，以延缓牵张力的释放，从而延长牵张时间；通过阻力膜的组织隔离作用，借助引导骨组织再生理论，预防纤维结缔组织长入。该实验在骨块截开后即刻进行牵张术，固定期镍钛记忆合金牵张器仍保持一定的形变力，使牵张间隙始终处于一种生物力作用的状态下，从而促进局部血管增生，促进间质组织向成骨细胞和成纤维细胞分化。该研究尝试用可吸收的 ADM 作为阻力膜，以达到改善牵张过程中的力线偏移以及延缓牵张力释放的作用。

（周洪）

口腔材料学

金合金复合镍铬合金烤瓷的镍离子析出量的实验研究[刘峰，孙凤，毛红等. 中华口腔医学杂志，2008，43（3）：182～184]

以单纯的镍铬合金片为对照组，将镍铬合金片与金沉积片粘接，在表面烧结不同厚度的瓷层，并浸泡于酸性人工唾液中，浸泡 120 小时后，检测浸泡液中镍离子的浓度，分析镍离子从合金中的释放情况。结果表明，不管瓷层表面烧结的厚度多少，金合金复合镍铬合金组的镍离子析出量均小于对照组。由此说明金沉积基底冠熔结镍铬桥体烤瓷桥可减少镍离子析出，提高材料的生物相容性。

述　评

镍铬合金作为烤瓷基底金属材料在口腔环境中容易因镍离子析出而出现“龈缘黑线”，这种局部现象已经成为医患双方共同关注的问题，如何提高镍铬合金抗腐蚀性是目前口腔材料研究的热点之一。金合金被认为是一种具有良好生物相容性的金属材料，当镍铬合金与金合金粘接后再熔附烤瓷可以在一定程度上减少镍离子与外界的直接接触，从而降低镍离子的析出量。该研究结果进一步证实了这一理论，从而为解决镍铬合金临床应用中存在的“龈缘黑线”问题提供一种新的有效途径和方法。

（孙皎）

纳米载银树脂中抗菌剂的分散及银离子析出的观察[余日月，周永胜，冯海兰等. 中华口腔医学杂志，2008，43（1）：54～56]

将以磷酸复盐为载体的纳米载银抗菌剂按一定比例添加到义齿聚合物粉末中，制备成树脂片。通过扫描电镜观察树脂片表面抗菌剂的分散情况；同时将树脂片浸泡于人工唾液中，54 天后用电感耦合等离子质谱法测定人工唾液中银离子的浓度，分析银离子从树脂片中析出情况。结果表明纳米载银抗菌剂在树脂中分散较均匀。树脂片在人工唾液中可以缓慢析出银离子，其析出过程表现为早期缓慢，中期相对加速，后期又趋于缓慢、稳定。树脂中纳米载银抗菌剂添加比例越高，银离子析出量越多。

述　评

尽管不少文献已经报道纳米载银抗菌剂对多种口腔致病菌具有明显的抑菌效果，而且也证实了纳米载银抗菌剂添加到义齿基托中能提高义齿基托的抗菌性。但是对于发挥抑菌作用的银离子在模拟口腔环境中的释放规律仍不十分清楚。该研究在这方面积累了一定的实验数据，其实验结果不仅提示纳米载银树脂片在人工唾液中具有缓慢释放银离子的特性，而且还揭示了纳米载银抗菌剂的短期析出规律，为进一步研究纳米载银树脂的长效抗菌性及其机制奠定基础。

（孙皎）

牙科着色氧化钇稳定四方多晶氧化锆陶瓷的制备及颜色性能［伊元夫，王晨，田杰谟等．华西口腔医学杂志，2008，26（5）：556～559］

将氧化钇稳定四方多晶氧化锆（TZ-3Y-S）粉体与一定组分的着色剂球磨混合后，200 MPa 压力下等静压成型，1 500 ℃下烧结成 5 种具有一定颜色的氧化锆材料。在黑色背景下用柯尼卡美能达 CM-2600d 分光光度计对所制备的氧化锆进行颜色测定，并与 VITA In-Ceram YZ 染色液选牙色板颜色作比较。结果表明，制备的氧化锆陶瓷材料具有一定的本体着色，颜色明度逐级降低，而饱和度逐渐增大。与 VITA In-Ceram YZ 染色液选牙色板相比，该着色氧化锆陶瓷材料的颜色空间近似，但明度的最低值较高。

述 评

TZ-3Y-S 陶瓷是常用的全瓷修复的核心瓷材料，而核心瓷的明度、饱和度、色面瓷材料的半透明性或遮色性等直接会影响修复牙的美学效果。因此，如何将核心瓷着色以恰好与上面的饰面瓷材料颜色匹配是临床追求再现自然牙颜色的关键。该研究通过在粉体中掺入 5 种不同比例的着色剂，按国际照明委员会推荐的 1976-$L^*a^*b^*$ 色度系统分析了各组的颜色变化情况，获得了很有意义的研究结果，即着色 TZ-3Y-S 陶瓷材料适宜用于临床上与饰面瓷颜色匹配，但同时也提出需进一步研究低明度着色氧化锆色片的建议。这些研究工作无疑将为提高氧化锆陶瓷的临床修复效果提供基础性的实验依据。

（孙皎）

钛激光气体氮化改性种植体的研究［王强，张扬，张松等．华西口腔医学杂志，2008，26（3）：324～326］

对医用纯钛表面进行激光气体氮化处理后，分别采用扫描电镜观测纯钛表面改性层组织形貌，显微硬度计测定氮化层的硬度，X 线衍射仪对表面元素进行分析。结果显示，纯钛表面经氮化处理后，呈现特有的 TiN 层，组织致密均匀，无孔洞、裂纹等缺陷，氮化层与基体界面呈良好的冶金结合；在涂层内部，其硬度呈梯度变化，表现为随涂层深度依次递减。

述 评

纯钛作为牙种植体材料已广泛应用于临床，但由于其本身属于生物惰性材料，缺乏生物活性，所以它与骨组织界面的生物结合性尚不十分理想，由此对纯钛或钛合金的表面改性就成为近年来材料界的研究热点。该研究通过采用激光气体氮化工艺，使纯钛表面形成了组织致密均匀的 TiN 表面保护层，该改性层特点是由内至外硬度呈梯度上升，最外层可达到 900 MPa 以上，从理论上推测这一改性层可能会在一定程度上提高材料的耐磨性、抗腐蚀性以及生物相容性。因此，若该研究能继续完善这些方面的工作，将对今后种植体的临床骨整合具有重要的意义。

（孙皎）

改良型 FUS-invest 锆系铸钛冠桥专用包埋材料对钛铸件表面反应层影响的研究［曹磊，郭天文，王有序等．华西口腔医学杂志，2008，26（3）：308～311］

研制一种改良型 FUS-invest 锆系铸造纯钛冠桥专用包埋料，并将该包埋料包埋纯钛铸件并铸造。采用激光共聚焦扫描电镜、能谱分析仪和显微维氏硬度计分别对纯钛铸件进行反应层金相观察、元素能谱分析和显微硬度检测。结果表明，纯钛铸件的反应层深度约 55 μm，富 Si 层难以分辨；反应层中 Si、Zr 等元素含量随深度增加逐渐减少；显微维氏硬度从表面至基体下降趋势明显，且距表面约 75 μm 以后与钛基体硬度值接近。

述 评

纯钛因熔点高和化学活性大在铸造时容

易发生氧化，由此影响其机械性能。为解决这一问题，除了专用的纯钛铸造机和特殊的铸造条件外，纯钛专用的包埋材料是获得完美纯钛铸件的关键之一。该研究在以往工作的基础上研制了一种改良型 FUS-invest 锆系铸造纯钛冠桥专用包埋料，这种包埋材料能使铸件表面形成比较薄的反应层，反应层中也未见明显的杂质元素污染，并具有较高的显微硬度，证明了这种改良型纯钛包埋材料不会对纯钛铸件的物理机械性能产生明显的影响。该研究工作为进一步研制和优化纯钛专用包埋材料开辟了新的途径。

（孙皎）

陶瓷表面离子交换剂处理对热压铸瓷冠抗碎裂载荷的影响[王辉，陈吉华，熊宇等. 上海口腔医学，2008，17(4)：438～440]

在新鲜拔出的离体牙上进行牙体预备，并制作 Cerinate 热压铸瓷冠。将全冠放入硝酸钾中进行离子交换，然后将全冠黏固于离体牙上。用万能测试仪测试离子交换后全冠的碎裂载荷，并与未进行离子交换的全冠进行比较。结果显示，离子交换后的热压铸造陶瓷全冠的抗碎裂载荷明显高于未进行离子交换的全冠。

述　评

陶瓷材料的脆性大、临床应用时易出现裂纹或碎裂的现象始终是口腔医师感到头痛的问题，也是口腔修复材料研究亟待解决或改善的难点。目前虽然有研究报道采用各种增强技术试图减少和防止陶瓷表面微裂纹的产生，但至今仍未真正解决这一问题。该研究运用离子交换处理技术，通过在一定温度下让陶瓷中容易移动的小离子(Na^+)被大离子(K^+)交换，提高了其加载承受力。实验结果证实了这种处理技术可以显著提高陶瓷的抗碎裂载荷。该研究为改善国产陶瓷材料的韧性提供了一种有效的方法，对临床具有一定的参考价值。

（孙皎）

添加表面改性纳米二氧化钛对 A-2186 赝复硅橡胶机械性能的研究[韩颖，赵铱民，谢超等. 实用口腔医学杂志，2008，24(4)：478～481]

将硅烷偶联剂改性后的金红石型纳米 TiO_2 颗粒与 A-2186 硅橡胶混合，制得含不同质量分数纳米 TiO_2 颗粒的硅橡胶纳米复合材料。按照美国材料与试验协会(ASTM)标准，采用万能材料实验机对该复合材料进行一系列机械强度检测，扫描电镜分析断面情况。结果表明，随着纳米 TiO_2 添加量的增加，A-2186 硅橡胶的抗拉强度、断后伸长率、撕裂强度呈现先增加后降低的趋势，当纳米 TiO_2 添加量为2%时，A-2186 硅橡胶机械强度综合评价最优，断面可见纳米 TiO_2 颗粒分散良好。

述　评

硅橡胶是赝复体的常用材料，就如所有的高分子材料一样，随着使用时间的延长，材料可因外界气候或光照等因素而发生变硬、褪色等老化现象，而且硅橡胶本身的机械性能较弱易断裂。如何提高硅橡胶的抗老化性和机械强度，延长其使用寿命是赝复体修复的重要研究方向。纳米 TiO_2 具有优异的光学稳定性和表面效应，加入到有机硅材料中可作为补强填料而明显提高硅橡胶的力学性能。该研究从改善硅橡胶赝复体各种使用性能角度出发，对纳米 TiO_2 颗粒的添加量与其机械性能之间的关系进行了研究，其实验结果将为表面改性的 TiO_2 作为一种新型遮色抗老化剂和补强材料应用于口腔高分子修复材料提供理论依据。

（孙皎）

牙体牙髓病学

基质金属蛋白酶-2,9,8 在成人成牙本质细胞中的表达及转移生长因子对其分泌的影响[王晓春，梁景平，郭炳诗等. 牙体牙髓牙周病学杂志，2008，18(9)：497～501]

利用酶谱分析、蛋白质印迹(Western blot)技术和免疫组化等方法，研究基质金属蛋白酶(MMP)-2、9、8 在成牙本质细胞中的表达以及转移生长因子(TGF)-β1 作用后 MMP-2、9、8

的表达变化。酶谱分析显示 MMP-2、MMP-9 在成牙本质细胞中均有表达，TGF-β1 上调 MMP-2、下调 MMP-9；Western blot 显示成牙本质细胞中有 MMP-8 的表达，TGF-β1 增强其表达；免疫组化检测到 MMP-8 定位表达在成牙本质细胞层。提示成牙本质细胞是 MMP-2、9、8 的来源之一，TGF-β1 可调节 MMP-2、9、8 的表达。

述 评

基质金属蛋白酶是存在于细胞外基质中最主要的酶系统，可降解各种细胞外基质蛋白，其异常表达通常与疾病状况下的组织破坏密切相关。研究发现 MMP 可能参与牙本质的形成和牙髓牙本质复合体的损伤及修复过程，但其确切机制尚不清楚。作者采用人成牙本质细胞原位培养研究模型，发现成牙本质细胞表达 MMP，TGF-β1 参与调控 MMP 的分泌。该研究为进一步阐明 MMP 在牙的发育、损伤和修复过程中的作用机制奠定基础。

（边专）

不同状态下牙髓组织蛋白质表达的二维电泳分析［林晨，聂敏，张露等. 中华口腔医学杂志，2008，43(3)：154～157］

用双向电泳得到牙髓在中龋和热刺激状态下的二维电泳图谱，对差异点进行质谱鉴定。经 Image Master 2D Platinum 5.0 软件分析显示，正常牙髓和中龋牙髓的蛋白表达无显著差异；热损伤牙髓有 2 个蛋白点缺失，8 个蛋白点下调。质谱分析鉴定了 7 种蛋白质。在该条件下，中龋牙髓的蛋白质表达与正常牙髓无显著差异，热刺激可造成部分蛋白表达的下调。

述 评

蛋白质是牙髓生物功能的基础，其表达改变能直接提示牙髓功能及状态的变化。作者采用蛋白质组技术，研究龋病和高温两种条件下牙髓蛋白质表达的变化，为探讨牙本质修复反应的分子机制提供了新的思路。该实验发现热刺激可造成部分蛋白表达的下调，但其影响机制仍有待进一步研究。

（边专）

两种机用镍钛根管预备器械预备 S 形树脂根管的效果观察［罗红霞，黄定明，张富华等. 中华口腔医学杂志，2008，43(1)：41～43］

将 30 个 S 形树脂根管模型随机分组，分别使用机用 ProTaper（A 组）、Hero642（B 组）及 ProTaper 联合 Hero642（C 组）预备根管。扫描仪扫描获取根管图像，计算机软件测量预备后根管内、外侧树脂去除量和根管宽度。结果显示，对比相同型号的器械对根尖部弯曲内侧、根尖孔外侧壁树脂去除量，C 组与 A 组差异有统计学意义，C 组对根管内外侧壁的预备较均匀，预备后的根管宽度从根管口到根尖逐渐减小，优于 B 组预备的根管锥度。提示 ProTaper 联合 Hero642 预备 S 形树脂根管时能在维持根管原形的基础上形成锥度良好的管形。

述 评

预备 S 形弯曲根管时，由于器械的弹性回复，在根管中、下段易发生根管偏移，对弯曲内侧壁和根尖外侧壁过度切削。单独使用 ProTaper 和 Hero642 预备 S 形根管的成形效果不理想。作者联合 ProTaper 和 Hero642 预备 S 形根管，将二者的优势结合，减少偏移的发生，形成的根管锥度较好，对临床预备 S 形根管时合理选择器械具有指导意义。

（边专）

几种粘接树脂在粘接失败后的不同牙本质界面进行再粘接的微拉伸粘接强度和形态学观察［朱澌洁，边专，牛玉梅等. 口腔医学研究，2008，24(2)：158～162］

磨除因正畸拔除的前磨牙殆面釉质，暴露中层牙本质，用 Single Bond 2 进行粘接，建立再粘接模型。打磨产生含有混合层的牙本质表面和去除混合层的牙本质表面。3 种粘接树脂分别在正常牙本质表面、含有混合层的牙本质表面和去除混合层的牙本质表面进行粘接，Z250 树脂充填。低速锯下切割样本进行微拉伸强度测试（μTBS）和扫描电镜观察粘接界面及断裂类型。结果显示,每种树脂在含有混合层的牙本质表面粘接的 μTBS 数值及所产生的混合层的厚度显著低于在正常牙本质表面粘接的数值,而且较正常牙本质产生较多的玷污颗粒。实验表明混合层及树脂玷污层的存在降低在牙本质表面进行再粘接的粘接强度。

述　评

树脂粘接失败是临床常见的难题,作者通过实验证明粘接失败后的牙本质表面混合层和树脂玷污层的存在降低再粘接的粘接强度。该结论具有重要的临床指导意义,并为树脂粘接失败后的再粘接提出研究方向。

（边专）

体外组织培养模式的构建及转化生长因子促进牙髓细胞向成牙本质细胞诱导分化的研究［聂鑫,金岩,龙洁等. 四川大学学报:医学版, 2008,39(2):283～285］

将人牙髓组织剪碎后与牙本质陶瓷粉(CDP)及 2 μg/mL TGF-β1 混合,以骨基质明胶(BMG)为载体构建牙髓组织培养模型。培养3、7、14 和21 天后,通过 H-E 和组织特异性染色鉴定有无骨-牙本质基质成分形成。免疫组化检测细胞牙本质涎蛋白(DSP)的表达。结果显示,牙髓组织经 TGF-β1 诱导培养后可进一步矿化,牙髓组织中心出现骨-牙本质样基质的沉积,牙髓细胞表达 DSP。该实验成功构建体外牙髓组织培养模型,维持牙髓细胞的生长和存活,可体外观察牙髓细胞的诱导分化;该模型模式下 TGF-β1 明显促进牙髓细胞向成牙本质细胞的分化诱导潜能。

述　评

常规细胞培养技术模式不利于细胞形态和功能的展现,也影响组织结构的完整性及细胞间的相互调控。作者成功建立牙髓组织培养模式,为进一步在体外研究牙髓组织的重建与修复提供了理想的模型,对于观察牙髓细胞的游走、性状及生长因子的诱导具有重要意义。研究发现 TGF-β1 可诱导牙髓细胞向成牙本质细胞的分化及骨-牙本质基质形成,其机制值得进一步深入探讨。

（边专）

基质细胞衍生因子 1α 及其受体 CXCR4 在人牙髓细胞中的表达［龚启梅,凌均棨,蒋宏伟等. 中华口腔医学杂志,2008,43(3):146～150］

采用免疫细胞化学及间接免疫荧光法检测人牙髓细胞(HDPC)上基质细胞衍生因子 1α 受体 CXCR4 的表达,同时 MTT 法及体外趋化实验观察不同浓度人工重组基质细胞衍生因子 1α(rhSDF-1α)对 HDPC 增殖及迁移的影响。结果显示,正常 HDPC 胞膜表达CXCR4且其培养上清液分泌 SDF-1α。LPS 和 TNF-α 刺激 HDPC 后,SDF-1α 的表达水平均显著降低。50、100 和 200 μg/L 的 rhSDF-1α 可促进 HDPC 的增殖,50 和 100 μg/L rhSDF-1α 作用 9 小时可显著趋化 HDPC 的迁移。提示 CXCR4 在 HDPC 上表达且 SDF-1α 能促进 HDPC 的增殖及迁移;SDF-1-CXCR4 轴有可能在牙髓组织损伤修复中发挥重要作用。

述　评

牙髓细胞在牙髓损伤与修复过程中具有重要作用,但其活化和迁移的具体机制尚不清楚。有研究表明 SDF-1-CXCR4 轴可参与调节组织定向干细胞的趋化活性,与组织的损伤修复有关。作者发现 SDF-1α 能促进 HDPC 的增殖及迁移,提示 SDF-1-CXCR4 有可能在牙髓组织损伤修复中发挥重要作用。该研究为进一步揭示牙髓组织损伤修复中细胞活化和迁移的关键问题提供了重要的实验依据。

（边专）

变异链球菌 gtfs 在不同 pH 条件下表达的差异性［陆玉,刘天佳,杨锦波. 华西口腔医学杂志,2008,26(6):667～669］

选取变异链球菌(血清型 c)临床分离株 502(高产糖株)和参考株 UA159(低产糖株),以实时荧光定量反转录聚合酶链反应(real-time RT-PCR)方法检测在不同 pH 值条件下与变异链球菌产糖能力密切相关的毒力因子 gtfA、gtfB、gtfC、gtfD 的表达变化。结果显示，在 pH5.5 条件下，高产糖株和低产糖株 gtfA、gtfB、gtfD 的表达均有不同程度的升高，而 gtfC 略降低，高产糖株 gtfB、gtfC 的表达水平高于低产糖株。提示 gtfs 的表达水平与变异链球菌的致龋力密切相关。

述　评

龋病的发生以致龋菌在牙面的黏附为首要条件，葡萄糖基转移酶是变异链球菌以蔗糖为底物合成水溶性和水不溶性葡聚糖的关键酶，是变异链球菌重要的毒力因子。real-time RT-PCR 是一种敏感、高效且可靠的定量检测 RNA/DNA 的方法，研究变异链球菌 gtfs 在不同 pH 值条件下表达的差异性，发现 gtfs 的表达水平与变异链球菌的致龋力密切相关。这对从基因水平针对性控制变异链球菌致龋毒力具有重要意义，为龋病防治提供新的思路。

（边专）

三种方法预备下颌第二磨牙 C 形根管成形效果的比较［周欣，马琦，尹兴喆等. 中华口腔医学杂志，2008，43(3)：151～153］

采集 60 颗具有 C 形根管的下颌第二恒磨牙，应用改良 Bramante 技术于距根尖 2、5 和 8 mm 处将牙根横断。选择手用不锈钢 K 锉逐步后退技术、逐步深入技术和机用镍钛锉 ProTaper 冠向下预备技术预备不同类型的 C 形根管。比较预备前后根管横截面形态的数码图像，对 3 种不同方法的成形效果进行评价。结果显示 3 种方法预备离体下颌第二磨牙 C 形根管后均有遗漏。不锈钢 K 锉逐步后退技术和不锈钢 K 锉逐步深入技术分别在根冠部和根尖部遗漏较少。CⅠ、CⅡ型遗漏出现在近远中多于颊舌侧。将其分为独立的 2～3 个根管预备可减少遗漏。不同方法预备根尖区的遗漏均显著高于根管中上部，因此，早期开敞根管上段，将 C 形根管分为 2～3 个独立的根管进行预备，可增进根管预备的成形效果。

述　评

C 形根管形态复杂，难以彻底清理和封闭。如何增加 C 形根管的清理面积，减少遗漏是临床治疗的难点。作者通过比较 3 种根管预备技术对 C 形根管预备后的遗漏情况，认为早期开敞根管上段，将 C 形根管分为 2～3 个独立的根管进行预备，可增进根管预备的效果。该结论具有临床参考价值。

（边专）

牙周病学

中、重度慢性牙周炎与冠心病相关性的研究［葛颂，吴亚菲，刘天佳等. 华西口腔医学杂志，2008，26(3)：262～266］

分别选取健康对照组(HC)受试者、中重度牙周炎组(MSP)患者、冠心病组(CHD)患者和牙周炎及冠心病共患组(MSP 加 CHD)患者，共 95 例。检测其血浆中急性期蛋白成分纤维蛋白原(Fg)质量浓度、牙周临床指数和冠心病常规血清学指标，统计分析 3 种指标间的关系。结果发现研究对象的 Fg 质量浓度分别为：HC 组(2.36 ± 0.37) g/L，MSP 组(3.63 ± 0.73) g/L，CHD 组(4.08 ± 0.84) g/L，MSP 加 CHD 组(4.14 ± 0.96) g/L。中、重度慢性牙周炎患者(MSP 组和 MSP 加 CHD 组)血浆 Fg 质量浓度明显高于 HC 组($P < 0.01$)；排除血压和体重指数的影响后，中、重度慢性牙周炎患者发生 CHD 的可能性高于牙周健康者($OR = 2.527$，$P = 0.047$)。表明中、重度慢性牙周炎可能是冠心病的危险因素，而 Fg 则可能是联系二者的生物学基础之一。

述　评

流行病学调查和实验研究结果都支持中、重度慢性牙周炎与 CHD 具有相关性，但其具体机制尚不清楚。该研究排除了吸烟、糖尿病、年龄、性别等混杂因素，并校正了血压和体重指数的影响，结果表明中、重度牙周炎是 CHD 的危险因素，而且血浆 Fg 可能是联系两种疾病的重要介质。

（孟姝）

重度广泛型侵袭性牙周炎患者非手术治疗的临床疗效观察[路瑞芳,徐莉,孟焕新等.中华口腔医学杂志,2008,43(5):264~268]

选择重度广泛型侵袭性牙周炎(GAgP)患者19例,观察牙周基础治疗前及维护期6个月中全口探诊深度(PD)、探诊出血(BOP)、附着丧失(AL)、牙齿松动度、根分叉病变的变化,并选取7例患者观察牙周非手术治疗前后白细胞计数、中性粒细胞百分比、甘油三酯的变化,评估牙周非手术治疗效果。结果表明,基线时患者的平均PD为(5.1±2.1)mm,BOP阳性位点数为98.0%,AL(3.9±1.9)mm。治疗后6个月平均PD为(3.0±1.1)mm,BOP阳性位点减少为11.9%,AL(3.2±1.2)mm;且重度位点治疗后PD减少大于中度位点,切牙治疗后PD减少大于磨牙($P<0.05$)。7例患者治疗前后的中性粒细胞百分比从(65.7±9.9)%下降为(55.4±9.3)%,差异有统计学意义($P<0.05$)。作者认为,GAgP患者经过积极的牙周非手术治疗和定期的牙周维护能获得良好的治疗效果,但磨牙还需再次刮治和根面平整或牙周手术治疗以增强疗效。

述　评

重度广泛型侵袭性牙周炎是牙周病治疗中的难点,基础治疗是GAgP必不可少的治疗手段,但其疗效必须通过定期的维护才能保持和加强。作者通过纵向观察19例GAgP患者基础治疗及维护期6个月中牙周临床指标的改变,证实了牙周基础治疗的重要性;研究结果还提示牙周基础治疗并不是唯一的治疗方法,磨牙区病变可酌情辅助牙周手术治疗。该研究尽管例数较少,研究时间较短,但对规范化牙周基础治疗的开展和相关临床研究的设计具有借鉴意义。

(赵蕾　吴亚菲)

骨形成蛋白和氯己定双缓释的壳聚糖温敏凝胶用于牙周组织再生的实验研究[马志伟,张勇杰,王荣等.中华口腔医学杂志,2008,43(5):273~277]

制备犬前磨牙Ⅱ度根分叉病变模型,于牙周组织缺损处分别注入:1)双重缓释骨形成(形态发生)蛋白加氯己定载药壳聚糖温敏凝胶(T1组);2)缓释骨形态发生蛋白载药壳聚糖温敏凝胶(T2组);3)氯己定载药壳聚糖温敏凝胶(T3组);4)壳聚糖温敏凝胶(C1组);5)空白对照组(C0组)。8周后,应用组织病理学观察和测量法比较各组间牙龈炎症反应及牙周组织再生状况,评价双重缓释骨形态发生蛋白加氯己定载药壳聚糖温敏凝胶在牙周组织再生治疗中的作用。结果显示,应用药物8周后,T1、T2组根分叉区几乎充满新生牙槽骨组织;T1、T3组牙龈组织中炎细胞浸润量明显少于其他各组;各组新生牙槽骨高度达缺损高度的百分比分别为:T1组99.2%,T2组87.8%,T3组63.6%,C1组37.0%,C0组34.3%。作者认为,双重缓释壳聚糖温敏凝胶可有效发挥骨形态发生蛋白和氯己定的各自作用,且可方便地通过注射方式局部安放载体药物,在牙周组织再生治疗中具有一定的应用前景。

述　评

通过再生性治疗获得牙周组织结构和功能的重建,是牙周病治疗的理想方法,也是牙周病学研究领域的重点课题。应用抗菌药物控制局部环境的再感染,可使牙周组织的重建处于稳定的环境中,而生长因子对牙周组织再生的正向调节作用也得到了证实。但如何选择配伍才能有利于两者发挥协同作用,采用何种载体可更好地促进其治疗效果,尚需进行大量的研究探索。作者应用牙周炎实验动物模型,评估了自制抗菌药物加生长因子的双缓释壳聚糖凝胶对牙周组织修复再生的疗效,是一项有临床实用价值的研究。

(赵蕾　吴亚菲)

侵袭性牙周炎患者龈下菌斑中的疱疹病毒与牙周致病菌[丁芳,冯向辉,孟焕新等.北京大学学报:医学版,2008,40(3):318~322]

收集89名侵袭性牙周炎(AgP)患者和31

名健康对照者龈下菌斑，应用 PCR 技术检测人巨细胞病毒（HCMV）、EB 病毒 1 型（EBV-1）以及伴放线放线杆菌、牙龈卟啉单胞菌、福赛斯类杆菌、中间普氏菌、直形弯曲菌、具核梭杆菌、牙密螺旋体、变黑普氏菌。89 名 AgP 患者的 HCMV 检出率为 43.8%，显著高于健康对照者（12.9%）（$P<0.01$）。检出 6～8 种牙周致病菌的 AgP 患者其 HCMV 和 EBV-1 检出率均明显高于仅检出 3～5 种细菌的 AgP 患者的病毒检出率（$P<0.05$）。表明 HCMV、EBV-1 在 AgP 患者龈下的检出率较健康对照高；且在检出牙周致病菌种类数较多的样本中，疱疹病毒的检出率高，提示牙周感染HCMV和 EBV-1 与侵袭性牙周炎相关，疱疹病毒与牙周致病菌在侵袭性牙周炎的发病中可能起着协同作用。

述 评

已有研究发现 HCMV 感染可以引发牙周致病菌过度增殖，造成牙槽骨的吸收等牙周组织的损害，但究竟是 HCMV 引起了牙周病还是牙周病激活了 HCMV 导致二重感染，两者之间的因果关系尚未阐明。与健康对照者相比，侵袭性牙周炎患者龈下的病毒构成具有特异性；但该实验中未能与慢性牙周炎患者进行比较，需进一步研究证实。

（赵蕾　吴亚菲）

牙龈卟啉单胞菌侵入对血管内皮细胞 E 选择素表达的影响［张冬梅，潘亚萍，林莉等. 上海口腔医学，2008，17（2）：170～174］

应用反转录聚合酶链式反应和蛋白质印迹技术，检测牙龈卟啉单胞菌（*P. gingivalis*）ATCC33277 和 *P. gingivalis* W83 侵入血管内皮细胞 4、8、24 小时后，对细胞 E 选择素转录和翻译的影响。结果显示，与对照组相比，*P. gingivalis* ATCC33277 和 *P. gingivalis* W83 的侵入均能诱导 E 选择素 mRNA 表达，且 mRNA 的表达在 4 小时后达峰值，8 小时后开始回落，24 小时后恢复基线水平，其中 *P. gingivalis* W83 的诱导能力强于 *P. gingivalis* ATCC33277（$P<0.05$）；*P. gingivalis* ATCC33277 和 *P. gingivalis* W83 侵入 4 小时后即可引起 E 选择素蛋白水平的表达，8 小时后达峰值，24 小时后有持续高表达，且 *P. gingivalis* W83 的这种诱导能力也强于 *P. gingivalis* ATCC33277（$P<0.05$）。已有研究表明，E 选择素表达的增加与动脉粥样硬化等炎症情况有关，而 *P. gingivalis* 的侵入诱导了血管内皮细胞 E 选择素 mRNA 和蛋白水平的表达上调，提示 *P. gingivalis* 对血管内皮细胞的侵入作用，可能在动脉粥样硬化（AS）炎症反应中具有重要意义。

述 评

近年来“牙周医学”概念的提出将牙周健康与全身健康的联系提到了新的高度，而探讨牙周病与全身疾病的相关性也是目前的研究热点。大量的流行病学调查已证实牙周炎可能是心血管疾病的一个独立危险因素，而两者是否存在直接的因果联系，何种因素在其中发挥作用目前尚不清楚。有研究资料显示，E 选择素参与了 AS 发生的急性过程，可以作为预测 AS 发生和判断其预后的指标之一。牙龈卟啉单胞菌是慢性牙周炎的重要致病菌，其具有黏附和侵入多种宿主组织细胞的能力，该研究从 *P. gingivalis* 的这一致病作用入手，探讨了细菌的侵入对血管内皮细胞 E 选择素表达的影响，为牙周炎与心血管疾病关系的研究提供了可贵的实验依据。

（吴亚菲　赵蕾）

Bio-oss 胶原与骨髓基质细胞相容性的实验研究［宋忠臣，束蓉，谢玉峰等. 上海口腔医学，2008，17（2）：161～164］

恒河猴骨髓基质细胞（BMSC）与无机牛骨（Bio-oss）胶原复合进行体外培养。用激光扫描共聚焦显微镜检测细胞与材料的黏附，MTT 法检测细胞的增殖，并行碱性磷酸酶（AKP）活性测定。结果显示，BMSC 能黏附于 Bio-oss 胶原上；MTT 法检测结果，BMSC 与 Bio-oss 胶原复合培养后，其增殖活性随时间延长逐渐增加，在第 8 天时显著高于单纯细胞组（$P<$

0.05)；在各时间点，复合培养组和单纯细胞组间 AKP 活性差异均无统计学意义($P>0.05$)。作者认为 Bio-oss 胶原与恒河猴 BMSC 有良好的生物相容性，可作为组织工程材料应用于牙周骨缺损的修复。

述　评

BMSC 具有较强的增殖能力和多向分化能力，是牙周组织工程的种子细胞。Bio-oss 胶原具有多孔结构，有利于细胞黏附和生长。体外实验发现，Bio-oss 胶原与体外培养的BMSC 具有良好的生物相容性，但成骨特性无明显改善。可以进一步设计动物体内实验，验证该材料在牙周组织工程中的应用前景。

（孟姝　吴亚菲）

口腔黏膜病学

绞股蓝总甙对金地鼠颊囊白斑癌变过程中端粒酶活性化学预防作用研究[娄佳宁，周曾同. 临床口腔医学杂志，2008，24(4)：234～237]

以 Salley 法建立金地鼠颊囊癌变模型，绞股蓝(GP)进行体内干预，将 160 只实验动物分 4 组：空白对照组(A 组)；模型对照组(B 组)；先后服用 GP 组(C、D 组)。双盲判别病理分级；端粒重复序列扩增法-非放射性酶联免疫吸附测定(TRAP-ELISA)检测标本端粒酶活性。结果显示，各组的端粒酶阳性率分别为：A 组 0%，B 组 52.27%，C 组 15.38%，D 组 18.18%。C、D 组与 B 组相同时段病理分级、端粒酶阳性率差异有统计学意义($P<0.01$ 或 $P<0.05$)；各处理组之间端粒酶活性在中度异常增生阶段差异明显。结果表明 GP 有确切的抑制口腔白斑(OLK)癌变的功效。端粒酶可能是 GP 发挥抗癌作用的众多靶点之一，GP 抑制端粒酶活性的最佳时相是在中度异常增生阶段。

述　评

中医药对癌前病变的预防、抑制和逆转是医学界持续研究的重要课题之一。GP 是一种具有清热解毒，去湿化痰功效的中草药。近 20 年来的研究表明，GP 除具有降血脂、抗血栓、调节血压、增强心肌收缩力等功效，还可在体外抑制 S-180 肉瘤细胞株。国内有研究显示其治疗功效，但仍缺乏动物体内实验资料和系统的理论研究。该研究以金黄地鼠颊囊癌变模型探讨中药绞股蓝对实验性口腔白斑癌变过程的干预作用及其对端粒酶活性影响，探索 GP 防癌的可能药理机制。提示口腔癌变过程中，端粒酶活性动态曲线显示端粒酶的激活是癌变早、中期事件，而 GP 通过抑制端粒酶活性以阻断口腔白斑癌变的最佳时相也恰在这一时相。该研究实验设计合理，比较准确地观察到了绞股蓝作用及端粒酶激活在口腔黏膜癌变早、中期中不同于其他肿瘤的现象。

（陈谦明　王智）

口腔幽门螺杆菌与复发性口腔溃疡及消化道疾病相关性研究[李友云，黄安，程燕飞等. 实用预防医学，2008，15(4)：1069～1070]

研究幽门螺杆菌(HP)对复发性口腔溃疡(RAU)与消化性溃疡(PU)的影响，并探讨其关联及意义。PU 组 60 例，RAU 组 60 例，PU 和 RAU 组 60 例，收集 3 组的胃黏膜和唾液标本，通过聚合酶链反应(PCR)对口腔与胃 HP 进行比较。结果发现，PU 和 RAU 组检验的阳性率明显高于 PU 组、RAU 组，差异有统计学意义($P<0.05$)。提示 HP 可能参与了 RAU 的形成，或者是导致 RAU 反复发作的原因之一，其具体的作用目前还缺少证据，尚有待进一步的研究证实。

述　评

该研究结果显示 PU 伴 RAU 组检验的阳性率明显高于 PU 组、RAU 组，差异有统计学意义。口腔黏膜与胃黏膜同属消化系统，均来自于外胚层，其结构、功能、生理、病理有许多相似之处，它们可能有着共同的发病机制。探讨同属于外胚层来源的上皮黏膜包括口腔黏膜、阴道黏膜、胃黏膜在功能与发病机制方面的异同是一个值得关注的问题。该研究即从这一新颖的视角出发探究其关联性，对我们开展这一领域的研究有很大的启发。但是该研究设计稍显简单，仅描述了观察到的部分现象，希望能深入探讨两种黏膜抵御外来侵袭，疾病发生发展的共同机制。

（陈谦明　王智）

双向电泳分析口腔鳞癌组织蛋白表达差异［蒋文晖，王文梅，胡勤刚．临床口腔医学杂志，2008，24(1)：9～11］

采用固相 pH 梯度双向凝胶电泳分离人口腔鳞癌组织及配对的正常口腔黏膜组织的总蛋白质，凝胶经银染显色后，ImagingMaster 2D 图像分析软件进行比较分析，识别差异表达的蛋白质。结果显示：1）癌组织和正常口腔黏膜组织凝胶的平均蛋白质点分别为(2 325 ± 390)个和(2 487 ± 281)个；2）通过比较分析 10 例口腔鳞癌组织及正常口腔黏膜的双向凝胶电泳图谱，得到差异表达蛋白点数为 29 个，这 29 个点在癌组织中均为低表达。表明该研究建立了分辨率高且重复性较好的人口腔鳞癌组织及其正常口腔黏膜组织的双向凝胶电泳图谱，发现两者间存在一些差异表达的蛋白质，为进一步筛选口腔鳞癌特异性的分子标志物打下了坚实基础。

述　评

近年来随着蛋白质组学技术的应用，学者们在口腔鳞癌研究中揭示了一些含量变化明显的肿瘤候选标记蛋白，包括热休克蛋白家族、角蛋白、ATP 合成酶 β、鳞状上皮细胞癌抗原、谷胱甘肽转移酶、二氧化锰歧化酶、膜联蛋白等。该研究应用蛋白组学方法对人OSCC及配对的正常口腔黏膜组织的蛋白质表达谱进行分析，结果显示在 OSCC 及正常口腔黏膜组织之间存在差异表达蛋白质，其差异表达蛋白点数为 29 个。但该研究未进行后续质谱鉴定和表达验证及功能分析，这使蛋白标记物离临床诊断与治疗的距离较大，希望能完善相关研究。

（陈谦明　王智）

羟氯喹治疗 OLP 前后的血清双向电泳研究［蒋红柳，王文梅，蒋文晖．临床口腔医学杂志，2008，24(7)：439～441］

采用固相 pH 梯度(IPG)双向凝胶电泳(2-DE)分离口腔扁平苔藓(OLP)患者经羟氯喹治疗 3 个月后血液中的差异蛋白质，银染显色，ImageMaster 图像分析软件分析差异蛋白质点。结果显示：1）羟氯喹治疗 OLP 患者前和治疗后的血清 2-DE 图谱的平均蛋白质点数分别为(2 468 ± 57)个和(2 375 ± 18)个，凝胶图谱分辨率、重复性较好；2）通过 ImageMaster 图像分析比较治疗前后的血清 2-DE 图谱，差异表达的蛋白质点数为 9 个，其中 7 个点在治疗 3 个月后高表达，2 个点在治疗后低表达。表明该研究建立了分辨率高且重复性较好的 OLP 患者治疗前后的血清双向凝胶电泳图谱，发现存在差异表达的蛋白质，为进一步研究羟氯喹治疗 OLP 的作用机制奠定了基础。

述　评

对 OLP 的病因及如何有效治疗一直是近年来研究的热点。该课题组临床发现口服羟氯喹(HCQ)对一些难治性扁平苔藓有较好的临床效果，然而其机制不清。为更好地阐明 HCQ 治疗中的关键环节，作者运用高通量血清蛋白组学技术。结果提示 OLP 患者服用 HCQ 后，血清中部分特异蛋白也会出现变化。在前期对口腔鳞癌差异蛋白组学基础上，该实验在国内首次应用蛋白质组学的双向电泳技术，对 HCQ 治疗 OLP 前后的血清改变进行了研究，以不同 pH 梯度的 IPG 干胶条进行双向电泳，得到了较为满意的蛋白质双向电泳图谱，图像的重复性较好、分辨率较高，蛋白质等电点和分子量分布范围较广。将治疗前后的图像进行对比分析，通过比较，发现 9 个蛋白质点在表达量上有显著变化($P < 0.05$)，其中 2 个点在治疗后较治疗前高表达，7 个点在治疗后较治疗前为低表达，为研究药物靶向作用效果和细胞信号途径奠定了基础。希望作者结合生物质谱技术和转录组技术对这些差异表达的蛋白质点作进一步深入研究。

（陈谦明　王智）

强的松治疗天疱疮起始量的探讨[陈作良,郑燕芬,邓冠红. 临床口腔医学杂志,2008,24(12):753~754]

收集1996—2008年厦门市口腔医院收治的天疱疮病例85例(寻常型82例,增殖型2例,红斑型1例)作为研究对象。肾上腺皮质激素起始量的范围由基本量和附加量两个水平确定:分有效(量足)、显效(量够)、无效(量欠)三个标准。将有效和显效计为有效率。结果显示,85例患者中,77例为有效,5例显效,3例无效,有效率为96.4%。作者认为该方案可作为强的松治疗天疱疮的起始量参考。

述　评

天疱疮是一种自身免疫性疾病,在未使用肾上腺皮质激素治疗之前,死亡率很高。但对天疱疮激素治疗起始剂量的使用各家报道不一,如国外资料显示强的松起始剂量为120~180 mg/d,国内学者推荐为60~90 mg/d,也有学者强调与体重等相关。此剂量之间相差太大,故其临床指导价值有限。而且天疱疮发病病程、疾病严重程度(有无多部位损害)和有无治疗史等因素对激素起始量的影响很大。作者通过对天疱疮治疗的摸索,制定了一套天疱疮强的松起始量的治疗选择方案。经过对85例患者的治疗,其有效率达96.4%,说明该方案可作为天疱疮治疗的参考方案。天疱疮激素治疗起始量的合理使用是该病治疗成功的关键。该文作者从临床实际出发,着眼于临床常见且难以解决的问题,设计基本合理。可扩大样本量,直接纳入伴有皮肤病损的患者,将皮肤与口腔黏膜病损分级,且参考患者性别、身高、体重等基线信息,将分组细化后再次重复研究,研究所获结果必可为临床用药带来极大参考价值。

(陈谦明　王智)

儿童口腔医学

小鼠牙胚发育过程中上游刺激因子1蛋白表达与分布模式的研究[吴礼安,文玲英,杨富生等. 实用口腔医学杂志,2008,24(1):41~44]

从小鼠第一磨牙牙胚抽提总蛋白进行上游刺激因子1(USF1)蛋白表达的Western blot检测,对不同龄小鼠第一磨牙免疫组化方法检测该蛋白的表达和分布。结果发现,从第一磨牙牙胚中检测到特异性条带,从第5天开始检测到较强的USF1阳性信号,持续至第11天,阳性信号仅定位于成牙本质细胞与成釉细胞细胞质,而蕾状期、帽状期、钟状期牙胚中未检测到阳性信号,在牙萌出后USF1阳性信号再次消失。作者认为牙胚中有USF1蛋白表达,仅定位于分泌期的成牙本质细胞和成釉细胞,表达模式具有显著的时空特异性。

述　评

在转录因子USF家族的USF1靶基因中,其蛋白表达是否存在于牙发育过程中以及是否具有特异性尚未见文献报道。为了确认牙胚中是否有USF1蛋白表达,作者采用Western blot和免疫组化方法分别进行了研究,结果发现小鼠牙发育过程中有该蛋白表达并且出现量的变化,表达模式具有显著的时空特异性,表明该蛋白与成牙本质细胞、成釉细胞的分化和功能活性紧密相关,这为研究USF1蛋白在牙发育过程中是否发挥转录调节作用提供了依据。

(邹静)

细胞外基质磷酸糖蛋白在牙齿组织中的表达[刘鹤,葛立宏. 现代口腔医学杂志,2008,22(2):167~169]

通过免疫组化染色检测细胞外基质磷酸糖蛋白(MEPE)在牙齿组织中的表达以及随着组织分化该蛋白表达的变化。结果发现,MEPE在成釉细胞、牙髓和成牙本质细胞中均有表达,其表达随着牙髓细胞的分化而逐渐下调。作者认为MEPE的下调提示,MEPE可能在牙齿硬组织形成的过程中起到调控作用。

述　评

细胞外基质磷酸糖蛋白在牙发育过程中

的上皮/间充质相互诱导中可能起着重要作用。该研究结果提示，MEPE 可能在牙髓牙本质复合体细胞和成釉器上皮细胞早期的信号传导过程中起一定的作用，同时也体现了骨和牙硬组织在蛋白表达及基因调控方面的相似性，这为证实细胞外基质磷酸糖蛋白在牙发育中的重要作用提供了实验依据，为进一步研究牙的硬组织形成和定位牙发育缺陷的致病性基因提供了新的途径。

（邹静）

氟离子导入对乳牙釉质氟分布的影响［许强，石四箴，汪饶饶等. 现代口腔医学杂志，2008，22(1)：72～75］

对 40 例无龋下颌乳中切牙进行 2% 氟化钠溶液离子导入，2% 氟化钠溶液浸泡作对照。电子探针检测釉质表层，每 10 μm 定点，直至釉质内部 200 μm，检测氟在乳牙釉质表层的分布变化。结果显示，实验组与对照组釉质表层下均可见氟含量增高，实验组样本在表层下 80～140 μm 与对照组相比存在显著差异。作者认为氟离子导入能直接、有效地增加乳牙釉质表层的氟含量和渗入深度。

述　评

如何准确、安全地用氟防龋是目前学者们共同关注的问题。该研究观察了离子导入后氟在乳牙釉质表层的分布情况并进行了定量分析，认为氟离子导入能有效增加乳牙釉质表层的氟含量和渗入深度。该研究结果为合理地局部用氟防龋提供了实验依据和技术参考，具有较为重要的临床应用价值。

（邹静）

尼古丁抑制成牙本质细胞增殖及作用机制的研究［吴礼安，文玲英，杨富生等. 华西口腔医学杂志，2008，26(2)：186～188］

体外培养成牙本质细胞，接种后随机分为实验组和对照组，对照组不加任何刺激，实验组加入质量浓度为 100 mg/L 尼古丁，8 小时后进行细胞周期标记、细胞固定、免疫荧光染色，荧光显微镜下计数细胞总数与标记物阳性细胞数。在成牙本质细胞培养中加入同样质量浓度的尼古丁刺激，激光共聚焦显微镜下检测成牙本质细胞中 Ca^{2+} 质量浓度的动态变化。结果发现，实验组的 S 期阳性细胞率显著低于对照组，尼古丁刺激后的成牙本质细胞中 Ca^{2+} 质量浓度迅速升高，在较高水平维持一段时间后缓慢下降。作者认为尼古丁可抑制成牙本质细胞增殖，这种作用与成牙本质细胞中 Ca^{2+} 质量浓度有关。

述　评

尼古丁是烟草中的毒性物质，是损害牙胚并造成牙发育异常的重要原因之一。为了探讨尼古丁损害牙发育的可能作用机制，该研究以成牙本质细胞为研究对象，观察到尼古丁对成牙本质细胞增殖的抑制作用，并检测出尼古丁可使成牙本质细胞中 Ca^{2+} 质量浓度在一段时间内的升高。这为进一步探讨尼古丁造成牙齿发育异常的分子机制和确切的分子级链关系提供了实验依据和新的思路。

（邹静）

儿童外伤全脱位牙的应急处理与再植后的替代性吸收［汪俊，李成皓. 牙体牙髓牙周病学杂志，2008，18(5)：289～292］

记录 21 颗因外伤后的全脱位患牙发生地点，患牙应急处理的情况等，通过 2 年的定期随访，观察再植牙发生替代性吸收的情况。结果发现，校内发生者湿保存明显高于校外发生者，前者 2 小时内就诊率明显高于后者，2 小时内就诊的患牙产生替代性吸收的比例均显著低于 2～24 小时及 24 小时后就诊的患牙，湿保存的再植牙替代性吸收的比例明显低于干燥保存的患牙。作者认为患牙的保存和是否及时就诊均可影响再植牙替代性吸收的发生。

述　评

全脱位牙的再植成功与否取决于脱位后的应急处理方法是否得当，再植后常见的并发症为牙根的替代性吸收。该研究较为详尽地分析了儿童外伤全脱位牙的应急处理与牙再植后替代性吸收间的关系，认为脱位牙的保存方法和及时就诊可明显影响再植牙替代性吸收的发生。该结果对指导临床儿童外伤全脱位牙的应急处理具有参考价值。

（邹静）

祖辈看护与幼儿变形链球菌传播关系的研究［彭楚芳，王嘉德，葛立宏等．现代口腔医学杂志，2008，22(2)：196～201］

对北京城区 20 对 1～2 岁幼儿及祖辈看护人口腔变形（异）链球菌进行任意引物聚合酶链反应（AP-PCR）检测分析，11 对检出变异链球菌的幼儿中 9 名与祖辈看护人有相似基因型出现，占感染变异链球菌幼儿的 81.8%，仅有 3 名幼儿与其母亲有相似基因型，占感染变异链球菌幼儿的 33.3%。作者认为北京城区由祖辈看护的 1～2 岁幼儿口腔变异链球菌的主要来源为其祖辈看护人。

述　评

变异链球菌是儿童龋最主要的致病菌，探索该菌在宿主间的传播方式并确定感染源将有助于阻断或延迟该菌在儿童口腔的定植与传播。该研究结果显示儿童口腔变异链球菌可由祖辈传播，提示在制定儿童早期龋的预防计划中，不仅应阻断母婴变异链球菌的传播途径，还应同时阻断祖辈看护人对幼儿的垂直传播途径。这一研究结果为婴幼儿早期龋的预防提供了新的思路。

（邹静）

恒牙胚缺失动物模型的建立及相应乳牙牙根的吸收［杨杰，赵玉鸣，葛立宏．北京大学学报：医学版，2008，40(1)：60～63］

通过手术摘除犬继承恒牙的方法建立恒牙胚缺失动物模型，观察相应乳牙牙根的吸收情况，并与乳牙生理性根吸收进行比较。结果显示，恒牙胚存在情况下，乳磨牙牙根吸收起始时间明显早于恒牙胚摘除的乳牙牙根吸收，恒牙胚缺失情况下乳牙牙根吸收的组织学表现为大量多核巨细胞，主要分布于吸收牙根的牙髓侧。

述　评

恒牙胚先天缺失是较为常见的牙齿发育异常性疾病，目前对恒牙胚缺失情况下乳牙的相关治疗研究较少。该研究成功地建立了恒牙胚缺失动物模型，模拟了恒牙胚先天缺失情况，发现恒牙胚缺失情况下乳牙牙根仍存在吸收，但时间明显晚于恒牙胚存在的情况；且组织学表现为大量多核巨细胞，主要分布于吸收牙根的牙髓侧而非牙周膜侧。这一结论为今后临床上如何治疗恒牙胚缺失的乳牙提供了理论依据。

（邹静）

老年口腔医学

老年 2 型糖尿病患者唾液分泌率及其葡萄糖的质量浓度分析［郭斌，谢思静，安振梅等．国际口腔医学杂志，2008，35(5)：494～496］

随机筛选老年 2 型糖尿病住院患者 20 例（糖尿病组）和健康老年人 20 例（对照组），收集 5 分钟非刺激性唾液，比较唾液分泌率和唾液葡萄糖的质量浓度。结果显示，糖尿病组非刺激性唾液分泌率与对照组差异无统计学意义（$P>0.05$），糖尿病组唾液葡萄糖的质量浓度高于对照组，差异具有统计学意义（$P<0.05$）。

述　评

糖尿病是危害老年人全身健康的常见病，它引发的全身和口腔环境的改变可能与多种口腔疾病的发生发展密切相关。作者对老年 2 型糖尿病患者唾液分泌率及其葡萄糖的质量浓度进行分析，结果表明老年 2 型糖尿病患者唾液葡萄糖的质量浓度显著高于健康老年人（$P<0.05$），提示唾液葡萄糖的高质量浓度可能是老年糖尿病患者口腔环境的一个重要变化，口腔中长期的高糖环境可增加宿主罹患龋病的风险，对老年糖尿病患者口腔疾病特别是龋病的预防有指导意义。老年糖尿病患者口腔环境的变化尚需更广泛深入的研究，并应通过流行病学调查确定其与龋病的关系。

（栾文民）

非创伤性充填技术治疗老年根面龋的临床疗

效评价[苏东华,张贤华,秦简. 临床口腔医学杂志,2008,24(8):483 ~ 485]

将 113 例老年患者共 185 颗根面龋患牙随机分为两组,分别采用非创伤性充填技术(ART)和常规备洞技术充填窝洞,日本富士(Fuji)玻璃离子充填修复。调查分析患者对 ART 技术的接受度,并采用改良的美国公共健康服务(USPHS)/Ryge 评定系统评价临床修复效果。结果表明,91.49% 的患者乐于接受 ART 技术治疗,ART 技术充填修复老年人根面龋的疗效与常规备洞技术差异无统计学意义。

述 评

老年人根面龋发病率较高,严重影响老年人的口腔健康。由于根面龋病损性质和部位的特殊性,传统的充填技术对牙体损伤大,且备洞过程易引起患者的恐惧,使治疗比较困难。ART 技术作为一种非创伤性修复技术,无痛,无创伤,操作简便,老年患者易于接受;且通过最少的洞形预备,可以尽可能保存完好的牙体组织。只要操作得当,疗效与常规备洞技术充填无异,是老年根面龋的有效治疗方法。

(栾文民)

从患者角度探讨老年牙周病松动牙治疗程序的选择[张建强,李岩峰,孙鹏等. 中华老年口腔医学杂志,2008,6(4):208 ~ 210]

将老年牙周病患者 46 例随机分为两组,每组 184 颗患牙,且附着丧失≥5 mm,松动度 2 ~ 3 度。一组按基础治疗—牙周手术—松牙固定方法顺序治疗;另一组按基础治疗—松牙联冠修复固定—牙周手术的顺序早期修复。比较 2 组患者 2 个月时咀嚼功能恢复情况,接受牙周手术情况及 2 年后的咀嚼功能。结果显示,早期修复组患者咀嚼功能的恢复优于顺序治疗组,更容易接受牙周手术,两年后咀嚼功能仍优于顺序治疗组。作者认为,从患者角度适当调整牙周治疗的顺序,对缓解症状,改善外观有积极的作用,能够增强患者的治疗信心,提高满意度。并且早期固定松动牙,避免了咬合创伤对松动牙齿的进一步伤害,促进牙槽骨的修复和稳定。

述 评

牙周治疗不同于龋病治疗的特点是它耗时长,花费大,疗效不易立即显现,尤其是老年人更难以接受上述三点。作者从患者角度思考,调整了治疗顺序,使得疗效立即得以显现,增强了患者的信心和依从性,有利于进一步治疗。并且松牙尽早固定,终止了咬合创伤,对咀嚼功能的恢复很有好处。

(栾文民)

老年人牙周病基础治疗 6 年疗效观察[欧龙,杜岩,张贤华等. 中华老年口腔医学杂志,2008,6(3):134 ~ 135]

对 67 例老年牙周病患者进行牙周检查,包括牙龈出血指数、探诊深度、附着丧失以及曲面断层片,并进行系统的牙周治疗,牙周洁治、龈下刮治等。待炎症控制后教给患者自我菌斑控制的方法。每 3 ~ 6 个月进行复查,定期牙周维护,6 年后再比较各项牙周临床指标。结果显示,在 6 年随访观察期内,患者口腔卫生得到很大改善,出血指数、菌斑指数均明显下降,探诊深度和附着丧失得以改善,未进一步降低,牙周状况保持在一个稳定的状态。

述 评

老年人的口腔健康对老年人的心身健康有着重要作用。近年来老年人因牙周疾患造成的失牙率有所上升。如何有效地治疗老年人的牙周病,维护老年人口腔健康就成为口腔科医生面前的一大问题。老年人牙周病基础治疗的疗效观察为老年人牙周病的治疗提供了借鉴,针对性的口腔卫生宣教,系统牙周治疗并开展定期牙周复查维护,能有效改善老年人口腔健康状况,进而促进全身健康。

(栾文民)

钛板坚强内固定治疗 70 岁以上老年人下颌骨骨折的临床疗效观察[龚飞飞,王来平,李容新等. 中华老年口腔医学杂志,2008,6(3):140 ~ 142]

观察 70 岁以上老年人下颌骨骨折患者,

其中 78 例采用钛板坚强内固定治疗,49 例非手术治疗。术后 1、3、6、12 个月复诊,X 线检查骨折愈合情况。结果表明,老年人下颌骨骨折采用钛板内固定,较非手术治疗可获得功能复位与重建的良好效果。

述　评

有统计数据表明,随着我国人口的老龄化,特别在冬春季节,老年人口腔颌面部外伤造成颌骨骨折的病例,呈逐年上升的趋势。70 岁以上的老年人由于牙齿缺失或牙列缺损,非手术治疗难以使骨折部位获得可靠的固定。作者观察 10 年的临床资料,提示 70 岁以上老年人颌骨骨折采用钛板内固定手术治疗,可获得满意的临床疗效,有较好的临床指导意义。

(栾文民)

改良型 Twin-block 阻鼾器及 Silensor 阻鼾器治疗 OSAHS 的临床比较[李锐,刘洪臣. 中华老年口腔医学杂志,2008,6(2):72~74]

采用改良式 Twin-block 阻鼾器及 Silensor 阻鼾器分别对 30 例鼾症及阻塞性睡眠呼吸暂停低通气综合征(OSAHS)患者进行治疗。随访 24 个月,对患者使用两种阻鼾器后的主观感觉、下颌运动度、牙齿松动、关节区压疼、咬合关系等进行对比分析。结果显示,改良式 Twin-block 阻鼾器及 Silensor 阻鼾器对鼾症和轻中度OSAHS均有一定疗效。Silensor 阻鼾器所引发的并发症较少,应用改良式 Twin-block 阻鼾器应注意增加基牙数量,调整殆垫高度,勿使相关组织承力过大。

述　评

上气道呼吸障碍包括鼾症和阻塞性睡眠呼吸暂停低通气综合征(OSAHS)等,可引起严重的心、肺、脑并发症,近年来逐渐引起学术界的重视。目前,临床常用的治疗方法有悬雍垂腭咽成形手术、经鼻持续正压通气治疗和使用阻鼾器的治疗方法。因阻鼾器无需手术,使用方便且效果可靠,是临床常用的治疗方法之一。作者对比了改良式 Twin-block 阻鼾器及 Silensor 阻鼾器的使用疗效,收集了翔实的数据资料,有很好的临床指导价值。

(栾文民)

老年人咬合支持状态与生活自理能力的相关性研究[吴敏节,江青松,姜婷等. 中华老年口腔医学杂志,2008,6(2):87~90]

采用多阶段分层整群抽样的方法,在北京市抽取了 1 219 名 65~74 岁的老人,检查他们的咬合支持状态(口内接触牙对数和咬合支持区情况)。自行设计量表,调查老年人日常生活自理能力,应用多元 Logistic 回归分析探讨两者之间的相互关系。结果显示,咬合接触牙对数平均为 7.3 对,343 例老年人无咬合接触区,93 例有轻、重度生活自理能力下降。日常生活自理能力受损者比例随着口内咬合支持区数目的增加而呈现下降趋势,统计学分析老年人咬合支持状态与生活自理能力有显著性负相关($P<0.05$)。

述　评

关于老年人牙齿缺失情况的流行病学研究较多,有关咬合支持状态以及与生活自理能力的相关性研究较少。常用的单纯缺失牙数、牙列缺损分类存在片面性,应该使用咬合支持区分布这一指标来反映老年人的口腔咀嚼功能状况。作者将老年人咬合支持状态作为重点了解的项目,自行设计量表,对于今后研究老年人咬合状态有重要的借鉴作用和参考价值。良好的咀嚼能力与生活质量指数之间有显著的正相关关系。老年人口内咬合支持区数目的下降,直接影响咀嚼功能,不利于老年人营养的摄入,导致老年人生活质量和全身状况的下降。

(栾文民)

预防口腔医学

不同浓度含氟涂膜对乳牙防龋效果的临床研究[伏群,胡德渝,陈锦波等. 现代预防医学,2008,35(10):1971~1972]

将 420 例 3~5 岁儿童分为 4 组:0.2%、0.5%、1.0% 含氟涂膜组和对照组。实验组儿童每半年涂氟 1 次,共 2 次,对照组不采取任何措施。结果发现,实验前各组的患龋率、龋失补牙数(dmft)、龋失补牙面数(dmfs)无统计学差异($P>0.05$)。1 年后实验组的新增患龋率、dmft、dmfs 均低于对照组。1% 含氟涂膜组与对照组间差异有统计学意义($P<0.05$),其他组间无统计学差异($P>0.05$)。作者认为含氟涂膜具有防龋的功效,1% 含氟涂膜防龋效果优于 0.2% 和 0.5% 含氟涂膜。

述 评

含氟涂膜由于其使用简便、易于接受、安全无毒副作用等优点,是一项在儿童中值得推广应用的有效防龋措施。目前,关于既安全又有效的具有最佳防龋效果的最适含氟浓度仍然是值得研究的问题。作者运用临床试验方法评价 3 种不同浓度含氟涂膜的防龋效果,表明含氟浓度为 1% 涂膜防龋效果较为理想。

(李刚)

钛表面载银 HA-TCP 溶胶凝胶涂层的制备及其抗菌性的研究[李箐,冯希平,廖运茂. 中国口腔颌面外科杂志, 2008,6(2): 127 ~130]

采用溶胶凝胶法将 Ag^+ 导入羟磷灰石-磷酸三钙(HA-TCP)溶胶,并在钛表面涂层。用 X 线衍射(XRD)和傅里叶变换红外光谱(FT-IR)对涂层结构进行表征分析,X 线能谱(EDS)分析涂层表面元素构成和分布,扫描电镜(SEM)观察涂层表面形貌。观察涂层对牙龈卟啉单胞菌(*P. gingivalis*)、具核梭杆菌(*F. nucleatum*)、伴放线放线杆菌(*A. actinomycetemcomitans*)的生长抑制作用,并计算抗菌率。结果表明载银 HA-TCP 溶胶在钛表面涂层均匀,由大量的亚微米及细微的介孔组成。XRD 检测出 HA、钛、锐钛矿和 β-TCP 的衍射峰;FT-IR 分析涂层含有 OH^-、PO_4^{3-} 及 CO_3^{2-} 的特征吸收峰。检测发现钙、磷、钛、碳、氧和银在涂层表面的分布,与对照组比较,载银 HA-TCP 涂层对牙龈卟啉单胞菌、具核梭杆菌、伴放线放线杆菌具有明显的抗菌效果。

述 评

在目前发现的各种具有抗菌性的金属离子中,银离子是最佳的抗菌金属离子。作者采用溶胶凝胶法在钛表面制备载银 HA-TCP 溶胶,使钛植入体获得了具有生物活性及抗菌性的仿生涂层。

(李刚)

口源性口臭检测指标的 Logistic 回归分析[叶玮,倪娜,冯希平. 口腔医学, 2008,28(6): 323 ~325]

从 169 例受试者中筛选出 56 例作为研究对象,分析鼻测法与数个口臭检测指标间的 Logistic 回归关系。结果表明,在健康青年人群中,口腔可挥发性含硫化合物稳定值和口腔卫生指数是口源性口臭的两大主要影响因素,利用这两项指标建立的方程对口臭进行诊断的预测符合率达到 78.6% 。

述 评

检测患者口臭的方法多样,最准确的方法为专业医师鼻测,该法重复性好,但对专业医师要求较高。作者研究目的旨在寻找使用其他口臭检测指标替代鼻测法对口源性口臭进行检测的可能性。研究结果认为综合使用数个检测指标来替代鼻测法对口源性口臭进行诊断是可行的。

(李刚)

一种香精油漱口水抑制菌斑和牙龈炎症作用的研究[王艳,冯希平. 口腔医学, 2008,28(1): 38 ~39,45]

将 67 例改良牙龈指数(MGI)≥1.5 且改良菌斑指数(MPI)≥2.0 的受试者纳入试验,指导其在每天早晚刷牙后含漱 20 mL 香精油漱口水 30 秒,持续 13 周之后,检查受试者的 MGI、MPI 和牙龈出血指数(GBI),与基线值进行比较。结果使用香精油漱口水 13 周之后,与基线值相比,受试者的 MGI 下降了 26.52% , MPI 下降了 61.00% , GBI 下降了 30.65% ,差异均有统计学意义($P<0.01$)。

述　评

应用有效的化学制剂抑制菌斑的形成或杀灭菌斑中的细菌是控制菌斑的另一条有效途径。作者研究的目的是评价一种香精油漱口水抑制菌斑和牙龈炎症的作用。试验结果认为在日常刷牙的同时,配合使用香精油漱口水能够抑制菌斑和牙龈炎症。

（李刚）

异麦芽酮糖醇对变形(异)链球菌生长、黏附和产酸影响的研究[黄晨辉,王伟健,杨圣辉. 现代口腔医学杂志,2008,22(4):362~364]

以异麦芽酮糖醇为实验组,蔗糖、木糖醇为对照组,观察异麦芽酮糖醇、蔗糖和木糖醇对变异链球菌的生长、黏附及菌液 pH 值的影响。结果显示,变异链球菌在一定质量浓度的异麦芽酮糖醇与木糖醇培养液中生长数量均受到抑制,与蔗糖相比差异有统计学意义($P<0.001$);其形态也有明显变化。变异链球菌在不同质量浓度的异麦芽酮糖醇、木糖醇培养液中黏附于附着板的数量与蔗糖有明显差异($P<0.001$)。变异链球菌在不同质量浓度的异麦芽酮糖醇、木糖醇培养液中所测得的 pH 值均高于蔗糖培养基($P<0.001$)。

述　评

用低致龋性的糖替代品代替蔗糖对龋病预防有积极意义。木糖醇是现阶段研究较多的糖替代品,而异麦芽酮糖醇则可能是一种有应用前途的多元糖醇,但对于其抑制变异链球菌作用的研究还不够深入。作者的研究是评价异麦芽酮糖醇对变异链球菌致龋因素的影响,探讨其作用机制。实验表明异麦芽酮糖醇与蔗糖相比,其作用与木糖醇相似,可以使变异链球菌形态改变,数量减少,黏附和产酸能力均减弱。该结论为进一步的动物和人体研究提供科学依据。

（李刚）

农村家庭成员口腔保健知识和观念情况典型调查[赵宁波,郭静,张正雅等. 公共卫生与预防医学,2008,19(1):38~41]

采用 WHO 口腔健康调查基本方法为标准,使用典型抽样调查方法,以问卷方式进行入户调查,典型调查 1 个样本村共 130 户 516 人。结果表明,85.9% 的受访者认为每天清洁牙齿必不可少;46.9% 的受访者认为刷牙和使用牙线可预防牙龈炎;83.3% 受访者认为牙龈出血不是正常现象;75.6% 的受访者同意吃糖与甜食多易患龋齿;72.9% 的受访者认为漱口是保持口腔清洁最有效的方法;57.6% 的受访者认为每年做一次口腔检查十分必要;83.7% 的受访者具有口腔疾病对全身健康有影响的意识;54.1% 的受访者不知道牙周病是由菌斑引起;42.1% 的受访者认为牙周疾病不会造成牙齿脱落;61.2% 的受访者认为人老掉牙是必然的;70.9% 的受访者不知道窝沟封闭可预防青少年恒牙龋。同时发现在一些口腔保健知识方面,学生组口腔保健知识的知晓率与非学生组相比差异有统计学意义($P<0.05$)。

述　评

该调查研究以一个样本村的人口为目标人群,调查结果表明农村家庭成员口腔保健知识和观念匮乏是普遍现象,说明农村口腔保健知识宣传教育的任务十分艰巨。作者提出了加强口腔保健知识宣传教育工作的方法和建议。

（李刚）

西安市中学生口腔健康知识和行为调查[倪锋,李齐宏,刘颖凤等. 中国学校卫生,2008,29(9):825~827]

采用分层整群抽样法,在西安市抽取2 000名初、高中学生,通过问卷方式调查口腔健康知识和行为。结果表明,仅有 26.7% 的学生知道去除牙石办法是进行洁治术;有 33.5% 的学生知道刷牙出血是由牙龈炎造成的;有 48.1% 的学生认为睡前刷牙是最重要的;有 17.0% 的学生认为横刷法对牙齿的损害最大。有 87.1% 的学生每日刷牙 1 次以上;仅有 13.7% 的中学生使用含氟牙膏;仅有 27.1% 的学生使用保健的软毛牙刷;有 20.4% 的学生是一把牙刷用到刷毛严重倾斜时才更换。

述 评

作者对西安市中学生口腔健康和行为进行了现状调查。结果表明西安市中学生刷牙方法尚不完全正确,同时口腔保健知识知晓率较低,需要学校加强口腔保健知识的教育。调查结果为针对性进行口腔健康教育提供了依据。

(李刚)

2007年自贡市部分残疾人口腔健康状况和口腔保健知识调查[李广文,郭静,许万忠等. 预防医学论坛, 2008,14(11): 971~973]

于2007年在自贡市富顺县、大安区、自流井区、贡井区抽取531名残疾人进行口腔健康状况与口腔保健知识调查。结果显示,在531名残疾人中恒牙患龋率为68.36%,牙龈炎患病率为47.45%,牙周炎患病率为51.97%,刷牙率为99.62%,口腔疾病就诊率为49.20%;对牙周病病因的知晓率为63.13%,对专业口腔预防项目氟防龋的知晓率为22.52%、窝沟封闭的知晓率为51.53%。近2年内在531名残疾人中分别只有1.32%做过定期口腔检查、1.69%做过窝沟封闭及2.64%做过牙洁治。

述 评

作者为了探索我国残疾人口腔保健知识和观念,对自贡市部分残疾人口腔保健意识和口腔健康状况进行了调查。调查结果说明自贡市残疾人口腔健康状况较差,口腔保健知识欠缺。提示全社会应该加强针对残疾人生活习惯及需求的系统的口腔健康促进项目。

(李刚)

2005年四川省成年人牙周健康状况抽样调查报告[沈红,李雪,胡德渝等. 现代预防医学, 2008,35(11): 2014~2017]

采用多阶段分层等容量随机抽样的方法,抽取四川省35~44岁、65~74岁城乡常住人口1557人,男女各半。按照《第三次全国口腔健康流行病学抽样调查方案》中临床检查牙周状况的检查方法和记分标准。使用CPI牙周探针检查全口牙牙龈出血、牙结石、牙周袋深度和附着丧失(LOA)状况。采用SPSS 13.0软件统计分析数据。结果显示,35~44岁组牙龈出血、牙结石、浅和深牙周袋的人均牙数(颗)与检出率分别为15.6(85.7%)、27.2(96.7%)、0.4(11.8%)和0.0(0.8%)。65~74岁组牙龈出血、牙结石、浅和深牙周袋的人均牙数与检出率分别为10.7(78.7%)、18.1(90.6%)、0.9(25.5%)和0.0(3.0%)。35~44岁组牙周附着丧失记分为0、1、2、3、4的人均牙教分别为27.3、2.1、0.1、0.0和0.0。65~74岁组牙周附着丧失记分为0、1、2、3、4的人均牙数分别为11.7、6.1、1.1、0.2和0.0。

述 评

作者为了提供四川省成年人群口腔卫生预防保健工作信息支持,对四川省35~44岁、65~74岁城乡人群牙周健康状况的流行病学现状进行调查。结果表明牙周病是四川省成年人的口腔常见病,口腔卫生状况有待改善。

(李刚)

咀嚼无糖口香糖对牙龈炎的影响[张琰,赖紫芸,林焕彩. 中华口腔医学研究杂志:电子版, 2008,2(2): 44~47]

选择患有牙龈炎的志愿者88例,根据基线探诊出血百分比和性别分为试验组及对照组,试验组要求每日使用益达草本精华木糖醇口香糖4次,每次20分钟,两组使用统一提供的不含任何抗菌斑药物成分的牙膏和牙刷,在试验的第6周、第12周检查全口牙探诊出血百分比。结果显示,基线探诊出血百分比咀嚼口香糖组与对照组差异无统计学意义,在12周试验过程中,咀嚼口香糖组探诊出血百分比值呈逐渐下降趋势,第6周、第12周探诊出血百分比低于对照组($P<0.05$)。

述 评

无糖口香糖对牙龈炎的影响,存在不同研究结果和结论。该试验评估了一种含中草药的无糖口香糖对牙龈炎的临床疗效。试验结果认为咀嚼含中草药的无糖口香糖作为辅助手段对牙龈炎有一定疗效。具体作用机制及与所含中药提取物的相关性还应进一步深入研究。

（李刚）

牙体缺损修复

实验双固化树脂水门汀粘接强度的评价［熊洁，陈吉华，唐立辉等. 实用口腔医学杂志，2008，24（2）：198～201］

EAM（顺丁烯二酸酐改性的环氧甲基丙烯酸酯）和EDMA（二甲基丙烯酸乙二醇酯）为基质树脂、二氧化硅微粉为增强材料的双固化树脂水门汀以粘固纤维桩核。采用微推出实验方法测试该树脂水门汀在根管内与纤维桩的粘接强度，并与Clearfil DC Core和LuxaCore-Dual两种水门汀树脂材料进行比较。结果显示，新研制的EAM基双固化树脂水门汀具有一定的粘接强度，达到了部分同类商品的性能。

述　评

随着牙体保存意识的增强，桩冠修复已广泛用于残根残冠的保存治疗，而采用纤维桩结合树脂核修复已成为残根残冠保存的新趋势。树脂水门汀因理化、机械、粘接等性能优良而被广泛用于纤维桩在根管内的粘接。此类材料与牙本质黏接剂、纤维桩树脂基质三者具有相似的弹性模量和良好的亲和性，利于共同承担并传导𬌗力，因此能达到理想的粘接效果。作者将开发的以EAM和EDMA为基质树脂、二氧化硅微粉为增强材料的双固化树脂水门汀与两种临床常用水门汀树脂材料进行比较，测试3种粘接材料在根管的冠方1/2与根方1/2的粘接强度。结果表明，在冠方1/2处，Clearfil DC Core在根管中与纤维桩的粘接强度明显高于其他二者，实验EMA基双固化树脂水门汀与LuxaCore-Dual之间无统计学意义。在根方1/2处，实验EMA基双固化树脂水门汀与Clearfil DC Core的粘接强度较高，二者之间无统计学差异。自主开发的EMA基双固化树脂水门汀虽未达到最理想的粘接效果，仍具有了部分商品树脂水门汀的粘接强度。

（丁仲鹃）

建立三种桩核系统修复下颌第一磨牙的三维有限元模型［林川，杜莉，沈颉飞. 实用口腔医学杂志，2008，24（2）：236～239］

采用CT扫描离体下颌第一磨牙，MIMICS软件处理断层影像数据，GEOMAG-IC软件造型、NURBS曲面拟合，ANSYS软件建立实体模型，然后划分网格，建立下颌第一磨牙桩核冠修复体3个基础模型。作者还自底向上建立了预成桩、牙槽骨及黏骨膜，弥补了采用离体牙CT扫描无牙周组织的缺憾，使模型更真实反映生物体各部分的组织结构力学特点。结果表明，建立的下颌第一磨牙桩核冠修复体的三维有限元模型，与临床实际情况有良好的相似性，并在可视的界面下，结合临床实际，可对模型进行修改。

述　评

由于生物实体的外形复杂和组织结构特殊，对有限元力学分析模型的建立带来困难。作者采用CT断层扫描技术获得实物的外表面与内部特征数据，通过特殊软件准确建立表面形貌与内部结构都比较理想的三维实体几何模型，可以用于有限元力学分析。该力学分析模型具有形态、结构逼真，能较准确反映生物体组织表面和内部结构复杂情况、建模效率高、可操作性强等优点，是目前口腔医学力学模型建立中最先进可靠的方法。

（丁仲鹃）

纤维桩修复上颌中切牙的三维有限元研究［康成容，魏素华，张美超等. 华西口腔医学杂志，2008，26（4）：430～433］

应用螺旋CT扫描和Mimics软件、ANSYS 9.0软件建立三维有限元模型，研究上颌中切牙采用全瓷冠修复和纤维桩全瓷冠修复时牙本质的应力变化情况，分析纤维桩修复对上颌中切牙应力大小和分布的影响。模拟咬合加载，记录牙本质的von Mises应力和最大拉应力。结果表明，纤维桩的应用能降低上颌中切牙牙体组织的应力峰值,有利于降低牙折的风险。

述　评

随着纤维桩核冠修复在临床的广泛应用,有必要从生物力学角度科学评价应用纤维桩修复后牙体应力变化情况,为纤维桩的临床应用提供参考依据。作者采用三维有限元方法,应用螺旋 CT 扫描和 Mimics 软件、ANSYS 软件,建立三维有限元模型,比较经过根管治疗后上颌中切牙在牙体完整和有牙体缺损的情况下,采用全瓷冠修复和纤维桩全瓷冠修复时牙本质的应力变化,分析纤维桩修复对牙体组织应力的影响。实验结果显示,牙体完整和牙体缺损的上颌中切牙,采用不同修复方式时牙本质的应力分布相似,但全瓷冠修复时牙本质的应力峰值大,而纤维桩全瓷冠修复时的应力峰值小,说明全瓷冠修复造成了牙体组织应力值增大,而纤维桩的应用在一定程度上降低了上颌中切牙牙本质的应力峰值,有利于增强其抗折能力。

（丁仲鹍）

下颌第二前磨牙 3 种修复方式的应力分析[曹军,王少安,唐碧华. 华西口腔医学杂志,2008,26(4):374~377]

采用螺旋式 CT 扫描,应用 Mimics 软件和 ANSYS 5.7 三维有限元软件,建立下颌第二前磨牙 4 种情况下的三维有限元模型:1)直接全冠修复;2)用树脂材料充填开髓洞形后全冠修复;3)铸造镍铬合金桩核与全冠修复;4)纤维桩树脂核与全冠修复。观察分析牙本质的应力大小及分布情况。结果显示,铸造镍铬合金桩修复时,桩尖周围有明显的应力集中区;纤维桩修复时桩尖周的应力集中不明显;无桩设计而直接用树脂材料充填开髓洞形时,其应力大小和分布与对照组基本一致。

述　评

临床上,经根管治疗后的牙冠完整或相对完整的下颌第二前磨牙在进行全冠修复时,是否需要在根管内放置桩或放置何种材料的桩尚不明了。作者采用三维有限元方法分析比较了牙冠完整的下颌第二前磨牙,在无桩和两种临床常用的桩(铸造镍铬合金桩和纤维桩)修复的情况下,牙体组织中应力的大小和分布规律。结果提示,与铸造镍铬合金桩相比,纤维桩更适合于下颌前磨牙的桩核冠修复。在下颌前磨牙牙冠部有足够牙体组织的情况下,可直接用树脂材料充填开髓洞形后行全冠修复,为临床上该类患牙修复方式的选择提供了实验依据。

（丁仲鹍）

有限元方法模拟不同全瓷冠破坏过程初探[刘亦洪,冯海兰,包亦望等. 中华口腔医学杂志,2008,43(9):561~563]

用有限元方法建立均匀厚度、不均匀厚度、带颈环 3 种基底冠形态的氧化铝和氧化锆全瓷冠模型,模拟加载后全瓷冠的破坏过程,分析材料和形态对全瓷冠破坏机制的影响。实验结果表明,氧化锆模型的基底冠与饰瓷界面存在更大应力。不均匀厚度基底冠设计未增加全瓷冠破坏风险,有颈环基底冠模型的颈部呈现应力集中。

述　评

口腔修复临床中,全瓷冠破坏、断裂是修复失败的主要原因。为探索全瓷冠失败的原因,作者应用 RFPA'2D 有限元软件,观察分析了 6 种模型在加载后全瓷冠应力的分布和瓷裂的过程。结果显示,不同模型的破坏方式无明显区别,破坏起始于牙尖顶部(载荷接触点)沿基底冠与饰瓷界面扩展,造成模型破坏,提示临床修复设计时,牙尖顶部不能受力过大,以免造成瓷裂。氧化锆模型和氧化铝模型破坏的载荷实验表明,氧化锆模型破坏的载荷略小于氧化铝模型,而且,仅发生饰瓷崩脱,未发生基底瓷断裂,提示增加饰瓷与基底瓷的匹配性有助于提高全瓷冠的抗破坏能力。该研究结果还表明,模仿金-瓷冠金属颈环设计的全瓷冠基底冠颈环,未达到减少全瓷冠颈部应力的效果。

（丁仲鹍）

复合树脂嵌体修复磨牙缺损的临床疗效观察［张凌琳，刘天佳，方美贤．中华口腔医学杂志，2008，43(1)：44～47］

对163例患者200颗牙体缺损Ⅰ类或Ⅱ类洞形的患牙分别采用复合树脂嵌体和复合树脂直接充填法进行修复，采用美国公共卫生署修复体临床评价标准对患者口内修复体进行疗效评价。评价标准包括色泽匹配、边缘着色、邻接关系、继发龋、修复体折裂、磨损程度、边缘完整性、龈指标八个方面。结果表明，修复后6个月两组修复成功率比较，差异无统计学意义。修复后5年两组修复成功率比较，差异有统计学意义，嵌体修复组明显优于直接充填组。

述　评

对于牙体缺损Ⅰ类洞和Ⅱ类洞目前临床主要采用复合树脂直接充填的方法进行修复，但是该修复方法存在树脂固化收缩的问题，可造成修复体边缘不密合，继而发生边缘渗漏、继发龋等。因而，20世纪80年代国外学者开始采用复合树脂嵌体进行修复。复合树脂嵌体修复技术通过二期处理提高单体转化率，使树脂聚合完全，减小修复后的固化收缩，同时采用黏合剂弥补树脂聚合收缩产生的空间。该研究通过对两种修复方法的临床疗效比较发现，修复后6个月，两种修复方法的成功率无统计学差异，修复后5年复合树脂嵌体的修复成功率明显高于复合树脂直接充填。

（丁仲鹃）

牙列缺损修复

附着体在牙列缺损修复中的临床应用及追踪观察［温颖，郑东翔．中华口腔医学杂志，2008，43(4)：206～208］

对38例疑难病例进行附着体修复设计，并进行临床随访与观察。结果显示，38例患者共选用139颗基牙和51件附着体制作义齿，随访1～5年，平均3.6年，义齿均获得良好的支持稳定效果，满足了患者对美观的要求，咀嚼功能恢复良好；基牙无明显松动，取得了满意的疗效。因此，附着体义齿是应对疑难修复病例的有效的临床方法之一。

述　评

在牙列缺损的治疗中，精密附着体替代了传统修复体的固位方式，使部分患者获得了较理想的修复效果，满足了患者对美观、舒适及组织健康的要求，因而得到临床的重视。作者对38例疑难病例进行附着体的修复和制作。通过1～5年的临床观察和随访后，认为附着体义齿可满足患者美观和咀嚼功能的要求，是应对一些疑难病例的有效方法之一。但是，随着义齿使用时间的推延，可能出现固位力下降、义齿翘动及基牙牙周创伤等现象，故患者的定期复诊十分重要。医生在患者复诊时应及时处理问题，尽可能保障附着体义齿修复后的远期疗效。

（张富强）

针道辅助固位金属翼板黏结桥的临床初步观察［杨亚东，杨坚．中华口腔医学杂志，2008，43(4)：203～205］

对65例牙列缺损患者进行针道辅助固位金属翼板黏结桥修复，随访修复体固位和基牙的健康状况。结果显示，65例患者共制作74件修复体，随访6～34个月，平均12.4个月。3件修复体松动、脱落，脱落率为4%。基牙牙本质敏感9例(14%)。作者认为，针道辅助固位可明显提高金属翼板黏结桥的短期成功率，获得良好的临床效果，其长期成功率尚需进一步观察。

述　评

金属翼板黏结桥已有30年的历史，其基牙预备量少，对健康组织损伤较小，脱落是限制其广泛应用的主要原因。作者在黏结桥金属翼板和基牙之间进行了针道固位设计，并取得了良好的修复效果。但此类修复的定期复诊十分重要，当发现修复体边缘不密合、有轻微松动，应及时拆除，重新修复。

（张富强）

单端游离缺失不同修复方法的咬合力学分析[温颖,张良琼,谭包生等. 北京口腔医学,2008,16(3):148~151]

采用 T-Scan 咬合分析仪进行体内咬合力分布及咬合时间的测定。实验组为单侧游离缺失患者,按照修复方法不同分为种植组(种植固定义齿修复患者,15 例)和支架组(铸造支架活动义齿修复患者,13 例)。对照组为正常牙列(15 例)。比较种植组、支架组和正常组咬合力分布的差异。结果显示,从出现牙尖交错位到最大咬合力的时间:正常组、种植组和支架组的均值分别为:0.39 秒、0.42 秒和 0.62 秒,三组间差异无统计学意义。正常组与种植组、支架组左右向位移差异均无统计学意义;正常组与支架组差异有统计学意义。正常组、种植组和支架组 3 组之间前后向位移差异均有统计学意义。作者认为,种植义齿和活动义齿修复区域均出现咬合力偏低趋势,但种植义齿达到牙弓的左右向咬合平衡,与对侧天然磨牙咬合力较接近,较接近天然牙列的咬合力分布。而活动义齿在牙弓的左右向和前后向都未能达到天然牙列的咬合力平衡。

述 评

咬合力是牙齿、牙周组织、下颌以及相关的神经肌肉协同作用的结果,其作为口腔生物力学的基础之一而备受关注。牙列单侧游离缺失是临床上的常见病例,咬合力不均匀分布将影响修复体的稳定及咀嚼功能的恢复。作者以肯氏Ⅱ类为选择病例,比较种植义齿修复或活动义齿修复后与天然牙列咬合力分布的差别。结果显示,种植义齿在左右向与天然牙列较为接近,而活动义齿在左右向和前后向均未能达到天然牙列的咬合力平衡。同时,两种义齿的缺牙区咬合力均偏低,这为临床修复设计提供了一定的理论参考。

(张富强)

植入部位对种植固定桥受力影响的三维有限元分析[黄庆丰,张富强,胡研等. 上海口腔医学,2008,17(4):400~404]

建立下颌牙列末端游离缺损 4 种不同植入部位四单位种植固定桥的有限元模型,分别为 456X、45X7、4X67、X567,采用分散垂直、分散斜向、集中垂直、集中斜向 4 种加载方式,利用 ABAQUS 有限元分析软件,分析各种载荷下的应力分布情况。结果显示,分散载荷下,不管是垂直还是斜向,4 种植入方案的最大 Von Mises 应力均位于种植体颈部-皮质骨界面处;斜向载荷的 Von Mises 应力在皮质骨和种植体上明显增高,为垂直向的 2.9~5.6 倍。集中载荷下,4 种植入方案的 Von Mises 应力都位于邻近桥体的种植体颈部皮质骨处。远中悬臂设计应力集中最为明显。作者认为,四单位种植固定桥应避免远中悬臂 456X 设计方案,45X7 植入方案力学分布更为均匀。

述 评

下颌后牙游离缺失是临床上常见的缺失类型,种植固定桥修复是最佳设计方案。种植体植入部位的不同影响其生物力学行为和远期修复效果。作者利用三维有限元方法,对不同设计进行应力分析,其中远中悬臂设计应力集中最为明显。通过比较,选出了最佳设计方案以及应避免的设计方案,为临床设计方案的选择提供参考。

(张保卫)

冠外附着体义齿修复后基牙牙周状况的临床研究[牟雁东,樊瑜波,杨小民等. 华西口腔医学杂志,26(4):371~373]

选择 20 例下颌牙列末端游离缺损的患者,每个患者分别在附着体义齿修复前、修复后 1 个月、6 个月和 1 年,四个不同时期测定远中基牙的牙龈指数和菌斑指数,并在附着体义齿修复前和修复 1 年后拍摄数码全口牙位曲面体层片,比较修复前后远中基牙的牙槽骨高度。结果显示,修复前和修复 1 个月、6 个月、1 年后不同时期远中基牙菌斑指数的差异均无统计学意义;修复后 1 个月、6 个月远中基牙牙龈指数和修复前的差异无统计学意义,修复 1 年后远中基牙的牙龈指数高于修复前($P <$

0.05)。同一个体修复前和修复1年后远中基牙远中侧的平均牙槽骨高度的差异无统计学意义($P>0.05$)。提示冠外附着体义齿修复游离缺损时应注意维护基牙的牙周健康。

述　评

基牙的损伤是临床上活动义齿修复失败的主要原因之一。对于末端游离缺失的患者,其游离端基牙因远中扭力易受到损伤,同时牙周状况也影响修复的远期疗效。作者追踪调查下颌游离缺损冠外附着体义齿修复后基牙的牙周状况,指出应注意维护好基牙的牙周健康,对临床有参考价值。此实验样本数量较少,观察时间较短,有待扩大样本量,延长观察时间以进一步研究,探索附着体义齿对基牙牙周健康的长期影响。

(张富强)

磁性附着体模拟静磁场对成骨细胞形态和表面超微结构的影响[姚蔚,赵煜,李冰雁等.中华口腔医学杂志,43(1):48~49]

对体外培养的S-D大鼠成骨细胞施加12.5、125和250 mT的静磁场,加载1、3、5、7天,对照组不加载静磁场,观察细胞形态、排列及表面超微结构。结果显示,各组细胞生长良好,均未见静磁场对细胞形态、排列的影响。125 mT和250 mT静磁场加载3天,12.5 mT静磁场加载5天后,细胞表面出现较多的微囊泡。作者认为,静磁场加载对成骨细胞的形态、排列无明显影响;静磁场加载后细胞表面超微结构发生变化。

述　评

口腔内的磁性附着体可能会对周围邻近组织产生一定的静磁场作用。作者通过体外模拟静磁场加载,观察了不同静磁场加载及不同时间点成骨细胞形态、排列及超微结构的变化。结果提示,静磁场对成骨细胞的形态和排列无影响,但细胞表面微囊泡增多。其结论有助于进一步了解磁性附着体的生物学效应。

(张富强)

磁性附着体和球帽式附着体固位力的体外疲劳耐久性研究[刘凌宜,姜婷,冯海兰.实用口腔医学杂志,24(5):635~638]

将磁性附着体(Magfit EX-600),半精密球帽式附着体(Bedent)和精密球帽式附着体(Dalbo-classics)各5枚固定在冷热循环疲劳实验机上进行疲劳试验,每摘戴1 000次测量1次固位力,共测量10次。结果显示,经摘戴10 000次后,磁性附着体由平均初始固位力(3.850±0.107) N,衰减3.38%;半精密球帽式附着体由平均初始固位力(14.100±0.144) N,衰减90.06%;精密球帽式附着体由初始固位力(11.950±0.082)N,衰减74.56%。作者认为,磁性附着体初始固位力小于另2种附着体,但10年内比较稳定。球帽式附着体初始固位力较大,但衰减也较快。

述　评

磁性附着体、精密球帽式附着体和半精密球帽式附着体是临床上常用的根上型附着体。其固位力的大小及长期应用后固位力的变化是附着体最重要的特性。作者通过体外疲劳试验,在短期内模拟材料长期使用后的性能变化,比较了磁性附着体和球帽附着体固位力的疲劳衰减特性,为临床上附着体类型的选择提供了一定的参考。

(张富强)

不同金属卡环在钴铬金属冠上的固位力衰减及对冠表面磨损的研究[李静,郑东翔,高卫民等.口腔颌面修复学杂志,2008,9(3):188~191]

制作模拟天然牙外形的钴铬合金冠和钴铬合金卡环、纯钛卡环的标准试件,分两组进行1 500次反复脱位和就位实验,测试比较脱位力峰值的衰减曲线,并用扫描电子显微镜观察冠表面的磨损情况。结果显示,两组脱位力的峰值变化均呈现两段式,前段逐步衰减,后段则保持在较稳定的水平,且稳定后钴铬卡环组的力值小于纯钛卡环组;实验前后在钴铬合金全冠定点处的磨损程度,纯钛卡环组小于钴铬合金卡环组。结果表明,钴铬合金卡环、纯钛卡环在钴铬合金全冠上，均能提供足够的固位力，衰减剧烈程度纯钛卡环组小于钴铬卡环组；对冠表面的磨损程度，纯钛卡环组小于钴铬卡环组。

述　评

牙列缺损是口腔修复临床上的常见病，在进行可摘局部义齿设计时，基牙可能已进行了金属冠修复。以往研究多关注于天然牙和卡环的作用，对金属冠和卡环之间的作用研究较少。作者分析比较了纯钛合金卡环和钴铬合金卡环的固位力衰减曲线，并利用扫描电镜观察钴铬合金全冠表面的磨损程度，得出了纯钛卡环固位力丧失和磨损更小的结论，为临床上卡环材料的选择提供了理论参考。

（张富强）

牙列缺失修复

长正中殆型下颌全口义齿近中移位量的初步研究［李思雨，徐军．中华口腔医学杂志，2008，43(7)：418～421］

为 10 例无牙颌患者制作长正中殆型、线性殆型和解剖殆型 3 种全口义齿，用哥特式弓描记装置测量无牙颌患者的长正中量，用三维精密平移台测量 3 种殆型下颌义齿的近中移位量，对比分析不同殆型下颌义齿近中移位量的差异，并与患者的长正中量进行对比。结果发现，10 例无牙颌患者的长正中量为(1.02 ± 0.36) mm，3 种殆型下颌义齿的近中移位量分别为：长正中殆型(1.016 ± 0.348) mm，线性殆型(1.092 ± 0.448) mm，解剖殆型(0.409 ± 0.253) mm。作者认为长正中殆型全口义齿能满足患者长正中量的自然要求，并满足从患者正中关系位至肌力闭合道终点位之间无障碍的义齿设计要求。

述　评

因为长正中的存在，无牙颌患者的建殆位置一直存在争议，并困扰口腔修复医师。该研究首次采用三维精密平移台测量出 3 种殆型下颌全口义齿的近中移位量，不但验证了长正中的存在，而且表明长正中殆型全口义齿适合于长正中。但长正中量毕竟存在个体差异，故对长正中殆型全口义齿还需要进一步的临床观察。

（程祥荣）

用于全口义齿计算机辅助设计的虚拟半可调殆架［孙玉春，吕培军，王勇．北京大学学报：医学版，2008，40(1)：92～96］

应用 FARO(美国)多用途 3D 激光扫描测量臂的接触式测量头获取半可调殆架开闭口、前伸和侧方运动轨迹数据；在同一扫描坐标系下，利用该扫描臂上集成的线激光扫描仪获取正中关系位时上下殆堤唇、颊面三维数据，并应用自行开发的全口义齿 CAD 系统完成一例全口义齿的计算机辅助设计。然后基于殆堤扫描数据，将殆架运动轨迹数据和全口义齿 CAD 数字模型整合于同一个坐标系中，基于 Scoll 语言开发殆架三维运动模拟、咬合关系检测和虚拟调殆的程序。结果发现，该程序能自动检测、记录并用颜色梯度显示计算机辅助设计的全口义齿的咬合早接触区、干扰区，并对目标牙齿进行自动调殆。

述　评

该研究首次使用虚拟殆架对计算机辅助设计的全口义齿进行调殆，有助于计算机辅助设计全口义齿系统的开发和进一步完善。但机械式殆架毕竟难以完全模拟人体颞下颌关节的运动，而且激光扫描测量头捕获殆架运动轨迹的精度也有限，虚拟殆架还需要更多的技术支持。

（程祥荣）

全口义齿平衡殆相关项目的三维测量分析［陆尔奕，张富强，陈晓军等．上海交通大学学报：医学版，2008，28(2)：173～175，179］

应用非接触式激光三维扫描和数字化技术，重建 10 副全口义齿人工牙殆面的三维信息，然后测量分析与平衡殆相关的项目和指标。结果发现，补偿曲线弦高平均为(1.83 ± 0.60) mm，定位平面与殆平面交角平均为

(3.56 ±1.55)度,髁道斜度测量值与补偿曲线弦高和定位平面斜度均呈显著正相关($P<0.05$);牙尖工作斜面与𬌗平面的夹角测量显示,除1例患者的第二前磨牙远中斜面以外,各角度值均呈向远中增大趋势。作者认为将激光扫描技术引入全口义齿的平衡𬌗研究领域,通过对与平衡𬌗理论相关项目的三维测量,可为该技术在全口义齿排牙和选磨过程的临床应用提供理论依据。

述 评

该研究运用最新的数字化技术,首次通过对相关项目的三维测量,试图为平衡𬌗理论提供科学依据。虽然其测量结果基本上与平衡𬌗理论相符合,但由于受试者数量较少,且均为戴用1年以上的全口义齿修复患者,部分𬌗面特点可能已经被磨除,这或多或少会影响到测量结果的精度。

(程祥荣)

闭口式印模法在老年人全口义齿修复中的临床应用[朱晓姝,苏兴宇,关雪琳等. 中华老年口腔医学杂志,2008,6(1):17~18]

对21例上下颌牙列缺失且戴用旧义齿5至7年以上的患者,利用旧义齿做个别托盘,采用闭口式印模法取印模,制作全口义齿。结果发现,与开口式印模相比,按闭口式印模法取印模制作的全口义齿,其平均调改次数明显较少($P<0.05$),但在舒适度和固位方面差异无统计学意义($P>0.05$)。作者认为利用患者原有的旧义齿按闭口式印模法取印模制作全口义齿,虽然较开口式印模有优势,但制作印模前对患者原有义齿的各方面进行完整准确的评估、正确的操作、颌位关系的正确转移,以及合理的排牙和患者的宣教等,也是必不可少的。

述 评

印模质量对全口义齿的修复效果至关重要,若适应证选择恰当,则闭口式印模能更精确地反映口内功能状态下的真实组织形态,唇颊沟的边缘位置更恰当,患者对义齿适应快。但旧义齿使用时间较长,最突出的表现是:因牙槽骨吸收导致义齿基托边缘过长;因人工𬌗面磨损导致颌位关系发生改变,这些都对制作符合生理功能的全口义齿影响较大,故在取闭口印模前必须戴入旧义齿检查,恰当处理,若颌位关系改变较大,最好不采用闭口印模。另外,取印模时,最好选择流动性好、机械性能优良的硅橡胶类印模材料。

(程祥荣)

种植固定-活动联合修复在高龄患者牙列缺失修复中的应用[方赵平,光寒冰. 口腔医学,2008,28(8):414~417]

牙列缺失在老年人群中占有相当高的比例,其中大多数都能采用常规全口义齿加以修复,但对一些牙槽骨重度吸收的病例,常规全口义齿修复的固位和支持效果较差。该研究探讨应用种植固定-活动联合修复的方法对高龄患者牙列缺失进行修复的临床效果。共收集10例50~82岁高龄牙列缺失、剩余牙槽嵴严重吸收的患者,其颌弓关系基本正常,全身无严重系统性疾病,应用Frialit-2的阶梯根形种植体种植,术后修复方式为:杆卡式固位2例,切削杆式固位1例,金沉积套筒冠固位1例,球帽式固位6例。结果发现,采用上述种植固定-活动联合修复后,义齿的固位、稳定、咀嚼功能、美观、舒适感和清洁卫生维护均获得满意效果。

述 评

种植体为全口义齿提供了良好的支持和固位,可解决一些牙槽骨重度吸收病例使用常规全口义齿修复时固位和支持效果较差的缺点。但此类修复往往手术创伤较大,治疗费用较高,使用时须经过仔细的设计方可实施,对高龄患者,还需要更长期的临床观察。

(程祥荣)

舌体肥大患者牙列缺失的修复设计[崔广,宋应亮,李德华等. 中国美容医学,2008,17(4):562~564]

舌体肥大的发生原因有先天、炎症、创伤、

组织变形和肿瘤损伤等多种因素，是牙列缺失患者口腔内的常见症状，同时也是全口义齿修复的难点之一。如何灵活合理地选择治疗手段，克服舌体肥大的不利影响，进行成功的修复治疗，恢复患者的咀嚼功能和面容的美观，是临床医师应面对的问题。作者按照 Myer 分类法将舌体肥大分为 4 类，根据分类设计不同的治疗方案，并以一例 Myer3 类舌体肥大、伴轻度精神障碍的无牙颌患者为例，介绍了其修复设计及制作方法。发现舌生理引导是针对舌体肥大的一种简单有效的治疗方法，修复后义齿稳定性良好，较好地恢复了患者的面型及咀嚼功能，患者满意，但远期效果需要进一步观察。

述　评

真正舌体肥大超过 Myer 3 类以上且需要全口义齿修复的病例较为少见，临床上更多的是舌体因牙列缺失后形成的代偿性增生，一般在全口义齿修复后会有所缩小。该文作者虽仅对一例患者进行了治疗，但详细介绍了舌体肥大的分类和相应的临床治疗方案，对临床医师今后遇到相关病例有一定的指导意义。

（程祥荣）

全口义齿不同基托表面形态对语音影响的对比研究［谢雷，姚希，侯倩等. 中国听力语言康复科学杂志，2008，(4)：34～36］

共选择 10 例无牙颌患者，分别戴入光滑面全口义齿和有腭皱全口义齿，嘱患者发 /da/、/ta/、/sa/、/na/音，应用计算机语音分析系统测量冲直条、嗓音起始时间和过渡音征，以探讨全口义齿腭部基托形态对无牙颌患者语音效果的影响。结果发现，冲直条全部出现；发/da/和/ta/音时，两组义齿辅音的嗓音起始时间、过渡音征起始点差异均有统计学意义（$P<0.05$）；有腭皱义齿组发/d/、/t/的嗓音起始时间与正常标准值差异有统计学意义（$P<0.05$）。作者认为腭皱作为一种有助于发音（舌腭音）的解剖定位标志，有助于恢复无牙颌患者的语音功能，提高辅音发音的清晰度，在全口义齿修复时应考虑恢复。

述　评

随着社会生活水平的提高，全口义齿除恢复患者的咀嚼功能和美观功能外，还需要恢复包括发音、心理等其他方面的功能。该文作者就全口义齿腭部基托形态对语音的影响进行研究，其结果对全口义齿的修复有很好的指导意义。

（程祥荣）

104 例佩戴全口义齿患者满意度与义齿质量间关系的研究［刘向荣，郑晓雁，白保晶等. 北京口腔医学，2008，16(4)：212～214］

对 104 例佩戴全口义齿 3～10 个月的患者进行满意度问卷调查，同时进行义齿质量相关检查，包括义齿基托边缘伸展、人工牙排列、义齿稳定状况、义齿的固位、咬合关系和息止颌间隙。结果发现影响全口义齿患者满意度的主要因素为义齿基托边缘伸展、人工牙排列、咬合关系和息止颌间隙。作者认为患者对全口义齿外观、咀嚼能力、义齿稳固性、舒适性方面的满意度受义齿质量临床评价相关参数的影响。

述　评

临床工作中有时会出现无牙颌患者对义齿的主观感受和满意程度与医师对修复体质量的判定不一致的情况，该研究结果表明两者其实是相关的。这就告诫口腔修复医师不能仅凭全口义齿固位力的大小来判定义齿修复效果，只有全面提高制作义齿的质量，才能获得患者较高的满意度。

（程祥荣）

口腔修复工艺学

等离子喷涂技术对新型牙用烤瓷支架钴铬合金金瓷结合强度影响的研究［吴峻岭，张强，巢永烈. 现代口腔医学杂志，2008，22(1)：51～54］

用等离子喷涂技术在自行研制的 DA9-4 烤瓷支架钴铬合金制成的金属棒以及金属片

表面形成一层 Al_2O_3 陶瓷薄膜，并对其结构进行X线衍射分析；金属棒与VWK95瓷粉烧结生成金瓷棒盘试件用于测定金瓷结合强度；金属片与VWK95瓷粉烧结形成金瓷复合体用于观察界面的形貌及元素分布情况。结果显示，等离子喷涂镀膜处理后的金瓷结合强度(71.98 MPa ± 15.37 MPa)明显高于对照组(63.66 MPa ± 14.72 MPa)($P<0.01$)，表明等离子喷涂技术有改善新型牙用烤瓷支架钴铬合金金瓷结合强度的作用。

述　评

烤瓷支架钴铬合金的问世使在活动义齿支架美学相关区域直接行烤瓷饰面成为可能，提高了活动义齿的美观性能，同时化简了修复体制作工艺。通过各种表面处理工艺，提高其理化性能及金瓷结合性能对于该合金的进一步开发应用具有重要的现实意义，同时蕴含较大的经济效益。作者利用等离子喷涂技术在该合金表面形成氧化铝薄膜，再对镀膜后的金瓷结合强度以及金瓷界面微观结构和元素分布进行研究分析，肯定了等离子喷涂技术增强烤瓷支架合金金瓷结合性能的作用；并初步探讨了结合力提高的结构学基础及其形成机制，为后续研究奠定了坚实的基础。

（李长义）

厚度及处理方法对氧化铝玻璃渗透陶瓷色度的影响[王婷婷，李少敏，任柏林等. 实用口腔医学杂志，2008，24(3)：331～334]

该研究探讨了瓷层厚度及不同次数的烧结及喷砂处理对氧化铝玻璃渗透陶瓷颜色的影响。制备直径为12.5 mm、厚度分别为0.4 mm、0.6 mm、0.8 mm的圆形标准试件，不同厚度组各5个，分别进行烧结和喷砂处理共5次；采用PR-650光谱扫描色度仪在D65光源下对各试件进行色度学测量。结果显示，随着瓷层厚度的增加，明度逐渐提高，颜色趋向黄红色，透射率降低，反射率增高；烧结处理使明度值有所提升，透射率下降；而喷砂处理会略微降低明度值并增加透射率。结果说明，瓷层厚度的改变主要影响陶瓷的透明度，烧结或喷砂处理的次数分别控制在3次以内，尚不会造成颜色的明显改变。

述　评

牙科全瓷修复体具有与天然牙相近的色泽、良好的透明度和生物相容性、较高的化学稳定性和耐磨性，越来越受到临床医师的青睐。氧化铝玻璃渗透陶瓷作为全瓷修复体的底冠，其颜色可透过半透明的饰面瓷而影响修复体的最终色泽。该实验通过改变瓷层厚度，并进行不同次数的烧结和喷砂处理，观察其色度学变化规律。由于测色过程是在色温适宜的恒定光源下进行，因此测试结果具有较好的可比性。所得结论为优化全瓷冠的制作工艺提供了实验依据。但由于实验中处理次数有限，对于生产实践中烧结或喷砂次数多于3次时氧化铝渗透陶瓷的色度变化情况尚需进一步深入研究。

（李长义）

饰瓷工艺对氧化锆陶瓷颜色和透光性的影响[张蕾，骆小平，石玉娟. 中华口腔医学杂志，2008，43(3)：178～181]

测定采用不同饰瓷工艺制作的氧化锆试件的色彩参数和透射比，探讨饰瓷工艺对氧化锆全瓷修复体颜色透光性的影响。制作15片厚度为(0.50 ± 0.01) mm、直径10 mm的氧化锆圆盘试件，表面烧结0.10 mm结合层瓷，随机分为3组(ZP、ZC、ZPC组)，每组5片。ZP组采用直接热压铸技术制作0.60 mm厚A2色饰瓷层，ZC组采用涂层技术涂塑烧结0.60 mm厚饰瓷层，ZPC组先压铸0.30 mm厚饰瓷层，再涂塑烧结0.30 mm厚饰瓷层。用计算机比色仪和分光光度计测定饰瓷前后试件的色彩参数 L^*、a^*、b^* 值和可见光积分透射比，计算色饱和度 C^*ab 和色差，进行单因素方差分析和Turkey's多重检验，测定A2色标准比色片的色彩参数，计算各组与比色片的色差。结果表明，热压铸技术饰瓷的氧化锆陶瓷明度较高，透光性较好；热压铸后涂层技术饰瓷的氧化锆陶瓷明度较低，透光性较差；涂层技术饰瓷的氧化锆陶瓷与比色片色差最小，能准确再现比色结果。

述 评

氧化锆陶瓷强度与韧性较高，作为全瓷基底冠材料可使修复体有较强抗折裂能力，但其透光性欠佳，色彩单一，临床上常在其表面用饰瓷修饰。而通过不同的饰瓷工艺获得的最终修复体的美学效果具有较大差异。作者探讨了热压铸瓷、粉浆涂塑及二者联合应用三种临床常用的表面饰瓷工艺对氧化锆陶瓷颜色和透光性的影响，研究发现单纯的热压铸瓷不能准确再现选定色泽，热压铸瓷和粉浆涂塑联合应用的效果也不够理想，而单独使用粉浆涂塑工艺可以较好地体现全瓷体系的良好美观效果。同时发现热压铸瓷明度较高，透光性较好，这与以往同类研究一致。该研究为临床全瓷冠修复减少色差、提高美学修复质量提供了理论指导。

（李长义）

激光快速成形技术制作镍铬合金基底冠的实验研究［胡江，高勃，韩彦峰等. 中华口腔医学杂志，2008，43(2)：107～110］

用逆向工程和计算机辅助设计技术设计基底冠，应用激光快速成形技术制作镍铬合金基底冠，分别测量基牙预备体外表面殆面边缘、轴面中点和肩台边缘处与镍铬合金基底冠内表面的间隙，与临床可接受的标准（120 μm）进行单样本 t 检验。结果显示各组均小于 120 μm，差异均有统计学意义。表明利用激光快速成形技术可加工出厚度为 0.8 mm、与基牙间隙低于 120 μm 的镍铬合金基底冠。

述 评

工业制造技术的进步不断推动着口腔修复工艺技术的发展。积极将工业制造业的先进手段应用于口腔修复体的生产制作，将为这一研究领域带来活力和新的希望。该文作者即尝试应用激光快速成形技术制作镍铬合金基底冠。激光快速成形是将快速原型制造与激光涂覆相结合的一项技术，突出特征是成形件具有极高的机械强度，同时因省略铸造过程，使金属成形制备过程相对简化。目前该技术主要用于工业制造领域和大型零件的加工，本研究所采用的设备亦为工业用设备，其指标尚不能完全满足修复体这一类小尺寸、高精度金属零件的成形，故虽然获得了符合适合性要求的镍铬基底冠，但也同时发现所得基底冠殆面浮升量过大。尽管欲将该工艺技术应用于临床尚需进行大量研究工作，但该研究为金属修复体或修复体部件的制作提供了一条新的思路。

（李长义）

瓷层厚度比和瓷粉混合比对饰面瓷半透性的影响［熊芳，巢永烈，朱智敏. 实用口腔医学杂志，2008，24(4)：482～486］

用釉瓷、透明瓷、体瓷和遮色瓷分别制作不同瓷层厚度比试件（釉瓷与体瓷试件 11 组，遮色瓷与体瓷试件 4 组）及不同瓷粉混合比试件（釉瓷与透明瓷试件 11 组，釉瓷与体瓷试件 11 组，体瓷与遮色瓷试件 5 组）。采用光谱扫描色度仪测量各组的透射率、颜色参数（黑背景），计算平均透射率差、色差。结果显示透射率与釉瓷/体瓷厚度比（E/D）成正比，与遮色瓷/体瓷厚度比（O/D）成反比，E/D 比例变化时透射率与 L^*、a^*、b^* 之间为对数曲线关系。釉瓷中加入不超过 50% 的透明瓷可以增加半透性且无明显色差；体瓷中加入不超过 30% 的釉瓷时透射率有限度地增加。作者认为，分层试件的透射率与两组分的透射系数及各自的厚度有关，并与厚度成指数关系；通过控制瓷层厚度可以调整饰面瓷局部的半透性；瓷粉混合可有效增加半透性且颜色基本不变，但在降低半透性的同时会产生较大的色差。

述 评

除了明度、色调、饱和度三大颜色参数外，天然牙还有许多第二光学特征，如半透性、晕色、表面光泽度、荧光性等，其中以半透性最为重要。目前临床上常用的饰面瓷对颜色的匹配程度很重视，但往往忽略对半透性的匹配要求。为取得全瓷修复体优异的美学效果，对饰面瓷半透性的研究具有重要意义。该文作者通过比较不同瓷层厚度比和不同瓷粉混合比对半透性的影响，为临床上在可接受的色差范围内调整饰面瓷局部的半透性提供了依据。实验相关结论对技工室生产制作过程具有直接指导作用，有利于提高个性化修复体的制作水平。

（李长义）

两次烧结工艺对氧化锆陶瓷性能的影响[黄慧，魏斌，张富强等. 华西口腔医学杂志，2008，26(2)：175～178]

比较了一次烧结和两次烧结两种烧结方式以及不同烧结温度对纳米氧化锆陶瓷的烧结密度、三点挠曲强度、维氏硬度及断裂韧性的影响。结果显示，两次烧结使氧化锆陶瓷烧结体的内部孔隙略有增多，部分晶粒长大且大小不均匀；两次烧结与一次烧结相比，氧化锆陶瓷烧结体的密度、三点挠曲强度、维氏硬度及断裂韧性存在差异；在 900 ℃/1450 ℃烧结温度时，两次烧结氧化锆陶瓷烧结体相对密度最高(98.49%)，机械性能最佳，三点挠曲强度、维氏硬度及断裂韧性分别为 1059.08 MPa、1377.00 MPa 和 5.92 MPa·$m^{1/2}$ ±0.37 MPa·$m^{1/2}$。作者认为，两次烧结工艺对氧化锆陶瓷的性能虽有一定影响，但材料的各项性能均可满足临床要求。

述　评

氧化锆陶瓷由于硬度高、强度大，可以安全地用于后牙桥体甚至长桥，但致密烧结的氧化锆陶瓷只能用金刚砂刀具进行加工，加工成本高、时间长，采用两次烧结工艺可以在陶瓷坯体成型及初步烧结后，经 CAD/CAM 放大切削加工到所需形状，再烧结到终结温度使材料完全致密。从作者提供的数据看，两次烧结使氧化锆陶瓷的硬度及脆性增大，韧性及强度降低，但是挠曲强度和断裂韧性远高于热压铸造陶瓷和粉浆涂塑陶瓷，是一种很有希望的全瓷修复材料。

（李长义）

热处理时机对快速石膏基包埋料膨胀性能的影响[陈明晟，童徐，孟玉坤等. 华西口腔医学杂志，2008，26(2)：179～182]

采用 Cristoquick Ⅱ石膏基快速包埋料，测量材料从调拌结束至调拌完成后 2 小时内的凝固膨胀率以及材料在放置 30、60 和 120 分钟后采用快速和常规加热法处理的热膨胀率，然后计算包埋料的总膨胀率。分析包埋料在调拌后放置不同时间和不同热处理方法对 Cristoquick Ⅱ石膏基快速包埋料凝固膨胀率、热膨胀率及总膨胀率的影响。结果显示，调拌后放置时间不同，包埋料的凝固膨胀率差异有统计学意义($P<0.01$)，随时间的增加，凝固膨胀率增加；两种热处理后的包埋料随凝固后放置时间的延长，热膨胀率均显著性降低，而放置相同时间的不同热处理样本间热膨胀率无统计学差异；两种热处理后的包埋料随凝固后放置时间的延长，热膨胀率均显著性降低，而放置相同时间的不同热处理样本间总膨胀率无统计学差异。作者认为不同热处理时机对快速石膏基包埋料膨胀性能有影响，因此针对快速加热处理所产生的包埋材料总膨胀率低于某些牙科合金铸造收缩量的情况，可以采用调拌后延长放置时间的方法改善二者的匹配性。

述　评

采用传统的包埋材料进行修复体铸造要经过包埋后放置、焙烧、铸造后冷却等步骤，所需时间超过 24 小时。采用快速包埋料可缩短上述过程至数小时，大大提高了金属修复体制作速度。但是，对于快速包埋料凝固后热处理时机选择的相关研究较少。该实验探讨了 Cristoquick Ⅱ石膏基快速包埋料混合调拌后在不同时间进行热处理对材料膨胀性能的影响以及在使用快速及常规两种不同的加热方法时材料膨胀特性的差异。研究发现，快速包埋料凝固后短时间内的膨胀率小于厂家说明，快速热处理条件下其膨胀率亦偏小；同时提出采用延长包埋料凝固后放置时间的方法可以提高快速包埋料对金属收缩的补偿。上述结论为临床操作中改进该类材料的热处理工艺、提高修复体的铸造精度提供了指导。

（李长义）

改良型 FUS-invest 锆系铸钛冠桥专用包埋材料对钛铸件表面反应层影响的研究［曹磊，郭天文，王有序等. 华西口腔医学杂志，2008，26（3）：308～311］

采用自制的 FUS-invest 及改良型 FUS-invest 锆系铸钛冠桥专用包埋材料铸造纯钛样本，对其表面反应层进行能谱分析、金相观察及显微维氏硬度的测量，以比较包埋料改良前后铸件的表面反应层差异。金相观察可见改良后反应层不明显，富 Si 层难以分辨，针状结晶层散在分布于表面钛基体之间，其进入深度约 55 mm；能谱分析显示 Si、Zr 等元素含量随深度增加逐渐减少；显微维氏硬度从表面至基体由高到低下降趋势明显，距表面约 75 mm 以后与钛基体硬度值接近；反应层厚度由改良前的 85 mm 降低为 55 mm。作者认为改良型 FUS-invest 锆系铸钛冠桥专用包埋材料性能较改良前有很大提高，在控制 Si 元素渗入方面取得了满意的结果。

述　评

纯钛在高温下化学性质活泼，在铸造时容易与空气中的氧以及包埋材料中含有的 Si、C、B、N 等元素发生反应，在钛铸件表面形成反应层，并导致近表面的钛基体金相结构发生变化，这些改变会影响纯钛铸件的物理机械性能。包埋料的成分和性能对反应层的状态具有显著影响，故作者在该研究中探讨了自制的 FUS-invest 锆系铸钛冠桥专用包埋材料改良前后铸件反应层的元素分布、金相结构及显微硬度，确定了包埋料改良有利于更好地控制反应层，为优化包埋材料配方组成提供了理论依据。

（李长义）

口腔正畸学

中国北京和日本横滨两地青少年正畸治疗认知程度的调查分析［杜辉，白玉兴，朱红等. 中华口腔医学杂志，2008，43（11）：671～674］

对中国北京地区 5 500 名青少年和日本横滨地区 4 646 名青少年进行关于错殆畸形认知情况的问卷调查，以探讨不同地区青少年对正畸治疗的理解和认识差异。并进行 χ^2 检验。结果北京地区回收问卷 3 964 份（72. 1%），横滨地区回收问卷 3 291 份（70. 8%）。北京地区已行正畸治疗的青少年为 753 例（19. 0%），横滨地区为 467 例（14. 2%），差异有统计学意义（$P<0.001$）。79. 2% 已行正畸治疗的横滨青少年认为做正畸治疗好，认知程度比北京高（66. 0%）。不同年龄段横滨青少年对正畸治疗需较长时间的了解程度均高于同年龄段北京青少年。与北京青少年（494 名，65. 7%）相比，更高比例的横滨青少年（370 名，78. 6%）认为错殆畸形会对面部健康带来不利影响。表明横滨地区行正畸治疗的青少年比例比北京地区小，但更多的横滨青少年认为做正畸治疗好，高于北京青少年。横滨青少年对正畸治疗的认知程度高于北京，且横滨青少年更注重错殆畸形对面部健康的影响。

述　评

该文是一份社会调查，通过问卷了解中日两国青少年对正畸治疗的认知度。样本量大，问卷设计合理、回收率较高，能较真实地反映中日两国青少年对正畸治疗的理解和认识差异。该调查的价值有二：1）调查提供的数据为今后错殆畸形的宏观防治提供了参考。例如在北京青少年中，有接近 1/5 者接受了正畸治疗，约 1/3 者对正畸治疗缺乏基本了解等；2）两地比较结果令人思考：为什么接受正畸治疗的青少年比例横滨比北京小，但横滨青少年对正畸治疗的认知程度反而高于北京，且更注重错殆畸形对面部健康的影响，如何解释这种看似矛盾的结果？笔者以为这一结果至少反映，由于经济快速发展和独生子女政策，中国城市青少年有了更多的机会得到正畸治疗。但是他们中相当人对于这种治疗知之甚少，接受往往也是被动的，预期合作性也不会很好。为了促进我国口腔正畸专业进一步发展，除了努力提高矫治水平，口腔健康教育与社会宣传也需要重视。

（曾祥龙）

依据中国人正常牙合牙齿特征的直丝弓矫治器的应用研究［陈琳，高雪梅，曾祥龙．中华口腔医学杂志，2008，43(2)：78～82］

将依据中国正常牙合牙齿特征的直丝弓矫治器应用于30例非拔牙病例，在弓丝不弯制任何补偿弯曲的条件下完成矫治。由5位正畸专家对病例的矫治结果进行半定量评价，并对病例模型进行定量测量。通过独立样本t检验将测量结果与中国人正常牙合数据进行比较，对矫治器的临床应用效果进行验证与评价。结果专家组对矫治后模型评价的平均得分为91.2分（百分制），总体评价矫治效果较好。模型测量结果显示，矫治后大多数相邻牙齿的邻面解剖接触点在牙合平面上投影的距离均数小于0.3 mm，牙齿排列整齐；牙齿的冠凸距与中国人正常牙合数据相比，差异无统计学意义；大部分牙齿轴倾度与正常牙合相比，差异无统计学意义；转矩的变化规律与正常牙合测量结果相似，但下颌后牙负转矩较大。结果表明该矫治器对非拔牙病例的临床矫治效果较好，可进一步减少弓丝的弯制，提高矫治质量；下颌后牙转矩数值需要调整。

述　评

直丝弓矫治器设计的基础是正常咬合的牙列。由于牙齿形态和排列位置存在种族差异，我国学者对中国不同地区的正常牙合进行了测量研究，得出适合中国人的直丝弓矫治器的基础数据。遗憾的是，很长一段时间这些研究结果并没有直接产品化，也缺乏对适于中国人的直丝弓矫治器的临床应用研究。该文作者根据北京大学口腔医学院对正常牙合中国人牙齿特征的研究结果开发出直丝弓矫治器，将该矫治器应用于30例非拔牙病例，在整个治疗过程中弓丝不加任何弯曲，矫治完成后对牙模进行评价。专家评价临床矫治效果良好，测量结果三种序列的数据与正常牙合总体一致。作者认为该矫治器可以进一步减少弓丝弯制，提高矫治质量。该项工作仅仅是初步，矫治器有待于今后进一步完善，拔牙病例的使用结果尚待总结。发展适于中国人的直丝弓矫治器是我国正畸界必须解决的课题，希望有一天中国正畸患者使用的都是适合中国人牙齿特征的、中国人自己制造的高质量矫治器。

（陈扬熙）

不同种植方法对即刻负载正畸种植体骨结合的影响［陈岩，赵文婷，Hee-Moon Kyung．中华口腔医学杂志，2008，43(7)：431～433］

比较助攻和自攻植入的即刻负载正畸种植体的骨结合情况，评价不同植入方法对种植体及周围组织的影响。以3只犬的最后一颗前磨牙与第一磨牙根间区、第一磨牙近远中根根分歧的颊侧为植入点，植入24枚正畸种植体；每只犬植入8枚，自攻法和助攻法各植入4枚。镍钛弹簧即刻提供1.47～1.96 N水平力，持续9周。光学显微镜和荧光显微镜评价种植体周围骨组织的变化和骨结合率。结果两组种植体均与骨组织形成骨结合，其间未见结缔组织。自攻组可见较多的陈旧骨，助攻组的骨生长和再生更活跃。自攻组种植体的骨结合率［(41.7+10.7)%］高于助攻组［(25.9+8.0)%］，差异有统计学意义($P<0.01$)。表明即刻负载不影响正畸种植体的骨结合。自攻法对骨组织损伤小，且骨结合率高于助攻组。

述　评

微螺钉支抗种植体问世至今过去了10多年，经历了从“分体式、双期手术、助攻设计、二期负载”到“一体式、单期手术、助攻设计、即刻负载”再向“一体式、单期手术、自攻设计、即刻负载”的发展过程。目前正畸临床广泛应用的微螺钉,无论是助攻式还是自攻式,都做到了即刻负载。然而关于“助攻”和“自攻”哪种植入方式更佳却有不同观点。该文作者以动物实验对这两种不同植入方式的种植体在即刻负载的情况下骨结合情况进行评价。结果发现,即刻负载时,两种种植体均与骨组织形成骨结合,但自攻组的骨结合率显著高于助攻组。作者认为,只要熟练掌握操作技术,两种种植方法均可取得令人满意的种植效果。然而,助攻植入时即使用生理盐水充分地降温、控制钻速、使用预钻头直径小于种植体的直径,其对骨界面的机械损伤和热损伤仍然存在。而自攻组种植体对骨损伤小,骨生长与再生较早,种植体有更高的初始稳定性。

（曾祥龙）

功能矫治器矫治安氏Ⅱ类错殆国内临床试验的循证医学质量评价［孙燕楠,周彦恒,林久祥. 口腔正畸学,2008,15(3):97～99］

以“功能矫治器”为主题词搜索了CNKI(1997—2007年)和万方数据库,共获得378篇可能相关文献;浏览摘要后得到98篇功能矫治器矫治安氏(安格尔)Ⅱ类错殆的临床试验文章。应用循证医学方法对临床试验的设计方法及试验结果的可靠性进行了评价。结果在98篇临床试验中,有77篇临床总结或系列病例报告,均得出功能矫治器能获得较好临床效果的结论。有21篇临床对照试验,其中5篇明确是随机对照,只有1篇比较了双期矫治与单期固定矫治器矫治的疗效,结果在组间没有得出疗效的差异,其余20篇均为阳性结论。表明国内功能矫治器矫治安格尔Ⅱ类错殆的临床试验设计并不完善,试验往往夸大了阳性结果。

述　评

尽管动物实验提供了功能矫治器促进髁突生长改型的确切证据,但临床对功能矫治器治疗Ⅱ类错殆存在不同的观点。作者对近10年国内发表的功能矫治器矫治安格尔Ⅱ类错殆的临床试验检索,结果显示,大多数试验的疗效都得出肯定结论。然而,如果以循证医学的方法进行评价,这些临床试验缺少前瞻性随机实验设计,大多数试验缺少对照组和盲法;在对照试验中,大多数试验为不同矫治器之间的比较,缺少随机阴性对照。作者认为,由于试验设计不完善,实验往往夸大了阳性结果。循证医学是遵循证据的医学,与传统的遵循经验的医学有许多不同。该文是国内为数不多的循证医学在口腔正畸临床领域的具体应用。从研究结果看,目前尚没有足够的证据证明功能矫治器矫治安格尔Ⅱ类错殆的有效性;同时也说明国内正畸临床研究的质量有待提高。该文对今后的临床研究工作具有警示作用。

（曾祥龙）

低摩擦结扎圈在牙齿排齐阶段静摩擦力的实验研究［白雪芹,曾祥龙. 口腔正畸学,2008,15(2):78～80］

选取临床牙列拥挤患者的上颌模型制作Typodont,采用MBT普通金属托槽、0.014 NT弓丝,在万能测试机上测量不同结扎方式时矫治器系统的静摩擦力。结果显示,矫治器系统的静摩擦力,Slide结扎(137.7±1.5)g与自锁托槽DamonMx(136.4±1.7)g和Smartclip(248.5±2.5)g之间的差异无统计学意义,且显著低于Neo-Clip结扎(303.8±6.8)g和传统结扎丝(430.4±6.9)g/圈结扎(584.6±2.0)g;Neo-Clip结扎时矫治器系统静摩擦力与Smartclip、普通结扎丝结扎差异无统计学意义,且显著低于普通结扎圈结扎。提示低摩擦结扎圈在牙齿排齐阶段,可以使矫治器系统静摩擦力降低至自锁托槽水平。

述　评

自锁托槽的设计改变了传统的结扎方式,从而改变了托槽与弓丝之间的摩擦力,成为近年来正畸学研究的热点。以往关于摩擦力研究的实验设计多为单个托槽的简单模型,只能研究外力作用下托槽沿弓丝滑动时的摩擦力。该研究的特点在于:1)以拥挤牙列的Typodont模型,研究排齐阶段整个矫治器系统的静摩擦力,更接近临床实际。2)在相同条件下比较了普通结扎、低摩擦结扎、自锁托槽之间矫治器系统摩擦力的差异,研究对象有代表性。

研究得出的结果有几点值得注意:1)尽管自锁托槽的摩擦力比传统托槽小,可冠以"低摩擦矫治器",但不同自锁托槽的摩擦力存在较大差异,在临床使用中要有所区别和选择。2)新近面世的低摩擦结扎圈可以使矫治器系统的摩擦力降低至自锁托槽水平。3)考虑到低摩擦结扎圈价格远比自锁托槽便宜,并且可以在矫治期间根据治疗需要随时、随处改变为传统结扎,增大摩擦力以定位牙齿,这类新型的结扎圈在我国具有广泛的应用前景。

(陈扬熙)

动情周期不同阶段正畸牙移动影响牙周组织胰岛素样生长因子表达的研究[郭杰,赵青,陈扬熙.华西口腔医学杂志,2008,26(4):439~442]

建立 Wistar 雌性大鼠动情周期不同阶段给予正畸加力的实验模型,采用核酸原位杂交技术检测雌性大鼠动情周期不同阶段牙周组织中胰岛素样生长因子(IGF) mRNA 的表达变化。采用 SPSS 11.0 软件包,单因素方差分析法比较动情周期同一阶段加力实验组与对照组差异,S-N-K 法进行同一组内动情周期不同阶段各亚组间的两两比较。结果发现,正畸牙移动使处于动情周期不同阶段的雌性大鼠牙周组织中的 IGF mRNA 含量增加,其中 IGF-Ⅰ mRNA 的表达在动情期最低,而动情前期最高($P<0.05$);而 IGF-Ⅱ mRNA 的表达在动情周期中没有明显规律。表明 IGF-Ⅰ不仅可以在应力反应中由骨形成细胞在局部合成,而且还与动情周期的全身激素状态有关,而 IGF-Ⅱ则是对应力发生反应的一种局部生长因子。

述　评

由于正畸患者大多数为女性,月经周期、雌激素对骨改建的影响受到正畸学者的关注,该文作者对此进行过长期系列研究。体外试验证明,雌激素和局部机械力都可以增加成骨细胞的增殖活性。但是,目前尚不清楚雌激素和局部机械力经过何种途径引发骨改建,两者之间是否存在相互作用。该研究设计体内试验,在建立 Wistar 雌性大鼠动情周期不同阶段给予正畸加力的动物模型基础上,通过检测在骨增殖中起重要作用的牙周组织胰岛素样生长因子(IGF)蛋白表达,探讨雌激素和应力对局部骨改建的调控途径和机制。研究证明了 IGF-Ⅱ是在应力作用下由骨形成细胞在局部合成的一种生长因子;而 IGF-Ⅰ不仅可以局部合成,而且还与动情周期的全身激素状态有关。这一发现对今后正畸骨改建的实验研究具有参考价值。

(曾祥龙)

正畸方丝转矩力的分析[黄宁,辜岷,韩向龙等.华西口腔医学杂志,2008,26(2):152~155]

运用自行研制的转矩测量仪测量 0.46 mm×0.63 mm、0.48 mm×0.63 mm 不锈钢方丝和相同截面尺寸的镍钛方丝在单个 0.56 mm 槽沟的中切牙托槽内的转矩力矩与转矩角度;根据转矩力矩与转矩角度,使用 SPSS 11.0 软件制作散点图,拟合出 4 种弓丝的负荷形变曲线,并据此建立直线回归方程;根据方程得出弓丝的抗扭刚度及转矩力矩为 20 N·mm 时的转矩角度。结果显示以上 4 种弓丝抗扭刚度分别为 4.909、6.417、1.325、1.363 N·mm/°,达到 20 N·mm 转矩力矩时的转矩角度分别为 19.14°、15.33°、36.83°、35.07°。表明相同截面尺寸不锈钢方丝的抗扭刚度明显大于镍钛方丝;两种截面尺寸镍钛方丝的抗扭刚度相差很小,而不锈钢方丝则相差较大。

述　评

转矩移动是一种重要的、相对困难的正畸牙移动。由于试验手段的限制,对方丝转矩性能的研究远没有对圆丝力学性能的研究多。该试验采用自主研制、符合国家衡器计量标准的转矩测量仪,可直接得出弓丝转矩度和转矩力,保证了试验顺利进行和结果的可靠性。研究得出 4 种方丝转矩力学性能的数据和载荷/形变曲线，对正畸临床很有参考价值。特别是：1）相同截面尺寸不锈钢方丝的抗扭刚度较镍钛方丝高 270.49% ~370.80%。2）不锈钢方丝截面尺寸增大一号时，抗扭刚度（转矩力）增加较多（约 30.7%），而镍钛方丝增加很小（约 3%）。3）0.46 mm × 0.63 mm 不锈钢方丝扭转 19.14°，或者 0.48 mm × 0.63 mm 弓丝扭转 15.33° 时，即能产生 20 N · mm 的最适转矩力。因此在使用不锈钢方丝时应注意转矩角的准确，以免力值过大引起牙根吸收；而镍钛方丝完成牙齿的转矩角度时可能会出现控制不力的情况。这些结果尤其值得注重。

（曾祥龙）

摇椅形弓丝配合前牙区垂直牵引矫治开殆时牙齿应力分布与位移趋势的研究［胡敏，刘磊，张丽雯等. 实用口腔医学杂志，2008（1）：45 ~48］

建立与人体物理性能相似的 1∶1 全牙颌光弹模型，对模型进行临床实际应用的摇椅形弓丝配合前牙区垂直牵引力加载，将实验模型单颗牙进行三维方向冻结切片；利用三维切力差法计算单颗牙牙槽骨各点应力值，分析单颗牙牙周组织应力分布规律及运动趋势。结果发现，第二磨牙运动趋势为整体远中移动，冠受远中向力大于根，整体龈向压低，轻微颊向移动；第一磨牙整体远中移动，龈向压低，冠向远中舌向倾斜；第二双尖牙整体远中移动，殆向伸长，冠向远中旋转，近中颊向远中舌向扭转；尖牙殆向伸长，冠唇向根舌向倾斜；侧切牙殆向伸长，冠唇向根舌向转矩。表明摇椅形弓丝配合前牙区垂直牵引作用于全牙弓牙齿的移动趋势符合开殆的矫治机制。

述　评

前牙开殆患者正畸治疗多需要减数后牙，使近中倾斜的磨牙向远中直立并压低，通过“楔形效应”关闭前牙开殆。在矫治技术方面，MEAW 技术使用附靴型曲的后倾曲，配合前牙垂直牵引，疗效显著。直丝弓技术以摇椅弓代替后倾曲，取得同样效果并简化了治疗。但是，摇椅弓配合前牙垂直牵引在直立后牙的同时是否能使其压低？此时前牙和双尖牙的行为又如何？国内外缺乏可信的试验研究。该文作者以光弹为手段、用三维切力差法分析摇椅弓配合前牙垂直牵引时，在弓丝作用下单颗牙牙周组织应力分布规律及运动趋势，试验模型可靠，三维分析方法获得信息全面。试验结果证明摇椅弓牙弓配合前牙区垂直牵引时，磨牙直立、压低，前牙伸长，符合开殆的矫治机制，为直丝弓矫治器矫治前牙开殆提供了理论依据。然而需要指出，该研究建模使用的托槽为方丝弓托槽（而非直丝弓托槽），弓丝为不锈钢细圆丝，而非镍钛方丝，与临床使用情况有所差异。

（曾祥龙）

成年患者上颌后牙区解剖特点的 CT 研究［朱胜吉，周彦恒. 口腔正畸学，2008，15（2）：53 ~56］

对 15 名上颌前突成年患者，采用相同条件拍摄颌面部 CT，选取距离牙槽嵴顶垂直距离分别为 3.125 mm 和 6.250 mm 的断面作为研究平面，在各研究平面上分别测量上颌后牙牙根间隙及牙根间皮质骨的厚度。应用配对 t 检验对测量结果进行统计分析。结果显示，在 6.250 mm 层面，5、6 以及 6、7 间腭侧的牙根间隙显著大于颊侧，也显著大于 4、5 间的牙根间隙；在颊侧，4、5 及 5、6 的牙根间隙没有显著差异，但都显著大于 6、7 间的牙根间隙。在 3.125 mm 层面，除了 4、5 间颊舌侧以及 5、6 和 6、7 间的颊侧骨皮质厚度存在显著差异外，其余各个配对比较均没有统计学差异；在 6.250 mm 层面，每一牙根间隙的腭侧骨皮质厚度均显著高于颊侧。提示上颌后牙区腭侧比颊侧具有较大的牙根间隙可供植入种植体。上颌后牙颊侧不同植入位置骨皮质厚度差别不大；颊侧种植体应尽量选择 4、5 或 5、6 间的位置植入以避免伤害牙根。

述　评

应用微螺钉型种植体植入上颌后牙牙根

间作为支抗内收前牙可以获得良好效果。种植体的植入部位、牙根间隙大小以及植入部位骨皮质的厚度对植入手术成功具有重要意义。通过对15例上颌前突成年患者上颌骨螺旋CT资料的测量分析,发现上颌后牙区腭侧牙根间隙大于颊侧者;颊侧牙根间隙前部大于后部;颊侧骨皮质厚度基本一致;腭侧骨皮质6.250 mm水平较3.125 mm水平厚。作者认为,上颌后牙区腭侧比颊侧具有较大的牙根间隙可供植入种植体。颊侧种植体应尽量选择4、5或5、6间的位置植入。根据该文提供的结果,3.125 mm平面上牙根间隙最小值均小于或等于2.000 mm,笔者以为,若使用1.500 mm直径的微螺钉,有的患者牙根有受伤害的可能。该文作者如提供了6.250 mm水平牙根之间的宽度则价值更大。

(曾祥龙)

大鼠正畸牙移动中牙周组织内STRO-1动态变化的研究[王光,丁寅,潘峰等.口腔医学研究,2008,24(2):124~126]

通过观察大鼠正畸牙移动中牙周组织内STRO-1的动态变化,研究大鼠牙周膜干细胞(periodontal ligament stem cell,PDLSC)在正畸牙周组织改建中的作用及表达变化的规律。选用幼年S-D大鼠,建立正畸牙移动的模型,分别在加力后1、3、5、7、10、14天处死动物,制备标本。应用EnVision系统两步法和图像分析进行半定量分析。结果显示,正常大鼠牙周组织中STRO-1表达较低;STRO-1在加力组牙周膜中的表达与对照组比较,差异有统计学意义,在正畸牙移动过程中STRO-1阳性显色细胞明显增多。表明STRO-1的表达强度与牙周改建的活跃程度相关,揭示了在正畸力作用下牙周组织改建的可能机制和牙周膜干细胞的作用。

述　评

该研究发现在牙齿移动过程中,牙周膜间充质干细胞表面特异标志物STRO-1阳性显色细胞明显增多,揭示了在正畸力作用下牙周组织改建中牙周膜干细胞活跃,为探讨正畸牙齿移动机制提供了新的思路。干细胞研究是近年来医学研究的一个热点。牙髓以及牙周膜中均有干细胞存在,日本研究人员已经成功地在第三磨牙牙髓组织中提取了干细胞,一些国家的口腔研究人员也进行着种种试验。但与其他医学领域相比,目前口腔医学中有关研究较少,干细胞的提取及其作用在口腔医学研究中尚有待进一步开展。该文作者从牙周膜间充质干细胞角度对牙齿移动生物力学机制进行初步探索,对此起了一定的促进作用。

(曾祥龙)

口腔种植学

硬腭结缔组织游离移植在上颌前牙区种植中的应用[林野,邱立新,胡秀莲等.北京大学学报:医学版,2008,40(1):52~56]

采用硬腭结缔组织游离移植,以关闭即刻种植后伤口或增加种植体唇侧软组织丰满度为目的,共治疗285例患者,其中即刻种植关闭伤口183例,增加唇侧软组织丰满度102例,共299个牙位。所有病例修复后至少追踪1年以上(1~8年)。结果显示,3例患者4个牙位的结缔组织瓣坏死,295个牙位的结缔组织瓣成活。按Jemt牙间乳头分类达到0度的有3个牙位,Ⅰ度的有26个牙位,Ⅱ度的有127个牙位,Ⅲ度的有18个牙位,Ⅳ度的有0个牙位。种植体唇侧软组织丰满度有87例达到Ⅰ度。研究表明,用腭部结缔组织游离移植关闭牙槽嵴顶种植创口或重建唇侧软组织丰满度,可改善美学效果,安全可行,效果满意。

述　评

在牙种植治疗中,继恢复功能之后,美学效果已成为目前一个重要的评价指标,软组织的质与量是重建牙种植美学的组织基础。腭黏膜游离移植是一项较为成熟的临床治疗技术,用于改善种植体周围的软组织质量。该研究通过长达8年的临床随访,采用牙间乳头和唇侧组织丰满度客观的评价标准,回顾性研究并得出腭黏膜游离移植技术可取得较好的种植美学效果，研究结果对临床有一定的指导意义。然而，进一步的临床随机对照研究对上述结论将提供更加有力的支持。

（李德华）

口腔种植计算机术前规划系统的建立与应用［吴轶群，张志愿，陈晓军等．中国口腔颌面外科杂志，2008，6（4）：255～260］

利用 Visual C＋＋6.0 和 Visualization Toolkit（VTK）（Kitware）为平台，采用空间几何算法、计算机图形学方法以及专用语言处理和分析，将患者的三维 CT 数据输入计算机，建立颅颌面骨三维可视化模型，最终开发出牙列缺损、缺失以及颌骨缺损后应用计算机进行术前评估和种植体植入模拟的应用软件系统。针对口腔种植和颅颌面缺损种植修复，建立的系统规划程序能够满足临床医师对解剖结构三维可视性和三维测量的要求以及种植设计与修复效果的术前评估。结果表明该系统能够实现口腔种植和颌骨缺损种植的术前评估以及各种类型种植体的植入设计与修复，为临床种植提供指导，并为后续基于 CT 数据的精确导向奠定了基础。

述　评

计算机辅助设计与制作技术在口腔种植领域的应用催生了牙种植术前计算机设计系统，目前在国际上代表性的设计系统有比利时 Materialise 公司的 Simplant 软件系统和瑞典 Nobel Biocare 公司的 NobelGuide 软件系统。采用计算机术前设计通过直视患者虚拟的解剖条件，做到准确设计。该类系统的另一个重要方面是将种植设计通过计算机辅助制作技术转化成种植外科导板。在这方面国内尚属空白，该研究对国产软件系统的研发有推动作用。

（李德华）

Straumann 种植系统 7 年临床应用回顾分析［张志勇，黄伟，赖红昌等．上海口腔医学，2008，17（3）：267～271］

2000 年 7 月至 2006 年 12 月，上海交通大学医学院附属第九人民医院口腔颅颌面种植科先后为 2 449 例患者植入实心螺纹型穿龈 Straumann 种植体 5 532 颗。患者的平均年龄为 40.2 岁（16～87 岁）。平均骨愈合期为 5.39 个月（1.75～23.75 个月）。其中局部义齿修复 2 640 例，覆盖义齿修复 52 例，全颌固定义齿修复 18 例。患者于修复完成后 6 个月复诊，以后每年定期复查。复查内容包括临床检查和 X 线检查。结果发现 91 颗种植体脱落，其中 59 颗在愈合期内，留存率达 98.36%。证实了使用 Straumann 种植系统修复牙列缺失和缺损，长期预后良好。

述　评

随访是口腔种植临床治疗程序的一个重要组成部分。该文作者回顾性分析了 7 年间完成的 5 000 余颗 Straumann 种植体，尽管根据循证医学原则回顾性临床研究证据力度相对较弱，但是大样本、长时间的临床随访结果有很强的指导意义。此外，对于开展口腔种植临床工作的单位而言，坚持患者长期临床随访是保证治疗效果的一个重要前提。

（李德华）

牙种植患者主观满意度的调查［孙斌，李德华，马威等．临床口腔医学杂志，2008，24（6）：357～359］

采用视觉模拟评分方法（VAS），针对随访的 79 名患者进行牙种植治疗主观满意度调查，采用多元回归法和秩相关检验统计方法，分析主观满意度的相关影响因素以及满意度分项指标与总满意度之间的协同作用。结果显示：1）满意度各项指标的 VAS 得分较高，除 2 项平均得分在 75 分以外，其余大都超过 85 分。2）不同术式、年龄、性别和种牙部位对种植牙总体满意度无显著影响（$P>0.05$）。3）咀嚼功能与预期效果和总体满意度的相关性 r 值分别为 0.608 和 0.582，预期效果和总体满意度 r 值为 0.612，花费和总体满意度的 r 值为 0.592（$P<0.01$）。从主观上讲，即使种植

牙的费用较高，但缺牙患者仍觉得种牙是物有所值，对于牙种植修复的满意度仍很高，这种较高的满意度主要源于种植牙良好的咀嚼功能。

述　评

患者的主观满意度是评价牙种植治疗效果的又一重要指标，了解治疗过程中影响主观满意度相关因素有利于重新审视种植计划以及相应技术；针对主观评价各指标与总满意度之间的相关关系，了解中国人群对牙种植治疗效果最关心的问题，最终指导医师为患者提供更好的治疗方案。该研究取得了一些有指导意义的结论，但是为证实结论的客观性还需要大样本进一步的研究，以增加调查样本的代表性。

（宋应亮）

自体骨移植术中引导骨再生技术的应用研究［周磊，徐世同，徐淑兰等. 实用口腔医学杂志，2008，24(4)：544～546］

采用临床对照研究的实验方法，比较研究单纯块状自体骨移植与自体骨加引导骨再生(GBR)技术水平骨增量效果。上颌前牙区牙槽嵴骨量不足患者 20 例，进行牙槽嵴骨增量手术，其中 8 例患者仅采用下颌骨颏部供骨 Onlay 植骨(A 组)，12 例患者采用自体骨移植加 GBR 技术(B 组)。骨增量后牙槽嵴的厚度分别在术后即刻以及术后 4～6 月进行了测量。结果显示，2 组患者皆在术后 4～6 月出现了移植骨的吸收，A 组患者出现的骨吸收较 B 组患者更为明显($P<0.01$)。结果提示，自体骨移植加 GBR 技术骨增量效果明显优于单纯的自体骨移植。

述　评

Onlay 法自体骨移植增加牙槽突骨量是目前临床一项常规外科技术，自体骨吸收或成骨不良是影响治疗效果的一种主要并发症，生物隔膜的联合应用有利于降低骨吸收、提高成骨效果。该研究通过设置临床对照组，比较生物隔膜对 Onlay 植骨自体骨吸收的影响，得出 GBR 技术联合应用的必要性，对临床工作有一定的指导意义。

（李德华）

白细胞介素-1 基因多态性和种植体周围炎的相关研究［林映荷，管东华，陆轩等. 实用口腔医学杂志，2008，24(4)：586～589］

采用病例对照的研究方法，将选取的 59 例种植患者根据有无探诊出血及牙槽骨吸收分为种植体周围炎组和成功种植体组；同时收集所有患者的颊黏膜拭子提取 DNA。采用聚合酶链式反应和限制性片段长度多态性方法对 IL-1α-889、IL-1β-511 和 IL-1β + 3954 三个位点进行基因型的测定。结果显示，携带 IL-1β + 3954 基因型 Ⅰ/Ⅱ 杂合子的患者其种植体周围炎的发生率明显高于携带 IL-1β + 3954 基因型 Ⅰ/Ⅰ 纯合子的患者。多元 logistic 回归分析结果显示，IL-1β + 3954 Ⅰ/Ⅱ 基因型相对于 IL-1β + 3954 Ⅰ/Ⅰ 基因型的比值比是 12.894($P<0.05$)，吸烟的比值比是 7.718($P<0.05$)。结果提示，IL-1β + 3954 基因型 Ⅰ/Ⅱ 杂合子型和种植体周围炎有相关关系。

述　评

白细胞介素-1 基因多态性与牙种植体颈部骨吸收之间相关关系是进入 21 世纪在牙种植体周围炎病因研究领域的一个新发现，Feloutzis 等在 2003 年发表的论文首次揭示 IL-1 基因多态性与吸烟协同作用导致高加索人种植体颈部骨吸收加剧，随后陆续有报道在其他人种发现类似现象。该研究丰富了我国人种在 IL-1 基因多态性与种植体周围炎之间的相关性，对临床有指导意义。在 IL-1 基因多态性与吸烟之间的协同关系方面，还有待进一步研究。

（李德华　周延民）

腺相关病毒介导的骨形态发生蛋白 7 基因促种植体周骨缺损修复的实验研究［宋珂，杜建明，罗仁惠等. 华西口腔医学杂志，2008，26(4)：421～424，429］

体外构建载 *bmp7* 基因的腺相关病毒，并与牛无机骨(Bio-Oss)复合,观察载*bmp7*基因的腺相关病毒(rAAV-BMP7)复合Bio-Oss的基因治疗方法对种植体周骨缺损修复的影响。6只雄性新西兰大白兔双侧胫骨植入种植体,并制备直径8 mm、深4 mm的种植体周骨缺损,A组骨缺损区填入rAAV-BMP7/Bio-Oss复合物;B组仅填入Bio-Oss;C组不充填材料。术后4、8周分期处死动物,取样进行组织学观察和形态学分析。结果,A、B组骨缺损处均有新骨形成,A组较B组新骨形成更早、新生骨量更多、骨成熟程度更高($P<0.05$)。提示rAAV-BMP7复合Bio-Oss较单纯植入Bio-Oss能更快、更有效地促进种植体周围骨缺损形成新骨,新骨量大且成熟度高,并能形成理想的种植体-骨结合界面。

述　评

骨形态发生蛋白(BMP)对成骨的诱导作用以及异位成骨已得到充分证实并有机制上的揭示。美国近年正式批准了第一个BMP产品的美国食品药物检验署(FAD)认证,但是在具体应用领域存在着应用方式、载体形式等方面的问题。该研究表明,通过基因治疗技术可以种植体周围骨缺损区持续表达BMP7,而起到诱导新骨形成的作用,但是有关基因治疗的安全性以及未来发展前景研究者应关注。

(李德华)

2种接连方式种植体的骨界面应力分析[兰晶,徐欣,姜广水等.华西口腔医学杂志,2008,26(4):443~447]

应用有限元分析方法研究外连接与内连接方式种植体(Replace和Replace Select)的骨界面应力状态。结果显示,两种种植体骨界面应力分布特点均为从种植体颈部至根尖部逐渐减小,应力主要集中在皮质骨区和种植体颈部狭窄处的骨界面;侧向加载时骨界面的应力值均高于轴向加载。无论轴向加载还是侧向加载,Replace Select种植体骨界面的应力值均高于Replace种植体。提示临床修复时两种种植体均应避免受到过大的𬌗力,尤其是侧向力,以防出现种植体颈周骨吸收现象,使用Replace Select种植体时更应注意。

述　评

种植体-基台连接方式是影响种植体-骨界面应力分布的关键因素,并将产生不同程度的种植体颈周边缘骨的丧失。作者应用三维有限元方法分析外连接与内连接种植体的骨界面应力分布状态,两实验组模型中除种植体与基台连接方式不同外,其他参数均相同,消除了其他因素对应力分布的影响。实验设计较为科学,研究结果为种植体的临床选择及远期使用效果提供参考。但往往在临床应用中,外连接方式更易出现固位螺丝松动。如果实验能同时分析比较固位螺丝的应力,则能更全面地得出结论。

(周延民)

Summers骨凿提升上颌窦的临床应用[周磊,徐淑兰,徐世同等.华西口腔医学杂志,2008,26(3):296~298]

对上颌后牙区牙槽骨严重吸收的66例患者采用Summers骨凿预备种植床,植入人工骨并同期植入种植体,术后6个月完成种植修复。结果66例患者上颌窦提升高度2~5 mm,术后皆无上颌窦炎发生。牙科CT扫描显示窦内形成一圆形光滑的突起,提升部位表面光滑完整,无黏膜穿破表现。6个月后X线片显示植入的骨材料无明显吸收,种植体骨结合完成。种植修复完成12~24个月后复查,无种植体松动、脱落,牙龈组织健康,种植体上部结构功能恢复满意。X线片显示,种植体与骨结合紧密,种植体周围骨垂直吸收小于1 mm。作者认为Summers骨凿可安全地提升上颌窦底,并可避免异位取骨,值得临床推广。

述　评

Summers骨凿是一套专用于上颌窦闭合式内提升手术的器械,利用小直径型号骨凿开辟提升通道,而后逐级提升,并充分利用骨凿顶端凹面的边缘将种植孔周围的骨刮下送入窦内。可安全地提升上颌窦底,既有利于新生骨生成，又避免了第二术区取骨，减少了创伤。不失为一种简单易行且安全可靠手术方法。

（周延民）

表面陶瓷化钛种植体与骨组织结合的界面表征及机制探讨[马威，刘宝林，李德华等. 实用口腔医学杂志，2008，24(1)：17～20]

制作犬下颌牙列部分缺损模型，设计制作相应的钛种植体，经过表面陶瓷化处理后，植入犬下颌骨，分别于 3、6、12 周处死动物，利用 SEM 对种植体表面矿物质沉积情况进行观察，同时分析其元素组成，对种植体-骨组织整体标本纵向界面进行元素线性扫描分析。采用未经表面处理的相同类型纯钛种植体作为对照。结果显示，Bio-Ti 种植体周围新生类骨组织在 3 周时已有较多沉积，且与种植体结合较牢固。对少部分骨组织脱落处进行电镜观察及元素分析，种植体表面结构发生改建并且 Ca、P 含量明显上升，微孔内及周围可以看到颗粒状类骨质沉积物。元素扫描结果显示，从骨组织过渡到种植体的微观区域的 Ca、P 元素并未发生突变，提示两者之间磷酸钙成分的互相渗透与结合。作者认为新型 Bio-Ti 表面陶瓷化纯钛种植体可以诱导体内类骨质早期沉积，与骨组织发生紧密结合，并显著缩短骨结合时间。

述　评

种植体表面复合生物活性材料涂层可增强种植体与骨的结合能力，使种植体更早地行使功能。Bio-Ti 处理的种植体表面是一层含有磷酸钙的陶瓷化表面，作者已在之前的研究中验证了其良好的理化性能及生物相容性。该研究利用扫描电镜对种植体表面矿物质沉积情况进行观察，同时分析了种植体-骨界面的元素组成，认为 Bio-Ti 种植体可以诱导体内类骨质早期沉积，缩短骨结合时间，并推测其与骨组织之间发生了化学性的骨键合。但其分子水平的机制还有待于深入验证。

（周延民）

牙和牙槽外科

下颌智齿拔除难度预测研究[楚德国，彭歆. 北京口腔医学，2008，16(1)：24～25]

收集 356 例下颌智齿拔除病例资料，根据 Pell-Gregory 升支分类、Pell-Gregory 殆平面分类和 Winter 分类 3 种分类方式对其阻生程度进行分类，分别以 Pi、Oi、Wi 表示，下颌智齿综合阻生指数用 Ci 表示，Ci = Pi + Oi + Wi，建立下颌智齿阻生程度的数字模型。以手术时间代表智齿拔除难度，通过方差分析，研究下颌智齿不同阻生指数与拔除难度之间的关系。结果显示，下颌智齿手术时间随 Ci 的增大而增加，大部分 Ci 之间与手术时间有显著差异。由此表明该数字模型可以预测下颌智齿拔除难度。

述　评

下颌阻生智齿拔除术是牙槽外科难度相对较大的手术，尤其是阻生程度较大的智齿，拔除更加困难。如果术前不能明确判断拔除难度，对超越自己手术能力的智齿贸然进行手术，不仅给患者造成不必要的痛苦，而且对手术医生也是一个考验或打击。如何在术前准确预测智齿拔除的难度，该研究建立的下颌智齿阻生程度数字模型为我们提供了一个参考。当然该模型还需不断改进，加入其他相关检查手段。

（马国武）

骨凿法与涡轮牙钻加骨凿法拔除下颌阻生智齿的比较分析[胡祥文，郑杰，李萍等. 口腔医学，2008，28(5)：274～275]

总结用骨凿法与涡轮牙钻加骨凿法拔除下颌阻生智齿 1 989 例，并对两种方法拔除下颌阻生智齿术中并发症 226 例、术后并发症 287 例产生的原因进行比较分析。结果显示，采用骨凿法拔除 789 例，术中并发症 140 例，发生率 17.74%；术后并发症 165 例，发生率 20.91%。

而用涡轮牙钻加骨凿法拔除 1 200 例,术中并发症 86 例,发生率 7.17%;术后并发症 124 例,发生率 10.33%。两组差异有统计学意义($P<0.01$)。骨凿法手术时间长于涡轮牙钻加骨凿法。最终认为涡轮牙钻加骨凿法拔除下颌阻生智齿,手术创伤小,时间短,施力准确,易于保护,可降低术中、术后并发症。

述　评

骨凿法是过去拔除下颌阻生智齿的常用方法,由于损伤较大,近年逐渐被涡轮牙钻法取代。然而,单独使用涡轮牙钻拔除下颌阻生智齿需要耗费更多时间,增加了患者的痛苦。该文作者使用涡轮牙钻加骨凿法拔除下颌阻生智齿,融合了两种方法的优点,既减小了手术创伤,降低术中和术后并发症,又缩短了手术时间,减轻了患者痛苦,值得在临床推广。

（马国武）

缩窄型下颌角并低位阻生智齿拔除的临床分析[刘薇,陈卫民,陶学金等. 临床口腔医学杂志,2008,24(6):363～364]

对 5 例缩窄型下颌角并低位阻生智齿的病例进行回顾分析,其中 1 例拔牙术中引起下颌骨骨折。经查阅文献并结合该病例进行综合分析,发现该病例因劈冠并发下颌角骨折是由于下颌角缩窄,下颌角解剖结构薄弱所致。对此类病例行拔牙术应以高速涡轮牙钻破冠去除冠阻力或分根拔除。下颌角缩窄增加了拔除智齿时并发骨折的风险,术前摄全颌曲面断层片,进行个性化手术设计对于预防骨折并发症意义重大。

述　评

拔除下颌阻生智齿导致下颌角骨折的病例临床上偶有发生,主要原因有两方面,一是患者的解剖因素,另一原因是拔牙时操作不当。该文作者针对缩窄型下颌角并低位阻生智齿的患者进行回顾分析,发现这类患者在拔牙时如操作不当更易发生下颌角骨折。对该类病例应该增加风险意识,术前进行必要的检查和评估,术中选用合适的技术,尽量减少对颌骨产生冲击力的操作,只有这样,才能有效预防下颌角骨折的发生。

（马国武）

Gelatamp 胶质银止血明胶海绵预防拔牙后并发症的临床研究[蔡永海,卢长寿. 华西口腔医学杂志,2008,26(5):519～521]

选择需行牙齿拔除术的 608 例患者的 672 颗牙齿,以半随机方法分为试验组和对照组。拔牙时均采用局部麻醉,拔除患牙后将牙槽窝搔刮干净。试验组用 Gelatamp 胶质银止血明胶海绵填塞牙槽窝,对照组除不填塞 Gelatamp 胶质银止血明胶海绵外,其余同试验组。术后 0.5 小时、第 2 天和第 7 天复诊,判断拔牙后并发症的发生情况,计算发生率。采用双盲法进行研究,比较两组患者并发症发生率的差异。结果显示,试验组拔牙后并发症发生率为 7.72%,对照组为 24.43%,二者差异有统计学意义($P<0.05$)。试验组拔牙后出血、感染、疼痛、肿胀、干槽症的发生率均低于对照组,且有统计学意义($P<0.05$)。结果证明 Gelatamp 胶质银止血明胶海绵预防拔牙后并发症的疗效肯定。

述　评

拔牙后并发症有很多,其预防方法也有很多,以往的研究多集中在干槽症上,实验药物和方法对干槽症有很好的预防作用,但对其他并发症的预防效果如何却很少提及。该研究使用 Gelatamp 胶质银止血明胶海绵填塞牙槽窝,同时在不同时间段观察拔牙后出血、感染、疼痛、肿胀、干槽症等多种拔牙后并发症的发生率,结果显示各种并发症的发生率都明显低于对照组。由于该研究设计合理,观察项目全面,结果可信度高,值得在临床上推广。

（马国武）

牙槽外科中采用异种脱细胞真皮基质修复口腔软组织浅层缺损的效果[侯锐,胡开进,姚小虎等. 实用口腔医学杂志,2008,24(1):111～114]

选择 28 例口腔软组织浅层缺损患者,应用异种脱细胞真皮基质(正海生物膜)进行治疗,术后进行随访,观察生物膜成活情况、颜色、质地以及对患者的影响等,并进行统计分析。结果显示,术后生物膜全部成活,术后 2 周成活面积达(97.10 ±6.20)%;1 个月生物膜收缩率为(9.68 ±11.16)%。受植床表面颜色多为粉红,质地柔软,瘢痕轻微;患者进食不受影响,未出现明显局部或全身反应,术前术后实验室检查项目差异无统计学意义。结果证实应用正海生物膜治疗牙槽外科中常见口腔内软组织浅层缺损安全有效。

述　评

口腔软组织缺损比较多见,由于供区受解剖限制,其修复比较困难。而采用自体组织移植虽然成功率较高,但患者承受的痛苦也较大。该文作者采用异种脱细胞真皮基质修复 28 例口腔软组织浅层缺损,取得了理想的效果。这一方法为临床上口腔软组织浅层缺损的修复开辟了一条新途径,如果该技术能够广泛应用,将为牙槽外科及种植中软组织缺损的修复提供一个既简便又有效的手段。

（马国武）

下颌阻生智齿拔除术后干槽症发病率的回顾分析[古亚兰,王瑶. 泸州医学院学报,2008,31(4):413 ~415]

将 2002—2007 年间收集的干槽症病例分成甲乙二组,甲组为 2002—2004 年共 426 例,发生率为 5%,乙组为 2005—2007 年共 612 例,发生率为 0.8%。甲乙二组经 χ^2 检验后,干槽症发生率差异有统计学意义。分析原因可能因为使用一次性器械、四手操作、预先制定详细的手术方案、使用先进的设备及技术、加强术后护理等因素有关。

述　评

干槽症是拔牙术后的主要并发症之一,给患者造成很大痛苦。以往报道智齿拔除术后干槽症的发生率高达 20% 以上,该文对近年智齿拔除术后干槽症进行了回顾分析,并以三年为一个时间段。结果显示,由于消毒越来越彻底,拔牙器械和技术不断改进,拔牙后处理方法不断进步,智齿拔除术后干槽症呈明显下降趋势。该文的结果将对临床进一步降低智齿拔除术后干槽症的发病率有一定的指导意义。

（马国武）

下颌第三磨牙阻生伴第二磨牙牙髓病变同期治疗的临床观察[广东牙病防治,2008,16(5):218 ~220]

为探讨下颌第三磨牙阻生伴第二磨牙牙髓病变同期治疗的可行性,对 80 例下颌第三磨牙阻生伴第二磨牙牙髓病变的患者在行第二磨牙一次性根管治疗后同期拔除第三磨牙,根据患者的反应和 X 线检查评价疗效。结果显示成功率为 91.3%,该治疗方法不仅可以缩短治疗时间,还可以减轻患者痛苦。

述　评

下颌第三磨牙阻生是牙槽外科常见疾病,由于解剖等因素,下颌第三磨牙阻生常常伴随第二磨牙牙髓病变。以往的治疗多选择先拔除阻生的第三磨牙,然后再治疗第二磨牙牙髓病变。这种治疗方法不仅使患者的复诊次数增加,而且需要二次麻醉,增加患者的痛苦。该文作者对该类患者行第二磨牙一次性根管治疗后同期拔除第三磨牙,取得了良好的治疗效果。由于现在临床上很多医师是全科医师,具有同时处理牙槽外科和牙体牙髓病变的能力,故该治疗方法值得在临床上推广。

（马国武）

三维 CT 定位在上颌阻生尖牙拔除中的应用[汪勇,杨驰. 中国口腔颌面外科杂志,2008,6(2):95 ~98]

对需要拔除的 30 例埋伏上颌尖牙进行 X 线全景片及定位片分析,其中 8 例移位明显的病例可以确定位置,而另外 22 例移位不明显的病例无法准确定位。通过三维 CT 定位后,可以准确判断其位置和周围组织的关系。结果表明三维 CT 定位准确性高,可以避免全景片及定位片因重叠和平面效果而造成的判断错误,减少手术进路的盲目性,缩短手术时间,避免手术伤及周围组织和邻牙。

述　评

由于发育等因素，临床上埋伏上颌尖牙越来越多见，其处理主要有两种方法，一种是拔除，另一种是开窗牵引助萌。不论哪种方法，都需要术前定位，以往多使用 X 线全景片及定位片进行定位分析。但对于移位较小，或位于二颗牙之间的埋伏牙使用 X 线全景片及定位片很难准确定位。该文结果显示使用三维 CT 可以准确定位埋伏上颌尖牙，有效指导手术入路，如果在没有牙 CT 的情况下，这一方法是一种很有用的方法。

（马国武）

口腔颌面部感染

石骨症伴下颌骨骨髓炎 1 例报告及文献复习
[陈传俊，李志来，葛婷等. 中国口腔颌面外科杂志，2008，6(1)：71～74]

报告了 1 例石骨症下颌骨骨髓炎病例，并结合文献对石骨症的发病机制、临床分型、口腔颌面部表现以及石骨症下颌骨骨髓炎的临床特点、治疗等问题进行了讨论。作者认为，石骨症伴颌骨骨髓炎的治疗比较棘手，由于石骨症骨质硬化和骨髓腔消失导致骨骼本体血供欠佳，营养不良，抗感染能力下降，一旦局部受到拔牙、活检等手术创伤，极易诱发骨髓炎；在石骨症伴骨髓炎的治疗上存在着两个不利因素：一是局部血供差和营养不良，使得炎症难以得到彻底控制，经久不愈；二是石骨症伴下颌骨节段性骨坏死非血管化骨移植不会成活，与放射性骨坏死很相似，残存骨的活力低下和软组织瘢痕，使得骨床营养不良，因此只能实施血管化骨移植。

述　评

石骨症是一种较为罕见的骨骼发育障碍性疾病，又称为大理石骨症、广泛性脆性骨质硬化症等。由于石骨症自身的病理改变，一旦伴发颌骨骨髓炎，其临床治疗具有特殊性。该病例报告及文献复习对临床上治疗石骨症颌骨骨髓炎有一定的指导意义。

（董福生）

口腔颌面部重症多间隙感染 11 例的治疗体会
[何建明，蔡琪，徐青等. 口腔医学，2008，28(7)：387～388]

回顾 11 例口腔颌面部重症多间隙感染的治疗，11 例患者中，男 6 例，女 5 例，年龄 11～75岁，以颌下间隙、舌下间隙及颊间隙组成的口底间隙感染多见，其次是咬肌间隙、翼下颌间隙的联合感染。感染以牙源性为多见，共 9 例，腺源性感染 2 例。11 例中有 3 例腐败坏死性口底蜂窝织炎。采取联合性治疗，2 例腐败坏死性口底蜂窝织炎患者因并发中毒性休克伴心力衰竭、呼吸衰竭死亡，其余患者治愈。

述　评

近年来，口腔颌面部多间隙感染的发生率明显降低。但一旦发生病情往往较重，常可导致严重的全身症状，甚至危及生命。作者对口腔颌面部炎症多间隙感染出现的原因、治疗对策进行分析与讨论，对于该类疾病的临床治疗有一定的意义。

（董福生）

伴全身中毒症状颌面部感染 135 例临床分析
[韩晓梅，王宪忠. 口腔颌面外科杂志，2008，18(1)：44～46]

从 1 543 例口腔颌面部感染中，对 135 例伴有全身中毒症状的口腔颌面部感染患者进行了回顾性临床分析。135 例伴有全身中毒症状的口腔颌面部感染患者中，男 94 例，女 41 例，最小年龄 9 个月，最大 76 岁，合并败血症 68 例(50.4%)，脓毒血症 67 例(49.6%)。发生中毒性休克 11 例，中毒性肺炎及肺脓肿 23 例，中毒性肝病 13 例，中毒性脑病 5 例，心包积液 1 例，海绵窦血栓性静脉炎 2 例，肺炎并膝关节脓肿 1 例。135 例病例，治愈 130 例，死亡 5 例，治愈率为 96.3%。作者认为对此类患者及早进行抗生素治疗和切开引流，纠正水电解质紊乱，补充营养，少量多次输血增强抵抗力及冬眠疗法等是抢救患者的重要环节。

述　评

由于抗生素的合理使用和医疗条件的改善，口腔颌面部的感染基本都能得到早期的及时治疗，发生伴有全身中毒症状的严重的口腔颌面部感染越来越少见。该临床分析回顾总结了135例伴有全身中毒症状的严重口腔颌面部感染。对并发全身中毒的原因、中毒症状、诊断与治疗进行了分析，对于临床诊治有指导意义。

（董福生）

TGF-β1、TNF-α、MMP-9在人结核性淋巴结中的表达及临床意义［张固琴，胡苏萍. 武汉大学学报：医学版，2008，29(5)：638～641］

应用免疫组化SP法检测了转化生长因子(TGF)-β1、肿瘤坏死因子(TNF)-α、基质金属蛋白酶(MMP)-9在20例颈部活动性淋巴结核、20例颈部陈旧性淋巴结核、20例慢性非特异性淋巴结炎、10例结节病淋巴结及10例正常淋巴结中的表达并利用图像分析技术进行定量分析。结果显示，TGF-β1、TNF-α、MMP-9在40例结核性淋巴结病灶中（活动性淋巴结核、陈旧性淋巴结核）均表达阳性，图像分析TGF-β1、TNF-α、MMP-9的表达在活动性结核组显著高于陈旧性结核组，活动性结核组TGF-β1/TNF-α比值显著高于陈旧性结核组；TGF-β1、TNF-α、MMP-9在正常淋巴结中呈阴性表达，在慢性非特异性淋巴结炎中呈弱阳性表达；在结节病淋巴结中TGF-β1、MMP-9呈中度表达，TNF-α呈阴性表达。研究表明，检测淋巴结核病灶中TGF-β1/TNF-α的比值可能预测疾病的转归。

述　评

近年来结核的发病率呈增高趋势，颌面颈部是人结核性淋巴结炎发病率最高的部位，常在颈部一侧或双侧出现多个大小不等、缓慢增长的肿大淋巴结，也可为单发结节肿块，局部临床表现不典型，多无明显的全身症状。该研究对于淋巴结核的诊断及转归有一定的临床指导意义。

（董福生）

口腔颌面部损伤

成人髁突骨折保守治疗与手术治疗的系统评价［陈瑶，张志光，卢锦华等. 中国口腔颌面外科杂志，2008，6(5)：347～355］

运用循证医学方法，选用开口度、咬合关系文献中361例经手术或保守治疗的患者预后情况进行分析比较，作者认为髁突高位骨折经手术治疗后，开口度和咬合关系均优于非手术治疗，中位和低位骨折两个结局变量，利用SPSS 11.0软件包中R×C列联表的χ^2检验对不同骨折部位治疗方法的选择进行检验，综合评价国内外已公开发表的关于成人髁突骨折经保守治疗或手术治疗的疗效研究的论文。入选28篇文献，其中17篇文献中所有患者均采用手术治疗，4篇非手术治疗，7篇两种方法均有。经过对文献中361例经手术或保守治疗的患者预后情况进行分析比较，作者认为髁突高位骨折经手术治疗后，开口度和咬合关系均优于非手术治疗，中位和低位骨折二种治疗方法的术后开口度和咬合关系差异无统计学意义。

述　评

对成人髁突骨折治疗的方法选择上存在的争议首先是治疗所需代价和获得疗效的问题。因为骨折患者的实际情况复杂，各方面影响因素评价的适应证也都始终停留在定性水平，这使得争议长期存在。用循证医学观点按一定标准对已有的各种研究结果进行筛选后综合分析，是目前国际上对大量临床问题研究的普遍作法。作者在该研究中运用方法得当，纳入标准准确，为类似问题的循证医学研究开启了良好的范例。由于原始资料收集的局限性、发表偏倚和样本量等原因，该方面还需要进一步的研究以便向临床提供更详细的信息和更有指导意义的结论。

（刘彦普　王彦亮）

陈旧性颌骨骨折术后的功能训练[钟凡，彭国光，赵继刚等.口腔颌面外科杂志，2008，18(4):281~282]

报告了陈旧性颌骨骨折术后进行功能训练的临床疗效，探讨康复性治疗在陈旧性骨折治疗中早期功能恢复的作用。作者在颌骨骨折内固定术后1周开始采用康复性治疗措施，包括理疗、肌功能训练治疗及关节黏连治疗等，同时行颌间弹性牵引。通过与常规手术后颌间牵引患者的预后对比，作者认为术后早期进行功能训练，有利于改善局部血供，可早期恢复陈旧性颌骨骨折的功能。

述 评

坚固内固定技术的发展使颌骨骨折后早期功能锻炼成为可能。在临床实际治疗过程中，术后的康复性治疗一般由患者根据医嘱出院后完成。由于患者往往自行完成康复治疗过程，缺乏足够的专业指导，所以不同患者的功能训练效果可能差异很大。作者对不同表现的患者采用了多种康复治疗方法，研究结果再一次强调了颌骨骨折坚固内固定术后早期功能训练的作用，其处理经验值得临床医师处理实际问题时借鉴。

（刘彦普 王彦亮）

计算机辅助技术测量眼眶容积的实验研究[王育新，唐友盛，史俊等.上海口腔医学，2008，17(3):297~299]

用5个头颅骨骼标本进行螺旋CT扫描，用计算机辅助技术和Simplant软件读取数据，并进行眼眶容积测量，同时用量筒法直接测量眼眶容积。通过配对t检验分析数据以验证Simplant软件测量眼眶容积的准确性。结果表明Simplant软件测量眼眶容积是一种简单准确的方法。

述 评

眼球内陷是较难治疗的一种颧骨骨折并发症。多数学者认为，内陷最重要的原因是骨折段移位或骨质缺损引起的骨性眶容积增加。眼眶容积测定对估计创伤的严重程度以及诊治眼球内陷并发症有重要作用，螺旋CT的出现，使得快速准确测量眼眶容积成为可能。作者近年来对计算机辅助技术测量眼眶容积进行了系列研究，向临床医师介绍了一种有效的测量眼眶容积的软件工具，研究结果为手术治疗眼球内陷提供了理论基础。

（刘彦普 王彦亮）

内镜在下颌骨和颧骨骨折中的应用研究[杨建新，刘瑾，龚建平.实用口腔医学杂志，2008，24(3):383~385]

对32例下颌骨角部、升支、髁突颈和颧骨骨折患者采用经口腔或发际内小切口，在内镜辅助下采用微型侧壁电钻和螺丝刀等配套器械行微创内固定。通过术后6月~3年的疗效观察，结果表明，术后骨折线对位良好，面部皮肤无明显手术瘢痕和面瘫症状；颧骨颧弓骨折术后颧面部外形左右对称，个别病例有前牙轻微开𬌗与颏部微偏。作者认为内镜技术在下颌骨和颧骨骨折中的应用能避免面部皮肤瘢痕，具有显著的微创和美容效果。

述 评

内镜技术在外科领域已得到了广泛的应用。由于口腔颌面部解剖结构复杂，缺乏自然的腔隙可到达，所以内镜手术在口腔颌面部骨折尚未普及。目前对下颌骨和颧骨颧弓等部位的骨折，主要还是采用传统的内固定手术，需要采用耳前、颌下、发际内冠状切口和皮肤小切口等入路，术后不可避免会留下皮肤瘢痕。内镜的应用可以有效地避免以上的问题。文中作者结合自身经验同时对内镜技术适应证和内镜与穿颊器的配合操作等实际应用方面进行了讨论，有助于内镜技术在口腔颌面部骨折处理中的推广应用。

（刘彦普 王彦亮）

全面部骨折治疗的临床研究[张清彬，东耀峻，李祖兵等.实用口腔医学杂志，2008，24(3):224~226]

对资料完整的96例全面部骨折病例从致伤原因、切口选择、固定方法和预后等方面进行回顾性总结分析。结果表明,致伤原因以交通伤为主,大部分合并全身并发伤;所有病例中,有 78 例采取头皮冠状切口加下颌骨切口;75% 患者应用坚固内固定。预后不满意的患者全部为陈旧性骨折错位愈合和新鲜粉碎性骨折病例,并多以钢丝结扎固定。提示全面部骨折治疗的难点仍然是陈旧性骨折及复杂粉碎性骨折。

述　评

全面部骨折经常伴有严重的颅脑损伤或合并重要脏器伤的严重并发症,待患者病情平稳可以接受颌面外科处理时,往往已经形成陈旧性骨折,给术中处理造成困难,因此对全面部骨折的治疗一直是颌面创伤外科的研究重点。由于上下颌位关系都发生错位,以往的处理原则是采用颌间牵引配合颅颌固定使面部骨折愈合。近年来随着国际内固定研究协会(AO)理论引入,手术开放复位固定治疗已成为临床上处理该类问题的首选方法。作者在文中提出对骨折线少且移位不严重的患者采用小切口径路,应用颧骨复合体骨折定量复位矫正仪辅助恢复颧骨、颧弓的突度和弧度,借助三维头模技术预制植入体模型等方法和经验,对临床治疗具有实用参考价值。

(*刘彦普　王彦亮*)

面中骨折术后眶下神经损伤恢复的临床观察[赵洪波,张世周,张东升等. 上海口腔医学,2008,17(4):380~382]

对 28 例面中部骨折后眶下神经损伤的患者,术后通过患者自述、针刺检测、两点辨别觉及直流感应电测仪等方法,测定眶下神经的恢复状况及恢复时间。结果表明,25 例患者的眶下神经损伤得到恢复,神经恢复时间在 4~6 个月。3 例患者未能恢复而成为永久性损伤。未发现慢性神经性疼痛患者。作者认为大部分骨折后眶下神经的损伤是暂时的、可恢复的,但也有极少数发展为永久性损伤,因此建议对伤后 6 个月神经功能仍未恢复的患者,可考虑行眶下神经减压术。

述　评

面中部骨折后累及眶下管导致眶下神经损伤是临床上常见的面部骨折并发症。因感觉神经功能障碍一般不影响患者功能,且大多数患者术后可自行恢复,因此国内以往开展的专项研究较少,已有的报道多作为手术或创伤的并发症而提及。该文作者对面中部骨折后出现眶下神经损伤的病例进行了系统回顾,并对预后情况进行分析,提出以伤后 6 个月作为判断发生永久性损伤和考虑手术探查的时机。该结果对临床上处理该类问题提供了参考依据。

(*刘彦普　王彦亮*)

颧骨复合体骨折坚强内固定术后临床观察[国秋生,王玎,段周剑. 口腔颌面外科杂志,2008,17(4):279~280]

对 38 例颧骨复合体骨折采用切开复位内固定治疗,并按照固定部位和数量分别进行追踪观察,获得满意疗效。结果表明,直视下骨折解剖复位并应用坚强内固定治疗,防止了复位后颧骨体的再移位,提高了临床治疗效果,避免了咀嚼肌牵拉而导致颧骨体再移位。

述　评

应用内固定技术处理颧骨复合体骨折已成为临床治疗常规。但近年来临床操作过程中开始出现“过度固定”的现象。对此,该文作者对颧骨复合体骨折后固定 1 点~4 点及不同固定部位的患者预后情况进行了系统回顾。结果表明,在能够保证准确复位和固位稳定的条件下,1 点~4 点固定的各组患者术后颧骨体均较稳定,未发生明显移位。作者同时指出在没有功能载荷的部位应用接骨板固定对维持颧骨体稳定性作用不大,“过度固定”反而会加大手术创伤,增加术后感染和软组织畸形的发生。这些观点对于临床上处理该类问题,避免不必要的过度固定,都有实用参考价值。

(*刘彦普　王彦亮*)

口腔颌面部肿瘤学

经 CT 引导头颈部恶性肿瘤[125]I 放射性粒子的植入[张杰,张建国,宋铁砾等. 华西口腔医学杂志, 2008,26(1): 8 ~9]

对 5 例头颈部恶性肿瘤患者植入[125]I 放射性粒子,根据 CT 扫描,调整定位针的位置和方向,将[125]I 放射性粒子依次植入靶区,即刻再次 CT 扫描,并验证靶区及周围重要组织器官的剂量。结果 5 例患者均顺利完成植入,12 根定位针有 5 根需要进行位置和深度调整,即刻剂量验证与术前计划完全一致。术后随访 12 ~24 个月,2 例单独进行[125]I 放射性粒子治疗的患者,肿瘤体积缩小约 50% 和 80%,生活、工作正常;3 例术后辅助植入的患者,随访未发现肿瘤复发。

述　评

[125]I 放射性粒子近距离治疗头颈部恶性肿瘤取得了明显的疗效,可以作为术后的辅助治疗,也可以单独用于晚期癌的挽救治疗。放射性粒子治疗肿瘤,最重要是确定靶区以及精确植入粒子。经 CT 引导下的组织间粒子植入,其优点是在实施术前制定的治疗计划时更加准确;并可对植入的[125]I 放射性粒子进行即刻验证,直观显示肿瘤或靶区与粒子本身的图像,从而避免造成不必要的损伤与误差。此方法具有一定的专科特色和临床指导意义,但在临床应用方面尚需积累更多的病例和经验。

(胡勤刚)

血管细胞黏附分子-1 在口腔鳞状细胞癌中的表达及其意义[孙乐刚,王芳,刘玲等. 华西口腔医学杂志,2008,26(6):591 ~594]

应用分子原位杂交和免疫组化方法,对 48 例口腔鳞状细胞癌(OSCC)组织和 10 例正常口腔黏膜组织中血管内皮细胞黏附分子(VCAM)-1 mRNA 和 VCAM-1 蛋白质的表达和定位进行检测。结果显示,VCAM-1 蛋白定位于肿瘤细胞的细胞质和细胞膜,VCAM-1 mRNA 定位于肿瘤细胞细胞质。VCAM-1 mRNA和 VCAM-1 蛋白在 OSCC 中的表达显著高于正常口腔黏膜组织,OSCC 中淋巴结转移者 VCAM-1 蛋白表达显著高于无淋巴结转移者。

述　评

浸润和转移是恶性肿瘤复发和致死的主要原因,肿瘤细胞的黏附性在此过程中起着极为重要的作用。以往研究发现 VCAM-1 在多种肿瘤组织中有异常高表达,而且与肿瘤的生物学行为有关。作者应用分子原位杂交和免疫组化方法证实 OSCC 组织中 VCAM-1 蛋白阳性表达显著高于正常口腔黏膜组织,且该蛋白表达与肿瘤浸润深度、有无淋巴结转移及临床分期有关。研究提示 VCAM-1 在 OSCC 肿瘤组织中的高表达可能参与 OSCC 的浸润和转移,VCAM-1 可作为判断 OSCC 预后的指标之一。

(胡勤刚)

姜黄素对舌鳞状细胞癌 Tca8113 侵袭和迁移影响的实验研究[王文霞,孙善珍,郭小玲等. 中华口腔医学杂志,2008,43(2):101 ~104]

收集不同浓度姜黄素作用 Tca8113 24 小时后的细胞上清液,采用明胶酶谱法检测上清液中基质金属蛋白酶(MMP)-2 和 MMP-9 活性的变化;同时采用 Transwell 小室建立细胞体外侵袭迁移模型,检测不同浓度姜黄素对 Tca8113 细胞侵袭和迁移能力的影响。结果发现 25 mol/L 姜黄素作用 24 小时后,MMP-9 活性降低 86. 8% ,50 ~100 mol/L 姜黄素作用 24 小时后,则未检测到 MMP-9 的活性,抑制率接近 100% ;25 mol/L 和 50 mol/L 姜黄素作用 24 小时后,MMP-2 活性降低约 40% ,在75 mol/L 和 100 mol/L 时,抑制率达 90% 。

述　评

舌鳞状细胞癌易复发和转移,临床预后较差,而肿瘤的侵袭和转移主要与细胞外基质中的胶原被明胶酶破坏有关,明胶酶主要包括 MMP-2 和 MMP-9。该实验将新一代抗肿瘤药物姜黄素作用于体外培养的舌鳞癌细胞系

Tca8113,发现有较强的抑制MMP-2和MMP-9活性的作用,并呈剂量依赖性;进一步的细胞体外侵袭迁移模型提示,姜黄素可显著降低舌鳞癌细胞Tca8113的侵袭和迁移能力。该研究探讨了姜黄素阻断舌鳞癌细胞侵袭转移的机制,即其通过抑制肿瘤细胞基质金属蛋白酶分泌发挥作用。

（胡勤刚）

血管内皮生长因子小干扰RNA抑制人舌鳞状细胞癌细胞移植瘤生长及血管生成的实验[于大海,李敬,曾莹等. 中华口腔医学杂志,2008,43(9):556~560]

先构建Tca8ll3细胞裸鼠皮下移植瘤模型,随机分组,并用脂质体法将两对血管内皮生长因子(VEGF)小干扰RNA(siRNA)真核表达载体(PU-VEGF-siRNAl、PU-VEGF-siRNA2)作瘤体内及瘤周注射,1次/3天,共注射10次后处死裸鼠;测量瘤体积及瘤重;反转录聚合酶链反应(RT-PCR)、蛋白印迹技术(Western blotting)和免疫组化法分别检测瘤组织VEGF mRNA及VEGF蛋白表达,并检测瘤内微血管密度;流式细胞仪检测肿瘤细胞悬液的细胞周期比例,Tunel法检测组织细胞凋亡。结果显示siRNA能在体内抑制舌癌VEGF表达,减少肿瘤血管生成,延缓肿瘤生长。

述　评

肿瘤的生长及转移与VEGF密切相关。该实验将VEGF作为siRNA肿瘤治疗的靶点,通过体内转染VEGF siRNA质粒,观察其对裸鼠皮下人舌鳞癌Tca8113细胞移植瘤VEGF表达的抑制作用,对肿瘤血管生成及肿瘤生长的影响。结果发现VEGF siRNA在体内抑制了VEGF基因及其蛋白的表达,减少了肿瘤血管的生成,通过抑制肿瘤血管的生成,限制营养物质与氧的供给,这也可能是VEGF siRNA抑制实体肿瘤生长的重要途径之一,其缺点是尚无法杀灭肿瘤细胞,要成为治疗舌鳞癌的新手段还有待进一步研究。

（胡勤刚）

口腔鳞状细胞癌中趋化因子受体CCR7的表达及其与颈部淋巴结转移的关系[尚政军,刘克,陈新明. 中华口腔医学杂志,2008,43(10):592~595]

应用免疫组化、反转录聚合酶链反应(RT-PCR)和蛋白印迹技术(Western blotting)等方法检测85例口腔鳞状细胞癌组织以及口腔鳞癌细胞系Tca8113和腺样囊性癌细胞系(ACC-M)中CCR7的表达。结果发现66%的口腔鳞癌组织存在CCR7的阳性表达,其中淋巴结转移组的CCR7阳性表达率明显高于无淋巴结转移组。Tca8113细胞系对淋巴结的黏附能力明显高于ACC-M细胞系,并且能够被CCR7抗体有效阻断。研究提示趋化因子受体CCR7在口腔鳞癌的发生发展及淋巴结转移中起着重要的作用。

述　评

肿瘤转移是一个具有高度组织性、非随机性和器官选择性的多步骤过程,并有向特殊器官转移的趋势。以往研究表明多种细胞因子与肿瘤的侵袭和转移有关,但肿瘤定向淋巴结转移机制尚未明确。该研究证实趋化因子受体CCR7在口腔鳞状细胞癌中具有阳性表达并在口腔鳞癌颈淋巴结转移中发挥重要作用,对于了解口腔鳞癌侵袭和转移的分子机制具有一定的参考价值。

（胡勤刚）

口腔黏膜下纤维化癌变过程中G2、M期细胞周期蛋白与存活素磷酸化的研究[周晌辉,李力力,蒯新春等. 中华口腔医学杂志,2008,43(12):709~712]

应用蛋白印迹技术(Western blotting)检测10例正常口腔黏膜上皮组织、40例口腔黏膜下纤维化(OSF)上皮组织及42例OSF癌变组织中CyclinB1、$P34^{cdc2}$和存活素磷酸化的表达情况,免疫共沉淀实验分析$P34^{cdc2}$激酶与存活素的相关性。结果显示CyclinB1、$P34^{cdc2}$、磷酸化$P34^{cdc2}$和存活素磷酸化在OSF组织中表达显著高于正常口腔黏膜;在OSF癌变组织中的表达显著高于OSF组织。作者认为细胞周期G2、M期重要分子CyclinB1、P34[cdc2]及存活素磷酸化在OSF细胞分裂增殖过程中起促进作用。

述 评

口腔黏膜下纤维化(OSF)是一种隐匿性、具有癌变倾向的炎性疾病,其癌变的机制尚不明确。该研究首次检测了CyclinB1、P34[cdc2]、磷酸化P34[cdc2]和存活素磷酸化在正常组织、OSF上皮组织及OSF癌变组织中的表达差异,提示细胞周期G2、M期的重要分子CyclinB1、P34[cdc2]的表达异常以及存活素磷酸化等可能促进了OSF癌变的发生,但要真正了解OSF癌变的过程还需进行动态的观察。

(胡勤刚)

100例成釉细胞瘤临床病理分析[金武龙,叶为民,周梁等.中国口腔颌面外科杂志,2008,6(4):243~246]

对上海交通大学医学院附属第九人民医院口腔颌面外科2000年1月至2007年1月间收治的100例成釉细胞瘤患者的临床病理分型、治疗方法及术后复发情况进行回顾性研究,并采用确切概率法检验各相关因素与复发之间的关系。结果发现,发病年龄与临床分型有一定关系,单囊型成釉细胞瘤主要见于青少年。100例成釉细胞瘤患者中,单囊型术后复发率7.69%(3/39),外周型复发率为40%(2/5),一般型复发率为57.14%(32/56),三者间差异有统计学意义($P<0.05$)。减压术治疗29例,术后8例复发;刮治术治疗38例,24例复发;颌骨方块切除11例,3例复发;根治性切除22例,术后2例复发。不同术式的复发率差异有统计学意义($P<0.05$)。

述 评

成釉细胞瘤是口腔颌面部最常见的牙源性肿瘤,生物学行为具有局部侵袭性,侵犯颌骨,也可进入周围软组织。手术切除不彻底或者选择术式不当常引起复发。该研究通过对100例病例的回顾性分析,发现采用刮除术、减压术等治疗单囊型的复发率较低,而一般型和外周型采用该术式复发率较高。结果表明成釉细胞瘤的术式应根据临床病理分型区别对待,对于一般型和外周型的成釉细胞瘤应选根治性治疗。

(胡勤刚)

口腔鳞癌与正常黏膜中*FAPA*基因mRNA的表达[吕晓智,冯元勇,张萍等.中国口腔颌面外科杂志,2008,6(4):270~273]

对2002年6月至2004年2月在上海交通大学医学院附属第九人民医院口腔颌面外科住院的30例口腔鳞状细胞癌(OSCC)患者,采用RT-PCR法检测肿瘤组织和配对的正常口腔黏膜中成纤维细胞激活蛋白(FAPA)mRNA的表达。结果表明,FAPA mRNA在30例OSCC和配对正常黏膜的阳性率分别为83%(25/30)和40%(12/30);总表达水平分别是3.58 ± 0.46和1.27 ± 0.21。OSCC中FAPA mRNA的表达较配对正常黏膜上调2.82倍,两者差异具有统计学意义($P<0.05$)。

述 评

肿瘤基质层在肿瘤的发生发展过程中起关键作用,研究肿瘤基质中成纤维细胞的功能和作用,对于肿瘤的诊断和治疗具有重要意义。该研究通过检测OSCC患者肿瘤组织和对照正常黏膜中的FAPA mRNA的表达,证实*FAPA*基因在口腔鳞癌中表达较其配对正常黏膜显著上调,提示*FAPA*基因的表达失调是OSCC发生发展过程中的一个重要事件,*FAPA*基因可能是头颈鳞癌中一个潜在的靶基因,为OSCC的基因诊断、基因治疗提供了新的依据。

(胡勤刚)

口腔颌面部后天畸形与缺损修复

横向颈阔肌肌皮瓣和面动脉-颏下动脉岛状肌皮瓣修复颊黏膜癌术后缺损[陈伟良,王科,王

永洁等. 中国口腔颌面外科杂志,2008,6(6):431～434]

采用横向颈阔肌肌皮瓣和面动脉-颏下动脉岛状肌皮瓣修复 27 例颊黏膜鳞状细胞癌手术切除后的组织缺损,其中用颈阔肌肌皮瓣修复 15 例,15 例中 13 例颈阔肌肌皮瓣存活,3 例小部分坏死,成功率为 86.7%;面动脉-颏下动脉岛状肌皮瓣修复 12 例,11 例成活,皮瓣成活率为 91.7%。全部病例经 6～24 个月复查,受区功能正常,供区外形良好。作者认为,横向颈阔肌肌皮瓣和面动脉-颏下动脉岛状肌皮瓣均适用于颊癌术后中型颊黏膜缺损修复,术后无张口受限,无皮瓣臃肿。制备简单,颜色、质地良好。

述　评

该文作者报告的方法是颊黏膜区域肿瘤切除后组织缺损的多种修复方法之一,有其优点。颈阔肌的血供来自颞浅动脉、面动脉和眶上下动脉以及血管网丰富的面部浅表肌腱膜系统。面动脉-颏下动脉岛状肌皮瓣的血供直接来自面动、静脉。因此,皮瓣或血管蒂受压,导致静脉淤滞,是皮瓣坏死的主要原因。颈阔肌皮瓣比面动脉-颏下动脉岛状肌皮瓣更容易出现静脉淤滞,这点必须引起临床医师们的重视。

(蓟新春)

从美学角度对额部扩张皮瓣行外鼻重建术的改进［张爱君,金培生,陶常波等. 中华医学美学美容杂志,2008,14(3):167～170］

采用美学重建外鼻的手术方法,对 12 例鼻下端缺损行额部扩张皮瓣修复。在额部帽状腱膜下方斜向置入皮肤软组织扩张器,常规扩张方法注液,以鼻背皮肤及鼻端残余瘢痕和黏膜作衬里,测量患者鼻翼或内眦间距。在扩张的皮肤上以此作为基准按美学标准设计三叶肌皮瓣,向下翻转再造外鼻,按美学亚单位分区修剪皮瓣至不同层面并塑形。术后随访 6 个月至 1 年,12 例鼻缺损患者无 1 例皮瓣坏死。鼻形态自然、美观。

述　评

鼻是位于面中部的复杂的三维锥体,鼻再造不是简单的皮瓣转移,而是要求利用二维的皮瓣重塑一个具有美学特征的三维结构的鼻,不仅要考虑再造鼻的大小与整个面部轮廓相和谐,还要注意鼻各部分的衔接流畅。该文作者从美学角度对三叶瓣的个体化和标准化设计、术中灵活的塑形、对外鼻形态改进做了有意义的工作,值得推广应用。

(蓟新春)

钛重建板联合胸大肌肌皮瓣同期修复下颌骨放射性骨坏死切除术后缺损［何悦,张志愿,竺涵光等. 上海口腔医学,2008,17(6):565～568］

应用重建钛板联合胸大肌皮瓣对大剂量放疗引起的颈部受区血管破坏,无法进行显微外科修复的下颌骨放射性骨坏死患者进行了修复治疗。术后皮瓣全部存活,钛重建板无排异和外露,术后下颌骨体层片显示钛板固位良好,残余下颌骨无明显异常反应。12 例患者中,有 7 例开口度达 2.5 cm 以上,5 例 2.0 cm 以上;术后外形满意者 6 例,基本满意者 4 例,稍不满意者 2 例;术后残余牙咬合关系偏差在 0.5～1 个牙位之间。

述　评

对于大剂量放疗导致的下颌骨放射性骨坏死,尤其是放疗时颈部受区血管破坏,无法进行显微外科重建的患者,钛重建板联合胸大肌皮瓣修复是一种有效、安全、相对简单的方法,可以推广使用,积累更多经验。

(蓟新春)

颞肌在翼腭窝肿瘤侵犯软硬腭术后缺损修复中的应用［蓟新春,谢正琪,张新宇. 北京口腔医学,2008,16(6):335～337］

应用患侧前和中颞肌瓣修复翼腭窝肿瘤侵犯硬软腭术后组织缺损 11 例,11 例患者中,黏液表皮样癌 4 例,腺样囊性癌 3 例,骨肉瘤 1 例,低分化腺癌 2 例,成釉细胞瘤 1 例。硬软腭缺损面积 30%～50%,术后创面一期愈合,肌瓣无坏死。术后患者进食与术前无差异，腭咽闭合无明显影响。作者认为使用颞肌瓣修复翼腭窝肿瘤侵犯硬软腭术后缺损是一种有效的好方法。

述 评

应用颞肌瓣修复硬软腭术后缺损是一种有效的方法，可根据颞肌的血供动脉的分支来源制备不同的组织瓣，即前颞肌瓣、中颞肌瓣和后颞肌瓣或反向颞肌瓣。但当肿瘤侵犯颞浅动脉的分支后，颞肌的血供中断，这时就不能选用颞肌瓣来修复软硬腭缺损了，应选其他轴形瓣或游离皮瓣修复为佳。

（田卫东）

重复皮肤组织扩张术的临床、生物力学及病理观察［刘柳，蔡国斌，陈光宇等. 中华医学美学美容杂志，2008，14(2)：82～84］

对已扩张的皮肤进行重复扩张，首次扩张可与重复扩张后时间间隔平均为 8 个月。31 个病例被分为儿童组和成人组，测量首次和重复扩张后皮瓣的增长率，并作生物力学特性检测和病理观察，进行两两组间比较。31 例患者，第 1、2 扩张过程中并发症发生率分别为 10% 和 17%，随访 6～12 个月，大部分治疗效果满意。重复扩张后两组的皮瓣增长率均下降，应力-松弛特性和断裂强度减弱，表皮增殖减少，尤以成人组较为显著。因此作者认为，皮肤重复扩张术是临床可行的手术方法，儿童可取得比成人更满意的手术效果，但其风险性增大，皮瓣质量下降，应用时应小心慎重。

述 评

该实验结果为皮肤重复扩张临床应用时应注意的问题提供了科学理论依据，有较好的临床应用理论价值。

（翦新春）

双 Z 成形术矫正蹼颈畸形［黄治林，孟令年，王侠等. 中华医学美学美容杂志，2008，14(3)：171～173］

在耳后至乳突后发际设计一个 Z 成形术，并在其后下缘斜方形切除一部分带毛发的皮肤，另外在肩峰内上方设计一个与上述切口不连续的 Z 成形术，两个 Z 成形术经过转位后达到延长带状条索的目的。而部分带毛发的皮肤切除后，带状条索分别在乳突下部和锁骨中线外切断，中段向内侧回缩，与 Z 成形术结合而使颈蹼消失。该方法仅需小范围的皮下剥离和少量的皮肤切除，切口隐蔽、剥离范围小，瘢痕轻微，无肥厚性瘢痕增生。共治疗蹼颈 5 例，随访 1～11 年，效果满意。

述 评

采用该方法治疗蹼颈畸形，不仅操作简单，也可在局麻下进行，而且具有较好的美容效果，值得推广。

（翦新春）

唇裂与腭裂

中国西部人群 *IRF6* 基因 V274I 位点 SNP 与非综合征型唇腭裂相关性的研究［马坚，黄永清，马敏等. 实用口腔医学杂志，2008，24(3)：417～421］

在中国西部人群中收集非综合征型唇腭裂患儿 332 例，患者父亲 243 例，患者母亲 289 例，核心家庭 224 个，对照组正常新生儿 174 例。采用聚合酶链反应-限制性片段长度多态性（PCR-RFLP）方法检测 *IRF6* 基因 V274I 多态位点基因型，进行病例对照和传递不平衡（TDT）研究。结果发现，在中国西部人群中，与正常对照组比较，单纯唇裂和唇腭裂组 V274I 位点单核苷酸多态性（SNP）的 *GG* 基因型和 *G* 等位基因的频率差异有统计学意义（$P=0.000$），而与单纯腭裂组比较差异无统计学意义（$P=0.699$）。运用传递不平衡研究发现 *IRF6* 基因 V274I 多态性突变的 *G* 等位基因在唇裂和唇腭裂患者中存在过度传递（$P=0.000$）。研究提示在中国西部人群中 *IRF6* 基因 V274I SNP 位点 *G* 等位基因与非综合征型唇腭裂存在强的相关性，而与单纯腭裂无相关性。

述　评

对于非综合征型唇腭裂发病相关基因的研究,一直是学者们探索唇腭裂发病机制的重要途径之一。唇腭裂是一种基因与环境因素联合交互作用所造成的复杂疾病。在不同人群中,每个因素所起的作用是不同的,而不同人群中相关基因型分布差异很大。尽管如此,收集人群中唇腭裂相关基因多态性分布的资料,分析基因多态性差异与不同类型唇腭裂的关系,对于唇腭裂病因学研究仍具有重要意义。

（黄洪章）

梯度旋转下降法修复单侧完全性唇裂的初步研究[何星,石冰,李盛等. 中华口腔医学研究杂志:电子版,2008,2(3):264～269]

分析 85 例单侧完全性唇腭裂患儿的术前、术后即刻以及术后一年的面部石膏模型唇部指标,同时比较这 85 例单侧完全性唇腭裂患儿术后一年的唇部指标与相似年龄的 45 例单纯不完全性腭裂患儿的唇部指标。结果发现,在术后即刻组虽然健患侧唇高、健患侧唇宽的差值减小,但其健患侧仍不协调。术后一年,健患侧唇高和健患侧唇宽都达到协调。与对照组进行比较,唇高在术后一年恢复到正常值,而唇宽在一年后无论是健侧还是患侧,仍然低于正常值。研究认为采用梯度旋转下降法修复单侧完全性唇裂可以达到一个很好的唇部美观效果。

述　评

作者报道的梯度旋转下降法将 Millard 弧线形的 back cut 改为角形,并使 back cut 的末端位于∠213 的角平分线与健侧人中嵴的交点处。根据几何原则设计切口,一方面改善了 Millard 法容易出现患侧唇高不足的情况;另一方面,使得更多的医师能比较容易地掌握手术要点,对临床上提高单侧唇裂的整复效果有很好的指导意义。

（黄洪章）

模拟上唇压力对腭裂上颌骨复合体三维有限元模型的影响研究[文抑西,石冰,杨壮群. 实用口腔医学杂志,2008,24(2):248～251]

对一位 14 岁单侧完全性腭裂的患者的头部作连续冠状扫描以研究唇裂修复术后上唇压力对腭裂上颌骨复合体的影响。应用 DICOM(医学数字成像和和传输)技术获取扫描图片并采用图像处理软件和工程建模软件对患者的上颌骨复合体进行三维有限元建模。模拟正常上唇的压力对上颌骨复合体进行加载工况。结果显示在相当于两侧眶下区、牙槽突前段以及翼突下端有应力集中区。健侧上颌骨段的变形大于对侧,导致健侧梨状孔缘成为剪应力集中区域。模型向后、向下移位,牙槽突裂隙缩小。腭裂上颌骨模型在受力后的表现与临床上的唇裂术后腭裂上颌骨观察到的变化一致。

述　评

唇裂修复术后,由于上唇组织量不足和唇裂术后瘢痕组织的限制性生长,常导致唇腭裂患者上颌骨前表面受到过大的组织压力。该研究将三维有限元技术应用于唇腭裂力学研究中,结果表明,前颌骨牙槽突受压后,两侧骨段向内塌陷移位,前颌骨变窄;模型向后压缩变形,表现为矢状方向变短。该结果对唇裂患者个性化手术设计有一定指导意义。

（黄洪章）

螺旋 CT 三维重建在外鼻形态测量上的初步研究[梁赟,杨育生,张勇. 口腔颌面外科杂志,2008,18(5):323～327]

采用螺旋 CT 三维重建后,应用 Amira 软件对 10 例正常外鼻进行定点及线距的测量,并与应用人体学测量后得到的数据配对比较。应用 SPSS 11.5 统计软件及配对 t 检验进行统计学分析。所得数据经配对 t 检验后发现,所有测量数据在人体学测量与 CT 测量这两种方法之间差异无统计学意义($P > 0.05$)。该研究建立了一套完整的应用三维 CT 及测量软件精确测量外鼻的方法。

述　评

唇裂术后继发畸形是指唇裂修复术后仍

遗留或继发于手术操作和生长发育变化而表现出的一类畸形，包括唇畸形、鼻畸形和颌骨畸形。采用螺旋 CT 进行颌骨影像三维重建已在临床上较为常见，而软组织影像三维重建相对滞后。其原因不仅在于 CT 重建软组织影像较骨组织困难，更在于软组织移位时弹性的、非线性的变化。该研究对软组织三维 CT 及测量软件精确测量做出了较好的探索，为以后的研究提供了方法学依据。

（黄洪章）

腭裂手术年龄对腭咽闭合功能影响的研究［彭兆伟，马莲，贾绮林. 现代口腔医学杂志，2008，22（3）：225～228］

将 102 例年龄在 10 岁以上、腭裂术后 2 年以上的单侧完全性唇腭裂患者，根据接受腭裂手术的年龄分为 3 组，A 组：0～3.00 岁手术组（$n=37$），B 组：3.01～6.00 岁手术组（$n=36$）和 C 组：6.01 岁以上手术组（$n=29$）。随访时进行鼻咽纤维镜检查，对其最大腭咽闭合程度进行等级评价，并对不同手术年龄组间的腭咽闭合程度进行统计学检验。结果显示，腭咽闭合程度在 A 组与 B 组以及 A 组与 C 组间差异有统计学意义（$P<0.05$）。说明 0～3.00 岁接受腭裂修复术患者术后腭咽闭合功能的恢复要明显优于 3.01 岁以上接受腭裂修复术的患者，而 3.01～6.00 岁接受腭裂修复术患者术后腭咽闭合功能的恢复要优于 6.01 岁以上接受腭裂修复术的患者。研究认为在不同年龄段进行腭裂修复术，其术后腭咽闭合功能恢复的程度不同。手术年龄越小，恢复程度越好。

述　评

腭裂术后的语音问题早已被学者所认识，而关于腭裂手术年龄的选择与语音的关系，通常认为早期手术可使语音效果趋于正常，而手术时间的延后，可能会严重影响语音的发育。该研究的分组设计体现了腭裂治疗的不同历史时期对腭裂手术时机的选择，该结果为目前常用手术时机的选择提供了新的证据。如果能在 0～3 岁之间进一步分组，探讨新生儿期与婴儿期腭裂修复对腭咽闭合功能的影响，对临床亦有指导意义。

（黄洪章）

成人腭裂患者牙弓形态的比较研究［张国志，叶斌，刘宪等. 中华口腔医学研究杂志：电子版，2008，2（2）：159～165］

应用牙颌模型 CT 扫描测量系统对比分析正常成人、单侧完全性唇腭裂（UCLP）均已修复组以及腭裂未修复组成人患者牙弓形态特征。结果发现，腭裂术后组上颌牙弓各段宽度、牙弓前段长度均显著小于未手术组（$P<0.01$）；未手术组上颌牙弓前段宽度、上下颌牙弓长度均显著小于正常组（$P<0.01$），而上下颌牙弓后段宽度大于正常组（$P<0.001$）。研究认为腭部裂隙对上颌牙弓发育的影响仅仅局限于牙弓前部裂隙邻近的区域，腭裂手术是造成上颌牙弓宽度缩窄的主要原因，同时也抑制了上颌牙弓前段长度发育。

述　评

早期接受手术治疗的唇腭裂患儿成年后常可观察到面中部凹陷、牙弓缩窄、牙列拥挤、反𬌗等继发畸形。这是否与腭裂手术有关，仍有不同意见。通过对成年未手术腭裂患者上颌骨生长发育的观察，可以较好地说明这个问题。大龄未手术病例较难收集，作者的长期研究为探讨腭裂手术对上颌发育的影响提供了较有说服力的临床依据。

（黄洪章）

不同年龄段单纯腭裂未手术患者颌骨矢状向发育的研究［陈振琦，钱玉芬，王国民等. 中国口腔颌面外科杂志，2008，6（2）：99～103］

收集了混合牙列期单纯腭裂未手术患者 16 例，16 岁以上单纯腭裂未手术患者 25 例。拍摄患者头颅定位侧位片，测量分析矢状方向的线距和角度；分别以相应年龄段的单纯腭裂术后患者、非唇腭裂正常者作为对照。采用 SPSS 11.0 软件包中的单因素方差分析对所得数据进行处理。结果发现，混合牙列期单纯腭裂未手术患者仅表现为上颌骨长度缩短，而16岁以上单纯腭裂未手术患者除了上颌骨长度缩短外，还表现为上颌骨位置相对后缩，存在明显Ⅲ类倾向。研究提示单纯腭裂未手术患者上颌骨发育存在缺陷，随年龄增长，畸形加重。

述　评

腭裂患者上颌骨生长发育障碍是早期手术的结果，抑或是腭裂畸形本身内在的发育缺陷所致，至今存在争议。目前有研究认为，唇裂修复术对上颌发育亦有影响。为此，作者选择了不同年龄段单纯腭裂的而未经手术患者，以排除这两种手术对上颌发育的干扰。结果发现单纯腭裂未手术患者上颌骨发育本身存在缺陷，并且随年龄增长，畸形加重。这一结果对临床上手术时机选择有较好的指导意义。

（黄洪章）

正颌外科学

偏突颌畸形正颌治疗对口唇软组织的影响［侯敏，濮礼臣，杨志诚等. 中国美容医学，2008，17(6)：847～849］

选择24例患者在正颌手术矫治颌骨不对称畸形的同时，利用部分口周肌束移位，重建口轮匝肌的动力平衡，从而达到口唇部软组织畸形的整复。经治疗后，颌面部不对称畸形得到明显改善，唇部畸形也得到明显改善，颏部外形符合美学标准，颏唇沟形态自然。作者认为正颌手术矫正颌骨畸形的同时，可有效地矫正继发的唇部畸形，实现口周肌的动力平衡。

述　评

偏突颌患者口唇部畸形主要是支持组织（骨或牙齿）的移位，继发引起肌肉移位，唇部表情肌平衡失调，治疗的根本是矫正移位的硬组织。常规选择双侧下颌升支骨切开术，Le Fort Ⅰ型骨切开术，必要时颏部水平骨切开。术后随访，唇部畸形得到明显改善，外形满意对称，形态自然，上下唇凸度协调，颏部外形符合美学标准，颏唇沟形态自然。该研究为矫正颌骨及对应软组织畸形提供了宝贵的临床资料。

（胡静　冯戈）

下颌角截骨术后面下部X线头影测量的研究［郑静宜，崔剑，祝颂松等. 中国美容整形外科杂志，2008，19(4)：299～302］

选择28例接受下颌角截骨术的患者，对其术前及术后1年的头颅正侧位片进行X线头影测量分析，对比研究手术前后面下部宽度及下颌角开张度等数据的变化。结果显示，28例患者下颌角间距（Go-Go）平均减少10.6 mm，面下部软组织宽度（Ab-Ab）平均减少15.9 mm，软组织厚度平均减少5.3 mm；下颌角开张度（Ar-Go-Me）术前平均值为113.5°，术后平均值为125.1°，与术前比较差异有统计学意义（$P<0.01$）；下颌平面角（MP-HP）术前平均值为18.8°，术后平均值为27.6°，与术前比较差异有统计学意义（$P<0.01$）。作者认为，下颌角截骨术能有效地缩小下颌角间距及面下部宽度，增加下颌角开张度，改善侧方轮廓。

述　评

通过分析下颌角截骨术后患者的正、侧位片的测量结果发现，其软组织厚度减少了5.3 mm。说明下颌角截骨术不仅能有效地减小下颌角间距和面下份宽度，同时对下颌侧貌的矫治效果也较为明显。因此，作为适用于低角型患者的下颌角成形术，下颌角截骨术能有效地减小下颌角间距、面下份宽度以及下颌角区软组织厚度，并且在增加下颌角开张度和下颌平面角方面效果明显。该结果为临床下颌骨截骨术的应用选择积累了丰富的经验并提供了有价值的参考资料。

（胡静　冯戈）

半侧颜面发育不全畸形的综合治疗［杨志诚，王兴，伊彪. 现代口腔医学杂志，2008，22(4)：337～340］

根据11例半侧颜面发育不全患者的畸形程度,分别采用上颌 Le Fort Ⅰ型截骨术、下颌升支矢状劈开术、下颌角成形术和颏成形术,其中有4例患者采用了腓骨肌皮瓣修复,3例患者采用了肩胛游离皮瓣修复,2例患者采用了腹部游离真皮脂肪瓣修复。并就该类患者颌面结构特征、手术方式的选择及疗效进行了回顾性分析。结果11例患者均顺利完成治疗,游离皮瓣修复均获得成功,所有患者面部偏斜畸形及咬合关系得到明显改善,其中5例患者咬合平面完全摆正,但仍有6例患者咬合平面角维持在1°~4°。无长期不良并发症发生,随访期间无明显复发,患者对治疗结果感到非常满意。

述 评

对成年半侧颜面发育不全畸形患者进行治疗,应根据畸形的严重程度采用正颌外科及各种辅助手术矫治骨性畸形。骨性畸形程度较轻、咬合平面无偏斜的患者(如Ⅰ型)可直接采取软组织瓣修复。骨性畸形较重的患者(如ⅡA型),采用经典正颌外科及辅助手术即可达到手术效果。骨性畸形严重的患者(如ⅡB型、Ⅲ型),如果单纯骨骼矫治仍然不能达到面部的对称,可以在骨骼矫治效果稳定后,二期选用合适的游离组织瓣进行软组织的修复,从而达到理想的矫治效果。该研究为半侧颜面发育不全畸形治疗提出了有价值的建议。

(胡静　冯戈)

输送盘牵张成骨术重建下颌髁突后对下颌骨生长发育的影响[马永清,祝颂松,李继华等. 实用口腔医学杂志,2008,24(2):161~164]

选用3~4月龄健康幼年雄性山羊16只,手术切除右侧髁突(保留关节盘),在右下颌升支行反"L"形骨切开术形成骨输送盘,并安置牵张器。以每日2次,每次0. 4 mm的速率向上牵引输送盘至关节窝。在手术后当天、牵张结束后当天、牵张结束后4、12、24、48周时行三维CT检查,评价输送盘改建及牵张间隙内新骨形成情况,并分别于12、24、48周3个时间点各处死动物2只,对新生髁突做组织学检查。牵张结束后48周时处死剩余10只动物,对下颌骨及重建髁突形态进行观察与测量。左侧下颌骨作为正常对照组。结果三维CT显示新生髁突形态逐渐改建并接近正常髁突,牵张间隙新骨生成良好。大体观察发现新生髁突体积较正常侧明显增大,但下颌骨的生长与正常侧无显著差异。

述 评

该研究提示,重建髁突的宽度及长度均大于正常侧。重建髁突缺少关节囊、翼外肌等正常组织的包裹及附着可能是其生长过度的重要原因。同时,两侧下颌升支高度、宽度与下颌体长度、高度无明显差异。这进一步表明在TMJ的重建中,恢复下颌升支高度的重要性。输送盘顶端骨髓和骨膜的未分化间充质细胞在下颌骨功能运动产生的应力刺激下,分化为软骨细胞,最终促使关节软骨的产生。推测这层覆盖在输送盘顶端的关节软骨正是下颌骨能恢复持续生长的组织学基础,进一步证明生长中心在下颌骨生长发育中的重要性,但功能刺激始终是下颌骨继续生长发育的主要动力。输送盘牵张成骨术可以作为青少年髁突重建患者的一种治疗选择。

(胡静　冯戈)

上下颌同步牵张成骨治疗半侧颜面萎缩畸形[曾融生,王成,王剑宁等. 中华口腔医学研究杂志:电子版,2008,2(2):152~158]

治疗半侧颜面萎缩患者男2例,女1例,年龄14~19岁。临床及X线检查见一侧上下颌骨明显萎缩伴同侧软组织萎缩,平面严重偏斜。患者萎缩侧上下颌骨同期行牵张器植入术并同步牵张成骨,于牵张成骨结束后6~8个月行背阔肌瓣软组织充填术。结果显示萎缩侧上下颌骨平均牵张20 mm,颜面软硬组织得到明显改善,面颊部丰满,平面矫正,咬合关系良好。随访1~4年,患侧新骨和软组织无明显吸收,面部基本对称。作者认为矫正半侧颜面萎缩时,同侧上下颌骨同步牵张成骨是延长萎缩的上下颌骨、改善平面并为软组织充填提供支撑的有效治疗方法。

述　评

治疗半侧颜面萎缩，重建面部三维结构，恢复颜面丰满度和对称性是一项系统而复杂的工程。术前应仔细评估患者畸形程度，灵活选择手术方式，制定详细的手术计划，在此过程中要具体问题具体分析，综合各种软硬组织重建方式，组合不同手术方式，选择最优治疗方案。然后Ⅱ期美容性修复和正畸治疗，恢复患者面部外形凸度和对称性，重建口颌系统功能。该研究为半侧颜面萎缩的治疗提供了临床参考。

（胡静　冯戈）

牵引成骨重建缺损山羊下颌骨髁突的实验研究［杨辛，沈国芳，张志愿等．中国口腔颌面外科杂志，2008，6(4)：285～291］

将12只山羊随机分为4组，每组3只。实验用山羊在下颌切迹下方截骨，切除一侧髁突及其颈部，左右随机。再于下颌支后缘形成转移盘。牵引延长下颌支，于牵引结束后2、4、8、12周分别进行大体、组织学及组织形态学观察。结果发现，从牵引结束后4周始，通过牵引成骨形成的新髁突已经具备与正常山羊髁突相似的外形；组织学及组织形态学结果显示，牵引区新骨随时间推移，钙化程度增加。至牵引结束后6周时，牵引区新骨矿化率为(1.35±0.57)μm/d，已经接近正常山羊下颌支矿化率(0.95±0.13)μm/d($P>0.05$)。

述　评

该研究应用牵张成骨术重建缺损山羊下颌支及髁突，在山羊体内重现了牵张成骨重建下颌骨髁突的发生过程。通过对牵张成骨区新生骨进行四环素双标记及组织学分析发现，牵引结束后2～4周内牵引区成骨细胞活跃。牵引结束后6周时，牵引区成骨细胞的活性基本接近正常下颌支的代谢水平。因此，牵引结束后6～8周，即可考虑拆除牵引器，以利牵引区新骨改建。该研究为临床应用牵张成骨重建髁突提供了良好的实验依据。

（胡静　冯戈）

前方牵引治疗后上颌骨及上颌窦变化的初步探讨［卢红飞，麦志辉，艾虹等．中华口腔医学研究杂志：电子版，2008，2(2)：166～171］

以12例采用上颌前方牵引方法矫治的骨性Ⅲ类错𬌗青少年病例为实验组，12例骨性Ⅰ类个别前牙反𬌗未进行上颌前方牵引的青少年病例为对照组，加用上颌窦前后径、上颌窦前壁厚度以及上颌窦中点这三个新标志点对矫治前后的侧位片进行X线头影测量分析。结果发现，实验组与对照组相比，矫治前后上颌窦前后径平均增加2.25 mm，上颌窦前壁厚度平均增加2 mm($P<0.05$)，上颌窦中点在(SN)上的垂足及上颌窦前壁厚度的变化差异无统计学意义($P>0.05$)。

述　评

前方牵引治疗能通过促进硬腭长度的增加、上颌窦窦腔增大以及上颌窦前壁的厚度增加等机制，使部分骨性Ⅲ类错𬌗青少年患者整个面中1/3向前生长，侧貌获得明显改善，但由于该研究的病例数有限，故需要作进一步的研究。而应用传统的上颌骨测量项目，加上上颌窦中点、上颌窦前后径以及上颌窦前壁厚度这三个新标志点，能更为全面地综合分析上颌骨的变化。该研究为临床上应用牵张成骨治疗上颌骨畸形提供了重要的参考资料。

（胡静　冯戈）

颞下颌关节疾病

稳定𬌗垫治疗对颞下颌关节腔内压力的影响［张豪，赵燕平，韩科等．北京大学学报：医学版，2008，40(1)：68～70］

用自行开发的多导颞下颌关节腔内压力测试仪，测量22例患者戴稳定𬌗垫前后颞下颌关节腔内压力的变化。结果显示，戴稳定𬌗垫前正中咬合和大张口状态的颞下颌关节腔内压力分别是(61.3±48.5) mm Hg(1 mm Hg =

0.133 kPa)和负压(33.2±34.2) mm Hg;戴稳定殆垫后正中咬合和大张口状态的颞下颌关节腔内压力为(39.5±24.5) mm Hg 和负压(36.3±25.3) mm Hg;正中咬合状态下的戴稳定殆垫后关节腔内压力值小于戴稳定殆垫前压力值;但在大张口状态下的压力数值在戴稳定殆垫前后无明显差异。作者认为戴稳定殆垫能降低正中咬合状态下颞下颌关节腔内压力。

述　评

稳定殆垫在治疗磨牙症、颞下颌关节紊乱病、重新确定下颌位置等治疗中有悠久的历史,但其作用一直存在争议。该研究以实验数据为稳定殆垫的临床应用提供了证据。

(谷志远)

颞下颌关节盘可复性前移位患者咬合接触特征的研究[周薇娜,殷新民. 口腔医学,2008,28(3):139～141]

采用 T-Scan Ⅱ咬合分析系统记录 30 名颞下颌关节盘可复性前移位患者和 30 名正常人于牙尖交错位和后退接触位时的咬合接触信息。结果显示,颞下颌关节盘可复性前移位患者在牙尖交错位可出现殆力中心较大的偏移、两侧接触点不平衡、两侧殆力不对称、弹响侧接触点数目多于非弹响侧;在后退接触位颞下颌关节盘可复性前移位患者双侧接触点数目有显著差异,单侧接触者显著增多。表明颞下颌关节盘可复性前移位患者咬合接触情况与正常人有显著的差异,提示咬合因素与颞下颌关节盘可复性前移位有密切的关系。

述　评

咬合因素在颞下颌关节紊乱病中的作用一直争议较多。该研究证实了咬合因素与颞下颌关节盘移位之间有着密切的联系,认为咬合不平衡可能是关节盘移位的结果。该结果对进一步阐明颞下颌关节紊乱病病因及发病机制有一定的意义。但研究样本偏小,值得进一步深入研究。

(谷志远)

***hIL-1Ra* 基因体内转染治疗兔颞下颌关节骨关节病的形态学研究**[王栋,田卫东,李声伟等. 口腔医学研究,2008,24(3):252～254]

在 20 只新西兰白兔右侧颞下颌关节腔注射Ⅱ型胶原酶诱发骨关节病建立动物模型后,分别用生理盐水内含阳离子脂质体介导的 pcDNA3.1 质粒、100 μg 人白细胞介素-1 受体拮抗剂(*hIL*-1*Ra*)基因的质粒、200 μg *hIL*-1*Ra* 基因的质粒治疗。结果发现,用 *hIL*-1*Ra* 基因的质粒治疗组,大体观察结构基本正常,表面较光滑,关节盘形态正常未见穿孔;组织病理学也发现关节软骨和滑膜的病损均得到改善,但是对照组未得到改善。表明含 *hIL*-1*Ra* 基因的质粒经阳离子脂质体包裹后直接注射兔颞下颌关节骨关节病的关节腔后骨关节病有明显改善。治疗效果与质粒 DNA 的量呈剂量依赖性。

述　评

20 世纪 90 年代以来,白细胞介素在颞下颌关节紊乱病发病机制中的作用受到学者的重视,很多研究肯定了白细胞介素的参与。该研究结果从另一角度证实了白细胞介素的作用,并探讨了颞下颌关节骨关节病治疗的新方法。

(谷志远)

渐进性咬合紊乱对大鼠髁突软骨肿瘤坏死因子-α 表达的影响[刘蕾,王美青,孙磊等. 华西口腔医学杂志,2008,26(4):435～438]

对 48 只 8 周龄大鼠以皮筋弹性力推右侧下颌、左侧上颌第一磨牙近中移动,4 周后同样方式推右侧下颌、左侧上颌第三磨牙远中移动,造成渐进性咬合紊乱动物模型。通过 H-E 染色观察髁突软骨组织学变化及软骨厚度变化;利用免疫组织化学方法检测和阳性细胞面积百分比法分析髁突软骨中肿瘤坏死因子(TNF)-α 的表达情况。结果发现,实验 4、6、8 周组髁突软骨均较对照组增厚,实验组出现以无菌坏死为主的软骨退行性变。TNF-α 主要集中表达于髁突软骨的肥大层,实验 2、6、8 周组表达高于同龄对照组,实验 4 周组与同龄对照组之间无差异。结果表明 TNF-α 参与了异常咬合所导致的髁突软骨病理性改建活动。随时间延长,咬合紊乱较重者,髁突软骨的分解代谢活动更加明显。

述　评

TNF-α 在关节软骨的生长发育、功能维持以及损伤修复过程中发挥着重要作用。该研究结果表明 TNF-α 参与了异常咬合所导致的髁突病理性改建过程。但文中没有进一步探讨 TNF-α 作用的相关环节和相关机制。

（谷志远）

血管化腓骨肌瓣下颌骨重建中髁突不同处理方法对颞下颌关节功能的影响评价[张韬,毛驰,彭歆等.中华口腔医学杂志,2008,43(1):26~29]

对 41 例颌骨良性病损累及下颌升支上部且未超过下颌中线的患者分别应用腓骨替代髁突法、游离髁突法和保留髁突法进行下颌骨缺损重建后,并采用 Fricton TMJ 功能量表对术后的 TMJ 功能进行评价。随访 3 年,所有患者均未发生关节强直,术后最大开口度 31~53 mm,不同术式患者术后面部外形、进食及语音功能比较无明显差异。但患者的 TMJ 功能指数之间有差异,保留髁突组患者的 TMJ 功能优于腓骨替代髁突组。作者认为保留髁突的血管化腓骨瓣下颌骨重建有助于恢复 TMJ 功能;以腓骨瓣末端替代髁突进行下颌骨重建时,重建髁突的位置和形态对于 TMJ 的功能有明显影响。

述　评

临床上对于累及升支上部的下颌骨缺损的重建中,髁突的处理是一项难题。作者在血管化腓骨瓣重建下颌骨缺损中,研究了不同处理方法髁突对 TMJ 功能的影响,为涉及髁突区的下颌骨缺损重建提供可借鉴的临床资料。

（谷志远）

右侧偏侧咀嚼患者单侧咀嚼运动的功能性磁共振成像研究[姜华,刘洪臣,刘刚等.口腔医学研究,2008,24(4):361~364]

对 7 例右侧偏侧咀嚼患者,采用时段设计方法,采集患者单侧交替咀嚼运动时全脑血氧水平依赖(BOLD)对比的功能性磁共振成像扫描数据分析,旨在探讨右侧偏侧咀嚼患者单侧交替咀嚼运动时大脑皮层的激活特点。结果显示右侧偏侧咀嚼患者在右侧单侧咀嚼时不同脑区 BOLD 信号的激活比左侧单侧咀嚼时更加广泛。表明右侧偏侧咀嚼患者在左、右侧单侧咀嚼时大脑皮层的激活特点不同。提示右侧偏侧咀嚼患者对单侧咀嚼运动的调控可能具有同侧半球优势。

述　评

偏侧咀嚼是一种较常见的口腔不良习惯,其病因和危害目前尚不十分清楚。该研究对进一步探索咀嚼运动的中枢神经控制提供了十分有益的尝试,为纠正偏侧咀嚼等不良习惯提供了新的思路。

（谷志远）

无症状颞下颌关节的关节杂音声电图研究[邓末宏,龙星.中华口腔医学杂志,2008,43(1):34~36]

利用 K6-Ⅰ系统记录并分析 42 侧无症状的 TMJ 在下颌运动时的关节杂音,研究杂音声电图的波形、频率范围、峰值频率及振幅。结果发现 42 侧无症状的 TMJ 中有 25 侧在下颌运动时产生关节杂音。根据杂音的声电图波形、频率范围、峰值频率及振幅等不同,作者将无临床症状的 TMJ 在下颌运动时产生的 TMJ 杂音分为Ⅰ、Ⅱ、Ⅲ、Ⅳ四种类型,并分析了这四型的特点。

述　评

关节杂音是颞下颌关节紊乱病的主要临床症状之一。该研究分析了无症状 TMJ 杂音的声电图特征,探讨了无症状 TMJ 杂音的特点和发生机制,证实 TMJ 关节杂音不是 TMJ 关节疾病所特有,为研究 TMJ 关节运动提供有益的数据。

（谷志远）

涎腺疾病

_TIP_30 对 ACC-M 裸鼠移植瘤抑制作用[张蕾,吕春堂,邵龙泉等. 实用口腔医学杂志,2008,24(3):354～356]

设计 CMV 启动子序列的特异引物及 Taqman 探针进行实时聚合酶链式反应(PCR),制备 AdTIP30/ACC-M(涎腺腺样囊性癌肺高转移细胞系)病毒液。将 30 只 BALB/cnu/nu 鼠随机分为 3 组,每组 10 只,将 AdTIP30/ACC-M、ACC-M 及 AdLacZ/ACC-M 分别注射于小鼠背部皮下,观察肿瘤生长情况。结果显示,实时 PCR 测定 AdTIP30/ACC-M 病毒滴度为 3.01×10^{10}/mL,AdTIP30/ACC-M 组移植瘤出现时间比 ACC-M 组及 AdLacZ/ACC-M 组推迟 4 天,肿瘤生长缓慢($P<0.01$)。提示抑癌基因 *TIP*30 能够显著抑制涎腺腺样囊性癌肺高转移细胞在裸鼠体内生长。

述　评

*TIP*30 是一类具有调节细胞增殖,诱导细胞凋亡及抑制血管生成相关基因,从而达到抑制肿瘤生长的原癌基因。该研究结果显示,*TIP*30 修饰后的腺样囊性癌细胞裸小鼠移植瘤不仅成瘤率降低,而且肿瘤生长缓慢,证实 *TIP*30 具有抑制腺样囊性癌生长的作用。

(俞光岩)

细胞外基质金属蛋白酶诱导因子和微血管密度与涎腺肿瘤侵袭性的关系[黄志权,李劲松,陈伟良等. 中山大学学报:医学科学版,2008,29(1):51～58]

用 S-P 免疫组织化学法检测正常涎腺组织(9 例)、多形性腺瘤(28 例)、黏液表皮样癌(25 例)、腺样囊性癌(33 例)中细胞外基质金属蛋白酶诱导因子(EMMPRIN)的表达和微血管密度(MVD)值。结果显示,EMMPRIN 在正常涎腺组织、多形性腺瘤、黏液表皮样癌、腺样囊性癌的表达阳性率分别为 1/9、54%、84%、91%($P<0.05$)。MVD 值在 4 组样本间的差异也有统计学意义,黏液表皮样癌和腺样囊性癌的 MVD 值均高于多形性腺瘤。EMMPRIN 表达阳性的涎腺肿瘤组织中的 MVD 值高于 EMMPRIN 表达阴性的涎腺肿瘤组织中的 MVD 值。结果提示,EMMPRIN 通过刺激基质金属蛋白酶(MMP)和肿瘤血管的生成,使不同的涎腺肿瘤具有相应的侵袭性和恶性潜能。

述　评

不少研究结果表明,基质金属蛋白酶的高表达在肿瘤的侵袭性生长中发挥重要作用。细胞外基质金属蛋白酶诱导因子通过刺激基质金属蛋白酶的生成而促进肿瘤的侵袭。肿瘤的生长和侵袭有赖于新生血管的形成。该研究结果显示,涎腺癌中细胞外基质金属蛋白酶诱导因子的表达和微血管密度值均高于良性肿瘤及正常涎腺组织,提示细胞外基质金属蛋白酶和新生血管形成在涎腺癌的生长与扩展过程中起重要作用。

(俞光岩)

EphA2 在涎腺肿瘤中的表达及其临床意义[吴中兴,赵怡芳,邵喆等. 中华口腔医学研究杂志:电子版,2008,2(2):228～233]

采用免疫组化 S-P 法,检测正常涎腺组织(10 例)、多形性腺瘤(30 例)、黏液表皮样癌(30 例)以及腺样囊性癌(30 例)中 EphA2 的表达,分析 EphA2 表达与不同肿瘤的部位、大小、TNM 分期以及复发和颈淋巴结转移等临床病理因素的关系。结果显示,在正常涎腺组织中,EphA2 在腺管上皮有表达,腺泡细胞几乎不表达。在正常涎腺组织、多形性腺瘤、涎腺癌(黏液表皮样癌和腺样囊性癌)中,其表达依次增高,其差异有统计学意义($P<0.05$)。EphA2 的表达与涎腺癌瘤体大小、TNM 分期、复发和淋巴结转移有关($P<0.05$)。提示 EphA2可能影响涎腺肿瘤的发生发展和患者的预后。

述　评

Eph 受体是酪氨酸激酶受体家族成员,受体酪氨酸激酶在人类恶性肿瘤中常过度表达,抑制异常活性可引起癌症缓解。EphA2 是 Eph 受体酪氨酸激酶家族中致癌作用最明显的一员，其激活可以诱导细胞增生。该研究结果显示，正常涎腺组织、良性涎腺肿瘤、涎腺癌三类不同组织中，EphA2 的表达依次增高，且其表达与肿瘤大小、复发和淋巴结转移相关，提示其异常表达与肿瘤的发生发展有关。该受体可考虑作为今后研究控制肿瘤发展的靶点之一。

（俞光岩）

桩蛋白在涎腺黏液表皮样癌中的表达[王姗，赵尔杨，倪红丽等. 实用口腔医学杂志，2008，24(6)：839～841]

在 H-E 切片上筛选典型病例，采用免疫组化方法观察 21 例黏液表皮样癌中桩蛋白(paxillin)的表达，探讨其与病理分级和癌组织浸润的关系。结果显示，桩蛋白在正常涎腺组织的基膜、腺管部位有弱阳性表达，在黏液表皮样癌中有强阳性表达，其强弱程度与病理分级存在相关性($r=0.75, P<0.01$)，染色强度与染色面积评分之和与病理分级存在相关性($r=0.93, P<0.01$)，在肿瘤浸润前沿表达显著。提示在涎腺黏液表皮样癌中，桩蛋白表达强弱程度与病理分级、癌症浸润特点有密切联系。

述　评

桩蛋白是一种存在于细胞胞质内的衔接蛋白，主要存在于黏着斑，活化后将多种细胞胞质内的结构和信号蛋白募集到胞膜，在细胞外向细胞内转导过程中起桥梁作用，调控细胞的存活、增殖、分化和迁移。该研究结果显示，涎腺黏液表皮样癌分化程度越低，桩蛋白表达越强烈。在浸润前沿的癌细胞质中，桩蛋白表达明显增加，说明桩蛋白作为影响细胞移动多条信号通道的"中转站"在肿瘤的发展过程中起重要作用。

（俞光岩）

CXCL12/CXCR4 在涎腺腺样囊性癌及周围神经组织中的表达[孟志兵，徐晓刚，周中华. 第二军医大学学报，2008，29(6)：639～642]

用 EnVision 法检测 CXCR4 和 CXCL12 在涎腺腺样囊性癌(41 例)、舌癌(30 例)、腮腺多形性腺瘤(20 例)及正常神经组织(20 例)中的表达。探讨趋化因子 CXCL12 及其受体 CXCR4 与涎腺腺样囊性癌嗜神经侵袭之间的关系。结果显示，腺样囊性癌癌组织内CXCR4 阳性表达率为 63.41%，显著高于舌癌(36.60%)及多形性腺瘤(35.00%)，$P<0.05$。周围神经组织内 CXCL12 高表达(64.38%)，在腺样囊性癌与舌癌内的神经组织及正常组织中 CXCL12 阳性率差异无统计学意义。提示 CXCL12/CXCR4 可能与腺样囊性癌的嗜神经侵袭作用有关。

述　评

沿神经侵袭性生长是涎腺腺样囊性癌的显著特点。CXCR4 是趋化因子受体超家族的重要成员之一，是趋化因子 CXCL12 的特异性受体。CXCL12 与其受体 CXCR4 结合后发挥多种功能，其中包括参与肿瘤的发生发展、侵袭和转移。该研究结果显示，腺样囊性癌与周围神经组织内有趋化因子 CXCL12 及其受体 CXCR4 这一生物轴存在，说明这种趋化作用可能与腺样囊性癌细胞特异性神经侵袭有关。

（俞光岩）

口腔颌面部神经疾病

细胞外信号调节激酶在三叉神经痛动物模型中的表达[罗道枢，王玮，林凌. 神经解剖学杂志，2008，24(4)：355～360]

将 24 只雄性 S-D 大鼠分为三叉神经痛(TGN)模型组和对照组两组，模型组大鼠以铬制羊肠线疏松结扎大鼠一侧眶下神经，对照组大鼠眶下神经不结扎。应用免疫组化和免疫荧光染色方法，分别检测大鼠三叉神经节(TG)和三叉神经脊束核尾侧亚核(Vc)中磷酸化 ERK(p-ERK)的表达。研究发现 p-ERK 在模型组和对照组大鼠的 TG 和 Vc 中均有不同程度的表达，但模型组大鼠中 p-ERK 表达明显高于对照组($P<0.05$)。提示ERK可能参与了三叉神经痛痛觉信号的传导,在三叉神经痛的发病机制中发挥重要的作用。

述 评

原发性三叉神经痛的发病机制及病因至今仍不清楚。p-ERK信号传导通路在痛觉研究中的重要作用,已经越来越引起人们的关注,它从细胞和分子机制方面参与神经病理性痛的产生、痛觉信号传递以及神经元可塑性改变等过程,在周围性和中枢性痛觉敏化形成中起了至关重要的作用。该研究将疼痛研究领域中有关p-ERK信号通路这一重要的研究进展应用于TGN动物模型的实验研究中,为进一步探讨三叉神经痛的发病机制提供了相关资料,也是今后对三叉神经痛病因研究的重要方向。

(王佐林)

神经干注射阿霉素对三叉神经脊束核内P物质的影响[林勇,张引成,姚天华等.中国实用医刊,2008,35(18):8~11]

用0.5%的阿霉素溶液直接注射于一侧眶下神经束,对侧注射生理盐水作自身对照,分别在给药后3天、1、2、3、4、5、6周在光镜和电镜下观察双侧三叉神经节的变化;并用免疫组化方法观测三叉神经尾侧脊束核内(CNV)P物质(SP)免疫阳性颗粒的灰度值。结果显示,在阿霉素给药后,电子显微镜下观察到实验侧三叉神经节细胞形态改变,胞内出现大量空泡,神经纤维髓鞘发生变性、弯曲、增厚、分离;实验侧三叉神经尾侧脊束核内SP免疫阳性颗粒灰度值明显高于对照侧($P<0.01$),不同时间组之间SP含量差异无统计学意义。作者认为,眶下神经束注射阿霉素能够选择性破坏相应的节细胞,减少CNV区SP含量。SP作为一种重要的神经递质,其合成或释放异常可能与三叉神经痛的发病有关,并在三叉神经痛的发作机制中具有重要的作用。

述 评

阿霉素神经干注射治疗三叉神经痛已在临床上得到推广和应用,并取得较为满意的疗效。但阿霉素治疗三叉神经痛的原理和作用机制尚不清楚。该实验从神经肽的角度研究三叉神经痛发病机制,并探讨了阿霉素神经干注射治疗三叉神经痛的机制。但实验动物例数及观测指标少,观察时间较短,仅从3天至6周,只能初步说明阿霉素局部神经干给药后短期内阻抑痛觉传导,抑制SP的产生和释放。进一步探寻神经肽与三叉神经痛发病机制的关系,仍需增加观察标本数量,增加观测指标,延长观测时间。

(王佐林)

经三维CT定位的周围支射频温控热凝治疗三叉神经痛[常红琴,廖建兴,侯光宇等.口腔颌面外科杂志,2008,18(4):269~272]

将160例原发性三叉神经痛患者随机分为2组,每组80例。分别在三维CT重建及非重建条件下,经三叉神经周围支及半月节行射频热凝治疗,统计分析其术后即刻疗效及复发率。结果显示,术后即刻疗效比较,重建引导组有效率为93.75%,非重建引导组有效率92.50%,差异无统计学意义($P>0.05$)。经1~4.5年的随访,三维CT重建引导组总复发率31.25%,非重建引导组复发率47.50%,重建引导组复发率显著低于非重建引导组($P<0.05$);其中三叉神经第一支射频治疗22例,复发3例。作者认为三维CT重建定位指导下,经三叉神经周围支行射频温控热凝术操作方便、安全、适应证广,止痛效果确切,远期疗效优于直接穿刺射频。

述 评

射频温控热凝术治疗三叉神经痛是一种比较成熟而且疗效肯定的治疗方法。传统的射频热凝治疗方法必须经卵圆孔穿刺射频热凝三叉神经半月节。穿刺过程中如果定位不准确,会损伤分支及半月节邻近结构而出现颅内血肿、颅神经损伤等一系列并发症。该研究采用三叉神经周围支射频疗效确切,可重复操作,较三叉神经半月节射频简易、安全、并发症少,患者承受痛苦少。现代影像技术 CT 三维重建为三叉神经周围支射频穿刺提供了客观依据,简化了穿刺操作,具有临床推广应用价值。

(王佐林)

三叉神经痛微血管减压术的手术疗效分析[陈立华,陈凌,凌锋. 中华神经外科疾病研究杂志,2008,7(4):339]

回顾性分析 125 例原发性三叉神经痛接受微血管减压术的临床资料,并对手术操作的要点进行介绍。术中显示 124 例三叉神经根部有接触或压迫的血管,占 99.2%,最常见的责任血管是小脑上动脉(SCA,占 68.0%),其次为小脑前下动脉(AICA,占 30.4%)。动脉性责任血管占 96.8%,岩上静脉作为责任血管占 8.8%。所有病例经手术后有效(100%),总治愈率为 96.8%。分析结果表明,微血管减压术是治疗三叉神经痛安全、微创、有效的方法。提高显微外科操作技巧,不遗漏责任血管,是提高手术疗效和减少并发症的关键。

述 评

采用减压垫棉将责任血管推离三叉神经根出脑干段的微血管减压术治疗三叉神经痛具有较高的治愈率,同时又能保留三叉神经功能,因而已逐渐成为目前治疗 ITN 有效的方法。但该方法相对其他治疗方法手术时间较长,创伤较大,有一定的风险和难度。建议根据患者的全身条件及医院的技术能力,在有条件的单位开展。

(王佐林)

庆大霉素复合罗哌卡因或利多卡因复合曲安缩松治疗三叉神经痛的早期疗效[孟岚,王保国,罗芳等. 中国康复理论与实践,14(8):771～773]

将 90 例三叉神经痛患者随机分为罗哌卡因组和曲安缩松组,分别用庆大霉素复合罗哌卡因或曲安缩松行外周神经阻滞。比较治疗前、治疗后 1 天、3 天、1 周、2 周、1 个月、2 个月和 3 个月时的治疗效果,以及两组患者治疗前后卡马西平用量的变化。结果治疗后,两组患者各时间点数字评分(NRS)均较治疗前降低,罗哌卡因组治疗后 1 天、1 个月、2 个月和 3 个月时的 NRS 值均优于曲安缩松组。作者认为庆大霉素复合罗哌卡因治疗三叉神经痛效果较好;曲安缩松对三叉神经痛亦有一定效果,可用于病情不太严重的患者。

述 评

根据三叉神经痛的发生部位及范围选用不同的神经阻滞,是目前治疗三叉神经痛常用而有效的方法。该文作者采用庆大霉素复合罗哌卡因外周神经阻滞治疗三叉神经痛效果较好,且操作简便、安全,费用低廉,多次重复应用效果好,无明显副作用,患者乐于接受。曲安缩松外周神经阻滞治疗三叉神经痛亦有一定疗效,可用于病情不太严重的患者,但其远期疗效尚需长期观察。另外关于庆大霉素、罗哌卡因以及曲安缩松治疗外周神经疼痛可能的作用机制以及导致的病理变化,有待今后进一步进行深入研究。

(王佐林)

面神经断伤吻合后功能恢复变化的实验研究[陈沛,包敏,俞善纯等. 临床耳鼻咽喉头颈外科杂志,2008,22(7):318～321]

建立大鼠面神经断伤吻合模型,术后每周观察触须拂动与瞬目等面部运动。记录健患两侧面神经电图(ENoG)与瞬目反射(BR)的变化。结果显示,术后患侧触须拂动与瞬目动作消失,但立即出现细微的触须颤抖,术后 1 个月左右面部运动开始恢复,2 个月时可出现瞬目动作同时耳周肌肉的连带运动。面神经电图检测时,术后患侧复合肌动作电位(M 波)仍可引出,21 天时其潜伏期值开始延长。1 个月时达高峰并开始恢复,3、4 个月时基本稳定但仍不能恢复至健侧水平,其中 28～63 天时健患两侧潜伏期值的变化与其他各时间点相比差异均有统计学意义($P<0.05$)。健患两侧 M 波振幅与刺激强度值变化无明显规律,潜伏期、振幅与刺激强度三值间也无相关

性。BR 检测时，患侧 R1 波在术后 7、14 天消失，1 个月后恢复检出，2 个月左右可在同侧口轮匝肌处记录到提示连带的 R1 样肌电反射波，此后两者潜伏期值均减低，而且 2 个月时的 R1 潜伏期值均长于此后各时点值（$P < 0.05$）。作者认为，ENoG 和 BR 检测方法客观可靠，可用以反映大鼠面瘫模型的面部行为、功能学恢复变化，进一步完善后有助于面神经损伤修复机制的相关研究。

述　评

目前在面神经再生修复的研究中，啮齿类动物大鼠模型应用较多，但仍无可靠方法检测面神经功能，故也难以评估功能恢复过程中伴随的面瘫后遗症的发生，影响了对面神经再生修复及面瘫后遗症发生机制的研究探讨。该研究观察大鼠面神经断伤吻合后面部行为学与面神经运动功能的恢复，并将 ENoG 和 BR 与行为学恢复变化综合分析，对实验研究中评估面神经功能状态、面瘫程度以及治疗效果具有重要价值。

（王佐林）

去抗原同种异体静脉套接修复兔面神经损伤［史志东，刘明旺，王琴梅等. 中山大学学报：医学科学版，2008，29（5）：546～549］

将 54 只新西兰大白兔，每只实验兔分别应用静脉导管及自体神经移植吻合，修复面神经损伤。手术后行大体观察、记录神经动作电位、切片组织学检查。结果显示，静脉导管组胡须运动、上唇口轮匝肌运动及其运动幅度比自体神经组稍多。术后 10 周和 15 周时静脉导管侧和自体神经侧均可引出神经动作电位，静脉导管侧的神经传导速度平均值均高于自体神经侧；术后 10 周，再生神经组织化学染色，静脉导管侧的再生有髓神经纤维分布密集，并见分裂成熟的面神经结构，自体神经侧染色的神经纤维分布稍稀疏，再生的有髓神经结构不完全成熟。作者认为利用生物性天然静脉导管，经生物工程技术处理，克服了天然生物材料引起宿主的免疫排斥反应，比应用自体神经移植更有利于促进神经再生和功能恢复。

述　评

面神经损伤后再生涉及生物、生理、化学等诸多因素，人们尚未对这一过程有一全面科学的认识。目前，天然生物导管已成为面神经修复的热门材料之一。作者采用去抗原同种异体静脉套接修复兔面神经缺损，取得了比自体神经移植更有利于促进神经再生和功能恢复的效果，为面神经损伤后的修复提供了很好的研究方向。但是要应用于临床，还需要进行更深入的研究。

（王佐林）

吻合血管神经足拇展肌游离移植治疗晚期面瘫的远期疗效评价［林泉，江华. 第二军医大学学报，2008，29（8）：958～962］

对 28 例接受吻合血管神经足拇展肌游离移植，治疗晚期面瘫患者的远期疗效进行分析。术后随访 1～16 年，中位随访 4 年。采用多伦多评价系统（T-FGS）和面神经功能指数（FNFI）评价面神经功能，分析患者手术前后标准头颅正位照片，并对移植肌存活状况、面宽、瘢痕、供足功能等情况加以比较。结果显示，所有患者术后面部均获得理想的静态对称。随访发现，所有患者均有移植肌的随意收缩运动，其中 22 例获理想的微笑。与术前相比，患者术后 T-FGS 得分提高了（27 ± 7.2）分，FNFI值提高了（57 ± 10.7）%，差异有统计学意义（$P < 0.05$）；术后患者瘢痕隐蔽，供足无遗留功能障碍。作者认为吻合血管神经足拇展肌游离移植治疗晚期面瘫术后远期效果理想，供区无任何功能障碍，是一种治疗晚期面瘫的较好方法。

述　评

陈旧性面瘫患者因一侧或双侧面部表情肌的瘫痪致使其面部产生表情时失去对称与和谐，手术是晚期面瘫患者的唯一治疗方法。但由于面神经分布的复杂性和支配肌肉的多样性，完全修复面部表情使其正常是十分困难和不现实的，因此如何重建晚期面瘫患者的容貌与表情功能一直是整形外科领域研究的重点和难点之一。通过对本组28例患者的随访发现，应用吻合血管神经的足拇展肌游离移植修复晚期面瘫，可以使患者的面部表情及对称性有较大的改善，且所有患者术后移植肌均可随意收缩，28例患者中22例获得了较理想的微笑。足拇展肌作为治疗晚期面瘫的供肌完全符合再造面部表情的动态对称所需要的血管、神经和肌肉三方的需求，且该肌位置表浅，切取后供区未遗留任何功能障碍，值得推广应用。

（王佐林）

口腔颌面外科麻醉

三磷酸胞苷联合阿魏酸钠对糖尿病痛性神经病变的神经传导速度的作用［李源，李晓苗，张惠等. 第四军医大学学报，2008，29（22）：5702～5704］

将50例痛性糖尿病神经病变（DPN）患者随机分为2组，治疗组25例用三磷酸胞苷（CTP）60 mg，阿魏酸钠（SF）500 mg，静脉滴注，1次/天，对照组25例用VitB1 100 mg，VitB12 500 μg和SF500，静脉滴注，1次/天，疗程均为14天。检测治疗前后正中神经、尺神经、腓总神经、胫神经的运动神经传导速度（MNCV）和感觉神经传导速度（SNCV）变化并观察临床症状、体征变化。结果显示，CTP联合SF治疗组和对照组的总有效率分别为88%和68%，两组间比较差异有统计学意义（$P<0.05$）。CTP联合SF治疗组患者治疗后正中神经、尺神经、腓总神经、胫神经MNCV和SNCV显著升高，明显优于对照组（$P<0.01$）。表明CTP联合SF可有效改善DPN患者的临床症状和神经传导速度。

述　评

DPN是临床慢性疼痛综合征常见原因之一，发生于54%的Ⅰ型糖尿病和45%的Ⅱ型糖尿病，是足部溃疡和下肢截肢的重要危险因子。应用CTP营养神经、抗神经损伤及促进神经细胞修复与再生，联合SF改善微循环治疗后，可以明显改善DPN患者的临床症状和神经功能，对糖尿病周围神经病理性疼痛有较好疗效，表明该联合用药的作用温和、毒副作用小、安全有效，在DPN治疗中值得进一步探讨。

（徐瑞芬　徐礼鲜）

艾司洛尔在颌面外科麻醉诱导插管中的应用［邵云. 现代口腔医学杂志，2008，22（6）：664］

选取根据美国麻醉学医师协会（ASA）对病人体质状况和手术危险性进行分类ASAⅠ级颌面外科手术患者50例，男28例，女22例，年龄18～45岁，体重42～75 kg，随机分为观察组和对照组各25例。两组在年龄、性别、身高、体重、手术种类上无明显差异，具有可比性。术前30分钟肌注苯巴比妥钠0.1 g、阿托品0.5 mg。入手术室后开放静脉，常规监测心电图（ECG）、心率（HR）、脉搏氧饱和度（SPO_2）、收缩压（SBP）、舒张压（DBP）、呼气末二氧化碳（$P_{ET}CO_2$）。A组艾司洛尔1.5 mg/kg，B组生理盐水10 mL静脉内1分钟推完。随即麻醉快速诱导，咪唑安定0.1 mg/kg、丙泊酚2 mg/kg、芬太尼2 μg/kg、司可林1.5 mg/kg。1分钟后行气管内插管。连续观察用药前、用药后、插管时、插管后的HR、BP的变化。结果显示，与B组比较，A组推注艾司洛尔后，HR明显下降，插管后1～2分钟内，HR虽有升高，但其上升幅度小于B组。A、B两组血压变化无统计学意义。

述　评

艾司洛尔是一新型超短效、高度选择性心脏β1受体阻滞剂，起效快，作用时间短，疗效确切，毒副作用小。临床常用的一些静脉麻醉药和镇痛药如异丙酚、芬太尼等均有一定的减慢心率的作用，与艾司洛尔可产生协同作用，因此全麻患者使用小剂量的艾司洛尔即可有效地减慢心率，又对BP无明显影响。

（徐瑞芬　徐礼鲜）

肠腔灌注高氧液对缺血-再灌注后肠黏膜屏障损伤的保护作用［高昌俊，柴伟，孙绪德等. 临床麻醉学杂志，2008，24(8)：686～689］

将健康家兔 24 只随机均分成 3 组：缺血-再灌注组（I/R 组）、高氧液处理组（HOS 组）、假手术对照组（Sham 组）。Sham 组只开腹游离但不夹闭肠系膜上动脉（SMA），另两组用无损伤动脉夹夹闭 SMA 1 小时。HOS 组于缺血期以 20 mL · kg^{-1} · h^{-1} 恒速向肠腔灌注高氧液 1 小时，I/R 组则以相同的方式灌注等量的生理盐水，松开动脉夹再灌注 2 小时后取标本。光镜下观察各组肠黏膜组织形态学改变，测定肠黏膜组织 ATP 含量和肠道的氧摄取率（ERO_2）；定量分析门静脉血中细菌内毒素（ET）含量；检测血清中肿瘤坏死因子 α（TNF-α）、乳酸（Lac）水平；观察细菌移位率。结果显示，与 Sham 组相比，I/ R 组光镜下肠黏膜损伤严重，肠黏膜组织 ATP 含量及肠道的 ERO_2 均明显下降，血液中 ET 含量、Lac 和 TNF-α 水平明显升高（$P<0.05$ 或 $P<0.01$），同时出现了广泛的细菌移位；经肠腔灌注高氧液（HOS 组）能明显改善小肠黏膜损伤及上皮细胞形态学改变，显著提高肠黏膜组织 ATP 含量及 ERO_2；明显降低血液中 ET、Lac 和 TNF-α 水平（$P<0.05$ 或 $P<0.01$），同时显著减少肠道细菌移位率（$P<0.05$）。提示肠腔灌注高氧液能够显著减轻肠缺血-再灌注引起的小肠黏膜屏障功能障碍，是一种安全有效的小肠保护方法。

述　评

HOS 是近年国内科学家研制成功的一种医用高氧液体，在不改变基液（5% 葡萄糖、生理盐水或平衡盐液等）中溶质成分的基础上，将氧高浓度地溶解在常规液体中，溶氧后可使液体氧分压由（20.5 ± 0.14）kPa 上升到（106.0 ±7.8）kPa，溶解氧的含量是动脉血的 9～10 倍，静脉血的 25～27 倍，同时含对机体有多种治疗作用的臭氧（13.4 ±2.6）μg/ mL。动物实验表明对心肌、脊髓、脑等缺血-再灌注损伤有良好的保护作用，临床上也已广泛用于治疗多种缺血缺氧性疾病以及抗失血性休克、抗烧伤休克等。

（徐瑞芬　徐礼鲜）

甘露醇预处理对犬经颈内动脉输注丙泊酚麻醉效果的影响［劳宁，徐礼鲜，聂煌等. 临床麻醉学杂志，2008，24(9)：788～789］

8 只健康杂种犬先后接受 3 次颈内动脉丙泊酚麻醉。第 1 次给 0.1 mg · kg^{-1} · min^{-1} 的丙泊酚，到达预定麻醉深度并维持 15 分钟，再使犬恢复清醒。在第 2、3 次麻醉前，以 1 mL · kg^{-1} · min^{-1} 的输注速率分别进行生理盐水和 20% 甘露醇 2 分钟的预处理后再麻醉。听觉诱发电位指数（AA）表示麻醉深度。观察每次麻醉的丙泊酚用量、达到预定听觉诱发电位指数（$AAI_{hypnotic}$）的时间和脑脊液丙泊酚浓度以及恢复清醒时间。结果显示，甘露醇预处理后颈内动脉麻醉的丙泊酚用量少，达到 $AAI_{hypnotic}$ 的时间以及恢复清醒时间短，与其他两次麻醉比较差异有统计学意义（$P<0.01$），达到 $AAI_{hypnotic}$ 时的脑脊液丙泊酚浓度比较差异无统计学意义。表明 20% 甘露醇预处理可以显著增强经颈内动脉输注丙泊酚的麻醉效果。

述　评

血脑屏障的通透性对药物进入脑组织有显著的影响。高浓度甘露醇可使血脑屏障内皮细胞脱水收缩，增大了细胞间隙，使得大分子物质可以通过。甘露醇预处理后，颈内动脉麻醉的丙泊酚药物用量明显减少，达到相同麻醉深度的时间和恢复时间都有明显缩短。说明甘露醇改变血脑屏障通透性后，加快了丙泊酚在血和脑脊液之间的转运速率，影响了丙泊酚经颈内动脉输注的麻醉效果。

（徐瑞芬）

口腔颌面外科手术中芬太尼对雷米芬太尼全麻苏醒期的影响［王新河，李刚. 临床麻醉学杂志，2008，24(9)：804］

选择颌面外科手术患者 40 例，年龄 15～65 岁，ASA Ⅰ或Ⅱ级。其中男 24 例，女 16 例。

随机均分为雷米芬太尼组(R组)和雷米芬太尼复合芬太尼组(F组)。采用全凭静脉麻醉。麻醉诱导:依次静脉注射咪唑安定0.1 mg/kg、丙泊酚2 mg/kg、雷米芬太尼1.5 g/kg、琥珀胆碱1.5 mg/kg,吸氧去氮后气管插管,麻醉机控制呼吸。麻醉维持:微泵静脉泵入丙泊酚5~10 mg·kg^{-1}·h^{-1}、雷米芬太尼0.1~0.2 g·kg^{-1}·min^{-1}、维库溴铵1~2 g·kg^{-1}·min^{-1},于手术结束前约15分钟停用维库溴铵,手术结束后停用丙泊酚。F组于手术结束前10分钟停用雷米芬太尼,同时静脉注射芬太尼1 g/kg。麻醉全程监测心电图(ECG)、血压(BP)、心率(HR)、呼吸频率(RR)、脉搏氧饱和度(SPO_2)、呼气末二氧化碳(PET CO_2)。观察记录患者苏醒期有无躁动、呛咳,从术毕起记录自主呼吸恢复时间、拔管时间、呼唤睁眼时间以及拔管后即刻疼痛主诉的情况。结果两组患者术后自主呼吸恢复时间、呼唤睁眼时间差异无统计学意义。F组患者拔管时间长于R组($P<0.01$)。F组患者苏醒期躁动、呛咳、疼痛的发病率均低于R组($P<0.05$或$P<0.01$)。

述　评

雷米芬太尼短效的药理学特点使其术毕停药即导致苏醒期内镇痛作用突然减弱甚至消失,患者难以耐受气管内导管、手术切口疼痛及吸痰等操作,从而发生躁动、呛咳等不良反应。患者于手术结束前10分钟以芬太尼代替雷米芬太尼,能有效提供全麻苏醒期的镇痛,大大降低躁动、呛咳等不良反应的发生率,增加耐受力。小剂量芬太尼单次静脉注射不延长患者全麻苏醒时间。

(徐瑞芬　徐礼鲜)

长托宁在小儿唇腭裂手术麻醉前用药的临床观察[尹力,李科,吕雷.华西口腔医学杂志,2008,26(4):413~415]

选择在气管插管全麻下行唇腭裂手术的120例患者为研究对象,将其随机分为长托宁组、阿托品组、东莨菪碱组,每组40例。3组患者术前分别肌注长托宁0.01 mg/kg、阿托品0.01 mg/kg,东莨菪碱0.006 mg/kg,观察并记录给药前、给药后15分钟、给药后30分钟、插管后及术毕拔管时患者的心率、体温、血压及呼吸道分泌物等指标。结果显示,长托宁组患者用药后心率、体温、血压无明显变化($P>0.05$);阿托品组、东莨菪碱组患者用药后心率明显加快,体温升高$P<0.05$),血压无明显变化($P>0.05$)。术毕拔管时,长托宁组患者的分泌物较阿托品组、东莨菪碱组分泌物明显减少($P<0.05$)。提示长托宁作为小儿唇腭裂手术前用药对心率、体温、血压无明显影响,对呼吸道腺体分泌有持久的抑制作用,优于阿托品与东莨菪碱。

述　评

唇腭裂手术因手术部位特殊且患者年龄小不合作,多采用气管插管全身麻醉。阿托品、东莨菪碱作为传统的麻醉前用药,被广泛用于抑制呼吸道腺体分泌,保证全麻患者呼吸道通畅。然而阿托品、东莨菪碱对M胆碱受体无选择性,常引起患者心率增快、体温升高等。长托宁为新型长效抗胆碱药物,其突出的优点是可选择性地拮抗M1、M3受体,而对M2受体无明显作用。长托宁对心率、血压、体温无明显影响,具有较强的抗呼吸道分泌作用,作用时间长,是唇腭裂手术前用药的一种较好选择。

(徐瑞芬　徐礼鲜)

正颌外科手术控制性降压麻醉的应用[张乃君,梁晓君.天津医药,2008,36(8):650]

选择颌骨畸形手术患者34例,男12例,女22例;年龄17~32岁,体质量47~110 kg;ASA Ⅰ~Ⅱ级。手术持续时间210~550分钟,控制降压时间160~330分钟。全部患者均采用经鼻腔气管插管全凭静脉麻醉,麻醉期间全部在肌松药作用下维持机械通气。全麻诱导插管成功后进行桡动脉或足背动脉插管,监测有创血压,麻醉后患者均采取控制性降压。硝酸甘油组:硝酸甘油静脉输注19例,开始 1 g · kg^{-1} · min^{-1} 渐增加至 3 ~ 6 g · kg^{-1} · min^{-1}。乌拉地尔组：盐酸乌拉地尔输注 15 例，手术需要降压时静推乌拉地尔 12.5 ~ 25 mg，3 ~ 5分钟推完，改用 0.1 ~ 0.4 g · kg^{-1} · min^{-1} 静脉滴注维持，使血压维持在恰当的水平，直至不需降压时停药。结果显示，2 组控制性降压效果均能达到满意的要求。硝酸甘油组降压后心率明显高于降压前（$P<0.05$），而乌拉地尔组降压前后心率变化不明显（$P>0.05$），2 组降压后心率相比差异有统计学意义（$t=2.813$，$P<0.05$）。硝酸甘油组血压恢复时间为（18.31 ± 11.48）分钟，快于乌拉地尔组的（25.56 ± 10.76）分钟，差异有统计学意义（$t=2.508$，$P<0.05$）。

述　评

正颌外科手术切口一般选择在口内，由于手术视野较差，加之头面部的血运丰富，故手术中出血较多，手术时间长。术中阶段性采用控制性降压麻醉可以有效地减少术中出血量，提高手术视野的清晰度，缩短手术时间，这对降低输血量、节约用血及减少术中、术后的并发症具有一定的作用。

（徐瑞芬　徐礼鲜）

口腔颌面医学影像诊断学

计算机辅助导航外科在颞下颌关节成形术中的应用［于洪波，沈国芳，张诗雷等. 上海口腔医学，2008，17(5)：452 ~ 455］

对 4 例颞下颌关节强直患者行 CT 扫描后，采用计算机辅助导航系统进行手术设计及三维模拟，导航下行颞下颌关节成形术。术后 CT 复查显示手术切除范围与术前设计一致。作者认为计算机辅助导航颞下颌关节成形术是一种安全有效的治疗方法。

述　评

计算机辅助导航系统是计算机辅助外科（computer assisted surgery）的重要内容，具有准确性好、安全、快速等优点，其中影像学信息是构建三维模型影像和手术设计的基础。未来这一技术将向着数字化、实时化和智能化的方向发展。该研究结果展示了计算机辅助导航外科在临床应用方面的优势和发展前景。

（张祖燕　马绪臣）

口腔颌面部软组织动静脉畸形血管构筑初探与治疗分析［柳登高，赵福运，张建国等. 现代口腔医学杂志，2008，22(6)：561 ~ 564］

对 35 例口腔颌面部软组织动静脉畸形患者行血管造影检查及栓塞治疗，对病变的血管构筑特征进行分析。作者提出口腔颌面部软组织动静脉畸形可分为弥散型、密集型、混合型和伴有动静脉瘘型，血管构筑分型有助于治疗方法的选择。

述　评

口腔颌面部软组织动静脉畸形的影像学检查对临床治疗具有重要意义，临床医师需要对病变的解剖部位、范围、病变向深部间隙的扩展、病变与周围组织的关系等获得准确的诊断信息，为制定治疗计划提供参考。该研究通过对病变血管造影和 CTA 表现的分析，提出将其血管构筑分为四种类型，用以指导临床治疗，并通过随访，分析了病变栓塞后复发的因素。研究结果对提高口腔颌面部软组织动静脉畸形的治疗效果具有一定的参考意义。

（张祖燕　马绪臣）

CT 灌注评价涎腺肿瘤性质的应用研究［朱学芬，颜春雨，吴强等. 实用口腔医学杂志，2008，24(2)：252 ~ 255］

对 33 例涎腺肿瘤患者进行 CT 灌注检查，观察血流量、血容量和表面渗透性等参数，并与术后肿瘤标本微血管密度值进行比较。结果表明，恶性肿瘤的血流量、血容量和表面渗透性值高于良性肿瘤组，且与微血管密度呈正相关，有助于涎腺肿瘤的鉴别诊断。

述　评

CT 灌注检查可对组织进行功能评价，CT 灌注参数反映了肿瘤组织血管密集度和通透性的改变。该研究结果有助于提高涎腺肿瘤影像学诊断能力。但肿瘤组织的血管分布和灌注表现是复杂的,应进行全面分析。此外,CT 灌注技术本身也还存在一定的局限性。

（张祖燕　马绪臣）

颞浅动脉逆行栓塞治疗颈外动脉结扎后的口腔颌面部动-静脉畸形探讨[范新东,朱凌,苏立新. 中华口腔医学杂志,2008,43(6):336～338]

分析了 7 例颈外动脉结扎后的口腔颌面部动-静脉畸形的异常供血途径,包括颈内动脉来源、椎动脉来源、甲状颈干来源及健侧颈外动脉来源;并采用颞浅动脉手术暴露逆行插管以栓塞复发性动静脉畸形。结果提示颞浅动脉切开进行逆行栓塞对于口腔颌面部动静脉畸形是有效的治疗方法。此外,作者强调治疗口腔颌面部动静脉畸形严禁行颈外动脉永久性结扎。

述　评

口腔颌面部动静脉畸形的治疗困难,尤其多次治疗并多次复发的病例更加难以处理。以颈外动脉结扎治疗颌面部动静脉畸形可促进病变的发展,并对进一步治疗增加了困难和复杂性,应予废止。该研究通过颞浅动脉逆行插管选择性栓塞颈外动脉供血分支,取得了良好的效果,为这一类复杂病变的治疗提供了一个新的途径,对临床具有一定指导意义。

（张祖燕　马绪臣）

儿童下颌骨骨密度的定量 CT 测量研究[栗震亚,黄刚,王军等. 华西口腔医学杂志,2008,26(4):355～357]

对 71 名儿童下颌骨骨密度进行定量 CT 测量,测量部位为双侧下颌角和颏部。结果发现下颌骨骨密度随年龄增长而增加,颏部骨密度高于两侧下颌角。

述　评

下颌骨位置特殊,形态不规则,呈特殊的马蹄形,口腔空间狭窄,因此,下颌骨骨密度的定量测量较困难,多采用下颌骨指数、皮质骨形态分级等半定量方法。定量 CT 可区分皮质骨和松质骨,可准确测量某一特定区域的骨矿含量,具有较明显的优点,但其辐射剂量较大。

（张祖燕　马绪臣）

CBCT 和曲面体层片在上颌后牙区种植治疗中的诊断价值比较[樊林峰,潘晓岗,浦益萍等. 上海口腔医学,2008,17(10):548～551]

对 75 例上颌后牙区牙种植患者进行锥形束 CT(CBCT)和曲面体层检查,观察种植床骨量及种植体骨结合情况,提出锥形束 CT 可更加准确地评价上颌骨后牙区牙槽骨骨量及种植体周围骨质状况。

述　评

牙种植床需要有足够的骨组织支持骨整合,如何在手术前准确地判断种植床骨质情况并决定种植体植入的位置和方向,一直是牙种植医师非常关心和迫切需要解决的问题。锥形束 CT 具有三维成像、空间分辨率好和辐射剂量低的优点,适于种植放射学检查。应当强调的是,不同的检查方法具有不同的适应证,可提供不同的诊断信息,单一的检查手段往往不能为牙种植诊断及治疗全过程提供理想的影像学资料,应根据临床需要选择相应的检查方法。

（张祖燕　马绪臣）

颅颌面三维可视化模型的构建及应用[顾泽旭,陈学鹏,高峰等. 实用口腔医学杂志,2008,24(1):103～106]

对于正颌外科患者的颅颌面 CT 扫描的原始数据,经三维重建数据采样及转换,进行三维表面重建和体重建,得到三维可视化模型。这种模型具有图像清晰、易于对三维模型进行操作和使用方便等优点。

述　评

医学图像的三维可视化技术对二维图像形成的三维体数据进行计算机图像处理,构建三维结构,并形成具有立体直观效果的图像显示人体组织器官的三维形态和结构。这种三维信息在疾病诊断和治疗中具有重要意义,在医学教学、手术模拟、疾病诊断、放射治疗计划设计等方面的应用得到广泛关注。该研究结果对于三维可视化技术的临床应用具有一定参考价值。

（张祖燕 马绪臣）

口腔医学美学美容学

单侧唇裂继发畸形的美学修复[李丽雅，施生根，耿卫燕. 中华医学美学美容杂志，2008，14(6)：376～378]

选择单侧继发唇裂120例，根据Ⅰ期采用的不同术式进行分组，对唇裂畸形进行观察分析，采用个体化设计，进行美学修复。对采用的Millard法、Tennision法、矩形瓣及上三角瓣法的单侧唇裂继发畸形修复后，观察上唇人中窝形态、瘢痕、唇峰形态的恢复。结果发现采用Millard方法、上三角瓣法优于Tennision方法和矩形瓣方法，Ⅱ期修复术后效果满意。据此，作者认为单侧唇裂Ⅰ期采用的手术方式对继发畸形的程度和修复有显著影响。

述 评

单侧唇裂患者经过Ⅰ期手术后，唇部仍遗留的畸形表现上较复杂也具有较为个体化差异。当前随着生活水平的提高和社会的需要，唇裂患者及家长对面部美容整形要求较高。作者在采用美学观点设计唇裂修复以及重视唇裂患者人中窝的复位和减少皮肤瘢痕的原则下，对120例采用不同术式的单侧唇裂继发畸形患者，用对称性的美学设计进行修复，术后达到了良好的美学修复的效果，恢复了正常的面容。此举将手术设计上升到具有美学性的设计理念，显著地提高了唇裂的修复效果，值得临床借鉴和参考。

（余占海 祁晶）

上颌前牙缺失常规种植修复的临床美学评价[邓春富，赵宝红，张翀. 中国实用口腔科杂志，2008，1(2)：83～85]

对43例上颌前牙单颗缺失的患者，根据缺牙区骨的不同形态采用不同方式的骨增量技术，同期植入种植体，6～8个月完成上部结构修复。术后随访8～30个月（平均16个月）。种植修复后，牙龈乳头形态良好，临床效果满意率97.68%。X线片显示，种植体周围无透光区，牙槽嵴顶端垂直骨吸收小于1 mm。据此，作者认为，种植体植入时可根据不同类型采取不同的骨增量技术，但绝大多数前牙缺失的病例在种植外科手术的同时，均需采用引导骨再生技术恢复牙槽骨的骨量及丰满度，以达到良好的美学效果。

述 评

上颌前牙常因外伤、根尖周病、先天发育错位畸形或缺如、牙周疾病等原因出现缺失，严重影响患者的美观及相关功能。种植修复以其美观、舒适、对健康邻牙没有损害等优点，越来越受到广大患者的青睐。上颌前牙缺失后，由于牙齿缺失的原因、时间长短不同，缺牙区骨质会出现不同程度的吸收改变。在上颌前牙区制备种植窝的过程中，根据牙槽骨的形态，选择不同的手术方式，以达到最大限度地保存现有牙槽骨骨量。评价上颌前牙区种植成功的标准，除长期的稳定性和理想的功能外，更重要的是软硬组织的美学效果。该研究采用了潜入式和非潜入式两种种植方法并且进行美学对比，对临床工作具有一定的指导意义。

（余占海 祁晶）

前牙美观区即刻种植修复的临床应用[汪湛，何一川，陈文君等. 中国美容医学，2008，17(8)：1205～1207]

对24例患者的31个牙位在拔牙同时植入种植体，5个牙位在拔牙后一周植入种植体，全部病例都作了种植后一周内的即刻修复，追踪观察6～28个月。结果发现，所有病例种植体植入后均有良好的初期牙龈愈合，种植体位置正确，稳定无明显松动，能正常行使功能。X线片检查见种植体根尖部与周围骨组织无明显的间隙，接触良好，部分种植体颈部周围的骨质有轻度环状吸收，但吸收小于1.0 mm，移植骨与种植体及周围骨组织结合良好，无明显吸收，其中即刻种植又即刻进行临时冠修复的病例与其他种植体无明显差异;全部种植体稳固无松动,种植体周围无炎症,X线片未见明显骨吸收。据此,作者认为在适当选择病例的情况下,即刻种植与即刻修复可成功应用于前牙美观区。

述　评

随着口腔种植技术在临床上的广泛开展应用,种植义齿修复已成为失牙后牙列修复的重要方法之一。前牙美观区的年轻失牙患者多要求即刻种植与即刻修复,前牙美观区即刻种植修复可以缩短患者的缺牙时间及种植疗程,减少牙槽嵴的骨吸收,保持了牙龈组织形态的完整性,进而达到理想的修复美学效果。因此,在选择好适应证的前提下,即刻种植修复是前牙美观区牙齿缺失较理想的治疗方法,可在很大程度上满足患者对美观的要求,值得临床运用和参考。

(余占海　祁晶)

上颌前部骨切开术改善上唇软组织与微笑的美学效果[黄伟,李祖兵,东耀峻等. 中华医学美学美容杂志,2008,14(6):383~386]

16例行上颌前部骨切开术(AMO)的上颌前突患者术前1周和6个月拍摄的X线头颅侧位定位片,对其相关软硬组织的变化进行测量和统计学分析。结果发现,上颌前部骨切开术可根据患者的容貌特征并结合软组织与微笑的审美的要求进行设计,通过术前正畸的调整和牙周、整形的辅助治疗,在校正牙颌畸形的同时改善上唇软组织及微笑形态的美观。

述　评

骨性上(双)颌前突畸形患者,多伴有开唇露齿和露龈微笑,影响美观。目前临床常采用正畸正颌等多学科的联合治疗方案,以改善上唇软组织和微笑的美学效果。作者通过AMO前后相关软硬组织的变化以及术前正畸调整和牙周辅助治疗等多学科联合治疗手段,改善了患者面部容貌畸形,达到了良好的美学效果,对临床具有较好的参考价值。

(余占海　祁晶)

高频电刀在前牙美学修复中的应用及分析[许德文,杨艳. 中国美容医学,2008,17(4):564~565]

对35名患者需要冠修复的55颗患牙进行高频电刀切龈手术,观察1年内其美学效果及牙周情况,以研究电刀切龈术在前牙固定修复患者中的使用方法并分析其美学效果。结果发现,高频电刀切龈手术在正确掌握适应证的情况下能够达到良好的美学效果,且牙周情况良好。

述　评

前牙由于位置的原因,具有重要的审美价值。除了牙齿的形态、大小、排列之外,牙龈的美观也至关重要,尤其在固定修复中,医师为了修复后获得最大的美学效果,经常会对不美观的牙龈进行牙周外科手术,如牙龈成形术。传统的方法具有创伤大、出血多、恢复时间长等缺点。该文作者通过对符合适应证的冠修复患者,使用高频电刀行龈切除术、牙龈成形术,表明高频电刀在前牙美学修复中的可行性。术后牙龈、牙周健康,且具有出血少、恢复快、牙龈成形效果好、操作简便的优点。术后配合贵金属烤瓷修复,能获得理想的美学效果。此方法值得临床推广。

(余占海　祁晶)

骨性安氏Ⅱ类错𬌗双期矫治后形态美学研究[张瑾,武冠英,徐宝华. 中国美容医学,2008,17(4):555~557]

分别采用单期矫治和双期矫治方法治疗骨性安格尔Ⅱ类错𬌗,比较分析两种治疗方法的疗效以及面部美学效果的差异。在正畸临床选取骨性安格尔Ⅱ类错𬌗患者49例,年龄11~13岁,随机分成两组,分别采用掩饰性正畸治疗和双期矫治方法进行治疗,将治疗前头颅侧位定位X线片进行研究。结果发现,单期矫治组更多表现为牙齿代偿,而双期矫治组骨性关系趋于协调,牙齿代偿较轻,面部美学效果更为理想。

述　评

正畸学的临床美学效果表现于牙、颌、面的形式美和功能美。在临床实践中，面型的美观与和谐是正畸医师所追求的目标之一。对于骨性错聆的患者，大多伴有严重的容貌美缺陷，影响身心健康。该研究证实使用双期矫治方法能刺激颌骨生长，与传统的单期矫治方法相比，无论是正面或是侧貌，都能得到较大的改善，收到了良好的美学效果。此方法值得临床借鉴和推广应用。

（余占海 祁晶）

不同抛光方法对三种复合树脂抛光效果的比较[于凡，陈吉华，李旬科等. 口腔颌面修复学杂志，2008，9(1)：48～50]

通过测定 Palfique、Z350、Charisma 三种复合树脂试件的表面粗糙度和光泽度，对 6 种抛光方法进行评价，发现 Sof-Lex discs（彩虹抛光碟）的抛光效果优于 Composite polishing kit-CA0310（树脂打磨抛光套装）；SuperBuff Set 水溶性抛光轮能更好地满足临床修复要求；Charisma、Palfique、Z350 三种树脂经 Composite polishing kitCA0310 树脂打磨套装处理后，表面都留下了较明显的波浪状划痕，Sof-Lex discs 抛光碟打磨后的表面划痕减少；配合使用 SuperBuff Set 水溶性抛光轮后，三种树脂试件划痕明显减少，表面趋于光滑。据此，作者认为复合树脂修复后，配合使用精细抛光能更好地提高修复体表面光泽度。

述 评

复合树脂因其优良的理化特性和色泽的仿真性，被大量用于牙体缺损修复和前牙的美容修复中。但是在修复后的塑形过程中容易造成修复体表面的粗糙。临床上对高质量复合树脂修复体的评价标准之一即修复体表面的粗糙程度。已有研究证实，复合树脂修复体表面的粗糙度与菌斑的附着，外源性着色等因素密切相关。高质量的修复体不仅可以有效地减缓菌斑的附着，延长修复体的使用寿命，同时也达到了美学修复的效果。为此，大量的抛光工具和方法被运用于复合树脂修复体的塑形过程之后。作者选用了较新 SuperBuffset 水溶抛光轮和 OneGloss 抛光工具与临床常用的抛光工具相结合，分别对 Z350、Palfque 和 Charlsma 三种复合树脂进行表面处理，通过电镜观察抛光后的表面形貌，测定表面粗糙度值和光泽度值，验证了六种抛光工具及方法的优劣，从而为临床抛光技术的应用提供了参考。

（余占海 祁晶）

口腔颌面肿瘤手术中医学美学原则的应用[张圃，雷德林，孙沫逸等. 中国美容医学杂志，2008，17(10)：1469～1471]

选择口腔颌面部手术患者 67 例，其中良性肿瘤患者 36 例，包括颌骨囊肿、成釉细胞瘤、腮腺良性肿瘤、腮腺脉管畸形、鳃裂囊肿等；恶性肿瘤患者 31 例，包括唇癌、舌癌、口底癌、上颌窦癌、恶性淋巴瘤等。作者结合患者对手术医学美学方面的要求，应用美容医学原则进行具体手术设计、手术实施。下颌骨体部囊肿患者，可从口内入路手术，也可采用袋形手术；青年单房性的成釉细胞瘤患者，可行瘤体扩大切除，也可加微波热凝处理。恶性肿瘤患者，在切除肿瘤后的修复时，应考虑到面部外形的恢复。结果表明，在口腔颌面-头颈肿瘤外科手术中应用医学美学原则，可以减少手术带来的对口腔颌面部外形、功能的破坏，提高患者手术后的生活质量。

述 评

生物-心理-社会医学模式下的新的健康观：健康是全方位的，不仅是没有身体的疾病，而且要达到心理上，躯体上和社会适应上的完全健康的状态。这种医学模式的转变，扩大了常规医学理念的范围，而且对医疗工作者尤其是外科医生提出了一个更高的要求，在治疗的过程中不仅要去除病痛而且要考虑患者治疗后期的生活质量、心理状况等多方面的因素。近年来，由于肿瘤生物学和免疫学的成就和目前综合治疗手段的增加，颌面部的手术多趋向于适当限制手术“根治”的范围，以保存机体功能，保护劳动力，提高生活质量，称之为“保存性功能性外科”,这种手术方法真正为患者考虑,更趋向于人性化。在这一思想指导下应用医学美学的原理和方法,成为一个必然的趋势。美学原则在口腔颌面肿瘤手术中的应用是一个很值得进一步探讨并且具有临床实用价值的课题。而该文的作者正是从口腔颌面部美学的角度和保护患者术后生活质量的方面入手,对口腔颌面部良恶性肿瘤具体手术方案的制定进行总结并且提出了新的见解。

（余占海　陈光）

不同排牙方法对全口义齿修复影响的临床研究[刘晓秋,王晓容,张春生等. 现代口腔医学杂志,2008,22(1):17~19]

采用上颌排牙法、下颌排牙法和综合排牙法为 10 例无牙颌患者分别制作 3 副全口义齿。戴用义齿 3 个月后,测试无牙颌患者对 3 种全口义齿的满意度,同时通过吸光光度法测定咀嚼效率及咀嚼次数,比较三种排牙方法的全口义齿咀嚼效能的异同。结果发现,无牙颌患者在戴用义齿 3 个月后对下颌排牙法和综合排牙法全口义齿的满意度均好于上颌排牙法义齿。3 组全口义齿中,下颌排牙法和综合排牙法全口义齿的咀嚼次数和咀嚼效能差异无统计学意义,但均好于上颌排牙法义齿。据此,作者认为下颌排牙法和综合排牙法的全口义齿排列的人工牙有利于无牙颌患者在咀嚼过程中稳定地使用义齿,提高咀嚼效能且美观效果满意。

述　评

无牙颌患者在发生牙列缺失后口腔功能严重受损,这不仅对患者的面容美观造成严重的影响,而且给患者造成生理和心理负担。在生物-心理-社会医学模式中,患者的评价是医疗服务质量的最终评定,测定患者对义齿满意度是必要的基础性研究。该研究选用 10 例患者对义齿外观、语言、咀嚼能力、稳固性及舒适感五个主要方面的满意度分别进行研究,结果显示各单项结果并不相同,外观的满意率最高,咀嚼能力较低。对于牙槽嵴重度吸收尤其是下颌或者骨吸收不均匀者,下颌排牙法和综合排牙法能发挥更好的作用,这对临床全口义齿修复具有指导和借鉴意义。

（余占海　陈光）

正颌患者对美学与功能评价的感知初步评价[董妮,宋锦璘,邓锋等. 中国美容医学杂志,2008,17(9):1336~1338]

采用基于 SCL-90、SDS、SAS 量表的综合问卷调查患者对面部美学的理解和对疗效的期望,涵盖面部外形、牙齿外观、口颌功能等,并结合患者情况进行综合分析。结果发现,容貌改观是患者寻求正颌手术治疗的主要目的,患者期望术后不仅有整齐牙列,更具备良好的面部外形和口颌功能。正颌外科术后应结合功能重建训练,以达到更好地改善外形,恢复口颌功能的目的。据此作者认为,在临床治疗中应合理引导患者审美观,遵循美学与功能相结合原则,以期达到容貌美和良好咬合关系的治疗效果,更好地维护、修复和再塑造患者容貌美。

述　评

随着人们生活水平的提高,对颌面部美观的重视度也在逐步提高,主动要求口腔矫形的患者数量逐年增加。目前对正颌外科患者面部美学和功能改善的感知变化的报道很少见,不利于引导正颌患者正确认识面部审美与口颌功能的关系。而该文作者正是从这个角度出发,通过对患者矫形目的的分析,患者在治疗过程中对功能恢复的感知,矫形前后美学指数的对比等多方面去引导患者建立美学与生理功能相统一的审美意识,对于今后正颌外科临床治疗过程中医患交流具有重要的指导意义。

（余占海　陈光）

口腔临床药物学

β-胡萝卜素联合醋酸曲安奈德治疗口腔均质型白斑的临床应用[陈勤超. 中华老年口腔医学杂志,2008,6(1):9~10]

探讨β-胡萝卜素加用醋酸曲安奈德注射液治疗口腔均质型白斑的效果。纳入标准为去除局部刺激因素2周以上病损无改善、临床诊断为均质型白斑、病理诊断为单纯增生或轻度异常增生者。共纳入68例患者，男39例，女29例，年龄大于或等于60岁。随机分成A、B两组，均口服β-胡萝卜素500 mg，每日1次。但B组尚在病损基底部多点封闭醋酸曲安奈德注射液，每周1次，4周为1疗程，并巩固治疗1疗程，1个月后门诊随访。用药及停药期间不使用其他药物。评价标准，显效：白色病损完全消失或基本消失，黏膜颜色基本恢复正常，无自觉症状；好转：病损大小及色泽同前，自觉症状改善；显效和好转计为有效。A、B两组有效率治疗4周后分别为12.12%和51.43%，8周后分别为33.33%和100%，疗效差异有统计学意义（$P<0.05$）。

述 评

在该试验中，β-胡萝卜素可以看作基础治疗，两组疗效的差异主要是由于局部注射曲安奈德的结果。该研究采用随机的方法减少了选择性偏倚，但疗效评定标准中好转的标准是自觉症状改善，属于软性指标，将显效和好转计为有效显得疗效指标过于宽松，加上未使用盲法，可产生测量偏倚。另外，第3个月时A组亦有8例显效（22.24%），提示β-胡萝卜素治疗黏膜白斑亦有一定应用前景，但出现效果需要的时间较长。曲安奈德组尽管在第3个月显效率达到77.14%，但加重的比例也达到22.86%，因此对用其进行病变区封闭应持慎重态度。

（史宗道）

几种麻醉方法在深龋无痛治疗中的应用研究［李大为，朱雅男，王文梅．广东牙病防治，2008，16(3)：130～131］

以门诊上颌磨牙深龋患者为纳入对象，共231例240个患牙。240牙被随机分成A、B、C、D组各60牙，A、B组在患牙颊侧根尖区黏膜下浸润麻醉，A组注射必兰0.6 mL；B组2%利多卡因2.5 mL；C组上颌结节注射法注射2%利多卡因3 mL；D组不采用任何麻醉方法。以同样的方法去龋备洞充填。由患者采用目视模拟标尺法（VAS）、医师根据患者在治疗中的临床表现分别对无痛治疗效果进行评价，并综合为4个级别，优=Ⅰ级，良=Ⅱ或Ⅲ级，差=Ⅳ级。结果显示，4组的VAS评分和分级、医生评价分级及综合评价结果差异均有统计学意义，组间两两比较差异有统计学意义（$P<0.05$）。表明在深龋无痛制洞充填中必兰的麻醉效果优于利多卡因。

述 评

必兰为复方阿替卡因注射液，其规格为1.7 mL∶68 mg（含肾上腺素1/100 000），阿替卡因浓度为4%。该研究证实其对深龋制洞具有良好的镇痛效果，但2%利多卡因加肾上腺素也有较好的镇痛效果，如能采用2%利多卡因加1/100 000肾上腺素作为对照则更具临床意义，因为其价格要低廉得多。另外，应对利多卡因上牙槽后神经阻滞麻醉效果不满意进行分析，这可能与上后齿槽神经包含多个细支，分布较宽有关，也不能排除中上齿槽神经交叉分布的可能性。从理论上讲，只要注射部位准确，上牙槽后神经阻滞麻醉对深龋无痛制洞充填也应是可行的办法。另外，评述者验算A、C组镇痛效果比较并未达到统计学显著水平（$P=0.096$），与作者结果不同。

（史宗道）

芬必得胶囊减轻固定矫治器初戴后疼痛的临床观察［董海东，陈伟，刘琴．口腔医学，2008，28(9)：484～486］

将初次戴用固定矫治器的12～18岁患者128例随机分为芬必得（现名布洛芬）组和安慰剂组，每组64例。其中男53例，女75例，平均14.5岁。所有病例均黏戴上、下颌标准方丝弓矫治器，由同一名医师和护士配合完成。操作前1小时，操作完成后12、24、48小时试验组口服布洛芬胶囊300 mg，对照组口服安慰剂。由患者根据疼痛强度数字量表

(NRS)记录方丝弓戴入后2、6小时,1、2、3、7天时的疼痛程度。试验组2例、对照组1例表格不完整予以剔除,试验组4例、对照组5例无痛,余均有不同程度激惹痛和自发痛。统计学分析显示粘戴固定矫治器后2、6小时,1、2、3天布洛芬组的正畸疼痛水平均显著低于对照组($P<0.05$)。第7天时两组疼痛水平差异无统计学意义($P>0.05$)。未见服药不良反应。

述　评

作者采用随机对照试验设计,隐藏随机方案,盲法评价结果,对疼痛的测量采用了量化指标,有明确的纳入、排除和剔除标准,结果具有较高的论证强度。布洛芬是相对安全的具有中等镇痛强度的非甾体抗炎镇痛药物,可以推荐正畸临床用于初戴矫治器出现较重疼痛的患者。但应注意:在大量患者使用时,仍有可能发生较严重的药物不良反应,需严密观察。另外,建议初戴矫治器时控制正畸力量勿使过大,以尽可能减少用药。

(史宗道)

制霉菌素和氟康唑治疗念珠菌性口炎的临床对比观察[庄庆,许志萍,黄磊.北京口腔医学,2008,16(5):276~277,283]

临床对比观察制霉菌素和氟康唑对念珠菌性口炎的实际疗效。108例念珠菌性口炎患者中男40例,女68例,年龄50~78岁。随机分为2组进行治疗。均用3%碳酸氢钠含漱3次/日。氟康唑组52例,氟康唑100 mg(首次加倍)口服1次/日;制霉菌素组56例,50万单位制霉菌素含化后吞服3次/日,4周为1疗程。用药前、停药1周(近期疗效)、半年以上(远期疗效)对症状和体征客观评分,并进行真菌检测。近期疗效:试验组显效率94.23%,对照组83.92%,两组对比差异无统计学意义。远期疗效:试验组治愈率90.38%,对照组41.67%。提示氟康唑和制霉菌素对念珠菌性口炎在短期内均有较好的治疗作用,氟康唑的长期疗效明显优于制霉菌素($P<0.05$),但仍有一定的复发率。

述　评

由于社会的老龄化程度加大,人类生存环境的恶化,免疫抑制剂和其他影响免疫力药物的大量应用,真菌感染的机会增加,其中念珠菌性口炎为常见的真菌感染性疾病。该文作者采用随机对照试验设计,评价指标客观,其结论为临床用药选择提供了重要证据。

(史宗道)

复方苦参含漱液治疗口腔扁平苔藓的临床及细菌学研究[吴岚,周曾同,吴飞华等.上海口腔医学,2008,17(2):118~120]

观察复方苦参含漱液治疗糜烂型扁平苔藓的临床疗效以及治疗前后患者口腔内细菌的检出量、检出率及构成比的变化。复方苦参含漱液配方含苦参、白芷、苍术、山栀,每次饭后含漱苦参含漱液20 mL,每次3分钟。共治疗糜烂型扁平苔藓患者30例,用药1周后,患者疼痛指数显著下降($P<0.01$)。口腔内细菌总检出率、检出量减少。葡萄球菌的检出量显著减少($P<0.05$);其他唾液细菌的检出率和检出量虽有减少,但无统计学意义。细菌构成比差异无统计学意义。

述　评

口腔扁平苔藓是病因尚不清楚的慢性疾病,可能与精神因素、局部刺激、自身免疫等多种因素有关。尚无理想的全身及局部用药方法,探讨中药漱口剂的局部作用有一定临床意义。但该研究没有设置对照,其治疗效应中不能排除安慰剂效应、霍桑效应等的影响,加上疼痛指标属于软性指标,因此该研究结论的论证强度受到很大限制,仅可以作为未来进一步研究的线索。复方苦参含漱液除了漱口外,是否可采用含服的方式,使之有可能发挥全身作用,毕竟局部表面的药物作用是太微弱了。希望在未来的干预性试验中,务必设置对照,这样起码可使病例系列报告式的描述性研究变为分析性研究,其提供科研证据的能力要强得多。

(史宗道)

复方牙痛酊对牙龈炎、冠周炎临床治疗效果观察[万呼春,张爽,吴妮娅等. 华西口腔医学杂志,2008,26(2):162~165]

评价复方牙痛酊对牙龈炎、冠周炎的消炎镇痛效果。纳入对象为门诊牙龈炎、冠周炎患者,随机分组,均在常规冲洗后局部用药;试验组用复方牙痛酊,阳性对照组采用碘甘油,阴性对照组不上药,均为 40 例。治疗后 10 分钟用 VAS 标尺法记录痛感,试验组 40.0% 的患者痛感基本消失,而其他组患者疼痛缓解不明显;3、7 天 时 3 度记分法记录疼痛并记录龈炎指数,治疗后 3、7 天疼痛消失者分别为试验组 92.5%、95.0%,阳性对照组 55.0%、90.0%,阴性对照组 27.5% 和 52.5%。治疗后 7 天试验组龈炎指数比阳性对照组与阴性对照组分别降低了 25.0%、42.8%,3 组之间的龈炎指数差异具有统计学意义($P<0.05$)。综合评价治疗后 3、7 天时总有效率,试验组分别为 95.0%、97.5%,阳性对照组 77.5%、92.5%,阴性对照组 52.5%、77.5%;除 7 天试验组与阳性对照组无显著差异,其余试验组结果均优于其他组($P<0.05$)。因此认为复方牙痛酊治疗牙龈炎、冠周炎具有明显的消炎镇痛效果。

述　评

采用随机对照试验科研设计,检查局部用药治疗牙龈炎和冠周炎的效果,选择性偏倚控制较好,提供了初步科研证据。但是未采用盲法,容易出现测量偏倚,即评价者可能不自觉地偏向试验组评价疗效。有的测量指标如对疼痛的 3 度记分法过分笼统,不如 VAS 法可以精确测量痛觉严重程度。利用 VAS 法时其 10 mm 端宜理解为一生中感觉最严重的疼痛,任何时点测量疼痛时都是以当时的痛觉与一生中感觉最严重的疼痛相比较,才能相对准确地比较不同时点的疼痛严重程度是否有差异。另外,未提及是否存在混杂因素,这样,测量偏倚和混杂偏倚对该试验的结果会有某种不能准确估计的影响。尚有必要对复方牙痛酊对牙龈炎、冠周炎的消炎镇痛效果进行进一步论证。

(史宗道)

两种含氟制剂预防乳牙龋效果比较[陈敏,佘燕萍,赵然. 广东牙病防治,2008,16(4):175~176]

研究氟保护漆与氟离子导入预防乳牙龋的效果。将本地出生并居住 2 年 6 个月以上,且生活环境大致相同的 1 542 名 3~4 岁幼儿随机分为 A、B 两组,A 组 811 名使用普尔乐氟保护漆,B 组 731 名使用 0.2% 氟离子导入。每隔 6 个月使用 1 次,连续 3 年后比较防龋效果。基线调查 A 组与 B 组乳牙患龋率差异无统计学意义($P>0.05$),试验后 A、B 两组患龋率分别为 57.21% 和 67.46%,A 组患龋率低于 B 组($P<0.01$)。作者认为氟保护漆预防乳牙龋的效果优于氟离子导入。

述　评

该研究为群组随机对照临床试验,通过较大的样本进行研究,并采取了控制测量偏倚的措施,证实氟保护漆预防乳牙龋的效果更优,结论可靠。其原理多系氟保护漆中氟化钠的含量较高,采用柯伯脂使涂于牙齿表面后形成的膜黏结性、封闭性、耐水性良好,因而可长期缓慢释放氟离子、抑制致龋菌、促进釉质再矿化并增强釉质对酸的抵抗力。

(史宗道)

黄连清心饮治疗灼口综合征的临床疗效观察[毛凯平,周杰,荣刚. 北京口腔医学,2008,16(1):22~23]

观察黄连清心饮治疗灼口综合征的临床疗效。灼口综合征患者中男 10 例,女 58 例,年龄 40~65 岁,平均 50.60 岁 ±2.86 岁;病程 0.50~9 年,平均 11.00 月 ±1.59 月。随机编码抽签分为治疗组 36 例、对照组 32 例。治疗组以清心安神,滋阴清热为治则,方剂用黄连清心饮化裁,根据病情辨证施治,每日 1 剂,15 天为 1 疗程,5 天后再重复 1 个疗程。对照组予以空心胶囊作为安慰剂,1 粒/次,3 次/日,疗程同治疗组。治疗组与对照组在性别、年龄、病程等方面的差异均无统计学意义($P>0.05$)。结果显示治疗组总有效率为86.11%,对照组总有效率为28.13%,治疗组明显优于对照组($P<0.01$)。表明黄连清心饮治疗灼口综合征具有良好的临床疗效。

述　评

采用随机对照设计是其优点,可减少选择偏倚,用视觉模拟法VAS量化疼痛也很好,其结果可作为临床参考。但由于试验组用中医辨证施治的方剂,对照组服用空胶囊,两种用药极易识别,可能影响观察者对疗效的判断;空胶囊很容易为患者识别,产生不良心理影响;另外没有考虑混杂因素的影响,因而影响结论的论证强度。但应用中医中药治疗灼口综合征无疑是一个重要方向。建议在进一步的研究中,采用基本类似但无疗效的对照措施,或不易识别的安慰剂;由第三者评定疗效;考虑重要的影响疗效的混杂因素,在研究过程中予以收集并进行必要的分层分析或多元回归分析以评定其影响,以便提高研究结果的论证强度。

(史宗道)

口灵药膜治疗复发性口疮临床疗效分析[汪瑛丽,王卫真,林世和等.临床口腔医学杂志,2008,24(10):627~628]

探讨口灵药膜治疗复发性口疮(RAU)的临床疗效。反复发作口疮并符合纳入标准的患者160例,其中男71例,女89例,年龄18~83岁。随机分组,治疗组与对照组各80例,两组病例溃疡大小及溃疡面总面积相差无显著性。治疗组采用口灵中药药膜治疗,4次/日,共7天,对照组采用西药常规治疗,包括维生素、免疫制剂,有感染者加用抗生素等。结果治疗组平均愈合天数为(4.7±2.1)天,低于对照组(6.0±2.9)天,且疼痛指数明显下降。提示口灵药膜治疗复发性口疮能减轻患者痛苦,使病程缩短,优于西药治疗组。

述　评

作者采用了随机对照设计,用视觉模拟法VAS量化疼痛,对溃疡面积进行了测量,其结果可作为临床参考。但因未采用盲法及第三者评价疗效,会影响观察者对疗效的判断。另外,未关注治疗组是否同时服用了与对照组类似的药物,没有考虑混杂因素的影响,这可能影响结论的论证强度。

(史宗道)

平阳霉素治疗血管瘤与脉管畸形的不良反应分析[寿柏泉,寿卫东,杨震等.中国口腔颌面外科杂志,2008,6(1):34~37]

回顾1991年1月至2007年1月采用平阳霉素治疗血管瘤与脉管畸形的所有1 685个病例。其中190例发生不良反应,其中食欲缺乏68例、发热60例、皮疹23例、过敏性休克1例、血管瘤或脉管畸形局部坏死性溃疡38例。发生于口腔颌面部12例、躯干10例、四肢16例,36例经抗感染、换药痊愈,2例经皮瓣移植治愈。作者认为注射平阳霉素前先肌注地塞米松,可预防或减少发热和过敏反应。注射平阳霉素后发生的局部坏死性溃疡,一般均可治愈,对上下肢等血运较差的皮肤病变,平阳霉素的剂量不宜超过3 mg,浓度应在1∶2~1∶3(1 mg∶2 mL~1 mg∶3 mL),做放射状注射,以避免坏死。

述　评

平阳霉素作为一种抗肿瘤药物可损伤DNA,抑制其复制,影响RNA及蛋白质合成,在皮肤组织浓度较高,这些特性可能与其治疗血管瘤及血管畸形的机制有关。由于人体缺乏平阳霉素水解酶,易产生毒性反应。因此关注用其治疗血管瘤等良性病变时的不良反应非常重要。作者报告了对大宗病例长期随访的结果,为合理使用该药提供了极好的参考。需注意该病例系列是在三级医疗中心由资深专家进行治疗的,并已采取了用药前注射地塞米松等预防措施,因此不良反应发生率偏低。尽管如此,仍然有严重的过敏性休克出现。提示在有良好抢救设备和条件的医疗环境中开展该项治疗的重要性。作者在该治疗方法长期随访观察方面做得很好，其经验值得借鉴。评述者建议对接受平阳霉素治疗的婴幼儿进行随访至成年，与同龄未接受平阳霉素治疗的对照相比较，观察有无远期不良作用。

（史宗道）

根管治疗期间急症应用氢氧化钙复合剂根管封药的疗效观察［丁有彪. 广东牙病防治，2008，16(9)：412～413］

选择常规根管治疗过程中出现根尖周明显自觉痛或叩痛、但局部无明显软组织肿胀、无明显炎性分泌物的101颗患牙，其中初诊牙髓炎84牙，牙髓坏死17牙，牙片示根尖周无明显暗影。101牙被随机分为试验组54牙，对照组47牙。试验组应用氢氧化钙复合剂（含地塞米松、甲硝唑、氢氧化钙，按体积比1∶1∶1与碘伏调成糊剂型）根管封药；对照组用樟脑酚开放，5天后观察效果。结果显示试验组疼痛缓解率为92.6%，对照组为72.3%，两组差异有统计学意义（$P<0.01$）。作者认为急症期间的根管治疗应用氢氧化钙复合剂作为根管封药，对根尖周炎症有明显缓解作用。

述　评

作者采用了随机对照的试验方法，结论相对可信。但没有报道是否患者同时口服抗菌药物，如果应用，两组是否一致。另外，未进行基线比较，不知道两组的可比性如何，这些都对结论的论证强度有影响。

（史宗道）

瑞白混合液局部治疗放疗后口腔溃疡的临床疗效［欧阳梅琳，韩光莉. 口腔医学，2008，28(4)：222～223］

观察瑞白（重组人粒细胞集落刺激因子，rhG-CSF）混合液局部应用对放疗后口腔溃疡的临床疗效。纳入病例为头颈部肿瘤患者，均接受6 mV直线加速器面颈联合野照射，多在放疗后3～15天出现口腔溃疡，共70例，随机分为2组，治疗组、对照组各35例。均首先用复方硼砂液漱口，然后治疗组局部应用瑞白混合液涂抹于溃疡处，每日3次；对照组局部应用碘甘油涂抹，每日3次。用药后5、7天复查溃疡面愈合及疼痛减轻、消失情况，疗效评定结果治疗组与对照组总有效率分别为94.29%和62.86%，其差异有统计学意义（$P<0.01$）。表明瑞白混合液治疗放射后口腔溃疡效果良好。

述　评

头颈部恶性肿瘤患者接受放射治疗时口腔溃疡发生率为15%～40%，探索有效治疗方法对患者坚持完成预定疗程有重要意义。重组人粒细胞集落刺激因子对造血前体细胞、抗原提呈细胞、成纤维细胞、皮肤黏膜细胞等均有不同程度的刺激作用，可通过促进表皮细胞增殖、分化及修复的作用，加速口腔溃疡的愈合；利多卡因具有较好的止痛效果；地塞米松具有抗炎作用。通过随机对照设计，证实了该混合液对放射性口腔溃疡的疗效，具有临床应用价值。使用中应注意观察有无皮疹、发热、流涕等不良反应，及时予以处理。

（史宗道）

三氧化物多聚体应用于活髓切断术的临床疗效研究［刘阗，周会喜，黄洁. 广东牙病防治，2008，16(5)：213～215］

评价三氧化物多聚体（MTA）用于活髓切断术的临床效果。纳入外伤冠折露髓的年轻恒前牙48颗，伤后就诊时间最短1小时，最长1周；露髓孔最小者局限于髓角，最大者整个髓腔暴露，无自发痛、叩痛及松动，X线片显示牙根未完全形成。随机分为2组，每组24颗。均用灭菌高速球钻在持续喷水冷却下切除冠髓，生理盐水冲洗牙髓断面，充分止血后，氢氧化钙组用氢氧化钙盖髓，MTA组用适量的MTA粉末与无菌蒸馏水按3∶1的比例调匀盖髓，均用氧化锌丁香油黏固粉和磷酸锌水门汀双层垫底，光固化树脂覆盖牙冠断面。追踪观察3年并进行临床评价。MTA组成功22颗，失败2颗，氢氧化钙组成功20颗，失败4颗，2组差异无统计学意义。作者认为MTA是一种较理想的直接盖髓剂。

述　评

氢氧化钙具有强碱性,可释放羟基离子,作用于牙髓组织可诱导矿化组织形成,激活牙髓自身修复机制,封闭牙髓,还具有抗菌作用,是优良的盖髓剂之一。MTA 粉剂中氧化钙、二氧化硅占重量比的 70% ~95%,与水调和后可形成硅酸盐水凝胶,释放钙离子,形成碱性环境,亦具有抗菌能力。该研究证明 MTA 亦是优良的盖髓剂。

(史宗道)

口服云南白药对正颌外科术中出血量影响的随机双盲对照研究[唐正龙,王兴,伊彪等. 中华口腔医学杂志,2008,43(9):542~545]

将需行 Le Fort Ⅰ型截骨术和双侧下颌升支矢状劈开截骨术(BSSRO)的牙-颌-面畸形患者 87 例,根据随机数字表分为 A 组(43 例)和 B 组(44 例),术前 3 天开始在专人监督下分别口服云南白药胶囊或安慰剂胶囊,每次 2 粒,每日 4 次(共 2.0 g)。术中用容积法及称重法计算失血量。两组出血总量比较,A 组(330.5 ± 134.4) mL、B 组(420.8 ± 175.9) mL,差异有统计学意义($P<0.05$)。两组患者术后纤溶功能检查结果,差异无统计学意义($P>0.05$)。围手术期未发生不良反应。作者认为术前口服云南白药胶囊可有效减少正颌外科术中出血量,同时不会增加血栓形成风险。

述　评

作者采用了随机双盲、安慰剂对照的前瞻性临床试验研究设计,干预措施在监督下进行,依从性好,出血量能精确计量,盲法的实行避免了观察者、资料输入及统计分析者的主观影响,是科研设计严谨,控制偏倚好的研究,其结论可靠,为临床提供了很好的证据。有必要扩大临床适用范围,是否可将云南白药胶囊用于大型、复杂的口腔颌面外科手术以及老年、体弱、有合并疾病而又必须接受手术者,以取得更好的社会效益。同时也有可能在大样本的基础上发现新的、严重的不良反应,为合理用药提供依据。评述者建议对这些患者可采用"真实世界研究"(real world study)的方式,而不一定是随机双盲设计,但应当是前瞻性,有对照,对进入研究的队列严密随访,最好是多中心同期进行以获得较大的样本。

(史宗道)

口腔护理学

牙科手机空转冲洗防回吸污染的时效性研究[金爱琼,常香远,宁克勤等. 中华医院感染学杂志,2008,18(2):224~226]

选择 12 只 BienAir 型手机和 12 只 W&H TA-96 型手机,以临床去龋备洞和开髓为试验对象,在每只手机完成治疗操作后立即取水样 1 次,然后让手机空转喷水 4 分钟,期间每隔 0.5 分钟取水样 1 次,比较不同冲洗时间对应的菌落数。结果显示,两种手机均在冲洗 0.5 分钟后使水道细菌水平降低幅度最大,BienAir 型手机、W&H TA-96 型手机分别在冲洗 3 分钟和 2.5 分钟时仍显示有效,但此后达效应"平台",即延长冲洗时间也不能显著降低水道细菌水平。表明手机空转冲洗的方法能显著降低牙科水道细菌水平,不同类型手机空转冲洗后达到效应平台的时间可能不同。

述　评

手机回吸引起的污染一直是临床上一件很棘手的问题,也是引起交叉感染的重要媒介。近年来,随着科技的进步,防回吸手机的问世,虽然一定程度上解决了这个问题,但是让所有医院配备上防回吸手机,目前有一定困难。手机空转冲洗是一种简便易行、经济实效的方法,但因费时、重视不足而在临床工作中没有很好地开展。该文作者通过实验论证了两种不同型号的手机空转时间长短与水道细菌水平的效应关系,为临床工作提供了依据,对提高临床医护人员加强交叉感染控制的依从性,有一定的借鉴意义。

(李秀娥)

对正畸治疗患者实施改良口腔健康教育的效果评价[裴慧斌,吴雪.中华护理杂志,2008,43(10):918~919]

将40例正畸治疗初戴矫治器的患者,随机分为两组,实验组采用改良口腔健康教育方式,即通过模型直观的演示及菌斑染色的方法,告诉患者菌斑易堆积的牙齿部位,使患者可以有效地刷牙;对照组采用传统的口腔健康教育方式。健康教育前后运用菌斑染色指数评价口腔清洁效果。健康教育后,两组左下4、右上4的菌斑染色指数比较,差异有统计学意义($P<0.05$),其他牙齿的菌斑染色指数差异无统计学意义($P>0.05$)。实验组健康教育后菌斑染色指数情况较健康教育前好,差异有统计学意义。作者认为改良口腔健康教育方法更直观、生动,可以促进患者有效祛除菌斑,保持口腔清洁。

述　评

固定矫治器是目前正畸治疗的主要方法,在治疗的同时也增加了口腔清洁的难度和护理健康教育的重要性。该文作者采用模型宣教和菌斑染色相结合的健康教育方法,提高了佩戴固定矫治器的青少年口腔清洁的效果,这种理论讲授与实践练习相结合、直观的健康教育方法值得在临床推广。

(李秀娥)

颌面部肿瘤根治血管化皮瓣修复术后胃管插入困难原因分析与对策[游杰,卢志云.护理研究,2008,22(11):2967~2968]

回顾性分析了37例口腔颌面部肿瘤根治血管化皮瓣修复术后胃管插入困难原因与护理对策,认为此类手术口内创伤、全身麻醉插管后组织水肿等因素致咽腔缩小;血管化皮瓣重建的口底、软腭等部位对插管技能要求较高,患者吞咽功能未恢复及气管套管压迫致食管腔隙缩小等因素导致术后胃管插入困难。提出保持口咽道通畅、保护皮瓣、扩大咽腔、气管导管上提法、正确判断胃管置入位置等对策,经正确护理未发生一例血管化皮瓣受损和插胃管相关并发症。

述　评

作者回顾性分析了口腔颌面部肿瘤根治血管化皮瓣修复术后第2天置胃管导致实际置管中失败的原因和采取的相应对策,对提高护士掌握血管化皮瓣修复术后置胃管的技术水平有一定的指导意义。现在有的医院通过术前留置胃管来解决这一问题,当然术前留置胃管增加了术中麻醉插管、术野暴露的难度,但很大程度上减轻了术后置胃管给患者带来的不适、置胃管的难度以及血管化皮瓣的损伤;另一方面可在术中、术后进行有效的胃肠减压。因此,是术前还是术后置胃管更好,需进一步探讨。

(李秀娥)

口腔颌面部多发性外伤患者的急救与护理[陆金星,吴筱林,陆英群等.解放军护理杂志,2008,25(6A):59~60]

回顾分析2002年12月至2007年12月196例口腔颌面部多发性外伤患者的临床资料。196例患者经积极抢救和护理,无伤口感染、呼吸道窒息等并发症发生,均获治愈。作者认为颌面部多发性外伤患者的急救重点是保持呼吸道通畅、防止窒息,有效止血和抗休克;护理重点是密切观察病情,加强心理护理和呼吸道、颌面部软组织损伤、腔道及饮食护理,做好患者的出院指导。

述　评

颌面部外伤的急救与护理与其他部位外伤相比有共性也有不同,体现在颌面部血运丰富,易致颅内感染;影响面容,心理负担重;张口困难,进食方式改变等。该文作者根据实际经验,系统总结了颌面部多发外伤的急救与护理的方法,在指导口腔颌面外科护士以及口腔急诊护士实施正确的急救与护理方面,有十分重要的意义。

(李秀娥)

9S管理在口腔门诊中的应用[邱钧琦,方明,黄水珍.实用医学杂志,2008,24(13):2346~

2347]

采用问卷调查法和现场访谈法,对医院口腔门诊各层次护理人员进行调查,评估目前口腔门诊管理存在的问题。引进9S[整理(seiri)、整顿(seiton)、清扫(seiso)、清洁(seiketsi)、节约(saving)、安全(safety)、服务(service)、满意(satiseication)、素养(shitsuke)]管理理念,1年后对存在的问题再进行问卷调查和评估。评估结果:诊室物品放置标准率、物品取放流程合理率、消毒隔离工作达标率、医生对护理配合满意率、患者对护理服务的满意率、护士对科室管理的满意率、护士职业素养等均有不同程度的提高。器械设备维修率和物品材料过期发生率有不同程度的下降。提示9S管理理念的运用,有效促进了口腔门诊的管理,提高了护理人员素养。

述　评

9S管理起源于日本,它是5S管理思想的拓展和升华。作者将9S理念引进医院管理,提高了口腔门诊管理品质,推进了护理管理科学化、规范化。在管理创造效益的今天,为口腔科管理者提供了一定理论和实践依据,值得推广。

(李秀娥)

鼻骨-眶-筛骨骨折手术的护理配合[康晓伟,李程,黄梅虹.解放军护理杂志,25(5A):40~41]

回顾性分析2000—2006年北京大学口腔医院口腔颌面外科创伤中心收治的58例鼻骨-眶-筛(naso-orbital ethmoid,NOE)骨折患者的临床资料。分析结果,所有患者术后内眦间距变小,内眦处鼻梁矢状高度增大,鼻根指数、睑裂对称指数、内眦处鼻梁矢状高度对称指数接近正常值。提示NOE骨折手术复杂,需应用颌面外科、整形外科、显微外科、眼科等技术共同完成。术中除了常规护理外,需要加强颏部插管、坚固内固定和对移植材料的护理以及面部重要器官的保护等护理措施。

述　评

鼻骨-眶-筛骨骨折,由于这一区域解剖结构复杂,是面中部骨折中最难处理的类型之一,其手术护理配合也较其他手术略复杂。作者就经颏部气管插管的护理、坚强内固定的护理配合、移植体护理和重要器官保护等做了详细的总结,把临床常见的可追溯到的术中几个问题:眼睛、耳、口腔的保护进行了详细描述,阐述了内固定材料和移植体的管理,探讨了鼻骨-眶-筛骨骨折手术的护理措施,实用性较强,可借鉴。

(李秀娥)

2008年度中国高等学校口腔医学博士和硕士研究生招生及培养简况

资料由我国高等学校口腔医学博士和硕士学位授予单位提供,表内"学科专业"包括口腔医学一级学科及二级学科博士、硕士点所设置专业;另收录高等学校中部分挂靠于本单位其他医学博士点的口腔医学专业教师简况;中国香港、澳门特别行政区和台湾省研究生培养简况未统计在内。统计时限至2008年12月31日止。

表1 2008年度我国口腔医学院校在岗博士研究生导师一览表

博士学位授予单位	学科专业	指导教师	专业技术职称	任导师开始年	备注
四川大学					
	口腔基础医学	易新竹	教 授	1998	
		李 伟	教 授	2003	
		陈 宇	教 授	2007	
		张 平	教 授	2008	
	口腔内科学	周学东	教 授	1998	
		胡德渝	教 授	2001	
		陈谦明	教 授	2003	
		周红梅	教 授	2006	
		吴红崑	教 授	2006	
		胡 涛	教 授	2006	
		吴亚菲	教 授	2006	
		黄定明	教 授	2007	
		李继遥	教 授	2007	
		叶 玲	副教授	2007	
		曾 昕	副教授	2008	
	口腔修复学	陈治清	教 授	1993	
		巢永烈	教 授	1995	
		梁 星	教 授	1999	
		宫 苹	教 授	2003	
		朱智敏	教 授	2006	
		于海洋	教 授	2006	
		万乾炳	教 授	2007	
		王 航	副教授	2007	
		王 敏	教 授	2007	
	口腔正畸学	陈扬熙	教 授	1998	
		赵志河	教 授	2003	
		白 丁	教 授	2007	

续表1

博士学位授予单位	学科专业	指导教师	专业技术职称	任导师开始年	备注
		邹淑娟	教　授	2007	
		赖文莉	教　授	2008	
	口腔颌面外科学	田卫东	教　授	2001	
		石　冰	教　授	2001	
		李龙江	教　授	2001	
		胡　静	教　授	2001	
		唐休发	教　授	2003	
		郑　谦	教　授	2003	
		刘　磊	副教授	2007	
		包崇云	副教授	2007	
		梁新华	副教授	2008	
		汤　炜	副教授	2008	
北京大学					
	口腔组织病理学	高　岩	教　授	1999	
		李铁军	教　授	2004	
	牙体牙髓病学	高学军	教　授	1999	
	牙周病学	孟焕新	教　授	1999	
		欧阳翔英	教　授	2007	
	儿童口腔医学	葛立宏	教　授	2007	
	口腔修复学	冯海兰	教　授	1999	
		徐　军	教　授	2003	
		吕培军	教　授	2003	
		谢秋菲	教　授	2004	
		王新知	教　授	2007	
	口腔正畸学	林久祥	教　授	1993	
		曾祥龙	教　授	1995	
		许天民	教　授	2004	
		周彦恒	教　授	2004	
	口腔颌面外科学	马绪臣	教　授	1993	
		俞光岩	教　授	1995	
		王　兴	教　授	1997	
		林　野	教　授	2003	
		马　莲	教　授	2003	
		傅开元	教　授	2004	
		郭传瑸	教　授	2004	
		魏世成	教　授	2006	
		张　益	教　授	2007	
上海交通大学					
	口腔基础医学	李　江	教　授	2007	
		毛　力	教　授	2008	

续表1

博士学位授予单位	学科专业	指导教师	专业技术职称	任导师开始年	备注
	口腔内科学	周曾同	教　授	2000	
		冯希平	教　授	2002	
		梁景平	教　授	2002	
		束　蓉	教　授	2002	
		翁雨来	主任医师	2005	
		朱亚琴	主任医师	2006	
	口腔修复学	张富强	教　授	1998	
	口腔材料学	孙　皎	教　授	2004	
		陈德敏	教　授	2004	
	口腔正畸学	沈　刚	教　授	2004	
	口腔种植学	赖红昌	主任医师	2008	
	口腔颌面外科学	邱蔚六	教　授	1986	
		张志愿	教　授	1996	
		张陈平	教　授	2000	
		郭　伟	教　授	2000	
		王国民	教　授	2000	
		杨　驰	教　授	2004	
		孙　坚	教　授	2004	
		陈万涛	教　授	2004	
	麻醉学	朱也森	教　授	2001	
第四军医大学					
	口腔组织病理学	杨连甲	教　授	1993	
		金　岩	教　授	1998	
	口腔解剖生理学	王美青	教　授	2000	
	口腔生物学	吴军正	教　授	1995	
	口腔内科学	肖明振	教　授	1995	
		吴织芬	教　授	1996	
		文玲英	教　授	1997	
		倪龙兴	教　授	2004	
		王勒涛	教　授	2008	
		牛忠英	教　授	1998	解放军第306医院联合培养导师
	口腔修复学	郭天文	教　授	1993	
		马轩祥	教　授	1996	
		王忠义	教　授	1998	
		赵铱民	教　授	1998	
		陈吉华	教　授	2000	
		陈永进	教　授	2007	
		张玉梅	教　授	2008	

续表1

博士学位授予单位	学科专业	指导教师	专业技术职称	任导师开始年	备注
		施生根	教　授	2000	解放军第306医院联合培养导师
	口腔正畸学	段银钟	教　授	1998	
		丁　寅	教　授	2002	
		曹　军	教　授	2008	
	口腔颌面外科学	刘宝林	教　授	1990	
		毛天球	教　授	1993	
		刘彦普	教　授	2004	
		孙沫逸	教　授	2005	
		顾晓明	教　授	1995	北京武警部队总医院联合培养导师
	麻醉学	徐礼鲜	教　授	2000	
武汉大学					
	牙体牙髓病学	樊明文	教　授	1987	
		边　专	教　授	2000	
		彭　彬	教　授	2001	
		陈　智	教　授	2002	
		范　兵	教　授	2002	
		张　旗	教　授	2008	
	口腔修复学	程祥荣	教　授	1994	
		王贻宁	教　授	2004	
		黄　翠	教　授	2008	
	口腔颌面外科学	赵怡芳	教　授	1997	
		龙　星	教　授	2001	
		尚政军	副教授	2003	
		李祖兵	教　授	2004	
首都医科大学					
	口腔内科学	孙　正	教　授	2003	
		章锦才	教　授	1998	兼职，现在南方医科大学附属口腔医院
	口腔修复学	张振庭	教　授	2003	
		施生根	教　授	2000	兼职，现在解放军第306医院
	口腔正畸学	白玉兴	教　授	2003	
	口腔颌面外科学	王松灵	教　授	1999	
		李　钧	副教授	2008	
吉林大学					
	口腔临床医学	高文信	教　授	2003	
		孙新华	教　授	2003	
		周延民	教　授	2005	
		孙宏晨	教　授	1999	

续表1

博士学位授予单位	学科专业	指导教师	专业技术职称	任导师开始年	备注
浙江大学					
	口腔临床医学	赵士芳	教 授	1996	
		谷志远	教 授	2001	
		王慧明	教 授	2005	
		陈关福	教 授	2005	
		刘建华	教 授	2005	
		陈莉丽	主任医师	2006	
中国医科大学					
	口腔临床医学	艾红军	教 授	2001	
		孙长伏	教 授	2001	
		张力平	教 授	2001	
		李瑞武	教 授	2002	
		王绪凯	教 授	2002	
		卢 利	教 授	2003	
		潘亚萍	教 授	2004	
		张 扬	教 授	2008	
		刘维贤	教 授	2008	
	病理学与病理生理学	钟 鸣	教 授	2005	挂靠,所任专业为口腔病理学
	外科学	王玉新	教 授	1998	挂靠,所任专业为口腔颌面外科学
中山大学					
	口腔临床医学	黄洪章	教 授	1997	
		凌均棨	教 授	2000	
		张志光	教 授	2000	
		程 斌	主任医师	2004	
		廖贵清	主任医师	2004	
		陈松龄	教 授	2004	
		何宏文	教 授	2004	
		林焕彩	主任医师	2006	
		胡 雁	教 授	2007	
		汪 华	教 授	2007	
		林正梅	主任医师	2008	
		彭志翔	教 授	2008	
		梁 敏	教 授	2008	
		丁学强	教 授	2008	
		冉 炜	主任医师	2008	
		陈伟良	教 授	2008	
		潘朝斌	主任医师	2008	
		艾 虹	主任医师	2008	

续表1

博士学位授予单位	学科专业	指导教师	专业技术职称	任导师开始年	备注
山东大学					
	口腔临床医学	杨丕山	教 授	2003	
		王春玲	教 授	2003	
		魏奉才	教 授	2001	
		姜广水	教 授	2004	
		徐 欣	教 授	2006	
同济大学					
	口腔临床医学	潘可风	教 授	2003	
		王佐林	教 授	2003	
		刘月华	教 授	2003	
		黄远亮	教 授	2003	
		赵守亮	教 授	2004	
		刘宏伟	教 授	2005	
		韩栋伟	教 授	2005	
		苏俭生	教 授	2006	
南京医科大学					
	口腔临床医学	王 林	教 授	2004	
		陈 宁	教 授	2004	
		章非敏	教 授	2008	
哈尔滨医科大学					
	口腔临床医学	焦晓辉	教 授	2006	
		毕良佳	教 授	2006	
		毛力民	教 授	2008	
福建医科大学					
	口腔临床医学	阎福华	教 授	2003	
		陈 江	教 授	2008	
解放军军医进修学院					
	口腔临床医学	刘洪臣	教 授	1995	
		步荣发	教 授	1997	
		胡 敏	教 授	2000	
		牛忠英	教 授	1998	
		储冰峰	主任医师	2007	
中国医学科学院					
	外科学(整形外科)	张 丁	教 授	2008	挂靠,所任专业为口腔正畸学
天津医科大学					

续表1

博士学位授予单位	学科专业	指导教师	专业技术职称	任导师开始年	备注
	生物医学工程	张连云	教 授	2007	挂靠,所任专业为口腔修复学
重庆医科大学					
	组织工程与细胞工程	邓 锋	教 授	2006	挂靠,所任专业为口腔正畸学
河北医科大学					
	病理学与病理生理学	王 洁	教 授	1998	挂靠,所任专业为口腔病理学
	外科学(整形外科)	董福生	教 授	2004	挂靠,所任专业为口腔颌面外科学
南京大学					
	肿瘤学	胡勤刚	教 授	2008	挂靠,所任专业为口腔颌面外科学
中国科学院合肥分院					
	激光医学	周 健	教 授	2004	兼职,安徽医科大学口腔颌面外科学教授
华中科技大学					
	外科学	朱声荣	教 授	2003	挂靠,所任专业为口腔颌面外科学
	外科学	毛 靖	教 授	2005	挂靠,所任专业为口腔正畸学
	外科学	曹颖光	教 授	2005	挂靠,所任专业为口腔修复学
中南大学					
	外科学	蒯新春	教 授	2002	挂靠,所任专业为口腔颌面外科学
	内科学	凌天牖	教 授	2003	挂靠,所任专业为口腔内科学
	耳鼻咽喉科学	彭解英	教 授	2004	挂靠,所任专业为口腔黏膜病学
	肿瘤学	唐瞻贵	教 授	2007	挂靠,所任专业为口腔颌面外科学
南方医科大学					
	人体解剖与组织胚胎学	章锦才	教 授		挂靠,所任专业为牙周病学
广西医科大学					
	耳鼻咽喉科学	周 诺	教 授	2006	挂靠,所任专业为口腔颌面外科学
昆明医学院					
	外科学	丁仲鹃	教 授	2007	挂靠,所任专业为口腔修复学
西安交通大学					
	肿瘤学	张引成	教 授		挂靠,所任专业为口腔颌面外科学

续表1

博士学位授予单位	学科专业	指导教师	专业技术职称	任导师开始年	备注
兰州大学					
	中西医结合临床	余占海	教　授	2008	挂靠,所任专业为口腔修复学
	材料物理与化学	康　宏	教　授	2008	挂靠,所任专业为口腔修复学与殆学
新疆医科大学					
	内科学	钟良军	教　授	2006	挂靠,所任专业为牙周病与口腔黏膜病学
第三军医大学					
	生物医学工程	刘鲁川	教　授	2008	挂靠,所任专业为口腔内科学
	外科学	谭颖辉	教　授	2003	挂靠,所任专业为口腔颌面外科学

表2　2008年度我国口腔医学博士研究生招生培养简况

博士学位授予单位	学科专业	指导教师人数	招生人数	毕业人数
四川大学				
	口腔基础医学	1	1	1
	口腔临床医学	33	52	30
北京大学				
	口腔组织病理学	2	0	1
	牙体牙髓病学	1	0	1
	牙周病学	2	0	4
	儿童口腔医学	1	3	2
	口腔修复学	5	4	8
	口腔正畸学	4	7	4
	口腔颌面外科学	9	5	6
上海交通大学				
	口腔内科学	3	9	7
	口腔预防医学	1	1	0
	口腔修复学	1	3	4
	口腔材料学	1	2	2
	口腔颌面外科学	6	13	6
第四军医大学				
	口腔解剖生理学	1	1	1
	口腔组织病理学	2	1	1
	口腔生物学	1	0	3
	口腔内科学	5	6	2
	口腔修复学	7	13	10

续表2

博士学位授予单位	学科专业	指导教师人数	招生人数	毕业人数
	口腔正畸学	2	5	5
	口腔颌面外科学	5	5	6
	麻醉学	1	1	0
武汉大学				
	牙体牙髓病学	5	10	10
	口腔修复学	3	4	4
	口腔颌面外科学	4	5	5
首都医科大学				
	口腔内科学	2	2	3
	口腔修复学	2	2	2
	口腔正畸学	2	2	4
	口腔颌面外科学	2	2	3
吉林大学				
	口腔临床医学	4	9	6
浙江大学				
	口腔临床医学	6	4	4
中国医科大学				
	口腔临床医学	5	10	6
山东大学				
	口腔临床医学	5	8	6
中山大学				
	口腔临床医学	18	13	7
同济大学				
	口腔临床医学	8	6(含硕博连读1人)	0
哈尔滨医科大学				
	口腔临床医学	2	3	2
南京医科大学				
	口腔临床医学	3	4	2
福建医科大学				
	口腔临床医学	1	2	1
解放军军医进修学院				
	口腔临床医学	5	8	11

表3 2008年度我国口腔医学硕士研究生招生培养简况

硕士学位授予单位	学科专业	指导教师人数	招生人数	毕业人数
四川大学				
	口腔基础医学	16	22	9
	口腔临床医学	50	79	134

续表3

硕士学位授予单位	学科专业	指导教师人数	招生人数	毕业人数
北京大学				
	口腔组织病理学	1	2	3
	牙体牙髓病学	6	3	0
	牙周病学	4	3	2
	儿童口腔医学	4	2	2
	口腔黏膜病学	2	1	0
	口腔预防医学	3	0	0
	口腔修复学	5	6	2
	口腔正畸学	5	7	2
	口腔颌面外科学	10	9	3
	口腔医学影像学	5	0	1
	口腔材料学	1	2	0
上海交通大学				
	口腔病理学	1	2	2
	口腔内科学	7	13	14
	口腔预防医学	2	5	4
	口腔修复学	8	11	12
	口腔正畸学	5	8	4
	口腔种植学	1	2	3
	口腔颌面外科学	16	17	11
	口腔材料学	1	2	0
	口腔综合	1	2	2
第四军医大学				
	口腔解剖生理学	1	1	2
	口腔组织病理学	3	3	0
	口腔生物学	3	4	0
	口腔内科学	13	6	18
	口腔修复学	12	19	25
	口腔正畸学	6	10	23
	口腔种植学	2	3	4
	口腔颌面外科学	9	8	2
	口腔材料学	1	0	0
	麻醉学	3	2	1
	药理学	1	0	0
武汉大学				
	口腔基础医学	4	4	3
	口腔临床医学	30	52	42
首都医科大学				
	口腔基础医学	3	1	5
	口腔内科学	8	2	5

续表 3

硕士学位授予单位	学科专业	指导教师人数	招生人数	毕业人数
	口腔修复学	7	0	2
	口腔正畸学	7	0	7
	口腔颌面外科学	10	0	5
吉林大学				
	口腔基础医学	1	2	0
	口腔临床医学	21	25	24
中国医科大学				
	口腔基础医学	2	2	1
	口腔临床医学	20	41	30
浙江大学				
	口腔临床医学	19	14	14
山东大学				
	口腔基础医学	3	1	1
	口腔临床医学	35	29	49
中山大学				
	口腔临床医学	69	50	43
同济大学				
	口腔基础医学	2	1	2
	口腔临床医学	19	11	22
	口腔临床医学（专业学位）	19	1	9
南京医科大学				
	口腔基础医学	2	1	2
	口腔临床医学	20	23	22
	口腔医学（7 年制研究生）	31	48	13
哈尔滨医科大学				
	口腔临床医学	19	24	19
福建医科大学				
	口腔临床医学	14	23	13
天津医科大学				
	口腔基础医学	3	4	0
	口腔临床医学	16	15	8
重庆医科大学				
	口腔基础医学	3	1	0
	口腔临床医学	26	36	29
中国医学科学院				
	口腔临床医学	2	1	0
河北医科大学				

续表3

硕士学位授予单位	学科专业	指导教师人数	招生人数	毕业人数
	口腔基础医学	2	2	0
	口腔临床医学	10	17	17
山西医科大学				
	口腔临床医学	19	41	21
大连医科大学				
	口腔基础医学	5	10	7
	口腔临床医学	23	36	34
佳木斯大学				
	口腔医学	16	47	27
复旦大学				
	口腔临床医学	4	4	2
南京大学				
	口腔医学	9	11	4
温州医学院				
	口腔临床医学	6	14	6
安徽医科大学				
	口腔临床医学	12	15	14
南昌大学				
	口腔临床医学	25	18	13
青岛大学				
	口腔基础医学	7	6	0
	口腔临床医学	21	31	13
滨州医学院				
	口腔临床医学	8	8	5
郑州大学				
	口腔临床医学	10	24	14
华中科技大学				
	口腔医学	11	14	5
中南大学				
	口腔基础医学	1	0	0
	口腔临床医学	19	20	28
暨南大学				
	口腔医学	10	0	9
南方医科大学				
	口腔临床医学	16	29	4
广西医科大学				
	口腔临床医学	14	20	11
泸州医学院				
	口腔临床医学	9	17	11
贵阳医学院				

续表 3

硕士学位授予单位	学科专业	指导教师人数	招生人数	毕业人数
遵义医学院	口腔临床医学	10	14	10
	口腔基础医学	2	2	0
昆明医学院	口腔临床医学	21	31	19
	口腔基础医学	1	1	1
西安交通大学	口腔临床医学	10	20	20
兰州大学	口腔临床医学	18	16	18
新疆医科大学	口腔临床医学	17	28	11
宁夏医科大学	口腔临床医学	7	25	20
军医进修学院	口腔医学	5	11	1
第三军医大学	口腔临床医学	8	4	5
（大坪医院）	口腔临床医学	1	2	4

表 4　2008 年度我国口腔医学博士研究生毕业人员一览表

博士学位授予单位	姓　名	性别	出生年月	获学位年月	所授学科专业	指导教师	毕业论文题目
四川大学							
	张　静	女	1977.10	2008.06	口腔基础医学	李　伟	磁控溅射法制备纳米粒度钛膜的微结构及生物相容性的研究
	高　峰	男	1980.05	2008.06	口腔临床医学	陈谦明	RUXS3 在口腔黏膜癌变过程中的表达及其启动子区甲基化状态的研究
	江　潞	女	1979.11	2008.06	口腔临床医学	陈谦明	ORAOV1 在口腔鳞状细胞癌癌细胞生长和血管生成中的作用及其可变剪接的研究
	尹　伟	男	1980.07	2008.06	口腔临床医学	胡德渝	青少年上前牙光滑面早期龋定量诊断与龋风险评估的初步研究
	王　剑	男	1980.04	2008.06	口腔临床医学	巢永烈	电沉积纳米含氟磷灰石涂层的工艺、结构和性能研究
	陈奕帆	女	1980.02	2008.06	口腔临床医学	巢永烈	纯钛表面自组装促细胞黏附肽 GYRGDS 对成骨细胞的生物学效应研究

续表 4

博士学位授予单位	姓　名	性别	出生年月	获学位年月	所授学科专业	指导教师	毕业论文题目
	唐　礼	男	1977.10	2008.06	口腔临床医学	梁　星	TRPV5 与破骨样细胞骨吸收功能关系的探讨
	张　宁	女	1980.02	2008.06	口腔临床医学	梁　星	不同聚乳酸分子量的聚左旋乳酸/β-磷酸三钙复合多孔支架的性能研究
	魏　娜	女	1979.11	2008.06	口腔临床医学	宫　苹	骨髓间充质干细胞促进牙周再生及其在牙周微环境中的分化
	袁　泉	男	1980.10	2008.06	口腔临床医学	宫　苹	雪旺细胞移植促进牙种植体感觉功能的前期可行性研究
	谭　震	男	1973.09	2008.06	口腔临床医学	宫　苹	*hbFCF* 基因转染骨髓间充质干细胞促进牙周再生的研究
	管东华	女	1980.02	2008.06	口腔临床医学	陈治清	气电纺 nHAP/PHB 复合纤维支架的制备及性能研究
	黄春鹏	男	1979.11	2008.06	口腔临床医学	陈治清	聚乳酸表面丝素蛋白接枝和仿生矿化改性的研究
	叶咏梅	女	1973.01	2008.06	口腔临床医学	陈治清	多孔纤维素-磷灰石复合物的仿生制备与生物相容性研究
	时　函	女	1978.08	2008.06	口腔临床医学	陈扬熙	应用 BCP 生物陶瓷进行牙周组织再生后正畸牙移动可行性的研究
	赵　宁	男	1977.06	2008.06	口腔临床医学	陈扬熙	大鼠正畸牙移动中牙槽骨骨细胞的力学感知机理研究
	郑雷蕾	女	1979.03	2008.06	口腔临床医学	赵志河	邻近拔牙创植入正畸微种植体稳定性的研究
	李　娟	女	1979.06	2008.06	口腔临床医学	赵志河	ERK 1/2 信号通路在应力调控下大鼠 BMSCs 成软骨分化过程中的效应及其机制研究
	刘婷婷	女	1979.11	2008.06	口腔临床医学	赵志河	牙槽骨重建中应力对破骨细胞分化调节信号环路的影响
	武秀萍	女	1975.08	2008.06	口腔临床医学	赵志河	自攻与助攻不同植入方式对微种植体稳定性影响的研究
	王智强	男	1974.07	2008.06	口腔临床医学	赵志河	在成年和青少年比格犬下颌骨植入微型支抗种植体稳定性的研究
	刘　钧	男	1981.08	2008.06	口腔临床医学	赵志河	压应力对骨髓间充质干细胞成骨分化早期阶段成骨和破骨生成能力的影响
	张奇峰	男	1979.11	2008.06	口腔临床医学	赵志河	整合素-黏附班激酶调控骨缝牵张成骨的实验研究
	敬　伟	男	1979.06	2008.06	口腔临床医学	田卫东	脂肪基质细胞成脂分化机制及脂肪组织工程实验研究

续表 4

博士学位授予单位	姓 名	性别	出生年月	获学位年月	所授学科专业	指导教师	毕业论文题目
	李 一	男	1979.10	2008.06	口腔临床医学	李龙江	口腔黏膜鳞状细胞癌的拉曼光谱特征及其诊断价值研究
	张 壮	男	1974.05	2008.06	口腔临床医学	李龙江	淋巴道转移过程中口腔癌细胞及淋巴管内皮细胞的微分析
	张松涛	男	1979.11	2008.06	口腔临床医学	李龙江	重组人 p53 腺病毒注射液治疗口腔白斑的实验及临床研究
	高 宁	男	1973.10	2008.06	口腔临床医学	李龙江	微小 RNA 基因与人口腔鳞癌的发生、发展关系的研究
	李 杨	女	1981.05	2008.06	口腔临床医学	石 冰	唇腭裂术前鼻牙槽成形及腭咽闭合不全治疗的临床研究
	伍 俊	男	1978.10	2008.06	口腔临床医学	郑 谦	中国西部人群 ZNF533 基因单核苷酸多态性与非综合征型唇腭裂相关性的研究
	崔 剑	男	1977.12	2008.06	口腔临床医学	胡 静	下颌角截骨术后咬肌及下颌骨应力变化的实验研究
北京大学							
	孙丽莎	女	1979.10	2008.07	口腔组织病理学	李铁军	牙源性角化囊性瘤中 *PTCH*1 基因的突变检测及功能初探
	包旭东	男	1976.07	2008.07	牙体牙髓病学	高学军	牙菌斑中乳酸生成和清除的研究
	乔 静	女	1980.04	2008.07	牙周病学	曹采方	富血小板血浆在骨袋治疗中的应用及其体外作用机制研究
	钟金晟	男	1980.10	2008.07	牙周病学	曹采方	CT 和新型支架材料在根分叉病变诊治中的应用研究
	任秀云	女	1969.06	2008.07	牙周病学	孟焕新	侵袭性牙周炎家系的遗传学研究
	孙晓军	女	1972.11	2008.07	牙周病学	孟焕新	侵袭性牙周炎患者炎症介质与血液指标及相关基因多态性关系的研究
	朱俊霞	女	1980.07	2008.07	儿童口腔医学	葛立宏	单纯型先天缺牙临床特征和 *PAX9* 基因突变的研究
	周 琼	女	1979.08	2008.07	儿童口腔医学	葛立宏	致龋菌、唾液缓冲能力与婴幼儿龋患病程度相关性的研究
	陈 磊	男	1977.11	2008.07	口腔修复学	冯海兰	下颌运动仿真系统的开发及应用研究
	刘云松	男	1979.10	2008.07	口腔修复学	冯海兰	应用人富血小板血浆和脂肪基质细胞构建组织工程骨
	孙樱林	女	1979.10	暂未获	口腔修复学	冯海兰	稳定表达重组人釉原蛋白细胞系的建立

续表4

博士学位授予单位	姓　名	性别	出生年月	获学位年月	所授学科专业	指导教师	毕业论文题目
	杨　坚	男	1978.02	2008.07	口腔修复学	冯海兰	针道固位金属翼板黏结桥的研究
	刘凌宜	女	1980.02	2008.07	口腔修复学	冯海兰	根上附着体固位力的体外实验和临床应用相关研究
	路　阳	女	1978.11	2008.07	口腔修复学	徐　军	牙弓后牙区的变化与长正中关系的研究
	李思雨	女	1980.03	2008.07	口腔修复学	徐　军	长正中𬌗型总义齿的临床应用研究
	李德利	男	1980.03	2008.07	口腔修复学	徐　军	固定、可摘及套筒冠牙周夹板的三维有限元研究
	欧阳莉	女	1974.05	2008.07	口腔正畸学	傅民魁	微螺钉种植体支抗对高角拔牙病例后牙垂直向控制的临床研究
	崔　亮	女	1980.04	2008.07	口腔正畸学	傅民魁	骨细胞参与机械力引起的骨改建的体外研究
	刘松林	男	1980.03	2008.07	口腔正畸学	许天民	三维数字化模型可靠性及腭部重叠方法的探索性研究
	马俐丽	女	1978.12	暂未获	口腔正畸学	许天民	结构光三维扫描在颜面形态分析中的应用研究
	何　伟	男	1977.06	暂未获	口腔颌面外科学	王　兴	淫羊藿苷促进牵张成骨新骨生成的实验研究
	唐正龙	男	1970.11	2009.01	口腔颌面外科学	王　兴	云南白药胶囊影响正颌外科术中出血量和术后肿胀反应的基础与临床研究
	李　阳	男	1980.01	2008.07	口腔颌面外科学	王　兴	改良双颌前徙术治疗阻塞性睡眠呼吸暂停低通气综合征的临床研究
	郑　磊	男	1980.02	2008.07	口腔颌面外科学	俞光岩	放射性^{125}I粒子组织间植入治疗口腔鳞癌的临床研究
	孙志鹏	男	1981.03	2008.07	口腔颌面外科学	马绪臣	口腔正畸患者颞下颌关节骨关节病的临床和影像学分析
	李　率	男	1975.06	2008.07	口腔颌面外科学	林　野	复合牛骨形态蛋白牛骨材料和珊瑚类羟基磷灰石材料成骨性能的动物实验研究
上海交通大学							
	李树波	男	1978.02	2008.06	口腔基础医学	李德懿	表皮生长因子对结合上皮细胞损伤修复的影响
	沈晴昳	女	1974.12	2008.06	口腔材料学	孙　皎	新型钙磷复合盖髓材料的应用基础研究
	华　楠	男	1978.12	2008.06	口腔材料学	孙　皎	骨质疏松对种植体骨性结合影响的动物实验研究

续表 4

博士学位授予单位	姓　名	性别	出生年月	获学位年月	所授学科专业	指导教师	毕业论文题目
	张明珠	女	1978.06	2008.06	口腔内科学	梁景平	*P. gingivalis* 感染对兔髂动脉硬化狭窄的作用机制
	孙　颖	女	1977.01	2008.06	口腔内科学	束　蓉	TLR2,4 在牙周炎发生发展中的作用及机制探讨
	马婧媛	女	1979.01	2008.06	口腔内科学	周曾同	灯盏花素诱导血管化口腔黏膜的组织工程构建
	王志刚	男	1974.01	2008.06	口腔修复学	张富强	JFGP-Ⅱ型石英纤维桩的实验研究
	黄庆丰	男	1971.09	2008.06	口腔修复学	张富强	快速原型技术在口腔种植中的应用研究
	熊耀阳	女	1977.09	2008.06	口腔修复学	张富强	结构光投影面部三维测量系统建立及应用研究
	高　燕	女	1979.11	2008.06	口腔修复学	张富强	仿牙色四方多晶氧化锆的应用基础研究
	孙小娟	女	1968.02	2008.06	口腔颌面外科学	张志愿	OsteoBone™ 复合 BMSC 的组织工程化骨在兔上颌窦提升术中的研究
	阮　敏	男	1978.08	2008.06	口腔颌面外科学	张陈平	紫草素在口腔鳞癌 NF-κB 信号通路中作用机制的研究
	陈敏洁	女	1971.03	2008.06	口腔颌面外科学	杨　驰	半月神经节射频温控热凝术的电磁导航系统的开发和应用
	邱亚汀	男	1978.03	2008.06	口腔颌面外科学	杨　驰	自体肋骨软骨移植重建羊下颌髁突的实验研究
第四军医大学							
	孙　磊	男	1978.09	2008.06	口腔解剖生理学	王美青	渐进性咬合紊乱对大鼠髁突软骨组织形态及 IGFs、VEGF 和 TGF-β 表达的影响
	黄　沙	女	1978.03	2008.06	口腔组织病理学	金　岩	控制释放载体的研制及其构建功能型组织工程皮肤的实验研究
	关素敏	女	1966.12	2008.06	口腔生物学	吴军正	中间普氏菌增殖机制及慢性牙周炎致病作用的研究
	温德升	男	1974.05	2008.06	口腔生物学	吴军正	趋化因子受体 4 基因沉默对人涎腺黏液表皮样癌 MC3 细胞增殖和转移的抑制作用
	侯　晋	女	1976.08	2008.06	口腔生物学	司徒镇强	氯离子通道 C1C-5 在调解牙齿发育和钙化中的作用
	宋　玮	女	1979.11	2008.06	口腔内科学	肖明振	人 β 防御素 3 的重组表达和在感染根管治疗中抑菌作用的初步实验研究

续表4

博士学位授予单位	姓 名	性别	出生年月	获学位年月	所授学科专业	指导教师	毕业论文题目
	白玉娣	女	1974.11	2008.06	口腔内科学	吴补领	大鼠 hertwig's 上皮根鞘和 apical bud 细胞生物学特性研究
	康 彪	男	1975.06	2008.06	口腔修复学	赵铱民	颜面赝复体黏接剂的研制与评价
	周 冰	男	1976.03	2008.06	口腔修复学	赵铱民	外鼻缺损修复的个性化三维仿真设计及快速成型研究
	刘玉红	女	1976.07	2008.06	口腔修复学	王忠义	可塑性纤维增强树脂基复合材料根管桩钉的研制和相关性能研究
	曹 静	女	1979.08	2008.06	口腔修复学	王忠义	临床常见因素对全瓷修复体颜色影响的实验研究
	谢 超	男	1980.03	2008.06	口腔修复学	王忠义	齿科复合树脂暂时冠桥材料的研制及相关性能研究
	尹 路	男	1979.08	2008.06	口腔修复学	郭天文	渗氮类金刚石薄膜应用于齿科纯钛的实验研究
	赵英华	女	1978.12	2008.06	口腔修复学	陈吉华	一种实验云母玻璃陶瓷应用于牙科热压铸造的基础研究
	肖玉鸿	男	1972.01	2008.06	口腔修复学	陈吉华	季铵盐型抗菌单体的合成及其抗菌活性与细胞毒性研究
	张 凌	女	1980.02	2008.06	口腔修复学	陈吉华	纤维桩的黏接固位原理及其影响因素的研究
	孙 翔	男	1973.12	2008.06	口腔修复学	陈吉华	一种实验云母玻璃陶瓷的着色研究
	武俊杰	男	1980.11	2008.06	口腔正畸学	段银钟	利用牙细胞和脂肪间充质干细胞构建组织工程牙周样结构的研究
	徐 琳	女	1972.12	2008.06	口腔正畸学	段银钟	大鼠磨牙牙根发育期根端组织成牙能力的研究
	杨振华	男	1977.12	2008.06	口腔正畸学	林 珠	微环境对牙周再生及相关间充质干细胞分化影响的研究
	束 嫘	女	1978.04	2008.06	口腔正畸学	丁 寅	雌激素对牙周膜细胞促炎因子及 OPG/RANKL 表达的调控作用研究
	梁 莉	女	1979.11	2008.06	口腔正畸学	丁 寅	雌激素受体β在人牙周膜成纤维细胞成骨分化中作用的作用
	邓天政	男	1977.02	2008.06	口腔颌面外科学	周树夏	组织工程骨-软骨复合组织的构建及体内外形态学观察的实验研究
	陈 伟	男	1981.10	2008.06	口腔颌面外科学	刘宝林	涎腺腺样囊性癌嗜神经侵袭相关基因表达谱的构建及相关研究

续表4

博士学位授予单位	姓　名	性别	出生年月	获学位年月	所授学科专业	指导教师	毕业论文题目
	林　成	男	1975.05.	2008.06	口腔颌面外科学	刘宝林	非血管化游离骨移植及同期种植的实验研究
	马兆峰	男	1977.12	2008.06	口腔颌面外科学	刘宝林	牙本质基质蛋白促进组织工程牙周再生的实验研究
	岳　进	男	1973.08	2008.06	口腔颌面外科学	毛天球	羟基磷灰石基组织工程骨复层支架的构建及掺锶改性羟基磷灰石的初步研究
	赵云转	女	1976.11	2008.06	口腔颌面外科学	刘彦普	新型牵张种植体的初步实验研究和生物力学优化设计分析
武汉大学							
	赵心臣	男	1964.08	2008.06	牙体牙髓病学	边　专	手用ProTaper预备下颌第三磨牙弯曲根管的实验研究
	刘生波	女	1972.08	2008.06	牙体牙髓病学	边　专	卵泡刺激素对牙槽骨吸收的直接作用
	范华俐	女	1978.01	2008.06	牙体牙髓病学	边　专	x连锁无汗性外胚叶发育不全致病基因分析
	朱澌洁	女	1966.12	2008.06	牙体牙髓病学	边　专	黏结树脂在粘结失败的不同牙本质界面再粘结的实验研究
	陈黄琴	女	1979.03	2008.06	牙体牙髓病学	樊明文	壳聚糖/羧甲基纤维素支架的初步研究
	牛玉梅	女	1963.07	2008.06	牙体牙髓病学	樊明文	变异链球菌、表兄链球菌复合防龋DNA疫苗的研究
	江　汉	男	1969.07	2008.06	牙体牙髓病学	彭　彬	城市青少年口腔健康调查及氟化泡沫预防龋齿的临床研究
	史　璐	女	1973.12	2008.06	牙体牙髓病学	陈　智	后牙Ⅰ类洞可压型与混合型复合树脂修复三年临床评价
	高　原	男	1979.07	2008.06	牙体牙髓病学	范　兵	下颌磨牙根管系统的形态研究
	闵　艺	女	1979.07	2008.06	牙体牙髓病学	范　兵	恒磨牙髓室底的形态及其应用研究
	李四群	男	1964.01	2008.06	口腔修复学	程祥荣	单冠种植义齿上部结构安全性的实验研究
	帅李娅	女	1979.11	2008.06	口腔修复学	程祥荣	冷冻干燥^{60}钴灭菌表面脱钙异体骨的生物学评价及临床研究
	李　青	男	1979.03	2008.06	口腔修复学	王贻宁	过氧化脲和过氧化氢漂白剂对牙体组织及修复材料影响的实验研究
	周　毅	男	1978.09	2008.06	口腔修复学	王贻宁	骨闪烁显像和共振频率分析在种植体骨整合评价中的作用

续表 4

博士学位授予单位	姓　名	性别	出生年月	获学位年月	所授学科专业	指导教师	毕业论文题目
	王　彤	女	1967.02	2008.06	口腔颌面外科学	东耀峻	降钙素对正畸牙移动影响的实验研究
	吴中兴	男	1969.10	2008.06	口腔颌面外科学	赵怡芳	Eph 受体在涎腺肿瘤中的表达及临床意义和血管生成关系的初步研究
	熊学鹏	男	1980.07	2008.06	口腔颌面外科学	赵怡芳	体外构建组织工程化人腭黏膜及其裸鼠体内移植的实验研究
	穆哈默德	男	1976.08	2008.06	口腔颌面外科学	赵怡芳	颌骨良性纤维骨病变
	韩其滨	男	1976.11	2008.06	口腔颌面外科学	赵怡芳	舌鳞状细胞癌中巨噬细胞和肥大细胞的研究
首都医科大学							
	高原荣	女	1972.01	2008.07	口腔基础医学	王松灵	Smad4 对成牙本质细胞的分化及牙源性上皮的转归具有重要调控作用
	葛化冰	男	1965.10	2008.07	口腔内科学	孙　正	酪氨酸激酶抑制剂 F84 对口腔癌作用的研究
	关晓兵	女	1967.10	2008.07	口腔内科学	孙　正	增生平提取物对实验性口腔癌预防作用的研究
	邱丽慧	女	1971.03	2008.07	口腔内科学	章锦才	疱疹病毒在牙周炎病变活动性中的作用及其与牙周可疑致病菌关系的研究
	陈　溯	男	1967.09	2008.07	口腔修复学	张振庭	不同表面处理方法对 CAD/CAM 可切削陶瓷贴面力学性能影响的研究
	苏兴宇	男	1974.03	2008.07	口腔修复学	张振庭	注射成型氧化锆陶瓷预成桩与核树脂联合应用的力学研究
	尹积荣	女	1975.09	2008.07	口腔正畸学	王邦康	小型猪牙齿发育相关基因的生物信息学分析、基因克隆及在发育过程中的表达研究
	郑　朝	男	1974.03	2008.07	口腔正畸学	王邦康	正畸力促进再植牙牙周愈合机制的实验研究
	庄　丽	女	1975.12	2008.07	口腔正畸学	白玉兴	正畸牙根吸收的 MICRO-CT 三维形态学实验研究
	谢贤聚	男	1977.12	2008.07	口腔正畸学	白玉兴	口腔正畸骨黏结体支抗的实验研究
	颜　兴	男	1970.06	2008.07	口腔颌面外科学	王松灵	腺病毒及腺病毒相关病毒介导正常小型猪腮腺基因转导表达特性研究
	王　昊	男	1967.09	2008.07	口腔颌面外科学	王松灵	RBP-Jk 转录因子在小鼠颌下腺发育中的调控作用

续表 4

博士学位授予单位	姓 名	性别	出生年月	获学位年月	所授学科专业	指导教师	毕业论文题目
吉林大学							
	程 敏	女	1957.01	2008.06	口腔临床医学	孙宏晨	牙发育过程中 TGF-β1、BMP-2、bFGF 和 E-Cadherin 的表达及相关技术研究
	刘树泰	男	1976.05	2008.06	口腔临床医学	孙宏晨	辛伐他汀促进牙周组织再生的实验研究
	穆亚冰	女	1977.04	2008.06	口腔临床医学	孙宏晨	仿生矿化及其因素的调控研究
	宿玉成	男	1961.02	2008.06	口腔临床医学	孙宏晨	拔牙位点保存和种植修复的实验及临床研究
	付春茂	男	1972.08	2008.06	口腔临床医学	孙新华	复合抗菌正畸树脂黏接剂的研制及其性能研究
	高 颖	女	1975.12	2008.06	口腔临床医学	高文信	口腔鳞状细胞癌组织中脆性组氨酸三聚体的实验研究
中国医科大学							
	寇育荣	女	1973.11	2008.06	口腔临床医学	潘亚萍	牙龈卟啉单胞菌对牙龈上皮细胞黏附和炎症介质的影响以及多酚对细胞炎症反应调控的研究
	张冬梅	女	1975.12	2008.09	口腔临床医学	潘亚萍	牙龈卟啉单胞菌侵入血管内皮细胞后黏附分子表达及信号调控的研究
	刘慧颖	女	1975.09	2008.06	口腔临床医学	艾红军	氟离子注入钛表面对骨细胞相容性和抗菌性能的影响
	马 嘉	女	1974.05	2008.09	口腔临床医学	卢 利	与下颌支矢状骨劈开术相关的下颌前突患者下颌支的形态学研究
	赵震锦	女	1975.12	2008.09	口腔临床医学	孙长伏	CCR7 及下游 PI3K/Cdc42 和 PLC/PKC 通路影响 SCCHN 增殖和侵袭的基础研究
	赵海涛	男	1971.05	2008.09	口腔临床医学	王绪凯	婴幼儿皮肤血管瘤细胞凋亡途径的实验研究
浙江大学							
	吴 刚	男	1980.06	2008.06	口腔临床医学	谷志远	三种多聚物 Polyactive、Ethicon、PLGA 的 BMP-2 沉积仿生钙磷涂层骨诱导作用的研究
	吴梦婕	女	1981.10	2008.06	口腔临床医学	谷志远	颞下颌关节滑膜细胞对应力的分子应答机制
	杨国利	男	1977.12.	2008.06	口腔临床医学	赵士芳	纯钛种植体不同表面的构建及骨结合研究
	杨晓峰	女	1972.06	2008.06	口腔临床医学	赵士芳	钛表面改性及其生物活性的研究

续表4

博士学位授予单位	姓　名	性别	出生年月	获学位年月	所授学科专业	指导教师	毕业论文题目
	何　虹	女	1970.06	2008.06	口腔临床医学	陈关福	海藻酸钙膜对兔胫骨骨缺损的修复作用
山东大学							
	张　瑾	女	1975.10	2008.06	口腔临床医学	杨丕山	转录因子Satb2和Runx2在牙囊细胞和骨髓基质细胞分化过程中的调控功能及其在骨与牙周创伤修复过程中的作用研究
	潘克清	女	1977.12	2008.12	口腔临床医学	杨丕山	Cbfα1对小鼠牙囊细胞向成骨/成牙骨质细胞分化的调控作用研究
	赵艳红	女	1979.08	2008.06	口腔临床医学	王春玲	Osterix在正畸牙周组织改建中的表达及调控机制研究
	王旭霞	女	1962.09	2008.06	口腔临床医学	魏奉才	膜引导结合Adv-BMP-2局部基因治疗老年颌骨缺损的实验研究
中山大学							
	吴　坚	女	1969.03	暂未获	口腔临床医学	凌均棨	广州市成年人牙周炎及其病原微生物的流行病学研究
	邓飞龙	男	1964.08	2008.12	口腔临床医学	凌均棨	纯钛表面喷砂酸蚀复合MAO处理的研究
	陶小安	男	1980.07	2008.06	口腔临床医学	程　斌	口腔扁平苔藓病损基因表达谱的初步研究
	李劲松	男	1967.05	暂未获	口腔临床医学	黄洪章	miR-21调控舌鳞癌细胞凋亡的实验研究
	苏宇雄	男	1977.04	2008.06	口腔临床医学	廖贵清	涎腺导管数字化模型建立及内窥镜诊治阻塞性涎腺疾病的系列研究
	张　兴	男	1979.05	2008.06	口腔临床医学	陈松龄	眶部缺损种植修复计算机辅助系统的研究与应用
哈尔滨医科大学							
	胡腾龙	男	1963.10	2008.12	口腔临床医学	焦晓辉	乳粘素与膜联蛋白在口腔癌细胞凋亡检测中的应用及比较
	尹晓东	男	1971.01	2008.12	口腔临床医学	焦晓辉	红细胞生成素及其通路在成釉细胞瘤中表达的研究
南京医科大学							
	马俊青	男	1975.03	2008.07	口腔临床医学	王　林	上颌快速扩大的蛋白质组学研究
	张双越	男	1971.03	2008.07	口腔临床医学	陈　宁	前列腺素E_2合成通路在口腔癌发生过程中作用的研究

续表4

博士学位授予单位	姓名	性别	出生年月	获学位年月	所授学科专业	指导教师	毕业论文题目
福建医科大学							
	李艳芬	女	1979.02	2008.06	病原微生物学	闫福华	*HBMP-7* 基因修饰的组织工程化复合物修复牙周组织缺损的实验研究
军医进修学院							
	梁军	男	1973.05	2008.07	口腔临床医学	胡敏	慢性不可预知性应激刺激对大鼠颞颌关节的影响
	吕娇	女	1977.11	2008.07	口腔临床医学	刘洪臣	二甲双胍对高糖环境下颌骨成骨细胞影响的机制
	吴旋	女	1978.12	2008.07	口腔临床医学	刘洪臣	胰岛素对糖尿病大鼠下颌骨成骨细胞体外生物学活性的影响
	顾斌	男	1977.12	2008.07	口腔临床医学	刘洪臣	脂多糖诱发急性牙髓炎致敏的三叉神经节功能蛋白质组学研究
	于书娟	女	1977.10	2008.07	口腔临床医学	刘洪臣	依普黄酮及雌二醇对骨质疏松大鼠下颌骨成骨细胞生物学活性的影响
	郭宏	女	1969.09	2008.07	口腔临床医学	刘洪臣	双膦酸盐药物与一氧化氮供体治疗骨质疏松大鼠的实验研究
	郭亚娟	女	1974.03	2008.07	口腔临床医学	步荣发	上颌骨缺损及修复对咀嚼运动前后脑血流影响的研究
	邱宜农	男	1971.06	2008.07	口腔临床医学	步荣发	硬腭骨膜下种植体支持的赝复体修复无牙上颌骨缺损的初步研究
	金增强	男	1972.02	2008.07	口腔临床医学	柳春明	面中份骨骼经缝牵引对颅面缝形态、BMP-2表达及眶下、腭大神经影响的研究
	姚玉胜	男	1974.04	2008.07	口腔临床医学	柳春明	上颌骨经缝牵引组织再生的基础
	常世民	男	1975.09	2008.07	口腔临床医学	柳春明	上颌骨经缝牵引对颅面骨骼形态发育影响的研究

表5 2008年度我国口腔医学硕士研究生毕业人员一览表

硕士学位授予单位	姓名	性别	所授学科专业	指导教师	毕业论文题目
四川大学					
	李冰雁	男	口腔基础医学	易新竹	雌激素对大鼠咬肌HSP70表达和MHC Ⅰ型、Ⅱ型纤维横截面积变化的影响
	江华洲	男	口腔基础医学	李伟	含锌羟磷灰石的溶胶凝胶法制备及性能表征

续表 5

硕士学位授予单位	姓　名	性别	所授学科专业	指导教师	毕业论文题目
	施心畅	男	口腔基础医学	李　伟	溶胶-凝胶法合成含锌羟基磷灰石的抑菌性能评价
	熊　萍	女	口腔基础医学	肖丽英	常见致龋菌代谢组学鉴定的初步研究
	苗　燕	女	口腔基础医学	郝玉庆	黏性放线菌和牙龈卟啉单胞菌生长及黏附相互关系研究
	罗丽娅	女	口腔基础医学	黎　红	离体人氟斑牙再矿化研究
	郑亚鸽	女	口腔基础医学	吴兰雁	Ki-67 及 CK13 在口腔黏膜白斑上皮异常增生中的表达及意义
	方美贤	女	口腔基础医学	何志秀	免疫球蛋白 IgG、IgA 和 HSP70 在口腔黏膜红斑、红斑癌变中的表达及意义
	田晓蓓	女	口腔基础医学	何永红	变异链球菌蛋白质提取方法的比较研究
	孙建勋	男	口腔临床医学	周学东	人牙菌斑生物膜的 ^{1}H-NMR 代谢组学初步研究
	喻　刚	男	口腔临床医学	黄定明	中国人下颌第一恒磨牙远舌根的研究
	卢　煜	男	口腔临床医学	黄定明	*P. gingivalis* 诱导牙髓成纤维细胞 TLR2/TLR4 及 IL-6 表达的初步探讨
	范　荣	女	口腔临床医学	胡　涛	外源性右旋糖酐酶协同氟化钠消解口腔生物膜的临床研究
	付中森	男	口腔临床医学	胡　涛	体外牙髓干细胞定向分化为成牙本质样细胞的模型研究
	朱玉婷	女	口腔临床医学	胡　涛	内毒素对人牙髓细胞凋亡影响的初步研究
	王人可	女	口腔临床医学	李继遥	厚朴酚及和厚朴酚抗变异链球菌机制的研究
	许丽霞	女	口腔临床医学	李继遥	漂白后牙齿颜色回复和影响因素的研究
	郑玉露	男	口腔临床医学	吴红崑	显微 CT 对下颌第一前磨牙根尖 1/3 根管形态的研究
	高　波	男	口腔临床医学	杨锦波	微焦点 CT 测定根管预备后根管偏移的实验研究
	周　岚	女	口腔临床医学	杨锦波	垫底材料对Ⅱ类洞复合树脂充填时收缩应力控制的三维有限元分析
	黄云霞	女	口腔临床医学	苏　勤	根管冲洗液 BioPure MTAD 抗菌性能的体外研究
	张婷婷	女	口腔临床医学	苏　勤	System B 充填技术对弯曲根管及人工侧支根管充填的研究
	夏凌云	女	口腔临床医学	陈新梅	手用 ProTaper 对 S 形树脂模拟根管的扩锉效果研究
	杨国彪	男	口腔临床医学	陈新梅	不锈钢与镍钛根管充填侧方加压器侧压性能的比较研究
	陈　菁	女	口腔临床医学	陈新梅	UB 护髓材料对牙髓影响的组织学及临床研究
	汪成林	男	口腔临床医学	谭　红	人 wnt5a 重组腺病毒的构建与鉴定
	李睿敏	女	口腔临床医学	谭　红	肝细胞生长因子对小鼠牙乳头细胞的作用研究
	孙　海	男	口腔临床医学	谭　红	Wnt5a 过表达对人牙乳头细胞增殖的影响

续表5

硕士学位授予单位	姓 名	性别	所授学科专业	指导教师	毕业论文题目
	汪 莉	女	口腔临床医学	尹仕海	三种髓腔穿孔修复材料对人牙周膜成纤维细胞毒性的体外研究
	谢 俊	男	口腔临床医学	尹仕海	树脂嵌体修复磨牙髓室底穿孔的形态学及微渗漏研究
	邢铭铭	男	口腔临床医学	吴亚菲	地塞米松对鼠牙囊细胞表达 Runx2, Osterix 影响的体外研究
	张 琳	女	口腔临床医学	吴亚菲	CRP 影响 THP-1 单核细胞趋化能力的初步研究
	王 丽	女	口腔临床医学	吴亚菲	不同菌斑采集方法对牙周可疑致病菌检出的比较研究
	张 帆	女	口腔临床医学	黄 萍	CRP 基因多态性与牙周炎及慢性牙周炎伴Ⅱ型糖尿病易感性相关研究
	叶畅畅	女	口腔临床医学	黄 萍	慢性牙周炎及伴Ⅱ型糖尿病患者牙周基础治疗前后牙周状况及血清 CRP 水平分析
	王忠朝	男	口腔临床医学	丁 一	MTT 法用于检测口腔常见细菌的研究
	王丽霞	女	口腔临床医学	丁 一	离子化胶原作为牙周组织工程支架材料的探索性研究
	孙 波	男	口腔临床医学	丁 一	牙龈病 CAI 课件制作
	郭淑娟	女	口腔临床医学	徐 屹	雌激素对去卵巢大鼠牙槽骨组织结构及 MT1-MMP 表达的影响
	雷朝锋	男	口腔临床医学	徐 屹	牙周可疑致病菌密度感应信号系统 *luxS* 基因的检测
	何 昕	女	口腔临床医学	周红梅	TGFβⅡ型受体在口腔癌相关成纤维细胞中的表达及mRNA序列分析研究
	白 倩	女	口腔临床医学	周红梅	沙利度胺对舌癌细胞增殖活性及 VEGF、VEGF-C 分泌水平的影响
	吴 芸	女	口腔临床医学	林 梅	沙利度胺局部治疗糜烂型口腔扁平苔藓的短期疗效观察
	但红霞	女	口腔临床医学	陈谦明	白细胞介素-8 基因多态性与口腔扁平苔藓的相关性初探
	刘文钊	男	口腔临床医学	曾 昕	口腔扁平苔藓患者血清和唾液中 Th1/Th2 细胞因子的表达模式及临床意义
	刘 静	女	口腔临床医学	郭 斌	老年根龋患者牙菌斑黏性放线菌临床分离株致龋性的研究
	杨 帆	女	口腔临床医学	郭 斌	老年人根面龋内氏放线菌临床分离株基因型多样性分析
	张 琼	女	口腔临床医学	邹 静	GC 护牙素促进乳牙早期釉质龋再矿化的体外实验研究
	邹红梅	女	口腔临床医学	邹 静	初诊儿童的牙科不合作行为相关因素研究
	鲁莉英	女	口腔临床医学	邹 静	白色假丝酵母菌在早期儿童龋中的检出及基因型分布

续表 5

硕士学位授予单位	姓　名	性别	所授学科专业	指导教师	毕业论文题目
	陈亚刚	男	口腔临床医学	胡德渝	成都市、徐州市学龄前儿童及青少年酸蚀症流行病学研究
	李克增	男	口腔临床医学	胡德渝	nHA-$CaCO_3$ 的生物安全性及 nHA-$CaCO_3$ 牙膏的再矿化作用研究
	马　贺	女	口腔临床医学	胡德渝	成都、德阳美沙酮维持治疗人群口腔健康状况调查分析
	张慧翼	女	口腔临床医学	万呼春	牙周袋深度、牙周探诊出血指数与挥发性硫化物的关系研究
	郭　玲	女	口腔临床医学	朱智敏	循环加载后不同黏接剂对冠修复体边缘微渗漏影响的研究
	张晶婷	女	口腔临床医学	朱智敏	不同增强方式修复磨牙循环加载后抗折强度对比研究
	陈晨峰	女	口腔临床医学	朱智敏	聚合瓷嵌体与树脂修复牙体缺损的边缘微渗漏观察
	陆红艳	女	口腔临床医学	鲜苏琴	多孔纳米羟基磷灰石/聚酰胺 66 复合材料的动物实验研究
	邓振南	男	口腔临床医学	鲜苏琴	多孔纳米羟基磷灰石/聚酰胺 66 复合材料的成骨细胞相容性实验研究
	顾　晔	女	口腔临床医学	汪永跃	旋入式挤压作用于犬松质骨挤压效果及愈合过程观察
	傅云婷	女	口腔临床医学	汪永跃	挤压后的犬松质骨的生物力学研究
	周　颖	女	口腔临床医学	汪永跃	犬股骨髁松质骨挤压后愈合过程的实验研究
	王　姝	女	口腔临床医学	陈新民	玻璃纤维桩冲击断裂损伤机制的研究
	周　懿	男	口腔临床医学	陈新民	单端固定桥近中触点的三维有限元分析
	滕吉利	男	口腔临床医学	王　航	CERAMAGE 聚合瓷冠边缘适合性和抗折强度的研究
	骆　琳	女	口腔临床医学	王　航	冷热循环对 CERAMAGE 聚合瓷摩擦磨耗性能的影响
	郑建伟	男	口腔临床医学	王　航	Shadepilot 电脑比色仪临床应用初探
	王婷婷	女	口腔临床医学	万乾炳	人牙本质基质蛋白 1 重组质粒的构建及不同菌种表达该蛋白的比较
	康丽娟	女	口腔临床医学	万乾炳	激光熔覆制备碳纳米管-羟基磷灰石复合涂层的研究
	黄浩原	男	口腔临床医学	万乾炳	人牙本质基质蛋白 1 克隆表达及体外矿化活性研究
	罗万博	男	口腔临床医学	张　敏	压电陶瓷驻极态补偿量穿障剩余的实验研究
	魏刘佳	男	口腔临床医学	张　敏	复合树脂根管固定钉修复左下第一前磨牙有限元应力分析研究
	江　帆	女	口腔临床医学	于海洋	新型复方消毒喷雾剂对印模和石膏的消杀效果及精度影响观察

续表5

硕士学位授予单位	姓名	性别	所授学科专业	指导教师	毕业论文题目
	宋斌	男	口腔临床医学	于海洋	656个烤瓷冠桥石膏工作模型预备体颈缘质量调查
	武昱	女	口腔临床医学	于海洋	四川大学学生上中切牙唇面形貌细观研究
	刘蝶	女	口腔临床医学	欧国敏	种植义齿部分特殊病例的探讨与分析
	周虹宇	男	口腔临床医学	欧国敏	双相磷酸钙陶瓷颗粒大小对其骨诱导性影响的动物实验研究
	舒瑶	女	口腔临床医学	欧国敏	壳聚糖-肝素静电自组装钛表面生物化修饰的研究
	段艳玲	女	口腔临床医学	孟玉坤	A2色天然牙、成品树脂牙与金属烤瓷全冠的同色异谱效应分析
	陈铭晟	男	口腔临床医学	孟玉坤	金属加强结构对烤瓷固定桥瓷裂强度的影响
	郭克熙	女	口腔临床医学	杜莉	不同热处理后衔铁耐腐蚀性能的研究
	杨准	女	口腔临床医学	杜莉	含银抗菌液处理义齿软衬表面的初步研究
	张玮	女	口腔临床医学	王少安	低温等离子处理钛种植体表面提高生物活性的研究
	薛莉	女	口腔临床医学	王少安	烤瓷表面抛光和上釉对其表面粗糙度及细菌黏附的影响
	赵立国	男	口腔临床医学	王敏	四种黏接剂在氧化锆与人牙本质之间的抗剪切强度研究
	喇娜	女	口腔临床医学	王敏	不同弹性模量材料贴面冠的三维有限元分析
	肖俐娟	女	口腔临床医学	王敏	明胶对α-TCP磷酸钙骨水泥的改性研究
	刘剑	女	口腔临床医学	高宁	Be^{2+}对变异链球菌单菌种生物膜影响的研究
	张晓玲	女	口腔临床医学	高宁	Cr^{3+}对血链球菌单菌种生物膜影响的研究
	孙娟	女	口腔临床医学	罗云	Ceramage聚合瓷贴面的色度学研究
	杨晶	女	口腔临床医学	罗云	不同条件下聚合瓷材料抗剪切强度的体外研究
	张婷	女	口腔临床医学	莫安春	不同表面处理对纳米羟基磷灰石/聚酰胺66复合材料的成骨细胞相容性的影响
	冯钰	女	口腔临床医学	刘福祥	人上颌牙槽骨骨小梁三维有限元研究
	杨健	男	口腔临床医学	刘福祥	基于CT数据的计算机辅助种植定位导板制成系统研究
	戴巧群	女	口腔临床医学	林映荷	气流高压静电纺聚羟基丁酸酯膜的体外仿生矿化性能研究
	林艺娜	女	口腔临床医学	刘小青	二芳基碘鎓盐对光固化复合树脂性能的影响
	杨琳	女	口腔临床医学	白丁	唇、齿及颜面部横向比例与微笑的美学研究
	郭骏	男	口腔临床医学	白丁	年轻女性微笑美学调查及唇齿面部关系的垂直维度研究
	康云龙	男	口腔临床医学	白丁	安氏Ⅱ类1分类错𬌗拔牙矫治牙移动规律的研究
	林宝山	男	口腔临床医学	李小兵	固定矫治器治疗生长期安氏Ⅱ类1分类错𬌗疗效的评估

续表5

硕士学位授予单位	姓　名	性别	所授学科专业	指导教师	毕业论文题目
	钱　煦	女	口腔临床医学	李小兵	上切牙面倾斜的视觉辨别和对女性正面微笑美观的影响
	吴　艳	女	口腔临床医学	李小兵	恒牙列初期安氏Ⅱ[1]错𬌗畸形的研究及其与面部硬组织的相关性分析
	马晓晴	男	口腔临床医学	邹淑娟	矫正扭转牙辅弓力学性能的研究
	程　敏	女	口腔临床医学	邹淑娟	骨桥蛋白在大鼠颅骨缝牵张成骨中表达变化的研究
	郭　婧	女	口腔临床医学	邹淑娟	不同重粘方法对托槽粘接效果影响的研究
	罗君杰	女	口腔临床医学	杜　熹	两种弹性装置关闭拔牙间隙的临床研究
	易　炜	女	口腔临床医学	陈扬熙	功能矫形治疗对安氏Ⅱ[1]错𬌗患者上颌骨生长方向和旋转影响的初步探讨
	赵陈皖	女	口腔临床医学	陈扬熙 乔　鞠	青少年第三磨牙的X线研究
	吴佳培	女	口腔临床医学	赵志河	Ⅰ类和Ⅱ类错𬌗不同垂直生长型青少年的颈椎与面部垂直向特征的相关性研究
	华小川	女	口腔临床医学	赖文莉	孤啡肽在大鼠实验性牙移动中三叉神经脊束核尾侧亚核的表达变化研究
	余永春	男	口腔临床医学	赖文莉	Hawkey′s保持器和透明保持器对口腔卫生影响的随机对照试验
	廖正宇	男	口腔临床医学	赖文莉	成都地区青少年正畸治疗难度、结果、需要指数应用分析评价
	吴　浩	男	口腔临床医学	周　力	青少年正常𬌗及Ⅱ[1]错𬌗不同生长型颌骨旋转特征及牙代偿初步探讨
	严超然	女	口腔临床医学	李龙江	功能性颈淋巴清扫术临床疗效的评价:近20年病案回顾
	周银梅	女	口腔临床医学	唐休发	*Twist*基因在成釉细胞瘤中的表达及意义
	王　娅	女	口腔临床医学	唐休发	骨膜对游离骨移植再血管化的影响
	李　安	女	口腔临床医学	王晓毅	P16、P53在口腔黏膜癌前病变及鳞癌中的表达及意义
	曾　磊	男	口腔临床医学	王晓毅	雌激素受体(ER)在口腔颌面部静脉畸形中的表达及其意义
	张彦聪	女	口腔临床医学	高庆红	MAP-2对涎腺腺样囊性癌细胞作用的体外实验研究
	于　涛	男	口腔临床医学	高庆红	RB2/P130在黏膜癌前病变、原位癌和鳞癌中的表达及意义
	董佳增	女	口腔临床医学	高庆红	BMP-2在涎腺腺样囊性癌中的表达及意义
	应为民	男	口腔临床医学	华成舸	*SDF*-1基因转染成肌细胞的实验研究
	康　健	女	口腔临床医学	华成舸	口腔颌面部转移瘤
	赵　丹	男	口腔临床医学	宣　鸣	口腔鳞癌瘤内淋巴管生成的临床病理意义
	唐　翀	男	口腔临床医学	宣　鸣	IL-1β影响SD大鼠关节软骨细胞WNT1/β-catenin信号通路的初步研究

续表5

硕士学位授予单位	姓名	性别	所授学科专业	指导教师	毕业论文题目
	陈　伟	男	口腔临床医学	梁新华	压应力对下颌髁突软骨细胞纤溶酶原激活物系统表达的影响
	杨大江	男	口腔临床医学	梁新华	口腔鳞状细胞癌中乏氧诱导因子-1α的表达及意义
	杨孝勤	男	口腔临床医学	梁新华	RNA干扰靶向抑制uPAR对口腔鳞癌细胞侵袭转移特性的影响
	刘　显	男	口腔临床医学	梁新华	加热对人舌癌裸鼠移植瘤淋巴转移相关因子表达的影响
	张　勇	男	口腔临床医学	刘　磊	脂肪基质细胞体外脂向分化相关miRNA表达的实验研究
	冯志远	男	口腔临床医学	刘　磊	小鼠切牙胚牙乳头细胞体外培养模型的建立及鉴定
	石　磊	男	口腔临床医学	刘　磊	髁突骨折治疗的临床分析
	朱露颖	女	口腔临床医学	石　冰	中国西部人群*IRF*6基因单核苷酸多态性与非综合征性唇腭裂相关性的研究
	李　灵	女	口腔临床医学	石　冰	0～5岁唇腭裂患儿生长发育状况研究
	董　瑞	男	口腔临床医学	郑　谦	面横裂的临床研究
	马永清	男	口腔临床医学	胡　静	组织工程异位构建下颌髁突的实验研究
	郑静宜	女	口腔临床医学	胡　静	下颌角成形术后面下部变化的X线头影测量研究
	李　鹏	男	口腔临床医学	汤　炜	*rhBMP*-2基因修饰的骨髓间充质干细胞促进兔下颌骨高速率牵张成骨的实验研究
	冯　帆	女	口腔临床医学	汤　炜	个体化数字设计及快速成型技术在口腔颌面外科的初步应用
	杨晓娟	女	口腔临床医学	田卫东	慢病毒感染对脂肪基质细胞增殖和成脂分化能力影响的研究
	李晓敏	女	口腔临床医学	王　虎	颌骨牙源性角化囊性瘤的影像学表现及免疫组化分析
	游　梦	女	口腔临床医学	王　虎	采用磁控溅射法制备纳米粒度钛膜及其表面特性的初步研究
	林　峰	男	口腔临床医学	郑广宁	Nd:YAG激光照射对玻璃离子根尖倒充填术封闭性影响的初步研究
北京大学					
	尚建伟	男	口腔组织病理学	高　岩	整合素及基质金属蛋白酶在口腔白斑的表达研究
	徐丽莉	女	口腔组织病理学	李铁军	伴痣样基底细胞癌综合征的牙源性角化囊性瘤中*PTCH*2基因的突变检测
	张　靖	女	口腔组织病理学	李铁军	*PTCH*1基因多态性与散发性牙源性角化囊性瘤易感性的相关研究
	邱　鋆	女	牙周病学	栾庆先	钙通道拮抗剂导致的药物性牙龈增生发病机制初步研究

续表5

硕士学位授予单位	姓　名	性别	所授学科专业	指导教师	毕业论文题目
	田　娜	女	牙周病学	欧阳翔英	牙龈卟啉单胞菌胞外蛋白对内皮细胞凋亡的影响
	雷海华	女	儿童口腔医学	葛立宏	*pax*6基因纯合突变胎鼠上前牙区额外牙的发生
	王敏永	男	儿童口腔医学	秦　满	Mineral trioxide aggregate对人乳牙恒牙牙髓细胞增殖和分化的影响
	黄成才	男	口腔修复学	冯海兰	全口义齿组织面变化的模型分析及义齿复制
	金文静	女	口腔修复学	徐　军	不同混合和固化方式对基托树脂性能的影响
	冯光耀	男	口腔正畸学	曾祥龙	上颌牙弓反复快速扩缩的动物实验研究
	王　碧	女	口腔正畸学	贾绮林	12～18岁青少年临床冠中心高度的研究
	刘文曙	男	口腔颌面外科学	郭传瑸	口腔鳞状细胞癌乏氧状况的初步研究
	邢凤霞	女	口腔颌面外科学	李盛林	乙烷硒啉抑制舌癌细胞生长及其机制的研究
	胡　恺	男	口腔颌面外科学	俞光岩	表皮调节素与ERK1/2通路与涎腺腺样囊性癌肺转移关系的研究
	林　婷	女	口腔医学影像学	傅开元	脊髓小胶质细胞早期活化参与福尔马林模型急性痛
上海交通大学					
	胡宇华	男	口腔病理学	李　江	恶性多形性腺瘤临床病理及E-cadherin、P16蛋白表达、启动子甲基化研究
	周荣睿	女	口腔病理学	李　江	涎腺腺样囊性癌组蛋白乙酰化及TSA对肿瘤细胞影响的研究
	秦孝鹏	男	口腔内科学	唐国瑶	PD-L1、PD-L2在口腔扁平苔藓中的表达研究
	江　龙	男	口腔内科学	朱亚琴	SDF-1-CXCR4轴在牙髓组织中的表达和作用的实验研究
	韩祥永	男	口腔修复学	张富强	β-磷酸三钙支架的制备及加固装置的生物力学研究
	王　泉	男	口腔修复学	张建中	上颌前牙计算机模拟修复系统的开发和应用
	高建勇	男	口腔修复学	郑元俐	残根桩冠修复优化设计三维有限元研究
	刘文娟	女	口腔修复学	郑元俐	赝复用硅橡胶老化后生物安全性的实验研究
	张　燕	女	口腔颌面外科学	陈万涛	口腔鳞状细胞癌中肿瘤干细胞的初步研究
	万澎波	男	口腔颌面外科学	陈万涛	纯钛表面纳米化修饰后的生物活性研究
	冯贻苗	男	口腔颌面外科学	房　兵	微型种植体支抗辅助正畸治疗的生物力学及生物学研究
	娄新田	男	口腔颌面外科学	房　兵	牵引成骨区牙移动生物学行为的实验研究
	张　睿	男	口腔颌面外科学	卢晓峰	牵引成骨对大鼠下颌骨生长发育的近期影响
	吴大铭	男	口腔颌面外科学	俞创奇	下颌下腺导管结石好发于腺门处的解剖学因素研究
	庄龙飞	女	口腔种植学	赖红昌	种植体周围骨缺损愈合过程的研究
	刘　鑫	男	口腔种植学	赖红昌	亲水性处理对粗糙钛表面细胞黏附的影响
	詹　娴	女	口腔临床医学	梁景平	不同方法研究第一、第二磨牙的根管解剖形态

续表5

硕士学位授予单位	姓 名	性别	所授学科专业	指导教师	毕业论文题目
	顾晓燕	女	口腔临床医学	梁景平	三种机用镍钛器械根管预备能力的比较研究
	胡玉凤	女	口腔临床医学	翁雨来	下颌第二磨牙C形根管两种根管充填方法比较
	仲文婕	女	口腔临床医学	汪 俊	乳磨牙早失后牙间隙及牙弓变化的临床研究
	李成皓	男	口腔临床医学	汪 俊	氢氧化钙制剂OH扩散及对牙抗折强度的影响
	李婷婷	女	口腔临床医学	夏文薇	纳米复方中药制剂用于根管消毒的基础研究
	潘悦萍	女	口腔临床医学	夏文薇	不同黏结系统牙本质剪切强度的实验研究
	郭秋曼	女	口腔临床医学	束 蓉	牙周炎患者牙龈组织中Toll样受体2,4的表达
	姚文鑫	男	口腔临床医学	束 蓉	牙周基础治疗对三种牙周可疑致病菌的影响
	徐 韵	女	口腔临床医学	徐 晓	𬌗力对不同深度牙齿楔状缺损修复疗效的影响
	沈一吟	女	口腔临床医学	徐 晓	四种楔状缺损填充材料对牙周组织的影响
	陈美华	女	口腔临床医学	尹元正	常用龈下刮治器械对磨牙根面刮治效率的比较
	徐辉欢	男	口腔临床医学	周曾同	口腔天疱疮的短期疗效影响因素分析
	王文娟	女	口腔临床医学	周曾同	口腔盘状红斑狼疮活动性与临床及血清学分析
	林 玲	女	口腔临床医学	唐国瑶	口腔扁平苔藓与情绪障碍的相关性研究
	丁端亮	女	口腔临床医学	唐国瑶	帕罗西汀片治疗精神性灼口综合征临床疗效观察
	林育华	男	口腔临床医学	冯希平	牙周致病菌与口臭相关因素的初探
	刘 义	男	口腔临床医学	冯希平	上海市非公立医疗单位口腔卫生人力资源的调查
	张任秀	男	口腔临床医学	郑元俐	常用口腔修复材料表面细菌黏附的实验研究
	金文忠	男	口腔临床医学	焦 婷	舌向集中𬌗全口义齿对支持组织应力分布的光弹性研究
	陈 洁	女	口腔临床医学	胡 滨	TiN涂层影响牙科合金耐蚀性能的基础研究
	王 勋	女	口腔临床医学	张修银	试色糊剂对IPSe. max全瓷贴面颜色的影响
	袁旭敏	女	口腔临床医学	张富强	种植体表面nHA/BG梯度涂层与骨结合的实验研究
	浦益萍	女	口腔临床医学	赖红昌	前牙即刻种植修复临床疗效的研究
	施宏燕	女	口腔临床医学	张保卫	模型精度影响因素的探讨
	陶倩燕	女	口腔临床医学	魏 斌	口腔印模形变的直接测量
	葛 瑶	女	口腔临床医学	张建中	数码三分法牙色库的建立与探讨
	曾飞煌	女	口腔临床医学	钱玉芬	应用自锁托槽唇腭裂腭扩展短期效果的研究
	俞昳丽	女	口腔临床医学	钱玉芬	Damon矫治技术对牙弓扩展效果的研究
	姜 宁	女	口腔临床医学	钱玉芬	扩弓对犬牙槽突裂植骨区改建影响的CT研究
	金 煌	男	口腔临床医学	卢晓峰	改良Herbst口腔矫治器治疗OSAHS疗效的初步评价

续表5

硕士学位授予单位	姓 名	性别	所授学科专业	指导教师	毕业论文题目
	朱力力	女	口腔临床医学	蔡 中	安氏Ⅲ类错殆拔牙矫治前后颏部相关形态的变化
	薛小康	男	口腔临床医学	张陈平	单侧下颌骨重建术后生存质量及相关临床研究
	夏韫晖	女	口腔临床医学	房 兵	成人牙周病正畸患者牙槽骨骨矿丢失CBCT研究
	胡宪耀	男	口腔临床医学	杨 驰	颞下颌关节盘旋转移位与关节盘穿孔位置关系初探
	朱敏闻	女	口腔临床医学	俞创奇	影响学检查方法在下颌下腺疾病诊断中的应用
第四军医大学					
	刘 蕾	女	口腔解剖生理学	王美青	大鼠渐进性咬合紊乱髁突软骨中TNFα、OPG及RANKLE的表达研究
	陈 霜	女	口腔解剖生理学	王美青	急、慢性咬合干扰致雌性大鼠咀嚼肌痛觉敏感及肌纤维表型转化的研究
	陈晶晶	女	口腔内科学	吴补领	Denlinx冷光美白系统对不同着色牙作用的临床效果和基础研究
	王文亮	女	口腔内科学	唐荣银	复方五倍子用作髓室底穿孔内屏障的实验研究
	张苏娜	女	口腔内科学	唐荣银	五倍子水提取物去除根管壁玷污层的相关实验研究
	赵颖煊	男	口腔内科学	赵守亮	人成牙本质细胞L型钙离子通道α1亚基D亚型特异性基因的克隆研究
	慕 童	女	口腔内科学	赵守亮	回族和蒙古族成人恒牙形态学研究
	童忠春	男	口腔内科学	倪龙兴	变异链球菌*luxS*基因对致龋力影响的研究
	马丽芳	女	口腔内科学	倪龙兴	构建变异链球菌UA159和绿色荧光蛋白(gfp)报告菌株研究*luxS*基因的表达情况
	侯 波	男	口腔内科学	倪龙兴	嵌体修复MOD洞型的三维有限元分析
	秦 晗	女	口腔内科学	杨富生	降钙素对小鼠牙齿萌出过程中破骨细胞分化的因子RANKL表达的影响
	苏小营	女	口腔内科学	杨富生	电压门控制氯离子通道-7(ClC-7)在牙齿发育中的作用研究
	陈丽萍	女	口腔内科学	杨富生	犬乳恒牙替换期骨保护素表达的研究
	冯 元	男	口腔内科学	杨富生	Adam28在小鼠成骨样细胞MC3TC-E1中的表达研究
	丁 鳌	男	口腔内科学	王勤涛	牙周感染与动脉粥样硬化相关的动物实验研究
	王晓燕	女	口腔内科学	王勤涛	牙龈卟啉菌对人脐静脉血管内皮细胞的生物学效应
	唐昊喆	男	口腔内科学	王勤涛	重组PIRES$_2$-hBMP2载体的构建及其对人牙龈成纤维细胞表型的影响

续表5

硕士学位授予单位	姓 名	性别	所授学科专业	指导教师	毕业论文题目
	文 军	男	口腔内科学	陆 群	Runx2在大鼠第三期牙本质形成中的作用及意义研究
	刘颖凤	男	口腔内科学	王小竟	烟碱型乙酰胆碱受体在大鼠实验性牙周炎牙周组织表达的研究
	张磊磊	男	口腔内科学	吴织芬	糖尿病牙周炎对龈沟液中sICAM-1的影响
	毕云鹏	男	口腔修复学	赵铱民	单侧眶缺损仿真修复的计算机辅助设计与制作的初步研究
	李 曼	女	口腔修复学	赵铱民	细胞直接三维受控组装技术构建组织工程化软骨
	张梦葩	女	口腔修复学	赵铱民	微波能固化ZY系列硅橡胶的实验研究
	李 蓓	女	口腔修复学	赵铱民	添加纳米二氧化钛对硅橡胶抗菌性能影响的实验研究
	周利根	男	口腔修复学	郭天文	影响超硬石膏模型临床因素的研究
	于绍冰	男	口腔修复学	郭天文	钛/聚合瓷修复技术的基础研究和临床应用
	李一鸣	男	口腔修复学	郭天文	含牛初乳凝胶提高口干症患者全口义齿修复效果的临床评价
	黄 鹂	女	口腔修复学	陈吉华	几种双固化树脂水门汀与根管牙本质粘接性能的对照研究
	李雅卿	女	口腔修复学	陈吉华	不同粒度车针预备牙体对全冠修复体黏固强度及适合性影响的研究
	王林虎	男	口腔修复学	陈吉华	自粘接树脂水门汀粘接性能的研究
	游 欢	女	口腔修复学	陈吉华	不同种类的复合树脂核材料与纤维桩粘接性能的研究
	任 芳	女	口腔修复学	陈吉华	试制纤维桩粘接/核成形通用材料性能的初步研究
	熊 洁	女	口腔修复学	陈吉华	EAM基纤维桩粘接/树脂核成形通用复合材料的初步研制
	陈丽洁	女	口腔修复学	何惠明	辅助固位形对全冠预备体应力分布的影响
	梁猛猛	男	口腔修复学	何惠明	纤维桩外形及弹性模量对纤维桩修复应力的影响
	邹承蓉	女	口腔修复学	何惠明	不同包埋材料对Ti-6Al-7Nb合金铸造性能影响的实验研究
	郭 艳	女	口腔修复学	何惠明	不同吹薄气流对牙本质-树脂粘接界面及强度的实验
	温 静	女	口腔修复学	何惠明	不同玻璃渗透方法对IN-Ceiam氧化铝全瓷冠基底性能影响的实验研究
	董智伟	男	口腔修复学	张少锋	最大咬合力与口腔温度对全瓷冠可靠性影响的初步研究
	徐 平	男	口腔修复学	张少锋	下颌后牙三单位全瓷固定桥连接体设计的三维有限元分析

续表5

硕士学位授予单位	姓　名	性别	所授学科专业	指导教师	毕业论文题目
	张　磊	男	口腔修复学	张少锋	日常咀嚼力作用下全瓷冠疲劳强度的可靠性分析
	柳正明	男	口腔修复学	高　勃	经微弧氧化表面处理的钛铌锆锡合金的生物相容性研究
	张立钊	男	口腔修复学	高　勃	微弧氧化钛铌锆锡合金理化性能和生物安全性研究
	闫　澍	男	口腔修复学	张玉梅	热处理对牙科铸造纯钛的力学拉伸性能影响
	赵领洲	男	口腔修复学	张玉梅	Ti-5Zr-3Sn-5Mo-15Nb表面微弧氧化处理对成骨细胞早期行为的影响
	吴莹莹	女	口腔正畸学	丁　寅	成人下颌偏斜患者颞下颌关节形态对称性的三维CT分析研究
	纪麟彦	男	口腔正畸学	丁　寅	先天性肌状斜颈儿童颌面部对称性的初步研究
	王　光	男	口腔正畸学	丁　寅	大鼠正畸牙齿移动中牙周组织内STRO-1表达变化的研究
	胡　铁	女	口腔正畸学	丁　寅	应用微型种植体支抗压低犬牙过程中牙周组织改建的实验研究
	许一起	男	口腔正畸学	丁　寅	成人下颌偏斜患者颌骨三维形态分析研究
	司武俊	男	口腔正畸学	丁　寅	发育性下颌偏斜患者颈椎三维重建及形态特征的分析研究
	曾照斌	男	口腔正畸学	段银钟	几种因素对压低上颌第一磨牙生物力学性质影响的有限元分析
	高　锋	男	口腔正畸学	段银钟	使用CT三维模型初步研究中国人咬合面的球面关系
	刘　丽	女	口腔正畸学	段银钟	固定斜面导板治疗下颌后缩TMJ的MRI及其对牙颌面综合效应的研究
	李　蓓	女	口腔正畸学	段银钟	全口曲面断层片在上颌阻生尖牙诊治过程中的应用研究
	孟　晶	女	口腔正畸学	段银钟	Ⅱ类高低角颏部形态结构特征的相关研究
	杨　楠	女	口腔正畸学	邵金陵	3 000年来人下颌骨演化的形态学研究
	孟　勇	男	口腔正畸学	邵金陵	陕西长安区出土1 000年前人牙齿形态学及口腔疾病的流行病学研究
	杨香菊	女	口腔正畸学	邵金陵	两千年人与当代人牙釉质厚度与密度的对比研究
	李　涛	男	口腔正畸学	邵金陵	少陵原西周墓遗址3 000年前人牙齿形态和口腔疾病流行病学研究
	赵琳洁	女	口腔正畸学	邵金陵	正畸患者治疗前期望值和治疗后满意度的研究
	蒋　勇	男	口腔正畸学	邵金陵	陕西秦始皇区出土2 000年前人颌骨的形态研究

续表 5

硕士学位授予单位	姓名	性别	所授学科专业	指导教师	毕业论文题目
	王乐文	女	口腔正畸学	林　珠	三种固定矫治器对成人牙周错（牙合）矫治疗效的研究
	徐　静	女	口腔正畸学	曹　军	乳牙末期、混合牙列初期前牙反（牙合）前方牵引矫治疗效研究
	赵　迪	女	口腔正畸学	曹　军	骨性下颌后缩临床矫治方法探讨
	刘晓勇	男	口腔正畸学	曹　军	西安地区正常（牙合）ODI 与 APDI 指数值的建立
	李晓燕	女	口腔正畸学	曹　军	西安地区正常（牙合）冠宽测量及上颌牙量关系的相关性分析
	李齐宏	男	口腔正畸学	李　东	单侧后牙反（牙合）患病情况的调查及其对咀嚼功能影响的研究
	崔　广	男	口腔种植学	宋应亮	种植杆式附着体 Nd:YAG 激光焊接制作条件的实验研究
	陈万军	男	口腔种植学	宋应亮	上颌双尖牙区种植体美学牙龈基台研究
	孙　斌	男	口腔种植学	李德华	牙种植患者主观满意度的调查
	肖剑锐	男	口腔种植学	李德华	外科因素对牙种植体初期稳定性影响的共振频率分析研究
	任　军	男	口腔颌面外科学	孙沫逸	DOC-1 基因在口腔鳞癌中的表达差异及 p12DOC-1 外源性表达对 Tca8113 细胞的影响
	张永强	男	口腔颌面外科学	孙沫逸	人舌鳞癌(Tca-8113)细胞 cDNA 文库的构建
	杨立峰	男	口腔颌面外科学	刘彦普	三种方法测量骨皮质厚度的比较
	薛　洋	女	口腔颌面外科学	胡开进	异种脱细胞真皮基质及脱钙骨基质对拔牙创愈合作用的实验研究
	郭　威	女	麻醉学	徐礼鲜	GAD67-GFP 基因敲入小鼠谷氨酸能、5-HT 能和 SP 能终末与三叉神经中脑核神经元联系的形态学研究
武汉大学					
	温庆春	女	口腔基础医学	边　专	变异链球菌变链素 N 的基础研究
	席巧玲	女	口腔基础医学	陈　智	大鼠下颌磨牙过萌的组织学研究
	方平娟	女	口腔基础医学	张　旗	LMP1 在鼠磨牙发育中的表达及在人牙髓细胞体外分化中作用的探讨
	孙艳芳	女	口腔基础医学	赵怡芳	应用弗氏不完全佐剂建立大鼠淋巴管畸形模型
	张　燕	女	口腔临床医学	陈　智	影响复合树脂固化程度的因素
	荣洪振	男	口腔临床医学	樊明文	ProTaper 镍钛器械折断特性的研究进展
	彭宝英	女	口腔临床医学	樊明文	下颌第一磨牙根管系统的形态及识别
	李宁宁	女	口腔临床医学	范　兵	上颌第一恒磨牙 MB2 的形态特点及治疗
	苏志坚	女	口腔临床医学	彭　彬	NiTi 器械用于根管再治疗时去牙胶能力的研究进展
	胡加凤	女	口腔临床医学	彭　彬	根管预备中常见的并发症及处理方法
	林　垚	女	口腔临床医学	杜民权	孕妇牙周病、血清炎性因子与早产低体重儿关系的研究

续表5

硕士学位授予单位	姓 名	性别	所授学科专业	指导教师	毕业论文题目
	田宗蕊	女	口腔临床医学	杜民权	牙周炎与低体重胎鼠相关性的实验研究
	张雪飞	女	口腔临床医学	范 兵	下颌切牙根管的形态研究
	饶 谦	女	口腔临床医学	范 兵	上颌第一磨牙根管系统的形态研究
	杜 姣	女	口腔临床医学	范 兵	C形根管系统的形态特点及治疗
	刘明文	男	口腔临床医学	彭 彬	镍钛根管器械K3成形能力的实验研究
	史雪聪	女	口腔临床医学	彭 彬	玻璃离子水门汀短期抗压强度的对比研究
	何 捷	女	口腔临床医学	张 旗	7种根管口封闭材料的微渗漏研究
	方 珍	女	口腔临床医学	李成章	牙冠外行高点作为牙周附着丧失测量标记的可行性研究
	李俊芳	女	口腔临床医学	李成章	𬌗创伤与牙周病的关系
	姚林洁	女	口腔临床医学	宋光泰	MTA用于年轻恒牙根尖封闭的近期疗效观察
	方静娴	女	口腔临床医学	宋光泰	病例报告 MSX1与非综合征型多数牙先天缺失
	卢 锐	男	口腔临床医学	周 刚	口腔扁平苔藓患者转录因子T-bet和GATA-3基因失衡表达的研究
	陈 喆	女	口腔临床医学	程祥荣	临床病例研究报告——关于纤维桩临床研究的新进展
	孙莉莉	女	口腔临床医学	王贻宁	羟基磷灰石在牙漂白中作用的初步研究
	张 贞	男	口腔临床医学	王贻宁	钛表面电沉积壳聚糖明胶涂层及成骨样细胞在涂层表面的黏附和增殖
	赵丽娅	女	口腔临床医学	夏海斌	上颌前牙转角基台种植体及其周围骨组织的三维有限元应力分析
	韩 晶	女	口腔临床医学	李祖兵	PTH对大鼠髁突发育影响的实验研究
	霍永红	女	口腔临床医学	黄 翠	乙醇处理对根面牙本质粘接强度的影响
	潘秋华	男	口腔临床医学	黄 翠	聚氨酯包覆TEGDMA纳米囊的制备与表征
	谢梅妮	女	口腔临床医学	黄 翠	不同酸蚀方法在牙本质粘接中的作用:临床病例报告
	张晓蓉	女	口腔临床医学	王 茜	热牙胶垂直加压技术研究进展
	吴志航	男	口腔临床医学	王 茜	三种牙胶热体积变化的比较研究
	丁王辉	男	口腔临床医学	韩光丽	牙周膜成纤维细胞的体外培养及LCK在其中的表达
	邓 燕	女	口腔临床医学	施 斌	临床病例报告;糖尿病与种植体骨结合的关系
	郑 颖	女	口腔临床医学	施 斌	临床病例研究报告;种植体周围炎的病因及治疗进展
	曹 芳	女	口腔临床医学	叶翁三杰	自锁托槽的研究进展
	况 进	男	口腔临床医学	龙 星	髁突肥大组织学特点及胰岛素样生长因子1在髁突肥大中的表达
	陈红生	男	口腔临床医学	杨学文	未手术成人腭裂患者颅面形态的头影测量分析
	钦传奇	男	口腔临床医学	金辉喜	单侧完全唇裂鼻畸形一期整复术

续表 5

硕士学位授予单位	姓　名	性别	所授学科专业	指导教师	毕业论文题目
	阿里木江·吾守	男	口腔临床医学	何三纲	Recurrent Pleomorphic Adenomas of the Parotid Gland
	桑　侃	男	口腔临床医学	贺　红	改良上颌快速扩弓联合前方牵引矫治上颌发育不足安格尔Ⅲ类错殆畸形
	英娜斯	女	口腔临床医学	贺　红	肌力和牙周韧带对正畸治疗后复发的影响
	杨　力	男	口腔临床医学	蔡　萍	不同方法处理脱落托槽后其黏结强度对比研究
	扎赫仁	男	口腔临床医学	范　兵	镍钛根管预备器械的特性和成形能力的评价
	马纳尔	女	口腔临床医学	王贻宁	震动对 15% 过氧化脲漂白剂的一小时代谢率影响的临床研究
首都医科大学					
	袁晓红	女	口腔基础医学	刘晓勇	口腔癌组织中淋巴管密度的检测、fascin 蛋白的表达及其临床意义
	王海丞	男	口腔基础医学	李翠英	EDA 片段的两种真核表达载体的构建及其重组多肽的生物信息学分析
	赵霄虹	女	口腔基础医学	鲁大鹏	维甲酸与砷剂对口腔癌体外诱导分化的研究
	王　菁	女	口腔基础医学	王者玲	口臭认知水平及局部微生态学研究
	裴振华	女	口腔基础医学	王者玲	伴放线防线杆菌菌落形态鉴定和部分生物学特性研究
	王变红	女	口腔内科学	侯本祥	感染根管优势菌在大鼠根尖周炎发病过程中作用的研究
	张志苓	女	口腔内科学	侯本祥	超声取根管内折断器械对根管壁的损伤及预后的研究
	宜　玮	女	口腔内科学	侯本祥	牙本质粘接系统对牙釉质和牙本质粘接性能的研究
	侯惠敏	女	口腔内科学	侯本祥	不同材料和方法修复髓室底穿孔的动物实验研究
	吕　松	女	口腔内科学	侯本祥	玻璃离子水门汀氟释放和氟吸收能力的研究
	郭　翠	女	口腔修复学	张振庭	浸泡消毒对硅橡胶印模表面质量的影响
	王　亮	男	口腔修复学	曾剑玉	神经生长因子在种植体周围早期骨愈合中的作用
	孟宪莹	女	口腔正畸学	白玉兴	基于 Micro-CT 的正畸牙根吸收研究方法的建立
	郝　玮	女	口腔正畸学	白玉兴	数字化三维牙颌模型重叠分析系统的建立及临床初步应用
	孙　莹	女	口腔正畸学	白玉兴	不同年代中国美貌女性侧貌特征的研究
	邵奕奕	女	口腔正畸学	白玉兴	成人牙周病患者正畸治疗后牙根吸收的研究
	杨　梓	女	口腔正畸学	吕　婴	骨性Ⅰ类均角女性颅颌结构模板图的建立和应用研究

续表 5

硕士学位授予单位	姓　名	性别	所授学科专业	指导教师	毕业论文题目
	桑金华	女	口腔正畸学	吕　婴	切牙舌向移动与软组织颏部形态变化的相关研究
	刘　筠	女	口腔正畸学	郭宏铭	计算机辅助设计制作舌侧托槽间接粘接系统的研究
	朱海钱	男	口腔颌面外科学	谭包生	口腔种植修复 7 年临床效果回顾性统计和分析
	华美珍	女	口腔颌面外科学	杨晓江	下颌定位技术指导殆垫在治疗颞下颌关节紊乱病中的应用研究
	刘月华	女	口腔颌面外科学	杨晓江	Angle Ⅲ类错殆畸形患者颞下颌关节盘及翼外肌磁共振成像研究
	马金玲	女	口腔颌面外科学	潘巨利	骨膜原位成骨修复下颌骨节段性缺损的研究
	舒　萍	女	口腔颌面外科学	鲁大鹏	细胞角蛋白 18、19 基因表达与口腔鳞癌侵袭转移的关系
吉林大学					
	郭世梁	男	口腔临床医学	张颖丽	rhIL-1β 诱导牙髓细胞蛋白质组的差异分析
	吕海驰	女	口腔临床医学	张志民	殊异韦荣菌中耐酸相关基因 *ffh* 的检测
	庾　桦	女	口腔临床医学	高　心	殊异韦荣菌乳酸脱氢酶的基因克隆及重组表达
	陈　莹	女	口腔临床医学	林崇韬	碱性成纤维细胞生长因子对体外培养牙周膜细胞表皮生长因子受体基因表达的影响
	陶安军	男	口腔临床医学	林崇韬	rhBMP-2 在牙周组织引导再生中的作用
	高　颖	女	口腔临床医学	林崇韬	尼古丁对人牙周膜细胞增殖及纤维结合蛋白合成的影响
	舒　妍	女	口腔临床医学	王景云	咀嚼压力增强对大鼠剩余牙槽嵴中整合素 β3 mRNA 表达的影响
	王萍萍	女	口腔临床医学	朱　松	临床充填用复合树脂与牙釉质摩擦磨损性能的体外研究
	刘广涛	男	口腔临床医学	朱　松	义齿基托表面新型涂层材料对 L929 细胞的体外细胞毒性的研究
	王　林	男	口腔临床医学	周延民	全身应用 Alenderonate 影响骨质疏松兔种植体周围骨整合的实验研究
	杨炎忠	男	口腔临床医学	周延民	氧化锆瓷基台及种植体周骨应力的三维有限元分析
	陈淑萍	女	口腔临床医学	周延民	Pefect 种植体与 Replace 种植体颈周骨组织应力比较分析
	王　芳	女	口腔临床医学	胡　敏	种植体支抗辅助快速扩大上颌的三维有限元研究
	相亚宁	女	口腔临床医学	胡　敏	四种不同类型颌间牵引对颞下颌关节应力分布影响的三维有限元研究
	张　达	女	口腔临床医学	胡　敏	应用模型测量及 PAR 指数测量研究安氏Ⅱ类、Ⅲ类错殆畸形治疗后咬合关系

续表5

硕士学位授予单位	姓名	性别	所授学科专业	指导教师	毕业论文题目
中国医科大学	徐焱	女	口腔临床医学	孙新华	弱激光照射对大鼠实验性牙移动根吸收的影响与作用
	丁旭	男	口腔临床医学	孙新华	差动直丝弓与滑动直丝弓矫治器应用于正畸拔牙病例的力学分析
	李汉玲	女	口腔临床医学	胡晓春	基质金属蛋白酶-2、9在根尖肉芽肿和根尖囊肿的表达及意义
	曲勃颖	女	口腔临床医学	黄洋	犬乳恒牙替换期间活化T细胞核因子NFATc1表达的研究
	任涛涛	男	口腔临床医学	张伟	丹参对大鼠面神经损伤后神经元凋亡影响的实验研究
	蔡研	女	口腔临床医学	高文信	灵芝三萜对DMBA诱导的金黄地鼠颊囊癌变抑制作用及机理的研究
	焦卫博	男	口腔临床医学	陈英新	CENP-F mRNA和Ki-67 mRNA在口腔鳞癌发生发展过程中的表达及相互关系
	赵丽娟	女	口腔临床医学	张茹慧	STAT3与口腔鳞状细胞癌的相关性研究
	刘金钟	男	口腔临床医学	孙宏晨	血管化人工骨的构建
	张鹏	男	口腔基础医学	钟鸣	基质金属蛋白酶-7在人成釉细胞瘤中的表达和意义
	邵丽娜	女	口腔临床医学	詹福良	Carisolv在根管机械化学预备中作用的实验研究
	王风艳	女	口腔临床医学	贾兴亚	Er,Cr:YSGG激光预备离体牙V类洞对光固化复合树脂边缘微渗漏影响的研究
	汪贯华	女	口腔临床医学	潘亚萍	牙龈卟啉单胞菌rag位点基因分型与慢性牙周炎的相关性分析
	赵溪达	男	口腔临床医学	潘亚萍	牙周电子病历的研发与应用
	张雪飞	女	口腔临床医学	潘亚萍	牙周基础治疗对伴或不伴冠心病的牙周炎患者炎症因子水平的影响
	康媛媛	女	口腔临床医学	张英	MMP-2、TIMP-2在复发性阿弗他溃疡中的表达和意义
	佟菲	女	口腔临床医学	艾红军	高强度玻璃纤维桩树脂核的临床应用研究
	张宗杨	男	口腔临床医学	艾红军	AZ31B可降解镁合金Ames试验研究
	杭晓东	男	口腔临床医学	艾红军	太极扣精密附着体修复KennedyⅡ类牙列缺损的临床效果观察
	张翀	女	口腔临床医学	邓春富	不同方法处理钛种植体表面对成骨细胞生长影响的体外实验研究
	校花丽	女	口腔临床医学	高洁	142例儿童及青少年前牙外伤的临床分析
	赵莉	女	口腔临床医学	侯志明	固定矫治中不同支抗设计磨牙稳定性的X线头影测量研究
	李继龙	男	口腔临床医学	杨晓东	磁性附着体连接分段式赝复体的临床效果观察

续表 5

硕士学位授予单位	姓　名	性别	所授学科专业	指导教师	毕业论文题目
	孟　贺	女	口腔临床医学	战德松	不同齿科合金对 L929 细胞的毒性及凋亡相关基因表达的影响
	孙　浩	男	口腔临床医学	战德松	六种齿科合金在体外细胞培养液中金属离子析出情况的研究
	贾迎杰	女	口腔临床医学	战德松	磁性附着体在可摘局部义齿中的应用
	张晓庆	女	口腔临床医学	侯志明	不同黏结剂对冠修复体表面黏结矫治装置的抗剪切强度研究
	李璐璐	女	口腔临床医学	侯志明	口外弓与 J 型钩增强磨牙支抗效果的对比性研究
	王　雪	女	口腔临床医学	刘　奕	恒牙早期安氏Ⅱ类 1 分类错𬌗边缘病例的非拔牙矫治
	张文君	女	口腔临床医学	刘　奕	下颌恒切牙先天缺失与颅面形态关系的研究
	郭亚峰	女	口腔临床医学	刘　奕	正畸力作用下兔牙周组织中核糖体蛋白 S6 激酶的表达
	张媛媛	女	口腔临床医学	秦　科	骨性安氏Ⅲ类患者术前正畸去代偿效果的评价
	安拉蔚	女	口腔临床医学	秦　科	中线偏斜的牙列特征及正畸治疗
	岳　铮	女	口腔临床医学	张　扬	Angle Ⅰ类错𬌗畸形垂直向头影测量指标的对比研究
	姜洪涛	男	口腔临床医学	张　扬	恒牙早期安氏Ⅱ类错𬌗畸形牙弓宽度的研究
	李　响	女	口腔临床医学	张　扬	女性青少年腕骨骨龄、颈椎骨龄及牙龄相关性的对比研究
	颜光启	男	口腔临床医学	卢　利	偏突颌畸形手术前后面型分析及疗效评价
	刘法昱	男	口腔临床医学	孙长伏	CCR7 通过 mTOR 路径调控头颈鳞癌细胞顺铂化疗作用的研究
	袁尉力	男	口腔临床医学	王绪凯	肥大细胞、Clusterin/apoJ 和 TGF-β 在不同时期人皮肤血管瘤中表达的实验研究
	薛　雷	男	口腔临床医学	王绪凯	血管内皮细胞生长因子(VEGF)和 c-Myc 蛋白在血管瘤不同时期表达的研究
	章艳君	女	麻醉学	张　倩	不同全麻方法复合硝普钠控制性降压对机体应激反应的影响
	姜逸文	男	麻醉学	张　倩	不同全麻方法复合硝普钠控制性降压对机体肾功能的影响
	任团囡	女	麻醉学	张　倩	不同全麻方法复合硝普钠控制性降压对机体细胞免疫功能的影响
浙江大学					
	陆莉芳	女	口腔基础医学	胡济安	RhoC 蛋白及其抑制剂与涎腺腺样囊性癌关系的研究
	余锦锦	女	口腔临床医学	陈　晖	塞克硝唑胶囊在牙周炎治疗中的临床观察
	徐　磊	男	口腔临床医学	刘建华	不同方式氢氧化钙糊剂后牙根管消毒的效果比较

续表 5

硕士学位授予单位	姓　名	性别	所授学科专业	指导教师	毕业论文题目
山东大学	毕　玲	女	口腔临床医学	傅柏平	葡萄籽原花青素提取物预防龋病的实验研究
	傅　磊	男	口腔临床医学	张加理	大锥度根管预备混合法在树脂模拟弯曲根管中预备效率的研究
	郑茜聪	女	口腔临床医学	刘　丽	复合树脂间接修复牙体缺损
	陆　英	女	口腔临床医学	刘　丽	口腔修复患者牙科焦虑及相关因素研究
	董　陈	女	口腔临床医学	林　军	三种相变点正畸镍钛合金弓丝的力学性能比较
	朱丽琴	女	口腔临床医学	王慧明	珍珠质自然涂层钛种植体表面对 MC3T3E1 成骨样细胞的作用
	单一旦	男	口腔临床医学	平飞云	三维 CT 及头颅模型在面中部复杂骨折中的应用
	顾　昕	女	口腔临床医学	谷志远	牙槽骨骨量不足牙种植的临床研究
	蒋　峰	男	口腔临床医学	谷志远	CT 三维重建正常成人上颌窦的测量和分析
	林崇翔	男	口腔临床医学	陈关福	颏孔前进路结合舌瓣后置术治疗舌根癌
	傅潇慧	女	口腔临床医学	陈　军	严重小下颌畸形患者牵张成骨后软组织侧貌变化
	骆堃梁	男	口腔临床医学	黄剑奇	胎儿唇腭裂手术无瘢痕愈合机制
	赵　云	女	口腔基础医学	孙善珍	OPN 及其相关因子在口腔扁平苔藓发病机制及其进展中的作用
	江　浩	男	口腔临床医学	姜广水	二价双启动子防龋 DNA 疫苗 Pcn-SSISG 的构建及其诱导免疫应答的研究
	王更如	女	口腔临床医学	姜广水	蜡成形法预防Ⅱ类洞树脂和玻璃离子充填体悬突的研究
	张建霞	女	口腔临床医学	杨丕山	苯妥英钠聚乳酸－羟基乙酸微秋泊洛沙姆 407 凝胶对大鼠牙周缺损愈合影响的研究
	方冬冬	男	口腔临床医学	杨丕山	上颌第一恒磨牙近颊根根管系统解剖研究
	季　梅	女	口腔临床医学	林志勇	C 形根管系统的诊断及充填方法的研究
	鲍喆煊	男	口腔临床医学	孙钦峰	影响牙周炎患者依从性因素分析
	宗晓明	男	口腔临床医学	戚向敏	正常 T 细胞表达分泌的活性调节蛋白(RANTES)及其受体(CCR3)在 OLP 中的表达
	付　辉	女	口腔临床医学	徐　欣	不同种植系统口腔种植临床病例十年回顾性研究
	隋华超	男	口腔临床医学	牟月照	四种比色板与山东地区国人上颌恒前牙的色度学适配性研究
	张倩倩	女	口腔临床医学	王春玲	正畸治疗对年轻成人下颌偏斜患者颞下颌关节及下颌位置的影响
	马慧芬	女	口腔临床医学	汲　平	青少年磨牙症伴深覆殆患者使用前牙平面导板治疗前后的咬合分析
	董作英	女	口腔临床医学	刘东旭	上颌正常、下颌前突型骨性安氏Ⅲ类错殆牙弓形态的特点

续表 5

硕士学位授予单位	姓　名	性别	所授学科专业	指导教师	毕业论文题目
	付雅丽	女	口腔临床医学	王春玲	上颌快速扩弓及前方牵引作用下骨缝标识性颅面骨三维有限元研究
	魏　琳	女	口腔临床医学	郭　泾	无阻塞性睡眠呼吸暂停综合征儿童上气道及舌骨 X 线头影测量研究
	张彦升	男	口腔临床医学	魏奉才	肝细胞生长因子及其受体 c-Met 在口腔鳞癌和颈淋巴结中的表达
	于晓红	女	口腔临床医学	宋代辉	术中快速诊断口腔癌颈淋巴结转移方法的建立及优化
	卜　涛	男	口腔临床医学	王旭霞	肿瘤坏死因子 α 对成骨细胞成长及其骨形态发生蛋白受体的调控研究
	曹　盟	男	口腔临床医学	汲　平	稳定性咬合板治疗颞下颌关节紊乱病的咀嚼肌肌电图研究
	崔　婧	女	口腔临床医学	马　跃	上颌前牙区种植义齿的临床研究
	黄　艳	女	口腔临床医学	张　君	龈沟液中 MMPs 含量与不同年龄组大鼠正畸牙根吸收的相关性研究
	程培红	女	口腔临床医学	牟月照	不同冠边缘位置的金瓷冠对慢性牙周炎基牙牙周组织的影响
	杜　芳	女	口腔临床医学	孙钦峰	超声微泡破裂法促进骨形成蛋白-2 基因在小鼠骨骼肌表达的研究
	刘宗霞	女	口腔临床医学	李　纾	表皮生长因子在牙囊细胞单核细胞趋化蛋白-1 表达的影响
	于　兰	女	口腔临床医学	李　纾	上皮剩余在咬合力改变后的生物学形状和作用
	伊晓明	女	口腔临床医学	李　纾	光固化复合树脂修复牙体楔状缺损的临床应用评价
	胡孝丽	女	口腔临床医学	王　铎	富含干细胞的鼠切牙颈环上皮细胞的分离和原代培养
	聂俊喜	男	口腔临床医学	郭　泾	舌侧矫治技术
	张伟伟	女	口腔临床医学	郭　泾	儿童习惯性打鼾及阻塞性睡眠呼吸暂停综合征患病率的调查与研究
	徐　莉	女	口腔临床医学	熊世江	垫底厚度和充填材料类型对牙齿抗折强度影响的实验研究
	熊伯刚	男	口腔临床医学	熊世江	自酸蚀黏结剂 Xeno Ⅲ 治疗牙本质过敏症的研究
	柳云霞	女	口腔临床医学	牟月照	糖尿病患者失牙修复后龈沟液中白介素-1 变化的实验研究
	于　磊	女	口腔临床医学	牟月照	电脑比色仪比色可行性研究
	杜　珍	女	口腔临床医学	汲　平	咬合重建修复过程中的 T-Scan 咬合检测及咬肌群肌电分析
	卓　锋	女	口腔临床医学	汲　平	不同金属烤瓷全冠对龈沟液内 TNF-a 与 IL-6 水平的影响

续表5

硕士学位授予单位	姓名	性别	所授学科专业	指导教师	毕业论文题目
	马洪学	男	口腔临床医学	汲 平	太极扣附着体全口覆盖义齿的临床应用研究
	牛文芝	女	口腔临床医学	汲 平	肌电生物反馈治疗咀嚼肌紊乱患者疗效的定量研究
	王长磊	男	口腔临床医学	汲 平	应用T-Scan系统结合肌电图调殆治疗肌筋膜疼痛综合征1例
	周光英	女	口腔临床医学	赵华强	复合富血小板血浆的可注射藻酸盐组织工程骨的构建和体外增殖、矿化的实验研究
	刘 梅	女	口腔临床医学	王旭霞	两型糖尿病大鼠牙槽骨骨密度变化的相关实验研究
	邵 山	男	口腔临床医学	马 跃	两种不同表面处理种植体骨整合能力的对比实验研究
	刘 倩	女	口腔临床医学	杨丕山	双氯芬酸钠喷雾剂用于缓解牙冠延长手术后疼痛的研究
	王 芳	女	口腔临床医学	戚向敏	生殖器扁平苔藓的临床初步调查
	刘 超	女	口腔临床医学	张 君	上颌尖牙埋伏阻生的病因机制
	任嘉杰	女	口腔临床医学	潘淑勤	拔除第一恒磨牙正畸治疗的临床分析
	王 娟	女	口腔临床医学	刘东旭	自锁托槽的摩擦力研究
	朱秀娟	女	口腔临床医学	王春玲	成人轻度拥挤非拔牙矫治前后的模型测量研究
	于晓东	男	口腔临床医学	郭 泾 赵华强	应用人工排牙法制作无托槽隐形矫治器治疗轻度牙列拥挤
	陈占伟	男	口腔临床医学	徐 欣 张世周	准确定位模板在种植义齿治疗中的应用
	张瑞鑫	男	口腔临床医学	张东升	脱细胞真皮基质(ADM)在预防Frey's综合征中的应用
中山大学					
	龚启梅	女	口腔临床医学	凌均棨	SDF-1-CXCR4轴对人牙髓细胞生物学效应的研究
	杜 宇	女	口腔临床医学	凌均棨	HSP25在大鼠牙囊细胞中的表达及生物学意义
	杨 芳	女	口腔临床医学	凌均棨	Nanobacteria在牙髓病理性矿化中的作用机制探讨
	宋 智	男	口腔临床医学	林正梅	天然免疫受体NOD2在人牙髓组织和体外培养的人牙髓细胞中的表达
	李文卿	女	口腔临床医学	赵 玮	蔗糖浓度对S-ECC菌斑生物膜 *S. mutans* 致龋性及GTFs基因表达的影响
	王妙妍	女	口腔临床医学	阮 毅	牙周基础治疗对2型糖尿病患者血清及龈沟液IL-6的影响
	查 特	男	口腔临床医学	陈伟良	Hero 642和K3机用镍钛器械在根管预备中成形能力的试验研究
	李婵秀	女	口腔临床医学	梁焕友	前磨牙冠根折牙冠延长术后修复的有限元分析

续表5

硕士学位授予单位	姓名	性别	所授学科专业	指导教师	毕业论文题目
	田　词	女	口腔临床医学	梁焕友	儿童日常生活口腔影响量表【child-oidp 中文版】的验证及应用研究
	张　莉	女	口腔临床医学	林焕彩	广州市老年人根面龋的患病情况及影响因素研究
	吴晓平	男	口腔临床医学	赵　克	不同代型材料对 E. MAX 全瓷冠断裂失效影响的实验研究
	陈　睿	男	口腔临床医学	付　强	抑制细胞骨架改建对流体剪切力诱导成骨细胞 *c-sos* 基因表达的影响
	孔　羽	女	口腔临床医学	黄　芳	年龄因素和神经损害对大鼠成牙本质细胞及牙周组织中 NOS 表达的影响
	刘　宇	男	口腔临床医学	黄　芳	牙髓神经血管去除对大鼠下颌切牙硬组织的影响
	傅海君	男	口腔临床医学	凌均棨	广州青年前牙美学特征及不同人群前牙美学观点比较研究
	戴耀晖	男	口腔临床医学	程　斌	IL-17 在口腔扁平苔藓病损组织表达的研究
	刘秀梅	女	口腔临床医学	程　斌	细胞间隙连接蛋白 43 在 4NQO 诱发大鼠舌黏膜癌变中的表达
	宋洁文	女	口腔临床医学	蔡华雄	p63 和 p73 在口腔扁平苔藓中的表达及意义
	王　成	男	口腔临床医学	曾融生	温控镍钛形状记忆合金牵张器的研制及动物实验研究
	杨　熙	女	口腔临床医学	杨小平	正颌手术前后循环 OCN^+ 细胞、IGF-Ⅰ的改变及意义
	王　丹	女	口腔临床医学	林雪峰	下颌语音运动及同步颌面部肌群细胞电活动的研究
	李少华	女	口腔临床医学	林雪峰	咬合平面特征与咀嚼运动关系的研究
	陈　强	男	口腔临床医学	魏素华	上中切牙纤维桩全瓷冠修复体冠向微渗漏的实验研究
	张　凤	女	口腔临床医学	魏素华	不同非金属嵌体适合性的实验分析
	张彦博	男	口腔临床医学	李　彦	水储存与氯己定浓度对牙本质树脂黏结耐久性的影响
	姚　科	男	口腔临床医学	李　彦	干燥和再湿润对根管壁剪切黏结强度的影响及界面破坏模式研究
	亓莉莉	女	口腔临床医学	张春元	口腔循环加载机的研制及石英纤维桩核冠的疲劳抗性研究
	黄　晓	男	口腔临床医学	艾　虹	微种植体支抗压低上前牙治疗露龈笑的实验及临床研究
	陈奕嘉	男	口腔临床医学	朱双林	骨性Ⅱ类错殆正畸正颌联合治疗后的头影测量分析与侧貌评价
	刘臣汉	男	口腔临床医学	邓飞龙	两种纳米钙磷结晶种植体表面理化性能分析和骨内植入实验

续表 5

硕士学位授予单位	姓 名	性别	所授学科专业	指导教师	毕业论文题目
	焦国华	男	口腔临床医学	张志光	小型猪 ADSCs 在 TMJ 髁突骨软骨组织工程的实验研究
	王 勤	女	口腔临床医学	廖贵清	SD 大鼠失舌神经动物模型建立及对舌味蕾影响的初步研究
	苏小鹏	女	口腔临床医学	付 云	AOPP 对人牙龈纤维细胞的生物学作用
	高文峰	男	口腔临床医学	陶 谦	胡萝卜素对 Tca8113 细胞增殖和端粒酶活性的影响
	乔 彬	男	口腔临床医学	陶 谦	鼠颊黏膜干细胞的分离和鉴定
	盛士虎	男	口腔临床医学	王安训	大鼠骨髓间充质干细胞诱导成骨 TGF-β 信号传导机制的研究
	李蕙君	女	口腔临床医学	冯崇锦	口腔鳞癌和癌前病变中复制起始蛋白 Mcm7 和 Cdc6 表达的研究
	燕王翔	男	口腔临床医学	丁学强	hPIK3CA-shRNA 慢病毒载体构建及其抑制人舌鳞癌 Tca8113 细胞的研究
	谭泽明	男	口腔临床医学	冉 炜	下颌骨三维有限元技术的应用研究工作
	袁 佳	女	口腔临床医学	吴新中	植骨厚度对种植体骨界面力学环境影响的三维有限元分析
	刘克瑾	女	口腔临床医学	钟小龙	新型栓钉式游离牵引钩的研发与实验研究
	王友元	男	口腔临床医学	陈伟良	Ezrin 对涎腺肿瘤 CD44v6、iNOS表达及肿瘤增殖、侵袭、转移的影响
	王 茜	女	口腔临床医学	潘朝斌	CD44v6 及 CD44v3 在舌鳞癌组织中的表达及临床意义
同济大学					
	李 雯	女	口腔基础医学	潘可风	新型骨替代复合材料——硫酸钙/磷酸钙的实验研究
	李 娟	女	口腔基础医学	钟 滨	大豆异黄酮防治绝经后骨质疏松的动物实验研究
	韦晓玲	女	口腔临床医学	王 强	过量氟对大鼠切牙釉丛蛋白及牙本质涎蛋白表达影响的实验研究
	高春娜	女	口腔临床医学	王 强	过量氟对大鼠切牙釉原蛋白表达影响的实验研究
	汪丽丽	女	口腔临床医学	王 强	氟对大鼠切牙核心结合因子 1(Cbfα1)及牙本质基质蛋白-1 表达的影响
	武红梅	女	口腔临床医学	王 强	硼氟相互作用对大鼠切牙的釉蛋白表达的影响
	鲁朝阳	女	口腔临床医学	王小平	根管糊剂黏度和表面张力对根管封闭性能的影响
	张晓颖	女	口腔临床医学	刘宏伟	MDC1 蛋白在口腔黏膜癌变过程中的变化及意义

续表 5

硕士学位授予单位	姓　名	性别	所授学科专业	指导教师	毕业论文题目
	吕佳姝	女	口腔临床医学	刘宏伟	牙生物性种植——牙周组织体外构建与植入的初步研究
	谢仲燕	女	口腔临床医学	刘宏伟	牙科光固化复合树脂修复体固化收缩的动态、定量观察
	王乾锋	男	口腔临床医学	刘宏伟	脱细胞真皮基质修复牙周组织缺损的实验研究
	康　璐	男	口腔临床医学	黄远亮	基于 CT 影像技术的口腔种植外科导航系统的研究
	牛　茂	男	口腔临床医学	黄远亮	耳缺损种植外科计算机辅助设计系统的研究
	霍晓敏	女	口腔临床医学	黄远亮	口腔种植体周围炎的实验研究
	张丽艳	女	口腔临床医学	韩栋伟	纯钛及钛合金表面氮化涂层的微生物学研究
	冷　旭	女	口腔临床医学	韩栋伟	不同改良方法形成的氮化钛膜对纯钛表面细菌黏附的影响
	时光辉	男	口腔临床医学	韩栋伟	肌等压区排牙法全口义齿对下颌支持组织应力的分析
	陈　震	女	口腔临床医学	韩栋伟	肌等压区排牙法全口义齿对无牙颌者面部肌肌电图和咬合力的影响
	张志闻	女	口腔临床医学	苏俭生	表面处理对纤维桩表面形态及桩与根管不同部位牙本质剪切黏结强度的影响
	郑　洁	女	口腔临床医学	苏俭生	新型氟硅橡胶义齿软衬材料的研制与部分性能研究
	贾　爽	女	口腔临床医学	苏俭生	种植体表面粗糙度对成骨细胞核心结合因子α1 基因表达的影响
	牟福元	男	口腔临床医学	华咏梅	不同浓度可溶性细胞因子受体对大鼠正畸牙齿移动影响的研究
	宋玮华	女	口腔临床医学	刘月华	雌激素对慢性间歇性低氧大鼠颏舌肌肌浆网 Ca^{2+}-ATPase 活性及基因表达的影响
	邵　校	男	口腔临床医学	刘月华	雌激素对慢性间歇性低氧大鼠颏舌肌功能及肌球蛋白重链的影响
	王　飞	男	口腔临床医学	刘月华	口腔正畸完成病例牙殆形态及髁突运动轨迹特征的评价
	范春香	女	口腔临床医学	吴丽萍	微钛螺纹钉种植体支抗即刻和早期加载的实验研究
	李晓刚	男	口腔临床医学	吴丽萍	诱导型一氧化氮合酶选择性抑制剂对兔正畸牙移动的实验研究
	蒋冰坤	男	口腔临床医学	王佐林	不同比例 Bio-oss 人工骨与自体骨联合植入修复兔牙槽骨的实验研究
	朱　斌	男	口腔临床医学	潘可风	新型荧光标记物硒化镉量子点的生物相容性的实验研究
	杨　箭	男	口腔临床医学	潘可风	新型骨替代复合材料——多孔型硅/磷酸钙修复下颌骨缺损的实验研究

续表 5

硕士学位授予单位	姓　名	性别	所授学科专业	指导教师	毕业论文题目
	雷　珺	女	口腔临床医学	廖建兴	岩黄连提取物体外对人舌鳞癌细胞影响的研究
	常红琴	女	口腔临床医学	廖建兴	三维螺旋 CT 引导三叉神经周围支治疗三叉神经痛
	刘玲珍	女	口腔临床医学	朱　炎	凋亡相关基因 *Bcl*-2、*Bax* 与舌鳞状细胞癌的相关性研究
南京医科大学					
	曹云娟	女	口腔基础医学	殷新民	咬合板治疗磨牙症对脑血流及脑血氧饱和度的影响
	刘　洪	男	口腔基础医学	苗登顺	1,25-二羟基维生素 D3 在牙齿和下颌骨形成及长骨骨形成中的不同作用
	潘　琤	男	口腔临床医学	刘卫红	群体感应分子对白色念珠菌早期生物膜的影响
	卞颖颖	女	口腔临床医学	刘卫红	关于复合树脂微渗漏的研究
	朱轶萍	女	口腔临床医学	吴友农	人牙髓细胞在体外增殖和分化潜能的研究
	吕雪芹	女	口腔临床医学	朱　玲	错𬌗畸形及口腔卫生对咀嚼效能影响的相关研究
	赵　洁	女	口腔临床医学	孙卫斌	单纯疱疹病毒 I 型体外感染人口腔上皮细胞的初步研究
	李　蓓	女	口腔临床医学	孙卫斌	硝苯地平对牙龈成纤维细胞 I 型胶原合成的影响
	许艳彬	男	口腔临床医学	陶震江	大鼠颌骨与髂骨来源骨髓基质干细胞体外生物学特性的比较研究
	王　瑜	女	口腔临床医学	章非敏	纳米硅涂层对牙科高强度陶瓷黏结强度的影响
	张　倩	女	口腔临床医学	蔡玉惠	牙列缺损患者可摘局部义齿铸造支架计算机辅助设计三维数字化研究
	韩霖霏	女	口腔临床医学	李　建	深冷处理对齿科用钴铬合金力学性能的影响
	杜劲英	女	口腔临床医学	李　建	钴铬合金表面二氧化钛薄膜的制备及其性能研究
	陈　婷	女	口腔临床医学	陈亚明	对过大牙槽窝行自体牙移植的动物实验研究
	吴　婕	女	口腔临床医学	吴凤鸣	AZ91D 镁合金微弧氧化表面改性及生物相容性研究
	黄　优	女	口腔临床医学	王　林	大鼠颅底发育中软骨联合细胞凋亡及增殖的研究
	潘永初	男	口腔临床医学	王　林	先天性牙齿缺失对牙颌面形态的影响及与 PAX9 多态性的关联性研究
	冯　慧	女	口腔临床医学	陈文静	RANKL 和 OPG 在大鼠牙移动性根吸收及早期修复中的表达研究

续表 5

硕士学位授予单位	姓　名	性别	所授学科专业	指导教师	毕业论文题目
	穆锦全	男	口腔临床医学	陈文静	对乙酰氨基酚及肿痛安对大鼠正畸牙移动影响的比较研究
	张嘉佳	男	口腔临床医学	吴煜农	人信号素基因 *semaphorin*-3F 转染对舌鳞癌细胞增殖作用的影响
	杜一飞	男	口腔临床医学	陈　宁	选择性环氧化酶-2 抑制剂 NS398 抑制人舌鳞癌细胞增殖的分子机制研究
	刘华联	男	口腔临床医学	邢树忠	黏着斑激酶基因沉默促进口腔癌细胞失巢凋亡的实验研究
	周薇娜	女	口腔临床医学	殷新民	颞下颌关节盘可复性前移位患者咬合接触特征的研究
	黄　睿	男	口腔临床医学	殷新民	正常人牙尖交错位紧咬牙时颞下颌关节无单元-有限元耦合法三维生物力学研究
	顾明燕	女	口腔内科学	梅予锋	实验性大鼠根尖周炎骨质破坏与肿瘤坏死因子的关系初步研究
	何雅丽	女	口腔内科学	徐　艳	重组真核表达载体 pEGFP-N1-IL-1ra 的构建及其在 NIH3T3 细胞中的表达
	汤根兄	女	口腔内科学	吴国英	Stat3 及其靶基因产物 Bcl-2、cyclinD1 在口腔黏膜癌前病变癌变中表达的研究
	吴　融	女	口腔内科学	朱庆萍	大鼠牙髓热应激与 HSP70 增龄变化的关系
	尤　乐	男	口腔修复学	吴凤鸣	微弧氧化 AZ91D 镁合金在人工唾液中耐腐蚀、耐磨损性能研究
	耿崎峰	男	口腔修复学	蔡玉惠	牙列缺损患者可摘局部义齿计算机辅助设计的研究
	刘林娟	女	口腔修复学	张怀勤	载银抗菌剂对软衬材料细胞毒性及黏结强度的影响
	汤　雅	女	口腔修复学	王国平	种植体材料钛与种植体上部结构合金间电偶腐蚀性能的研究
	彭佳美	女	口腔正畸学	王　林	颅底形态与上颌矢状关系的头影测量研究
	徐　芸	女	口腔正畸学	陈文静	氟化泡沫预防正畸固定矫治患者牙釉质脱矿的作用研究
	钱　靓	男	口腔颌面外科学	陶震江	心血管病患者拔牙牙科焦虑症的调查及其对心血管系统影响的研究
	周　伟	男	口腔颌面外科学	施星辉	不同舌重建术患者语音功能的声学分析
	包彦波	女	口腔颌面外科学	吴煜农	不同呼吸方式下正常成年男性上气道形态 X 线头影测量的比较分析
哈尔滨医科大学					
	方　明	男	口腔基础医学	赵尔扬	涎腺黏液表皮样癌、腺样囊性癌中微血管密度与碱性成纤维细胞生长因子、乙酰肝素酶相关性的研究
	王　珊	女	口腔基础医学	赵尔扬	桩蛋白与组蛋白酶 D 在涎腺黏液表皮样癌以及腺样囊性癌中的表达研究

续表 5

硕士学位授予单位	姓 名	性别	所授学科专业	指导教师	毕业论文题目
	贺佳倩	女	口腔临床医学	刘英群	牙齿萌出过程中 RANKL 的 mRAN 的表达与破骨细胞的关系
	马海峰	女	口腔临床医学	刘英群	乳牙根生理性吸收不同时期破牙细胞数量变化和 RANKL 的 mRNA 表达
	邱艳芬	女	口腔临床医学	马 肃	纤粘连蛋白在牙周基础治疗前后鼠牙龈组织中的表达
	刘培红	女	口腔临床医学	马 肃	环孢菌素 A 对大鼠牙龈上皮形态及凋亡的影响
	于 博	女	口腔临床医学	牛玉梅	固化光源对充填体边缘微渗漏影响的实验研究
	马 雪	女	口腔临床医学	牛玉梅	复合树脂分层充填方法对牙本质黏结强度影响的实验研究
	孙静华	女	口腔临床医学	牛玉梅	变异链球菌、表兄链球菌复合防龋 DNA 疫苗的构建
	王秀梅	女	口腔临床医学	谢伟丽	人工唾液和乳酸对钛合金卡环疲劳强度影响的研究
	李艳琳	女	口腔临床医学	谢伟丽	两种金属内冠烤瓷桥桥体抗压强度的比较实验
	刘 洋	女	口腔临床医学	邵 玶	安氏Ⅲ类错𬌗的颅面形态测量学研究
	王 涛	男	口腔临床医学	邵 玶	自制美学弓丝涂层材料的生物相容性研究
	王梦溪	女	口腔临床医学	王培军	哈尔滨地区青年正常𬌗颅面牙颌系统三维 CT 测量
	张 澄	女	口腔临床医学	王培军	哈尔滨地区替牙期正常𬌗颅面骨三维测量数据库的建立
	杨 艳	女	口腔临床医学	张苗苗	非手术治疗女性双颌前突颅颌面的特征研究
	冯咚菲	女	口腔临床医学	张苗苗	硝苯地平对正畸力所致牙周膜改建的调节
	金宝忠	男	口腔临床医学	吕克文	*HER*-2 基因在涎腺恶性肿瘤中表达及临床意义的研究
	许丽丽	女	口腔临床医学	张 斌	涎腺腺样囊性癌组织中的 LNR、Cath-D mRNA 及蛋白和 CD105 mRNA 水平表达及意义
福建医科大学					
	赵兴福	男	口腔临床医学	黄晓晶	高龋患者与无龋健康人口内变形链球菌分离株蛋白表达差异的初步分析
	伍晓红	女	口腔临床医学	闫福华	自体骨膜细胞移植修复 Beagle 犬Ⅲ度根分叉病变的实验研究
	陈 润	男	口腔临床医学	程 辉	正常𬌗者颌面部解剖标志点与咬合垂直距离及上颌前牙位置关系的研究
	包玮玮	女	口腔临床医学	程 辉	不同根管桩弯曲性能及两种纤维桩粘接性能的研究
	连颂峰	男	口腔临床医学	程 辉	反复熔铸对非贵金属烤瓷合金机械性能影响的研究

续表5

硕士学位授予单位	姓　名	性别	所授学科专业	指导教师	毕业论文题目
	赵　伟	男	口腔临床医学	程　辉	反复熔铸对非贵金属烤瓷合金铸流率、化学成分、微观组织结构变化的研究
	危　薇	女	口腔临床医学	陈作良	纳米自固化水泥根管充填材料的实验研究
	魏小平	女	口腔临床医学	史建陆	自攻/助攻支抗微植体骨界面的实验研究
	庞莉苹	女	口腔临床医学	姚江武	重复烧结对三种牙科全瓷光色参数及微观结构的影响
	石　恺	女	口腔临床医学	张端强	正畸治疗后患者咀嚼效能的评价
	陈建明	男	口腔临床医学	兰泽栋	重组人骨形成蛋白-2对破骨样细胞形成的影响
	杨春桃	女	口腔临床医学	卢友光	Notch基因家族在涎腺肿瘤中的表达及意义
	李明星	男	口腔临床医学	郑　杰	高压氧在山羊下颌骨牵引成骨中影响成骨的实验研究
天津医科大学					
	王　培	女	口腔临床医学	高　平	Ceramage耐磨性及遮色剂对其色彩影响的研究
	张凌凌	男	口腔临床医学	高　平	纤维桩在前牙美学修复中的应用及三位有限元应力分析
	石　瑾	女	口腔临床医学	李长福	纳米蒙脱土/聚甲基丙烯酸甲酯义齿基托复合材料生物安全性的临床前评价
	陶　伟	男	口腔临床医学	李长福	悬浮聚合法制备聚甲基丙烯酸甲酯/蒙脱土义齿基托复合材料及其耐磨性能的实验研究
	韩　萌	男	口腔临床医学	李长福	悬浮聚合法制备聚甲基丙烯酸甲酯/蒙脱土纳米复合材料硬度实验研究
	高秀芳	女	口腔临床医学	张连云	齿科修复用Ti-12.5Zr-10Nb-2.5Sn合金设计与制备的研究
	王　伟	女	口腔临床医学	李洪发	Forsus矫治恒牙期安氏Ⅱ类错𬌗下颌后缩的临床研究
	王之奇	男	口腔临床医学	陈　刚	猕猴腭裂动物模型的建立及牵张成骨整复腭部组织缺损
重庆医科大学					
	张红梅	女	口腔临床医学	林居红	蜂胶对感染根管消毒功效的实验和临床研究
	蒋　琳	女	口腔临床医学	林居红	蜂胶奥硝唑联合对牙龈卟啉单胞菌和人牙龈成纤维细胞影响的实验研究
	朱立芬	女	口腔临床医学	林居红	蜂胶醇溶液治疗牙本质过敏症的基础及临床研究
	鲍小玲	女	口腔临床医学	钟晓波	骨碎补提取液对人牙周膜细胞成骨诱导作用的初步研究
	刘　鑫	男	口腔临床医学	向学熔	基质金属蛋白酶2、9在人牙髓中的表达研究
	张慧宇	女	口腔临床医学	向学熔	人牙髓细胞的原代培养及体外诱导分化的研究

续表 5

硕士学位授予单位	姓 名	性别	所授学科专业	指导教师	毕业论文题目
	赵莉琳	女	口腔临床医学	向学熔	塞来昔布对脂多糖体外诱导人牙龈成纤维细胞分泌 PGE_2、IL-6 的抑制作用
	陈 军	男	口腔临床医学	邓 锋	单侧后牙正锁𬌗患者髁突运动轨迹研究
	邱靓星	女	口腔临床医学	邓 锋	上切牙压入移动的力学仿真分析
	杨 宓	女	口腔临床医学	邓 锋	功能性下颌偏斜及早期治疗对 S-D 大鼠下颌生长发育影响的初步研究
	陈雁南	男	口腔临床医学	戴红卫	局部应用 OPG 对鼠正畸牙移动影响的研究
	肖 遥	男	口腔临床医学	杜跃华	安氏Ⅱ类 2 分类错𬌗髁突运动轨迹特征的研究
	赵蔚萍	女	口腔临床医学	杜跃华	恒牙列初期安氏Ⅱ类 2 分类矫治前后的 X 线头影测量研究
	陈梦苇	女	口腔临床医学	宋锦璘	重庆地区正常𬌗及骨性错𬌗人群 Delaire 头影测量分析的初步研究
	董 妮	女	口腔临床医学	宋锦璘	低强度脉冲超声对 Beagle 犬牙周病组织生物学改建效应的实验研究
	冯 格	男	口腔临床医学	宋锦璘	低强度脉冲超声在 Beagle 犬牙槽骨及颌骨缺损模型中促进骨质修复的初步研究
	李丽华	女	口腔临床医学	宋锦璘	Forsus 前导下颌后正畸矫治力系的初步仿真分析
	Samia Ghouse	女	口腔临床医学	宋锦璘	A comparative study of orthodontic awareness and treatment need in Chinese, Indians and Nepalese subjects
	Mohammed Ghouseuddin	男	口腔临床医学	宋锦璘	Dental anxiety in respect to psychologic anxiety in Chinese, Indians and Nepalese subjects
	龚媛媛	女	口腔临床医学	王 璐	热处理对牙用钴铬合金磨耗性能的影响
	孟 琳	女	口腔临床医学	王 璐	成骨生长肽对成骨细胞在种植体表面相关生物学特性的研究
	王汉思	男	口腔临床医学	李晓智	微种植体增强支抗及推上颌第一磨牙远中移动的三维有限元分析
	曾明慧	女	口腔临床医学	李晓智	正畸托槽底板结构及面积影响粘接质量的三维有限元研究
	余太平	男	口腔临床医学	王 涛	口腔鳞癌引流淋巴结发展变化研究
	李 泽	男	口腔临床医学	王 涛	常用药物治疗三叉神经痛的系统评价
	王 茜	女	口腔临床医学	王 涛	利用 Delaire 头影测量分析法建立正常颅颌面结构骨骼系统结构数据库及其特征的初步研究
	刘志刚	男	口腔临床医学	陈芳育	血管抑素下调人舌鳞癌细胞血管内皮生长因子的表达
	孙德平	男	口腔临床医学	杨 凯	半导体量子点单克隆抗体荧光探针的制备及对细胞内蛋白质分子的检测
	赵运流	男	口腔临床医学	高 志	TMPyP4 光动力对人舌癌 Tca8113 细胞杀伤作用的实验研究

续表 5

硕士学位授予单位	姓　名	性别	所授学科专业	指导教师	毕业论文题目
河北医科大学					
	孙士军	男	口腔临床医学	董福生	纯钛种植体粗化表面的构建及形貌分析
	崔　玮	女	口腔临床医学	董福生	Survivin 反义寡核苷酸治疗人涎腺腺样囊性癌的实验研究
	平雅坤	女	口腔临床医学	董福生	制洞方法及充填材料对乳牙充填体边缘微渗漏的影响
	高雅婷	女	口腔临床医学	董福生	鬼臼毒素衍生物 ZM-10 对口腔鳞状细胞癌 KB 细胞株的作用及其机制研究
	胥爱文	女	口腔临床医学	董福生	螺旋 CT 三维成像及曲面断层对下颌神经管走向的研究
	任　强	女	口腔临床医学	杨冬茹	六味地黄丸对绝经期牙周病人龈沟液中雌激素水平的影响
	陈瑞雪	女	口腔临床医学	杨冬茹	滋阴活血方剂对糖尿病大鼠牙周组织 VEGF 和 IL-6 表达的影响
	刘　庆	男	口腔临床医学	杨冬茹	滋阴活血方药对糖尿病大鼠牙周组织 TNF-α 和 MMP-3 表达的影响
	李　健	男	口腔临床医学	杨冬茹	上颌第二磨牙髓腔及根管应用解剖
	李　涛	男	口腔临床医学	杨冬茹	Er:YAG 激光备洞对牙髓 P 物质及降钙素基因相关肽表达的影响
	张　洁	女	口腔临床医学	郭长军	烤瓷合金对人牙龈成纤维细胞生物学行为的影响
	齐　景	女	口腔临床医学	郭长军	不同角度桩核冠桩/牙本质界面应力分布的三维有限元分析
	赵永超	男	口腔临床医学	李雅娟	不同金属烤瓷全冠对种植体龈沟液中 TNF 和 MMP-8 水平的影响
	孙立婷	女	口腔临床医学	李雅娟	不同烧结次数牙龈周边色对金属烤瓷修复体颜色的影响
	刘亚菲	女	口腔临床医学	左艳萍	应用数学模型评价Ⅱ类错𬌗功能矫治后软硬组织的改变
	冯立晓	女	口腔临床医学	马文盛	牙周膜牵张成骨快速移动牙齿对犬牙周膜中Ⅰ、Ⅲ型胶原代谢的影响
	沈　悦	男	口腔临床医学	卢海燕	不同垂直骨面型安氏Ⅱ^{1}类错𬌗畸形颌面骨骼及牙弓宽度的研究
山西医科大学					
	武红梅	女	口腔临床医学	冯云霞	微型种植体加载时机的动物实验研究
	李　罡	男	口腔临床医学	冯云霞	CPPs 影响人牙脱矿及再矿化作用的体外研究
	李振强	男	口腔临床医学	冯云霞	摇椅形弓丝整平 Spee 曲线的力学研究
	王　珏	女	口腔临床医学	焦艳军	人工种植牙龈下菌的分析
	徐利东	男	口腔临床医学	李卫星	TRAF-6 在 LPS 介导的人牙周膜成纤维细胞炎性损伤过程中表达的研究

续表5

硕士学位授予单位	姓 名	性别	所授学科专业	指导教师	毕业论文题目
	及 捷	男	口腔临床医学	李卫星	原发性三叉神经痛患者脑脊液和血液中钙磷镁铁锌含量的研究
	李文珺	女	口腔临床医学	李 瑛	TNF-α与牙周炎和冠心病相关性的研究
	任 敏	女	口腔临床医学	罗晓晋	二氧化氯喷涂消毒对藻酸盐印模模型精度的影响
	冯建国	男	口腔临床医学	南欣荣	Survivin和bFGF在人涎腺腺样囊性癌组织中的表达及意义
	阴旭斌	男	口腔临床医学	南欣荣	*MSX*1基因与NSCL/P相关关系的研究
	陈 建	男	口腔临床医学	齐鸿亮	家兔TMJ间接性损伤后与其关节腔内注射Anti-VEGF试剂效果的研究
	任 娟	女	口腔临床医学	孙克勤	TRAF6在牙周膜成纤维细胞中表达的研究
	程 珏	女	口腔临床医学	孙克勤	TRAF6在大鼠实验性牙周炎动物模型中表达的研究
	马银刚	男	口腔临床医学	杨连平	唇裂鼻畸形整复辅助膜具制作方法研究
	郭冠英	女	口腔临床医学	杨 路	IgY牙膏对远缘链球菌黏附定居的影响
	刘晓青	女	口腔临床医学	罗晓晋	牙周病伴牙列缺损经套筒冠义齿修复后牙周微生态变化的研究
	郝凤翔	女	口腔临床医学	武云霞	COX-2抑制剂对裸鼠舌鳞癌移植瘤中血管生成素表达的影响
	聂 瑞	男	口腔临床医学	武云霞	PDWGF-BB与bFGF对人牙周膜细胞增殖与碱性磷酸酶活性的影响
	石 瑾	女	口腔临床医学	武云霞	NGF和rhBMP对人牙周膜细胞增殖与ALP活性表达的影响
	刘青梅	女	口腔临床医学	武云霞	牙周病与早产低出生体重儿的相关性研究
	吴晓燕	女	口腔临床医学	齐鸿亮	hBD-1和hBD-2在口腔鳞癌患者肿瘤组织中的表达和意义
大连医科大学					
	姜瑞中	女	口腔基础医学	朱恩新	β-catenin与APC在小鼠牙胚发育中的表达及相互关系的研究
	许 宁	女	口腔基础医学	朱恩新	Cyclin D1和Ki67与涎腺黏液表皮样癌发生及预后的相关性研究
	李珊珊	女	口腔基础医学	肖 晶	Wnt5a基因敲除小鼠腭裂发生的机制研究
	李 雁	女	口腔基础医学	马国武	不同膜引导下不同比例的自体骨和Bio-oss修复种植体周骨缺损的相关研究
	陈斌科	男	口腔基础医学	马国武	种植体穿通上颌窦不同高度对骨结合影响的实验研究
	张晓燕	女	口腔基础医学	马国武	即刻种植与拔牙窝内填塞Bio-oss联合钛膜引导对牙槽嵴吸收影响的实验研究
	时咏梅	女	口腔基础医学	马卫东	根管预备与充填方法对牙根抗力性能的影响
	马俊涛	男	口腔临床医学	王 如	EGF及Keratin 5在小鼠腭突发育及维甲酸诱导腭裂发生过程中的表达

续表 5

硕士学位授予单位	姓　名	性别	所授学科专业	指导教师	毕业论文题目
	刘　彬	女	口腔临床医学	王　如	Wnt5a 在腭发育及维甲酸诱导腭裂发生中的表达及其与 Shh、FGF-10 相关性的研究
	李家胜	男	口腔临床医学	王　如	TGFβ1 和 TGFβ3 在维甲酸诱导腭裂以及正常小鼠腭部的表达
	张　锐	女	口腔临床医学	王　如	口腔鳞状细胞癌颈淋巴清扫术临床分析(附 91 例报告)
	曲晓复	男	口腔临床医学	马卫东	三种全瓷嵌体的适合性及摩擦性能的比较研究
	马　芸	女	口腔临床医学	马卫东	富血小板血浆修复犬下颌骨缺损的实验研究
	刘　雁	女	口腔临床医学	马卫东	不同的方法去除玷污层联合热注牙胶对冠渗漏的影响
	迟艳艳	女	口腔临床医学	马卫东	下颌骨骨折口内进路坚强内固定 53 例浅析
	王　吉	男	口腔临床医学	马卫东	带拔牙创传送盘牵引成骨修复犬下颌骨节段缺损的实验研究
	丁大卫	男	口腔临床医学	马国武	全瓷修复体矫正轻度牙列拥挤并达到美容效果的研究
	陈山正	男	口腔临床医学	马国武	运用骨凿性上颌窦提升术的临床探讨
	陈贞孟	男	口腔临床医学	马国武	IPS Empress Ⅱ 全瓷冠前牙美容修复的临床效果
	刘昭伶	女	口腔临床医学	马国武	微创种植手术的临床应用研究
	郭大魁	男	口腔临床医学	马国武	以病例对照研究方法探讨口腔癌与槟榔相关的研究
	Pranay Ratana Sakya	女	口腔临床医学	张福胤	A post auricular approach technique of regional parotidectomy: an aesthetic point of view
	卢国杰	男	口腔临床医学	牛卫东	无机三氧化聚合物在年轻恒牙直接盖髓治疗中的应用病例报告
	刘安康	男	口腔临床医学	牛卫东	下颌第二恒磨牙 C 形根管的临床探讨
	张敬之	女	口腔临床医学	牛卫东	次氯酸钠溶液冲洗根管对粪肠球菌的作用研究
	李　颖	女	口腔临床医学	牛卫东	不同冲洗方法对根管内氢氧化钙去除效果及根尖封闭性能影响的研究
	周梦宇	女	口腔临床医学	牛卫东	粪肠球菌对多形核白细胞释放 MMP-8 及凋亡影响的实验研究
	李松岩	男	口腔临床医学	张　虹	ODC 在口腔白斑中的表达及意义
	浦光瑞	女	口腔临床医学	张　虹	口腔扁平苔藓中 MMP-2 和 MMP-9 的表达及意义
	曹　阳	男	口腔临床医学	张广耘	bFGF 和 PDWGF-AB 促牙周膜细胞成骨细胞增殖的研究
	索　南	男	口腔临床医学	顾　杨	人类疱疹病毒 6 型和 7 型潜伏与复发性阿弗他溃疡发生的相关性研究

续表5

硕士学位授予单位	姓　名	性别	所授学科专业	指导教师	毕业论文题目
	高　源	男	口腔临床医学	孙　燕	大连市金州区青少年恒牙初期软硬组织侧貌特征及其相关性分析
	姚金姗	女	口腔临床医学	曲　虹	不同时期口腔环境中正畸弓丝表面摩擦力及表面结构变化的研究
	葛康康	男	口腔临床医学	曲　虹	两种不同底板结构及黏结剂对托槽黏结强度的影响
	焉宏军	男	口腔临床医学	曲　虹	移植后往复正畸力对犬自体移植牙的影响
	吴　红	女	口腔临床医学	曲　虹	不同自锁托槽滑动阻力的实验研究
	王爱华	女	口腔临床医学	曲　虹	FRⅡ型功能矫治器治疗伴唇习惯的AngleⅡ类错𬌗下颌后缩
	姜喜玲	女	口腔临床医学	曲　虹	Pendulum联合NiTi推簧矫治安氏Ⅱ类错𬌗伴尖牙阻生
	罗佳妮	女	口腔临床医学	曲　虹	Bolton指数与Pont指数在尼泊尔人恒牙列中的研究
	Sambha	男	口腔临床医学	曲　虹	安氏Ⅲ类错𬌗畸形的尼泊尔人与中国人的牙齿大小与牙弓长度的研究与比较
	陆　卉	女	口腔临床医学	刘红彦	定量PCR检测正畸治疗前后牙龈卟啉单胞菌的变化
	石云凯	男	口腔临床医学	陈小冬	不同黏结材料对金属全冠固位力影响的实验研究
	高　阳	男	口腔临床医学	孙　燕	方丝弓矫治技术治疗安氏Ⅱ[1]类错𬌗病例的前后分析
	邹海兰	女	口腔临床医学	张桂荣	脱落金属托槽经热处理后对托槽抗张强度的影响
佳木斯大学					
	朱　杨	男	口腔医学	刘继光	线粒体DNA损伤修复系统介导的口腔鳞癌细胞凋亡研究
	曹树喜	男	口腔医学	李德超	复方荜茇酊治疗牙本质敏感症的基础与临床实验研究
	李　娟	女	口腔医学	李善昌	转化生长因子β1及其Ⅱ型受体在舌癌中的表达及临床意义
	于　浩	男	口腔医学	刘树发	Rb和P27在婴幼儿皮肤血管瘤不同时期的表达及意义
	陈　瑶	女	口腔医学	李德超	iNOS、VEGF及CD34在人涎腺常见恶性肿瘤中的表达及意义
	李铁成	男	口腔医学	苗　波	CyclinD1和P21在腮腺多形性腺瘤和癌在多形性腺瘤中的表达及意义
	李福明	男	口腔医学	许　颖	白色念珠菌生物膜形态学观察及药物敏感性研究
	高艳艳	女	口腔医学	朱建华	葛根异黄酮对大鼠实验性牙周炎的治疗作用

续表 5

硕士学位授予单位	姓　名	性别	所授学科专业	指导教师	毕业论文题目
	贾晓威	女	口腔医学	王健平	机械性损伤对大鼠牙髓中 P 物质-免疫阳性纤维表达的影响
	赵　莉	女	口腔医学	王健平 李慕勤	淫羊藿/天然高分子/磷灰石复合支架对成骨细胞增殖的影响
	冯　瑶	女	口腔医学	王健平	不同器械和方法预备再治疗弯曲根管的实验研究
	赵紫婷	女	口腔医学	王健平	热休克蛋白 70 在炎性牙髓组织中的免疫组化表达及意义
	张　慧	女	口腔医学	孙庆顺	糖尿病大鼠牙龈血流变及牙槽黏膜微血管形态的研究
	刘亚梅	女	口腔医学	孙庆顺	大黄素对大鼠牙周炎疗效的实验研究
	刘风玲	女	口腔医学	刘继光 关　键	电容耦合电刺激对体外人牙髓细胞增殖影响的研究
	孔　宇	女	口腔医学	刘继光 孟祥才	新型光固型复合树脂挠曲强度和微渗漏的研究
	夏春杰	女	口腔医学	刘继光	PS 模板法制备 β -磷酸三钙的实验研究
	薛　慧	女	口腔医学	吴立鹏	低强度超声对大鼠牙槽骨改建过程中 BMP-2 表达的影响
	肖媛媛	女	口腔医学	段蔚泓	纤维增韧氧化锆复合陶瓷颜色再现的相关研究
	王　颖	女	口腔医学	段蔚泓	纳米基托复合树脂的气孔率及力学性能的研究
	张玉婷	女	口腔医学	吴立鹏	基因重组鼠碱性成纤维细胞生长因子对大鼠正畸牙移动的影响
	王芳芳	女	口腔医学	商维荣	微波消毒对石膏模型抗压抗弯强度及尺寸精度的影响
	李晓光	女	口腔医学	刘继光	安氏 $Ⅱ^1$ 类与 $Ⅱ^2$ 类错殆颅面差异及软硬组织相关性研究
	李　东	女	口腔医学	陈湘涛	不同黏接剂对陶瓷托槽与修复体粘接效果的实验研究
	曹香林	女	口腔医学	吴立鹏	妊娠大鼠正畸牙牙周组织内 TGF-β1 的表达
	朱　红	女	口腔医学	陈湘涛	修复体表面处理对金属托槽粘接抗剪切强度的影响
	刘彩虹	女	口腔医学	段蔚泓	二氧化氯-藻酸盐印模材料自身消毒效果的研究
复旦大学					
	顾　亮	男	口腔医学	俞立英	光密度分析在预种植下颌骨质量评估中的应用
	龚逸明	男	口腔医学	顾章愉	环孢菌素所致药物性牙龈增生与牙周致病菌的相关性研究
南京大学					

续表5

硕士学位授予单位	姓 名	性别	所授学科专业	指导教师	毕业论文题目
	蒋红柳	女	口腔临床医学	王文梅	口腔癌前病变及其有效治疗的差异蛋白研究
	尹 敏	女	口腔临床医学	骆小平	不同树脂水门汀与玻璃陶瓷及牙本质间黏结强度的比较研究
	汤学华	男	口腔临床医学	毛 钊	修复体适合性的研究
	苏 寒	女	口腔临床医学	毛 钊	组织工程化引导骨再生膜的构建及其成骨活性的实验研究
温州医学院					
	伊 松	男	口腔临床医学	林新平	正畸治疗对安氏II[1]错殆面部容貌美学变化的影响
	张硕非	女	口腔临床医学	林新平	不同双尖牙拔除模式对安氏I类病例软硬组织影响的初步研究
	林非欧	男	口腔临床医学	林新平	正畸治疗对第二恒磨牙错位萌出影响的初步研究
	王思钱	男	口腔临床医学	林新平 麻健丰	凝胶注模技术成型牙科ZTA纳米复合陶瓷的性能研究
	傅 露	女	口腔临床医学	林新平 潘乙怀	MTA、GIC和银汞合金的组织相容性及根尖封闭性的比较
	谢 遥	女	口腔临床医学	张秀华	左旋多巴对缩短狗牙齿移动治疗后保持时间的实验研究
安徽医科大学					
	崔娟娟	女	口腔临床医学	梅陵宜	非综合征型少牙畸形的临床特征
	李午丽	女	口腔临床医学	梅陵宜	一个非综合征型先天缺牙家系的突变分析
	张 嘉	女	口腔临床医学	梅陵宜	骨保护素基因修饰的自体骨髓基质细胞在Beagle犬牙周组织再生中的作用
	李 炯	女	口腔临床医学	蒋 勇	HIV/AIDS患者口腔感染状况调查和干预效果评价
	韩 骁	男	口腔临床医学	周 健	聚酸改性复合树脂和两种传统水门汀的体外溶解性研究
	唐 慧	女	口腔临床医学	周 健	三焦点牵张成骨在下颌骨缺损中应用的实验研究
	曹发明	男	口腔临床医学	周 健	舌癌患者自体CIK细胞的体外培养及其免疫活性的研究
	储 眉	女	口腔临床医学	周 健	转人B7-H3基因鳞癌细胞瘤苗体外诱导抗肿瘤免疫应答的研究
	谢红军	男	口腔临床医学	周 健	纳米羟基磷灰石复合骨髓基质细胞修复骨缺损的实验研究
	何志良	男	口腔临床医学	陈乔尔	不同牵张成骨方式在下颌骨缺损修复中的应用
	孙 麟	女	口腔临床医学	陈乔尔	口腔黏膜癌前病变和口腔鳞癌组织Fas/FasL表达意义及其对癌细胞和肿瘤浸润淋巴细胞凋亡的影响

续表5

硕士学位授予单位	姓　名	性别	所授学科专业	指导教师	毕业论文题目
	朱坤鹍	男	口腔临床医学	王元银	激光动力学疗法和5-Fu缓释剂联合作用对兔颊部Vx-2肿瘤抑制作用的研究
	黄　擎	男	口腔临床医学	王元银	莫达非尼对大鼠海马神经元GABA激活电流的抑制作用机制
	张　娟	女	口腔临床医学	王元银	光动力学联合5-FU缓释剂治疗兔口腔Vx-2肿瘤的实验研究
南昌大学					
	陈　翼	男	口腔修复学	朱洪水	三种桩核材料修复无髓前磨牙的抗折性能研究
	付玉林	男	口腔修复学	朱洪水	表面镀金钴铬合金在人工唾液中耐腐蚀性研究
	张小军	男	口腔修复学	石连水	镀金对金属全冠固位力的影响
	胡友德	男	口腔修复学	汪建中	殆创伤对大鼠实验性牙周炎影响的研究
	段静静	女	口腔修复学	曾利伟	不同预备方式对前牙铸瓷修复体抗折强度的影响
	余秋萍	女	口腔修复学	曾利伟	三种纤维桩材料修复双尖牙抗折性的对比研究
	杜　燚	男	口腔种植学	叶　平	过盈配合对种植体骨界面应力影响的三维有限元分析
	范旭升	男	口腔正畸学	李志华	模拟口腔环境下温控型镍钛弓丝力学性能实验研究
	段玉成	男	口腔正畸学	伍　军	Herbst双期拔牙矫治和单纯拔牙矫治安氏Ⅱ类1分类错殆畸形的临床对比研究
	徐珮琼	女	口腔正畸学	伍　军	三种弹力链力学性能的体外实验比较
	丁　宏	男	口腔正畸学	吴建勇	不同偶联剂和黏结剂对烤瓷瓷面与金属托槽抗剪切强度影响的体外研究
	魏玉权	男	口腔正畸学	吴建勇	不同托槽再利用方法对托槽性能影响的实验研究
	莫　静	女	口腔正畸学	吴建勇	超滑橡皮圈对摩擦力影响的体外实验研究
青岛大学					
	王孟博	女	口腔临床医学	邓　婧	氟斑牙祛氟剂对牙体硬组织的影响及临床病例观察
	周　磊	男	口腔临床医学	邓　婧	全酸蚀/自酸蚀粘接系统对牙本质粘接强度的实验研究
	廖华凤	女	口腔临床医学	钟德钰	瓶装饮用水的氟化物测定
	居曼江·买买提	男	口腔临床医学	刘新强	邻面去釉后牙釉质再矿化的实验研究
	崔荣新	女	口腔临床医学	王　雪	不同熔模材对冠边缘精度影响的研究
	刘　云	女	口腔临床医学	王　雪	石膏模型消毒后物理性能及消毒效果的比较研究

续表 5

硕士学位授予单位	姓　名	性别	所授学科专业	指导教师	毕业论文题目
	罗　蓉	女	口腔临床医学	孙桂兰	不同黏接剂及桩的表面处理对桩核冠桩固位力的影响
	许　涛	男	口腔临床医学	陈　杰	恒牙早期安氏Ⅱ[1]错殆畸形不同拔牙矫治方案对颌面硬组织影响的研究
	杨　瑾	女	口腔临床医学	陈　杰	恒牙早期安氏Ⅱ[1]错殆拔牙矫治颌面部软组织形态变化的头影测量研究
	马长柏	男	口腔临床医学	刘新强	氟对正畸镍钛弓丝腐蚀性的研究
	何开云	女	口腔临床医学	杨竹丽	不同垂直骨面型安氏Ⅱ[1]错殆的嚼肌形态及其功能的相关性研究
	武　伟	男	口腔临床医学	杨竹丽	成人安氏Ⅲ类错殆垂直颅面结构与嚼肌形态和功能的相关性研究
	刘洪伟	男	口腔临床医学	李宁毅	^{99m}Tc-MIBI Spect 和 Spect/CT 融合显像在口腔颌面部肿瘤的诊断中的价值
滨州医学院					
	孙　轲	男	口腔临床医学	侯玉东	烟草浸提液对人牙龈成纤维细胞在钛板上附着的影响
	蔡　军	男	口腔临床医学	杨丕山	根面牙骨质对人牙周韧带细胞分化影响的实验研究
	袁道英	男	口腔临床医学	杨佑成	脱细胞骨基质复合富血小板血浆修复颅骨缺损的实验研究
	刘道峰	男	口腔临床医学	左金华	脱细胞真皮基质生物学转归初步研究
	于焕英	女	口腔临床医学	张晓明	大鼠牙移动性根吸收的初步研究
郑州大学					
	薛　晶	女	口腔临床医学	刘学军	变形链球菌 gtfB-1923 多态性与龋易感性关系的初步分析
	张　晶	男	口腔临床医学	刘学军	氟化氨银和窝沟封闭抑制口腔内变形链球菌效果观察
	刘薇丽	女	口腔临床医学	张秋霞	桩冠修复过程中的根管微渗漏研究
	陈红莉	女	口腔临床医学	张秋霞	根管治疗后上颌中切牙修复方式的有限元分析
	杨瑞华	男	口腔临床医学	张秋霞	藻酸盐印模材形变恢复能力的研究
	刘京津	女	口腔临床医学	管泽民	白细胞介素 6 基因多态性与牙周炎的相关分析
	彭文军	男	口腔临床医学	赵红宇	基质金属蛋白酶组织抑制因子 1 基因多态性与慢性牙周炎相关研究
	王　桃	女	口腔临床医学	莫三心	上颌第一磨牙铸造桩核冠修复的有限元应力分析
	律银华	女	口腔临床医学	莫三心	微波辐射聚合丙烯酸甲酯树脂实验研究
	崔淑霞	女	口腔临床医学	曹选平	微螺钉种植体支抗感染后的实验研究
	刘　杰	男	口腔临床医学	曹选平	盐酸小檗碱对人舌癌 Tca8113 细胞增殖抑制的实验研究

续表 5

硕士学位授予单位	姓　名	性别	所授学科专业	指导教师	毕业论文题目
	张颖奇	女	口腔临床医学	曹选平	EGF、EGFR 及 STAT3 在口腔鳞癌组织中的表达及意义
	王丽远	女	口腔临床医学	刘进忠	自攻型微螺钉种植体支抗周围骨组织中 MMP-9、uB 表达变化的研究
	孟宪瑞	男	口腔临床医学	刘进忠	H-ras、ERK1 和 Ki-67 在 Wistar 大鼠口腔黏膜癌变中的作用研究
华中科技大学					
	姚丽芸	女	口腔医学	毛　靖	不同表面处理方法对牙本质脱矿和再矿化的影响
	张静涛	男	口腔医学	毛　靖	MinTBP-RGD 双靶向融合肽和钛表面作用的初步研究
	罗仁惠	女	口腔医学	曹颖光	rAAV2 介导 bFGF 修饰的骨髓间充质干细胞促大鼠颅骨缺损修复的实验研究
	何　伟	男	口腔医学	陈卫民	Skp2 蛋白在口腔鳞癌中的表达及其与 C-myc、P27 蛋白表达的关系
	刘　媛	女	口腔医学	邵乐南	EGFR 和 C-erbB-2 在涎腺肿瘤中的表达及其意义
中南大学					
	邹文静	女	口腔临床医学	冯云枝	下颌第一前磨牙邻牙𬌗面缺损根管治疗后不同修复方式的有限元力学分析
	曾晓华	女	口腔临床医学	冯云枝	不同排龈药物对牙龈炎症的影响及排龈效果的比较
	陈　梅	女	口腔临床医学	冯云枝	桩道预备及不同桩核黏结系统对残根微渗漏的影响
	刘海霞	女	口腔临床医学	谢晓莉	产黑色素类杆菌在感染根管内分布的研究
	殷凌云	男	口腔临床医学	谢晓莉	不同根管器械预备弯曲根管的效果比较
	张　凯	男	口腔临床医学	彭解英	整合素链激酶在口腔黏膜下纤维化组织中表达的研究
	张　睿	男	口腔临床医学	彭解英	OSF 及其癌变组织中细胞凋亡及 Bcl-2、Bax 的表达研究
	石　艳	女	口腔临床医学	柳志文	CXCR4、P-Akt 在口腔扁平苔藓、口腔白斑及口腔鳞状细胞癌组织中表达的研究
	侯大为	男	口腔临床医学	柳志文	口腔扁平苔藓患者的社会心理因素、人格特征分析及其与血清皮质醇的相关性研究
	闫　颖	女	口腔临床医学	黄生高	IGF-1 联合 TGF-β1 促 MG-63 细胞的增殖和分化效应
	王会欣	女	口腔临床医学	黄生高	静态牵张对人成骨样细胞增殖及细胞周期蛋白 D1 表达的影响
	王晓誉	女	口腔临床医学	黄生高	正畸力作用下人龈沟液 MMP-1 及 TIMP-1 表达变化的研究

续表 5

硕士学位授予单位	姓 名	性别	所授学科专业	指导教师	毕业论文题目
	乌兹玛(Uzma)	女	口腔临床医学	卢燕勤	正畸前病人功能殆牙根吸收因素的研究
	张 绚	女	口腔临床医学	吴汉江	舌鳞癌舌淋巴结转移及连续整块切除术治疗舌癌的意义
	李 涛	男	口腔临床医学	吴汉江	OSF 伴口腔鳞癌的临床病理学研究
	杨晓伦	女	口腔临床医学	吴汉江	舌癌连续整块切除血管化(肌)皮瓣修复重建术后的功能评价
	李 波	男	口腔临床医学	李运良	*SATB2* 基因微卫星多态性与单纯性腭裂的关联研究
	陈顺金	男	口腔临床医学	翦新春	NF-KappaB 的异常表达与槟榔咀嚼者口腔鳞癌发病危险因素相关性研究
	刘 健	男	口腔临床医学	凌天牖	槟榔碱和细胞外钙离子诱导角质形成细胞 S100A7 mRNA 表达的研究
	傅润英	女	口腔临床医学	凌天牖	槟榔碱刺激下口腔黏膜成纤维细胞以及 Hacat 细胞 HGF/c-met 的表达研究
	李 翠	女	口腔临床医学	郭新程	不同骨质牙种植体修复及其方式初探
	王 君	男	口腔临床医学	郭新程	JDNF 在腺样囊性癌中的表达及其视觉中枢侵犯研究
	韦 艺	女	口腔临床医学	郭新程	CSA 和 TNF-α 对体外培养人牙龈成纤维细胞增殖和胶原代谢的影响
	韩玉珍	女	口腔临床医学	高义军	口腔黏膜下纤维性变及其伴发口腔癌组织中 MDM2、p21WAF/CIP1 蛋白表达的研究
	温春燕	女	口腔临床医学	高义军	FH17、P16 蛋白在口腔黏膜下纤维性变及其伴发口腔癌组织中的表达研究
	王任钦	女	口腔临床医学	唐瞻贵	SKP2,P27 在口腔疣状癌中的表达研究
	肖 莎	女	口腔临床医学	唐瞻贵	PECAM-1 在口腔疣状癌中的表达研究
	朱 武	男	口腔临床医学	唐瞻贵	Survivin,Bcl-2 在口腔疣状癌中的表达及相关性研究
南方医科大学					
	李海燕	女	口腔临床医学	徐学良	3 种根管冲洗剂和充填剂对根管内粪肠球菌的抗菌活性的体外研究
	覃斌姝	女	口腔临床医学	陈 柯	根管治疗后上颌前磨牙三种修复方式的生物力学比较研究
	陈 栋	男	口腔临床医学	陈 柯	根管治疗后上颌前磨牙修复方式的三维有限元比较研究
	曾 琳	女	口腔临床医学	兰泽栋	Carrière Distalizer 矫治器作用机理及其延展性研究
暨南大学					
	谢 敏	女	口腔医学	黄世光	Th1/Th2 细胞因子对小鼠牙周炎免疫调节的实验研究

续表 5

硕士学位授予单位	姓　名	性别	所授学科专业	指导教师	毕业论文题目
	郭　莹	女	口腔医学	唐　亮	动态载荷下单端桥基牙牙周膜应力的三维有限元法分析
	朱　啸	男	口腔医学	唐　亮	动态载荷下天然牙与牙种植体位移的比较研究
	马莉莎	女	口腔医学	唐　亮	双端种植固定桥修复前后种植体-骨界面的动力学研究
	陈敏莹	女	口腔医学	孔卫东	微螺钉种植体植入区域颌骨解剖的 CBCT 测量分析
	胡湘权	女	口腔医学	孔卫东	CBCT 评价上颌前牙与前磨牙形态对转矩的影响
	邹　晖	女	口腔医学	赖仁发	腭种植体支抗植入部位的解剖结构研究
	邓莉华	女	口腔医学	熊国平	不同自锁托槽系统摩擦力及转矩效能的实验研究
	高新宇	男	口腔医学	张国志	应用螺旋水刀行面神经解剖术的实验研究
广西医科大学					
	傅　翔	女	口腔临床医学	陈文霞	磨牙根尖部形态结构的三维重建
	张平娟	女	口腔临床医学	陈文霞	超声波与慢速手机后牙根尖倒预备的比较研究
	胡　颖	女	口腔临床医学	何克新	三种根管封闭剂根尖封闭性能的比较
	杨　静	女	口腔临床医学	何克新	根管冠部预处理对弯曲根管工作长度的影响
	徐艳娟	女	口腔临床医学	杨亦萍	舌鳞癌转移与 Kiss-1 基因和 CD44v3 蛋白表达的关系及其意义
	李晓捷	女	口腔临床医学	罗　莉	平阳霉素局部注射治疗后血管畸形血清中 VEGF 和 bFGF 水平的变化及意义
	廖　妮	女	口腔临床医学	周　诺	一氧化氮合酶在狗下颌骨牵张成骨过程中的表达和意义
	吴　训	男	口腔临床医学	周　诺	IL-6、COX-2 在犬下颌牵张成骨中的表达及意义
	黎　彦	女	口腔临床医学	农晓琳	舌鳞状细胞癌、涎腺腺样囊性癌癌干细胞的筛选与检测
	陈海波	男	口腔临床医学	于大海	小干扰 RNA 抑制人舌癌 Tca8113 细胞 VEGF 表达对 VEGF-C 及其受体表达的影响
	曹　莹	女	口腔临床医学	于大海	载体携带小干扰 RNA 抑制人舌癌 Tca8113 细胞 VEGF 的表达以及肿瘤生长的体内外研究
泸州医学院					
	曹元书	女	口腔临床医学	刘兴容	不同龋病敏感儿童变形链球菌临床分离株体外致龋性研究
	张齐梅	女	口腔临床医学	聂敏海	口腔鳞状细胞癌患者病变组织和血清中 CK19 的表达研究
	简　洁	女	口腔临床医学	聂敏海	细胞角蛋白在口腔扁平苔藓中表达的电泳研究

续表 5

硕士学位授予单位	姓　名	性别	所授学科专业	指导教师	毕业论文题目
	王　频	女	口腔临床医学	刘　敏	泸州市市民健康牙龈颜色调查分析
	邱　燕	女	口腔临床医学	刘　敏	镍铬合金烤瓷全冠对牙周健康的影响
	王　好	女	口腔临床医学	杨四维	拔牙矫治对颅面硬组织生长影响的初步分析
	舒　丹	女	口腔临床医学	杨四维	PDGF-BB 和 bFGF 对人牙周膜细胞增殖特性的影响
	黄　丽	女	口腔临床医学	杨四维	牙周膜牵引成骨快速牙移动的实验研究
	王　瑶	女	口腔临床医学	梁尚争	橄榄多酚的提取及对口腔致病菌的体外抑菌实验研究
	孙　鹏	男	口腔临床医学	梁尚争	肿瘤转移蛋白- Ezrin 在口腔鳞癌中的表达及其意义
	杨军成	男	口腔临床医学	郑光勇	不同种植系统骨钻制备种植窝对骨组织的影响
昆明医学院					
	孙吏聪	男	口腔基础医学	李　松	胰岛素样生长因子-1 诱导外胚间充质细胞向成骨细胞分化的实验研究
	尚　麟	男	口腔临床医学	税艳青	丹参 rhBMP-2 及 rhTGFB-2 对人牙周膜成纤维细胞增殖分化的影响
	李　瑶	女	口腔临床医学	税艳青	牙周基础治疗对 2 型糖尿病伴牙周炎患者 TNF-α 及糖代谢影响的相关研究
	尤熹文	男	口腔临床医学	税艳青	蜂胶对人牙周膜成纤维细胞作用的实验研究修复
	封履华	女	口腔临床医学	张　杰	侵袭性牙周炎患者外周血白细胞中 CYP2A7 的表达及生物信息学分析
	赵　磊	男	口腔临床医学	李　松	静磁场对体外培养大鼠面颌肌细胞内钙离子浓度的影响
	李清华	男	口腔临床医学	许　彪	复合桥与他克莫司修复兔面神经缺损的实验研究
	李星星	女	口腔临床医学	张文云	硼酸铝晶须-SiO_2 颗粒复合体增强牙科复合树脂的研究
	王安亭	男	口腔临床医学	李永生	液氮冷冻联合 Nd:YAG 激光对兔耳静脉作用的实验研究
	冯　婷	女	口腔临床医学	张文云	纤维桩-树脂核黏结性能的实验研究
	李旭东	男	口腔临床医学	丁仲鹃	梯度功能材料桩核对牙根应力状况影响的三维有限元研究
	李德宏	男	口腔临床医学	丁仲鹃	高原蜂胶对成骨细胞增殖分化影响的体外实验研究
	夏舟斌	男	口腔临床医学	贾安琦	牙移植术中牙周膜保护和牙槽窝预备的动物实验研究
	陈小燕	女	口腔临床医学	李　松	CT 平扫和三维重建在埋伏尖牙正畸治疗中的综合应用

续表 5

硕士学位授予单位	姓　名	性别	所授学科专业	指导教师	毕业论文题目
	但盛蓝	男	口腔临床医学	李　松	下后牙近中倾斜趋势与不同垂直骨面型的相关性研究
	胡江天	女	口腔临床医学	李　松	CTGF 在正畸牙周改建中作用的实验研究
	马迎跃	女	口腔临床医学	贾安琦	口腔修复牙体预备时不同麻醉方法的临床实验研究
	沈红焕	女	口腔临床医学	雷雅燕	云南白药对体外培养的人牙髓成纤维细胞的增殖与分化的作用研究
	史聪翀	女	口腔临床医学	张晓蓉	颧骨种植体支抗后牵引上颌骨动物实验 CT 影响学研究
	施琳玲	女	口腔临床医学	刘　流	版纳微型猪近交系动物瘢痕模型的建立(实验Ⅱ)
	袁建房	男	口腔临床医学	刘　流	版纳微型猪近交系动物瘢痕模型的建立(实验Ⅰ)
遵义医学院					
	顾　瑜	女	口腔临床医学	刘建国	变形链球菌表面蛋白 PAcP 与霍乱毒素 B 亚单位嵌合蛋白转基因番茄可食防龋疫苗的动物实验研究
	赵　靖	女	口腔临床医学	刘建国	防龋基因疫苗 pcDNA3/pacA、pcDNA3/pacP 经不同途径免疫兔的实验研究
	关微微	女	口腔临床医学	刘建国	转基因番茄 PAcP 蛋白含量的测定及其免疫动物实验研究
	王怡丹	女	口腔临床医学	刘建国	变形链球菌防龋基因疫苗 Pvax1-SPG 原位表达和免疫 BALG/c 小鼠的实验研究
	苏　牧	女	口腔临床医学	刘建国	IGF-IP、PGF-BB 联合应用对大鼠正畸牙牙周组织改建的影响
	黄　瑾	女	口腔临床医学	宋　琦 刘建国	rhPGF-BB、rhTGF-β1 联合应用对大鼠正畸牙牙周组织改建的影响
	雷　劲	女	口腔临床医学	徐宇红 刘建国	脉冲 Nd:YAG 激光对氟斑牙托槽粘接强度影响的实验研究
	徐若竹	女	口腔临床医学	杨　平 刘建国	茶多酚对 HPDLFs 附着增殖的影响及动物实验研究
	李红文	女	口腔临床医学	耿发云	唾液中一氧化碳含量与牙周炎的相关性研究
	李　君	女	口腔临床医学	刘　琪	羊富血小板胶-细胞基质促牙周组织再生的动物实验研究
	乔文静	女	口腔临床医学	刘　琪	大鼠牙周炎成骨细胞中 cox-2PGE$_2$OPG 和 RANKL 的表达及其相互关系
	马叶华	女	口腔临床医学	刘　琪	富血小板血浆对牙周膜成纤维细胞在病变牙根表面的附着及胶原形成的研究
	丁　霞	女	口腔临床医学	朱国威	牙体预备时沟内上皮损伤其戴冠前后龈沟液变化的研究
	刘　晶	女	口腔临床医学	张绍伟	不同浓度富血小板血浆对体外培养骨髓间充质干细胞增殖活性的影响

续表5

硕士学位授予单位	姓 名	性别	所授学科专业	指导教师	毕业论文题目
	刘 静	女	口腔临床医学	欧忠辉	镍钛器械采用冠根向下法结合逐步退后法用于弯曲根管预备的研究
	董茜茜	女	口腔临床医学	董 平	潜行分离和部分切除对幼兔鼻翼软骨发育影响的动物实验研究
	金 鑫	男	口腔临床医学	佘小明	骨诱导活性材料修复腭裂骨缺损的临床应用研究
	刘 亚	女	口腔临床医学	黄桂林	唇腭裂与母体蛋白质、脂肪、糖及矿物质的关系研究
	陈 伟	男	口腔临床医学	黄桂林	S-D大鼠下颌下腺导管结扎组织损伤模型的组织学分析
贵阳医学院					
	潘玉霞	女	口腔临床医学	蔡 扬	口腔扁平苔藓病损区 $IL\text{-}12_{p40}$ 表达及意义
	李世灵	女	口腔临床医学	蔡 扬	PLK1蛋白表达与口腔黏膜癌变
	陈虹羽	女	口腔临床医学	王 永	鼠成骨细胞在双氧水处理后纯钛表面的活性检测
	黎 敏	女	口腔临床医学	王 永	铸造横腭杆增强上颌支抗的力学研究
	张 丽	女	口腔临床医学	张军梅	人牙周膜细胞在碱热处理后纯钛表面的活性检测
	韩蔚蔚	男	口腔临床医学	宋宇峰	TP/PDECGF在口腔鳞癌血管生成中的作用及相关研究
	黄元清	男	口腔临床医学	宋宇峰	口腔鳞癌中COX-2、VEGF-C表达与淋巴管生成的关系
	彭玉峰	男	口腔临床医学	宋宇峰	IGF-1、IL-8在口腔鳞癌组织中的表达及与血管生成的关系
	唐 路	男	口腔临床医学	马 洪	酸性环境下单核/巨噬细胞对口腔鳞癌的作用
	彭江帆	男	口腔临床医学	马 洪	口腔癌中缺氧环境下单核/巨噬细胞的促瘤及抑瘤作用
西安交通大学					
	梁 平	女	口腔临床医学	苟建重	牙龈卟啉单胞菌菌毛蛋白*fim*A基因在大肠杆菌中的融合表达和纯化
	徐红艳	女	口腔临床医学	苟建重	牙周炎疫苗候选抗原3-磷酸甘油醛脱氢酶的研究
	董 宁	男	口腔临床医学	阮建平	S-D大鼠成釉细胞体外原代培养的实验研究
	汪 凤	女	口腔临床医学	黄瑞哲	氟化物对大鼠牙胚发育中Lumican蛋白多糖影响的研究
	郭秀全	男	口腔临床医学	白乐康	可摘局部义齿对龈沟液中基质金属蛋白酶-2和弹性蛋白酶水平的影响
	毛莹莹	女	口腔临床医学	白乐康	冠修复对基牙龈沟液中EA及MMP-2水平的影响
	卢焕友	男	口腔临床医学	白乐康	烤瓷用钴铬合金氧化膜厚度与金瓷结合强度的实验研究

续表 5

硕士学位授予单位	姓　名	性别	所授学科专业	指导教师	毕业论文题目
	陈江山	男	口腔临床医学	邹　敏	正畸牙移动和牙周神经相互关系的实验研究
	亓　坤	男	口腔临床医学	邹　敏	固定正畸治疗后牙面脱矿患者唾液的傅立叶红外检测研究
	陈江浩	男	口腔临床医学	周　洪	颅面复合体三维有限元模型的建立与口外力作用的初步分析
	李江波	男	口腔临床医学	周　洪	基于二维 X 线的三维颅面结构模型的建立与手术模拟预测的初步研究
	牛树强	男	口腔临床医学	周　洪	持续静压力对人牙周膜细胞细胞活性影响的研究
	刘文佳	女	口腔临床医学	周　洪	静压力对破骨样细胞分化和功能成熟影响的蛋白质组学研究
	陈　诚	男	口腔临床医学	李晓红	氟中毒对大鼠剩余牙槽骨 ALP、OPG、OPGL、I 型胶原表达的影响
	徐　典	男	口腔临床医学	李晓红	实时荧光定量 PCR 对种植体周围牙周致病菌早期定植的研究
	李蕴聪	女	口腔临床医学	李晓红	辛伐他汀对 SD 乳鼠成骨细胞生物学特性及成骨细胞附着钛片影响的实验研究
	李国光	男	口腔临床医学	杨壮群	RNAi 抑制软骨细胞 *aggrecanase*1 基因表达的初步研究
	宋　勇	男	口腔临床医学	杨壮群	免疫脂质体鱼肝油酸钠作用于人血管瘤内皮细胞的研究
兰州大学					
	周建业	男	口腔临床医学	何祥一	口腔乳酸杆菌致龋作用研究
	李子夏	女	口腔临床医学	包广洁	CLSM 在牙髓细胞 Ca^{2+} 浓度及牙体充填材料微渗漏研究中的应用
	张　静	女	口腔临床医学	赵望泓	工业区儿童龋病流行病学调查及龋危评估分析
	杜建东	男	口腔临床医学	余占海	大黄素对人牙周膜细胞生物性能及大鼠牙周组织相关细胞因子的影响
	张国英	女	口腔临床医学	余占海	转化生长因子 β1 对人牙周膜细胞生物性能及大鼠牙周组织相关细胞因子的影响
	孙　健	男	口腔临床医学	董　玙	CTS/BMP 复合生物膜预防剩余牙槽嵴吸收实验研究
	韩保迪	男	口腔临床医学	栗震亚	安氏 I 类错牙合不同垂直骨面型下颌骨及颅底形态特征的研究
	侯玮玮	女	口腔临床医学	刘　斌	重离子束用于口腔鳞癌放射治疗的基础研究
	刘梅天	女	口腔临床医学	刘　斌	乳牙酸蚀及抗菌黏接剂的实验研究
	张金婷	女	口腔临床医学	何祥一	针对口腔微生物中西药复合制剂的研究
	舒维娜	女	口腔临床医学	康　宏	山羊颞下颌关节盘细胞体外培养和表征
新疆医科大学					

续表 5

硕士学位授予单位	姓 名	性别	所授学科专业	指导教师	毕业论文题目
	李 丹	女	口腔临床医学	钟良军	三种牙周致病菌在慢性牙周炎和冠心病患者龈下菌斑中的分布
	刘 华	女	口腔临床医学	钟良军	冠状动脉粥样硬化斑块中牙周致病菌的检测
	褚 萌	女	口腔临床医学	钟良军	白细胞介素-1 受体拮抗剂基因型与冠心病患者患慢性牙周炎的关系
	姜 涵	女	口腔临床医学	钟良军	老年维吾尔族唾液中福赛斯坦纳菌的检测
	刘 佳	女	口腔临床医学	钟良军	牙龈卟啉单胞菌与慢性牙周炎和冠心病关系的研究
	李泽慧	女	口腔临床医学	钟良军	肿瘤坏死因子 A-308 位点基因多态性与复发性阿弗他溃疡的关系
	杨 柯	女	口腔临床医学	钟良军	白介素-1 基因型与慢性牙周炎和冠心病相关性的研究
	钱雅婧	女	口腔临床医学	钟良军	正畸力作用下大鼠炎性牙周组织的改建及 IL-6 表达的研究
	张 蕾	女	口腔临床医学	吴佩玲	根管显微镜下处理阻塞根管的疗效评价
	陈 珍	女	口腔临床医学	李良忠	两种龈下冲洗液对慢性牙周炎辅助治疗的临床疗效比较
	曹 冲	女	口腔临床医学	李良忠	硅烷偶联剂在复合树脂再修复技术中的应用实验研究
	赵 莉	女	口腔临床医学	王金玉	铸造桩核修复牙体大面积缺损的临床疗效观察
	王 瑜	女	口腔临床医学	吴佩玲	口腔数字化成像系统分角投照失真率的初步研究
	赵晓敏	女	口腔临床医学	林兆全	颞下颌关节紊乱病在新疆青少年中的流行病学调查
	丁红忠	男	口腔临床医学	林兆全	颧骨复合体骨折新分类与治疗方法的选择
	凌 彬	男	口腔临床医学	林兆全	新疆地区汉族、维吾尔族口腔扁平苔藓与 HLA Ⅱ-DRB1 等位基因相关性研究
	周艳民	男	口腔临床医学	阿地力	颈部转移癌 106 例回顾分析
	曹 磊	男	口腔临床医学	阿地力	MVD 与 PRFT 治疗原发性三叉神经痛的效果评价
	尹 琳	女	口腔临床医学	阿地力	140 例面中份骨折的临床分析
	克热木	男	口腔临床医学	阿地力	口腔颌面部淋巴管畸形 110 例临床资料分析
宁夏医科大学					
	马 坚	男	口腔临床医学	黄永清	中国西部人群 *TRF6*, *MSXI* 基因多态性与非综合征性唇腭裂相关性的研究
军医进修学院					
	李 莉	女	口腔临床医学	刘荣森	不同根管充填材料冠方渗漏的比较研究
	刘佼佼	女	口腔临床医学	刘荣森	多发性特发根颈吸收的临床病理学
	肖 杰	男	口腔临床医学	储冰峰	乳牙化学机械去龋的实验

续表5

硕士学位授予单位	姓　名	性别	所授学科专业	指导教师	毕业论文题目
	蒋　一	女	口腔临床医学	刘洪臣	三种抗生素在唾液、龈沟液中的分布及其与血药浓度相关性
	张佳莉	女	口腔临床医学	刘洪臣	硝基咪唑类抗生素在大鼠口腔组织的分布与药代动力学研究
第二军医大学					
	孟志兵	男	口腔临床医学	周中华 徐晓刚等	CXCL12/CXCR4在涎腺腺样囊性癌及周围神经组织中的表达
	丁　旭	男	口腔临床医学	汪大林 唐卫忠等	有限元分析辅助单侧后牙游离端缺失种植固定桥修复的设计
第三军医大学					
	张国栋	男	口腔临床医学	刘鲁川	复方奥硝唑甲磺酸培氟沙星缓释牙栓的稳定性及对大鼠牙周炎影响的研究
	刘　娜	女	口腔临床医学	刘鲁川	脉冲Nd:YAG激光用于慢性牙周炎治疗的实验研究
	孙雅娟	女	口腔临床医学	刘鲁川	大鼠切牙Apical bud上皮诱导ADSCs成牙本质样分化的实验研究
	陆　玲	女	口腔临床医学	刘鲁川	脉冲Nd:YAG激光用于牙齿活髓切断术的实验和临床研究

2008年国家级教学团队名单

摘自教育部教高函[2008]19号文“教育部 财政部关于立项建设2008年国家级教学团队的通知”附件。

表6　2008年国家级教学团队名单

团队名称	带头人	所在高校
口腔医学教学团队	周学东	四川大学

2008年度国家精品课程名单

摘自教育部 财政部教高函[2008]22号文“关于批准2008年度国家精品课程建设项目的通知”附件。

表7　2008年度国家精品课程名单

序号	一级学科	二级学科	课程名称	学校名称	负责人
363	医学	口腔医学类	口腔颌面医学影像诊断学	北京大学	马绪臣
364	医学	口腔医学类	口腔黏膜病学	上海交通大学	周曾同
365	医学	口腔医学类	口腔正畸学	四川大学	赵志河

2008 年度经教育部备案或审批同意设置的高等学校本科专业名单

摘自教高[2008]10 号文"教育部关于公布 2008 年度高等学校专业设置备案或审批结果的通知"附件 1。

表 8　2008 年度经教育部备案或审批同意设置的高等学校本科专业名单

序号	主管部门、学校名称	专业代码	专业名称	修业年限	学位授予门类
	教育部				
37	南开大学	100401	口腔医学	5 年	医学
56	南京大学	100401	口腔医学	5 年	医学
	江苏省				
562	徐州医学院	100402W	口腔修复工艺学	4 年	理学

第三批高等学校特色专业建设点名单

摘自教高函[2008]21 号文"教育部 财政部关于批准第三批高等学校特色专业建设点的通知"附件。

表 9　第三批高等学校特色专业建设点名单

项目编号	学校名称	专业名称	备注
TS11077	广西医科大学	口腔医学	
TS11139	昆明医学院	口腔医学	

2008 年度双语教学示范课程名单

摘自教高函[2008]20 号"教育部 财政部关于批准 2008 年度双语教学示范课程建设项目的通知" 附件。

表 10　2008 年度双语教学示范课程名单

序号	课程名称	课程负责人	学校
41	口腔医学导论	胡勤刚	南京大学

（薛玉萍）

人 物

四川大学华西口腔医院荣获"抗震救灾 重建家园 工人先锋号"先进集体

2008年6月11日,在四川大学召开"抗震救灾、重建家园 工人先锋号"授旗仪式大会上,校党委常务副书记罗中枢教授代表中华全国总工会授予四川大学华西口腔医院"抗震救灾 重建家园 工人先锋号"先进集体光荣称号。

2008年5月12日下午14时28分,四川汶川发生特大地震。四川大学华西口腔医院迅速启动应急预案,第一时间成立抗震救灾应急指挥部,在周学东院长的指挥和带领下,全体师生员工积极投入到抗震救灾中去,抗震救灾医疗队迅速赶赴灾区救援,设立抗震救灾紧急抢救站,为灾区病人设立绿色通道,积极有效抢救以色列伤员,赢得国际声誉。

在兄弟单位的支持下迅速组织大批医用物资、口腔卫生用品运往救灾前线;全体党员积极带头发挥先锋模范作用缴纳特殊党费,师生员工自发捐款、捐物赈灾,以自己的实际行动支援灾区人民。

危难时刻,四川大学华西口腔医院整体反应迅速;全面高效调动,上下齐心,及时宣传报道,显示出高度的凝聚力和大局意识,体现出医院教职工高尚的医德医风、高度的责任感和无私奉献的精神风貌。全体师生员工用爱心和力量谱写了众志成城、抗震救灾激励人心的英勇篇章。

(四川大学华西口腔医院供稿)

2008年中国医师奖获得者

周学东

周学东，女，教授，1957年4月生，四川南充人。1987年毕业于华西医科大学口腔医学院，获医学博士学位。现任四川大学华西口腔医学院院长、口腔内科学系主任，教授、主任医师、博士研究生导师，口腔疾病研究国家重点实验室主任。兼任教育部高等学校口腔医学专业教学指导委员会主任委员，国务院学科评议组成员，中华口腔医学会副会长，中国医师协会口腔医师分会副会长，中华口腔医学会牙体牙髓病学专业委员会副主任委员，四川省口腔医学会会长，国际牙医师学院中国分部主席；《中国口腔医学年鉴》、《华西口腔医学杂志》、《中国口腔医学信息》主编，《中华口腔医学杂志》副主编等。

主要从事龋病病因与防治的基础及应用研究，在口腔生态学、口腔微生物学研究方面具有较深造诣。先后主持国家自然科学基金重点项目1项、“十五”、“十一五”国家科技攻关计划项目各1项、卫生部临床重点建设项目3项、四川省重点攻关项目3项等多项科研课题的研究。发表学术论文160余篇，其中SCI收录34篇。主编《实用龋病学》、《实用口腔微生物学与技术》、《实用牙体牙髓病治疗学》、《中华口腔科学》、《口腔生态学》等专著。先后获教育部科技成果一等奖4项、四川省科技成果二等奖2项，中华医学科技进步三等奖1项，国家发明专利1项，国家实用新型专利2项。曾先后获四川省“有突出贡献的中国博士”称号，中国青年科技奖和四川省青年科技奖，教育部骨干教师资助计划；先后被评为四川省卫生厅学术技术带头人和四川省学术技术带头人，2003年获卫生部“有突出贡献的中青年专家”称号，2005年获四川省杰出创新人才奖，2008年获中国医师奖。享受国务院政府特殊津贴。

（四川大学华西口腔医学院供稿）

2008年北京奥运会首席牙医

杨晓江

杨晓江，男，1962年5月生于北京。1985年毕业于华西医科大学口腔医学院，至北京中日友好医院工作。1990年解放军军医进修学院硕士研究生毕业，获医学硕士学位。2002年在芬兰欧鲁大学获得医学博士学位。同年回国，先后在首都医科大学北京口腔医院外科门诊和外二科建立了颞颌关节疾病诊断治疗中心及牙种植中心。历任首都医科大学北京口腔医院外科副主任、颌面外科教研室副主任、教办副主任、科研办副主任及外二科主任。现任北京口腔医院外二科主任，副教授、硕士研究生导师。兼任中华口腔医学会颞下颌关节病学与殆学专业委员会常委，中华医学会运动医学专业委员会委员，北京市医疗事故鉴定委员会专家，国家自然科学基金委员会专家评议组专家，北京市外国医生资质考试委员会牙种植专科医生考核组主考，《中华口腔医学杂志（英文版）》、《北京口腔医学》编委等，为芬兰牙医学会、国际齿颌影像学会、美国牙医学会（ADA）及美国牙种植学会（AAID）国际会员。

从事颌面外科和颞颌关节疾病的研究，主要研究颞下颌关节紊乱综合征的核磁共振影像诊断及治疗。1990 年在欧洲颅颌面外科学会进行大会发言，并在大会上首次提出用核磁共振的成像方法准确检查翼外肌。1996 至 2002 年，在芬兰欧鲁大学牙学院参加了由口腔多学科及影像诊断科组成的专题研究组，为主要负责人。研究结果在国际会议中报告，并获 2000 年至 2001 年芬兰欧鲁大学最佳国际学者研究奖。获国内多项研究基金的资助，开展了多项跨学科研究。培养博士生 2 名、硕士生 15 名。发表学术论文 18 篇，获专利 1 项，先后获北京市优秀人才奖，北京市优秀中青年骨干教师等。

2008 年被国际奥委会选为北京奥运会首席牙医，为奥运口腔服务贡献了奥运史上第一本《奥运口腔服务指南》；被国际奥委会评价为“一流的口腔服务”。获得“首都五一劳动奖章”及“首都健康卫士”的嘉奖。

（首都医科大学北京口腔医院供稿）

2008 年度新增列口腔医学博士研究生导师

（以下按姓氏笔画排序）

丁学强

丁学强，男，1954 年 10 月生，辽宁大连人。1982 毕业于中山医学院口腔医学系，留校任教。1988 年至 1990 年公派赴美国加州大学洛杉矶分校（UCLA）做访问学者，进修口腔颌面外科。历任中山大学附属第一医院讲师、副主任医师、硕士研究生导师，口腔颌面外科学教研室副主任。现为中山大学光华口腔医学院教授、主任医师、博士研究生导师，附属第一医院口腔颌面外科主任。兼任广东省口腔医学会种植学专业委员会常委、口腔颌面外科专业委员会委员，广东省医学会医疗事故鉴定专家库成员。《中华口腔医学研究杂志》（电子版）特邀编委，《癌症》、《中国颅颌面外科》、《临床肿瘤学》、《广东牙病防治》杂志编委。

从事口腔颌面外科工作 20 余年，全面掌握口腔颌面外科常见病、多发病的诊治。对口腔颌面部肿瘤、创伤、先天性唇腭裂序列治疗、正颌外科、牙种植、颌面部大面积缺损的修复重建及疑难危重病人的救治有较丰富的临床经验。开展了许多新的、高难手术治疗项目。已在国内外核心期刊发表论文 45 篇，其中 SCI 收录论文 5 篇，主编出版著作 2 部，参编专著 4 部。主持部省级科研课题 7 项，参加课题研究多项。已培养硕士研究生 10 名。

（中山大学光华口腔医学院供稿）

毛立民

毛立民,男,1952年9月生,黑龙江哈尔滨人。1982年毕业于佳木斯医学院口腔医学系,1988年获哈尔滨医科大学医学硕士学位,2000年获北京医科大学医学博士学位。1993年和2004年作为国家公派访问学者两次在日本东京医科齿科大学口腔颌面外科第一讲座研修。现任哈尔滨医科大学口腔医学院副院长、口腔颌面外科学教研室主任、教授、主任医师、博士研究生导师。兼任中华口腔医学会理事、黑龙江省口腔医学会常务理事兼口腔外科学组副组长、中华人民共和国教育部高等学校口腔医学专业教学指导委员会委员、黑龙江省省委专家保健组成员、省市医疗事故鉴定组成员,《现代口腔医学杂志》常务编委,《黑龙江医学》杂志编委。

擅长口腔颌面部肿瘤、损伤、唇腭裂、颌骨畸形的治疗,开展了多项国内外领先的治疗技术,对颌面部恶性肿瘤的药物治疗、防止颌面部肿瘤的复发和转移等方面具有深入的研究。已发表学术论文30余篇,其中被CSI收录论文3篇,主编出版《外科手术规范化操作与配合——口腔颌面外科分册》一书。现承担省市多项科研课题,获黑龙江省科学技术进步三等奖和黑龙江省高校科学技术进步一等奖、二等奖各一项,并多次获黑龙江省及哈尔滨医科大学的医疗新技术奖。已培养研究生12名。

(哈尔滨医科大学口腔医学院供稿)

冉 炜

冉炜,男,1952年12月生,河南郑州人。1976年毕业于湖北医科大学口腔医学系,

1983年考入中山医科大学口腔系攻读研究生,1986年获中山医科大学医学硕士学位,留校工作。先后多次赴美国纽约康乃尔大学和西雅图华盛顿大学等学习口腔医学专业。历任中山大学附属第一医院主治医师、副主任医师、副教授、主任医师、教授、硕士研究生导师;附属第一医院口腔科主任、口腔医学教研室主任。现任中山大学光华口腔医学院主任医师、教授、博士研究生导师,预防保健中心主任。兼任中国生物材料学会专业委员会委员,中国颅颌面外科学会专业委员会委员,中国修复重建外科学会颅颌面学组成员,中华口腔医学会口腔颌面外科专业委员会肿瘤内科协作组副组长,中华医学会健康管理学分会常委,广东省医学会健康体检医学分会主任委员,广东省口腔医学会口腔颌面外科专业委员会委员,广东省健康教育协会副主任委员,广东省医院协会健康管理分会副主任委员,国家自然科学基金评审专家组专家等,担任多种专业杂志编委。

致力于口腔颌面外科的各类常见病、多发病及疑难病症的诊治,尤其擅长于口腔颌面部较大组织缺损的修复重建和颈颌面部巨大管状组织肿瘤的治疗。主持和参与8项科研课题的研究,较早进行生物可吸收材料的合成应用研究并试用于临床。近年来开展了运用计算机三维模拟图像-模型外科-手术导航实施颌面部外科手术。其独创颅颌面部微血管铸型扫描电镜观察技术。在国内外专业刊物和国内外会议上发表论文30余篇,主编专著1部,参编专著2部。培养了多名硕士研究生。

(中山大学光华口腔医学院供稿)

艾　虹

艾虹，女，1964年12月生，湖南湘潭人。1984年毕业于长沙医学专科学校口腔专业，1990年于广西医科大学口腔医学系获得医学硕士学位后，至中山医科大学（现中山大学）附属第三医院口腔科工作。1997年至1999年在美国科罗拉多大学健康科学中心及牙学院正畸科做访问学者。历任医师、讲师、副教授、主任医师、硕士研究生导师。现任中山大学光华口腔医学院博士研究生导师，附属第三医院口腔科副主任，主任医师。兼任广东省口腔医学会正畸专业委员会常务委员。

从事口腔正畸医疗、教学、科研工作16年，较早开展多项新技术，开展正畸正颌、正畸牙周及正畸修复联合治疗。在国内外核心期刊上发表论文20余篇，其中SCI期刊收录学术论文6篇。主持承担多项部、省、市级科研课题，如采用牙周膜牵引技术远中移动尖牙的实验与临床研究，微型支抗种植体真性压低上前牙改善露龈笑的Typodont、三维有限元及临床研究，周期性牵张力对成骨样细胞的形态及功能改变的研究等。已培养硕士研究生9人，参与指导博士研究生2人。

（中山大学光华口腔医学院供稿）

刘维贤

刘维贤，男，1959年10月生，辽宁省庄河县人。1983年毕业于佳木斯医学院口腔医学系，毕业后就职于牡丹江市第一人民医院口腔科，任住院医师；1987年中国医科大学硕士研究生毕业，获医学硕士学位并留校工作。1996年中国医科大学（在职）博士研究生毕业，获医学博士学位。1991年至1992年、1998年至1999年，两次获笹川医学奖学金项目资助，赴日本昭和大学齿科病院第一口腔外科教室研修。历任中国医科大学附属第二医院讲师、住院医师，附属盛京医院副教授、硕士研究生导师，口腔科副主任。现任中国医科大学附属盛京医院教授、博士研究生导师，口腔科主任。兼任辽宁省口腔医学会理事，沈阳市口腔医学分会副主任委员，沈阳市医师协会副会长，《实用药物与临床》、《辽宁医学》等杂志编委。

多年来一直从事口腔颌面外科临床工作，在腭裂术后病人的语音构成、小儿血管瘤、脉管畸形的治疗、正颌外科、恶性肿瘤的治疗和口腔种植等方面均有较深的造诣。主要科研方向为组织损伤与修复、恶性肿瘤的分子细胞学研究和种植体基础与临床研究等。获国家级、省级科研课题5项，在国家核心期刊上发表学术论文30余篇，参加编写高等医药院校教材《口腔科学》。已培养和正指导研究生9名。

（中国医科大学附属盛京医院供稿）

刘鲁川

刘鲁川，男，1957年1月生，四川宜宾人。1978年毕业于第四军医大学口腔医学院，1990年和1995年先后获得第四军医大学医学硕士和医学博士学位，1995年进入华西医科大学博士后科研流动站并完成博士后研究工作。历任第三军医大学附属大坪医院副教授、硕士研究生导师。现任第三军医大学附属大坪医院野战外科研究所口腔科主任，教授、主任医师、博士研究生导师。兼任中华口腔医学会牙体牙髓病学专业委员会委员，全军口腔专业委员会委员，中华医学会重庆市口腔医学会副主任委员、重庆牙病防治组成员、军内和重庆市医疗鉴定专家组成员、《牙体牙髓牙周病学杂志》编委、《中华创伤杂志》特约编委常委等。

从事口腔临床、教学、科研工作近 30 年。擅长龋病、牙髓病、根尖周病、牙周病等口腔疾病诊治。广泛开展新技术、新业务。先后承担了国家自然科学基金、中国博士后科学基金、全军“十一五”医药卫生科研基金课题、重庆市科技攻关课题及科委基金课题等多项资助课题。获得国家科技进步三等奖 1 项、军队及重庆市科技进步三等奖 3 项。发表论文 100 余篇，主编专著 1 部，参编专著 4 部。已培养硕士研究生 30 余名。

（第三军医大学大坪医院供稿）

汤　炜

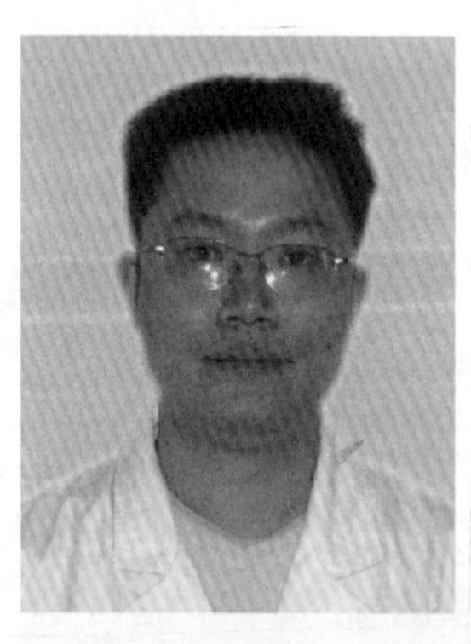

汤炜，男，1970 年 1 月生，重庆江津人。1993 年毕业于华西医科大学口腔医学院，2001 年获四川大学医学博士学位，同年留校任教。历任四川大学华西口腔医学院口腔颌面外科讲师、副主任医师、副教授、硕士研究生导师，口腔颌面外科门诊主任。现任该院副教授、博士研究生导师，口腔颌面部创伤与整形外科副主任。兼任中国康复医学会修复重建外科专业委员会颅颌面外科学组、中华口腔医学会口腔颌面外科专业委员会修复与重建协作组、中华口腔医学会口腔颌面外科专业委员会睡眠呼吸障碍诊疗协作组成员及秘书。

主要从事口腔颌面外科临床、教学及科研工作。在临床工作中积极引进消化新技术。科研方向主要涉及干细胞与组织工程、牙发育与再生的研究工作。作为项目负责人已承担国家自然科学基金 1 项及其他部、省级课题 3 项。作为主研人员参加科技部重大基础研究前期研究 2 项和其他省部级课题 10 余项。已发表学术论文 50 余篇，其中 9 篇被 SCI 收录，主编参编专著 5 部。获教育部提名国家科学技术进步一等奖等 4 项部、省级奖。2004 年以来先后获得四川大学“青年骨干教师奖励计划”、四川大学“优秀医务工作者”、“全国抗震救灾医药卫生先进个人”等荣誉。已指导硕士研究生 9 名。

（四川大学华西口腔医学院供稿）

李　钧

李钧，男，1966 年 3 月生，天津人。1988 年毕业于北京第二医学院口腔医学系，1996 年首都医科大学口腔医学院毕业，获口腔颌面外科学硕士学位，2002 年获首都医科大学口腔颌面外科学博士学位。1988 年至今就职于首都医科大学附属北京口腔医院口腔颌面外科及口腔种植中心。2004 年至 2006 年以访问学者身份赴德国海德堡大学头科医院口腔颌面外科工作。历任首都医科大学口腔医学院、北京医院副主任医师、主任医师、副教授、硕士研究生导师。现任该院主任医师、副教授、博士研究生导师。兼任中华口腔医学会口腔颌面外科专业委员会涎腺疾病学组成员。

擅长口腔种植学和涎腺疾病的诊断及治疗。近年所进行的研究工作主要包括口腔种植学,小型猪腮腺基因转导研究,小型猪腮腺放射损伤研究,水通道基因治疗涎腺放射损伤研究,注入甲紫致腺体萎缩治疗慢性阻塞性腮腺炎临床及动物实验研究,唾液分泌及细菌学研究,小型猪正常腮腺、颌下腺形态学研究等。发表 SCI 学术论文数篇,获国家科技进步二等奖 1 项,中华医学科技奖三等奖 1 项,北京市科技进步三等奖 4 项。2001 年入选北京市科技新星计划项目,2007 年入选北京市"十百千"卫生人才工程。

(首都医科大学口腔医学院供稿)

张　平

张平,男,1968 年 1 月生,四川蒲江人。1992 年毕业于华西医科大学临床医学院,毕业后留校工作。于 1999 年获得华西医科大学医学硕士学位,2003 年获四川大学医学博士学位。2005 年 7 月至 2007 年 8 月在美国路易斯维尔大学肯塔基州眼科中心、得克萨斯州立大学泰勒分校生物医学中心以博士后访问学者身份从事免疫学研究工作。2007 年回国进入口腔疾病研究国家重点实验室(四川大学)。历任助教、讲师、副教授、教授等职。现任四川大学华西口腔医学院口腔基础医学系教授、博士研究生导师,系副主任。

长期从事医学免疫学教学和科研工作,现主要研究方向为口腔疾病的免疫学机制及防治的研究。先后参与或负责完成国家中医药重大项目、国家自然科学基金、四川省科技攻关项目、成都市重大科技项目、四川大学创新基金、四川大学青年基金等 10 余项科研项目。获四川省科技进步三等奖 1 项。在国内外学术期刊发表论文 40 余篇。参与编写《医学免疫学》、《细胞凋亡的基础与临床》、《医学免疫学与微生物学试验教材》、《实用口腔微生物》等多部教材和专著。指导研究生 10 余人。

(四川大学华西口腔医学院供稿)

汪　华

汪华,男,1963 年 5 月生,江西上饶人。1981 年毕业于江西医学院抚州医学分院,1992 年至 1995 年在第一军医大学攻读口腔颌面外科硕士学位,2000 年至 2003 年在日本广岛大学攻读齿学博士学位。历任江西上饶县人民医院主治医师,上海第二军医大学附属长海医院讲师,日本广岛大学齿学部助理教授。现任中山大学光华口腔医学院·附属口腔医院教授、博士研究生导师。

擅长口腔颌面部疾病的基因诊断,口腔癌手术结合化学治疗,靶点治疗和免疫细胞治疗等个体化综合治疗,提高了口腔癌患者的生存质量和治愈率。首先发现口腔颌面部肌肉血管瘤的肿瘤基因 Tie2 并制作了 Tie2-G833D 基因突变的血管瘤动物模型,发现了成纤维细胞生长因子-23 直接参与了成骨细胞增殖、分化和基质矿物化的调节,发明了新的骨关节疾病治疗药物。其学术论文发表在 *Oncogene*, *PNAS*, *Int. J. Cancer*, *JBMR* 和 *Bone* 等国际著名杂志上,已申请日本专利和美国国际专利各一项。获得中国人民解放军总后勤部临床医疗成果一等奖,日本口腔外科学会优秀论文奖和广岛大学优秀助理教授奖。完成日中医学交流基金课题 1 项、日本学术振兴会科研项目 3 项。

(中山大学光华口腔医学院供稿)

陈　江

陈江,男,1964年9月生,福建惠安人。1986年毕业于福建医科大学口腔医学系,1992年和1999年分别获得华西医科大学医学硕士学位及医学博士学位,2000年至2001年在美国哈佛大学牙学院做访问学者。历任华西医科大学口腔医学院、福建医科大学附属口腔医院主治医师、讲师、副主任医师、副教授、硕士研究生导师。现任福建医科大学海外教育学院院长,福建医科大学附属口腔医院副院长,教授、主任医师、博士研究生导师。兼任中华口腔医学会口腔种植专业委员会委员,口腔颌面外科专业委员会肿瘤学组成员,中国医师协会口腔医师分会维权组成员,国际种植学会(ITI)高级会员,福建省口腔医学会副会长兼秘书长,福建省博士创业基金会理事,《口腔医学研究》特约编委,《中华口腔医学杂志》特约审稿专家。

在口腔种植及颌面外科等领域开展了多方面的研究,近年来在SCI收录期刊上发表论著3篇,国内外学术期刊上发表论著30余篇,主译出版6部专著,参与编写4部大型学术专著。获得国家及省部级科研课题8项,为福建省百千万人才工程人选,福建医科大学口腔颌面外科学科带头人,享受国务院政府特殊津贴。指导博士研究生2名,硕士研究生6名。

(福建医科大学口腔医学院供稿)

陈伟良

陈伟良,男,1957年10月生,广东博罗人。1983年毕业于中山医科大学口腔医学系,至中山医科大学附属第二医院口腔颌面外科工作。1998年在美国加州大学(UCLA)任客座教授,研修口腔颌面外科;2003年在澳大利亚皇家儿童医院研修颅颌面外科;2005年在美国加州大学伯克利分校、洛杉矶分校和斯坦福大学研习医药卫生管理,同年于中山大学岭南(大学)学院高级工商管理班毕业,获h-EMBA学位。历任中山大学附属第二医院讲师、主治医师、副教授、副主任医师、教授、主任医师、硕士研究生导师,口腔科副主任,颅颌面外科中心副主任兼附属第二医院南院副院长。现任中山大学附属第二医院教授、博士研究生导师,中山大学颅颌面外科中心副主任兼附属第二医院口腔科主任。

长期从事口腔颌面外科医疗、教学和科研工作,在口腔颅颌面-头颈部良性和恶性肿瘤的基础研究、临床诊断、手术治疗以及头颈部软硬组织缺损修复,口腔颅颌面-头颈部脉管疾病,口腔颅颌面部外伤骨折的救治,先天性唇裂和腭裂等方面有较深造诣。参编专著2部,发表学术论文100余篇,其中SCI收录26篇;主持省部级科研课题10多项,获广东省政府科技成果二等奖、三等奖各一项,两次获国际口腔癌协会颁发的优秀奖。指导硕士研究生30余名,协助指导博士后研究和博士研究生10余名。

(中山大学附属第二医院供稿)

林正梅

林正梅,女,1966年2月生,广东梅州人。1990年毕业于中山医科大学口腔医学系,留校工作。1998年获中山医科大学医学硕士学位,2007年获中山大学医学博士学位。2002年至2003年赴美国Tufts大学牙学院,太平洋大学牙学院等著名牙科院校进修学习。历任中山医科

大学口腔医学院、附属口腔医院讲师、主治医师、副教授、副主任医师、硕士研究生导师，口腔内科副主任。现任中山大学光华口腔医学院·附属口腔医院牙体牙髓病科主任，教授、主任医师、博士研究生导师。兼任广东省口腔医学会牙体牙髓病学专业委员会主任委员。

长期致力于牙体牙髓病的基础与临床研究，积极推广镍钛机动根管预备、热牙胶三维根管充填、根管显微治疗、疑难杂症的再处理等先进根管治疗技术。先后主持广东省自然科学基金、广东省科技计划等科研项目6项，参与卫生部临床学科重点项目、"十一五"科技攻关项目、广州市医药卫生科技重大项目等科研项目，获得省级科学技术奖、校级教学成果奖等多项科研奖。已在国内外专业期刊上发表论著20余篇，其中SCI收录论文3篇，参编《口腔疾病诊疗手册》、《根尖周病治疗学》等专著。已培养硕士研究生9名，正指导研究生7名。

（中山大学光华口腔医学院供稿）

康　宏

康宏，男，1966年3月生，甘肃天水人。1988年7月毕业于西安医科大学口腔医学系，1994年和2000年分别获华西医科大学医学硕士和医学博士学位。2006年至2007年在美国莱斯大学生物工程系任访问教授，主要从事颞下颌关节生物力学与组织工程研究工作。历任兰州医学院口腔医学系讲师、副教授、硕士研究生导师，系主任，兰州大学口腔医学院院长。现任兰州大学口腔医学院口腔修复学教授、博士研究生导师。兼任中华口腔医学会颞下颌关节病学与𬌗学专业委员会委员，甘肃省慢性病控制专家组成员，卫生部口腔本科专业规划教材《𬌗学》编委及4种专业期刊编委，国家科技奖励评审专家，国际牙科研究协会(IADR)会员。

主要从事口腔修复学与𬌗学专业的医疗、教学和科研工作。科研方向为颞下颌关节的基础与临床、口腔生物力学、修复应用材料等研究。先后主持和参加国家和省部级科研项目6项，获省科技进步三等奖2项。发表学术论文45篇，参编专著4部。2002年入选中组部、中科院"西部之光"人选，2003年、2005年分别入选甘肃省医疗卫生中青年学术技术带头人和甘肃省555创新人才工程第一、二层次人选。指导博士、硕士研究生12名。

（兰州大学口腔医学院供稿）

梁　敏

梁敏，女，1966年3月生，广东省广州人。1990年毕业于暨南大学口腔医学系，至广东省口腔医院工作。2004年在瑞典隆德大学医学院获博士学位，2005年开始在英国牛津大学从事博士后研究工作。现任中山大学光华口腔医学院教授、博士研究生导师。为英国骨科学会会员，北欧生理学会会员。

从事牙体牙髓病、牙周病和口腔黏膜病医疗、科研工作10年，主要研究方向是用分子生物学方法研究骨组织细胞凋亡的信号传导通路及牙周骨组织病理性吸收的分子机制。先后获得瑞典皇家生理学会科研项目3项和中山大学“985工程”队伍建设科研启动经费。在国际专业杂志发表学术论文8篇。获广东省卫生系统白求恩式先进工作者称号。

（中山大学光华口腔医学院供稿）

梁新华

梁新华，男，1969年10月生，山西平遥人。1992年7月毕业于山西医科大学口腔医学系，1996年9月至2001年7月于华西医科大学口腔医学院攻读博士学位（硕博连读），2001年7月获医学博士学位，同年留校工作。2005年5月至6月公派到澳大利亚墨尔本维多利亚大学学习；2007年1月至2008年1月，国家留学基金委公派至美国Mayo Clinic医学中心以访问学者身份研修1年。现任四川大学华西口腔医学院口腔颌面外科副教授、博士研究生导师，医务部副部长、急诊科主任。

从事口腔颌面外科临床、教学和科研工作。主要研究方向为口腔颌面部肿瘤及颞下颌关节骨关节病的防治，特别是对口腔鳞癌侵袭、转移和热疗分子机制有深入研究。对口腔颌面部肿瘤和颞下颌关节疾病的诊断与治疗，具有丰富的理论知识和临床实践经验，特别擅长口腔颌面部肿瘤的热疗。作为项目负责人主持2项国家自然科学基金和1项教育部留学回国人员启动基金。参编《中华口腔科学》、《口腔颌面部肿瘤学——现代理论与临床实践》等专著8部；在国内外学术期刊共发表论文40余篇，其中SCI全文收录论文8篇。先后获四川大学青年骨干教师和四川大学校级优秀实习指导教师称号，被评为四川大学抗震救灾先进个人。指导和培养博士和硕士研究生12名。

（四川大学华西口腔医学院供稿）

章非敏

章非敏，男，1963年10月生，安徽省歙县人。1987年毕业于南京医科大学口腔医学系，1992年和2002年分别获华西医科大学口腔医学院医学硕士学位及四川大学华西口腔医学院医学博士学位，2006年东南大学生物医学工程博士后科研流动站出站，1998年8月至1999年8月作为访问助教授赴美国密歇根大学牙学院进行口腔医学材料研究。历任南京医科大学口腔医学院主治医师、讲师、副主任医师、副教授、硕士研究生导师，口腔修复科副主任。现任南京医科大学口腔医学院口腔修复科主任，主任医师、教授、博士研究生导师。兼任东南大学苏州研究院研究员，江苏省生物医学工程学会委员，《南京医科大学学报》编委。

主要从事口腔修复临床、教学和科研工作，研究方向为纳米增韧口腔复合材料和全瓷材料、全瓷黏结材料等。在国内外发表论著50余篇，其中SCI、EI收录8篇，主编《牙科全瓷修复技术》、副主编《现代固定修复学》等专著，参编多部专著。先后主持部、省级课题5项，获省科技进步奖和江苏省卫生新技术引进奖多项。入选为江苏省“333高层次人才培养工程”中青年科技带头人、江苏省“兴卫工程”医学重点人才。已培养硕士研究生10余名。

（南京医科大学口腔医学院供稿）

彭志翔

彭志翔，男，1963年7月生，湖北武汉人。1986年毕业于湖北医科大学口腔医学系，至武汉同济医院从事口腔医疗工作，先后任主

治医师，讲师。1995年至2000年在武汉大学口腔医学院攻读博士学位。2001年赴瑞典Umea大学从事幽门螺旋杆菌的博士后研究工作。2004年至2007年在美国Vermont大学微生物学/分子遗传学系从事副溶血链球菌黏附分子研究，2007年至2008年作为访问学者赴美国Alabama大学继续该领域的研究工作。2008年至中山大学光华口腔医学院工作，现任教授、主任医师、博士研究生导师。

临床业务专长为牙体牙髓病治疗，科研方向主要为链球菌的毒力因子研究。2001年"免疫防龋的系列研究"获湖北省科技进步一等奖，该成果作为"DNA质粒免疫防龋的基础研究"重要部分获2004年中华医学科技奖二等奖，作为专利核心部分获国家及国际专利。并相继在国际学术杂志 *Oral Microbiology and Immunology* 及 *BMC Microbiology* 上发表研究成果。

（中山大学光华口腔医学院供稿）

曾　昕

曾昕，女，1970年5月生，重庆潼南人。1993年毕业于华西医科大学并留校工作。2000年5月至11月于香港大学牙学院口腔生物部研修。2001年7月于四川大学华西口腔医学院博士研究生毕业，获医学博士学位。历任四川大学华西口腔医学院助教、讲师、硕士研究生导师。现任四川大学华西口腔医学院副教授、博士研究生导师。兼任中华口腔医学会口腔黏膜病专业委员会委员。

从事口腔黏膜病学临床、科研和教学工作，擅长临床口腔黏膜常见疾病的诊治。主要研究方向为口腔癌前病变发生发展过程中的分子机制及口腔黏膜疾病的病因及防治研究。作为负责人承担了2项国家自然科学基金研究课题，入选四川省杰出青年学科带头人培养资助计划，获四川省杰出青年科技基金资助，并承担1项省科技厅应用基础研究基金课题。荣获教育部科技进步奖一等奖2项及四川省科技进步奖三等奖1项。已有40余篇学术论文发表于国际国内期刊，其中多篇为SCI收录，并参编多部教材和学术著作。被评为四川大学青年骨干教师和四川大学优秀实习指导教师，为四川省卫生厅学术和技术带头人后备人选。指导研究生10名。

（四川大学华西口腔医学院供稿）

赖文莉

赖文莉，女，1967年1月生，四川成都人。1989年毕业于华西医科大学口腔医学院，同年考入该校攻读口腔正畸学专业研究生，1994年获华西医科大学医学博士学位并留校工作。1999年10月至2001年10月由国家教委公派赴日本新潟大学齿学部齿科矫正学教室任博士后研究员。历任华西医科大学口腔医学院助教、讲师。现任四川大学华西口腔医学院正畸学系副主任，教授、博士研究生导师。兼任中华口腔医学会正畸专业委员会委员，国际正畸协会会员、日本齿科矫正协会海外会员，《华西口腔医学杂志》、《国际口腔医学杂志》审稿专家。

从事口腔正畸临床、教学和科研工作。以正畸治疗疼痛机制的基础研究和临床研究为主研方向。具有丰富的临床经验，在方丝弓矫治技术的推广、各类错殆的矫治、功能矫治、正畸-正颌联合治疗等方面有独到见解。主持国家自然科学基金 1 项以及部省级科学研究基金多项。已发表论文 40 余篇，SCI 收录 4 篇，主编专著 1 部，参编 3 部。曾获四川省科学技术进步三等奖，成都市第五次优秀科技论文一等奖。作为负责人主持的课题获四川大学教学成果二等奖，参与课题获四川大学教学成果一等奖。2004、2005 年两次入选四川大学青年骨干教师奖励计划，为四川省卫生厅学术技术带头人后备人选。已培养研究生 10 人，正指导在读博士、硕士生 13 人。

（四川大学华西口腔医学院供稿）

赖红昌

赖红昌，男，1966 年 11 月生，福建上杭人。1989 年毕业于南京医科大学口腔医学系，1994 年和 1997 年分别获上海第二医科大学医学硕士和医学博士学位。1999 年初赴法国路易斯-巴斯德大学牙学院口腔种植修复科进修学习口腔种植专业，并先后受聘担任外籍主治医师和外籍副教授。历任福建医科大学医院住院医师，上海交通大学医学院附属第九人民医院副主任医师、硕士研究生导师。现任上海交通大学附属第九人民医院、口腔医学院主任医师、教授、博士研究生导师。兼任中华口腔医学会口腔种植专业委员会委员，国际种植学会专家组成员，欧洲骨结合协会（EAO）会员。担任《中华口腔医学杂志》、《上海口腔医学》、《中国口腔种植学》等学术期刊编委及审稿专家，并担任 *Implantologicum*, *Clinical Oral Implant Research* 编委及审稿专家。

擅长各类牙缺失或无牙颌种植修复。近 10 余年来，专门从事口腔种植的临床和基础研究，已在国内核心期刊发表论文 30 余篇，SCI 论文 5 篇，已完成及在研科研项目 5 项，参编专著 3 部。已培养研究生 10 余名。

（上海交通大学附属第九人民医院供稿）

潘朝斌

潘朝斌，男，1965 年 8 月出生，广西武宣人。1988 年 7 月毕业于中山医科大学，至中山医科大学附属第二医院工作至今，2002 年获中山大学医学博士学位。现任中山大学光华口腔医学院口腔颌面外科学教授、博士研究生导师，中山大学附属第二医院口腔颌面头颈外科主任。兼任中华口腔医学会口腔颌面外科专业委员会口腔颌面-头颈肿瘤学组成员，中国抗癌协会头颈肿瘤专业委员会委员，中国康复医学会重建外科颅颌面（头颈）学组成员，广东省口腔医学会理事，广东省口腔医学会口腔颌面外科专业委员会委员。

从事口腔颌面头颈外科临床工作 20 余年，擅长口腔颌面头颈肿瘤诊治，具有丰富的诊治经验，首创带肋胸膜肋骨胸大肌复合组织瓣修复晚期口腔癌术后软硬组织缺损及口内进路切除颌下腺术式。科研方向为口腔颌面部肿瘤基础与临床研究，发表学术论文约 150 篇。近年主要从事口腔癌分子发病机制及基因治疗研究，发表相关论文 6 篇。主持省厅级科研项目 4 项，获省部级科技成果奖 3 项。

（中山大学光华口腔医学院供稿）

2008年逝世人物

仇新全(1920—2008)

我国著名的口腔医学专家仇新全教授，因病医治无效，于2008年3月14日在北京逝世，享年89岁。

仇新全教授，1920年1月13日出生于吉林省通化县。1944年毕业于哈尔滨医科大学齿科医学部，留校任助教。曾任沈阳市牙科医院医师、沈阳医学院口齿科助教。1948年8月就职于北平市立牙科医院（现北京口腔医院）。历任北京口腔医院牙周病科主任、口腔内科主任、口腔医学研究室主任，首都医科大学口腔医学院教授、主任医师、硕士研究生导师，《中华口腔医学杂志》编委。

仇新全教授医技精湛，为众多口腔病患者解除了痛苦；在口腔内科学、牙周病学的临床诊疗及研究方面有着高深的造诣；他精心培养了一批批的口腔医学人才。曾获得市级科技成果奖5项，局级科技成果奖6项，发表学术论文22篇，撰写口腔医学著作5部。曾被评为北京市劳动模范、北京市卫生科学技术先进工作者。享受国务院政府特殊津贴。仇新全教授为我国口腔医学事业的发展作出了重要贡献。

（摘自《中华口腔医学杂志》
2008年第43卷第5期）

吴廷椿(1913—2008)

我国著名口腔颌面外科专家吴廷椿教授，因病医治无效，于2008年5月26日逝世，享年95岁。

吴廷椿教授，1913年10月14日生于辽宁义县。1941年毕业于华西协合大学牙医学院，获美国纽约州立大学牙医学博士学位，留校任教。1946年至1947年在美国哥伦比亚大学口腔外科学院进修。历任天津市口腔医院主任医师，院长、名誉院长，河北医学院口腔专科班主任，天津医学院口腔系主任、教授等。曾任中华医学会口腔科学会常委，天津市口腔科学会主任委员，卫生部医学科学专题委员会委员，《中华口腔科杂志》编委、《口腔颌面外科杂志》特邀编委，天津市“九三学社”副主任委员，国际牙医师学院院士等。

吴廷椿教授在颌骨断裂缺损整复方面做出很大成绩。他开展了下颌骨断裂缺损即时植骨手术，在国内首先设计使用复合植骨块植骨，首创下颌骨造釉细胞瘤截除保留下牙槽神经即时植骨术等。发表学术论文40余篇，著有《下颌骨断裂缺损即时植骨》，主编和参编著作3部。获国家科技成果完成者证书和国际优秀医学论文证书。享受国务院政府特殊津贴。吴廷椿教授对发展我国口腔颌面外科事业作出很大贡献。

（中国口腔医学年鉴编辑部整理）

颜景芳(1941—2008)

中华口腔医学会第三届理事会顾问、颜景芳编审，因病医治无效，于2008年7月17日逝世，享年67岁。

颜景芳编审，1941年2月22日生于山东曲阜。1965年毕业于北京医学院口腔医学系并留校在口腔颌面外科工作。1977年8月至1979年9月参加卫生部援外医疗队赴非洲几内亚共和国工作。1980年12月调入中华医学会。历任《中华口腔医学杂志》编辑、编辑室副主任、《中华医学杂志》编辑出版部副主任，中华医学会党委书记、副秘书长，中华口腔医学会第一、二届理事会副会长兼秘书长等。

颜景芳编审作为责任编辑，编辑出版了

《涎腺疾病影像学诊断》、《美学与口腔医学美学》等专著。发表科普文章20余篇，组织编写了340万字的全国口腔岗位培训班教材。

长期以来，颜景芳编审勤奋努力地工作，他对学会管理与运作具有丰富的经验；他熟悉业务，工作兢兢业业，为北京大学口腔医学院口腔颌面外科的发展，为中华医学会，特别是中华口腔医学会的建设与发展奉献了自己毕生的心血和精力，为中国口腔医学事业的发展作出了重要贡献。

（摘自《中华口腔医学杂志》2008年第43卷第9期）

王化岐（1915—2008）

我国口腔修复学专家、吉林大学口腔医学院王化岐教授，因病医治无效，于2008年10月20日在长春逝世，享年93岁。

王化岐教授，1915年2月23日生于辽宁省抚顺市。1942年毕业于日本东京齿科大学，回国后就职于沈阳市满洲医科大学（中国医科大学前身），1949年3月参加革命。曾任第四军医大学口腔科主任，第一军医大学二院口腔科主任，白求恩医科大学口腔医学系副主任，中华医学会口腔科分会理事，吉林省分会理事、主任委员，长春市抗癌协会副会长，国际牙科研究协会会员，《中华口腔医学杂志》编委等。

王化岐教授一生孜孜不倦，言传身教，为国家培养出一批批口腔医学专门人才。他学识渊博，治学严谨，勇于实践，有较深的理论造诣，撰写和主编许多有价值的学术论文及书籍。他医技精湛，深受患者信赖。曾荣立三等功1次。王化岐教授为我国口腔医学事业的发展做出了不可磨灭的功绩。

（摘自中国口腔颌面外科网）

口腔医学组织机构

中华口腔医学会口腔医学专业委员会及其学组

2008年，中华口腔医学会儿童口腔医学专业委员会、口腔黏膜病专业委员会、老年口腔医学专业委员会、颞下颌关节病学及殆学专业委员会、第二届老年口腔医学专业委员会、口腔颌面外科专业委员会脉管性疾病学组召开了全国性学术会议并进行了换届选举，中华口腔医学会中西医结合专业委员会、中华口腔医学会第一届口腔麻醉学专业委员会、中华口腔医学会口腔医学计算机专业委员会成立。

以上各专业委员会及专业学组新一届人员名单、新成立的专业委员会名单如下。

▲中华口腔医学会第三届儿童口腔医学专业委员会委员名单

名誉主任委员　石四箴

顾　　问　文玲英　李玉晶

主任委员　葛立宏

（以下按姓氏笔画排序）

副主任委员　李少敏　宋光泰　汪　俊　时　清　杨富生　梁　勤

常务委员　刘英群　李少敏　宋光泰　汪　俊　时　清　杨富生　郑树国　赵玉梅　赵　玮　秦　满　黄　洋　梁　勤　葛立宏

委　　员　王小竞　王金东　王雅俐　王雅峰　王豫蓉　王燕虹　叶小雅　平雅坤　刘英群　刘奕杉　朱　玲　池政兵　许世梃　李少敏　李俊震　阮文华　宋光泰　张英华　汪　俊　时　清　杨富生　沈庆平　邵林琴　邹　静　陈　旭　周宇翔　尚佳健　欧晓艳　郑树国　侯铁舟　姚　军　胡　碧　赵玉梅　赵　玮　秦　满　耿文元　钱　虹　曹新明　符昆惠　黄　华　黄　洋　梁　勤　葛立宏

秘　　书　郑树国（兼）　许世梃（兼）

▲中华口腔医学会第四届口腔黏膜病专业委员会委员名单

顾　　问　栾文民　张文清　石爱梅　吴葆萱

主任委员　孙　正

前任主任委员　周曾同

候任主任委员　陈谦明

副主任委员　刘宏伟　唐国瑶　周　刚

（以下按姓氏笔画排序）

常务委员　王小平　刘宏伟　刘　青　孙　正　陈作良　陈谦明　陈瑞扬　周永梅　周　刚　周红梅　周　威　段开文　唐国瑶　徐岩英　戚向敏　程　斌

委　　员　王万春　王小平　王健平　江卫东　关晓兵　刘宏伟　刘　青　刘梦灵　孙　正　孙红英　何健民　张玉幸　张　虹　张　凌　张媛媛　李　蔚　杨　健　陈方淳　陈作良　陈谦明　陈瑞扬　周永梅　周　刚　周红梅　周　威　周曾同　武云霞　侯晓薇　段开文　胡　勇　唐国瑶　唐　巍　夏　娟　徐岩英　殷　操　聂敏海　陶人川　戚向敏　符起亚

彭解英 曾昕 程斌
董广英 蒋伟文 漆明
蔡扬 薛瑞 魏秀峰

青年委员 王雷 刘晓松 江潞
杜岩 杜格非 周海文
高义军 陶小安 葛化冰
赵曼 马净植 魏昕

▲中华口腔医学会第一届中西医结合专业委员会委员名单

名誉主任委员 徐治鸿

顾问 吴少鹏 赵瑞芳 张文清
孙安迪 夏翔

主任委员 周曾同

副主任委员 华红 林梅 赵丽娟
王文梅

（以下按姓氏笔画排序）

常务委员 王文梅 王守儒 华红
孙晓平 吴军正 张水龙
李元聪 李佳瑜 周曾同
林梅 赵丽娟 郭伟
翦新春

委员 孔庆华 王文梅 王左敏
王守儒 王建滨 王智
古向生 刘兰忠 华红
孙晓平 许艳真 何克新
吴军正 吴迎涛 张文萍
张水龙 张英 李元聪
李佳瑜 汪瑛丽 沈雪敏
邱丽华 陈小宁 陈立忠
陈英新 周曾同 宗娟娟
林梅 范媛 赵民
赵丽娟 钟良军 唐杰清
郭伟 戚清权 梁文红
黄颐玉 斯琴 翦新春

▲中华口腔医学会第二届老年口腔医学专业委员会委员名单

顾问 韩宗琦 马绪臣 陈慧美
王遒谦 杨彦昌

主任委员 刘洪臣

前任主任委员 栾文民

候任主任委员 吴补领

（以下按姓氏笔画排序）

副主任委员 戴永雨 张成飞 张亚庆
范兵

常务委员 丁仲鹍 刘洪臣 朱庆萍
吴补领 张亚庆 张成飞
单兆臣 林崇韬 范兵
栾文民 贾兴亚 郭斌
储冰峰 蒋伟文 戴永雨

委员 丁仲鹍 马兰 平飞云
刘兴容 刘希云 刘洪臣
刘梦灵 刘静明 向学熔
吕秋娥 孙卫斌 孙庚林
朱庆萍 米延玲 吴补领
陆支越 张汉平 张亚庆
张成飞 张保卫 张雄
李成章 李国强 李桂红
单兆臣 林崇韬 欧阳勇
范兵 赵淑贤 赵燕平
徐棣 栾文民 贾兴亚
郭子杰 郭长军 郭斌
高军 戚向敏 梁文祥
黄晓晶 储冰峰 彭解英
曾利伟 蒋伟文 管泽民
戴永雨

青年委员 王胜朝 冯瑾 叶金海
江千舟 吴哲 陈溯
杨泓 周崇阳 郭宏

秘书 戴永雨 储冰峰

▲中华口腔医学会第二届颞下颌关节病学及骀学专业委员会委员名单

名誉主任委员 张震康

顾问 王大章 王惠芸 邱蔚六
任材年 易新竹

主任委员 马绪臣

候任主任委员 刘洪臣

副主任委员 龙星 王美青 张志光
杨驰 胡静

（以下按姓氏笔画排序）

常务委员 马绪臣 王美青 龙星

刘洪臣　张志光　杨　驰
杨晓江　谷志远　胡　敏
胡　静　傅开元

委　　员　丁　寅　马绪臣　方一鸣
方泽强　王　东　王美青
王景云　王燕一　邓末宏
龙　星　刘来奎　刘洪臣
刘　静　宋代辉　张志光
张　益　张跃蓉　张慧兰
李　松　李吉辰　杨　驰
杨建军　杨晓江　杨德圣
谷志远　邹冰爽　陈永进
陈敏洁　冼　淡　周　青
郑有华　郑　明　金辉喜
胡开进　胡　敏　胡　静
常群安　康　宏　阎　英
傅开元　焦国良　焦岩涛
程　勇　谢秋菲　蔡协艺

秘　　书　胡　敏(兼)　傅开元(兼)

青年委员　于世宾　匡世军　许　跃
张　旻　张非煜　张　娟
张　豪　李　健　杨　春
孟娟红　祝颂松　曹均凯
蔡恒星

▲中华口腔医学会第一届口腔麻醉学专业委员会委员名单

名誉主任委员　王鞠武

顾　　问　张家庆

主任委员　朱也森

(以下按姓氏笔画排序)

副主任委员　刘可斌　刘克英　张永明
姜　虹　徐礼鲜

常务委员　卜林明　邓晓明　刘可斌
刘克英　朱也森　张　卫
张永明　李　刚　单维芳
姜　虹　徐礼鲜　梁　敏

委　　员　卜林明　方　才　王英伟
王　淼　邓晓明　兰智琦
申　岱　石立新　石学银
刘可斌　刘克英　刘和平
刘瑞昌　朱也森　齐敦益
吴　志　张　卫　张永明
张　倩　张　惠　李　刚
李向京　李建军　连文洁
邱晓东　闵红星　陈　彪
单维芳　林献忠　林瑞华
罗玉琳　郑　宏　金烈烈
俞　燕　姜　虹　钟泰迪
倪　文　夏　氢　徐礼鲜
徐　辉　耿智隆　顾伟平
梁　敏　黄绍农　彭　涛
韩冲芳　蔡宏伟

学术秘书　张　惠

工作秘书　但颖之　方舒东　孙　宇

▲中华口腔医学会第一届口腔医学计算机专业委员会委员名单

名誉主任委员　张震康

顾　　问　赵铱民　刘洪臣

主任委员　吕培军

(以下按姓氏笔画排序)

副主任委员　王　勇　白玉兴　张富强
周　诺　高　勃

常务委员　王　力　王　勇　白玉兴
刘福祥　吕培军　余占海
吴国锋　张振庭　张海钟
张富强　沈国芳　周　诺
施生根　高　平　高　勃

委　　员　毛小泉　王　力　王来平
王　勇　仪　虹　冯红超
包柏成　卢燕勤　申铁兵
白玉兴　伊大海　刘福祥
吕培军　曲　哲　余占海
吴　琳　吴国锋　宋锦璘
张　凯　张修银　张振庭
张海钟　张富强　李志华
李忠科　杨连平　沈国芳
陈　群　周　诺　罗　云
罗　奕　俞　青　姜若萍
施生根　柯　杰　夏防汛
高　平　高　勃　温　宁

韩景芸　熊　晖
青年委员　刘　怡　刘明丽　孙玉春
孙　健　严　斌　张万林
张　豪　陈　溯　奚春睿
商洪涛　蔡　鸣
秘　　书　王　勇(兼)　赵建江

▲中华口腔医学会口腔颌面外科专业委员会第二届脉管性疾病学组成员名单

顾　　问　赵福运　寿柏泉　金志勤
张志愿
组　　长　赵怡芳
副 组 长　张建国　王晓毅　郑家伟
秦中平　孙沫逸　王绪凯
成　　员　(按姓名汉语拼音顺序排列)
陈传俊　陈伟良　范新东
高庆红　贾暮云　江银华
李新明　林晓曦　柳登高
罗　莉　骆泉丰　孟　箭
秦兴军　寿卫东　孙志军
王延安　杨宏宇　杨耀武
张东升　张森林　赵吉宏
郑苍尚　郅克谦　周国瑜
朱声荣
秘　　书　赵吉宏(兼)　王延安(兼)

地方口腔医学会和其他组织机构

▲宁夏口腔医学会常务理事会人员名单(2009年11月29日成立)

会　　长　李春虹
副 会 长　马　敏　高　军　王龙成
张　佐　张　波　蒋兴国
常务理事　(以下按姓氏笔画排序)
马　敏　王龙成　王朝俭
刘　英　刘　峰　张　佐
张　波　张　雷　张春鹿
李春虹　胡晓虹　贺小宁
赵建华　高　军　黄永清
景　俊　蒋兴国　漆　明
秘 书 长　蒋兴国(兼)
副秘书长　漆　明　王朝俭　张　佐
贺小宁
挂靠单位　宁夏回族自治区医药卫生学会管理办公室
地　　址　宁夏银川市北京东路340号
邮　　编　750001
学会办公室　0951－6732342

▲香港牙医学会(2008)

会　　长　梁世民医生
副 会 长　梁训成医生
名誉秘书长　曾伟杰医生
名誉司库　王志伟医生
理　　事　欧阳俭鸿医生　林志杰医生
李健民医生　廖伟明医生
廖颖康医生　汪才生医生
名誉法律顾问　叶祺智律师
邓晓时律师
钟浩怡律师
名誉核数师　安永会计师事务所/
学会地址　香港轩尼诗道15号温莎公爵社会服务大厦8楼
电　　话　(852)25285327
图文传真　(852)25290755
电子邮件　hkda@hkda.org
网　　页　http://www.hkda.org

▲中国牙病防治基金会第四届理事会人员名单

名誉理事长　万　里　张自宽　张震康
理 事 长　王陇德
副理事长　王　兴　俞光岩　梁英奇
秘 书 长　俞光岩(兼)
副秘书长　王伟健
名誉理事　焦玉峰
理　　事　王陇德　王　兴　俞光岩
梁英奇　王伟健　王　渤
周学东　张志愿　赵铱民
边　专　凌均棨　孙　正
吕培军　李世俊　李　强

吴　堃　童　渝　高　鹰
梁玉树　孙　群　段利军
黄立权　徐步光　宋　欣
胡德渝

监事会监事　万利亚　何常君　章锦才

专家委员会　冯希平　王建国　李　刚
台保军　林焕彩　黄少宏
阮建平　杜民权　程　敏
卢友光　丁笑乙　葛立宏

办公室主任　王伟健

副　主　任　王文辉　荣文笙

▲中华预防医学会第二届口腔卫生保健专业委员会委员名单

名誉主任委员　卞金有

主任委员　胡德渝

副主任委员　王伟健　冯希平　台保军
李　刚

候任主任委员　冯希平

（以下按汉语拼音排序）

常务委员　程　敏　丁笑乙　冯希平
胡德渝　黄少宏　李　刚
林焕彩　卢友光　台保军
王伟健　林居红

委　　员　程　敏　丁笑乙　杜民权
范　旭　冯希平　冯昭飞
龚　玲　郭　宏　韩晓兰
韩永成　胡德渝　黄少宏
姜广水　蒋　勇　蒋备战
李　刚　李　瑛　李存荣
李志强　林焕彩　林居红
刘　娟　刘学军　卢友光
马丽霞　彭春梅　阙国鹰
荣文笙　阮建平　沈家平
台保军　万呼春　王朝俭
王伟健　王雅莉　熊　伟
叶　玮　袁　杰　袁青生
曾晓娟　张　颖　张向宇
周　萍　朱维健

秘　　书　荣文笙(兼)　范　旭(兼)

顾　　问　杨　是　刘　正　杨圣辉
练维娟

▲国际口腔种植学会中国分会成员名单

主　　席　张志勇

教育委员会主任　宿玉成

行政部主任　李学俊

通　　讯　赖红昌

专家组成员　张志勇　宿玉成　赖红昌
李德华　陈　江　谷志远
陈　波　周　磊　孟焕新

▲Tweed中国中心组织机构及教官名单

Tweed矫治技术

顾　　问　傅民魁

主　　席　林久祥

主　　任　许天民

联合主任　滕起民(美国Tweed中心资深教官)

执行主任　周彦恒

副　主　任　赵志河　丁　寅　沈　刚
白玉兴　王　林

教学组主任　滕起民

资深教官　韩宗超(台湾超仁牙医诊所院长)

教　　官　卢海平　江久汇
林泰武(台湾华泰牙医诊所院长)
范扬桥(台湾展新齿颚矫正专科诊所院长)

2008年中国口腔医学大事记

1 全国口腔医学界众志成城抗震救灾

2008年5月12日下午14点28分，四川省汶川县发生8级大地震，在地震发生后，全国口腔医学界众志成城，积极投入到抗震救灾医疗救护工作中。

四川大学华西口腔医院在第一时间迅速启动了公共卫生突发性、灾害性事件应急预案，立即成立以院长周学东教授为总指挥的华西口腔医院抗震救灾指挥组，积极投入抗震救灾医疗救护工作。华西口腔医院先后多次派遣由口腔颌面外科医生为主的抗震救灾小分队，奔赴重灾区进行地震伤病员现场急救并积极协助、指导当地医院进行地震伤病员急救。北京大学口腔医院根据华西口腔医院的情况通报和要求，联系购买了漱口水200箱共计16 000瓶，紧急发送至华西口腔医学院抗震救灾指挥部。大批医用物资、口腔卫生用品迅速运往救灾前线。

以第四军医大学口腔医院为主的第七医疗队，借助先进的便携式野战口腔治疗装备和大型数字化口腔医疗车成立了野战口腔医疗队，主动进入灾区，为抗震救灾部队官兵和受灾民众进行口腔疾病诊疗、口腔健康检查等。

北京大学口腔医学院派出的4名医疗救援队员与同仁医院、宣武医院、丰盛医院和北京急救中心组建的医疗队，在灾区奋战15天，抢救转运大量伤病员。

第四军医大学口腔医院、重庆医科大学附属口腔医院、西安交通大学口腔医院、南京市口腔医院等都启动应急预案，组建了抗震救灾应急医疗救护队及医疗救援预备队，随时待命，奔赴四川灾区开展救援工作。

地震发生后，中华口腔医学会、北京大学口腔医院、武汉大学口腔医院、南京大学医学院附属口腔医院、广西医科大学口腔医院、温州医学院附属口腔医院、日本大阪齿科大学、东北大学等口腔界同仁，以及日本森田公司、NSK公司等口腔医疗器械厂商都纷纷捐款、捐物，捐赠口腔医疗设备、器械，支援四川的抗震救灾工作。

全国口腔医学界抗震救灾大行动具体报道请见本卷特载栏目。

2 北京口腔医疗团队出色完成第29届奥运会口腔医疗服务

2006年10月，国际奥委会医学委员会和北京奥组委选定首都医科大学北京口腔医院外二科主任杨晓江博士为第29届北京奥运会首席牙医。

杨晓江博士建议成立北京奥运会口腔医疗服务专家组，由解放军总医院刘洪臣教授任组长，委员有首都医科大学杨晓江、郑东翔，解放军总医院胡敏，北京大学口腔医院伊彪、岳林。这些专家分别有颌面外科、修复科和牙体牙髓疾病的专业背景。

2007年1月，北京奥运口腔服务专家组讨论并通过了由首席牙医杨晓江起草的《奥运会口腔医疗服务指南》。这是奥运会历史上第一本奥运口腔医疗服务指南。

2007年3月，由北京大学，首都医科大学和部队三大系统的医院的口腔医生，组建了一支有着80名医生、28名护士的专业口腔团队准备进入奥运村服务。这支奥运村综合诊所内最大的、最早组建完毕的服务团队，聚集了北京最强口腔医疗实力，可能也是奥运史上大学教授参与最多的口腔医疗队伍。

2007年3月—2008年6月，奥运口腔医疗服务团队分别在北京大学口腔医院、首都医科大学北京口腔医院及解放军总医院进行了培训，随后团队进入奥运村轮流培训。

2008年8月，北京奥运会期间，中国的口腔医生为来自全世界202个国家和地区的奥运会和残奥会的运动员、教练员及奥运大家庭成员提供了两千多人次的口腔医疗服务，创下了奥运会有史以来接受口腔医疗服务人数最多的纪录。多国代表团把象征最高荣誉的队旗赠送给他们以表谢意。

中国口腔医疗团队的服务被国际奥委会评价为“一流的口腔服务”。

第29届奥运会口腔医疗服务具体报道请见本卷特载栏目。

3　中华口腔医学会第一次全国省市自治区口腔医学会会长工作会议在广州举行

2008年3月9日，中华口腔医学会在广州召开了第一次全国省、自治区、直辖市口腔医学会会长工作会议。中华口腔医学会会长、副会长、秘书长等以及18个已成立省级口腔医学会的会长、副会长、秘书长和12个省医学会口腔分会主任委员参加了大会，实到人数140人。

中华口腔医学会会长王兴教授在讲话中充分阐述了召开该次会议的重要性和紧迫性。截至2008年3月，全国共有17个省、直辖市、自治区成立了具有独立法人资格的口腔医学会，这对各地口腔医学会口腔医学事业的发展具有很重要的意义。召开此次大会就是为各省、直辖市、自治区口腔事业的领导者提供一个交流、学习的机会，促进各地口腔医学会更好地开展工作，促使尚未成立口腔医学会的省、自治区、直辖市尽早尽快成立。

会上，王渤秘书长通报了中华口腔医学会第三届理事会成立以来的各项工作，丁笑乙副秘书长介绍了“口腔健康促进和口腔医学发展西部行”活动的情况和中华口腔医学会会员发展情况。天津市口腔医学会秘书长介绍承办中国国际口腔医学大会暨设备器材展览会的工作经验，湖北省、辽宁省、陕西省、黑龙江省、福建省口腔医学会会长介绍了他们的工作经验。

4　国际牙医师学院中国分部举行新院士授予仪式

2008年9月5日下午，国际牙医师学院(ICD)中国分部新院士(Fellow)授予仪式在成都娇子国际会议中心举行。来自全国各地的38位优秀口腔医学工作者成为国际牙医师学院院士(FICD)。授予仪式由ICD中国分部秘书长陈谦明教授主持，ICD副主席Manfred Seidemann教授、中华口腔医学会会长王兴教授、国际牙医师学院中国分部主席周学东教授分别致辞，并为38位新院士颁发了院士证书和金钥匙。

5　2008第二十届全国爱牙日宣传活动仪式在北京举行

2008年9月20日上午，由卫生部疾病控制局、卫生部新闻办、中国牙病防治基金会、中华口腔医学会以及北京大学口腔医院联合主办的“2008第二十届全国爱牙日宣传活动——关注中老年人口腔健康”在北京大学口腔医院新医疗大楼前隆重举行。中国牙病防治基金会王陇德理事长、卫生部疾控局齐小秋局长以及中华口腔医学会副会长、北京大学口腔医院院长俞光岩教授等出席了活动。中老年群众代表60多人，北大口腔医学院各年级学生100余人也参加了活动仪式。

齐小秋局长在讲话中回顾了20年来全国爱牙日活动的历程，评价了通过广泛开展爱牙日活动对提高全民的口腔保健意识，促进全民口腔健康所取得的成效，提出了2008年爱牙日的主题和活动内容。王陇德理事长和俞光岩教授分别讲话。主办单位向中老年人代表赠送了口腔保健用品和《老年人口腔卫生保健指南》。

6　2008国际口腔及颅颌前沿研究研讨会在北京召开

2008年10月31日～11月3日，2008国

际口腔及颅颌前沿研究研讨会在北京国际会议中心举行。全国人大常委会副委员长韩启德院士为大会题词,北京大学常务副校长柯杨教授、中华口腔医学会名誉会长张震康教授、首都医科大学校长吕兆丰教授、*JDR* 主编 Anthony J. Smith 教授等先后在开幕式上致辞。

会议收到学术论文300多篇,来自国内外的400余名代表参加了会议。会议邀请了B. Baum 教授、C. Marton 教授、P. Sharpe 教授、S. Gutkind 教授、邱蔚六院士、樊明文教授等27位国内外知名学者做专题学术报告。会议五大主题涵盖了口腔医学的重点研究领域,分别为发育生物学、干细胞与组织工程、基因治疗、肿瘤生物学、骨生物及炎症。围绕主题开展的专题演讲,融会了近年来国际前沿研究成果的精华。

会议同期举行了第七届口腔黏膜病及第五届中西医结合学术会议、IADR中国分会第九届学术年会、第四次牙髓生物学学术会议、第八届全国中青年口腔医师学术研讨会以及首届中国口腔医学博士论坛。会议期间,举行了"国药前景杯"全国中青年口腔医师乒乓球赛。

该次会议反映了当今口腔及颅颌面研究的最新进展与动态,对于提高国内口腔医学基础研究的水平,将产生积极的作用。

7 周学东教授荣获第五届中国医师奖

2008年12月5日,第五届中国医师协会中国医师奖颁奖大会在北京人民大会堂隆重举行。来自全国各省、市、自治区和解放军、武警部队及新疆生产建设兵团的98名医师荣获中国医师奖,230名医师获首次中国医师奖提名奖。中国红十字会会长彭珮云、卫生部党组书记高强、中国医师协会会长殷大奎等领导出席颁奖大会并讲话。

获奖的98位医师,是我国600万医疗卫生工作者的杰出代表。他们以高尚的医德、高超的医术和拼搏奉献的精神,赢得了卫生行业和全社会的尊重。高强首先对获奖医师给予高度评价。中国医师协会会长殷大奎介绍,中国医师协会中国医师奖是我国200多万名医师行业的最高荣誉奖项。该届重点评选表彰在2008年汶川大地震中全力救死扶伤作出突出贡献的优秀医师,获奖人数将超过以往历届,并首次增设中国医师奖提名奖。

中国医师奖自2003年设立以来,评选表彰活动已成功举办四届,至今全国共有238名德艺双馨的优秀医师获此殊荣。

该届中国医师奖口腔医学界获奖医师有:四川大学华西口腔医院周学东。

获得提名奖医师有:中国医科大学附属口腔医院王玉新;四川大学华西口腔医院王晓毅;北京大学口腔医院林野;南京市口腔医院胡勤刚;解放军第四军医大学口腔医院赵铱民;广东省口腔医院章锦才。

8 赵铱民和王林院长荣获"2008年度全国优秀医院院长"称号

2008年11月14日,由中国医院协会和健康报共同主办的"2008年度中国医院突出贡献、优秀院长"表彰大会在北京人民大会堂隆重举行,97名优秀院长与5位医院管理突出贡献奖获得者受到表彰。全国人大常委会副委员长周铁农、卫生部副部长刘谦、解放军总后卫生部副部长张雁灵少将、中国医院协会会长曹荣桂等领导出席了表彰大会并为获奖者颁发奖章、奖牌和荣誉证书。第四军医大学口腔医院赵铱民院长和江苏省口腔医院王林院长荣获"2008年度全国优秀医院院长"称号。

9 胡静教授获2008年度国家杰出青年基金资助

口腔疾病研究国家重点实验室组织与细胞工程实验室主任、四川大学华西口腔医院正颌与关节外科专家胡静教授获得2008年度国家杰出青年基金资助。

胡静教授是继王松灵、李铁军、金岩、陈谦明教授之后,第5位荣获国家杰出青年基金资助的中青年口腔医学专家。

胡静博士 1984 年本科毕业于华西医科大学口腔医学院，师从于我国著名口腔颌面外科学专家王大章教授，主攻牙颌面畸形的外科矫正与面部轮廓整形的临床与应用基础研究。在所从事的专业领域坚持不懈地进行创新性研究工作，取得了国内外同行认可的突出成绩。在本专业国际权威期刊发表多篇 SCI 论文并出版专著。多次受邀在国内外学术大会做专题报告，是具有影响的国内外正颌外科研究领域中青年学者。

10　林云锋博士的学位论文获 2008 年全国百篇优秀博士学位论文

2008 年 8 月 7 日，教育部、国务院学位委员会教研[2008]1 号文件公布了 2008 年全国优秀博士学位论文评选结果。批准 100 篇学位论文为全国优秀博士学位论文，177 篇学位论文为全国优秀博士学位论文提名论文。

文件中讲到，评选全国优秀博士学位论文是提高研究生培养质量，鼓励创新，促进高层次创新人才脱颖而出的重要措施。在研究生中大力倡导科学严谨的学风和勇攀高峰的精神，鼓励研究生刻苦学习，勇于创新；要采取切实可行的措施，加强学科建设，完善质量保证和监督机制，全面提高我国研究生培养质量，为实施科教兴国战略作出新的贡献。

2008 年全国优秀博士学位论文名单中，四川大学华西口腔医学院林云锋的博士学位论文“脂肪基质细胞多向分化能力及其在组织工程中应用的研究”（编号 2008075）批准为全国优秀博士学位论文，指导教师田卫东教授。

2008 年在中国召开的国际和全国性口腔医学学术会议

第六届全国儿童口腔医学学术会议

时间：2008 年 1 月 4 ~6 日

地点：黑龙江省哈尔滨市

主办、承办单位和主持人：中华口腔医学会儿童口腔医学专业委员会主办，哈尔滨医科大学口腔医学院承办，主持人文玲英

参会代表人数：290 人

收到论文篇数：234 篇

会议内容提要：来自全国 26 个省市、自治区和澳门特区的 290 名口腔医学工作者参加了该次会议。中华口腔医学会会长王兴、秘书长王渤出席了会议。哈尔滨医科大学校长曹德品教授，黑龙江省口腔医学会会长王酉谦教授到会并讲话。会议分为专题报告和论文交流。日本专家野坂久美子教授、北京大学葛立宏教授、同济大学石四箴教授、第四军医大学文玲英教授分别就“儿童的咬合诱导”、“牙齿萌出异常的咬合诱导”、“中国儿童口腔医学的发展概况”、“短根症及其研究”等内容作了学术讲座。

会议期间集中展示了近年来国内外儿童口腔医学领域所取得的重大成就，涵盖了儿童龋病的临床及基础研究、儿童牙髓病与根尖周病的临床及基础研究、儿童牙齿外伤、儿童生长发育与咬合诱导、儿童牙周病、儿童口腔流行病学研究、儿童行为管理、口腔护理和医疗辅助。与会代表进行了广泛的交流。

会上，还进行了中华口腔医学会儿童口腔医学专业委员会换届，北京大学口腔医学院葛立宏教授当选为主任委员。

第一届北京国际口腔修复会议

时间：2008 年 4 月 11 ~12 日

地点：北京市

主办、承办单位和主持人：中华口腔医学会口腔修复学专业委员会主办，北京大学口腔医学院和国际精粹出版集团承办，主持人冯海兰

参会代表人数：400 人

会议内容提要：开幕式上，中华口腔医学会口腔修复学专业委员会主任委员冯海兰教授及会议共同主席 Heiner Weber 教授致欢迎词。会议邀请了欧洲口腔修复协会主席 Heiner Weber 教授，加拿大麦吉尔大学牙医学系的 Jocelyne Sheila Feine 教授，美国南加州大学牙医学院院务委员会委员、*JPD*（*Journal of Prosthetic Dentistry*）杂志编委会副主席 Baldwin Marchack 博士，国际颌面修复学会主席、美国加州大学洛杉矶分校的 John Beumer 教授以及瑞士苏黎世大学牙科学院的 Urs Brodbeck 博士等国外著名学者做学术报告。同时，会议还邀请了第四军医大学口腔医学院赵铱民教授、四川大学华西口腔医学院宫苹教授、武汉大学口腔医学院王贻宁教授、北京大学口腔医学院徐军教授等国内知名专家做大会报告。该次会议内容涵盖功能与美学结合的口腔修复学、无牙颌种植修复、颌面缺损修复、种植义齿修复方案、可摘局部义齿设计、中国无牙颌修复的困境、现代修复学、全瓷修复临床展望、牙漂白疗效评价等许多方面，涉及口腔修复学近年发展的新领域、新热点。

首届全国口腔病理疑难病例研讨会

时间：2008 年 4 月 17 ~20 日

地点：浙江省杭州市

主办、承办单位和主持人：中华口腔医学会口腔病理学专业委员会主办，浙江省口腔医学会、浙江大学口腔医院承办，主持人胡济安

参会代表人数：41 人

收到切片例数：60 例

会议内容提要：该次大会旨在讨论口腔的各种疑难杂症，培养临床思维，解决临床实质问题，提高口腔病理科医生对疾病诊断与鉴别诊断能力。来自北京大学、四川大学、上海交通大学、第四军医大学、武汉大学等全国多所院校的专家们参加了会议。日本 Takashi Saku、我国著名骨科病理专家蒋智铭进行口腔黏膜临界性病变、骨肿瘤病理最新研究进展的讲演，之后参会人员对疑难病例展开了热烈讨论。病理分析采用浙江大学口腔医院形态中心的数码动态实验室的先进设备，这套设备是目前国内最先进的设备，对开展临床病理讨论极为有利。与会者认为采用疑难病例讨论的形式对于疾病的认识和理解具有独特的效果，受益颇丰。

第九届全国口腔医院管理研讨会

时间：2009 年 4 月 23 ~25 日

地点：陕西省西安市

主办、承办单位和主持人：中国医院管理协会口腔医院管理分会、中华口腔医学会医院管理专业委员会主办，第四军医大学口腔医学院承办，主持人赵铱民

参会代表人数：265 人

收到论文篇数：254 篇

会议内容提要：来自全国各地的近 300 名口腔医学管理专家参加了会议。中华口腔医学会王兴会长、王渤秘书长、第四军医大学樊代明校长、第四军医大学口腔医学院赵铱民院长分别致辞，王利民政委到会。

大会收到来稿的内容涉及医疗、护理、文化建设、党建、人力资源、信息、装备、后勤与教学科研等口腔医院管理的各个领域，来自国内各口腔医学院校的 13 名管理专家进行了大会报告，分组交流报告论文 44 篇。发言者从多个方面、不同角度总结回顾了当前我国口腔专科医院管理的最新经验和主要成绩，代表着我国口腔医院管理工作的最新水平。该次会议对我国口腔医院管理具有较强的指导意义。

第 12 届国际口腔癌大会（ICOOC）

时间：2008 年 5 月 22 ~25 日

地点：上海市

主办、承办单位：ICOOC 主办，上海交通大学医学院附属第九人民医院·口腔医学院承办

参会代表人数：544 人

收到论文篇数:438篇

会议内容提要:中国工程院院士邱蔚六教授任大会主席。上海交通大学校长张杰院士、上海交通大学医学院院长朱正纲教授、中国工程院院士张涤生教授出席开幕式并致贺词。来自美国、英国、德国等27个国家以及中国香港和中国台湾地区的544名注册代表参加了此次盛会,其中国外学者200余名。会议主题发言52篇,大会发言146篇,壁报交流98篇。

会议对近年来国内外口腔癌诊治所取得的成绩、经验以及面临的挑战进行了充分交流,同时还展望了今后研究的热点。内容涵盖了与口腔癌相关的基础研究和临床研究成果,包括口腔颌面外科学、头颈外科学、整形外科学、肿瘤学、影像学、口腔修复学、分子生物学、生物医学工程学和康复医学等多个学科和研究领域,充分体现了医学研究的交叉融合。

该次盛会的亮点体现在对口腔癌患者根治术后口腔功能的恢复,包括应用各种组织瓣进行形态与功能重建,赝复体的应用,术后语音恢复以及心理健康训练等。在口腔癌的基础研究领域,先进的分子生物学技术和组织工程技术,为探索口腔癌的发生、发展机制和治疗提供了强有力的研究手段,也获得了可喜的研究成果。与会代表认为,口腔癌的预防和药物靶标的筛选,将成为今后研究的重点之一,也是提高治疗效果的有效途径之一。另外,对于口腔颌面部其他疾病的临床与基础研究也进行了广泛交流。

2008全国口腔颌面部脉管性疾病学术研讨会

时间:2008年5月24日

地点:上海市

主办、承办单位:口腔颌面部脉管性疾病学组主办,上海交通大学医学院附属第九人民医院·口腔医学院承办

会议内容提要:会议特邀国际权威专家进行专题演讲。比利时荷兰语鲁汶大学(UCL)Vikkula教授介绍了他们在脉管性疾病基础研究方面取得的最新成果,美国Arkansas癌症研究中心主任Suen教授介绍了手术治疗动静脉畸形的临床经验,国际脉管性疾病研究学会(ISSVA)现任主席、美国Yakes教授介绍了动静脉畸形的无水乙醇栓塞治疗经验。国内秦中平教授等数十位专家先后进行大会发言,分别介绍了血管瘤和脉管畸形的病理发生机制,血管瘤相关综合征的诊断与治疗等。学组成员对口腔颌面部脉管性疾病的诊断、治疗和基础研究等方面进行了深入探讨。

最后与会代表对《口腔颌面部血管瘤和脉管畸形治疗指南》进行了充分讨论,在进一步修改并取得共识的基础上,将在相关杂志上发布,为规范口腔颌面部血管瘤和脉管畸形的诊断与治疗提供参考。

研讨会后,学组举行了换届会议,赵怡芳教授为新任组长,张志愿教授代表上届学组做工作报告。

第七次全国龋病研讨会

时间:2008年6月12~13日

地点:山东省青岛市

主办、承办单位和主持人:中华口腔医学会预防口腔医学专业委员会和中华口腔医学会牙体牙髓病学专业委员会主办,北京大学口腔医学院、青岛大学口腔医学系和青岛市口腔医学会承办,主持人高学军、胡德渝

参会代表人数:199人

收到论文篇数:160篇

会议内容提要:会议特邀10名国内龋病和预防口腔医学专家进行专题发言,集中介绍我国当前龋病流行情况与研究现状,并就我国开展龋病研究和预防的策略展开讨论。会议收到龋病流行病学研究、基础研究、防治研究以及其他方面的稿件共160篇。会议代表就专题发言和大会发言的内容展开了热烈讨论。与会专家一致认为,我国的龋病研究和流行病学研究具有鲜明的特色,今后的工

作在吸收和接受国际先进技术的同时,要结合我国的实际情况积极开展防治研究。

2008第一届口腔麻醉学高峰论坛

时间:2008年6月28~29日

地点:上海市

主办、承办单位和主持人:中华口腔医学会口腔麻醉学专业委员会主办,上海交通大学医学院附属第九人民医院承办,主持人朱也森

参会代表人数:100余人

会议内容提要:来自国内的口腔麻醉学专家、原中华医学会麻醉学分会副主任委员孙大金教授、庄心良教授和国内著名的从事外科、麻醉、急救危重医学的多位专家和教授参加了此次论坛。中国工程院邱蔚六院士、中华口腔医学会王兴会长、上海市卫生局徐建光局长、上海市知识产权局陈志兴局长、上海交通大学医学院朱正纲院长、附属第九人民医院张志愿院长等出席了开幕式,并分别致词表示祝贺。专业委员会主任委员朱也森在开幕式上致辞。论坛围绕“外科、麻醉与危重医学”,特邀国内11位著名口腔外科、整复外科、口腔麻醉学以及危重急救医学专家做了精彩的专题学术报告。我国的口腔麻醉学具有鲜明的中国特色,麻醉范围更广,涉及病种、病例更多,麻醉技术水平要求更高,与其他学科联系更密切。

会议期间成立了中华口腔医学会口腔麻醉学专业委员会,上海交大附属第九人民医院麻醉科朱也森教授当选为首届专业委员会主任委员。

第七届全国口腔医学计算机应用学术研讨会

时间:2008年7月24~25日

地点:甘肃省兰州市

主办、承办单位和主持人:中华口腔医学会口腔医学计算机专业委员会主办,兰州大学口腔医学院和北京大学口腔医学院口腔计算机应用中心承办,主持人吕培军

参会代表人数:78人

收到论文篇数:11篇

会议内容提要:来自全国24个省、市、自治区的近百名代表参加了该次会议。中华口腔医学会副会长栾文民教授、秘书长王渤应邀出席大会。兰州大学口腔医学院院长余占海教授致欢迎词,甘肃省卫生厅李存文副厅长、甘肃省政协副主席栗震亚教授、兰州大学副校长何晓东教授出席了开幕式并致词。

首都医科大学白玉兴教授、北京大学张祖燕教授、上海交通大学沈国芳教授做学术报告,另有10名专家做了专题报告。参会代表对报告中所涉及的问题与专家进行了交流探讨。会议讨论了计算机技术在口腔医学领域的应用和发展前景,充分反映了口腔医学计算机应用研究涉及口腔修复、口腔正畸、口腔种植、口腔颌面外科、放射、口腔内科及信息管理等口腔医学几乎所有的学科,且涉及口腔医学与工程技术交叉学科,具有较强的专业特点。该次会议的成功举办,对追踪当今世界计算机技术进步的步伐,促进计算机技术在我国口腔医学中的发展具有重要意义。

全国口腔医学研究生教育专题研讨会

时间:2008年9月4~6日

地点:辽宁省大连市

主办、承办单位:教育部学位办、全国研究生教育与指导委员会和中国学位与研究生教育学会共同主办,大连医科大学承办

参会代表人数:100人

会议内容提要:出席会议的有国务院学位办领导、全国各大口腔医学院校和各高校研究生院领导及专家近百人。首都医科大学研究生院领导等参加了该次会议。

国务院学位办黄宝印处长以及中国学位与研究生教育学会副主任段丽萍做了工作报告。国内6所主要口腔医学院校的代表在会上作了专题发言。与会代表针对研究生培养与教育的诸多问题进行了讨论,一致对我国专业型研究生培养的成绩和前景给予了充分

肯定，但在培养过程中的确存在很多问题，包括培养目标定位、培养过程质量保证、培养结果评价、导师对指导专业型研究生的理念转变、学校对专业型研究生培养要求的政策定位以及社会的认可等，其中尚存在国家医疗法规等政策与培养过程实施冲突等一系列实际问题。代表们呼吁，应尽快建立完善的专业研究生培养质量评估标准，以使毕业后规范化培训与专业型研究生教育尽快接轨，高质量地培养出更多社会需求的专业型高级人才。

国际牙医师学院中国分部 2008 年学术年会

时间：2008 年 9 月 5 日

地点：四川省成都市

主办、承办单位与主持人：国际牙医师学院中国分部主办，四川大学华西口腔医学院承办，主持人周学东

会议内容提要：到会嘉宾有国际牙医师学院副主席 Manfred Seidemann 教授，中华口腔医学会会长王兴教授等，华西口腔医学院优秀研究生代表也参加了此次会议。学术年会上，第四军医大学口腔医学院金岩教授、北京大学口腔医学院葛立宏教授、国际牙医师学院副主席、智利大学 Manfred Seidemann 教授、四川大学华西口腔医学院陈谦明教授分别就牙再生研究、儿童牙齿发育异常的诊治进展、口腔伦理学教育、ORAOV1 在口腔癌变中的作用等内容进行了演讲和病例展示。与会代表就有关问题展开了进一步讨论。

第 7 次全国口腔颌面医学影像学专题研讨会

时间：2008 年 9 月 5 ~7 日

地点：内蒙古包头市

主办、承办单位和主持人：中华口腔医学会口腔颌面放射专业委员会主办，内蒙古口腔医学会、包头市中心医院承办，主持人王松灵

参会代表人数：62 人

会议内容提要：来自全国各地的 62 名口腔颌面放射学医师参加了会议。中华口腔医学会口腔颌面放射专业委员会副主任委员王松灵教授致开幕词。包头市政协张伯群副主席、包头市卫生局孙德俊局长在大会上讲话，中华口腔医学会口腔颌面放射专业委员会名誉主任委员马绪臣教授在会上致词。

大会邀请北京大学马绪臣、张祖燕教授，首都医科大学王松灵教授，上海交通大学余强、范新东教授，四川大学王虎、郑广宁教授，武汉大学程勇教授等全国 11 名专家进行主题发言，内容涵盖放射生物学、数字放射学、种植放射学、介入放射学、影像诊断学等。参会代表就口腔专用锥形束 CT、数字化口腔医学影像拍摄系统在临床中的应用、肿瘤的影像学诊断以及科室的数字化建设等问题进行了热烈讨论。

会议期间，召开了中华口腔医学会口腔颌面放射专业委员会会议，张祖燕主任委员通报了第 16 届国际口腔颌面放射学会议的有关情况，口腔颌面放射学专科医师、大型设备上岗资格考试的有关情况，并进行了讨论。会议决定于 2009 年 10 月底或 11 月初在成都举行全国口腔颌面医学影像诊断学新进展学习班及专委会全体委员会议。

中日齿科保存学术会

时间：2008 年 9 月 9 日

地点：四川省成都市

主办、承办单位和主持人：口腔疾病研究国家重点实验室主办、四川大学华西口腔医学院承办，主持人李伟。

会议内容提要：来自武汉大学、中山大学、北京大学以及日本东京医科齿科大学等中日著名牙体牙髓病学专家共同探讨齿科保存学问题。周学东院长代表四川大学华西口腔医学院对出席会议的专家代表表示热烈欢迎。田上顺次教授代表来自日本的 7 位教授感谢主办方的热情邀请和精心安排。他希望通过此次会议能够促进中日口腔医学事业和国际口腔医学交流更大的发展。

武汉大学樊明文教授、东京医科齿科大

学田上顺次教授、四川大学周学东教授等口腔医学专家分别就根管系统的形态鉴定和处理、利用新技术进行的微创牙科美学修复、中国人口腔内科病例难度分析及其标准等问题作了专题报告。

第三届全国中青年口腔正畸医师临床疑难病例研讨会

时间:2008年9月11日

地点:陕西省西安市

主办单位:第四军医大学口腔医学院、西安交通大学口腔医学院共同主办

参会代表人数:300余人

会议内容提要:来自全国各地多所口腔医学院校的代表就有关口腔正畸临床疑难病例的诊断、设计和治疗进行探讨与交流。北京大学、四川大学、首都医科大学、上海交通大学、武汉大学、南京医科大学、同济大学、中山大学、重庆医科大学等口腔医学院的21位著名专家,通过多媒体分别就无托槽隐形矫治器、自锁托槽矫治技术、微种植体支抗技术、舌侧矫治技术、颌骨牵张技术等目前具有代表性的正畸临床新技术作了专题讲座。

增强修复体美学效果及修复工艺新技术研讨会

时间:2008年9月19~21日

地点:山东省青岛市

主办、承办单位:中华口腔医学会修复工艺学专业委员会主办,青岛市市立医院、青岛市口腔医学会修复学专业委员会承办

会议内容提要:会议邀请国内著名口腔医学专家作学术报告和演讲。内容为口腔修复美学新理论、新技术;口腔修复工艺新进展、新技术、新工艺及制作难点;口腔修复医技交流沟通艺术、管理经验等。

第三届国际口腔粘接技术大会

时间:2008年9月26~28日

地点:陕西省西安市

主办、承办单位和主持人:中华口腔医学会主办,第四军医大学口腔医学院承办,主持人陈吉华

参会代表人数:420人

收到论文篇数:356篇

会议内容提要:第四军医大学口腔医学院赵铱民院长担任大会主席,第四军医大学口腔医学院修复科陈吉华教授、意大利锡耶纳大学马可费拉里教授及日本齿科大学松村英雄教授共同担任大会执行主席。中华口腔医学会会长王兴教授、中国工程院院士、第四军医大学校长樊代明等出席大会并分别致辞。来自美国、意大利、英国、德国等14个国家的110名国外学者与310名国内学者及中华口腔医学会相关专业委员会的主任委员参加了大会。

大会邀请了比利时、日本、英国、新加坡等18位口腔粘接学界专家和20余名国内知名学者做专题学术报告。共有28名学者进行口头发言,195名学者进行壁报展示。

专家学者们围绕“口腔粘接的基础与临床持久性”这一主题,对近年来口腔粘接技术取得的进展进行了广泛的学术交流。

第三届全国口腔颌面修复重建外科学术会议

时间:2008年9月27~30日

地点:新疆乌鲁木齐市

主办、协办单位:中华口腔医学会口腔颌面修复重建外科协作组主办,新疆维吾尔自治区人民医院、四川大学华西口腔医学院协办

参会代表人数:近200人

会议内容提要:会议采取专题讨论与大会发言的交流形式,对颌面修复重建基础研究与治疗等方面进行广泛深入的探讨,旨在总结各地治疗经验,制定相应诊治规范,促进颌面修复重建的治疗与基础研究。会议特邀德国Gutwald教授及国内知名专家做学术报告。该次会议内容涉及先天性和创伤性颅颌面畸形整复手术与并发症的预防及处理,口腔颌面创伤畸形的整复治疗,正颌外科、种植外科和赝复修补、显微外科和微创外科技术

等,反映了口腔颌面修复重建的最新理念和进展。

第四届中日口腔医学大会

时间:2008年9月28~29日

地点:陕西省西安市

主办、承办单位和主持人:中华口腔医学会、中国医师协会口腔医师分会、日本齿科医学会主办,第四军医大学口腔医学院承办,主持人陈吉华(中国),辙访文彦(日本)

参会代表人数:475人

收到论文篇数:326篇

会议内容提要:大会主题为"口腔医学研究及临床新进展",来自日本的229名学者和中国的246名学者欢聚一堂,共同探讨口腔医学理论和技术的新进展。会上举行了11场次的特别演讲,290篇稿件壁报展示,其中中国151篇、日本139篇。日本广岛大学栗原英见教授、大阪齿科大学惠比须繁之教授、东京医科齿科大学春日井升平教授与上海交通大学张陈平教授、首都医科大学王松灵教授、北京大学许天民、孟焕新教授、第四军医大学赵铱民教授、武汉大学边专教授等中日著名口腔医学专家分别做了学术报告,对近年来中日口腔医学取得的进展进行了广泛的学术交流。

此次大会的成功举办进一步增进了中日双方口腔医学学者之间的友好交流和沟通,对促进中日两国的友谊起到积极促进作用。

2008中国国际口腔医学大会——临床口腔医学论坛

时间:2008年10月10~13日

地点:天津市

主办、承办单位和主持人:中华口腔医学会主办,首都医科大学口腔医学院承办,主持人白玉兴

参会代表人数:110人

收到论文篇数:208篇

会议内容提要:为了促进临床口腔医学研究,提高青年口腔工作者的科研热情,中华口腔医学会首次举办临床口腔医学论坛,并与香港大学牙医学院联合设置香港大学牙医学院-中华口腔医学会青年人才奖,同时评选出鼓励奖。论文稿件来自全国各地,涉及范围较广。200余篇临床口腔医学研究论文进行壁报展示,经专家评审评选出2名优胜者获得"中华口腔医学会－香港大学牙医学院青年人才奖(临床研究)",同时还评选出14篇优秀论文为鼓励奖。

国际多元醇研讨会

时间:2008年10月13日

地点:天津市

主办、承办单位和主持人:中华口腔医学会、国际齿友协会主办,中国国际科技会议中心和天津市口腔医学会承办,主持人胡德渝

参会代表人数:200人

收到论文篇数:10篇

会议内容提要:来自预防口腔医学、儿童口腔医学以及其他领域的口腔医生和学生约200人出席了会议,中华口腔医学会王兴会长出席会议并致辞。研讨会邀请了来自德国、瑞士、荷兰、立陶宛以及韩国的6位国外多元醇研究方面的知名专家和3位国内专家进行了演讲。演讲内容涵盖多元醇实验室研究、检测方法、体内试验研究以及临床试验研究的成果,回顾和综述了多元醇在龋病预防中的作用。同时国际齿友协会也介绍了在瑞士和一些工业化国家被广泛接受的"开心齿"标识及其开展的益齿食品活动和取得的成果。

通过会议,增强了大家对多元醇的了解,充分认识到了多元醇的益齿作用,澄清了以前关于多元醇的许多误导性说法。

全国第七次颞下颌关节病学及㲘学研讨会

时间:2008年10月23~26日

地点:云南省昆明市

主办、承办单位:中华口腔医学会颞下颌关节病学及㲘学专业委员会主办,昆明医学院口腔医学院、云南省口腔医学会和解放军总医院承办

参会代表人数:156人

收到论文篇数:93篇

会议内容提要:中华口腔医学会张震康名誉会长、俞光岩副会长、王渤秘书长、云南省卫生厅徐和平副厅长、昆明医学院李松副院长、昆明医学院口腔医学院丁仲鹃院长等出席了开幕式。会议期间进行了专业委员会换届,产生了第二届颞下颌关节病学及殆学专业委员会,北京大学口腔医学院马绪臣教授当选为主任委员。

大会邀请14位教授做专题报告,他们分别就结构紊乱理论的缺陷和颞下颌关节紊乱病的治疗理念、咬合紊乱与口颌面痛及TMD、咬合的功能特征以及稳定性咬合板的制作与应用方法、关节强直的基础与临床研究、微创外科技术在颞下颌关节创伤中的应用与展望等内容做了专题报告,介绍了国内外相关研究进展,对我国颞下颌关节病的诊断和治疗有重要指导意义。大会交流发言40篇,交流论文较全面地反映了我国在颞下颌关节病学及殆学领域的最新研究成果。

首届中国口腔医学博士论坛

时间:2008年10月31日

地点:北京市

主办、承办单位和主持人:中国教育部主办,四川大学和首都医科大学承办,主持人陈谦明

会议内容提要:论坛在北京国际会议中心举办,出席开幕式的领导及嘉宾有:教育部学位管理与研究生教育司唐继卫处长,中国工程院院士、上海交通大学医学院附属第九人民医院邱蔚六教授,国家自然科学基金委员会生命科学部徐岩英处长,中华口腔医学会王兴会长,首都医科大学吕兆丰校长,四川大学华西口腔医学院周学东院长,首都医科大学副校长王松灵教授,首都医科大学附属北京口腔医院孙正院长。

开幕式后,英国伦敦大学Anthony Watkinson教授、美国罗彻斯特大学任延方教授、汤姆森科技信息集团岳卫平博士分别做了报告。来自世界各地的27位口腔医学专家进行专题演讲,内容涉及发育生物学、干细胞与组织工程、涎腺疾病与唾液、口腔颌面肿瘤和口腔颌面骨及炎症等五大前沿医学领域。

第七届全国口腔黏膜病暨第五届口腔中西医结合大会

时间:2008年10月29~31日

地点:北京市

主办、承办单位和主持人:中华口腔医学会口腔黏膜病专业委员会及中西医结合专业委员会主办,首都医科大学口腔医学院承办,主持人陈谦明

参会代表人数:210人

收到论文篇数:179篇

会议内容提要:会议收到的论文中,口腔黏膜病基础研究79篇,临床研究66篇,中西医结合34篇,45位代表在大会上进行学术交流。在学术交流活动中,与会代表就相关的问题进行了热烈讨论。大会邀请到4位专家做专题报告,专家们对口腔黏膜病学以及口腔中西医结合的发展历史和今后的发展方向进行了回顾与展望,针对临床工作中的局部用药问题进行了总结,并且对口腔扁平苔藓的临床研究进行了简要介绍。大会还公布了口腔黏膜下纤维性变(OSF)的诊断标准(暂行)。

会上同时进行了中华口腔医学会中西医结合专业委员会成立以及口腔黏膜病专业委员会换届改选,周曾同教授当选为第一届中西医结合专业委员会主任委员,孙正教授当选为第四届口腔黏膜病专业委员会主任委员。

2008国际口腔及颅颌前沿研究研讨会

时间:2008年10月31日~11月3日

(见本栏目大事记)

首届第二次亚洲口腔麻醉学术会议

时间:2008年11月1~3日

地点:上海市

主办、承办单位:中华口腔医学会口腔麻醉学专业委员会主办,上海交通大学第九人民医院麻醉科承办

参会代表人数:200 人

收到论文篇数:100 余篇

会议内容提要:来自日本、韩国、澳大利亚及国内口腔麻醉学专家参加了这次学术盛会。上海市人大主任龚学平、中华口腔医学会会长王兴、中国工程院邱蔚六院士、上海市卫生局局长徐建光、上海交大医学院党委书记孙大麟、第九人民医院党委书记简光泽、院长张志愿等出席开幕式,并分别致词。

会议期间共有 100 余篇学术论文分别以大会专题报告、分会交流及壁报形式进行交流,会议发言表明我国的口腔麻醉学具有鲜明的中国特色,其麻醉范围广泛,涉及病种、病例众多,麻醉难度大、风险高、效果好,令世界麻醉医学界瞩目。该次会议是中华口腔医学会麻醉学专业委员会首次主办的国际性会议,会议的成功举办对于向世界麻醉医学同行展示中国口腔麻醉的现状以及加强国际间交流与合作具有重要意义。

全军口腔科主任学科管理研讨会

时间:2008 年 11 月 5 ~8 日

地点:江西省南昌市

主办、承办单位和主持人:全军口腔医学会、第四军医大学口腔医院主办,南京军区第 94 医院承办,主持人赵铱民

参会代表人数:132 人

收到论文篇数:32 篇

会议内容提要:会议旨在通过交流新形势下军队医院口腔科的运行管理及为军队服务的经验,共同商讨优化军队医院口腔科的运行管理机制,以期更好地为部队官兵做好口腔医疗保障。会议收到来自全军及武警部队 28 个单位的稿件 32 篇,内容包括为军队服务和科室管理两个方面,21 位代表在大会上作了发言,交流了在科室建设或为军队服务工作中取得的成功经验和存在的问题。

第四次全国口腔颌面-头颈肿瘤综合序列治疗学术研讨会

时间:2008 年 11 月 6 ~8 日

地点:广东省广州市

主办、承办单位:中华口腔医学会口腔颌面外科专业委员会口腔颌面-头颈肿瘤内科协作组主办,中山大学孙逸仙纪念医院、第一附属医院承办

参会代表人数:200 余人

收到论文篇数:118 篇

会议内容提要:来自我国内地 18 个省、市、自治区和我国台湾地区的 200 多名代表参加了会议。会议特邀上海交通大学口腔医学院邱蔚六院士、四川大学华西口腔医学院王大章教授等国内著名口腔颌面外科和肿瘤治疗专家莅临会议指导。日本昭和大学口腔颌面外科的新谷悟教授应邀作专题演讲。

邱蔚六院士在开幕式致词并希望协作组继续努力,使肿瘤内科成为口腔颌面-头颈肿瘤治疗的重要内容,为多学科、个体化综合序列治疗作出贡献。张志愿教授、王大章教授分别作了大会发言,郭伟教授代表协作组总结了一年来协作组的工作。

钱军教授做了“头颈癌的分子靶向治疗”的主题发言,与会代表围绕放射粒子局部治疗头颈肿瘤、基因治疗、诱导化疗、癌痛控制、手术等肿瘤综合治疗展开了交流与探讨。在基础研究方面,相关专家对许多最新的肿瘤靶点、研究方法和热点作了介绍。

经协作组成员讨论,拟于 2009 年 11 月召开协作组成员会议暨口腔颌面-头颈肿瘤综合治疗高层论坛,2010 年在北京召开“第五次全国口腔颌面-头颈肿瘤内科综合治疗研讨会”。

全国第四届老年口腔医学学术研讨会

时间:2008 年 11 月 7 ~9 日

地点:江西省南昌市

主办、承办单位和主持人:中华口腔医学会老年口腔医学专业委员会主办,南昌大学

附属口腔医院承办，主持人戴永雨

参会代表人数:104人

收到论文篇数:76篇

会议内容提要:来自全国各地高等院校、医院从事老年口腔医学医教研工作的代表参加了会议。江西省卫生厅副厅长刘富林、南昌大学医学院副书记易敬林等领导出席会议并表示祝贺。第一届老年口腔医学专业委员会主任委员栾文民教授做工作总结，会议进行了换届选举，产生了新一届老年口腔医学专业委员会，解放军总医院口腔医学中心主任刘洪臣教授当选为中华口腔医学会第二届老年口腔医学专业委员会主任委员。

研讨会上，刘洪臣、陈慧美等17位教授做专题报告。会议进行了论文交流，内容涉及老年口腔流行病学、老年牙体病学、牙髓生物学、牙周黏膜病学等。

会议决定全国第五届老年口腔医学学术研讨会拟于2009年4月在湖北宜昌召开。

2008中国-东盟国际口腔医学交流与合作论坛

时间:2008年11月8～10日

地点:广西壮族自治区南宁市

主办、承办单位和主持人:中国卫生部、广西壮族自治区人民政府主办，广西医科大学口腔医学院承办，广西壮族自治区卫生厅厅长李国坚主持

参会代表人数:160人

会议内容提要:来自中国、9个东盟国家以及美国、日本等国的政府官员和口腔医学专家参加了此次论坛。自治区副主席李康、老挝卫生部长本梅、卫生部疾控局副局长孔灵芝等在开幕式上致辞。论坛主题为“加强区域口腔医学合作、促进口腔卫生事业共同发展”。会议采取高峰主题演讲和学术交流相结合的形式，深入探讨中国和东盟国家在口腔医学领域的交流与合作方向、内容和重点，为中国与东盟国家在科学研究、医学教育、学术交流、技术合作、口腔医疗仪器设备贸易等方面提供平台，旨在进一步推动中国与东盟国家口腔医学产业、医学科学的发展，促进中国与东盟国家口腔医疗服务与贸易的合作。

口腔健康学术研讨会

时间:2008年11月10日

地点:北京市

主办单位和主持人:国际生命科学会中国办事处、中国牙病防治基金会主办，主持人陈君石、俞光岩

参会代表人数:140余人

收到论文篇数:9篇

会议内容提要:会议特别邀请了卫生部疾控局张立副巡视员和疾控局口腔卫生处夏刚处长出席。来自口腔医学、营养学、毒理学及疾控中心的140余位专业人员参加了会议。

会议邀请了来自加拿大、芬兰、日本、美国的7位学者和国内的两位专家就唾液与口腔健康，芬兰龋病预防的经验，木糖醇口香糖、中药、绿茶提取物等对口腔健康的作用，以及我国人群的口腔健康状况等方面进行了演讲。与会者充分了解了我国人群的口腔健康状况和面临的问题，国外公共口腔健康措施成功的经验，促进口腔健康的新产品研发情况。与会者与演讲嘉宾围绕促进口腔健康的主题展开了热烈的讨论。

国际口腔种植学会中国专家高峰论坛

时间:2008年11月14日

地点:广东省惠州市

主办和承办单位:国际口腔种植学会(ITI)中国分会主办，南方医科大学附属口腔医院、惠州市口腔医学会、惠州市口腔医院承办

参会代表人数:近200人

会议内容提要:来自全国各地医院、诊所近200位口腔种植行业人士参加了此次论坛。

与会代表讨论了近年来在口腔种植领域

临床实践所取得的新成果、新进展和新的发展方向,并对口腔种植的治疗经验等进行共识性研讨,进一步规范了口腔种植的行业标准。宿玉成教授等 6 位专家还分别就上下无牙颌种植修复等专题进行主题演讲。会后,周磊教授在惠州市口腔医院进行了现场手术演示。

第三届海峡两岸四地口腔正畸学术会议

时间:2008 年 12 月 11 ~ 14 日

地点:中国台湾省台北市

主办和承办单位:海峡两岸四地口腔正畸学会共同主办,台湾中山医科大学口腔医学院承办

参会代表人数:600 余人

会议内容提要:大会在台北市圆山饭店隆重举行。来自海峡两岸四地的 600 余名口腔正畸医师参加了此次会议。其中内地代表团由来自全国 24 省市的 180 余名正畸医师组成,中华口腔医学会口腔正畸专业委员会前任主任委员林久祥教授和现任主任委员、北京大学口腔医学院许天民教授共同率队参会。

会议内容涵盖了口腔正畸的基础理论、临床技术、创新与研究,同时还包括了经营管理、管理与交流、临床交流与生涯规划等内容。来自海峡两岸四地的 144 名与会医师分别进行了大会专题讲座和分会口头报告,其余人员进行了壁报和临床病例模型展示等学术交流。

该次会议不仅成功地进行了海峡两岸四地的口腔正畸学学术交流,同时加强了海峡两岸四地正畸医师之间深厚的友谊,通过互相学习,共同促进,必将对海峡两岸四地口腔正畸学的长足发展和将来的深入交流奠定坚实的基础。

海峡两岸口腔癌诊治及修复重建新进展研讨会

时间:2008 年 12 月 13 ~ 14 日

地点:福建省厦门市

主办和承办单位:中华口腔医学会口腔颌面外科专业委员会口腔颌面-头颈肿瘤外科学组主办,厦门长庚医院承办

收到论文篇数:88 篇

参会代表人数:80 余人

会议内容提要:会议邀请我国台湾长庚大学医学院院长、整形外科教授魏福全,长庚医院郑胜峰等教授,上海市第九人民医院,中山大学、北京大学、武汉大学、第四军医大学、中南大学口腔医学院口腔颌面-头颈肿瘤外科方面的教授做专题学术报告。来自全国各省市的口腔颌面外科及头颈外科、耳鼻咽喉科的 80 多位代表参加会议。大会共收到论文 88 篇,大会发言 32 篇。会议论文包括口腔癌的基础研究、口腔癌诊治、修复与重建三部分。

会上,台湾同行介绍了长庚医院在口腔癌治疗方面取得的新进展和临床经验,代表们讨论了有关口腔癌修复与重建方面的问题,还讨论了口腔癌的规范治疗问题。会议对口腔癌患者的心理治疗也进行了讨论,并邀请有关专家,介绍了内镜下髁突骨折等微创手术、CAD-CAM 技术的应用等。

2008 年在中国举办的口腔设备器械展览会暨技(学)术交流会

2008 年第十三届华南口腔展暨技术研讨会

时间:2008 年 3 月 8 ~ 11 日

地点:广东省广州市

主办、承办单位和主持人:广东省科技厅

主办,广东省对外科技交流中心、广东省口腔医学会等承办,主持人章锦才

会议内容提要:会议在广州市会展中心展馆举办。该次展会展出面积为 28 000 m^2,展位达 1 400 个,参展厂商 510 家,其中国际著名口腔专业厂商达 95 家。该次研讨会设立了口腔预防保健、种植、牙体牙髓、修复、技工、牙周黏膜、正畸、儿童牙科、颌面外科、台湾与香港牙医学术交流等专场;2008 年中国(广州)口腔医学发展论坛、口腔医院诊所管理论坛,按学科或地区探讨了口腔医学最新研究进展,交流了各自在工作中所取得的成绩和经验。

第五届德国口腔医疗研讨会暨展览会

时间:2008 年 5 月 28 ~ 30 日

地点:福建省福州市

主办、承办单位和主持人:德国联邦经济技术部、德国展览工业协会和德国牙科工业协会共同主办,福建省口腔医学会、福建医科大学口腔医学院承办,主持人闫福华

参会代表人数:1 500 人

会议内容提要:研讨会暨展览会在福州香格里拉大酒店举行,来自德国的专家、技师和企业,通过大量的临床实例和现场演示,介绍德国口腔医疗及技工领域的最新发展和德国牙科工业的新设备、新材料,为中德口腔同仁们提供了一个非常好的交流平台。来自省内外的参会代表达 1 500 余人,大大加强了福建省乃至全国口腔专业同仁和德国口腔专业人士的沟通与交流,对促进中德口腔医学的发展具有非常重要的意义。

第十三届中国国际口腔设备材料展览会暨技术交流会(SINO-DENTAL 2008)

时间:2009 年 6 月 5 ~ 8 日

地点:北京市

主办单位:卫生部国际交流与合作中心、中华口腔医学会主办,主持人李洪山

会议内容提要:SINO-DENTAL 2008 在北京展览馆成功举办。该届展会展出面积达到 28 000 m^2,展位达 1 100 个,来自中国、德国、日本、韩国、意大利、美国、奥地利、新加坡、芬兰等 20 个国家和地区的 500 多家企业参展,其中德国、日本、韩国以国家展团的形式参展。

展会期间大会还组织学术、技术交流活动多场。其中第十三届北京口腔医学新进展报告会、第九届德国口腔医疗专题讲座、中日口腔医学论坛等先进适用技术交流活动介绍了口腔医学、技术的最新进展,指导口腔专业人士实际操作。除此之外,在展会期间还举办“预防牙病、促进健康”科普知识大讲堂活动,邀请国内外著名专家向公众介绍口腔卫生保健知识,倡导正确护牙观念,提高普通民众的口腔疾病预防能力,保障身体健康。

2008 年第二届中部地区口腔医学学术交流会暨口腔设备器材展览会

时间:2008 年 9 月 19 ~ 21 日

地点:湖北省武汉市

主办、承办单位:IADR 中国分会、武汉大学口腔医学院、中部五省口腔医学会联合主办,湖北好博塔苏斯展览有限公司承办

参会代表人数:200 人

会议内容提要:会议在武汉科技会展中心举行。大会邀请了中华口腔医学会会长王兴教授、全国口腔界的著名教授出席会议并做专题报告,报告内容涉及口腔种植、口腔颌面外科、口腔修复、牙体牙髓、口腔正畸等方面。专家教授们的精彩演讲向大家展示了口腔医学界最新科研动态,大家受益匪浅。来自湖北省各地、市、县的口腔医学界近 200 名代表参加了大会。

会议期间,成立了湖北省口腔医学会口腔颌面外科专业委员会、牙体牙髓专业委员会、口腔修复专业委员会和口腔教育专业委员会。

2008 中国国际口腔医学大会暨器材设备展览会

时间:2008 年 10 月 11 ~ 14 日

地点:天津市

主办、承办单位:中华口腔医学会主办,中国国际科技会议中心、天津市口腔医学会联合承办

会议内容提要:10月11日上午,全国各省、市、自治区口腔医学会以及多家大型口腔医院支持的“2008中国国际口腔医学大会暨器材设备展览会”在天津滨海国际会议中心举行了隆重、热烈的开幕式。科技部、卫生部、中国科协、中华慈善总会、中华口腔医学会以及天津市滨海新区的领导和嘉宾参加了开幕式。该次大会共举办专业学术培训活动、学术研讨会、工作会议、讲座、论坛、企业展示、大众科普讲堂等学术交流活动40余场。会议期间中华口腔医学会还举办了多个工作会议。来自全国各地的大型口腔医院的领导以及各专业学科的专家在参加会议的同时也参观了展览,并且进行了各种层次的交流。

该次大会的器材设备展览会共有来自国外以及中国各地的5 000余名专业人员参加,大会的展示面积8 000余平方米,展位300余个。

第十二届中国国际口腔器材展览会暨学术研讨会

时间:2008年10月29日~11月1日

地点:上海市

主办、承办单位:中国国际科技会议中心、上海交通大学医学院附属第九人民医院主办,上海交通大学口腔医学院、同济大学口腔医学院、上海市口腔病防治院和上海展星展览服务有限公司承办

参会代表人数:1 500人

收到论文篇数:42篇

会议内容提要:展会在上海光大会展中心隆重举行,并得到全国近70家主要口腔学会及院所的全力支持。共设展台1 000多个,参展公司有500多家。来自丹麦、德国、法国、芬兰、韩国、荷兰、中国内地、中国香港和中国台湾等18个国家和地区的展商参会,展示当今世界最新及最先进的口腔设备、器械和材料,并同时举办多场技术讲座。该届学术盛会云集了1 000余名著名口腔医学学者、教授和专家,在口腔内科、口腔正畸、口腔修复、口腔颌面外科、口腔综合等方面进行学术交流,中国工程院院士邱蔚六教授做了口腔颌面外科临床进展的大会专题报告,共有130篇论文进行了学术交流。

2008年召开的省级口腔医学学术会议

辽宁省口腔医学会第十九次学术会议

时间:2008年3月25~26日

地点:辽宁省沈阳市

主办、承办单位:辽宁省口腔医学会主办,中国医科大学口腔医学院、中国实用医学杂志社承办

参会代表人数:155人

收到论文篇数:182篇

会议内容提要:该次会议设大会专题讲座11项,44名代表进行大会学术交流,分组发言38篇。

由中国医师协会、中国实用医学杂志社和中国医科大学附属口腔医院联合主办的《中国实用口腔科杂志》于2008年1月正式创刊发行。该次会议期间举行了首届编委会成立大会,同时举行口腔医学高峰论坛。会上,中国医科大学口腔医学院院长、《中国实用口腔科杂志》主编路振富、中国实用医学杂

志社杜国华社长致欢迎词,中国医师协会口腔医师分会栾文民会长、中国医科大学赵群校长、中华口腔医学会王兴会长分别致贺词,辽宁省政府滕卫平副省长到会并讲话。

在口腔医学高峰论坛上,北京大学王兴教授、武汉大学樊明文教授、上海交通大学张志愿教授、首都医科大学孙正教授、中山大学黄洪章教授5位口腔知名专家进行了"中国口腔医学的发展"等专题讲座。

江苏省第九次口腔医学学术会议

时间:2008年4月12日

地点:江苏省泰州市

主办、协办单位:江苏省医学会主办,泰州市医学会和泰州市口腔医院协办

参会代表人数:300余人

收到论文篇数:352篇

会议内容提要:中华口腔医学会会长、北京大学口腔医院王兴教授,江苏省口腔医学会会长胡勤刚教授、名誉会长俞未一教授、副会长王林教授,江苏省医学会曾庆琪秘书长,北京大学口腔医院许天民教授等10多位著名口腔医学专家参加会议。泰州市委常委、宣传部长缪志红女士出席开幕式并致辞。

会议期间,来自北京大学口腔医院、南京大学医学院附属口腔医院、上海交通大学口腔医学院以及南京医科大学口腔医学院的专家教授,分别做专题报告,交流最前沿的口腔医学学术成果。

河北省口腔医学会第三次会员代表大会暨学术交流会

时间:2008年9月26~27日

地点:河北省石家庄市

主办、承办单位和主持人:河北省口腔医学会主办,河北医科大学口腔医学院承办,主持人董福生

参会代表人数:230人

会议内容提要:大会通过了河北省口腔医学会第三次会员代表大会资格审查报告、河北省口腔医学会第二届理事会工作报告、河北省口腔医学会章程修改报告及河北省口腔医学会关于收取会费的暂行规定。

会议选举产生了河北省口腔医学会第三届理事会、常务理事会,选举产生了会长、副会长、秘书长。

大会邀请首都医科大学口腔医学院院长孙正教授、河北医科大学口腔医学院院长董福生教授分别就"梅毒在口腔黏膜的表现"及具有自主知识产权的"HBIC人工牙种植体系列"进行了学术讲座,与会代表就上述内容进行了学术交流。

河南省第八届口腔学术年会

时间:2008年9月12~15日

地点:河南省郑州市

主办、承办单位和主持人:河南省医学会口腔专业委员会主办,郑州大学口腔医学院承办,主持人莫三心

参会代表人数:191人

收到论文篇数:130篇

会议内容提要:大会邀请了中华口腔医学会会长、北京大学口腔医学院王兴教授,中国工程院院士、上海交通大学口腔医学院邱蔚六教授,上海交通大学口腔医学院王晓仪教授,四川大学华西口腔医学院孟玉坤教授4位专家做专题报告,报告题目分别为"中国口腔医学的发展","口腔颌面外科的临床进展";"老年人根管治疗术"和"X线在牙髓病根尖周病诊治中的特点","牙科视觉比色相关要素"。

会上完成了河南省医学会第八届口腔专业委员会的改选,选举了以莫三心教授为主任委员的新一届专业委员会,同时成立了河南省民营口腔医学工作委员会、牙体牙髓病学组、牙周黏膜病学组、口腔颌面外科学组、口腔修复学组和口腔正畸学组。

短　讯

▲北京口腔医学会第二届会员代表大会暨理事会换届选举大会在北京召开

2008年1月25日,北京口腔医学会在北京召开了第二届会员代表大会暨理事会换届选举大会。北京市社会团体管理办公室侯庆权处长到会祝贺并进行了指导。中华口腔医学会王渤秘书长代表中华口腔医学会到会祝贺并讲话。

大会由首都医科大学口腔医学院白玉兴教授主持。到会代表听取并审议通过了王邦康会长代表第一届理事会做的工作报告;审议通过了白玉兴代为宣读的第一届监事会工作报告;选举产生了新一届学会的领导机构。经过选举,推选金大鹏为名誉会长,王邦康任会长,孙正、马绪臣、刘洪臣、郭传瑸任副会长,白玉兴任秘书长,高天雨任副秘书长。

最后,王邦康会长做了总结发言,就今后学会的工作和计划进行了阐述,并对新一届学会提出希望。

▲中国牙病防治基金会换届会议在北京召开

2008年2月25日,中国牙病防治基金会(以下简称基金会)第三届理事会第五次会议暨第四届理事会第一次会议在北京召开,卫生部原副部长王陇德、卫生部疾控局齐小秋局长、孔灵芝副局长、卫生部人事司宋峻处长出席了会议,第三届理事会俞光岩副理事长主持了会议。

会议讨论了第三届理事会工作报告和财务报告,宣读了卫生部办公厅关于同意召开基金会换届会议的通知。选举产生基金会第四届理事会新理事长和理事会成员,王陇德同志当选为牙病防治基金会第四届理事会理事长。

会议决定成立专家委员会,专家委员会由12名专家组成,冯希平教授任主任。

会议通过修改后的《中国牙病防治基金会章程》,讨论了新一届基金会理事会的工作计划和2008年工作重点的报告。王陇德理事长对该次会议进行了总结并强调,第四届理事会将严格遵守民政部和卫生部关于基金会的有关法规和规定,在授权的业务范围内接受卫生部口腔卫生处的工作任务,筹措资金,通过中华口腔医学会组织专家和口腔医务工作者按规定章程开展各类牙防活动,共同促进中国牙防事业,提高13亿人民的口腔健康水平。

▲《第三次全国口腔健康流行病学调查报告》出版发行

为了解我国城乡居民口腔健康状况、变化趋势和相关影响因素,卫生部于2005—2007年组织开展了第三次全国口腔健康流行病学调查,并于2008年6月由人民卫生出版社正式出版发行了《第三次全国口腔健康流行病学调查报告》。第三次全国口腔健康流行病学调查参考了世界卫生组织《口腔健康调查基本方法(第4版)》的有关方法和标准,并结合我国的实际情况予以调整。本次调查按照多阶段分层次等内容随机抽样的原则调查了全国180个县(市、区)4个有代表性的年龄组共95 040人,其中口腔健康检查有效样本量为93 826人,口腔问卷有效样本量为61 499人。调查结果显示,在我国5岁、12岁、35~44岁、65~74岁人群龋病的龋患率分别为66.0%、28.9%、88.1%、98.4%。我国中老年人的牙周健康率分别只有14.5%和14.1%;人均失牙数分别为2.6颗和11颗;口腔黏膜异常检出率分别为5%和8%;口腔恶性肿瘤检出率分别为17/10万和30/10万。与前两次流调结果相比,儿童口腔健康水平得到明显提高,但中老年口腔健康状况没有得到显著改善，我国居民口腔疾病患病率高，口腔卫生医疗服务水平有待进一步提高。报告建议：加强口腔卫生工作的组织领导和部门间合作；加大政府对口腔卫生工作的经费投入；加强口腔健康教育和健康促进工作；针对重点人群和重点疾病，推广适宜技术，开展综合防治工作；加强社区口腔卫生服务工作；充分利用调查数据，开展深入分析研究；加强国际交流合作。报告的出版将为各级卫生行政部门和口腔卫生工作者制定政策、规划和措施提供科学依据，为促进《中国口腔卫生保健工作规划(2004—2010年)》目标的实现发挥积极作用。

▲我国将实施新的牙膏强制性国家标准

由国家质检总局和国家标准化委员会共同发布的新的牙膏强制性国家标准(GB8372-2008)即将于2009年2月1日起正式开始实施。

与2001年版的牙膏标准相比，新标准在许多方面都做了增加和调整：首次将“二甘醇”和“三氯生”等物质列入原料规范中并明确限量值，明确了含氟儿童牙膏中氟的指标限量值。新标准在感观指标上剔除了原有标准中对香味的要求以及泡沫量的要求，但对过硬颗粒、膏体等仍有要求。新标准禁止牙膏添加的成分有近1 500种，包括二甘醇等。另外，新标准还首次明确了标准的适用范围：将适用于清洁及护理口腔的各种牙膏。新标准对牙膏的pH值(酸碱度)也进行了修订，由原来的5.0~10.0改为5.5~10.0。

▲中华口腔医学会口腔黏膜病专业委员会第三届第五次全委会在大连召开

2008年3月28~30日，中华口腔医学会口腔黏膜病专业委员会第三届第四次全委会在大连市召开。中华口腔医学会王渤秘书长到会并讲话，口腔黏膜病专业委员会委员31人出席会议。中华口腔医学会口腔颌面外科专业委员会委员翦新春教授应邀出席会议。

大连医科大学附属第一医院徐英辉副院长和口腔医学院马国武院长出席开幕式并表示祝贺。口腔黏膜病专业委员会主任委员周曾同教授致开幕词。王渤秘书长对黏膜病专业委员会换届的基本原则等提出了规范的要求，对新组建的口腔中西医结合专业委员会提出了明确的指导意见。全体委员通过了换届改选的原则，讨论通过了《口腔黏膜白斑病的定义与分级标准》。孙正教授通报了关于第七次全国口腔黏膜病暨第五次全国口腔中西医结合大会会议日程安排等有关事项，刘宏伟教授、唐国瑶教授分别通报了相关工作。翦新春教授介绍了《口腔黏膜下纤维性变的临床诊断标准(第六稿)》，委员们提出了修改意见。

▲中华口腔医学会医院管理分会口腔护理学组工作会议在西安召开

2008年4月23日，在第九届全国口腔医院管理研讨会期间，中华口腔医学会医院管理分会口腔护理学组在西安召开工作会议。10名学组成员到会，中华口腔医学会王渤秘书长参会并宣布了口腔护理学组人员变更情况，北京大学口腔医院护理部李秀娥主任任组长。护理学组的组员们分析了当前我国口腔护理专业的现状，确定了未来三年的工作重点即从专科教育、在职培训、专科护理的准入、规范化操作几个方面推动口腔护理的发展，同时完成口腔专科护理人员情况调查工作。

▲卫生部疾控局积极组织地震灾区受灾群众开展口腔卫生保健

2009年5月12日，四川汶川特大地震灾害发生后，受灾群众被安排在临时设置的安置点，生活条件较为艰苦，常规口腔卫生保健措施难以实施，为指导受灾群众和救灾人员在灾后特殊环境条件下科学、有效地开展自我口腔卫生保健，疾控局组织口腔专家制定了《灾后自我口腔卫生保健方法》，并在卫生部网站上发布。同时积极与企业协调，组织捐赠一些基本口腔卫生保健用品到地震灾区，解决了部分受灾群众口腔生活日常用品匮乏的困难。

▲温州医学院附属口腔医院承办"幸福微笑"公益医疗救助活动

2008年5月25日~6月7日,温州医学院主办温州市"幸福微笑"公益医疗救助活动。此次活动得到中国人口福利基金会、温州市人民政府和美国"微笑联盟"基金会(Alliance for Smiles)等的大力支持,由温州市人口计生委、计生协,温州医学院附属口腔医院、附属二院/育英儿童医院承办。

由"微笑联盟"基金会组织的来自美国、加拿大和澳大利亚等国的39名志愿者(整形外科专家、麻醉师、儿科医师、护士等)、温州医学院附属口腔医院口腔颌面外科医师、温州医学院附属二院工作人员共同为179名唇腭裂患者进行了术前筛查,并为其中112名符合手术条件的患者免费实施了外科修复手术。温州籍爱乡台胞何纪豪先生捐赠美金10万元专用于该次活动。

▲中华口腔医学会第三届理事会第五次常务理事会在福州召开

2008年5月28日,中华口腔医学会第三届理事会第五次常务理事会在福州召开,会议由王兴会长主持。有19位常务理事因事请假,该次会议的各项决议采取会上通报结合会后函审形成。会议通过了"中华口腔医学会专业委员会(分会)管理办法修订说明"及"中华口腔医学会学术会议管理办法修订说明"等6项决议。

会上,各位副会长、常务理事以及学会各部门汇报了分管工作情况。

王兴会长提出了在2010年召开世界华人口腔医学会议以及成立世界华人口腔医学会的设想,并提请常务理事会考虑。还通报了学会召开第一次全国口腔医学会会长、副会长、秘书长工作会议的情况。

▲2008中英口腔医学教育论坛在南京大学举办

2008年6月1~2日,由世界大学联盟专项支持、江苏省口腔医学会和南京大学医学院附属口腔医院联合主办的"2008中英口腔医学教育论坛"在南京大学科技馆成功举办。

江苏省教育厅丁晓昌副厅长,江苏省医学会唐维新常务副会长,中华口腔医学会口腔医学教育专业委员会主任委员、首都医科大学副校长王松灵教授,复旦大学上海医学院院长鲁映青教授,英国利兹大学牙学院杨学斌教授,南京大学医学院院长高千教授,江苏省口腔医学会主任委员、南京大学医学院副院长、附属口腔医院院长胡勤刚教授等12位国内外口腔医学教育方面专家以及100余位口腔医学专家出席了此次论坛。

与会专家、学者就口腔医学教育的课程优化设置、如何更好地做好口腔临床医学的本科及硕士生培养工作,锻炼学生的临床操作能力,全面提升教学品质,并尽快与国际化教学水平接轨,英国利兹大学与江苏省科研教育的交流合作等热点话题,进行了深入的探讨。

▲中华预防医学会防龋、抗敏感临床新进展专题研讨会在青岛召开

2008年6月11日,中华预防医学会防龋、抗敏感临床新进展专题研讨会暨口腔卫生保健专业委员会换届会议在青岛召开。来自地方及军队系统大专院校、口腔专科医院等单位从事口腔公共卫生领域的专家60多人出席了会议。会议就含氟涂料在龋病预防中的研究和应用、牙本质过敏的治疗进展等做了学术报告;同时选举产生了中华预防医学会口腔卫生保健专业委员会第二届委员会。

▲全国口腔诊所/口腔门诊部基本标准修订工作会议在杭州召开

2008年6月29~30日,由卫生部委托中华口腔医学会并转托指定中华口腔医学会医院管理专业委员会医疗管理学组和民营口腔工作委员会共同组织、浙江哼哈口腔医院承办的全国口腔诊所/口腔门诊部基本标准修

订工作会议在浙江杭州召开。中华口腔医学会王兴会长、黄洪章副会长、浙江省口腔医学会赵士芳会长、医院管理专委会医疗管理学组全体组员以及民营口腔工作委员会常务委员等共30余人参加了该次会议。卫生部及浙江省卫生厅领导出席会议并讲话。

该次会议主要是修订卫生部1994年颁布的《医疗机构基本标准(试行)》(以下简称《标准》)中的全国"口腔诊所/口腔门诊部基本标准"。会议在听取了上海交通大学第九人民医院、北京口腔医院、浙江省口腔医学会等5个单位对《标准》修订意见的汇报后,由医疗管理学组主持对《标准》中的各项内容进行了详尽的讨论,并就所需调整内容初步达成一致意见。会议同时决定,《标准》修订意见的集中整理统一交由北京大学口腔医院承担并负责起草"标准修订草案","草案"形成后还将分别交由《标准》修订工作组、中华口腔医学会征集意见,最终经卫生部医疗机构标准委员会审议通过后上报卫生部获最后批复。

▲"口腔健康促进与口腔医学发展西部行活动"在南宁启动

2008年9月1日,由中华口腔医学会主办,广西医科大学口腔医学院、广西口腔医学会、高露洁棕榄(中国)有限公司承办的2008年度"口腔健康促进与口腔医学发展西部行活动"广西启动仪式在南宁举行。

"西部行"活动从2007年起在西部各省(自治区)展开,每年帮助2~3个西部省份进行口腔健康促进项目。2007年率先启动的省份是内蒙古,2008年在广西和陕西同时举行。"西部行"活动将进行系统的口腔健康促进教育:制作口腔健康教育科普电视片、宣传画;组织医疗机构开展免费口腔健康检查等。

"西部行"还将通过一些活动促进西部口腔医学的发展:邀请国内著名口腔医学专家免费举办口腔医学讲座、口腔临床技术培训班等。

▲西安举行"口腔健康促进与口腔医学发展西部行陕西站暨口腔医疗新技术三秦行"启动仪式

2008年9月6日上午,由中华口腔医学会、陕西省口腔医学会主办,广州高露洁棕榄有限公司、第四军医大学口腔医学院承办,卫生部疾病控制局支持的"口腔健康促进与口腔医学发展西部行暨口腔医疗新技术三秦行"启动仪式在第四军医大学口腔医学院隆重举行。"西部行"陕西站是此次活动的第三站。"口腔健康促进与口腔医学发展西部行"是全国口腔医学工作者进一步促进我国西部地区民众口腔健康水平提高,促进全民口腔保健意识提高,促进整个中国口腔医学发展一件大事。

在启动仪式上,中华口腔医学会王兴会长介绍口腔健康促进与口腔医学发展西部行的目标和内容,王渤秘书长介绍了口腔健康促进与口腔医学发展西部行工作情况。陕西省卫生厅刘少明厅长、第四军医大学樊代明校长、陕西省口腔医学会赵铱民会长等分别讲话。王兴会长将"口腔健康促进与口腔医学发展西部行"旗帜授予赵铱民会长。"口腔健康促进与口腔医学发展西部行暨口腔医疗新技术三秦行"活动在陕西省拉开了序幕。

▲南方医科大学口腔医学院成立

2008年9月10日,南方医科大学校党委宣布原南方医科大学第一临床医学院口腔医学系升格为南方医科大学口腔医学院,首任院长为吴补领教授。

南方医科大学第一临床医学院口腔医学系始建于2005年,设口腔解剖生理学、口腔组织病理学、口腔内科学、口腔颌面外科学、口腔修复学、口腔正畸学等11个教研室。医教研总面积3 500 m^2,主要培养5年制口腔医学专业本科生及口腔临床医学硕士研究生。从2005年开始,每年招收40~50名本科生,目前共有在校学生158人。1992年南方医科大学被批准为口腔临床医学硕士学位授予单位，招生规模逐年扩大，2003—2008年5年间共招收硕士研究生41名，其中9名已被授予硕士学位。南方医科大学口腔医学院成立为该单位的进一步发展创造了有利条件。

▲中国医科大学附属口腔医院获得药物临床试验机构的资格

根据《中华人民共和国药品管理法》和《药物临床试验机构资格认定办法（试行）》，中国医科大学附属口腔医院通过国家食品药品监督管理局认定，获得药物临床试验机构的资格（国食药监安[2008]519号，资格认定公告第17号），并颁发证书。

1996年该院即开始以合作形式进行药物临床试验项目，积累了宝贵经验。从2004年开始，先后派出5次10人参加国家食品药品监督管理局组织的管理及技术人员培训，院内也进行了多次人员培训。2006年4月，医院通过国家食品药品监督管理局药品认证管理中心实地认证评估，2008年9月17日获得国家最后认定，取得药物临床试验机构的资格。

▲我国第一个全国性健康教育宣传日——全国“爱牙日”设立20周年

2008年9月20日，是第20个全国“爱牙日”，其主题是“关注中老年人口腔健康”。为了做好“爱牙日”的宣传工作，卫生部下发了《开展全国“爱牙日”健康宣传促进系列活动的通知》，拟订了2008年全国“爱牙日”宣传口号和主题信息，制订了全国“爱牙日”健康宣传促进系列活动方案，召开了全国“爱牙日”健康宣传促进系列活动启动暨媒体座谈会。编制了宣传展板，印制了3.3万张“爱牙日”宣传画和5万册《中老年人口腔保健指南》，免费发往全国各地供活动使用。各地按照通知要求，通过媒体座谈、专家义诊、宣传等形式开展多种形式的口腔健康教育和科普活动。此外，还特别针对中老年人群开展以提供咨询、检查、治疗等为主要内容的“中老年人口腔卫生关爱行动”。据不完全统计，各省（区、市）共深入120多个社区，免费口腔检查8万多人次，为近7 000人提供了免费洁治、充填、修复等治疗，举办专题讲座/咨询1 500多场，参加讲座/咨询的人数近40万人，参与活动的专家7 000多人，受到群众的广泛好评。

▲中华口腔医学会口腔颌面外科专业委员会常委会在重庆召开

2008年10月6～8日，由中华口腔医学会口腔颌面外科专业委员会主办、重庆医科大学附属口腔医院承办的中华口腔医学会口腔颌面外科专业委员会第三届第三次常委会在重庆召开。中华口腔医学会会长王兴在会上作了重要讲话。邱蔚六院士、王大章教授、刘宝林教授、张志愿教授以及各学组组长等20余人出席了会议。

▲中美牙科护士四手操作技术培训班在北京开班

2008年10月7～9日，第一届中美牙科护士四手操作培训班在北京成功举办。参加培训学员来自全国27个省市、51个单位共130人。其中有牙科医生、护理部主任、总护士长、牙科临床第一线的牙科护士和管理者及私人诊所董事长。这是二十多年来中国牙科领域一直期盼着的大事，就是将中国牙科护士与国际接轨，能够开始在国际上交流。美国加州植牙中心牙科助手及牙科医生与来自全国各地牙科护士进行了交流学习。

北京大学口腔医院张震康教授、葛立宏教授，美国加州植牙中心Dr. Mike M. Chen出席了开幕式并讲话，美国大恒集团公司总裁许承武先生以及本次活动发起人蔡璐女士出席了开幕式。开幕式由北京大学口腔医院护理部李秀娥主任主持。

▲北京大学口腔医院新医疗大楼落成庆典

2008年10月10日，北京大学口腔医院举行盛大典礼，庆祝新医疗大楼顺利竣工并投入使用。全国人大常委会副委员长韩启德，卫生部部长陈竺、副部长陈啸宏，北京大学常务副校长柯杨以及北京市卫生局、中国医院协会等领导出席了庆典活动并讲话。

首先,举行了新医疗大楼落成剪彩暨毛燮均教授铜像揭幕仪式,韩启德副委员长和陈竺部长等为新大楼剪彩并致贺词。卫生部、财政部、教育部、北京大学及北大医学部、中华医学会、中华口腔医学会、中华护理学会等,在京各大综合医院、全国各大口腔医学院校以及来自美国、德国、日本等国家和地区口腔医学院及机构也派代表出席仪式。

新医疗大楼总建筑面积为 36 200 m^2,地上 15 层,地下 2 层。共设有 16 个临床科室,9 个医技科室,现有椅位 440 台,开放病床 120 张。

▲南开大学附属口腔医院举行揭牌仪式

2008 年 10 月 10 日,由天津市口腔医院与南开大学联合成立的南开大学附属口腔医院揭牌仪式在天津市口腔医院举行。

天津市政协副主席田惠光,天津市卫生局党委书记王贺胜,天津市卫生局局长程津新,南开大学党委书记薛进文,南开大学校长饶子和,中华医学会名誉会长张震康教授,中华口腔医学会名誉会长、中国工程院院士邱蔚六教授,中华口腔医学会会长王兴教授等来自全国口腔医学领域的专家近百人出席成立仪式并表示祝贺。揭牌仪式由天津市卫生局副局长申长虹主持。

▲南开大学新增口腔医学本科生教育

根据教育部教高[2008]10 号文“2008 年度高等学校专业设置备案或审批结果”,南开大学将新增口腔医学本科专业,2009 年起开始招收 5 年制本科生。

2008 年 10 月 10 日,南开大学附属口腔医院由南开大学与天津市口腔医院联合成立,双方将在开展国际交流、科研课题研究、口腔人才培养等方面全面合作。2009 年开始,双方将合作开展口腔教育 5 年制本科教学,在全国范围内招生。2009 级口腔医学的本科学生将在南开大学进行 3 年的基础医学和临床医学教育及口腔专业理论课教育,2 年在天津市口腔医院临床实习。

▲2008 首届“口腔前景杯”中国口腔行业摄影大赛圆满结束

2008 年 10 月 11 日,由中华口腔医学会主办、中华口腔医学会医院管理专业委员会口腔医院文化管理学组承办、国药前景口腔科技(北京)有限公司赞助支持的 2008 首届“口腔前景杯”中国口腔行业摄影大赛摄影作品在天津滨海国际会展中心展出。

该次摄影大赛收到 480 余幅摄影作品,共有 242 幅作品在大赛展览现场展出。其中有 60 幅作品被专家确定为获奖作品,在现场接受观众投票。经过测算评选出 3 名特等奖,6 名一等奖,9 名二等奖,12 名三等奖以及 30 名优秀奖。

该次摄影大赛是中国口腔界第一次群众性的摄影比赛,受到了全国口腔行业的广泛重视和积极参与,达到了宣传行业文化,展示社会精神风貌,提高职工文化修养,创造和谐行业风气的目的。

▲第二届预防口腔医学师资培训班在天津举办

2008 年 10 月 12 ~ 14 日,由中华口腔医学会预防口腔医学专业委员会和中华预防医学会口腔卫生保健专业委员会联合举办的第二届预防口腔医学师资培训班在天津滨海国际会展中心召开。来自全国 58 所大专院校的从事预防口腔医学教学和科研的 122 名医生参加了培训。

该培训班对医师们进行了四个专题的培训:1)预防口腔医学学科建设和发展,2)预防口腔医学教材培训,3)循证口腔医学,4)以预防为基点开发牙科市场。

▲香港大学牙医学院-中华口腔医学会优秀青年人才奖颁奖活动在天津举行

2008 年 10 月 13 日,香港大学牙医学院—中华口腔医学会优秀青年人才奖颁奖活动在天津滨海举行。王兴会长和香港大学牙医学院金力坚副院长共同为获奖人颁奖。此项目从2008年开始,每年在中国内地评选4名优秀青年学者或医师,获奖人员可以免费到香港大学进行为期1~2周的专业培训,费用由香港大学承担。此次评选出2名临床和2名基础医学优秀青年人才,获奖人员有:北京大学口腔医学院柳大为,首都医科大学口腔医学院马晓辉、刘怡,四川大学华西口腔医学院王智。

▲中华口腔医学会口腔颌面-头颈肿瘤内科协作组定稿会在长沙召开

2008年10月18日,由中南大学湘雅口腔医学院承办的中华口腔医学会口腔颌面-头颈肿瘤内科协作组定稿会在长沙市召开。来自中南大学、北京大学、上海交通大学、中山大学、第四军医大学口腔医学院与解放军总医院等院校的专家出席了会议。

中华口腔医学会口腔颌面-头颈肿瘤内科协作组组长郭伟教授回顾了协作组一年来所开展的工作,中山大学光华口腔医学院陈伟良教授向与会专家报告了第四次全国口腔颌面-头颈肿瘤内科协作组综合治疗学术研讨会的筹备情况。

会上对第四次全国口腔颌面-头颈肿瘤内科协作组综合治疗学术研讨会论文进行审核定稿,并确定大会交流论文和墙报张贴论文。

▲口腔疾病研究国家重点实验室第一届学术委员会第一次会议召开

2008年10月20日,在四川成都市新会展娇子国际会议中心召开了口腔疾病研究国家重点实验室第一届学术委员会第一次会议。出席会议的委员有邱蔚六院士、吴观陵教授、曹谊林教授、樊明文教授、崔福斋教授、王松灵教授、李铁军教授等。四川大学常务副校长李光宪教授致辞欢迎各位专家,向到会学术委员会委员颁发聘书。

口腔疾病研究国家重点实验室主任周学东教授向学术委员会汇报了口腔疾病研究国家重点实验室的建设计划和2008年工作安排。

学术委员会经过认真讨论,认为口腔疾病研究国家重点实验室拟定的近期和中长期建设计划符合实验室的建设方向和建设目标,一致认同口腔疾病研究国家重点实验室建设计划,并对今后的建设提出了一系列建议。

▲Tweed 中国中心在北京成立

2008年11月6日,由中华口腔医学会正畸专业委员会主任委员单位北京大学口腔医院正畸科牵头,国内5家副主任委员单位共同参与的Tweed中国中心在北京成立,成立大会暨揭幕仪式在中华口腔医学会会议室隆重举行。由美国Tweed基金会资深教官、台湾国防大学正畸学滕起民教授代表美国Tweed基金会宣读了Tweed中国中心成立的批准信及贺信。北京大学口腔医院俞光岩院长、李铁军书记、Tweed中国中心傅民魁顾问、林久祥主席共同为Tweed中国中心铜牌揭幕。

Tweed矫治技术由现代口腔正畸学之父Angle的杰出学生Tweed医师创立,是正畸学中一项传统的经典矫治技术,也是当今常规矫治严重错殆畸形的最为精确的一种矫治方法。设立在美国亚利桑那州图桑的Tweed基金会自60多年前成立以来,已经先后有70多个国家的6 000多名正畸医师在那里接受Tweed技术课程的培训。

Tweed中国中心地址在北京大学口腔医院正畸科。除了日常的教学研究工作,每年还定期招收一定数量的国内正畸医师,进行严格的基本功操作训练,培训合格者颁发Tweed中国中心结业证书及积分证书。

▲2008年全国口腔职业教育论坛暨"日进杯"口腔工艺技术展评在厦门举行

2008年11月7~8日,全国口腔职业教育论坛暨"日进杯"口腔工艺技术展评比赛在厦门举行。该次活动由中华口腔医学会口腔医学教育专业委员会、中华口腔医学会口腔修复工艺学专业委员会、全国医学高职高专教育研究会主办，日进齿科材料(昆山)有限公司赞助。来自全国45所院校80位教学主管领导和修复工艺学科代表参加了论坛。首都医科大学王松灵教授、四川大学于海洋教授、北京大学郭传瑸教授分别作了“我国医学人才培养模式现状的分析与思考”、“口腔修复工艺学的创新人才培养体系建设”及“临床口腔医学PBL教学法应用简介”的主题演讲，特邀嘉宾日本口腔技工协会会长末濑一彦先生作了“日本口腔技师教育的现状与展望”的演讲。

102名选手参加了展评比赛。此次展评比赛分为牙齿雕刻组和全口义齿排列组，分别评出一等奖1名，二等奖3名，三等奖6名。首都医科大学曹吉庆同学获得牙齿雕刻组一等奖，开封卫校卓书亚同学获全口义齿排列组一等奖。

▲“百年光华”暨中山大学光华口腔医学院35华诞庆祝活动

2008年11月15日，中山大学光华口腔医学院举行了百年光华暨中山大学光华口腔医学院35华诞庆典。中山大学郑德涛书记、黄达人校长、广东省卫生厅姚志彬厅长、钟世镇院士、钟南山院士、中华口腔医学会王兴会长及国内近百所口腔医学院校的负责同志和专家学者参加了庆典活动。

黄达人校长在庆典大会致辞中肯定了“百年光华”为国家医疗卫生事业所作出的积极贡献。姚志彬厅长、王兴会长在讲话中谈到，“百年光华”一直致力于国家医学事业的长远发展，光华口腔医学院在35年的发展历程秉承“光华”的优良传统，在人才培养、科学研究、医疗服务等方面取得了显著成绩。光华口腔医学院凌均棨院长在致辞中回顾了“百年光华”的历史和光华口腔医学院35年的奋斗成果，并畅谈了光华口腔医学院的发展规划。

当天，举行了“中国杰青论坛”，国内口腔界5位国家杰出青年基金获得者介绍他们的学术研究及最新的科研成果，并以对话的形式展开讨论，光华口腔医学院还举行了“百年光华”医学奖颁发仪式、“百年光华”纪念雕塑揭幕仪式等活动。

▲口腔颌面部血管瘤和脉管畸形治疗指南发布

由中华口腔医学会口腔颌面外科专业委员会脉管性疾病学组起草制定的《口腔颌面部血管瘤和脉管畸形治疗指南》，在2008年12月出版的《中华医学杂志》上全文发表。

经过4次全国性口腔颌面部血管瘤和脉管畸形治疗研讨会，国内对血管瘤治疗的适应证，淋巴管畸形、微静脉畸形、静脉畸形和动静脉畸形各种治疗方法的选择及其疗效等已初步达成共识。在卫生部和中华口腔医学会有关领导支持下，中华口腔医学会口腔颌面外科专业委员会脉管性疾病学组组织国内有关专家，按照循证医学的原则，并参照国内外最新研究成果，反复讨论，几易其稿，制定了口腔颌面部脉管性疾病治疗指南，以期对我国脉管性疾病的治疗起到指导作用。该指南将根据最新的临床医学证据和科研成果，定期进行修改和更新。

▲两位口腔医学专家被授予“卫生部有突出贡献中青年专家”称号

从卫生部网上获悉，四川大学华西口腔医学院陈谦明教授和北京大学口腔医学院林野教授获得2007—2008年度“卫生部有突出贡献中青年专家”称号。

根据卫生部办公厅、国家中医药管理局办公室《关于组织开展2008年度卫生部有突出贡献中青年专家选拔工作的通知》要求，经过了单位推荐、省级卫生行政部门初选和卫生部评审等有关程序，并将评审通过人员名单进行公示。据悉，获得2007—2008年度“卫生部有突出贡献中青年专家”称号的同志是医疗卫生工作者的优秀代表，为推动我国卫生事业发展作出了突出贡献。

▲贵阳医学院口腔医学系成立

2008 年 11 月 27 日，在贵阳医学院建校 70 周年庆典大会上，贵州省人民政府副省长刘晓凯为贵阳医学院口腔医学系授牌，并宣布贵阳医学院口腔医学系正式成立。出席会议的还有贵州省组织部部长张少农，省人大常委会副主任顾久，省委教育工委书记、省教育厅厅长孔令中，省卫生厅厅长等领导，学院党委书记姚小泉，学院院长宋宇峰等出席庆典。光临庆典的还有山西医科大学、华中科技大学、广西医科大学等 60 余所省内外兄弟院校和科研院所领导，省市各部、办、委、厅、局领导以及贵阳医学院各教学实习医院的领导和曾经在贵医工作、学习、生活的老领导、老同志、校友代表等 5 000 余人。

▲宁夏口腔医学会成立

2008 年 11 月 29 日，宁夏口腔医学会第一次会员代表大会在银川召开。参加会议的有中华口腔医学会会长王兴，自治区民政厅、自治区科协、自治区卫生厅、宁夏医科大学等有关领导。李春虹副厅长代表卫生厅向大会致词。来自全区 5 个地级市 130 余名口腔界代表参加了这次会议，会议选举产生了理事、常务理事。

中华口腔医学会王兴会长在大会上讲到，宁夏口腔医学会的成立对“口腔健康促进与口腔医学发展西部行”项目在宁夏更好地开展奠定了良好的基础。在新一届理事会的带领下，要加强团结，进一步适应新时期、新形势对学会工作的要求，充分发挥学会“桥梁”和纽带的作用，为促进口腔医学的发展和进步，提高宁夏广大人民群众的口腔健康水平作出更大贡献。

自治区卫生厅厅长刘天锡对学会成立提出几点期望，他希望口腔医学会理事会紧密团结全区口腔医学科技工作者，凝聚全区口腔医学各方力量，充分发挥口腔医学各专科在服务社会中的作用，着力创造宁夏口腔医学工作新局面。

该次会议审议通过了 3 个口腔专业委员会，审议通过了宁夏口腔医学会会费收取决议。

▲中华医学会第五次杂志工作会议在北京召开

2008 年 12 月 6 日，中华医学会在北京召开了第五次杂志工作会议，中共中央宣传部、国务院新闻出版署、中国科协、卫生部有关领导出席了会议。会议全面总结了中华医学会所主办的中华系列、中国系列、国际系列 118 种杂志所取得的成绩。其中中华系列杂志中，《中华口腔医学杂志》获优秀期刊一等奖，王兴教授获优秀总编奖，中华口腔医学杂志编辑部主任李季获优秀编辑部主任奖。中华医学杂志社社长游苏宁在会上宣布，中华医学会第 119 种杂志——《中华口腔正畸学杂志》正式获新闻出版署批准成为进入中华系列的第二本口腔医学杂志。

▲《华西口腔医学杂志》被评为“中国精品科技期刊”

2008 年 12 月 9 日，科技部中国科学技术信息研究所举行了“2008 中国科技论文统计结果发布会”，公布了我国科技人员 2007 年在国内外发表论文数量和影响的统计分析结果。并首次公布了中国精品科技期刊名单，中国精品科技期刊由 300 种科技期刊组成。教育部主管、四川大学主办、华西口腔医学院承办的《华西口腔医学杂志》被评为“中国精品科技期刊”。

中国精品科技期刊的遴选指标由定量指标和定性指标两部分组成，遴选时以定量指标为主，定性指标为辅。定量指标主要包括学术质量水平和国际竞争力水平指标。定性指标主要是指期刊的可持续发展潜力指标。经过公开征集社会各界意见和多次专家研讨及中国精品科技期刊遴选指标体系综合评价，在 6 000 多种科技期刊中评选出 300 种首批中国精品科技期刊。

▲**广东省牙病防治指导中心正式揭牌**

2008年12月16日，广东省牙病防治工作研讨会在广东省口腔医院召开，广东省牙病防治指导中心同时揭牌。卫生部疾病控制局张立副巡视员、广东省卫生厅黄飞副厅长、广东省各市卫生局疾控科（处）负责人、各市牙病防治专业机构负责人等百余名嘉宾代表应邀出席了会议。会上，张立副巡视员、黄飞副厅长分别致辞并作了重要讲话。

张立副巡视员指出，口腔疾病是重要的慢性疾病之一，世界上发达国家和部分发展中国家都给予了高度重视，将其列入重要的公共卫生问题，我国卫生部也于2007年成立了口腔卫生处，加强对全国牙病防治工作的管理、协调和指导。希望广东省牙病防治指导中心，在省委、省政府的正确领导下，为全国的牙病防治工作做出表率。

黄飞副厅长肯定了近年来广东牙病防治工作的成绩，并对今后工作提出了几点要求。广东省口腔医院院长章锦才教授和广东省牙病防治指导中心范卫华主任医师在研讨会上分别做了“广东省人群龋病状况报告”、“广东省人群牙周健康状况报告”等专题报告。

▲**中央财政安排专项经费在中西部地区开展儿童口腔疾病综合干预试点项目**

2008年12月，财政部、卫生部联合下发《关于下达公共卫生专项资金的通知》（财社〔2008〕293号），安排880万元专项资金在22个省、自治区、直辖市开展中西部地区儿童口腔疾病综合干预试点项目，旨在加强中西部地区儿童口腔疾病综合防治，帮助儿童养成良好的口腔卫生习惯，改善口腔卫生状况，从而促进口腔健康和全身健康。该项目是中央财政支持的第一个口腔公共卫生干预试点项目。

中国口腔医学院（系）和口腔医院科技成果获奖及获科研基金资助简况

本栏目收录范围主要为中华人民共和国各部委、省（自治区）、直辖市和中国人民解放军军级以上单位授予的口腔医学科技成果奖（表1）及资助的科研基金项目（表2），收录时限为2008年。

表1　2008年度我国口腔医学院（系）和口腔医院科技成果获奖简表

获奖项目名称	获奖单位	获奖人员	奖励名称与等级	授奖部门
* * * * * * * * * * *（涉密）	第四军医大学口腔医学院	徐礼鲜　罗二平　张　惠　董秀珍　柴　伟　申广浩　孙绪德等	国家科学技术进步奖二等奖	科技部
我国成人根管形态特点与根管治疗质量及疗效关系的研究	四川大学、上海交通大学、中山大学、北京大学、武汉大学、第四军医大学口腔医学院	周学东　吴红崑　梁景平　凌均棨　高学军　彭　彬　范　兵　黄定明　岳　林　赵守亮　高　燕	高等学校科学研究优秀成果奖科学技术进步奖一等奖	教育部
颞下颌关节疾病的基础与临床研究	武汉大学口腔医学院	龙　星	高等学校科学研究优秀成果奖科学技术进步奖一等奖	教育部

续表 1

获奖项目名称	获奖单位	获奖人员	奖励名称与等级	授奖部门
成釉细胞瘤中端粒酶表达的意义及调控	中国医科大学口腔医学院	钟　鸣　王　洁　汪立伟　张晓宏　孙喜盈　王宝江　钟　声等	辽宁省科学技术进步奖二等奖	辽宁省人民政府
静磁场对成骨细胞及其牙周组织影响的研究	中国医科大学口腔医学院	仇丽鸿　秦　科　包　扬　詹福良　朱琳琳　杨　谛　李子木等	辽宁省科学技术进步奖三等奖	辽宁省人民政府
牵引成骨技术在上下颌骨缺损修复中的应用研究	上海交通大学医学院附属第九人民医院	沈国芳　房　兵　卢晓峰　杨　辛　张晓虎　蔡　鸣　王旭东等	上海市科学技术进步奖三等奖	上海市人民政府
雌激素缺乏对牙周炎易感性的实验研究及初步临床应用	天津医科大学口腔医院	王永兰　靳趁心　吴陈炫　刘士有　刘大勇	天津市科学技术进步奖三等奖	天津市人民政府
关节盘复位在创伤性颞下颌关节强直治疗中的基础与应用研究	武汉大学口腔医学院	李祖兵	湖北省科学技术进步奖三等奖	湖北省人民政府
义齿固位的基础研究——从化学修饰到组织再生	武汉大学口腔医学院	程祥荣	湖北省自然科学奖三等奖	湖北省人民政府
涎腺肿瘤基因治疗的实验研究	河北医科大学口腔医学院	王　洁　董福生　王　旭　郑书深　闫炳智	河北省科学技术进步奖三等奖	河北省人民政府
骨髓间质肝细胞移植在整形外科治疗中的应用研究	佳木斯大学口腔医学院	房殿吉	黑龙江省科学技术进步奖三等奖	黑龙江省人民政府
脱细胞真皮基质用于修复全层皮肤缺损的实验研究	滨州医学院口腔学院	左金华	山东省科学技术进步奖三等奖	山东省人民政府
Rab25 基因沉默对卵巢癌基因治疗的实验研究	宁夏医科大学口腔医学系	樊　杨　商　莉　王　珑等	宁夏回族自治区科学技术进步奖三等奖	宁夏回族自治区人民政府
涎腺放射损伤功能重建研究	首都医科大学附属北京口腔医院	王松灵　单兆臣　李　钧　颜　兴　张春梅　孙　涛　海波等	中华医学科技奖三等奖	中华医学会
变色牙的漂白治疗	解放军总医院	王成龙　杨　胤　邓　斌　韩淑凤　储冰峰	军队医疗成果三等奖	解放军总后勤部
三种牙科全瓷底层材料光学性质的研究及临床应用	解放军总医院	邓　斌　温　宁　邵龙泉　李鸿波　王成龙	军队医疗成果三等奖	解放军总后勤部
热休克蛋白 47(HSP47)对皮肤疤痕形成影响的实验研究与应用	同济大学口腔医学院	王佐林等	上海市科学技术进步奖二等奖	上海市科学技术委员会
下颌前伸矫治器的研制及其作用机制的研究	浙江大学口腔医学院	谷志远　冯　剑　詹　静　孙　平　黄吉娜　曹　征　应　红	浙江省科学技术进步奖二等奖	浙江省科技厅

续表1

获奖项目名称	获奖单位	获奖人员	奖励名称与等级	授奖部门
提高口腔鳞癌治疗效果的基础与临床研究	南京大学医学院附属口腔医院	胡勤刚　王文梅　唐恩溢　王志勇　杨旭东	江苏省科学技术进步奖二等奖	江苏省科技厅
牙周炎与冠心病相关关系的基础研究	新疆医科大学第一临床医学院	钟良军　张源明　陈晓涛　梁　平　刘　华　刘　佳　木拉提·阿不都　热合曼	新疆维吾尔自治区科学技术进步奖二等奖	新疆维吾尔自治区科技厅
精密附着体在种植修复中的应用研究	吉林大学口腔医学院	周延民	吉林省科学技术进步奖二等奖	吉林省科学技术进步奖励委员会
牙和牙槽骨损伤修复生物材料研制与应用开发	吉林大学口腔医学院	孙宏晨	吉林省科学技术进步奖二等奖	吉林省科学技术进步奖励委员会
煅烧牛骨粉的研制及临床应用	吉林大学口腔医学院	高　心	吉林省科学技术进步奖三等奖	吉林省科学技术进步奖励委员会
血管内皮生长因子对术后放疗皮瓣成活影响的实验性研究	吉林大学口腔医学院	刘春丽	吉林省科学技术进步奖三等奖	吉林省科学技术进步奖励委员会
下颌外伤后对颞下颌关节影响的实验研究	吉林大学口腔医学院	张茹慧	吉林省科学技术进步奖三等奖	吉林省科学技术进步奖励委员会
牙体广泛缺损与修复的生物力学研究	南京医科大学口腔医学院	陈亚明　孙亚洲	江苏省科学技术进步奖三等奖	江苏省科技厅
经牙槽嵴顶入路行上颌窦提升牙种植术的研究	青岛大学医学院附属医院	赵保东	山东省科学技术进步奖三等奖	山东省科技厅
含醇脂质体米诺地尔的研制及其对毛发生长影响的机制研究	西安交通大学口腔医院	杨壮群　屠军波　薛　瑛　宋　勇　邢　喆　王正辉　虎小毅	陕西省科学技术进步奖三等奖	陕西省科技厅
PRP构建血管化口腔颌面部骨组织中作用机制的研究	青岛大学医学院附属医院	李宁毅	山东省医学科技创新成果二等奖	山东省科技厅
氟保护漆预防我国儿童龋齿的基础和临床研究	重庆医科大学附属口腔医院	林居红　王金华　杨　刚　蒋　琳　张红梅　胡　赟　马文竹	重庆市医学科技进步奖二等奖	重庆市卫生局
眶颧骨折继发畸形的临床研究	重庆医科大学附属口腔医院、中国医学科学院北京整形医院、第三军医大学大坪医院	邓　诚　归　来　肖水生　钟大文　何　玫　李　颖　陈金华	重庆市医学科技进步奖三等奖	重庆市卫生局
微型种植体的临床应用	南京医科大学口腔医学院	王　林　马俊青　王震东	江苏省卫生厅医学新技术引进一等奖	江苏省卫生厅
钛义齿在老年患者口腔修复中的应用	南京大学医学院附属口腔医院	张　洁　骆小平　杨　洁	江苏省卫生厅医学新技术引进二等奖	江苏省卫生厅

续表1

获奖项目名称	获奖单位	获奖人员	奖励名称与等级	授奖部门
应用4-META/MMA-TBB树脂黏结再植术保存纵折后牙研究	南京大学医学院附属口腔医院	王文梅　唐　巍　魏文佳	江苏省卫生厅医学新技术引进二等奖	江苏省卫生厅
螺旋CT三维重建技术在牙科疾病影像诊断中应用	南京大学医学院附属口腔医院	王铁梅　陆　苇　林梓桐	江苏省卫生厅医学新技术引进二等奖	江苏省卫生厅
电脑比色议在玻璃渗透氧化铝全瓷修复治疗及科研中的应用	南京医科大学口腔医学院	章非敏　谢海峰　吴凤鸣	江苏省卫生厅医学新技术引进二等奖	江苏省卫生厅
种植体固定的钛网复合DDM增高牙槽嵴的研究	兰州大学口腔医学院	刘　斌	兰州市科学技术进步奖一等奖	兰州市人民政府
静磁场对成骨细胞及其牙周组织影响的研究	中国医科大学	仇丽鸿　秦　科　包　扬　詹福良　朱琳琳　杨　谛　李子木等	沈阳市科学技术进步奖三等奖	沈阳市人民政府
直丝弓矫治器的应用与研究	新疆医科大学第一临床医学院	米丛波　范学兰　郭　虹　葛晓玲　沈　强　赵　玺　李　伟	乌鲁木齐市科学技术进步奖三等奖	乌鲁木齐市人民政府
提高口腔鳞癌治疗效果的基础与临床研究	南京大学医学院附属口腔医院	胡勤刚　王文梅　唐恩溢　王志勇　杨旭东	南京市科学技术进步奖二等奖	南京市科技局
牙体广泛缺损与修复的生物力学研究	南京医科大学口腔医学院	陈亚明　孙亚洲	南京市科学技术进步奖三等奖	南京市科技局
螺旋CT三维重建技术对颌骨内埋伏牙的定位评价	南京大学医学院附属口腔医院	王铁梅　邹昌宁　林梓桐	南京市卫生局医学新技术引进一等奖	南京市卫生局
化学机械微创去龋技术的临床应用	南京大学医学院附属口腔医院	李　姮　王文梅　杨如美	南京市卫生局医学新技术引进二等奖	南京市卫生局
应用4-META/MMA-TBB树脂黏结再植术保存纵折后牙研究	南京大学医学院附属口腔医院	王文梅　唐　巍　魏文佳	南京市卫生局医学新技术引进二等奖	南京市卫生局
口腔固定修复的系列研究	福建医科大学附属口腔医院	程　辉　郑　明　胡志刚等	福建省医学科技奖二等奖	福建省医学会
以牛心包为材料的天然衍生引导骨再生膜材料的实验研究	中南大学湘雅二医院口腔科	吴汉江　张文斌　胡广伟　周艺群　姚本栈　游　弋	湖南医学科技奖二等奖	湖南省医学会
根管治疗临床和应用基础研究	上海交通大学医学院附属第九人民医院	梁景平　孙　喆　褚　敏　闫培芳　夏文薇　陈　炯　杨卫东　王巧琳	上海医学科技奖三等奖	上海市医学会
错殆畸形及其正畸治疗对上气道的影响	河北医科大学口腔医学院	卢海燕　马文盛　胡骁颖　陈文静　任贵云	河北省医学会优秀医学科技成果一等奖	河北省医学会

表2　2008年度我国口腔医学院(系)和口腔医院获科研基金资助简表

项目名称	项目负责人	单位	基金来源及名称	批准号或编号	资助金额(万元)
基于人类胚胎干细胞健康安全评价新载体的构建	俞光岩	北京大学	中国科技部	2008DFB30090	257.00
建立中国口腔正畸疗效评价标准的研究	许天民	北京大学	卫生部卫生公益性行业科研专项经费	200802056(卫规财函[2008]382号)	156.00
口腔黏膜癌变中新关键分子事件及其临床意义	陈谦明	四川大学	国家重点基础研究发展计划(973)子课题	2008CB517307	58.00
颌面牵张成骨过程中关键血管/骨生长因子的调控研究	胡　静	四川大学	国家杰出青年科学基金	30825040	200.00
牙龈卟啉单胞菌自诱导体-2信号分子干扰与牙周炎防治的研究	徐　屹	四川大学	国家自然科学基金自由申请项目	30872872	30.00
用系统生物学技术预测口腔上皮-间质共同抑癌靶标及其应用研究	周红梅	四川大学	国家自然科学基金自由申请项目	30872873	32.00
诱导EMT的关键转录因子调控口腔鳞癌转移相关MicroRNAs的机制	梁新华	四川大学	国家自然科学基金自由申请项目	30872889	30.00
舌下神经支配对组织工程化骨骼肌舌向特化的影响	唐休发	四川大学	国家自然科学基金自由申请项目	30872890	30.00
间充质干细胞移植对正畸力作用下牙周组织改建的影响	王　军	四川大学	国家自然科学基金自由申请项目	30870597	33.00
矫形力作用下髁突改建整合机制的研究	杨　璞	四川大学	国家自然科学基金青年科学基金	30800212	20.00
Bmall调控间充质干细胞成骨分化的增龄性改变及其分子机制	赵　青	四川大学	国家自然科学基金青年科学基金	30801206	23.00
蛋白组筛查-功能分析-药物靶标技术链分析RACK1蛋白群组在口腔黏膜癌变诊断及治疗中的潜能	王　智	四川大学	国家自然科学基金青年科学基金	30801294	21.00
疾病相关性Ⅱ fimA型*P. g*特异性感染致病基因的研究	赵　蕾	四川大学	国家自然科学基金青年科学基金	30801295	20.00
成脂-成骨前体细胞成骨与成脂分化调控机制研究	林云锋	四川大学	国家自然科学基金青年科学基金	30801304	21.00
功能加载对即刻种植体周围骨改建的影响及其分子机制初探	班　宇	四川大学	国家自然科学基金青年科学基金	30801310	20.00
机械应力下Sonichedgehog(Shh)信号通路在Malassez上皮剩余细胞(ERM)表达机制的体内外研究	陈雨雪	四川大学	国家自然科学基金青年科学基金	30801316	20.00
线粒体基因突变与牙周炎易感性关系的研究	栾庆先	北京大学	国家自然科学基金自由申请项目	30872883	31.00

续表2

项目名称	项目负责人	单位	基金来源及名称	批准号或编号	资助金额（万元）
青春双歧杆菌/胞嘧啶脱氨酶基因靶向治疗口腔鳞癌的研究	郭传瑸	北京大学	国家自然科学基金自由申请项目	30872899	30.00
牙源性角化囊性瘤中*PTCH*1基因失活的遗传学及表现遗传学研究	李铁军	北京大学	国家自然科学基金自由申请项目	30872900	32.00
儿童生长快速期颌骨发育与呼吸功能关系的纵向研究	高雪梅	北京大学	国家自然科学基金自由申请项目	30872915	31.00
低摩擦矫治系统的探索及其正畸摩擦力的综合模拟实验研究	林久祥	北京大学	国家自然科学基金自由申请项目	30872916	31.00
牙科修复用叠层复合陶瓷的疲劳损伤机理研究	刘亦洪	北京大学	国家自然科学基金	50872003	35.00
转录因子RBP-Jkappa在牙髓细胞老化中的作用及机制研究	庄　姮	北京大学	国家自然科学基金青年科学基金	30801289	20.00
涎腺腺样囊性癌中肽脯氨酰顺反异构酶作用及机制研究	周传香	北京大学	国家自然科学基金青年科学基金	30801300	20.00
正畸保持期龈沟液骨保护素与核因子Kappa B受体活化因子配体水平对牙齿稳定的意义	刘　妍	北京大学	国家自然科学基金青年科学基金	30801313	20.00
根管治疗失败病例根管内粪肠球菌的致病基因研究	张成飞	北京大学	国家自然科学基金主任基金	30840091	10.00
变形链球菌密度感应欺骗行为规避机制的研究初探	黄正蔚	上海交通大学	国家自然科学基金自由申请项目	30872886	30.00
口腔白斑癌变的miRNA表达模型	蒋伟文	上海交通大学	国家自然科学基金自由申请项目	30872887	30.00
人PD-L2融合蛋白对角质形成细胞/T细胞共培养模型作用的研究	唐国瑶	上海交通大学	国家自然科学基金自由申请项目	30872888	28.00
E-cadherin的遗传学、表遗传学改变在涎腺多形性腺瘤发生、恶变中的作用	李　江	上海交通大学	国家自然科学基金自由申请项目	30872905	30.00
计算机辅助颅颌面整形外科手术规划与高精度手术导航系统关键技术研究	沈国芳	上海交通大学	国家自然科学基金自由申请项目	30872906	30.00
感染根管生物膜特性及其致病机制研究	姜云涛	上海交通大学	国家自然科学基金青年科学基金	30801291	20.00
Notch和Wnt信号的“对话”在EMPs作用骨髓基质细胞促进牙周再生中的调控机制研究	宋忠臣	上海交通大学	国家自然科学基金青年科学基金	30801292	20.00
光学导航定位多自由度机器人辅助颅颌面骨畸形整复的开发应用研究	张诗雷	上海交通大学	国家自然科学基金青年科学基金	30801302	20.00
解剖特异性神经趋向性生长与面神经修复的相关基础研究	胡　敏	解放军总医院	国家自然科学基金自由申请项目	30872898	30.00

续表 2

项目名称	项目负责人	单位	基金来源及名称	批准号或编号	资助金额（万元）
牙科氧化锆的着色和颜色调控	温　宁	解放军总医院	国家自然科学基金自由申请项目	50872152	29.00
牙齿功能性长轴方向加载下个性化应力分析的研究	李鸿波	解放军总医院	国家自然科学基金青年科学基金	30801307	20.00
模拟微重力环境对牙周膜成纤维细胞成骨特性的影响	牛忠英	解放军第 306 医院	国家自然科学基金自由申请项目	30870598	8.00
应用分子影像技术研究异常咬合力对牙周组织致炎效应的分子机制	施生根	解放军第 306 医院	国家自然科学基金自由申请项目	30872911	8.00
氯离子共转运体 KCC2/NKCC1 参与牙髓炎疼痛的中枢调控机制	吴礼安	第四军医大学	国家自然科学基金青年科学基金	30801293	20.00
新型间充质干细胞聚集体的构建及其运用于软骨再生的实验研究	吴　炜	第四军医大学	国家自然科学基金青年科学基金	30800236	21.00
渐进性咬合紊乱对牙周力感受器及其相关蛋白表达影响的动物实验研究	王美青	第四军医大学	国家自然科学基金自由申请项目	30872870	32.00
MAPK 信号转导通路在胶质细胞参与口腔颌面疼痛调控中的作用	刘晓东	第四军医大学	国家自然科学基金青年科学基金	30801303	20.00
结构可靠性理论用于口腔修复体预测寿命和优化设计的研究初探	张少锋	第四军医大学	国家自然科学基金自由申请项目	30872907	30.00
仿生化蛋壳膜的构建及其用于牙周组织再生的实验研究	段媛媛	第四军医大学	国家自然科学基金青年科学基金	30800222	20.00
体外构建复合结构血管化组织工程骨的研究	白石柱	第四军医大学	国家自然科学基金青年科学基金	50805141	22.00
新型功能单体——膨胀单体的合成及其改性口腔粘接材料的基础研究	孙　翔	第四军医大学	国家自然科学基金青年科学基金	30801309	20.00
牙髓损伤修复中骨髓间充质干细胞分化为成牙本质细胞及 Wnt-β-catenin 信号通路的作用	陆　群	第四军医大学	国家自然科学基金自由申请项目	30870636	30.00
TlR9 信号途径在成牙本质细胞天然免疫反应及 *DSPP* 基因表达调控中作用的研究	何文喜	第四军医大学	国家自然科学基金自由申请项目	30872869	30.00
β-catenin/TCF-4 介导的成骨细胞机械牵拉力信号转导新途径	冯　雪	第四军医大学	国家自然科学基金自由申请项目	30870594	32.00
雌激素受体在骨髓间充质干细胞向牙周组织细胞分化中的调控作用研究	丁　寅	第四军医大学	国家自然科学基金自由申请项目	30872913	31.00

续表2

项目名称	项目负责人	单位	基金来源及名称	批准号或编号	资助金额（万元）
p38MAPK与NF-κB信号通路交叉对话（Cross Talk）在应力介导的成肌细胞分化中的作用及其分子机理研究	袁　晓	第四军医大学	国家自然科学基金自由申请项目	30871426	8.00
诱导型腺相关病毒载体的构建以及在促进下颌骨髁突生长中的应用与机制研究	戴　娟	第四军医大学	国家自然科学基金青年科学基金	30801315	20.00
klf4在成牙本质细胞分化中的作用	陈　智	武汉大学	国家自然科学基金自由申请项目	30872880	34.00
PED相关粪肠球菌体外生物膜的形成及控制研究	范　兵	武汉大学	国家自然科学基金自由申请项目	30872881	34.00
$CD4^+$ Th细胞新亚群——Th17在根尖周骨破坏中的作用	彭　彬	武汉大学	国家自然科学基金自由申请项目	30872882	31.00
NELL-1基因调控颌骨发育的分子及信号转导机制	李祖兵	武汉大学	国家自然科学基金自由申请项目	30872892	32.00
氧敏感离子通道对低氧诱导口腔癌血管生成的门控效应研究	尚政军	武汉大学	国家自然科学基金自由申请项目	30872893	34.00
氧稳态维持与血管瘤内皮细胞发育及其调控机制	赵怡芳	武汉大学	国家自然科学基金自由申请项目	30872894	31.00
FFC法调节骨内修复体形态和生物力学个性化的基础研究	王贻宁	武汉大学	国家自然科学基金自由申请项目	30872910	33.00
CyPA和EMMPRIN配体-受体结合效应在牙周炎发生发展中的机制研究	曹正国	武汉大学	国家自然科学基金青年科学基金	30801298	21.00
内皮祖细胞荷溶瘤病毒双重靶向治疗腺样囊性癌的实验研究	贾　俊	武汉大学	国家自然科学基金青年科学基金	30801305	20.00
共表达Svegfr-1和IKBαM基因双重抑制腺样囊性癌血管发生的研究	张佳莉	武汉大学	国家自然科学基金青年科学基金	30801306	20.00
巨噬细胞对不同骨内植入材料的应答及其对骨髓间充质干细胞行为的影响	李智勇	武汉大学	国家自然科学基金青年科学基金	30801312	20.00
载*BMP*基因微球和载辛伐汀微球促进牙槽骨再生及机理研究	孙宏晨	吉林大学	国家自然科学基金	30830108/c1708	170.00
辛伐他汀磷酸钙骨水泥聚合物对剩余牙槽嵴骨修复及机制的研究	吴　哲	吉林大学	国家自然科学基金自由申请项目	30872912	30.00
磁性Fe_3O_4纳米复合基因载体靶体向治疗涎腺腺样囊性癌的研究	孙宏晨	吉林大学	国家自然科学基金国际合作项目	30740420551	25.00
口腔黏膜归巢$CD4^+CD25^+$T调节细胞归巢特征的实验研究	程　斌	中山大学	国家自然科学基金自由申请项目	30872874	32.00

续表2

项目名称	项目负责人	单位	基金来源及名称	批准号或编号	资助金额（万元）
运用Life-course方法纵向研究婴幼儿龋发病危险因素	林焕彩	中山大学	国家自然科学基金自由申请项目	30872875	25.00
细胞外基质磷酸化糖蛋白对牙髓牙本质复合体修复再生的调控作用研究	韦　曦	中山大学	国家自然科学基金自由申请项目	30872876	32.00
靶向hTERT干扰协同TRAIL介导口腔鳞癌细胞凋亡的研究	王建广	中山大学	国家自然科学基金自由申请项目	30872891	24.00
牙科全瓷修复体疲劳及失效行为的实验和数值模拟研究	赵　克	中山大学	国家自然科学基金自由申请项目	30872908	30.00
Treg对DCs破骨细胞向转化的调控机制研究	赵川江	中山大学	国家自然科学基金青年科学基金	30801296	20.00
破骨细胞分泌功能对成骨细胞作用及相关信号调控在牙槽骨吸收重建中的意义	陈莉丽	浙江大学	国家自然科学基金自由申请项目	30872884	32.00
PRG4在颞下颌关节盘前移位中的作用及调控机制研究	谷志远	浙江大学	国家自然科学基金自由申请项目	30872901	30.00
仿牙骨质活性涂层的新型钛种植体设计、制备及其生物学评价	赵士芳	浙江大学	国家自然科学基金自由申请项目	30872902	30.00
牙种植体表面仿细胞外基质活性涂层的设计、构建及其生物学评价	李晓东	浙江大学	国家自然科学基金青年科学基金	50803055	22.00
角质干细胞对皮肤疤痕形成的实验研究	王佐林	同济大学	国家自然科学基金自由申请项目	30872904	30.00
DcR3在破骨细胞中介导的反向信号传递研究	张晓磊	同济大学	国家自然科学基金青年科学基金	30801290	20.00
茶多酚与牙科铸造合金金属离子的络合反应及生物学效应	苏俭生	同济大学	国家自然科学基金主任基金	30840031	9.00
群体感应调控白色念珠菌生物膜形成的分子机制	魏　昕	南京医科大学	国家自然科学基金自由申请项目	30872885	8.00
口腔黏膜鳞癌浸润区微环境重塑与上皮间质转化机制研究	刘来奎	南京医科大学	国家自然科学基金自由申请项目	30872903	31.00
TRPM蛋白在舌鳞癌细胞增殖和凋亡调控机制中作用的研究	叶金海	南京医科大学	国家自然科学基金青年科学基金	30801301	20.00
脂联素(Adiponectin)调控颌骨骨吸收的实验研究	扈英伟	山东大学	国家自然科学基金自由申请项目	30872868	31.00
靶向牙龈卟啉菌RgpA基因防治种植体周围炎的实验研究	蓝　菁	山东大学	国家自然科学基金青年科学基金	30801308	20.00
白介素-10基因治疗对骨质疏松大鼠种植体骨结合影响的实验研究	陈　江	福建医科大学	国家自然科学基金主任基金	30840092	9.00

续表2

项目名称	项目负责人	单位	基金来源及名称	批准号或编号	资助金额（万元）
基于牙周组织工程技术的低强度脉冲超声波促进牙周组织修复作用研究	宋锦璘	重庆医科大学	国家自然科学基金自由申请项目	30870754	32.00
基于近红外量子点成像方法非侵入活体原位对恶性肿瘤浸润转移的可视化动态研究	杨　凯	重庆医科大学	国家自然科学基金自由申请项目	30872925	30.00
以微流控芯片为平台的涎腺腺样囊性癌转移机制研究	刘婷姣	大连医科大学	国家自然科学基金自由申请项目	30872897	30.00
根管粪肠球菌的超微结构分析与药物干预研究	牛卫东	大连医科大学	国家自然科学基金自由申请项目	30870670	36.00
基因-环境交互作用在先天性腭裂发生中的动态变化研究	王　如	大连医科大学	国家自然科学基金自由申请项目	30871352	8.00
凝胶注模成型牙科ZTA陶瓷基底冠的CAD/CAM和渗透研究	麻健丰	温州医学院	国家自然科学基金自由申请项目	30870632	30.00
应用细胞片层技术构建血管化组织工程骨的实验研究	李宁毅	青岛大学	国家自然科学基金自由申请项目	30872896	30.00
HA轴向特异结合的GEPIS对牙体硬组织再生的研究	毛　靖	华中科技大学	国家自然科学基金	30870651	8.00
颈椎骨龄系列图像量化分期法及其对上下颌骨生长预测的研究	陈莉莉	华中科技大学	国家自然科学基金青年科学基金	30801314	
口腔疣状癌临床分型的分子机制研究	唐瞻贵	中南大学	国家自然科学基金自由申请项目	30872895	33.00
防御素与口腔念珠菌病相互关系研究	陶人川	广西医科大学	国家自然科学基金地区科学基金	30860313	25.00
滇蓝尾蝾螈下颌骨及晶状体再生生物学研究	陈希哲	昆明医学院	国家自然科学基金自由申请项目	30870352	32.00
HIV相关口腔疱疹病毒感染的研究	段开文	昆明市延安医院	国家自然科学基金地区科学基金	30860315	
牙体组织疲劳损伤机理研究	侯铁舟	西安交通大学	国家自然科学基金自由申请项目	30872871	30.00
慢性牙周炎和冠心病相关性分子机制的研究	钟良军	新疆医科大学	国家自然科学基金地区科学基金	30860314	24.00
新疆维吾尔语腭裂患者术后语音障碍矫治模式的研究	阿地力·莫明	新疆医科大学	国家自然科学基金地区科学基金	30860317	26.00
基于纳米复合技术的口腔组织引导再生膜和颌骨修复材料	邓旭亮	北京大学	国家高技术研究发展项目计划(863计划)	2007AA03Z351	357.00
新型牙种植体及桩核修复材料及产品	胡晓阳	北京大学	国家科技支撑计划(卫生部)	2006BAI16B05	460.00
血管化自体颌下腺移植治疗重症角结膜干燥症的研究	俞光岩	北京大学	国家科技支撑计划(卫生部)	2007BAI18B11	140.00

续表2

项目名称	项目负责人	单位	基金来源及名称	批准号或编号	资助金额（万元）
各类颜面畸形的综合矫治及功能重建的研究	周彦恒	北京大学	国家科技支撑计划（卫生部）	2007BAI18B04	189.00
牙列缺损及缺失的种植修复与功能重建的研究	林　野	北京大学	国家科技支撑计划（卫生部）	2007BAI18B06	140.00
牙周病与全身疾病相关关系及相应治疗方案研究	孟焕新	北京大学	国家科技支撑计划（卫生部）	2007BAI18B02	200.00
应力作用下大鼠骨细胞的基因差异表达及其验证	王　航	四川大学	教育部新世纪人才支持计划	NCET-08-0375	50.00
口腔颌面外科相关疾病再生医学理论与技术的应用基础研究	林云锋	四川大学	教育部新世纪人才支持计划	NCET-08-0373	50.00
牙种植体-骨界面松质骨的切向微动损伤机理研究	于海洋	四川大学	教育部重点项目	108109	10.00
牙菌斑生物膜发育与龋病再矿化干预的研究	周学东	四川大学	高等学校博士学科点专项科研基金	200806100071	6.00
牙菌斑链球菌细胞壁缺陷型蛋白质组学研究	李　伟	四川大学	高等学校博士学科点专项科研基金	200806100075	6.00
天然交联剂（原花色素）在根面龋发生及再矿化过程中的作用	谢　倩	四川大学	高等学校博士学科点专项科研基金新教师基金	200806101137	3.60
应力微环境下间充质干细胞对牙周组织改建的调控	王艳民	四川大学	高等学校博士学科点专项科研基金新教师基金	200806101115	3.60
MNN-PCEC纳米颗粒包被质粒转染沉默PA28基因探究其抗口腔黏膜上皮癌变和转移活性	王　智	四川大学	高等学校博士学科点专项科研基金新教师基金	200806101110	3.60
疾病相关性牙龈卟啉单胞菌特异性致病基因的鉴定和功能研究	赵　蕾	四川大学	高等学校博士学科点专项科研基金新教师基金	200806101107	3.60
机械力控性离子通道在骨细胞力学信号转导中的作用研究	沈颉飞	四川大学	高等学校博士学科点专项科研基金新教师基金	200806101102	3.60
咽后壁增高与腭裂修复术整复腭裂的临床研究	李　盛	四川大学	高等学校博士学科点专项科研基金新教师基金	200806101116	3.60
壳聚糖/磷灰石复合驻极体生物膜的实验研究	满　毅	四川大学	高等学校博士学科点专项科研基金新教师基金	200806101111	3.60
成釉细胞瘤肿瘤干细胞的分离和鉴定	耿　宁	四川大学	高等学校博士学科点专项科研基金新教师基金	200806101105	3.60
个体化完整冠根三维数字化牙列的重建研究	许天民	北京大学	高等学校博士学科点专项科研基金	200800010098	6.00

续表2

项目名称	项目负责人	单位	基金来源及名称	批准号或编号	资助金额（万元）
义齿基托对支持组织压力的动态实时检测	刘建彰	北京大学	高等学校博士学科点专项科研基金新教师基金	200800011107	3.60
牙周干细胞参与钛表面牙骨质样组织形成的机制研究	王贻宁	武汉大学	高等学校博士学科点专项科研基金	200804860008	6.00
CyPA 和 EMMPRIN 配体-受体结合效应与牙周炎	曹正国	武汉大学	高等学校博士学科点专项科研基金新教师基金	200804861012	3.60
β-arrestin 对牙周炎的抑制作用及机制研究	许庆安	武汉大学	高等学校博士学科点专项科研基金新教师基金	200804861011	3.60
可溶性 VEGFR-1 抑制腺样囊性癌血管发生的机制研究	张佳莉	武汉大学	高等学校博士学科点专项科研基金新教师基金	200804861007	3.60
仿生下颌骨髁突的体外构建及其性能研究	李　智	武汉大学	高等学校博士学科点专项科研基金新教师基金	200804861006	3.60
载 *BMP* 基因聚合物微球促进牙槽骨再生及机理研究	孙宏晨	吉林大学	高等学校博士学科点专项科研基金	200801830063	6.00
齿科修复用钛合金研制及性能研究	张连云	天津医科大学	高等学校博士学科点专项科研基金	200800620006	6.00
仿生活性涂层的钛种植体设计、制备及其生物学评价	赵士芳	浙江大学	高等学校博士学科点专项科研基金	200803350105	6.00
OPN 及 HSP47 基因沉默抑制皮肤疤痕形成的实验研究	王佐林	同济大学	高等学校博士学科点专项科研基金	200802470023	6.00
体外扩增口腔扁平苔藓病损组织归巢 $CD4^+CD25^+$ Treg 细胞的实验研究	程　斌	中山大学	高等学校博士学科点专项科研基金	200805580082	6.00
羟基磷灰石种植涂层微观力学性能的研究	王　焱	中山大学	高等学校博士学科点专项科研基金	200805581154	3.60
低磷酸化维甲酸受体（RAR）α介导口腔鳞癌细胞 G1 阻滞和增殖/分化转换的机制	王安训	中山大学	教育部留学回国人员科研启动基金	–	2.00
人间充质干细胞的非分化性增殖研究	朱慧勇	浙江大学	教育部留学回国人员科研启动基金	J200804132	2.00
颞下颌关节紊乱研究诊断标准应用软件开发与测试	张玉玮	天津医科大学	教育部留学回国人员科研启动基金	–	2.00
牙本质磨耗的基础研究	黎　红	四川大学	教育部留学回国人员科研启动基金	2008890-19-6	2.00
锥形束型 CT 图像的三维立体重建在临床中的研究和应用	李　刚	北京大学	教育部留学回国人员科研启动基金	教外司留[2008]890号	2.50
舌尖接触合在全口义齿与种植全口义齿的力学研究	焦　婷	上海交通大学	教育部留学回国人员科研启动基金	2008-0890-05	2.00

续表2

项目名称	项目负责人	单位	基金来源及名称	批准号或编号	资助金额（万元）
核仁素在小鼠下颌磨牙造釉器发育过程中的表现及功能	谢　明	上海交通大学	教育部留学回国人员科研启动基金	2008-0890-10	2.00
口腔生物膜药膜渗透屏障的数字化分析	黄正蔚	上海交通大学	教育部留学回国人员科研启动基金	2008-0890-04	2.00
人牙髓 $CXCR4^+$ 细胞的筛选、鉴定和诱导分化	朱亚琴	上海交通大学	教育部留学回国人员科研启动基金	2008-0890-09	3.00
口腔鳞状细胞癌诊治靶点基因的筛选和功能研究	陈万涛	上海交通大学	教育部	教外司专（2008）271	3.45
VEGF基因治疗促进再生骨稳定的实验研究	徐　辉	首都医科大学	教育部留学回国人员科研启动基金	–	3.00
口腔鳞癌及黏膜白斑的基因甲基化谱分析	张辛燕	首都医科大学	教育部留学回国人员科研启动基金	–	2.00
纯钛表面溶胶凝胶法 SIO_2 涂层对钛瓷结合性能的影响	任卫红	首都医科大学	教育部留学回国人员科研启动基金	–	2.00
伴放线放线杆菌CDT亚基CdtB功能研究	徐　艳	南京医科大学	教育部留学回国人员科研启动基金	–	2.00
应用Micro-CT进行牙种植术后并发症的颌骨解剖学研究	金光春	滨州医学院	教育部留学回国人员科研启动基金	–	3.75
钛表面碳纳米管/羟基磷灰石复合涂层骨活素修饰后对大鼠成骨细胞活性的影响	万乾炳	四川大学	四川省科技厅科技支撑计划	2008SZ0032	5.00
离体牙深低温保存及牙移植的研究	王艳民	四川大学	四川省科技厅科技支撑计划	2008SZ0175	10.00
牙囊细胞经*BMP*-2基因修饰后治疗牙周病的研究	董　伟	四川大学	四川省科技厅科技支撑计划	2008SZ0183	10.00
骨形态发生蛋白质对口腔癌细胞增殖和转移及相关细胞信号传导的影响	高庆红	四川大学	四川省科技厅科技支撑计划	2008SZ0193	10.00
嵌体法修复髓腔穿孔的基础与临床研究	尹仕海	四川大学	四川省科技厅科技支撑计划	2008SZ0202	10.00
气电纺聚羟基丁酸酯膜引导骨再生的实验研究	林映荷	四川大学	四川省科技厅应用基础研究项目	2008JY0024-2	3.00
人脂肪干细胞分化机制的研究	林云锋	四川大学	四川省科技厅应用基础研究项目	2008JY0028-2	3.00
纳米复合抗菌根管消毒药物的应用基础研究	吴红崑	四川大学	四川省科技厅应用基础研究项目	2008JY0037	4.00
原发性高血压与牙槽骨吸收的相关性研究	王　敏	四川大学	四川省科技厅公益性研究计划	2008SG0011	10.00
不同类型保持器对正畸治疗后保持效果影响的临床随机对照试验研究	赖文莉	四川大学	四川省科技厅公益性研究计划	2008SG0018	5.00

续表2

项目名称	项目负责人	单位	基金来源及名称	批准号或编号	资助金额（万元）
气电纺聚羟基丁酸酯膜的制备及组织工程研究	林映荷	四川大学	四川省科技厅公益性研究计划	2008SG0020	5.00
防治义齿性口炎型基托材料的研制	高　宁	四川大学	四川省科技厅公益性研究计划	2008SG0023	5.00
十肽作用致龋变形链球菌的差异蛋白组学研究	吴红崑	四川大学	四川省科技厅公益性研究计划	2008FZ0173	10.00
原发性高血压与牙槽骨吸收的相关性研究	王　敏	四川大学	四川省科技厅公益性研究计划	2008FZ0174	20.00
天然药物五倍子影响老年人根面龋再矿化的机理	郭　斌	四川大学	四川省科技厅公益性研究计划	2008FZ0199	15.00
老年人残根残冠的现代根管治疗及咬合重建	郭　斌	四川大学	四川省青年科技基金前期资助项目	08ZQ026-092	4.00
医疗科技创新体系构建中相关影响因素的研究	蒋　琰	四川大学	四川省软科学项目	2008ZR0158	1.00
中国西部地区青少年牙龄与骨龄相关性调查研究	邹淑娟	四川大学	四川省软科学项目	2008ZR0160	2.00
口腔医护人员交叉感染防护行为现状调查研究	邓立梅	四川大学	四川省软科学项目	2008ZR0161	2.00
骨组织细胞机械敏感性离子通道的电生理特征研究	沈颉飞	四川大学	四川省重点科技自筹项目——科技支撑计划	2008SZ0233	25.00
HMGN2 分子抗口腔癌细胞活性研究	冯　云	四川大学	四川省重点科技自筹项目——科技支撑计划	2008SZ0234	25.00
基于 Micro-CT 数据的虚拟 X 线片模型的构建及其在根尖周病变研究中的应用	高　原	四川大学	四川省重点科技自筹项目——科技支撑计划	2008SZ0235	25.00
构建牙再生细胞环境的支架材料的研究	冯海兰	北京大学	北京市自然科学基金	7082104	11.00
成牙骨质细胞的生物学特性及其组织工程学研究	侯建霞	北京大学	北京市科技新星A类	2007A010	8.00
先天缺牙的系列治疗及特征性临床表型的研究	冯海兰	北京大学	首都医学发展基金	2007-1005	60.00
牙髓病的根管治疗与直接粘接修复一体化治疗	高学军	北京大学	首都医学发展基金	2007-1006	36.00
重度骨量不足的种植修复临床研究	林　野	北京大学	首都医学发展基金	2007-2008	30.00
非单纯性眼眶骨折继发眼球内陷的发生及矫治机理的研究	张　益	北京大学	首都医学发展基金	2007-3008	8.00
儿童睡眠呼吸暂停的口腔正畸治疗	高雪梅	北京大学	首都医学发展基金	2007-3009	10.00

续表 2

项目名称	项目负责人	单位	基金来源及名称	批准号或编号	资助金额（万元）
下颌偏斜患者冠状面咀嚼模式分析	聂 琼	北京大学	笹川启动基金		0.50
北京市成人牙本质过敏症流行病学调查	荣文笙	北京大学	中华口腔医学会		4.00
下颌前导在不同年龄阶段对髁突软骨内成骨的作用	沈 刚	上海交通大学	上海市浦江计划（D）	–	20.00
新型非病毒基因给药系统在口腔颌面部骨组织工程中的研究与应用	蒋欣泉	上海交通大学	上海市科委国际合作项目	08410706400	30.00
口腔肿瘤及癌前病变资源库的建立与共享	张志愿	上海交通大学	上海市科委平台建设专项	08DZ2292700	120.00
miRNA 在 TLRs 介导牙周炎症中调控机制的研究	束 蓉	上海交通大学	上海市科委重点基础	08JC1414600	30.00
SDF-1/CXCR4 轴在修复性牙本质形成中的作用机理研究	朱亚琴	上海交通大学	上海市科委重点基础	08JC1414500	30.00
第一鳃弓畸形发生机制的研究	沈国芳	上海交通大学	上海市科委重点基础项目	08JC1417800	30.00
基于分子药理诊断的口腔鳞癌个体化靶向治疗研究	陈万涛	上海交通大学	上海市科委重点基础项目	08JC1414400	65.00
钛种植体表面 TiO_2 纳米管/仿生纳米 HA 修饰的实验研究	张富强	上海交通大学	上海市科委纳米技术专项	0852nm02900	50.00
Nell-1、BMP-2 非病毒基因协同修饰的组织工程化颌骨的研究	蒋欣泉	上海交通大学	上海市科委启明星后	08QH14017	20.00
膜联蛋白 A1 在口腔鳞癌发生发展中的机制研究	钟来平	上海交通大学	上海市科委启明星	08QA1405600	15.00
早期舌体鳞癌颈部淋巴结转移的临床与基础研究	张陈平	上海交通大学	上海市科委学科带头人	08XD14024	40.00
唾液链球菌尿素酶基因的精简与调控表达	王 艳	上海交通大学	上海市自然科学基金	08ZR1416800	10.00
长三角地区口腔癌前病变资源库建设及管理	周海文	上海交通大学	上海市自然科学基金	08ZR1416700	10.00
环孢菌素 A 导致牙齿过度生长机制的研究	尹元正	上海交通大学	上海市自然科学基金	08ZR1412801	10.00
骨质疏松大鼠正畸应力诱导骨改建机制的实验研究	房 兵	上海交通大学	上海市科委生物处	08411961600	10.00
青少年颞下颌关节盘移位至颌骨畸形的综合诊断研究	杨 驰	上海交通大学	上海市科委生物处	08411967400	10.00
基于人类染色体区域基因型与腭心面综合征表型关系的分子诊断和临床研究	王国民	上海交通大学	上海市科委生物处	08411967900	10.00
力学刺激诱导人牙周膜细胞凋亡机制的研究	胥 春	上海交通大学	上海市科委生物处	08411961500	10.00

续表2

项目名称	项目负责人	单位	基金来源及名称	批准号或编号	资助金额（万元）
新西兰白兔舌鳞癌细胞系的建立及生物学特性研究	任国欣	上海交通大学	上海市科委动物研究	08140902100	20.00
白玉兰基金资助会议	蒋欣泉	上海交通大学	上海市科委白玉兰	2008B081	2.20
颌面缺损赝复数字化诊疗系统的开发及远程医疗服务与教育体系的建立	张富强	上海交通大学	上海市信息委产	0801031	15.00
人牙髓 CXCR4 细胞分选、鉴定和增殖分化研究	朱亚琴	上海交通大学	上海市教委重点项目	09ZZ116	15.00
牙龈卟啉单胞菌基因敲除菌株的构建及其生物特性的研究	刘大力	上海交通大学	上海市教委	09YZ78	8.00
Wnt/B-catenin 信号调控增强上颌骨缝牵张成骨稳定性的研究	唐国华	上海交通大学	上海市教委	09YZ75	8.00
负责人研究行为:医学科研中伦理缺陷评估和对策研究	吴正一	上海交通大学	上海市教委科研创新项目	09YS108	3.00
上海市口腔医疗人力资源调查与分析	冯希平	上海交通大学	上海市卫生局学科带头人	2008-27-15	30.00
颞下颌关节囊内粘连的形成机制研究	张善勇	上海交通大学	上海市卫生局	2008160	3.00
锶元素促进牙种植体骨整合的实验研究	付远飞	上海交通大学	上海市卫生局	2008Y101	2.00
上海地区青少年颈椎骨成熟度与上下颌骨生长量关系的研究	孙　燕	上海交通大学	上海市卫生局	2008165	3.00
五白汤治疗白色念珠菌性口糜的临床和实验研究	周曾同	上海交通大学	上海市卫生局中医处	2006L031A	3.00
复方中药制剂用于乳牙感染根管充填的疗效观察	马　瑞	上海交通大学	上海市卫生局中医处	2008L008A	3.00
益气养阴解毒法防治涎腺腺样囊性癌转移的临床研究	郭　伟	上海交通大学	上海市卫生局中医处	2008L009A	3.00
牙囊细胞的成骨特性在牙周组织缺损修复中的应用	金作林	第四军医大学	陕西省国际科技合作计划	2008KW-20	3.00
一种新型纳米材料在儿童乳牙龋治疗中的应用研究	王小竞	第四军医大学	陕西省国际科技合作计划	2008KW-22	3.00
五种根管充填材料性能的实验和临床研究	吕海鹏	第四军医大学	陕西省科技计划项目	2008K06-09	5.00
应用新型氧化锌晶须抗菌剂构建牙科抗菌树脂的研究	方　明	第四军医大学	陕西省科技计划项目	2008K11-02	2.00
胶原/PLGA 同轴电纺纳米纤维支架在软骨组织工程中的应用	贾　骏	第四军医大学	陕西省科技计划项目	2008K14-01	2.50

续表2

项目名称	项目负责人	单位	基金来源及名称	批准号或编号	资助金额（万元）
含骨保护素（OPG）的右旋糖酐基凝胶微球制备及其理化与生物学性能研究	关素敏	第四军医大学	陕西省科技计划项目	2008K14-03	2.00
构建具有BMP控释功能的多孔碳/碳复合材料人工齿根及其骨组织响应行为研究	李冬梅	第四军医大学	陕西省科技计划项目	2008K14-03	2.00
具有氟缓释作用的齿科CAD/CAM全瓷修复体的应用研究	马楚凡	第四军医大学	陕西省科技计划项目	2008K14-03	2.00
新型活性陶瓷表面牙种植体的研制	马　威	第四军医大学	陕西省科技计划项目	2008K14-03	2.00
超声引导下介入诊断治疗口腔颌面部疾病的临床研究	宋　红	第四军医大学	陕西省科技计划项目	2008K14-03	2.00
牙本质黏结界面稳定性的研究	赵三军	第四军医大学	陕西省科技计划项目	2008K14-03	2.00
外胚间充质干细胞的可塑性研究	周泽渊	第四军医大学	陕西省科技计划项目	2008K14-03	2.00
骨髓基质干细胞和软骨细胞复合接种构建下颌骨生长中心的研究	冯　雪	第四军医大学	陕西省科技计划项目	2008K14-06	3.00
超声引导下介入诊断治疗口腔颌面部疾病的临床研究	侯　锐	第四军医大学	陕西省科技计划项目	2008K14-06	2.00
组织工程骨修复颌骨缺损后正畸牙齿移动的研究	金　钫	第四军医大学	陕西省科技计划项目	2008K14-06	2.50
牙周病的家族遗传性及正畸综合性矫治的研究	段银钟	第四军医大学	陕西省科技计划项目	2008K14-03	2.00
大鼠咬合肌力控制模型建立及对下颌生长作用规律的研究	曹　猛	第四军医大学	陕西省自然科学基金	SJ08C237	2.00
钙磷-酪蛋白磷酸肽对老年高龋患者变链菌致龋性的影响及先天缺牙致病基因*PAX*9的RNAi研究	林　媛 袁林天	第四军医大学	陕西省自然科学基金	SJ08C219	3.00
连续波热塑技术在根管治疗中应用的实验研究	张亚庆	第四军医大学	陕西省自然科学基金	SJ08C214	2.00
头影测量分析与正畸图像管理系统的开发与应用	李　东	第四军医大学	陕西省自然科学基金	SJ08C217	2.00
运用快速成型技术辅助下颌角肥大矫正术的临床应用	曹　强	第四军医大学	陕西省卫生科研基金	08D40	1.00
牙体缺损计算机即刻修复技术的临床应用研究	张少锋	第四军医大学	陕西省卫生科研基金	08H38	1.00
伢典高强纤维在乳牙外伤松动治疗中的应用研究	吴礼安	第四军医大学	陕西省卫生厅科研基金	08E33	1.00
牙发育性缺陷的诊断和治疗技术研究	边　专	武汉大学	湖北省研究与开发计划项目	2008BCC001	40.00

续表2

项目名称	项目负责人	单位	基金来源及名称	批准号或编号	资助金额（万元）
颅颌面发育性缺陷的诊断和治疗技术研究	边专	武汉大学	湖北省自然科学基金	2008CDA050	10.00
厚朴酚对变形链球菌生物膜的调控机制研究	黄冰冰	武汉大学	湖北省自然科学基金	2008CDB150	2.00
大鼠牙囊细胞的诱导分化及其在牙周组织工程中的应用	杨凌	武汉大学	湖北省自然科学基金	2008CDB169	2.00
IL-6表达质粒增强防龋DNA疫苗黏膜免疫效果的研究	许庆安	武汉大学	湖北省卫生厅青年科技人才基金	QJX2008-19	8.00
Ⅱ类错殆病人矫治前后生活质量的变化	张漫	武汉大学	湖北省卫生厅青年科技人才基金	QJX2008-20	8.00
新型生物活性牙种植体的关键技术研究与开发	王贻宁	武汉大学	武汉市科技攻关计划	200860423229	20.00
XLHED新突变体的发现和遗传筛选	叶晓茜	武汉大学	武汉市晨光计划	200850731374	5.50
Nrf2/Keap1通路在口腔白斑发生发展中的作用	孙正	首都医科大学	北京市自然科学基金	7092036	12.00
SH3BP2突变与巨颌症相关性的研究	李翠英	首都医科大学	北京市自然科学基金	7092037	12.00
口腔癌细胞中介导姜黄素化学预防作用的靶向蛋白研究	张辛燕	首都医科大学	北京市自然科学基金	7093121	6.00
牙龈卟啉单胞菌蛋白酶影响牙周膜干细胞分化的分子机制	张凤秋	首都医科大学	北京市自然科学基金	7093122	6.00
牙发生、发育分子机理研究	王学玖	首都医科大学	北京市科技新星A类计划	2008A80	8.00
*PTCH2*基因在口腔颌面部发育中的功能研究	杜娟	首都医科大学	北京市科技新星A类计划	2008A81	8.00
无龋和高龋人群牙菌斑微生物元基因组研究方法的建立及菌群组成分析	陆玉	首都医科大学	北京市科技新星B类计划	2008B67	30.00
计算机辅助口腔正畸微种植体支抗定位系统的研究及临床应用	张栋梁	首都医科大学	北京市科技新星B类计划	2008B68	30.00
北京市窝沟封闭预防龋齿效果评价	孙正	首都医科大学	北京市科学技术委员会科技计划项目	Z080507030808023	20.00
人工胶原基骨修复唇腭裂患者牙槽嵴裂的研究	陈仁吉	首都医科大学	北京市教育委员会科技计划面上项目	KM200910025023	15.00
北京地区青少年颅面生长发育监测及颅颌面畸形防治系统	白玉兴	首都医科大学	首都医学发展基金	2007-1032	55.00
金属卡环作用于人造冠的固位力衰减及冠表面磨损研究	郑东翔	首都医科大学	首都医学发展基金	2007-3094	10.00
基因甲基化在口腔黏膜癌前病变早期诊断中的应用研究	张辛燕	首都医科大学	首都医学发展基金	2007-3095	10.00

续表 2

项目名称	项目负责人	单位	基金来源及名称	批准号或编号	资助金额（万元）
骨膜原位成骨修复颌骨缺损的临床应用研究	潘巨利	首都医科大学	首都医学发展基金	2007-3096	10.00
牙继发龋 X 线自动诊断与激光荧光法诊断的比较研究	李　涓	首都医科大学	北京市卫生局青年科学研究资助项目	QN2008-020	2.00
牙周可疑致病菌在青少年慢性龈炎患者龈下菌斑中的定量 PCR 检测	张　荃	首都医科大学	北京市卫生局青年科学研究资助项目	QN2008-021	2.00
淫羊藿、黄芩苷在牙周组织再生中的作用	张凤秋	首都医科大学	北京市中医局青年科学研究资助项目	–	2.00
牙银行建立的初步探讨及其正畸临床应用研究	李江宁	首都医科大学	北京市卫生局留学回国人员择优资助	–	3.00
热休克蛋白与舌癌淋巴结转移的相关性研究	黄　欣	首都医科大学	北京市优秀人才培养专项资助	20081D0301200091	3.00
神经生长因子在种植体周围促进骨愈合机制的初步研究	曾剑玉	首都医科大学	北京市优秀人才培养专项资助	20081D0301200092	3.00
着色氧化锆新型齿科修复材料的研制	温　宁	解放军总医院	北京市科技计划	Z08000303220806	60.00
外力作用下牙及牙周组织改建的研究——超声波促进人工骨改建的应用研究	周延民	吉林大学	吉林省科学技术厅	20080442-3	4.00
面突间上皮在唇裂发生中的作用	朴正国	吉林大学	吉林省科学技术厅	20080746	6.00
用于转基因治疗的新型磁性 Fe_3O_4 纳米基因复合载体	孙宏晨	吉林大学	吉林省科学技术厅	20080707	8.00
外力作用下牙及牙周组织改建的研究——正畸致牙根吸收龈液中细胞外基质蛋白表达的实验研究及临床应用	胡　敏	吉林大学	吉林省科学技术厅	20080442-1	6.00
MMP-8 在牙髓细胞中的表达及意义	张颖丽	吉林大学	长春市科技局	08SF37	1.00
碱性成纤维细胞生长因子对表皮生长因子受体基因表达的影响	林崇涛	吉林大学	长春市科技局	08SF35	1.00
CPP-ACP 对防治釉质脱矿的定量研究	孙新华	吉林大学	长春市科技局	08SF36	1.00
基于纳米材料及技术的血管化组织工程骨的构建及其在颌骨缺损修复中的应用	苏俭生	同济大学	上海市科委重大项目	0852nm03600	70.00
自体块状骨和 PRP 技术在牙种植手术中骨增量效果的临床研究	王佐林	同济大学	上海市科委 2008 年创新行动计划项目	08411965000	10.00
^{18}F-FDWGPET/CT 对头颈鳞癌及其淋巴结转移诊断的应用研究	李生娇	同济大学	上海市卫生局科研项目	2008181	3.00

续表2

项目名称	项目负责人	单位	基金来源及名称	批准号或编号	资助金额（万元）
口腔扁平苔藓患者黏膜表面微生物群落变化的宏基因组学研究	何　园	同济大学	上海市卫生局青年基金	2008Y103	2.00
牙列拥挤排齐后牙龈退缩的相关因素分析及治疗方法探索	米晓晖	同济大学	上海市卫生局青年基金	2008Y094	立项自筹
Akt调控成釉细胞瘤侵袭性行为的实验研究	钟　鸣	中国医科大学	辽宁省科学技术计划项目	2008225014	12.00
组织工程再造牙齿中的信号诱导研究	张忠提	中国医科大学	辽宁省科学技术计划项目	2008225009-13	10.00
可摘局部义齿支架的CAD/CAM系统的研发	吴　琳	中国医科大学	辽宁省科学技术计划项目	2008225010-7	5.00
AZ31B可降解镁合金在颌骨组织工程中的应用研究	艾红军	中国医科大学	辽宁省博士启动自然科学基金项目	20082079	5.00
Er,Cr:YSGG激光在牙体缺损治疗方面的应用	贾兴亚	中国医科大学	辽宁省博士启动自然科学基金项目	20082081	5.00
镍钛合金表面改性及其在口腔正畸学领域的应用基础研究	张　扬	中国医科大学	辽宁省博士启动自然科学基金项目	20082088	5.00
牙龈卟啉单胞菌致病岛基因的功能研究	潘亚萍	中国医科大学	辽宁省博士启动自然科学基金项目	20082108	5.00
利用快速成型技术制作可摘局部义齿金属支架的研究	吴　琳	中国医科大学	辽宁省博士启动自然科学基金项目	20081046	3.00
*SHIP*基因对舌癌侵袭和转移信号通路调控的研究	黄绍辉	中国医科大学	辽宁省教育厅高等学校科研项目	2008772	6.00
唾液腺腺样囊性癌转移相关基因*XAGE*-1b功能的初步研究	秦兴军	中国医科大学	辽宁省教育厅高等学校科研项目	2008815	3.00
感染根管P.e内毒素对成骨细胞作用的研究	仇丽鸿	中国医科大学	辽宁省教育厅高等学校科研项目	2008819	3.00
新型可降解镁合金体内植入及其对骨改建机理的实验研究	洪岩松	中国医科大学	辽宁省教育厅高等学校科研项目	2008822	3.00
用组织工程方法预购血管化颌下腺的实验研究	谭学新	中国医科大学	辽宁省教育厅高等学校科研项目	2008843	3.00
牙龈蛋白酶在牙龈卟啉单胞菌黏附、侵入牙龈上皮细胞和诱导其凋亡中的作用	许学斌	中国医科大学	辽宁省教育厅高等学校科研项目	2008849	3.00
治疗抵抗性根尖周病的发病机制及其防治研究	詹福良	中国医科大学	辽宁省教育厅高等学校科研项目	2008856	3.00
低氧诱导因子腺病毒基因转染促进组织工程血管化	李增建	中国医科大学	辽宁省教育厅高等学校科研项目	2008751	3.00
ZDI人工牙种植系统的试制及临床验证	赵士芳	浙江大学	浙江省省科技厅重大项目	2008c13025-2	70.00
种植体型功能矫治器的临床应用研究	林新平	浙江大学	浙江省卫生厅省部共建		15.00

续表2

项目名称	项目负责人	单位	基金来源及名称	批准号或编号	资助金额（万元）
种植体型功能矫治器矫治机制的初步探讨	林新平	浙江大学	浙江省科技厅	2007C30052	5.00
骨牵张型种植体的研制及其作用机制的研究	周艺群	浙江大学	浙江省科技厅	2008C23057	20.00
数字化牙模及精确模拟排牙系统的开发	武建潮	浙江大学	浙江省科技厅	2008C33024	15.00
纳米生物材料智能化调控牙组织再生的研究	李志勇	浙江大学	浙江省科技厅	2008C33063	7.50
矫治力大小对髁突软骨细胞成骨信号表达的影响及机制研究	林新平	浙江大学	浙江省自然科学基金	Y2080370	8.00
β-防御素2在牙周组织中的表达及其调控机制研究	彭春梅	浙江大学	浙江省自然科学基金	Y2080253	8.00
壳聚糖纳米粒载体介导*BMP*-2基因转染骨髓基质干细胞向成骨细胞分化及体外异位成骨研究	张庆鸿	浙江大学	浙江省自然科学基金	Y2080340	8.00
成骨基因复合支架材料的生物活性研究	林　军	浙江大学	浙江省自然科学基金	Y2080338	8.00
纳米羟磷灰石颗粒尺度对成牙本质细胞增殖和矿化的影响	顾新华	浙江大学	浙江省自然科学基金	Y208422	8.00
新型混合人工血管的构建以及生物学评价	樊立洁	浙江大学	浙江省钱江人才	2008R10044	10.00
HMGB1在牙周炎发病中的作用及机制	扈英伟	山东大学	山东省自然科学基金	Y2008C42	5.00
靶向牙龈卟啉菌*Rgp*A基因防治种植体周围炎的实验研究	蓝　菁	山东大学	山东省青年基金	Q2008C10	4.00
高迁移率族蛋白对破骨细胞分化的影响和在牙周病骨吸收中的作用	宋　晖	山东大学	山东省自然科学基金	Y2008C99	6.00
*Ad-BDNF*基因转染肌源性干细胞诱导分化为神经细胞的实验研究	张风河	山东大学	山东省自然科学基金	Y2008C54	5.00
小型猪上颌窦内提升穿破上颌窦黏膜同期植入种植体的愈合情况研究	徐　欣	山东大学	山东省自然科学基金	Y2008C107	6.00
中药川续断、丹参、骨碎补影响正畸牙牙周组织改建的实验研究	张　君	山东大学	山东省科技发展计划	2008GG2NS02013	15.00
正畸移动自体移植牙的Micro-CT研究	郭　泾	山东大学	山东省科技发展计划	2008GG30002007	6.00
口腔正畸微螺钉种植体定位导板的应用基础研究	刘东旭	山东大学	山东省科技发展计划	2008GG30002019	6.00

续表 2

项目名称	项目负责人	单位	基金来源及名称	批准号或编号	资助金额（万元）
高精度口腔种植体定位导板计算机辅助设计及制造技术	刘东旭	山东大学	山东省科技发展计划	2008GG30001001	10.00
小鼠无牙区与磨牙区牙胚成牙诱导能力差异研究	王志峰	山东大学	山东省中青年科学家基金	2008BS03007	8.00
促癌 MicroRNA 调控舌鳞癌细胞增殖和凋亡的实验研究	李劲松	中山大学	广东省科技计划项目	2008B030301132	4.00
载 RNAi 免疫纳米微粒制备及其抗舌鳞癌作用研究	潘朝斌	中山大学	广东省科技计划项目社会发展	2008B030301324	3.00
倾斜基牙精密附着体义齿修复的基牙牙周组织应力三维有限元研究	郑美华	中山大学	广东省科技计划项目社会发展	2008B080703030	8.00
舌鳞癌发生和演进中特定 MicroRNA 的筛选及靶向治疗药物的研究	李劲松	中山大学	广州市科技计划项目	2008z1-E201	20.00
RNAi 干扰 *EMMPRIN* 基因对腺样囊性癌细胞活性影响的实验研究	黄志权	中山大学	广东省医学科研基金	B2008036	0.50
周期性牵张力对成骨样细胞的形态及功能改变的研究	艾　虹	中山大学	广东省科技计划项目	2008B030301063	3.00
Bfgf-海藻酸-壳聚糖-PLGA 缓释微球的制备及体外释药的研究	李若兰	中山大学	广东省医学科研基金	A2008196	0.50
猪牙乳头细胞构建牙本质牙髓复合体样结构的实验研究	陈建洪	中山大学	广东省科技计划项目	2008B030301295	2.00
低磷酸化维甲酸受体(RAR)α 介导口腔鳞癌细胞 G1 阻滞和增殖/分化转换的机制	王安训	中山大学	广东省科技计划项目	2008B080701002	2.00
基于 CT 图像的牙列缺损固定义齿修复的计算机辅助设计系统	连克乾	中山大学	广东省科技计划项目	2008B010400007	5.00
双维控制的垂直牙槽骨牵张器的研制及动物实验	黄代营	中山大学	广东省科技计划项目	2008B060600018	5.00
口腔生物力学循环测试机的实验研究	张春元	中山大学	广东省科技计划项目	2008B080703032	15.00
龋病高危人群风险因素分析及其控制研究	凌均棨	中山大学	“十一五”国家科技支撑计划项目子课题	2007BAI18B01	30.00
新型牙种植体及桩核材料与产品	邓飞龙	中山大学	“十一五”国家科技支撑计划项目子课题	2007DAI16B05	17.00
口腔黏膜归巢 $CD4^{+}CD25^{+}$ T 调节细胞归巢特征的实验研究	程　斌	中山大学	广东省自然科学基金面上项目	8151008901000080	5.00
儿童早期龋菌斑生物膜分子鉴定及致龋毒力因子基因谱研究	赵　玮	中山大学	广东省自然科学基金面上项目	8151008901000070	6.00

续表2

项目名称	项目负责人	单位	基金来源及名称	批准号或编号	资助金额（万元）
糖基化终末产物加重糖尿病性牙周炎机制研究	付 云	中山大学	广东省自然科学基金面上项目	8151008901000080	5.00
人脂肪间充质干细胞端粒调控机制的研究	匡世军	中山大学	广东省自然科学基金博士启动项目	8451008901000530	3.00
钛基羟基磷灰石涂层微观力学性能及影响因素研究	王 焱	中山大学	广东省自然科学基金博士启动项目	8451008901000620	3.00
温控型镍钛记忆合金骨牵张器的调控及应用研究	曾融生	中山大学	广东省科技计划项目	2008B030303007	5.00
细胞外基质磷酸化糖蛋白在牙髓损伤修复中的作用机制和应用研究	韦 曦	中山大学	广东省科技计划项目	2008B030301075	4.00
骨组织对应力敏感性的规律及其微观机制的研究	付 强	中山大学	广东省科技计划项目	2008B030301121	3.00
短种植体在颌骨后牙缺失骨量不足的种植修复临床研究	罗智斌	中山大学	广东省科技计划项目	2008B030301087	2.00
颌面缺损修复临床及新型赝复体材料和工艺研究	李 彦	中山大学	广东省科技计划项目	2008B030301108	3.00
缺牙引起的咬合支持丧失和重建对老年人学习记忆能力的影响	黄 芳	中山大学	广东省科技计划项目	2008B030301102	2.00
放射诱导启动子介导双自杀基因靶向治疗口腔鳞癌的实验研究	余东升	中山大学	广东省科技计划项目	2008B030301113	3.00
bFGF 基因转染人 BMSCs 珊瑚骨-水凝胶构建髁状突的实验研究	郑有华	中山大学	广东省科技计划项目	2008B030301312	3.00
婴幼儿龋危险因素的生命历程研究	林焕彩	中山大学	广东省科技计划项目	2008B060600025	3.00
人颊黏膜干细胞诱导突变为癌干细胞模型的建立	陶 谦	中山大学	广东省科技计划项目	2008B050100008	16.00
牙种植外科软组织创口关闭的临床研究	罗智斌	中山大学	广东省医学科研基金	A2008225	1.00
成骨细胞应力敏感性调控规律的应用研究	付 强	中山大学	广东省医学科研基金	A2008227	1.00
移植骨髓基质细胞治疗放射性微血管损伤的实验研究	曾东林	中山大学	广东省医学科研基金	A2008228	1.00
羟基磷灰石种植涂层微观力学性能的研究	王 焱	中山大学	广东省医学科研基金	A2008226	0.50
应用 PGA 支架体外构建人牙髓细胞体外三维立体模型的实验研究	章小缓	中山大学	广东省医学科学基金	A2008229	0.50
中国北方人群唇腭裂疾病致病基因的研究	焦晓辉	哈尔滨医科大学	黑龙江省科技攻关	GB08C408	6.00

续表2

项目名称	项目负责人	单位	基金来源及名称	批准号或编号	资助金额（万元）
乳粘素检测口腔癌细胞凋亡的实验研究	胡腾龙	哈尔滨医科大学	黑龙江省科技攻关	GC07C35103	1.00
MK、CD105、D2-40在口腔黏膜癌中的表达及研究	陈　东	哈尔滨医科大学	黑龙江省自然科学基金	2007-266	0.80
*XRCC*1基因多态性与汉族人群脑胶质瘤的关联研究	郭福林	哈尔滨医科大学	黑龙江省自然科学基金	D200848	0.30
HER-2基因在涎腺恶性肿瘤中表达及临床意义的研究	吕克文	哈尔滨医科大学	黑龙江省自然科学基金	D2007-89	0.30
短牙弓修复法在牙周病牙列缺损的临床应用	姜文茹	哈尔滨医科大学	黑龙江省教育厅	11531151	0.30
Fe^{2+}、Zn^{2+}在碳酸饮料直接对牙釉质脱矿过程中作用的体外研究	刘英群	哈尔滨医科大学	黑龙江省卫生厅	2007-258	0.50
CD105D2-40在舌癌微脉管密度中的表达及临床意义	陈　东	哈尔滨医科大学	黑龙江省卫生厅	2007-266	0.80
IPS-Empress Ⅲ的临床应用研究	姜文茹	哈尔滨医科大学	黑龙江省卫生厅	2007-260	0.30
钴铬烤瓷合金的腐蚀性能的研究	白轶昕	哈尔滨医科大学	黑龙江省卫生厅	2007-262	0.30
正畸牙快速移动的牙周牙髓组织学改变的研究	邵　玶	哈尔滨医科大学	黑龙江省卫生厅	2007-256	0.50
二氯乙酸盐抑制涎腺腺样囊性癌生长的实验研究	毛立民	哈尔滨医科大学	黑龙江省卫生厅	2007-263	4.00
非综合征性唇腭裂遗传与环境相关的危险因素研究	张　冰	哈尔滨医科大学	黑龙江省卫生厅	2007-265	4.00
ART治疗中微渗漏发生的多因素分析	张　磊	哈尔滨医科大学	黑龙江省卫生厅	2007-259	2.70
个性化数字种植外科手术的开发研究与应用	陈　江	福建医科大学	福建省卫生教育联合攻关课题	闽财指［2008］1365号	27.00
钙粘素家族在涎腺腺样囊性癌侵袭转移中的作用	卢友光	福建医科大学	福建省科技厅重点项目	2008Y0041	12.00
辛伐他汀对骨质疏松大鼠种植体骨结合的影响	陈　江	福建医科大学	福建省科技厅重点项目	2008Y0042	12.00
QLF技术评价CPP-ACP复合体早期龋抑制效果的研究	冯　岩	福建医科大学	福建省科技厅青年人才项目	2008F3042	4.00
种植术式对种植体骨结合的影响	陈　江	福建医科大学	福建省自然应用基础研究面上项目	2008J0084	6.00
rhBMP-7基因转染自体*BMSCs*促进骨质疏松大鼠牙周组织再生的实验研究	闫福华	福建医科大学	福建省自然应用基础研究面上项目	2008J0085	6.00

续表2

项目名称	项目负责人	单位	基金来源及名称	批准号或编号	资助金额（万元）
正畸牙施力后牙周组织和龈沟液中HMGB1的变化及其生物学意义	许潾于	福建医科大学	福建省自然应用基础研究自由探索项目	2008J0279	1.50
错𬌗畸形患者咬合功能状态与颅面结构关系的研究	张端强	福建医科大学	福建省自然应用基础研究自由探索项目	2008J0280	1.50
葡萄柚提取物漱口液临床疗效评价及变形链球菌抑菌实验	钟　声	福建医科大学	福建省自然应用基础研究自由探索项目	2008J0281	1.50
EMPs对牙周组织及细胞中OPG/RANKL增龄性变化影响的研究	林敏魁	福建医科大学	福建省教育厅（资助省属高校项目）	2008F5023	3.00
正畸牙受力后牙周组织中HMGB1的变化及其临床意义	许潾于	福建医科大学	福建省教育厅科技项目	JA08092	0.50
平台转换种植系统的生物力学分析	杜志斌	福建医科大学	福建省教育厅科技项目	JA08093	0.50
艾滋病口腔研究		福建医科大学	福建省医政专项	闽财指［2008］0693号	10.00
PDWGF-BB对牙周组织及细胞中OPG/RANKL增龄性变化影响的研究	林敏魁	福建医科大学	福建省卫生厅青年科研课题	2008-1-40	1.00
艾滋病患者口腔修复临床探索	郑　明	福建医科大学	福建省卫生厅（青年科研课题）	2008-1-41	1.00
密度感应调控白色念珠菌生物膜耐药株的分子机制	魏　昕	南京医科大学	江苏省科技厅自然科学基金	BK2008361	9.00
类釉原蛋白寡肽矿化模板诱导牙样组织再生的实验研究	刘来奎	南京医科大学	江苏省科技厅自然科学基金	BK2008362	9.00
Toll样受体与人牙龈上皮细胞内毒素耐受的关系初探	孙　颖	南京医科大学	江苏省科技厅自然科学基金	BK2008363	9.00
纳米管增强牙科热压铸陶瓷的研究	章非敏	南京医科大学	江苏省科技厅国际合作项目	BZ2008059	7.00
南京市居民口腔健康及口腔卫生服务相关因素研究	沈家平	南京医科大学	江苏省卫生厅预防科研项目	Y200727	1.50
*E2F1*基因沉默抑制口腔癌细胞增殖的实验研究	袁　华	南京医科大学	江苏教育厅高校自然基础研究计划	08KJB320008	3.00
牙科金属微生物腐蚀研究	夏　露	南京医科大学	江苏省高校自然科学基础研究项目	08KJD320010	2.00
siRNA干扰Raf激酶抑制蛋白对力学刺激后髁突软骨细胞的效应研究	吴拓江	南京医科大学	江苏省高校自然科学基础研究项目	08KJD310001	2.00
中国人群口腔鳞癌发病、治疗和预后的多中心研究	吴煜农	南京医科大学	横向合作	06dz22026	5.00

续表2

项目名称	项目负责人	单位	基金来源及名称	批准号或编号	资助金额（万元）
环氧化酶2基因多态性和口腔癌发生危险性关系的研究	陈　宁	南京医科大学	江苏省卫生厅科研项目	H200811	4.00
口腔专科护理质量评价体系的研究	陆金星	南京医科大学	江苏省卫生厅	Z200806	2.00
口腔医学本科教育中实验、实践教学的质量保障	陈　宁	南京医科大学	江苏省教育科学“十一五”规划		自筹
健康教育干预对提高智残障人群口腔健康状况的探索	梅予锋	南京医科大学	江苏省高等学校大学生实践创新训练计划		0.50
纵折后牙黏结再植术中黏结材料生物功能性评价及选择	王文梅	南京大学	江苏省自然科学基金	BK2008071	6.00
舌鳞状细胞癌转移关键标志物群的基础和临床研究	黄晓峰	南京大学	江苏省自然科学基金	BK2008072	6.00
新型磁力扩弓矫治技术的生物学基础研究	李　煌	南京大学	南京市卫生局重点项目	ZKX08016	12.00
牙龈卟啉单胞菌对动脉粥样硬化血管内皮细胞NO信号的影响	孙卫斌	南京大学	南京市卫生局重点项目	ZKX08017	20.00
新型钛表面涂层技术的实验研究	王芳芳	南京大学	南京市卫生局一般性课题	YKK08039	5.00
应用自锁托槽快速矫治牙颌畸形临床研究	赵计林	南京大学	南京市卫生局一般性课题	YKK08040	5.00
纤维桩树脂核修复后体外微渗漏研究	周　峰	南京大学	南京市卫生局一般性课题	YKK08041	5.00
颌骨骨微结构数字化X线图像分析系统的研究	王铁梅	南京大学	南京市卫生局一般性课题	YKK08042	5.00
自主知识产权的冠桥外形数据库的开发	俞　青	南京大学	南京市卫生局一般性课题	YKK08043	5.00
一种新的腭裂功能性修复方法——Sommerlad腭帆提肌重建术的临床研究	鲁　勇	南京大学	南京市卫生局一般性课题	YKK08044	4.00
青少年前牙牙冠缺损综合治疗	朱顶贵	南京大学	南京市卫生局一般性课题	YKK08045	5.00
动脉粥样硬化牙周致病菌因素与控制新途径	孙卫斌	南京大学	江苏省“六大人才高峰”资助项目	苏人通［2008］329号	5.00
树突状细胞疫苗治疗复发性口腔鳞癌	唐恩溢	南京大学	南京市科技发展计划项目	200804037	5.00
口腔修复体CAD/CAM系统的虚拟咬合关键技术研究	俞　青	南京大学	江苏省数字化医疗装备技术重点实验室开放课题	苏数医重［2008］1-1	2.00
隐裂牙咬合状态的计算机动态定量分析	杨卫东	南京大学	江苏省数字化医疗装备技术重点实验室开放课题	苏数医重［2008］1-2	2.00

续表2

项目名称	项目负责人	单位	基金来源及名称	批准号或编号	资助金额（万元）
计算机数字化虚拟技术在口腔颌面部畸形的临床应用研究	邓润智	南京大学	江苏省数字化医疗装备技术重点实验室开放课题	苏数医重[2008]1-3	2.00
标准牙冠外形建立方法初探	华　芳	南京大学	江苏省数字化医疗装备技术重点实验室开放课题	苏数医重[2008]1-4	自筹
计算机虚拟手术在腭颌缺损三维重建中的应用	孙国文	南京大学	江苏省数字化医疗装备技术重点实验室开放课题	苏数医重[2008]1-5	自筹
新型牙组织工程支架材料	孙卫斌	南京大学	南京市留学回国人员科技活动项目	人社厅发[2008]86号	2.00
Tip-Edge矫治力系差动机制的生物力学研究与临床矫治优化	邓　锋	重庆医科大学	重庆市自然科学基金	CSTC，2008BB5222	3.00
氧环境对骨髓间充质细胞成骨分化影响机制研究	徐　凌	重庆医科大学	重庆市自然科学基金	CSTC，2008BB5227	3.00
人脐静脉内皮细胞IκB激酶αsiRNA的构建及对NF-κB表达的抑制作用	罗玉琳	重庆医科大学	重庆市教委	KJ080308	2.00
安氏Ⅱ类2分类错𬌗下颌生长发育的研究	杜跃华	重庆医科大学	重庆市教委	KJ080310	2.00
早期载荷对种植体骨界面形成的影响及其机制研究	王　璐	重庆医科大学	重庆市教委	KJ080315	2.00
飞龙掌血对人口腔颊黏膜细胞分化的初步研究	向学熔	重庆医科大学	重庆市卫生局	2008-2-62	3.00
Tip-Edge差动矫治力系的生物力学研究及临床矫治优化	邓　锋	重庆医科大学	重庆市卫生局	2008-1-49	8.00
应用锥束CT对安氏Ⅱ类2分类错𬌗畸形患者正畸治疗前后颞下颌关节的研究	杜跃华	重庆医科大学	重庆市卫生局	2008-2-230	2.00
SP细胞分选技术探索分离口腔鳞癌肿瘤干细胞研究	邓　诚	重庆医科大学	重庆市卫生局	2008-2-231	1.50
噬菌体多肽表面展示技术构建口腔鳞癌干细胞(OSC-TSC)表面标志物文库	季　平	重庆医科大学	重庆市卫生局	2008-2-232	2.00
矫形力作用下髁突软骨和股骨软骨细胞外基质(ECM)差异研究	戴红卫	重庆医科大学	重庆市卫生局	2008-2-235	2.00
种间密度感应系统对变形链球菌致龋能力的影响	王金华	重庆医科大学	重庆市卫生局	2008-2-238	1.50
采用基因芯片筛选安氏Ⅲ类错𬌗畸形相关基因的研究	王豫蓉	重庆医科大学	重庆市卫生局	2008-2-239	1.50
转录活化因子4(ATF4)在种植体植入后早期加载骨界面形成中作用的研究	李苏伶	重庆医科大学	重庆市卫生局	2008-2-242	1.50

续表2

项目名称	项目负责人	单位	基金来源及名称	批准号或编号	资助金额（万元）
光动力学疗法对人工菌斑生物膜影响的实验研究	林居红	重庆医科大学	重庆市卫生局	2008-2-243	2.00
重庆市公立医院HCRM现状及对策研究	吴小红	重庆医科大学	重庆市卫生局	2008-2-246	1.50
高通量筛选变形链球菌TCS系统中药抑制剂的研究	周　智	重庆医科大学	重庆市卫生局	2008-2-249	1.50
Micro RNA对牙髓分化发育影响及制备相关基因药物的研究	向学熔	重庆医科大学	重庆市卫生局	2008-2-253	1.00
低强度脉冲超声促进比格犬牙周病组织修复作用初步研究	宋锦璘	重庆医科大学	重庆市卫生局	2008-2-254	1.50
不同扩张方式对扩张皮瓣影响的实验研究	董福生	河北医科大学	河北省科学技术研究与发展指令计划	08276101D-59	3.00
口腔黏膜病的诊断与治疗	王　洁	河北医科大学	河北省医学适用技术跟踪项目	GL200807	3.00
口腔门诊交叉感染分析及预防对策的建立	白九评	河北医科大学	河北省科学技术研究与发展指令计划	08276101D-60	1.00
不同修复材料颜色稳定性研究	袁　硕	河北医科大学	河北省卫生厅医学科学研究重点课题计划	8362	0.50
Er:YAG激光备洞对牙髓P物质及降钙素基因相关肽表达的影响	李　涛	河北医科大学	河北省卫生厅医学科学研究重点课题计划	8363	0.50
乳牙Er:YAG激光洞型制备的实验研究	平雅坤	河北医科大学	河北省卫生厅医学科学研究重点课题计划	8364	0.50
不同垂直骨面型安氏Ⅱ[1]类错殆畸形与安氏Ⅰ类错殆宽度比较的研究	卢海燕	河北医科大学	河北省卫生厅医学科学研究重点课题计划	8365	0.50
不同处理方法对拔牙后牙槽骨骨量的影响	马国武	大连医科大学	辽宁省科技厅重大项目	2008225017	10.00
腭裂相关基因筛选及其重组蛋白在全腭体外培养中的研究	肖　晶	大连医科大学	辽宁省教育厅计划项目	30871352	4.00
饰面瓷结合力的实验研究	李振春	大连大学	辽宁省自然科学基金	20072149	3.00
微钛板支抗在口腔正畸中的应用研究	刘　琳	大连大学	辽宁省高等学校科研项目计划	2008056	2.00
釉基质蛋白涂层亲水性钛种植体表面对骨形成影响的研究	曲　哲	大连大学	辽宁省高等学校科研项目计划	2008027	2.00
正畸牙移动过程中龈沟液微环境的蛋白组学研究	吕　琦	温州医学院	浙江省卫生厅	2008B125	自筹
牙周膜干细胞在优化引导组织再生术中提高牙周组织再生质量的实验研究	徐　燕	安徽医科大学	安徽省教育厅基金重点项目	KJ2008A163	5.00

续表 2

项目名称	项目负责人	单位	基金来源及名称	批准号或编号	资助金额（万元）
两、三焦点牵张成骨在颌面部缺损中的实验研究	王银龙	安徽医科大学	安徽省教育厅基金重点项目	KJ2008A160	5.00
安徽淮南凤台地区饮水适宜氟浓度探讨	李　颂	安徽医科大学	安徽省教育厅基金产学研项目	KJ2008A096	5.00
乳牙根尖周病对继承恒牙发育及萌出的影响	侯爱兵	安徽医科大学	安徽省教育厅基金	KJ2008B287	1.00
生物活性缓释剂诱导牙周组织再生材料和构建骨缺损材料的临床前研究	李全利	安徽医科大学	安徽省科技攻关项目	08010302196	10.00
利用改变钠离子通道的结构变化治疗临床牙痛的方法研究	蒋　勇	安徽医科大学	安徽省科技厅年度重点项目	8020303072	4.00
种植体修复牙颌畸形与缺损的研究	叶　平 朱洪水	南昌大学	江西省科技厅重大课题	赣财教【2008】147 号	9.00
牙颌畸形与缺损修复前的正畸治疗研究	李志华 朱洪水	南昌大学	江西省科技厅重大课题	赣财教【2008】147 号	6.00
硅橡胶在牙颌畸形与缺损治疗中的应用	石连水 朱洪水	南昌大学	江西省科技厅重大课题	赣财教【2008】147 号	4.00
牙颌畸形与缺损的外科治疗研究	邵益森 朱洪水	南昌大学	江西省科技厅重大课题	赣财教【2008】147 号	6.00
牙髓治疗失败患牙根管再治疗的临床疗效观察	欧晓艳	南昌大学	江西省科技厅科技支撑计划	赣卫科教【2009】03 号	3.00
PCR 检测金属烤瓷冠修复对牙周微生物影响的研究	叶　芳	南昌大学	江西省科技厅科技支撑计划	赣卫科教【2009】03 号	3.50
纳米涂层磁力扩弓装置的临床应用研究	吴建勇	南昌大学	江西省科技厅科技支撑计划	赣卫科教【2009】03 号	2.00
赣籍美貌人群侧貌特征分析	葛红珊	南昌大学	江西省科技厅科技支撑计划	赣卫科教【2009】03 号	2.00
不同托槽再利用方法对托槽性能影响的实验研究	刘　剑	南昌大学	江西省卫生厅	20081092	0.40
SUS 矫治器治疗骨性Ⅱ类下颌后缩的临床研究	郑　莹	南昌大学	江西省卫生厅	20081093	0.40
激光位移传感器测量全口义齿稳定性的临床研究	廖　岚	南昌大学	江西省卫生厅	20081094	0.40
纳米氧化锆种植牙基台研发及牙种植美学修复研究	杨建军	青岛大学	青岛市科技局	08-2-1-5-nsh	10.00
重组人 P53 腺病毒注射液治疗口腔黏膜白斑的体内外研究	曹选平	郑州大学	河南省卫生厅	200803070	2.00
MMP-2,9/TIMP-2 基因多态性与重度慢性牙周炎相关性研究	陈　栋	郑州大学	河南省卫生厅	200803071	2.00
显微镜及显微根管技术的应用	刘学军	郑州大学	河南省卫生厅	5451	24.00
藻酸盐印模材最佳模型灌注时间的研究	张秋霞	郑州大学	河南省卫生厅	200804039	1.00

续表2

项目名称	项目负责人	单位	基金来源及名称	批准号或编号	资助金额(万元)
悬钩子甙对变形链球菌致龋作用影响的实验研究	楚金普	郑州大学	河南省卫生厅	200804040	1.00
SIC应用于12岁儿童防龋模式效果观察	刘学军	郑州大学	河南省教育厅	2008A320037	1.00
上颌中切牙根管治疗后修复方式的三维有限元分析研究	张秋霞	郑州大学	河南省教育厅	2008A320033	1.00
金属粉末共注射成形多孔钛种植体的生物相容性研究	陈良建	中南大学	国家高技术研究发展项目计划(863计划)子课题	2007AA03Z114	10.00
口腔疣状癌全基因组表达谱的构建及相关分子标记物的筛选	唐瞻贵	中南大学	湖南省科技厅重点项目	湘财企指(2008)115号08FJ2011	10.00
平阳霉素纳米磁性微粒治疗血管瘤血管畸形的实验研究	苏　彤	中南大学	湖南省科技厅	08FJ3132	2.00
大蒜素对粪肠球菌感染细胞细胞周期蛋白基因表达谱的影响	谢晓莉	中南大学	湖南省科技厅	08FJ3172	5.00
牙龈成纤维细胞胶原吞噬相关基因的研究	方厂云	中南大学	湖南省教育厅	湘财教指【2008】69号	4.00
生物固定型钛种植体的研究	陈良建	中南大学	湖南省自然科学基金	2007JJ5109	2.00
C-myc和hTERT与口腔黏膜下纤维性变癌变关系的研究	高义军	中南大学	湖南省发改委	湘发改高技【2007】896号	2.50
口腔疣状癌的蛋白质组学研究	唐瞻贵	中南大学	湖南省发改委	湘发改委2008	5.00
Dental CT及三维重建在牙周骨质破坏的诊断应用研究	罗建国	中南大学	湖南省科技厅	2008SK3119	2.00
氟金云母-氟磷灰石复合填料对牙科复合树脂性能的影响	冯云枝	中南大学	湖南省卫生厅	B2008-008	0.80
凋亡抑制蛋白Xiap在人舌癌细胞中的功能和作用机制研究	张　胜	中南大学	长沙市科技局	K0802135-31	5.00
种植体领口表面粗化处理对软组织和骨组织界面的影响	黄建生	广东省口腔医院	广东省科技计划项目	2008B030301185	3.00
利用量子点修饰的靶向SiRNA对口腔鳞癌Survivin,*bcl*-2基因沉默的实时示踪研究	赵建江	广东省口腔医院	广东省科技计划项目	2008B030301183	3.00
口腔全自动智能无痛局部麻醉注射仪	许　竞	广东省口腔医院	广东省科技计划项目	2008B030303023	5.00
非接触性刺激作用下牙髓形成修复性牙本质的机理研究	刘长虹	广东省口腔医院	广东省科技计划项目	2008B030301184	3.00
TM牙种植体研发	宋光保	广东省口腔医院	广东省科技计划项目	2008B030301186	5.00
减毒沙门氏菌SL7207介导Tie2shRNA抗肿瘤血管生成实验研究	曾曙光	广东省口腔医院	广东省科技计划项目	2008B030301190	2.00

续表2

项目名称	项目负责人	单位	基金来源及名称	批准号或编号	资助金额（万元）
口腔鳞癌及癌前病变中PTEN与跨膜信号传导的研究	殷 操	广东省口腔医院	广东省科技计划项目	2008B080701045	8.00
MRI成像评价上颌骨DO术对患者腭咽闭合功能的影响的研究	周会喜	广东省口腔医院	广东省科技计划项目	2008B060600038	3.00
水平牵张成骨快速修复重度牙槽突裂的研究	刘从华	广东省口腔医院	广东省科技计划项目	83059	自筹
牙支抗牵引犬上颌前部牙槽骨压缩减骨的生物学改变及其意义	徐平平	广东省口腔医院	广东省自然科学基金	8151026003000008	5.00
特比萘芬对口腔念珠菌分布、基因型及毒力表达的影响的研究	罗 刚	广东省口腔医院	广东省医学科研基金	A2008109	1.00
颅骨锁骨发育不良综合征*RUNX*2基因突变检测及相关功能研究	轩东英	广东省口腔医院	广东省医学科研基金	B2008015	1.00
力学信号在成骨细胞膜离子通道及细胞骨架传导的研究	段培佳	广东省口腔医院	广东省医学科研基金	A2008105	1.00
MRI成像评价上颌骨DO术对患者腭咽闭合功能的影响的研究	周会喜	广东省口腔医院	广东省医学科研基金	A2008111	1.00
血管化组织工程化骨重建下颌骨缺损的实验研究	栾修文	广东省口腔医院	广东省医学科研基金	A2008101	1.00
牙周炎病变牙牙骨质性状分析及其对牙周膜细胞活力的影响	耿华欧	广东省口腔医院	广东省医学科研基金	B2008013	1.00
Carriere Distalizer矫治安氏Ⅱ类错𬌗畸形的研究	曾 琳	广东省口腔医院	广东省医学科研基金	A2008103	1.00
IL-10基因多态性与侵蚀性牙周炎易感性的研究	李 毅	广东省口腔医院	广东省医学科研基金	B2008014	自筹
吸烟对牙种植体周围组织的影响	张雪洋	广东省口腔医院	广东省医学科研基金	A2008113	自筹
牙周病患者正畸矫治中齿槽嵴、牙根吸收的观察研究	乔鸣芳	广东省口腔医院	广东省医学科研基金	A2008110	自筹
牙胚发生位置、大小、形态的蛋白组学研究和牙再生	吴补领	南方医科大学	广东省高等学校人才引进科研资助课题		100.00
乳牙牙髓干细胞成牙能力的研究	陈 柯	南方医科大学	广东省科技厅科技计划项目	2007B031500019	3.00
微弧氧化技术构建钛植入材料表面生物活性陶瓷层	张 宇	南方医科大学	广东省科技厅科技计划项目	2007B010600051	5.00
口腔扁平苔藓中$CD4^+CD25^+$调节性T细胞研究	雷 蕾	暨南大学	广东省自然科学基金	8151063201000065	5.00

续表 2

项目名称	项目负责人	单位	基金来源及名称	批准号或编号	资助金额（万元）
广西壮族舌癌患者抑癌基因 *P*16 甲基化及其蛋白表达的研究	黄旋平	广西医科大学	广西科技厅科学基金	桂科青 0832043	3.00
口腔颌面部先后天畸形、缺损患者心理状况及干预研究	麦华明	广西医科大学	广西科技厅科学基金	桂科青 0832044	3.00
嚼肌功能对高角型错殆矫治的影响分析	欧阳晖	广西医科大学	广西科技厅科学基金	桂科青 0832045	3.00
放疗对牙体硬组织黏结剂黏结强度的影响	冯　青	广西医科大学	广西科技厅自然科学基金	桂科自 0832153	3.00
肿瘤转移抑制基因 *Kiss*-1 和细胞表面黏附分子 CD44v3 与口腔癌转移和预后关系的研究	杨亦萍	广西医科大学	广西科技厅自然科学基金	桂科自 0832154	3.00
唾液抗菌肽水平与青少年龋易感性的前瞻性相关研究	陶人川	广西医科大学	广西科技厅自然科学基金	桂科自 0832155	3.00
广西甜茶护齿含片的研究	何克新	广西医科大学	广西科技厅自然科学基金	桂科自 0832159	3.00
口腔颌面部癌干细胞研究	农晓琳	广西医科大学	广西科技厅自然科学基金	桂科回 0832013	3.00
口腔颌面部鳞癌综合序列治疗前瞻性相关研究	周　诺	广西医科大学	广西壮族自治区卫生厅重点科研课题	桂卫重 200879	3.00
唇腭裂随访系统的研究与应用	黄素华	广西医科大学	广西壮族自治区卫生厅重点科研课题	桂卫重 200878	2.00
正畸正颌联合治疗牙颌面畸形的临床研究	宋少华	广西医科大学	广西壮族自治区教育厅	200810MS058	2.00
社区口腔健康教育技能的训练	曾晓娟	广西医科大学	广西壮族自治区卫生厅	S200809	2.00
高容血液稀释联合控制性降压对老年舌癌患者肾小球功能的影响	施小彤	广西医科大学	广西壮族自治区卫生厅	桂卫 Z2008161	自筹
正畸牙周联合治疗牙周病致前牙移位的临床与微生物学研究	何进安	广西医科大学	广西壮族自治区卫生厅	桂卫 Z2008162	自筹
下肢气压止血带松解放气时间长短对血压、心率影响的研究	蒋　黎	广西医科大学	广西壮族自治区卫生厅	桂卫 Z2008163	自筹
口腔黏膜癌变过程中钾离子通道改变的研究	冯　燕	泸州医学院	四川省教育厅	08zb089	1.00
上颌前牵引中种植支抗运用的三维有限元分析研究	杨四维	泸州医学院	四川省教育厅	08zc058	1.00
PPARγ2 和 C/EBPα 共转染脂肪干细胞的脂向分化和成脂能力研究	肖金刚	泸州医学院	四川省卫生厅	80170	1.00
生活方式和血管紧张素转换酶基因插入/缺失多态性与口腔鳞状细胞癌的关系	米方林	川北医学院	四川省卫生厅	20080111	自筹

续表2

项目名称	项目负责人	单位	基金来源及名称	批准号或编号	资助金额（万元）
16层螺旋CT图像后处理技术在正畸临床中的应用	陈定根	川北医学院	四川省卫生厅	20080103	自筹
口腔肿瘤热疗研究	何永文	昆明医学院	教育部2007年新世纪优秀人才支持计划项目	NCET-07-0388	50.00
口腔肿瘤热疗研究	何永文	昆明医学院	云南省中青年学术带头人后备人才项目	2008PY016	12.00
牙周炎对动脉粥样硬化影响的研究	雷雅燕	昆明医学院	云南省科技厅应用基础研究基金	2008 C0058R	15.00
昆明市实施饮水加氟预防龋病的可行性研究	刘　娟	昆明医学院	云南省科技厅应用基础研究基金	2008 C0059R	15.00
髁突颈部骨折对颞下颌关节生长发育影响的实验研究	李　松	昆明医学院	云南省科技厅应用基础研究基金	2008 C0060R	15.00
云药防治龋病的药效学研究	李艳红	昆明医学院	云南省科技厅应用基础研究基金	2008 CD118	7.50
兔单侧下颌髁突切除对健侧髁突改建影响的实验研究	罗应伟	昆明医学院	云南省教育厅基金重点项目	08Z0036	1.00
不同全瓷冠对边缘适合性的影响	钱　捷	昆明医学院	云南省教育厅基金	08Y0230	0.70
云南两个少数民族儿童口腔健康状况调查及相关因素分析	刘　娟	昆明医学院	云南省教育厅基金	08Y0236	0.70
滇重楼对口腔细菌致龋力影响的体外影响	李艳红	昆明医学院	云南省教育厅基金	08C0106	0.50
PTHrP及细胞凋亡在麦克尔氏软骨发育中的意义	奚春睿	昆明医学院	云南省教育厅基金	08C0108	0.50
西部高原地区基本型乡镇卫生院技术集成综合示范	武　庆 刘建国	毕节市卫生局 遵义医学院	"十一五"国家科技支撑计划项目子课题		180.00
SD大鼠涎腺干细胞分离及体外诱导分化研究	黄桂林	遵义医学院	贵州省省长基金	黔省专合字(2008)113号	6.00
OPG、RANKL在大鼠2型糖尿病牙周炎中的表达	刘　琪	遵义医学院	贵州省省长基金	黔省专合字(2008)63号	4.00
OPG、RANKL在大鼠2型糖尿病牙周炎中的表达	刘　琪	遵义医学院	贵州省科技厅自然科学基金	黔科合J字(20082187号)	3.40
TGF-β1对大鼠正畸牙移动过程中破骨细胞FAK和PyK2的影响	徐宇红	遵义医学院	贵州省教育厅自然科学基金	黔教科2008036	6.00
贵州省封闭人群牙菌斑生物膜微生物与龋病及牙周病关系研究	杨德琴	遵义医学院	贵州省教育厅自然科学基金青年基金	黔教科2008037	5.00
联合应用对大鼠正畸牙牙周组织改建的影响	管晓燕	遵义医学院	贵州省卫生厅	gzwkj2008-1-030	0.50

续表2

项目名称	项目负责人	单位	基金来源及名称	批准号或编号	资助金额（万元）
不同金属烤瓷冠对GCF中ICAM-1和MMP-2,9表达的影响	杨　岚	遵义医学院	贵州省卫生厅	gzwkj2008-1-031	0.50
OPG对鼠牙周炎牙槽骨成骨细胞的影响及其相关研究	钟文怡	遵义医学院	贵州省卫生厅	gzwkj2008-1-039	0.20
葡萄糖定量分析评价Obtura2型高温牙胶热塑充填根管封闭效果	周　莉	遵义医学院	贵州省卫生厅	gzwkj2008-1-068	立项
VEGF对大鼠正畸牙周膜细胞整合素表达的影响	张彊弢	遵义医学院	贵州省卫生厅	gzwkj2008-1-067	立项
拟血管生成在口腔癌发生发展中的作用	冯红超	贵阳医学院	贵州省优秀科技人才省长专项基金		2.00
基于脐血干细胞的组织工程技术在口腔颌面部整形修复中的应用	周　洪	西安交通大学	陕西省13115重大专项	2008ZDKG-65	40.00
牙齿移动大鼠TG神经元CGRP的表达调控机制及其对离子电流的影响	周　洪	西安交通大学	陕西省卫生厅	08D36	0.50
氟牙症的防治实验研究——镁硒抗氟配方对釉质蛋白基因表达的影响	侯铁舟	西安交通大学	陕西省卫生厅	08D37	0.50
高温瓷粉、低温瓷粉与钴基烤瓷合金的金瓷结合相关研究	李晓红	西安交通大学	陕西省卫生厅	08E09	0.50
西安市两城区社区口腔卫生资源及双向转诊的研究	刘志红	西安交通大学	陕西省卫生厅	08H33	0.50
平阳霉素治疗颌面部静脉畸形的临床应用研究	郅克谦	西安交通大学	陕西省卫生厅	08H35	立项
心理应激引发的睡眠障碍在夜磨牙发生机制中作用的研究	朱永进	西安交通大学	陕西省卫生厅	08H34	立项
牙病防治研究——影像学检查对种植前牙槽突骨质的评价	常晓峰	西安交通大学	陕西省科技攻关	2008K14-03-159	3.00
口腔颌面疾病研究——扁平苔藓患者与正常人蛋白质谱的相关性研究	董　凯	西安交通大学	陕西省科技攻关	2008K14-06-190	2.00
口腔颌面疾病研究——殆磨耗与颞下颌关节适应性变化的分子生物学研究	安　虹	西安交通大学	陕西省科技攻关	2008K14-06-189	3.00
牙病防治研究——rAAV-hBMP7在牙周组织工程基因治疗中的应用研究	石建峰	西安交通大学	陕西省科技攻关	2008K14-03-16	2.00
牙病防治研究——双缓释系统促进牙周组织再生的实验研究	苟建重	西安交通大学	陕西省科技攻关	2008K14-03-161	3.00
牙病防治研究——牙釉质和牙本质疲劳极限的测量分析研究	侯铁舟	西安交通大学	陕西省科技攻关	2008K14-03-163	2.00

续表 2

项目名称	项目负责人	单位	基金来源及名称	批准号或编号	资助金额（万元）
牙病防治研究——丝素蛋白/羟基磷灰石类骨质复合生物材料的仿生合成及体内生物学性能研究	牛　林	西安交通大学	陕西省科技攻关	2008K14-03-168	2.00
牙病防治研究	张　峰	西安交通大学	陕西省科技攻关	2008K14-03-17	3.00
口腔诊疗技术研究——腮腺良性肿瘤改良术式的临床研究	郅克谦	西安交通大学	西安市科技攻关	SF08008(4)	3.00
口腔诊疗技术研究——基于螺旋 CT 三维重建技术的颈外动脉长度测定及在动脉逆行插管灌注化疗中的应用	李　刚	西安交通大学	西安市科技攻关	SF08008(1)	3.00
重离子束辐照协同 *p53* 基因转移治疗口腔肿瘤的研究	刘　斌	兰州大学	甘肃省科技厅	2GS052-A43-008-2	10.00
自组装山羊颞下颌关节盘组织工程的探索性研究	康　宏	兰州大学	甘肃省国际科技合作计划	0804WCGA127	4.00
墓头回总苷对胚胎发育相关基因表达的干预研究	赵望泓	兰州大学	甘肃省国际科技合作计划		2.00
甘氨双唑钠与 celecoxib 对舌鳞状细胞癌放射增敏作用研究	王　静	兰州大学	甘肃省自然科学研究基金计划	0803RJZAO	1.00
口腔多功能义齿的研制及临床应用	刘　斌	兰州大学	兰州市科技局项目	2008-1-86	1.00
减阻牵张法加速正畸牙移动临床应用	葛振林	兰州大学	兰州市科技局项目	2008-1-90	2.00
母体慢性牙周炎与其早产低出生体重儿的相关性研究	钟良军	新疆医科大学	新疆维吾尔自治区自然科学基金项目	200821112	7.00
维族青少年口腔颌面颈脉管畸形发生影响因素研究	阿地力·莫明	新疆医科大学	新疆科技厅特培项目	200823112	5.00
唇裂修复三维多媒体平台的建立	阿地力·莫明	新疆医科大学	新疆教育厅重点研究项目	XJEDU2007124	15.00
NF-κBp65 和 ICAM-1 在口腔扁平苔藓中的表达及意义	漆　明	宁夏医科大学	宁夏自然科学基金	NZ08018	2.00
FOXP3 和 GITR/GITRL mRNA 在口腔扁平苔藓患者外周血中的表达研究	漆　明	宁夏医科大学	宁夏高等教育厅	宁教高（2008）293 号	0.60

出版动态

本栏目收录的图书目录为我国内地口腔医学或相关学科教师、医师所编(著、译)并公开出版发行的口腔医学专业图书和视听教材,时限自2008年1月至12月。按书名的首字汉语拼音字母顺序排序。

2008 口腔医师考试全真模拟及精解(第3版)(国家执业医师资格考试丛书)
主　　编　北京大学医学部专家组
出　　版　北京大学医学出版社
出版日期　2008年1月
开　　本　16开
字　　数　562千字
页　　数　359页
定　　价　38.80元

2008 口腔助理医师考试复习试题集(国家执业医师资格考试丛书)
主　　编　国家执业医师资格考试专家组
出　　版　北京大学医学出版社
出版日期　2008年1月
开　　本　16开
字　　数　505千字
页　　数　309页
定　　价　33.50元

2008 口腔助理医师资格考试历年真题解析
主　　编　颐恒
出　　版　第四军医大学出版社
出版日期　2008年1月
开　　本　16开
字　　数　270千字
页　　数　221页
定　　价　28.00元

2008 年国家医师资格考试临考押题试卷——口腔执业医师
主　　编　段少宇
出　　版　军事医学科学出版社
出版日期　2008年6月
开　　本　16开
字　　数　369千字
页　　数　180页
定　　价　32.00元

Duplicate Dentures 复制义齿(口腔执业医师临床培训图书)
编　　著　滨田泰三　姜婷
译　　者　金辰　洪光　白雪芹
出　　版　人民军医出版社
出版日期　2008年9月
开　　本　16开
字　　数　230千字
页　　数　149页
定　　价　120.00元

PDQ 速成牙髓病学(翻译版)
原　　著　(美)John I. Ingle
主　　译　麻健丰　潘乙怀
出　　版　人民卫生出版社
出版日期　2008年10月
开　　本　大32开
字　　数　230千字
页　　数　280页
定　　价　59.00元

唇腭裂手术图谱
主　　编　(美)Salyer KE
　　　　　(美)Bardach J
主　　译　石冰　李盛
出　　版　人民军医出版社
出版日期　2008年1月
开　　本　16开
字　　数　614千字

页　　数　415页
定　　价　288.00元

儿童口腔保健(DVD)(卫生部医学视听教材)
主　　编　石四箴
出　　版　人民卫生电子音像出版社
出版日期　2008年6月
定　　价　38.00元

儿童口腔医学(第3版)(全国高等学校教材供口腔医学类专业用)
主　　编　石四箴
出　　版　人民卫生出版社
出版日期　2008年1月
开　　本　16开
字　　数　260千字
页　　数　102页
定　　价　24.00元

氟防龋的公共卫生及临床应用
主　　编　沈彦民　冉炜
出　　版　人民卫生出版社
出版日期　2008年12月
开　　本　16开
字　　数　300千字
页　　数　196页
定　　价　48.00元

根管治疗临床指南(口腔临床指导丛书　中英文对照)
原　　著　Martin Trope
主　　译　刘荣森
出　　版　人民军医出版社
出版日期　2008年1月
开　　本　大32开
字　　数　140千字
页　　数　70页
定　　价　50.00元

根管治疗图谱
主　　编　彭彬
出　　版　人民卫生出版社
出版日期　2008年8月
开　　本　16开
字　　数　270千字
页　　数　80页
定　　价　68.00元

根管治疗学(第2版)
主　　编　葛久禹
出　　版　江苏科学技术出版社
出版日期　2008年3月
开　　本　16开
字　　数　720千字
页　　数　451页
定　　价　75.00元

功能性矫治器与矫治技术(DVD)
制作单位　河北医科大学
出　　版　人民卫生电子音像出版社
出版日期　2008年4月
定　　价　48.00元

国际口腔种植学会(ITI)口腔种植临床指南——美学区种植治疗
编　　著　(瑞士)D. Buser, U. Belser, D. W
出　　版　人民军医出版社
出版日期　2008年5月
开　　本　16开
字　　数　410千字
页　　数　258页
定　　价　320.00元

国家医师资格考试 口腔执业医师模拟试卷(2008年版)
主　　编　医师资格考试专家组
出　　版　人民卫生出版社
出版日期　2008年7月
开　　本　16开
字　　数　1 000千字
页　　数　485页
定　　价　48.00元

国家医师资格考试 口腔执业医师习题精选与答案解析(2008年版)
主　　编　医师资格考试专家组
出　　版　人民卫生出版社
出版日期　2008年5月

开　　本　16开
字　　数　730千字
页　　数　508页
定　　价　45.00元

国家医师资格考试　口腔执业助理医师模拟试卷(2008年版)
主　　编　医师资格考试专家组
出　　版　人民卫生出版社
出版日期　2008年6月
开　　本　16开
字　　数　500千字
页　　数　114页
定　　价　22.00元

国家医师资格考试　口腔执业助理医师习题精选与答案解析(2008年版)
主　　编　医师资格考试专家组
出　　版　人民卫生出版社
出版日期　2008年5月
开　　本　16开
字　　数　1 000千字
页　　数　252页
定　　价　24.00元

国家医师资格考试　医学综合笔试——口腔执业医师应试指南(上、下册)(2008年版)
主　　编　国家医学考试中心
出　　版　人民卫生出版社
出版日期　2008年5月
开　　本　16开
字　　数　2 000千字
页　　数　548页
定　　价　116.00元

国家医师资格考试　医学综合笔试——口腔执业助理医师应试指南(2008年版)
主　　编　国家医学考试中心
出　　版　人民卫生出版社
出版日期　2008年5月
开　　本　16开
字　　数　1 150千字
页　　数　366页
定　　价　76.00元

国家执业医师资格考试　口腔医师考题解析(含口腔助理医师)(2008年版)
主　　编　国家医师考题解析专家组
出　　版　人民卫生出版社
出版日期　2008年5月
开　　本　16开
字　　数　308千字
页　　数　202页
定　　价　24.00元

国家执业医师资格考试　口腔医师实践技能应试指导(含口腔助理医师)(2008国家执业医师资格考试用书)
主　　编　国家执业医师资格考试中心
出　　版　中国协和医科大学出版社
出版日期　2008年1月
开　　本　16开
字　　数　130千字
页　　数　86页
定　　价　20.00元

国家执业医师资格考试　口腔医师应试指导(上、下册)(2008国家执业医师资格考试用书)
主　　编　《国家执业医师资格考试应试指导》专家组
出　　版　中国协和医科大学出版社
出版日期　2008年1月
开　　本　16开
字　　数　1 800千字
页　　数　1 254页
定　　价　132.00元

国家执业医师资格考试　口腔执业医师模拟试卷(医学综合笔试部分)(2008国家执业医师资格考试用书)
主　　编　《国家执业医师资格考试模拟试卷》专家编写组
出　　版　中国协和医科大学出版社
出版日期　2008年6月
开　　本　16开
页　　数　148页

定　　价　35.00元

国家执业医师资格考试 口腔助理医师应试习题集(2008国家执业医师资格考试用书)

主　　编　《口腔助理医师应试习题集》专家编写组
出　　版　中国协和医科大学出版社
出版日期　2008年1月
开　　本　16开
字　　数　460千字
页　　数　154页
定　　价　38.00元

殆学理论与临床实践

主　　编　韩科　张豪
出　　版　人民军医出版社
出版日期　2008年6月
开　　本　16开
字　　数　383千字
页　　数　248页
定　　价　118.00元

健康第一关——口腔保健(大众健康小百科丛书)

编　　著　李刚
出　　版　第四军医大学出版社
出版日期　2008年1月
开　　本　32开
字　　数　150千字
页　　数　148页
定　　价　15.00元

可摘义齿修复工艺技术(第2版)(全国中等卫生职业教育卫生部"十一五"规划教材)

主　　编　米新峰　农一浪
出　　版　人民卫生出版社
出版日期　2008年1月
开　　本　16开
字　　数　400千字
页　　数　174页
定　　价　29.00元

口腔保健专家谈

编　　著　刘洪臣　储冰峰
出　　版　人民军医出版社
出版日期　2008年6月
开　　本　16开
字　　数　177千字
页　　数　196页
定　　价　26.00元

口腔工艺材料学基础(第2版)(全国中等卫生职业教育卫生部"十一五"规划教材口腔工艺技术专业用)

主　　编　杨家瑞
出　　版　人民卫生出版社
出版日期　2008年1月
开　　本　16开
字　　数　300千字
页　　数　66页
定　　价　13.00元

口腔工艺设备(全国中等卫生职业教育卫生部"十一五"规划教材口腔工艺技术专业用)

主　　编　李新春
出　　版　人民卫生出版社
出版日期　2008年1月
开　　本　16开
字　　数　150千字
页　　数　64页
定　　价　20.00元

口腔固定修复工艺技术(第2版)(全国中等卫生职业教育卫生部"十一五"规划教材口腔工艺技术专业用)

主　　编　黄强生
出　　版　人民卫生出版社
出版日期　2008年1月
开　　本　16开
字　　数　400千字
页　　数　257页
定　　价　25.00元

口腔颌面部疾病CT诊断学

主　　编　孟存芳　李德超　苗波
出　　版　人民卫生出版社
出版日期　2008年11月

开　　本　大16开
字　　数　480千字
页　　数　252页
定　　价　64.00元

口腔颌面外科学(2008全国卫生专业技术资格考试指导)
主　　编　全国卫生专业技术资格考试专家委员会
出　　版　人民卫生出版社
出版日期　2008年1月
开　　本　16开
字　　数　500千字
页　　数　262页
定　　价　75.00元

口腔颌面外科学(2009全国卫生专业技术资格考试指导)
主　　编　全国卫生专业技术资格考试专家委员会
出　　版　人民卫生出版社
出版日期　2008年12月
开　　本　16开
字　　数　760千字
页　　数　258页
定　　价　79.00元

口腔颌面外科学(第6版)(全国高等学校教材供口腔医学类专业用,普通高等教育"十一五"国家级规划教材)
主　　编　邱蔚六
出　　版　人民卫生出版社
出版日期　2008年2月
开　　本　16开
字　　数　900千字
页　　数　620页
定　　价　58.00元

口腔颌面医学影像诊断学(第5版)(全国高等学校教材供口腔医学类专业用,普通高等教育"十一五"国家级规划教材)
主　　编　马绪臣
出　　版　人民卫生出版社
出版日期　2008年3月
开　　本　16开
字　　数　380千字
页　　数　252页
定　　价　29.00元

口腔基础医学学习指南
主　　编　黄海云　王文霞　李国菊
出　　版　山东大学出版社
出版日期　2008年7月
开　　本　16开
字　　数　611千字
页　　数　296页
定　　价　38.00元

口腔急诊医学
主　　编　申岱　张连云　高平
出　　版　人民卫生出版社
出版日期　2008年10月
开　　本　16开
字　　数　510千字
页　　数　344页
定　　价　42.00元

口腔疾病的生物学诊断与治疗(口腔医学精粹丛书)
主　　编　郭伟
出　　版　世界图书出版公司
出版日期　2008年8月
开　　本　大16开
字　　数　435千字
页　　数　276页
定　　价　130.00元

口腔疾病概要(第2版)
主　　编　毛珍娥
出　　版　人民卫生出版社
出版日期　2008年1月
开　　本　16开
字　　数　260千字
页　　数　90页
定　　价　16.00元

口腔疾病简明图谱(第2版)

原　　著　G. Laskaris
主　　译　楚德国
出　　版　人民军医出版社
出版日期　2008 年 4 月
开　　本　大 32 开
字　　数　292 千字
页　　数　358 页
定　　价　99.00 元

口腔疾病诊断流程与治疗策略(今日临床丛书)
主　　编　王林
出　　版　科学出版社
出版日期　2008 年 4 月
开　　本　16 开
字　　数　1 434 千字
页　　数　943 页
定　　价　199.00 元

口腔解剖生理学
主　　编　付升旗
出　　版　世界图书出版公司
出版日期　2008 年 8 月
开　　本　16 开
字　　数　412 千字
定　　价　49.80 元

口腔解剖学(全国中等卫生职业教育卫生部"十一五"规划教材口腔工艺技术专业用)
主　　编　肖希娟
出　　版　人民卫生出版社
出版日期　2008 年 1 月
开　　本　16 开
字　　数　290 千字
页　　数　196 页
定　　价　28.00 元

口腔科临床药物手册
主　　编　薛洪源
出　　版　江苏科学技术出版社
出版日期　2008 年 6 月
开　　本　32 开
字　　数　332 千字
页　　数　342 页
定　　价　22.00 元

口腔科手册(临床诊疗丛书)
主　　编　陶洪
出　　版　科学出版社
出版日期　2008 年 7 月
开　　本　32 开
字　　数　351 千字
页　　数　407 页
定　　价　32.00 元

口腔科学(案例版)(全国高等医学院校规划教材)
主　　编　丁仲鹃　杨佑成
出　　版　科学出版社
出版日期　2008 年 6 月
开　　本　16 开
字　　数　732 千字
页　　数　303 页
定　　价　69.80 元

口腔科学(第 7 版)(普通高等教育"十一五"国家级规划教材,供基础、临床、预防、口腔医学类专业用)
主　　编　张志愿
出　　版　人民卫生出版社
出版日期　2008 年 6 月
开　　本　16 开
字　　数　206 千字
页　　数　200 页
定　　价　23.00 元

口腔科学(全国医学高等专科学校教材)
主　　编　姬爱平　杨佑成
出　　版　北京大学医学出版社
出版日期　2008 年 6 月
开　　本　16 开
字　　数　303 千字
页　　数　182 页
定　　价　18.20 元

口腔科学临床实习指南(全国高等医药院校临床实习指南系列教材)
主　　编　钟良军

出　　版　科学出版社
出版日期　2008年6月
开　　本　16开
字　　数　225千字
页　　数　152页
定　　价　19.80元

口腔临床护理(全国中等卫生职业教育卫生部“十一五”规划教材)
主　　编　葛嫄丰
出　　版　人民卫生出版社
出版日期　2008年1月
开　　本　16开
字　　数　306千字
页　　数　183页
定　　价　16.00元

口腔临床流行病学(口腔医学精粹丛书)
主　　编　冯希平
出　　版　世界图书出版公司
出版日期　2008年11月
开　　本　大16开
页　　数　257页
定　　价　120.00元

口腔临床药物学(第3版)(全国高等学校教材供口腔医学类专业用)
主　　编　史宗道
出　　版　人民卫生出版社
出版日期　2008年1月
开　　本　16开
字　　数　350千字
页　　数　136页
定　　价　25.00元

口腔美学比色
原　　著　(美)Stephen J Chu
(瑞士)Alessandro Devigus
(美)Adam J. Mieleszko
主　　译　郭航　刘峰
出　　版　人民军医出版社
出版日期　2008年5月
开　　本　16开
字　　数　140千字
页　　数　154页
定　　价　156.00元

口腔内科学(2008全国卫生专业技术资格考试指导)
主　　编　全国卫生专业技术资格考试专家委员会
出　　版　人民卫生出版社
出版日期　2008年1月
开　　本　16开
字　　数　500千字
页　　数　254页
定　　价　69.00元

口腔内科学(2009全国卫生专业技术资格考试指导)
主　　编　全国卫生专业技术资格考试专家委员会
出　　版　人民卫生出版社
出版日期　2008年12月
开　　本　16开
字　　数　750千字
页　　数　254页
定　　价　78.00元

口腔内科医师手册
主　　编　葛久禹
出　　版　安徽科学技术出版社
出版日期　2008年6月
开　　本　大32开
页　　数　814页
定　　价　54.00元

口腔黏膜病学(第3版)(全国高等学校教材供口腔医学类专业用,普通高等教育“十一五”国家级规划教材)
主　　编　陈谦明
出　　版　人民卫生出版社
出版日期　2008年1月
开　　本　16开
字　　数　320千字
页　　数　232页

定　　价　39.00元

口腔黏膜病学习题集

主　　编　陈谦明
出　　版　人民卫生出版社
出版日期　2008年2月
开　　本　16开
字　　数　100千字
页　　数　64页
定　　价　14.00元

口腔生理学(第2版)(全国中等卫生职业教育卫生部"十一五"规划教材)

主　　编　李华方
出　　版　人民卫生出版社
出版日期　2008年1月
开　　本　16开
字　　数　160千字
页　　数　54页
定　　价　10.00元

口腔修复学(2009全国卫生专业技术资格考试指导)

主　　编　全国卫生专业技术资格考试专家委员会
出　　版　人民卫生出版社
出版日期　2008年12月
开　　本　16开
字　　数　660千字
页　　数　226页
定　　价　69.00元

口腔修复学(2008全国卫生专业技术资格考试指导)

主　　编　全国卫生专业技术资格考试专家委员会
出　　版　人民卫生出版社
出版日期　2008年1月
开　　本　16开
字　　数　500千字
页　　数　232页
定　　价　65.00元

口腔修复学(第6版)(全国高等学校教材供口腔医学类专业用"十一五"国家级规划教材)

主　　编　赵铱民
出　　版　人民卫生出版社
出版日期　2008年1月
开　　本　16开
字　　数　780千字
页　　数　290页
定　　价　49.00元

口腔医学(中级)模拟试卷及解析

主　　编　吴补领　高杰
出　　版　人民军医出版社
出版日期　2008年11月
开　　本　16开
字　　数　466千字
页　　数　41页
定　　价　45.00元

口腔医学(综合)(2009全国卫生专业技术资格考试指导)

主　　编　全国卫生专业技术资格考试专家委员会
出　　版　人民卫生出版社
出版日期　2008年12月
开　　本　16开
字　　数　650千字
页　　数　224页
定　　价　68.00元

口腔医学(综合)(2008全国卫生专业技术资格考试指导)

主　　编　全国卫生专业技术资格考试专家委员会
出　　版　人民卫生出版社
出版日期　2008年1月
开　　本　16开
字　　数　500千字
页　　数　230页
定　　价　59.00元

口腔医学(综合)精选模拟习题集(2009全国卫生专业技术资格考试)

主　　编　朱亚琴

出　　版　人民卫生出版社
出版日期　2008年12月
开　　本　16开
字　　数　300千字
页　　数　106页
定　　价　27.00元

口腔医学技术(2008全国卫生专业技术资格考试指导)
主　　编　全国卫生专业技术资格考试专家委员会
出　　版　人民卫生出版社
出版日期　2008年1月
开　　本　16开
字　　数　500千字
页　　数　224页
定　　价　57.00元

口腔医学技术(2009全国卫生专业技术资格考试指导)
主　　编　全国卫生专业技术资格考试专家委员会
出　　版　人民卫生出版社
出版日期　2008年12月
开　　本　16开
字　　数　640千字
页　　数　218页
定　　价　66.00元

口腔医学技术(士)模拟试卷及解析
主　　编　邵龙泉　王彦亮
出　　版　人民军医出版社
出版日期　2008年11月
开　　本　16开
字　　数　466千字
页　　数　42页
定　　价　49.00元

口腔医学美学基础(第2版)(全国中等卫生职业教育卫生部"十一五"规划教材)
主　　编　肖云
出　　版　人民卫生出版社
出版日期　2008年1月
开　　本　16开
字　　数　250千字
页　　数　82页
定　　价　14.00元

口腔医学实验教程(第3版)(全国高等学校教材供口腔医学类专业用"十一五"国家级规划教材)
主　　编　王嘉德
出　　版　人民卫生出版社
出版日期　2008年1月
开　　本　16开
字　　数　540千字
页　　数　376页
定　　价　36.00元

口腔医学实验教程附册(第3版)(全国高等学校教材供口腔医学类专业用"十一五"国家级规划教材)
主　　编　王嘉德
出　　版　人民卫生出版社
出版日期　2008年1月
开　　本　16开
字　　数　310千字
页　　数　220页
定　　价　22.00元

口腔医学专业实习指导
主　　编　杜凤芝
出　　版　人民军医出版社
出版日期　2008年4月
开　　本　16开
字　　数　145千字
页　　数　92页
定　　价　26.00元

口腔预防保健基础(第2版)(全国中等卫生职业教育卫生部"十一五"规划教材口腔工艺技术专业用)
主　　编　李耀锋
出　　版　人民卫生出版社
出版日期　2008年1月
开　　本　16开
字　　数　190千字

页　　数　64页
定　　价　16.00元

口腔正畸工艺技术(第2版)(全国中等卫生职业教育卫生部"十一五"规划教材)
主　　编　杜维成
出　　版　人民卫生出版社
出版日期　2008年1月
开　　本　16开
字　　数　250千字
页　　数　82页
定　　价　15.00元

口腔正畸无托槽隐形矫治临床指南
原　　著　Orhan C. Tuncay
主　　译　白玉兴
出　　版　人民军医出版社
出版日期　2008年12月
开　　本　16开
字　　数　536千字
页　　数　316页
定　　价　29.80元

口腔正畸学(2008全国卫生专业技术资格考试指导)
主　　编　全国卫生专业技术资格考试专家委员会
出　　版　人民卫生出版社
出版日期　2008年1月
开　　本　16开
字　　数　500千字
页　　数　228页
定　　价　65.00元

口腔正畸学(2009全国卫生专业技术资格考试指导)
主　　编　全国卫生专业技术资格考试专家委员会
出　　版　人民卫生出版社
出版日期　2008年12月
开　　本　16开
字　　数　670千字
页　　数　228页
定　　价　69.00元

口腔执业医师高频考点(2008年全国卫生专业技术资格考试)
主　　编　邵龙泉　高杰
出　　版　人民军医出版社
出版日期　2008年4月
开　　本　32开
字　　数　382千字
页　　数　347页
定　　价　38.00元

口腔执业医师过关必做3000题(国家执业医师资格考试辅导系列)
主　　编　《中华医学学习网》执业医师资格考试辅导专家组
出　　版　中国石化出版社
出版日期　2008年5月
开　　本　16开
字　　数　261千字
页　　数　168页
定　　价　37.80元

口腔执业医师(助理)医师考试指导(含实践技能、综合笔试)(供口腔执业医师、口腔执业助理医师使用)
主　　编　刘敬明　朱正宏　董福生
出　　版　人民军医出版社
出版日期　2008年3月
开　　本　16开
字　　数　1 977千字
页　　数　1 268页
定　　价　150.00元

口腔执业医师全真模拟——思路、规律与拓展(2008国家执业医师资格考试)
主　　编　赵之国
出　　版　人民军医出版社
出版日期　2008年4月
开　　本　16开
字　　数　662千字
页　　数　354页
定　　价　59.00元

口腔执业医师(助理医师)通关宝典——技能考试实战模拟(2008国家执业医师资格考试)
主　　编　刘洪臣　李鸿波
出　　版　人民军医出版社
出版日期　2008年2月
开　　本　16开
字　　数　214千字
页　　数　133页
定　　价　35.00元

口腔执业医师习题化考点(2008国家执业医师资格考试)
主　　编　吴补领　邵龙泉　高杰
出　　版　人民军医出版社
出版日期　2008年4月
开　　本　16开
字　　数　986千字
页　　数　627页
定　　价　89.00元

口腔执业医师资格考试历年真题解析及全真模拟试题(2008版)
编　　著　专家编写组
出　　版　北京科学技术出版社
出版日期　2008年5月
开　　本　16开
字　　数　550千字
页　　数　234页
定　　价　32.00元

口腔执业助理医师高频考点(2008年全国卫生专业技术资格考试)
主　　编　邵龙泉　甘云娜
出　　版　人民军医出版社
出版日期　2008年4月
开　　本　32开
字　　数　305千字
页　　数　277页
定　　价　32.00元

口腔执业助理医师过关必做2000题(2008年)(国家执业医师资格考试辅导系列)
主　　编　《中华医学学习网》执业医师资格考试辅导专家组
出　　版　中国石化出版社
出版日期　2008年5月
开　　本　16开
字　　数　283千字
页　　数　182页
定　　价　25.80元

口腔执业助理医师全真模拟——思路、规律与拓展(2008国家执业医师资格考试)
主　　编　赵之国
出　　版　人民军医出版社
出版日期　2008年4月
开　　本　16开
字　　数　505千字
页　　数　269页
定　　价　49.00元

口腔执业助理医师习题化考点(2008国家执业医师资格考试)
主　　编　邵龙泉　张蕾
出　　版　人民军医出版社
出版日期　2008年4月
开　　本　16开
字　　数　636千字
页　　数　404页
定　　价　63.00元

口腔执业助理医师资格考试历年真题解析及全真模拟试题(2008版)
编　　著　专家编写组
出　　版　北京科学技术出版社
出版日期　2008年5月
开　　本　16开
字　　数　450千字
页　　数　172页
定　　价　29.00元

口腔助理医师资格考试历年真题纵览与考点评析(第2版)(2008)
主　　编　段少宇
出　　版　军事医学科学出版社
出版日期　2008年3月

开　　本　16开
字　　数　342千字
页　　数　239页
定　　价　28.00元

口腔组织及病理学基础(全国中等卫生职业教育卫生部"十一五"规划教材)
主　　编　刘影
出　　版　人民卫生出版社
出版日期　2008年1月
开　　本　16开
字　　数　200千字
页　　数　66页
定　　价　12.00元

临床龋病学
主　　编　高学军
出　　版　北京大学医学出版社
出版日期　2008年1月
开　　本　16开
字　　数　405千字
页　　数　245页
定　　价　29.80元

临床正畸拓展牙弓方法与技巧
编　　著　武广增
出　　版　清华大学出版社
出版日期　2008年4月
开　　本　16开
字　　数　192千字
页　　数　287页
定　　价　128.00元

美容口腔医学(口腔临床要点快速掌握系列)
编　　著　(美)巴莱特　(美)布伦顿
主　　译　王革　梁珊珊
出　　版　人民军医出版社
出版日期　2008年6月
开　　本　大32开
字　　数　200千字
页　　数　163页
定　　价　68.00元

颞下颌关节紊乱病
主　　编　谷志远　傅开元　张震康
出　　版　人民卫生出版社
出版日期　2008年5月
开　　本　16开
字　　数　683千字
页　　数　364页
定　　价　124.00元

前牙瓷粘结性仿生修复
原　　著　(瑞士)Magne P. Belser U.
主　　译　王新知等
出　　版　人民军医出版社
出版日期　2008年10月
开　　本　大16开
字　　数　458千字
页　　数　365页
定　　价　288.00元

青少年安氏Ⅱ类1分类非拥挤错殆的正畸治疗——双期连续矫治(口腔开业医师临床指导丛书)
原　　著　John C Bennett
主　　译　丁云
出　　版　人民军医出版社
出版日期　2008年10月
开　　本　大16开
字　　数　249千字
页　　数　154页
定　　价　90.00元

邱蔚六口腔颌面外科学(当代医学院士经典系列)
主　　编　邱蔚六
出　　版　上海科学技术出版社
出版日期　2008年7月
开　　本　16开
字　　数　2 000千字
页　　数　1 541页
定　　价　480.00元

上颌骨种植骨移植技术
原　　著　(瑞典)Karl-erik Kahnberg
主　　译　赵信义

出　　版　世界图书出版公司
出版日期　2008年8月
开　　本　16开
字　　数　100千字
页　　数　76页
定　　价　118.00元

石膏牙雕刻训练教程(全国高等学校配套教材供口腔医学类专业用)
主　　编　王美青
出　　版　人民卫生出版社
出版日期　2008年5月
开　　本　16开
字　　数　170千字
页　　数　128页
定　　价　18.00元

实用口腔颌面外科护理及技术(专科护理丛书)
主　　编　李秀娥
出　　版　科学出版社
出版日期　2008年5月
开　　本　16开
字　　数　503千字
页　　数　331页
定　　价　68.00元

实用口腔微生物学
主　　编　杨圣辉
出　　版　科技文献出版社
出版日期　2008年5月
开　　本　16开
页　　数　222页
定　　价　28.00元

实用口腔粘接修复技术
主　　编　姜婷
出　　版　人民军医出版社
出版日期　2008年7月
开　　本　16开
字　　数　225千字
页　　数　197页
定　　价　138.00元

实用口腔诊所管理实践
主　　编　于秦曦　魏世成
出　　版　人民卫生出版社
出版日期　2008年1月
开　　本　16开
字　　数　380千字
页　　数　376页
定　　价　38.00元

实用龋病学
主　　编　周学东　岳松龄
出　　版　人民卫生出版社
出版日期　2008年11月
开　　本　16开
字　　数　724千字
页　　数　488页
定　　价　118.00元

下颌阻生智齿(第2版)
主　　编　耿温琦等
出　　版　人民卫生出版社
出版日期　2008年5月
开　　本　大16开
字　　数　638千字
页　　数　320页
定　　价　59.00元

现代口腔烤瓷铸造支架修复学(第十届全国优秀科技图书)
主　　编　白天玺
出　　版　人民军医出版社
出版日期　2008年1月
开　　本　16开
字　　数　769千字
页　　数　488页
定　　价　198.00元

现代牙髓病学
主　　编　边专　樊明文
出　　版　人民卫生出版社
出版日期　2008年3月
开　　本　大16开
字　　数　650千字
页　　数　340页

定　　价　139.00元

循证口腔医学(第2版)(全国高等学校教材供口腔医学专业用)

主　　编　史宗道
出　　版　人民卫生出版社
出版日期　2008年6月
开　　本　16开
字　　数　600千字
页　　数　350页
定　　价　38.00元

牙科树脂及水门汀材料理论与临床

主　　编　高承志
出　　版　人民军医出版社
出版日期　2008年5月
开　　本　16开
字　　数　172千字
页　　数　219页
定　　价　25.00元

牙髓外科实用教程(第2版)

原　　著　Donald E. Arens 等
主　　译　岳林
出　　版　人民军医出版社
出版日期　2008年5月
开　　本　16开
字　　数　350千字
页　　数　201页
定　　价　180.00元

牙体图谱(第2版)

原　　著　Charles J Goodacre, DOS, MSD
主　　译　张秀华　李一鸣
出　　版　人民卫生出版社
出版日期　2008年6月
开　　本　32开
字　　数　80千字
页　　数　96页
定　　价　39.00元

牙周病学(第3版)(普通高等教育"十一五"国家级规划教材)

主　　编　孟焕新
出　　版　人民卫生出版社
出版日期　2008年1月
开　　本　16开
字　　数　470千字
页　　数　311页
定　　价　42.00元

牙周炎的伴发病变(DVD)

制作单位　华中科技大学
出　　版　人民卫生电子音像出版社
出版日期　2008年4月
定　　价　48.00元

医学综合笔试口腔执业医师全真模拟试卷(2008版)

主　　编　毛钊
出　　版　人民军医出版社
出版日期　2008年6月
开　　本　16开
页　　数　268页
定　　价　46.00元

英汉汉英医学分科词典——口腔科学分册(第2版)

主　　编　王邦康
出　　版　世界图书出版公司
出版日期　2008年
开　　本　32开
页　　数　517页
定　　价　42.00元

预防口腔医学(第5版)(全国高等学校教材供口腔医学专业用)

主　　编　卞金有
出　　版　人民卫生出版社
出版日期　2008年1月
开　　本　16开
字　　数　450千字
页　　数　198页
定　　价　40.00元

预防口腔医学——基本方法与技术(口腔医学精粹丛书)

主　　编　胡德渝

出　　版　世界图书出版公司
出版日期　2008年4月
开　　本　16开
字　　数　370千字
页　　数　180页
定　　价　45.00元

正畸治疗方案设计——基础、临床及实例
主　　编　赵志河　白丁
出　　版　人民卫生出版社
出版日期　2008年6月
开　　本　大16开
字　　数　432千字
页　　数　228页
定　　价　93.00元

中国口腔医学年鉴(2007年卷)
主　　编　周学东
出　　版　四川科学技术出版社
出版日期　2008年9月
开　　本　16开
字　　数　500千字
页　　数　330页
定　　价　70.00元

重度牙周炎治疗临床指南(口腔开业医师临床指导丛书)
编　　著　Roger Detienville
主　　译　闫福华
出　　版　人民军医出版社
出版日期　2008年10月
开　　本　大16开
字　　数　130千字
页　　数　109页
定　　价　88.00元

总义齿的殆接触——五种不同殆型的设计要点
编　　著　徐军等
出　　版　人民卫生出版社
出版日期　2008年5月
开　　本　大32开
字　　数　70千字
页　　数　64页
定　　价　24.00元

（薛玉萍）

文献法规

本栏目收录了2008年中华人民共和国教育部和卫生部发布的与口腔医学有关的通知、文件等。

教育部 财政部关于立项建设2008年国家级教学团队的通知

教高函[2008] 19号

各省、自治区、直辖市教育厅(教委)、财政厅(局),新疆生产建设兵团教育局、财务局,有关部门(单位)教育司(局)、财务司(局),解放军总参谋部军训和兵种部,教育部直属各高等学校:

根据《教育部财政部关于实施高等学校本科教学质量与教学改革工程的意见》(教高〔2007〕1号)的总体安排,经各地推荐,专家评审,现确定清华大学"结构力学系列课程教学团队"等300个教学团队为2008年国家级教学团队(名单见附件)。现就项目建设有关事项通知如下:

一、各地、各高等学校要按照《教育部关于进一步深化本科教学改革全面提高教学质量的若干意见》(教高〔2007〕2号)和《教育部关于全面提高高等职业教育教学质量的若干意见》(教高〔2006〕16号)的要求,做好教学团队的建设工作。通过国家级教学团队的建设,改革教学内容和方法,开发教学资源,促进教学研讨和经验交流,推进教学工作的传、帮、带和老中青相结合,提高中青年教师的教学水平;探索教学团队在组织架构、运行机制、监督约束机制等方面的运行模式,为兄弟院校培训教师提供可推广、借鉴的示范性经验。鼓励高校和地方教育行政部门建设校级、省级教学团队。

二、中央财政将安排专项资金,资助国家级教学团队在学校先行建设的基础上,进一步开展教学研究、编撰出版教材、培养中青年教师、接受教师进修等工作。各国家级教学团队应按照教育部、财政部的《高等学校本科教学质量与教学改革工程专项资金管理暂行办法》(财教〔2007〕376号),合理安排项目经费,专款专用。

三、请各有关高等学校组织专家对国家级教学团队提出的"今后建设计划"进行论证,编制今后三年的建设任务书(任务书模板可在国家级教学团队主页 http://jxtd.zlgc.org/上下载)。任务书一式两份,其中一份留学校教务处备案,另一份于2008年11月10日前寄到教育部高等教育司教学条件处,同时向教学条件处提交任务书的电子版(邮箱:gaojs_jxtj@moe.edu.cn)。

四、国家级教学团队主页上将增设教学团队建设模块,作为对立项团队进行宣传、推广、监督、检查、评估的平台。各团队应根据建设任务书中分年度建设计划,及时填报项目建设情况(填报办法另行通知)。

附件:2008年国家级教学团队名单(见本卷教育栏目)

教育部 财政部

二〇〇八年九月二十八日

教育部 财政部关于批准2008年度双语教学示范课程建设项目的通知

教高函[2008]20号

各省、自治区、直辖市教育厅(教委)、财政厅(局),新疆生产建设兵团教育局、财务局,有关部门(单位)教育司(局)、财务司(局),教育部直属各高等学校:

为贯彻落实《教育部 财政部关于实施高等学校本科教学质量与教学改革工程的意见》(教高〔2007〕1号)精神,根据2008年度高等学校本科教学质量与教学改革工程项目申报工作的要求,经专家评审,现批准北京大学《定量分析化学》等100门课程为2008年度双语教学示范课程(名单见附件)。现将有关事宜通知如下:

一、双语教学示范课程的建设内容包括双语师资的培训与培养、聘请国外教师和专家来华讲学、先进双语教材的引进与建设、双语教学方法的改革与实践、优秀双语教学课件的制作、双语教学经验的总结等。有关高等学校应积极利用现代教育技术手段,共享相关教学资源,发挥示范辐射作用。

双语教学示范课程的项目管理按照《高等学校本科教学质量与教学改革工程项目管理暂行办法》(教高〔2007〕14号)执行。

二、双语教学示范课程建设项目每门课程资助经费10万元。有关高等学校应为双语教学示范课程提供配套经费,重点做好双语师资的培养。资金管理按《高等学校本科教学质量与教学改革工程专项资金管理暂行办法》(财教〔2007〕376号)执行。

三、各高等学校要充分利用示范课程的资源和经验,不断提高本校的双语教学质量,逐步形成与国际先进教学理念和教学方法接轨的、符合中国实际的双语课程教学模式,为全面提高我国高等教育教学质量做出新成绩。

附件:2008年度双语教学示范课程名单(见本卷教育栏目)

中华人民共和国教育部

中华人民共和国财政部

二〇〇八年九月二十八日

教育部 财政部关于批准第三批高等学校特色专业建设点的通知

教高函[2008]21号

各省、自治区、直辖市教育厅(教委)、财政厅(局),新疆生产建设兵团教育局、财务局,有关部门(单位)教育司(局)、财务司(局),教育部直属各高等学校:

根据《教育部财政部关于实施高等学校本科教学质量与教学改革工程的意见》(教高〔2007〕1号)的规划和2008年度高等学校本科教学质量与教学改革工程项目申报工作的要求,在有关学校和单位推荐基础上,经研究,现批准北京大学汉语言文学等691个专业点为第三批高等学校特色专业建设点(名单见附件),并将有关事宜通知如下:

一、建设高等学校特色专业是优化专业结构，提高人才培养质量，办出专业特色的重要措施。项目承担学校和项目负责人要充分认识项目的重要意义，高度重视特色专业点建设工作，大力加强课程体系和教材建设，改革人才培养方案，强化实践教学，加强教师队伍建设，紧密结合国家、区域经济社会发展需要推进专业建设，切实为同类型高校相关专业和本校的专业建设和改革起到示范和带动作用。各地教育行政部门和中央有关部门（单位）要负责指导、检查、监督所属高等学校特色专业建设点项目的建设工作。在建设过程中，有关问题和建议请及时反馈至质量工程领导小组办公室。

二、高等学校特色专业建设点项目管理按照《教育部财政部关于实施高等学校本科教学质量与教学改革工程的意见》（教高〔2007〕1 号）和《高等学校本科教学质量与教学改革工程项目管理暂行办法》（教高〔2007〕14 号）执行。质量工程领导小组办公室将根据《高等学校特色专业建设点任务书》进行检查和验收。

项目资助经费按照每个建设点 20 万元的标准拨付，超出资助经费的部分由学校配套解决。项目经费管理按照《高等学校本科教学质量与教学改革工程专项资金管理暂行办法》（财教〔2007〕376 号）执行。有关单位和学校要落实经费自筹建设点的经费。

三、高等学校特色专业建设点项目承担学校应在学校网站设立专栏，对外公布项目的建设内容、实施方案和进展程度等相关信息，加强有关建设成果的宣传推广，充分发挥项目的示范作用。

附件：第三批高等学校特色专业建设点名单（见本卷教育栏目）

教育部　财政部

二〇〇八年九月二十八日

教育部关于公布 2008 年度高等学校专业设置备案或审批结果的通知

教高[2008]10 号

各省、自治区、直辖市教育厅（教委），新疆生产建设兵团教育局，有关部门（单位）教育司（局），部属有关高等学校：

各有关部门（学校）申请 2008 年度增设或调整专业的请示收悉。根据《国务院对确需保留的行政审批项目设定行政许可的决定》（国务院令第 412 号）、《高等学校本科专业设置规定》、《教育部、卫生部关于举办高等医学教育的若干意见》、《国家中医药管理局办公室、教育部办公厅关于中医药教育若干问题的意见》、《教育部、公安部关于举办公安类专业教育有关问题的意见》、《教育部办公厅关于进一步加强和改进高等学校本科专业备案和审批管理工作的通知》、《普通高等学校高职高专教育指导性专业目录（试行）》、《普通高等学校高职高专教育专业设置管理办法（试行）》等有关文件精神，以及教育部学科发展与专业设置专家委员会的评议意见，并在征得卫生部、国家中医药管理局、公安部对设置医学类、公安类专业意见的基础上，经研究，现将 2008 年度高等学校专业设置备案或审批结果印发给你们。

本次公布的高校新设置或调整的 1 662 个本科专业和 6 个医学类专科专业（见附件 1、2），可自 2009 年开始招生，其专业名称、专业代码、修业年限、学位授予门类等均以公布的内容为准；不同意设置或调整的 412 个本科专业和 14 个医学类专科专业（见附件 3、

4)，不得安排招生；需评估的 4 个医学类专科专业（见附件 5），待评估合格后方可安排招生；同意撤销的 11 个专业（见附件 6）的有关高校在校学生要按原培养方案培养至毕业，并保证教学质量。

望各有关部门（学校）充分利用高校现有的办学条件，加强新增专业建设，切实保证教育质量。

附件：1. 2008 年度经教育部备案或审批同意设置的高等学校本科专业名单（见本卷教育栏）

附件 2 ~ 6（略）

中华人民共和国教育部
二○○八年十二月十八日

卫生部办公厅关于开展“微笑列车唇腭裂修复慈善项目”的通知

卫办医发[2008]43 号

各省、自治区、直辖市卫生厅局，新疆生产建设兵团卫生局：

唇腭裂是一种较常见的出生缺陷，严重影响患者的身心健康和生活质量，给家庭和社会带来较大的经济负担。为帮助广大唇腭裂患者解除病痛，特别是对唇腭裂患儿进行早期治疗，提高生活质量，我部与美国微笑列车基金会、中华慈善总会、中华口腔医学会、中国宋庆龄基金会合作开展“唇腭裂修复慈善项目”（以下简称项目），计划在 3 年内为全国唇腭裂患者免费提供修复手术，并为项目合作医院的医护人员提供专业培训。为了积极稳妥地做好这项工作，充分发挥项目效益，现就有关事项通知如下：

一、建立健全项目工作的组织机构。根据工作需要，我部和美国微笑列车基金会等合作方成立了项目指导小组，我部黄洁夫副部长任组长。项目指导小组下设秘书处，负责项目管理和组织实施。请各省（区、市）和新疆生产建设兵团卫生厅局确定一名负责人主管此项工作，并在医政、外事部门指定专人具体负责，保证项目顺利实施。

二、做好项目实施的统筹协调。实施好这项工作，需要卫生行政部门加强与项目各有关方面的协调、配合，充分发挥各方面的积极性。各地要结合当地唇腭裂患者数量和医疗需求，根据有关规定协调组织有关方面签订合作协议，明确各自的权利和义务，为顺利完成项目工作打好基础。对于唇腭裂患者在发现、转诊、治疗、康复等环节可能涉及的有关问题，也要早做安排，积极沟通，主动协调，及时研究解决遇到的困难和问题。

三、加强对项目合作医院的指导与管理。按照项目要求，在各省（区、市）卫生厅局医政部门审核和中华口腔医学会组织专家评估的基础上，我部医政司确定了 373 家医院作为项目合作医院，并将根据项目的实施情况适时对项目合作医院进行适当调整。各级卫生行政部门要加强对合作医院的指导和管理，规范医疗行为，合理使用经费，保障患者安全，确保实现项目目标。

请各地将项目实施情况和实施过程中发现的问题、对项目工作的意见和建议及时反馈我部医政司和国际合作司。

卫生部医政司联系人：贾丹丹　李芳红
联系电话：010-68792203
　　　　　010-68792193
传　　真：010-68792513
卫生部国际合作司联系人：李秋婷
联系电话：010-68792297
传　　真：010-68792295

中西部地区儿童口腔疾病综合干预试点项目管理方案

{财政部、卫生部联合下发《关于下达公共卫生专项资金的通知》(财社[2008]293号文附件}

口腔疾病是人类常见病,多发病。口腔疾病不仅引起牙痛、咀嚼功能下降,降低生活质量,而且影响面部美观,对人的社会交往和心理行为产生影响,其致病菌还可以引起或加重胃病、糖尿病、心脑血管病、肾病、肺炎和关节疾病及并发症,造成孕妇早产或出生低体重婴儿等,成为许多具有极高死亡率的疾病的重要诱因。

口腔疾病的防治项目通过有组织地对群体实施预防干预措施,促进口腔及全身健康,减少消耗社会资源和个人负担,体现社会公平性原则。同时,带动口腔疾病防治队伍建设,对于全面提高我国口腔卫生保健服务水平,提高政府的公信力具有重要意义。

我国中西部地区口腔卫生状况较差,口腔疾病患病率高,已成为严重危害广大群众身体健康和生活质量的重要公共卫生问题。造成我国中西部地区儿童口腔卫生状况差的原因是多方面的,其中既包括口腔疾病防治知识和防治意识缺乏、口腔疾病防治力量薄弱,也包括经济发展滞后、地方政府和群众投入不足等原因。因此,加强中央财政投入专项资金,加强中西部地区儿童口腔疾病综合防治,不仅将对帮助儿童养成良好的口腔卫生习惯,改善口腔卫生状况,从而促进口腔健康和全身健康产生重要影响,也将对提高卫生公平,实现公共卫生服务均等化产生积极的作用。为了切实加强中西部地区儿童口腔卫生工作,特制定本方案。

(一)目标

1.在项目试点县开展口腔健康教育,小学生口腔卫生知识知晓率达到85%以上,正确刷牙率达到70%以上;

2.在项目试点县开展儿童口腔健康检查,适龄儿童口腔检查率达到90%以上,早期发现口腔疾病;

3.为项目地区适龄儿童进行窝沟封闭,窝沟封闭率达到90%以上,封闭完好率达到85%以上,降低儿童恒牙龋病患病率;

4.加强中西部基层口腔疾病防治队伍建设,提高防治水平。

(二)项目范围和内容

1.项目范围

选择我国中、西部地区的河北、山西、内蒙、吉林、黑龙江、安徽、江西、河南、湖北、湖南、广西、海南、重庆、四川、贵州、云南、西藏、陕西、甘肃、青海、宁夏、新疆等22个省、自治区、直辖市中口腔疾病防治网络比较健全,有一定防治经验和工作基础的2~3个县(区)作为试点县(区)。

2.项目内容

(1)深入开展宣传发动和健康促进。项目县(区)卫生行政部门会同教育、广电等部门,通过发放健康教育材料、宣传画以及各地群众喜闻乐见的形式,进行深入的健康教育,培养群众养成良好的口腔卫生习惯,掌握基本的口腔预防保健知识和自我保健技能,营造人人关注口腔卫生的氛围。广泛、深入地进行动员,引导适龄儿童自觉参加窝沟封闭;

(2)加强培训,提高口腔疾病防治人员防治水平。根据工作任务严格筛选、确定承担项目工作的口腔疾病防治机构和人员,对其认真开展业务培训,使其能够准确掌握适应证、窝沟封闭技术和其他项目要求;

(3)对项目地区的8岁儿童进行口腔健康检查,严格筛选出适宜人群,并按照“自愿参与”原则,对参加的儿童严格按窝沟封闭适应证标准进行操作,保证工作质量。每个省需要完成2.4万颗牙齿的窝沟封闭。要严格按照消毒隔离的要求开展操作,防止交叉感染;

(4)加强信息收集、统计和分析。各承担项目工作的单位和人员应按要求向当地卫生行政部门或其指定单位定期报告项目工作的信息资料。各项目县卫生行政部门或其指定单位要采用计算机管理的手段,及时准确输入、整理、统计和分析数据,并按要求每月上报有关信息;

(5)定期复查,确保窝沟封闭工作质量。各项目县(区)卫生行政部门应组织专家,按照“随机”的原则,在封闭后的第3个月选择5%的人群进行复查,了解窝沟封闭情况。复查不合格者应由开展封闭的单位进行再封闭。

(三)项目组织形式

1.组织形式

(1)卫生部负责项目管理,组织有关专家制定具体技术方案,组织对各省技术指导小组人员进行培训,并对各省、自治区、直辖市项目实施情况进行抽查、考核。

(2)项目省、自治区、直辖市卫生行政部门负责当地工作的开展,针对本省特点制定项目实施方案,选择合适的项目县(区),协调、落实项目所需的经费,指导、督促项目县(区)开展项目工作。要成立技术指导小组,负责本省的技术指导、培训、复查和每年两次的督导工作。技术指导小组必须由具有副高级技术职称以上的口腔专家组成。

(3)项目县(区)卫生行政部门根据本地区的工作任务,本着“质量优秀、医疗安全、布局合理、方便群众”的原则,选择定点医疗卫生机构承担口腔健康教育、口腔健康检查、窝沟封闭。进行窝沟封闭的操作人员必须是经过项目培训的口腔执业医师或口腔执业助理医师,实行持证上岗制度。项目县(区)卫生行政部门应及时收集、整理、统计项目数据,并在规定的时间内向各省汇总、上报。要求上报数据记录准确、完整,无缺项,无漏报或重复上报,误差率不超过5%。

2.资金安排

中央财政安排儿童龋病防治专项经费880万元,对中西部地区22个省、自治区、直辖市的人员培训、窝沟封闭、复查、健康教育、宣传发动、数据汇总给予补助。具体补助项目及金额见附表。

(四)项目执行时间

2009年4月前,完成项目县(区)定点医疗卫生机构的选择,6月底前,完成培训,健康教育和宣传发动;年底前完成各项工作并向卫生部报工作总结。

(五)项目督导与评估

卫生部制定质量控制和评估方案,组织有关人员对各省、自治区、直辖市项目执行情况进行督导与评估。各项目省(区、市)卫生行政部门要加强对项目的组织领导,严格按照国家有关专项资金管理的规定执行,加强项目经费管理,提高资金使用效益。各省(区、市)要组织技术人员对各县(区)工作开展情况进行2次督导,确保工作质量。

各县(区)卫生行政部门要组织专家对各承担任务的医疗卫生机构开展工作质量监督检查。完好率在85%以上的县(区)按完成人数划拨经费,对完好率不达标的,将不予拨款,并取消第二年的项目资格。

卫生部 教育部关于印发《医学教育临床实践管理暂行规定》的通知

卫科教发[2008]45号

各省、自治区、直辖市卫生厅局、教育厅(教委),新疆生产建设兵团卫生局、教育局:

为规范医学教育临床实践活动的管理,保护临床实践过程中患者、教师和学生的合法权益,保证医学教育教学质量,我们组织制定了《医学教育临床实践管理暂行规定》。现印发给你们,请遵照执行。

中华人民共和国卫生部

二〇〇八年八月十八日

医学教育临床实践管理暂行规定

第一条 为规范医学教育临床实践活动的管理,保护患者、教师和学生的合法权益,保证医学教育教学质量,依据《中华人民共和国执业医师法》、《中华人民共和国高等教育法》制定本规定。

第二条 本规定适用于经教育行政主管部门批准设置的各级各类院校的医学生和《执业医师法》规定的试用期医学毕业生(以下简称试用期医学毕业生)的医学教育临床实践活动。

第三条 本规定所称医学教育临床实践包括医学生的临床见习、临床实习、毕业实习等临床教学实践活动和试用期医学毕业生的临床实践活动。

医学生是指具有注册学籍的在校医学类专业学生。医学生的临床教学实践活动在临床教学基地进行,在临床带教教师指导下参与临床诊疗活动,实现学习目的。试用期医学毕业生是指被相关医疗机构录用并尚未取得执业医师资格的医学毕业生。试用期医学毕业生的临床实践活动在相关医疗机构进行,在指导医师指导下从事临床诊疗活动,在实践中提高临床服务能力。

第四条 临床教学基地是指院校的附属医院以及与举办医学教育的院校建立教学合作关系、承担教学任务的医疗机构,包括教学医院、实习医院和社区卫生服务机构等。

临床教学基地的设置必须符合教育、卫生行政部门的有关规定,必须有足够数量的具有执业医师资格的临床带教教师。

第五条 临床教学基地负责组织医学生的临床教学实践活动,为实施临床教学实践活动和完成教学任务提供必要的条件,维护临床教学实践过程中相关参与者的合法权益。

第六条 相关医疗机构是指承担试用期医学毕业生临床实践任务的医疗机构。相关医疗机构负责安排试用期医学毕业生的临床实践活动,确定执业医师作为指导医师,对试用期医学毕业生进行指导。

第七条 临床教学基地及相关医疗机构应采取有效措施保护医学教育临床教学实践活动中患者的知情同意权、隐私权和其他相关权益。

临床教学基地和相关医疗机构有责任保证医学教育临床实践过程中患者的医疗安全及医疗质量,并通过多种形式告知相关患者以配合临床实践活动。

第八条　临床教学基地和相关医疗机构应加强对医学生和试用期医学毕业生的医德医风及职业素质教育。

第九条　临床带教教师是指经临床教学基地和相关院校核准，承担临床教学和人才培养任务的执业医师。指导医师是指经相关医疗机构核准，承担试用期医学毕业生指导任务的执业医师。

第十条　临床带教教师和指导医师负责指导医学生和试用期医学毕业生的医学教育临床实践活动，确定从事医学教育临床实践活动的具体内容，审签医学生和试用期医学毕业生书写的医疗文件。

第十一条　临床带教教师和指导医师应牢固确立教学意识，增强医患沟通观念，积极说服相关患者配合医学教育临床实践活动；在安排和指导临床实践活动之前，应尽到告知义务并得到相关患者的同意。在教学实践中要保证患者的医疗安全和合法权益。

第十二条　医学生在临床带教教师的监督、指导下，可以接触观察患者、询问患者病史、检查患者体征、查阅患者有关资料、参与分析讨论患者病情、书写病历及住院患者病程记录、填写各类检查和处置单、医嘱和处方，对患者实施有关诊疗操作、参加有关的手术。

第十三条　试用期医学毕业生在指导医师的监督、指导下，可以为患者提供相应的临床诊疗服务。

第十四条　医学生和试用期医学毕业生参与医学教育临床诊疗活动必须由临床带教教师或指导医师监督、指导，不得独自为患者提供临床诊疗服务。临床实践过程中产生的有关诊疗的文字材料必须经临床带教教师或指导医师审核签名后才能作为正式医疗文件。

第十五条　医学生和试用期医学毕业生在医学教育临床实践活动中应当尊重患者的知情同意权和隐私权，不得损害患者的合法权益。

第十六条　在医学教育临床实践过程中发生的医疗事故或医疗纠纷，经鉴定，属于医方原因造成的，由临床教学基地和相关医疗机构承担责任。

因临床带教教师和指导医师指导不当而导致的医疗事故或医疗纠纷，临床带教教师或指导医师承担相应责任。

第十七条　医学生和试用期医学毕业生在临床带教教师和指导医师指导下参与医学教育临床实践活动，不承担医疗事故或医疗纠纷责任。

医学生和试用期医学毕业生未经临床带教教师或指导医师同意，擅自开展临床诊疗活动的，承担相应的责任。

第十八条　护理、药学及其他医学相关类专业的医学教育临床实践活动参照本规定执行。

第十九条　本规定自 2009 年 1 月 1 日起实行。

特　载

奥运会口腔医疗服务回顾与展望

第29届北京奥运会首席牙医
首都医科大学附属北京口腔医院　杨晓江

自1896年雅典第一届奥运会以来，奥运会口腔服务的发展基本可以分为无口腔服务、小规模口腔急诊服务、大规模口腔急诊服务和对运动员开展各类口腔疾病的全面系统治疗四个阶段。

第一个阶段是从1896年至1928年。这期间共举办了八届奥运会，在这八届奥运会中，国际奥委会并没有给运动员提供统一的住宿，也没有安排统一的医疗服务及口腔医疗服务。运动员的数量已经从第一届奥运会的300多名，增加到第八届的3 000多名，而且有越来越多的随队人员参与。

第二个阶段是1932年至1980年，在这将近半个世纪的奥运会中，奥运会口腔医疗服务从无到有，维持在小规模急诊服务的范围。1932年第九届奥运会在美国举办，美国奥组委和国际奥委会决定为参加奥运会的运动员在比赛期间提供一个统一的居住地点即奥运村。同时美国奥组委提出，由于有了短时间密集人群的居住，防止发生重大疾病和外伤应该作为奥运会的服务内容之一，因此决定在奥运村内开始为运动员提供医疗服务，主要解决比赛期间急病和外伤的问题。同时，口腔医疗服务也成为奥运会医疗服务的内容，成为奥运会口腔医疗服务的起点。1932年后至1980年，共举办了十届奥运会，其间奥运会曾因第二次世界大战而中断两届。在这十届奥运会中，奥运村口腔医疗服务规模很小，基本延续1932年美国的模式，只有1～2台牙科治疗椅，并且规定仅限处理牙外伤、牙髓炎、脓肿等口腔急性疾病，口腔服务时间一般也只安排下午2～3个小时。但参加奥运会运动员的人数明显上升，1972年德国奥运会，已经有7 000余名运动员参加，1980年莫斯科奥运会虽然有许多国家因苏联入侵阿富汗抵制参加，也有5 000余名运动员出席。国际奥委会和奥运会组委会都意识到小规模的口腔医疗服务已经不能够完全解决奥运会期间运动员的口腔疾病问题。

奥运会口腔医疗服务的第三个阶段，即国际奥委会为参赛人员提供了较大规模的、应对口腔颌面外伤及急性疾病的医疗服务应该以1984年在美国举办的奥运会为起点。在1984年奥运会预赛期间，一名跳水运动员发生了严重的外伤，失去了前6颗牙齿，第三阶段奥运会口腔医疗服务应该以1984年为标志。国际奥委会决定扩大奥运村内口腔服务的范围和规模，首次将X线设备、口腔技工室搬入奥运村，并规定口腔服务时间为早上8点至晚上11点。出人意料的是，在1984年洛杉矶奥运会期间，有300多名运动员和100多名教练员在奥运会期间接受了500多人次的口腔医疗服务，接受口腔医疗服务的运动员和教练员的人数，仅次于接受肌肉理疗的人数，口腔服务成为奥运会期间医疗服务中第二重要的项目。国际奥委会意识到口腔服务是奥运会医疗服务的一个重要环节，因此，国际奥委会开始在运动会期间特别设立了首席理疗医生与首席牙医的职位，专门为国际奥委会负责这两个部门的工作。这些工作方式一直延续至今。1996年,亚特兰大奥运会参加人数在奥运史上首次突破了万名,而接受口腔医疗服务的运动员和教练员达到了900余人次,创造了奥运口腔医疗服务历史的高峰。从1984年至2004年的6届奥运会,运动员人数都超过了万名,国际奥委会与各国奥组委都为奥运会提供了较大型的口腔医疗服务,但口腔医疗服务的主要目的仍然规定为处理口腔急诊和外伤。除奥运会外,在这20年间的各类世界级的运动会都开始为运动员提供口腔医疗服务,如冬季奥运会、残奥会及特运会、世界大学生运动会、足球世界杯比赛等。这些运动会期间的医疗活动为运动医学提供了重要的经验,也为开展针对运动会和运动员口腔医疗特点的探讨进一步提出了学术层次的要求。在英国和加拿大成立了运动牙医学院或学系(Sport Dentistry),专门培养运动牙医人才。随着现代口腔医疗技术迅猛发展,口腔医生对牙齿疾病的治疗能力和修复能力大大提高,许多牙科治疗的理念已经彻底改变,越来越多患者的牙齿通过良好的根管治疗和修复手段被挽救了下来。这种变化也体现在奥运会口腔医疗服务中,1968年墨西哥奥运会中,有370颗运动员的牙齿被拔除,而只有43颗牙齿接受了根管治疗;在2004年奥运会期间,仅有49颗牙齿被拔除,有144颗牙齿接受了根管治疗。显然,奥运会口腔医疗服务的主要目的已经不仅仅是为了解决口腔急诊和外伤,而是需要向运动员提供系统完整的口腔服务。但对这种口腔医疗服务目的悄然转变,国际奥委会和各国奥组委是准备不足的。在2004年雅典奥运会期间,口腔医生在主要为急诊治疗准备的情况下,“遭遇”了运动员提出的系统、全面口腔治疗的要求。在口腔医生没有思想准备、技术准备和设备准备的情况下产生了许多医患冲突。在奥运会期间究竟应该在什么范围、什么时机内开展口腔医疗服务,在2008年以前并未发现指导性文件。

在准备2008年北京奥运会前,国际奥委会医学委员会的专家们对中国的医疗服务情况了解很少,有很多人对中国医疗水平、尤其是口腔医疗水平存在各种各样的偏见,主要是我国没有参与过任何国际运动牙医的学术交流活动。2006年,当国际奥委会医学委员会到中国选择北京奥运会首席牙医的时候,他们对中国口腔服务的情况十分担忧。在考察中国医院口腔科时,他们看到的是人山人海的患者与忙碌不堪的医生,这些情况与许多现代化国家口腔医疗的情况相差甚远。因此,当国际奥委会医学委员会的主任沙马士博士在听到我们一些候选人报告中提到中国医疗是具有现代化水平、对承担奥运会口腔医疗服务没有任何问题时,显得不以为然甚至显现出一些不礼貌的表现,曾经打断发言,准备提前结束会议。北京口腔医院对国际奥委会医学委员会的报告排在了会议的最后,在北京奥组委会议主持人的请求下,沙马士博士才同意只用10分钟的时间“简单听一下”这个报告。就在召开这次奥运首席牙医的选拔会议的前一周,北京口腔医院孙正院长在接到北京奥组委这个任务后,将此任务交给了担任外二科主任的杨晓江。在国外学习和工作的经历,使杨晓江充分认识到我国口腔医疗与国外的差距并不主要是在操作水平上,而在于整个诊治流程和工作习惯上。我们因为患者多而忽视细节、忽视交流、忽视就医环境和患者人群的时空管理。正是这些方面与国际先进国家的巨大差距,使发达国家的口腔医生和患者对我们的口腔医疗水平提出了质疑,也正是这些习惯,可能使奥运会运动员中的患者在接受我们治疗之前就会产生拒绝的心理。要想做好奥运会口腔医疗服务,必须首先明确自己的任务,明确自己所面临的困难,才有可能找到解决困难的办法。因此在北京口腔医院的报告中,首先用地图分析了北京奥运场馆与医院分布的情况,指出在北京口腔医生资源紧张、分布零散,对奥运口腔医疗服务可能造成巨大的困难。并且将近 1∶6 000 的口腔医生与患者的比例，使口腔医生的工作安排也十分困难。仅仅靠 1 ~ 2 家口腔专科医院的医护人员资源不足以承担奥运会口腔医疗服务任务，否则会影响举办城市北京的口腔医疗服务。报告建议的解决方案是将多家医院的口腔医生整合为一个团队，在奥运村内集中为运动员、教练员服务，同时可以避免因交通、安全等原因可能引发的其他事件。这个报告中的第一点与国际奥委会准备在奥运村内建立诊所以及奥运会尽量不要影响所在国居民生活、尽量保障运动员安全等原则不谋而合。报告的第二点对奥运会为什么需要口腔服务进行了论证，根据对以往 20 年奥运会医疗服务的文献及事件报告，将所有运动项目进行了颌面部外伤风险、急性口腔疾病风险的分类，初步提出了口腔全科治疗医生、口腔急诊科医生、口腔外科医生应该如何根据不同项目进行准备和安排的方案。这种分类和医生安排的方法在以往的有关奥运医疗服务的文献中尚未发现，引起了国际奥委会医学委员会专家的强烈兴趣。报告中的第三点对中国口腔医疗现状进行了客观的分析，指出中国口腔医疗水平与发达国家存在差距，并且这种差距可能是我们承担奥运会口腔医疗服务的一个重要障碍。北京口腔医院的报告详细描述了医院近五年来在杨晓江所领导的科室进行的一个尝试性医疗改革工作，其内容恰恰是如何在中国的国情下将口腔就医流程、医生工作习惯、护士工作方式等方面与先进国家模式接轨的探索，并且这些探索已经取得了成功，指出奥运会口腔医疗将会应用这些成功的经验有针对性地对口腔医护人员进行培训。这个报告彻底打消了国际奥委会医学委员会专家们的顾虑，当即确定了北京奥运会首席牙医的人选。

2008 年北京奥运会，是历史上参加国家最多的奥运会，是一百多年以来第一次在中国举办的奥运会。在准备奥运会口腔医疗服务工作的过程中我们发现，虽然奥运会已经举办了一百多年，奥运会中口腔服务的时间也已经长达半个多世纪，但对奥运会期间口腔服务的工作量和应该提供什么样的服务、需要多少医生等这样的关键问题并没有可借鉴的规范性的文件，对奥运口腔服务的探讨也缺乏系统性。在这种情况下我们根据国际奥委会提出的口腔服务的要求，北京奥运会口腔服务专家组讨论并通过了由首席牙医杨晓江起草的《奥运会口腔医疗服务指南》。这一指南提出了哪些口腔疾病属于应该立即为运动员解决；哪些口腔疾病应该在比赛后解决；哪些口腔治疗应该避免在比赛前进行；如果必须进行治疗应该在比赛前治疗到什么程度，在比赛后治疗到什么程度；哪些治疗应该与运动员在奥运会后的治疗衔接起来等。这些内容由总的原则到实施细则在指南中都作了描述。在指南中还根据准备为运动员提供全面系统口腔医疗的目的，提出了如何进行人员、设备以及诊室硬件的准备。2006 年至 2008 年，这一指南成为进行口腔医护人员的选拔、奥运会口腔服务的技术培训和工作流程培训的主要指导性文件。将这一指南同 2010 年冬季奥运会首席牙医和 2012 年伦敦奥运会首席牙医进行了细致的磋商。他们认为北京奥运会口腔医疗服务指南所提出的这些工作原则也将成为下两届奥运会开展口腔服务的重要参考文件。这是奥运会历史上第一本奥运会口腔医疗服务指南，是中国奥运会口腔服务团队为奥运会口腔服务做出的有历史意义的重要贡献。

在奥运会口腔医疗服务的自始至终，北京各个医院发扬了团结的精神面对各种困难。为了确保奥运、医疗两不耽误，我们从三大系统的医院选择口腔医生，轮流到奥运村服务。这三大系统是：北京大学系统医院，包括北京大学口腔医院、北京大学第三医院、北京大学人民医院、北大医院；首都医科大学系统医院，包括北京口腔医院、北京朝阳医院、北京同仁医院、北京宣武医院、北京安贞医院、北京友谊医院；部队系统医院，包括解放军总医院和武警总医院，三大系统的召集人分别是伊彪、郑东翔和刘洪臣。

以这些医院的口腔科为基础，组建了一支有着80名医生、28名护士的专业口腔团队。2007年3月5日，在北京奥运会倒计时500天的时候，口腔医疗服务团队正式组建完毕。在奥运村综合诊所内，首席牙医杨晓江全面负责并与北大口腔医院的伊彪教授共同担当口腔科主任，张华、王晓燕、沈嵩、戴青、方碧松、雍玮担任轮班主任；解放军总医院刘洪臣教授任组长的专家组包括杨晓江、伊彪、郑东翔和岳林，这些专家分别有颌面外科、口腔修复科和牙体牙髓疾病的专业背景，准备处理各种可能发生的疑难病例；外伤抢救组组长是解放军总医院的胡敏教授；护理团队由总护士长北大口腔医院的马春梅负责，由尹丽娜、马涛、王健民、杨洪分别担任前台、诊室和库房及消毒室护士长；设备后勤由北京口腔医院设备科宋鹰主任全面负责。在奥运村外，北京口腔医院孙正院长和北大口腔医院俞光岩院长率北京两大专业口腔医院的副院长组成了听班专家组；中华口腔医学会名誉会长张震康教授和现任会长王兴教授、口腔放射专业委员会主任委员马绪臣教授、北京口腔医学会会长王邦康教授、首都医科大学副校长王松灵教授组成了顾问组。这支奥运村综合诊所内最大的服务团队，聚集了北京最强口腔医疗实力，也是奥运史上大学教授参与最多的口腔医疗队伍。

团队组建好了，接下来最主要的任务就是培训。我们面临的主要障碍来自语言和看病习惯。欧美等发达国家的牙科医生看病细致，和病人交流时间长，对病情了解得充分透彻。而中国医生由于看病压力太大，就诊量远远超出负荷，看病快，与患者交流少。另外，国际奥委会医学委员会还要求牙科医生向各国运动员积极宣传普及牙科医学常识。为了使这支技术精良的团队能够适应国外运动员看病的习惯，做到“听得懂、看得准、说得出、做得到”，我们拟订了一个特殊的培训计划。第一步请在京的欧美人士用地道的英语录制陈述不同口腔疾病的主诉，让医护人员看录像后写出英文病历和治疗计划；第二步是请国外口腔医生到培训班，直接讲述他们看病中医患双方如何交流，如何进行口腔宣教；第三步是请来各国驻京的口腔疾病患者，通过给他们看病，验收我们培训的效果。在这所有步骤中，还贯穿了对护理团队的培训。口腔护士是管理医生治疗时空和进行助疗的重要环节。长期以来，我们对护士多数强调单纯的助疗培训，缺乏对护士接诊能力、沟通能力和时空管理能力的培训。所有奥运团队的护士以杨晓江所在的北京口腔医院外二科为基地，为适应新的口腔护士工作模式进行了实地培训。通过长达一年多的对医护人员进行有针对性的系统培训后，到奥运会开幕前，团队医护人员的接诊习惯有了很大改变，他们适应了慢慢看病的节奏，接待各国患者的能力和信心也都大大增强。口腔医疗团队的组队、培训经验在奥运村综合诊所多次进行报告，被北京奥组委医疗服务部作为其他医疗团队组建和培训的范本。

回顾北京奥运会的口腔医疗服务，有几个具体的方面与以往历届奥运会不同：现代口腔医学的发展，使越来越多的牙齿能够通过良好的根管治疗保留下来，但根管治疗用时长、并且可能出现治疗后疼痛，在奥运会期间开展根管治疗有可能影响参赛人员的比赛。为了尽量缓解根管治疗与比赛间的矛盾，北京奥运会期间首次在奥运村中准备了根管治疗车，包含了目前高水平根管治疗所需的主要设备，同时每个口腔医疗服务组中都保证每天都有牙体牙髓专科医师，使奥运村口腔医疗服务中能够提供与专科医院同样水平的根管治疗，提高了根管治疗水平，减少了根管治疗的时间和治疗后的反应及可能对比赛产生的不利影响；在护齿器制作方面，在以往的奥运会中，护齿器的制作由当班医师取印模，采用单颌制作，并无专人和专用设备对咬合情况进行控制。北京奥运会中，首次成立了护齿器制作组，由3名修复医师、1名正畸医师和4名接受过颞颌关节殆垫调磨训练的医师组成流水线制作，制作采用双颌殆架制作设备，最后一步由颞颌关节组医师完成定形并为运动员佩戴和调磨，这样使护齿器在咬合平衡、舒适性、稳固性等方面都得到了专科医师的特别关注和研究，也为进一步护齿器的研究打下了基础；在牙周疾病的控制方面，每个医疗组内都准备了牙周专科医师，设备方面也准备了各类不同深度牙周治疗所需的设备，使参赛人员在接受牙周急性疾病治疗后，还有可能进一步接受必要的牙周治疗；在黏膜疾病的诊治方面，有黏膜专科医师轮流定时出诊，使疑难的黏膜疾病有可能尽快得到诊治，北京奥运口腔医疗服务中由北京口腔医院孙正院长对各类性病、包括艾滋病的口腔黏膜表现进行了全员培训，保证了医护人员和就诊人员的安全，也保证了对此类患者的特别照顾，这种培训在奥运史上也属首次；在接诊工作方面，北京奥运会不但有专门培训的护士，还首次有专门培训的医师参与，使运动员在进入口腔医疗服务区的第一时刻，就会得到初步的病情判断和准确的分诊；在诊室内诊治流程方面，北京奥运会首次应用了口腔内镜的检查手段，使奥运口腔医疗服务中口腔知识的宣教和疾病的诊治实现了医患交流和病情记录的影像化。

以上方面的工作，得到了国际奥委会充分肯定。除了在奥运会口腔医疗服务中增加的新内容与新流程外，北京奥运会口腔医疗服务对历届奥运会口腔医疗服务中所重视的颌面部外伤、牙外伤、口腔疾病急诊等由全科口腔医师、各类专科口腔医师和颌面外科医师的工作流程与所需的设备也作了细致描述及规定，这些工作的细则和流程则是在奥运会前的一年多的时间就予以确定，体现在本届奥运会口腔医疗服务指南中，并针对奥运会口腔医疗服务的特殊要求进行了多次医护人员的模拟培训。由于有了前期充分的思想准备、技术准备和设备准备，所有口腔医护人员在奥运村试开村和开村以后进行了有条不紊的工作，在20多天内为1 100多名运动员和教练员提供了1 600多人次的服务，根管治疗数和护齿器制作数比上届奥运会多了2～3倍，接受口腔医疗的人数是奥运会历史上最多的一次，没有一例医患纠纷，受到了各国运动员、教练员和国际奥委会的高度赞扬。应该说，北京奥运会第一次有准备地为各国运动员提供了全面、系统、高水平的口腔医疗服务，走出了奥运口腔医疗服务仅仅为解决口腔急诊和外伤的被动服务模式，建立了奥运会口腔医疗的主动服务模式。使奥运会口腔医疗服务进入了对运动员开展各类口腔疾病的全面系统治疗的新的第四个阶段。中国奥运会口腔医疗服务模式，可能成为未来奥运会口腔医疗发展的方向。

我们应该看到，我国口腔医疗水准与世界先进国家相比还有很大差距。我国运动员在2008年奥运会期间取得了金牌总数第一的好成绩，确立了中国成为体育超级大国的位置，但与此不相适应的是中国的针对运动项目和运动员以及大型体育赛事的口腔医学研究还远远不足。我们在本届奥运会前后为奥运会口腔医疗服务获得了许多宝贵经验，积累了中国自己的运动牙医的第一手资料。早日实现运动牙医学零的突破已经是我国运动医学和口腔医学面临的紧迫任务。

口腔医学专业在灾害医学中的作用

四川大学华西口腔医学院　万呼春　周学东

2008年5月12日下午14点28分，四川省汶川县发生了8级特大地震，地震波及四川全省，重灾区域面积超过10万平方公里，涉及6个市州、88个县市区、1 204个乡镇、2 792万人。地震造成公路、铁路、桥梁、电力、通信、水利等基础设施和厂房严重损毁。重灾区一些乡镇和绵阳北川县城等被夷为平地，许多学校倒塌，群死群伤现象严重。截至2008年8月25日12时，据民政部报告，遇难69 226人，受伤374 643人，失踪17 923人。更因山体滑坡，道路堵塞，没有足够的车辆转运伤员等因素，给救援工作造成很大困难。灾情发生后。卫生系统启动救灾防病工作小组和卫生应急预案，组建医疗队支援灾区医疗救治工作。据卫生部不完全统计，至2008年6月2日，全国累计有139 642名医疗卫生人员参加了抗震救灾工作，其中，投入四川灾区的医疗卫生人员达到91 298人。

口腔医学专业医疗机构和医护人员是我国一支重要的卫生服务力量。在地震发生后，他们积极投入到抗震救灾医疗救护工作中。在特大灾害面前，沉着、冷静积极投入到抗震救灾医疗救护工作中；自觉伸出援助之手，捐款、捐物、献血，为受灾群众提供力所能及的帮助。本文就汶川大地震发生后口腔医学专业发挥的独特作用，并结合笔者亲临灾区一线的感受，就口腔医学专业在灾害医学中的作用谈几点意见和建议。

一、快速反应，迅速启动应急预案

在地震发生后，四川大学华西口腔医院作为距离重灾区最近的卫生部直属的三级甲等口腔专科医院，在第一时间迅速启动了公共卫生突发性、灾害性事件应急预案，立即成立以院长周学东教授为总指挥的华西口腔医院抗震救灾指挥组，下设专门工作组，专人负责，具体落实，积极投入抗震救灾医疗救护工作中。由院长负责指挥协调组，负责组织与协调工作。党委书记负责宣传信息组，收集有关地震的信息、各地市受灾情况、救援情况及医疗需求情况，为救援小组的工作提供参考。充分利用网络，将我院抗震救灾情况、需求情况及时在学院网站上发布，让更多的口腔人了解华西口腔抗震救灾情况，并提供相应的帮助。纪委书记任物资捐赠组组长，负责救灾物资，特别是捐赠物资的管理，确保所有的捐款捐物只用于抗震救灾第一线。分管医疗的副院长任医疗救治组组长，按相应要求组建院内急救组、院外救援组以及伤病登记组、治疗护理组，具体负责院内外病员的治疗、护理。后勤保卫组主要负责安全及消防工作，解决院内伤员的饮食、协助伤员与家属及单位取得联系；负责安排院外救援小组的基本生活需要、车辆、物资的准备等工作。学生志愿者组由分管学生的副书记负责，统一安排学生志愿者参与医疗救助、搬运物资、病房陪护、心理辅导等工作。

二、积极开展院内自救，确保病员安全

5月12日地震发生后，四川大学华西口腔医院立即启动紧急预案，紧急疏散病员，积极组织自救。地震后伴随的是余震与大雨，为了病员的安全，华西口腔医院立即组织人员搭建地震棚，组建临时病区。一是现有病员安置区，由各科室按医院病区组织、安置住院病员；二是临时ICU区，对手术后病员进行观察、处置；三是急诊区，主要接待地震后的伤病员，负责伤病员的接诊和分诊工作，并进

行有效的分类、标记和治疗工作。

地震发生不到1小时,成都市内受伤病员陆续来到口腔医院寻求救治;地震发生后2小时就有救护车从都江堰将颌面部受伤的病员直接送到华西口腔医院的临时急救点;从地震次日开始就不断有因颌面部损伤的病员从其他医疗机构转移到华西口腔医院,寻求专业的救治。地震次日华西口腔医院在检查确定医疗建筑安全的情况下,将病员转回病房,恢复正常医疗秩序,颌面外科医生24小时值班,并预留床位、备足药品、准备手术器械,为即将转运来的大批伤员进行有效治疗做好了充足准备。正是由于有了这些有效的准备工作,手术病员没有一例感染,繁重的医疗救助工作得以有条不紊地进行。

2008年5月14日,华西口腔医院派出的抗震救灾医疗小分队赶赴重灾区德阳市,对转移到德阳市第一人民医院的1 000多名伤者、德阳市第二人民医院的500多名伤者进行了检查会诊,发现6名颌面部损伤伴颌骨骨折的伤员。因伤员较多,医务人员不足,有的伤员仅做了简单的包扎止血,小分队当即将2名受伤较轻的伤员转德阳市口腔医院,4名有明显颌骨损伤的病员转华西口腔医院,得到及时治疗,获得满意效果。

在四川成都中医药大学学习中医学的以色列女大学生Maayan,在旅游途中不幸遭遇地震泥石流,头面部受伤,5月14日晚被紧急从都江堰送往华西口腔医院。经专家组确诊为左下颌角、右颏孔区骨折加左下颌颏部挫裂伤,下颌部伤口有一定程度感染,口腔颌面部存在严重的创伤畸形和功能障碍。手术进行了6小时,效果良好,以色列驻华大使馆政治与新闻事务官员柯楷仪先生和患者家属专程飞抵成都,对华西口腔医院的及时抢救工作表示衷心感谢,对华西口腔医务人员无私的奉献精神、精湛细致的医术、精益求精的医德医风给予了高度赞扬。成都中医药大学也专门发出感谢信,特别表示敬意和感谢。

全国各地大多数口腔医院,面对地震灾区不断出现的伤病患者,都设立抗震救灾紧急抢救病区,安排口腔颌面外科医师24小时待命,为灾区患者设立绿色通道。预留足够的病房床位,随时准备接诊灾区外伤患者或口腔颌面外科患者。5月23日,第四军医大学口腔医院接到灾区转运来的伤员,口腔颌面外科医师在全麻下成功为伤员实施了下颌骨骨折内固定术后将伤员送进本院的ICU爱心病房。危险期过后,伤员又被转院至四军医大西京医院骨科,接受进一步治疗。6月4日下午,成都军区14军的官兵在地震灾区安县小坝镇清理危房,一级士官张静飞因躲避迎面倒下的危墙而被撬棍砸伤右侧下颌骨,造成右侧面部肿胀,口内出血,张口受限,饮食困难。当日下午,第四军医大学第七医疗队队员巡诊时发现了伤员,初步诊断为下颌骨骨折。6月7日晚,将伤员转运到第四军医大学口腔医院救治,确诊为下颌骨髁突颏部骨折,在近2个小时的全麻下,成功为伤员实施了下颌骨髁突颏部骨折切开复位内固定术。

三、紧急院前救助,科学分类伤员

在地震发生后的72小时内,是医疗紧急救援的阶段,以救出地震被压群众、急救受伤群众为主要工作任务的抢险和紧急医疗救助阶段。主要目的在于减少感染、提高生存率,更多地挽救群众生命。现场救护及时,处置恰当,将为后续的救治打下良好的基础,并减少并发症,降低死亡率和病残率。就一般情况而言,院前急救主要由政府主办的各地急救中心承担,作为口腔专科医院,派出口腔专业医护人员组成医疗队以及参与到综合医院组成的急救医疗队中参加大型的抢险和紧急医疗救助,尚不多见。四川大学华西口腔医院、第四军医大学口腔医院在汶川大地震发生后的院前救助中进行了有益的尝试。

(一)紧急救助,组建口腔医疗救援队

汶川大地震发生后,华西口腔医院首先

派出了 3 支抗震救灾医疗小分队赶赴重灾区德阳市、绵竹市、什邡市的受灾现场进行现场急救，甚至到了因山体滑坡、道路不通、靠步行进入的第一受灾现场。每支急救医疗队由 2 ~4 名医生、1 名麻醉医师、1 ~ 2 名护士组成，医疗队准备了大量的消炎、镇痛、消毒药品及缝针、缝线、手术器械等。无论是在临时医疗急救中心还是在受灾现场，无论是颌面部损伤还是普通外伤病员，均根据具体情况进行紧急施救，对固定、包扎、止血，病情稳定后的患者再转院治疗。在有条件的地区，口腔医生与脑外科、骨科、胸外科、急诊内科等不同专业的医生共同组成综合急救队伍；在没有其他专业医师的地区，口腔医师也承担了大内外科医师的责任，积极投入到地震重灾区院前急救工作之中。在救治工作中，医疗队员还为许多在救灾过程中受伤的解放军战士、志愿者等救援人员进行了紧急处理，一个医疗队平均每天接诊的病员量达 100 多人次。华西口腔医院先后共派出 19 支抗震救灾医疗小分队赶赴都江堰、彭县、绵阳、青川等受灾严重的地区进行医疗救护工作。全国各地口腔医院考虑到灾区繁重的救治任务及艰难的工作环境，结合口腔专科医院的医疗特色，组建急救预备队伍，随时准备开赴救灾前线。第四军医大学口腔医院、重庆医科大学附属口腔医院、西安交通大学口腔医院、南京市口腔医院等都启动应急预案，组建了抗震救灾应急医疗救护队及医疗救援预备队，随时待命，奔赴四川灾区开展救援工作。

（二）医疗协作，参加急救医疗救援队

1. 组建医疗队进驻重灾区医院，协助、指导医疗救护工作　汶川大地震烈度达 11 级，人员伤亡巨大，大量伤病员被送入重灾区各级医院。许多灾区医院受损，医护人员受伤、减员，而本身的医疗水平和医疗设备又相对落后，重灾区各级医院的医务人员和医院设备应对大批地震伤病员面临巨大挑战，急需补充新的医务人员、各种医疗器械和物资。华西口腔医院先后多次派遣由口腔颌面外科医生为主的抗震救灾医疗队，携带大量的医疗器械和物资进驻绵竹、什邡、绵阳、都江堰等重灾区，积极协助、指导当地医院进行地震伤病员急救。

由第四军医大学口腔医院为主组成的急救医疗队在重灾区江油市，与长钢总医院密切合作，担负所有手术的麻醉任务，并发挥口腔专科优势，主动向绵阳市卫生局请缨，承担了全市口腔颌面外科伤病群众的治疗任务。5 月 24 日，在江油市执行下乡入村抢险救灾任务的某集团军炮旅排长牛玉新遭遇余震，为救战友时被残墙倒塌时激起的木棒击伤下颌，口内出血严重，被紧急送到第四军医大学抗震救灾第七医疗队所在地江油市长钢总医院，以颌面创伤专家何黎升教授为首组成医疗小组，确诊伤员为下颌角前方斜行骨折，错位明显，经手术治疗后达到理想的解剖复位，受到当地政府的高度赞扬。北京大学口腔医院派出的 4 名医疗救援队队员与同仁医院、宣武医院、丰盛医院和北京急救中心组建的医疗队，负责从绵阳市各郊县转运伤病员到外地救治，行程 4 000 余公里，出色完成了救援任务。

6 月 10 日，华西口腔医院收到德阳市口腔医院要求支援灾区医疗业务的请求，立即组成以医疗业务副院长王晓毅教授为组长、口腔综合治疗科主任万呼春、口腔急诊科主任梁新华等为成员的业务指导小组奔赴德阳市口腔医院，与相关医务人员就德阳市口腔医院在抗震救灾中所遇到的相关医疗问题进行了讨论；与德阳市口腔医院陈勇院长等就德阳市口腔医院的发展、医疗业务指导及灾后重建等问题进行了商谈和安排。

2. 组建医疗队进驻综合性医院，开展颌面部外伤的诊治工作　在赶赴前线救治伤员的同时，为了更加有效地协助四川大学华西医院诊治伤病员的颌面部外伤，华西口腔医院还派出由颌面外科医生组成的医疗小组进驻华西医院急诊科,参与急救、会诊等工作,为受灾民众提供口腔专业医疗救助。口腔颌面外科医生在华西医院的主要工作一是在急诊科24小时值班,随时对运送来的地震伤病员的颌面部外伤紧急处理;二是与骨科、神经外科等科室的外科医生同台手术,治疗颌面部外伤;三是在骨科、神经外科、眼科、烧伤整形科及感染科等病房巡视已经住院的伤病员,对并发有颌面部外伤的伤病员进行会诊处理。地震伤病员,颌面部外伤伴有颅脑、四肢等脏器损伤的合并伤伤病员多见,口腔颌面外科医生与其他专业医师同台手术治疗将会取得最佳的治疗效果,既能最大限度地抢救伤病员,减轻突发性、灾害性事件带来的人员伤亡,同时又可节约大量医疗资源,是未来口腔颌面外科医生应对大规模灾害性事件的发展方向。

华西口腔医学院的研究生、本科生也组成华西口腔抗震救灾志愿队在统一指挥下在华西口腔医院、华西医院等医院急诊科参加救助工作,从接救护车、搬运伤员、护送检查、保管病历、联系医生到最后送往住院部,全程跟着伤病员,在医生的指导下争分夺秒、全力地进行着伤患的照顾工作。

3. 医疗协作,科学分类病员　伤员分类(triage of casualties)是根据伤情需要和医疗后送条件的可能将伤员区分为不同处置类型的活动,是做好伤员收容、治疗和后送工作的前提,将显著提高救治效率。灾难事故常突发产生、伤员量大,对伤员进行分类救治尤为重要。汶川大地震主灾区地处边远山区,交通不便,受伤人群多,地震初期,医疗救护不到位。首要任务就是通过简要查体,区分幸存者的伤情程度,尽快诊断和分类,对颅脑和其他重要脏器的损伤以及出血、休克、昏迷、窒息等危及生命的地震伤并发症及时筛选、排查,紧急抢救,对颌面部骨折进行简单包扎和固定,对生命体征基本稳定的颌面部软组织伤进行现场清创缝合。经过上述处理后,尽快将伤病员送往现场医院或上级医院。

华西口腔医院派出的抗震救灾医疗小分队,在重灾区绵竹市临时搭建的绵竹急救中心参与救援时,发现伤员太多,场面混乱,许多伤员只是在救援现场被简单包扎后转运到临时急救中心,由于当地医护人员严重不足且经验不够,许多伤员没有得到及时治疗。领队副院长王晓毅教授立即与当地分管卫生救援的县人民医院院长协调,分组工作。在当地医务人员带领下,第1组人员迅速检查巡视病员,将受伤较严重的病员抬到附近先期到达的部队医疗救护站进行治疗以及转运到相应的上级医院;第2组人员在检查的同时,对伤情较稳定的病员按病种进行分类,以便安排病员治疗的先后顺序,也有利于由相应的专科医师进行治疗;在检查时还发现4名颌骨骨折的伤员,安排志愿者当即将病员转运至华西口腔医院,从而得到有效治疗;第3组人员立即对一些软组织受伤的病员进行清创缝合,及时的施治为病员解决了问题,减轻了痛苦。小分队还带领当地医护人员及志愿者对周围环境进行了清洁、消毒。

笔者通过参与现场急救体会到,口腔颌面外科医生是灾害现场综合急救队伍中的重要组成部分,在四川汶川大地震这样大规模灾害性事件中,口腔颌面外科医生以其独特的专业知识,在灾害现场急救中发挥着积极而重要的作用。

4. 牙齿标本鉴定　牙齿鉴定(forensic odontology)就是法医牙科学,是应用牙科学解决个人识别问题的一门科学。牙齿在药物、食品和饮用水中的微量元素作用下,会留下某些痕迹,常见的有四环素牙、氟斑牙、烟垢等。牙齿的磨损程度还可以分析出这个人的年龄,有助于确定死者身份。通过提取不明身份人的牙齿X线片与已知人生前牙齿X线片记录进行比较、鉴定,也可用于咬痕分析和对比,通过分析鉴别以达到个体识别的目的。牙齿又是人体最坚硬的部分,具有很强的抗腐败和抗毁坏能力，在尸体高度腐败、严重烧伤等情况下，能较为完好地保存，又便于检查，牙齿鉴定成为死亡者身份鉴定的一种重要而有效的方法。在许多重大灾害性事件中，牙齿鉴定对于身份识别发挥了关键作用。

汶川大地震中，受灾地区广，群死群伤多，地震烈度大，山体垮塌，泥石流明显，尸体受损严重。为查明死者身份，特别是九寨沟、黄龙旅游环线的旅游死难者的身份，华西口腔医院还承担了一项特殊任务，受有关部门委托派出医生与法医、普外医生一道组成特别小分队赶赴重灾区，对无名尸体进行牙齿取样，留作鉴定，建立死者身份鉴定档案，协助死者身份鉴定，还尸体以尊严。

四、结合专业特色，开展口腔卫生护理

（一）开展口腔卫生保健与应急治疗

华西口腔医院抗震救灾第一支医疗小分队在绵竹灾区救治过程中，凭着口腔医生敏锐的专业直觉，发现许多救援人员和灾民由于停电、缺水，没有办法实施口腔卫生，已经出现口臭、牙龈出血、冠周炎、口腔糜烂和溃疡等口腔疾病，如果不及时采取措施，将严重影响健康，也会影响救援工作。5 月 15 日，在院长周学东教授指挥下，第一批漱口水被紧急运往灾区，发放到救灾人员手中，唐家山堰塞湖指挥部的官兵们收到华西口腔医院送去的漱口液万分感谢，还专程来院表示感谢。为让更多的救援人员和受灾群众及时得到口腔卫生护理，周学东院长通过各种途径紧急组织漱口液、牙膏牙刷等口腔卫生用品及医疗用品。北京大学口腔医学院俞光岩院长在接到周院长的急电后，经多方联系，购买漱口水 200 箱共计 16 000 瓶，紧急发送至华西口腔医学院抗震救灾指挥部；其他还有许多单位、厂商捐赠了大量的医疗器械、口腔保健用品，如宝洁公司等捐赠 10 万余瓶漱口液，高露洁公司捐赠的 30 000 套牙膏牙刷，好来化工有限公司捐赠的 20 160 套牙膏牙刷等，捐赠物品抵达华西口腔医院后被迅速送往都江堰、彭县、德阳、绵竹、什邡、绵阳等重灾区的灾民和解放军部队官兵手中，帮助解决四川地震灾区人民和抢险人员急需口腔卫生保健用品的问题。

第四军医大学口腔医院从 6 月 18 日至 7 月 8 日，借助先进的便携式野战口腔治疗装备和自主研发的大型数字化口腔医疗车成立了野战口腔医疗队，主动进入灾区，为抗震救灾部队官兵和受灾民众进行口腔疾病诊疗、口腔健康检查等，开展口腔疾病预防和控制研究。在 20 余天的工作中，野战口腔医疗队共治疗各种口腔疾病患者 560 余例，进行口腔健康检查 1 500 余例；发放口腔保健方法传单 2 000 余份和军人口腔保健指南手册 200 余册，举办口腔保健小型专题讲座 16 次。有效地减少了因口腔疾病造成的救灾官兵非战斗减员和受灾民众的身心痛苦，为救灾官兵保持战斗力和受灾民众保持身心健康提供了有力保障，受到救灾官兵和受灾民众的热烈欢迎。

（二）开展口腔医疗服务

在汶川大地震发生后，救灾人员和灾民没有条件对口腔进行良好的护理，容易导致口腔疾病发生；还有很多受伤灾民，颌面部骨折的患者因张口受限，引起饮食、言语困难，不利于口腔清洁；一些骨折病员卧床不起、行动困难，也失去了自我口腔护理的能力，同时还面临伤口感染、全身并发症的威胁。灾区医疗机构建筑严重受损，牙病防治工作不能正常运作，而各地前往抗震救灾的医疗队也无口腔医疗设备，急需口腔专科医疗人员奔赴抗震救灾第一线，开展牙病防治工作，保障救灾部队和灾民的口腔健康。

华西口腔医院、第四军医大学口腔医院的口腔专科医疗队分别对绵竹、安县、都江堰等灾区进行了口腔卫生服务调查，发现重灾区的口腔医院、牙科诊所均为危房并已停业，中德红十字会野战医院和都江堰市人民医院

也未开展牙科服务;对灾民安置点进行了口腔健康检查、咨询等服务,发现灾区民众的口腔诊疗需求无法满足,口腔医学专业需要主动承担更大的责任。口腔医疗队奔赴抗震救灾第一线开展牙病防治,同时开展口腔健康教育和开展口腔健康咨询服务。组织志愿者参加灾害地区各级医疗机构的民众口腔医疗保健工作,在帐篷学校、灾民安置区进行牙科服务工作。

(三)开展口腔健康教育和普及防病知识

地震灾害对人们的身心健康造成不同影响,指导群众科学、有效地尽可能利用现有资源开展自我口腔健康保健,提高生存者的生活质量势在必行。地震灾区急需开展口腔健康教育和普及防病知识,华西口腔医院组织了多批学生自愿者团队,在口腔专业教师带领下,印制了灾后防病治病宣传资料,深入地震灾区的学校、工厂、社区及灾民安置点,开展口腔健康教育活动,发放口腔健康教育VCD和宣传手册。采取多种形式,如讲座、板报、宣传栏、播放口腔健康教育宣传片等,针对灾区不同人群,进行口腔健康教育与宣传活动,提高灾区民众的口腔保健意识和水平。

五、建立心理治疗协作组,参与震后伤员心理干预

地震灾后的伤病员及早进行心理干预是非常必要的。华西口腔医院对地震伤病员震后心理障碍十分重视,由口腔颌面外科医生、心理医生和心理护理志愿者采取措施对伤病员进行心理干预:1)心理医生参与伤病员康复的整个过程,给予伤病员心理安慰和心理干预。对心理障碍病情严重者,适量应用抗焦虑及镇静安定的药物。在华西口腔医院收治的伤病员中,大部分伤病员出现不同程度的地震后心理障碍,2例伤病员出现严重心理应激反应,其中1例表现为不愿在封闭的建筑物内接受治疗,只在户外停留,另1例患者当余震发生时,表现为全身发抖等极度恐惧症状,通过药物干预,病情逐渐缓解;对轻度心理障碍者,通过心理护理志愿者和医务人员的心理安慰等措施,心理逐渐恢复正常。2)及时组建华西口腔医院心理护理志愿者队,伍经培训后,志愿者积极与伤病员交流沟通,诱导其倾诉,适时鼓励伤病员自信自强。向伤病员转达党中央、国务院及全国人民对他们的关心、慰问,排除他们对未来生活的担忧;向伤病员讲解地震科普知识。3)口腔颌面外科医生作为颌面部地震伤治疗的主要人员,充分利用自己的特殊身份,在伤病员心理安抚和心理重建过程中发挥重要作用。在诊治伤病员的各个环节过程中,加强与伤病员交流,避免任何不良的医源性刺激和心理暗示,让伤病员感受医生的关心和对医院治疗水平的信任,以增强伤病员依赖感、信任感和安全感,争取得到伤病员及其家属的积极配合。

六、体会和建议

在汶川大地震医疗救助活动中,我们深深感到重大灾害事件的发生几乎是不可避免的,而灾难发生对人类的损害程度也是让人难以想象的。但在大灾面前,有党和政府的正确领导,有全国人民的大力支持,有那么多的解放军战士、医务工作者、自愿者,冲锋在前、不怕牺牲、甘于奉献,任何灾害都压不垮坚强的四川人民,任何困难都难不倒英雄的中国人民。

(一)健康所系,生命相托

汶川发生8级大地震时,成都震感强烈,华西口腔医院也受到一定程度损害,地震发生时,医院内所有的设备、仪器突然东倒西歪,整个楼房都像在“跳舞”,手术台随着大楼一起摇晃着,医护人员和患者都惊呆了,每个人的心中都充满了恐惧和不安。但是为了患者的生命安全,强烈的职业道德和职业责任感使全体医务人员没有一个人临阵脱逃。他们立即组织疏散病员,搭建地震棚,积极组织

自救。地震发生时，还有4台手术正在进行，剧烈的晃动暂停后，医务人员都坚守在岗位，手术室医护人员都主动保护病员，此时，患者身上插着连接各种仪器的导管，有呼吸机、心电监护仪等，危重的病情使他们无法躲避。大家用手或身体顶住手术台防止移动，一边相互安慰、相互鼓励，一边给患者进行手术，更有高年资医师在频发的余震中，冲上手术台，穿上手术衣，加快手术进程，4台手术安全顺利完成后将病员转移到地震棚中，医护人员才带着急救设备撤出大楼。患者家属看着眼前的这一幕，被感动得热泪盈眶，纷纷向医务人员表示感谢和赞扬。位于地震前沿的华西口腔人，全力以赴积极开展伤员救治的崇高职业精神，充分展示了医务人员救死扶伤、治病救人的崇高品德，涌现出许多可歌可泣的感人事迹，体现了医务人员不怕牺牲、克服困难、顽强拼搏、甘于奉献的精神。在地震灾害面前，他们时刻牢记医务人员的天职"健康所系，生命相托"。

(二)无言的支持，永远的感谢

危难见真情，华西口腔医院的医护人员在汶川大地震抗震救灾中迅速反应，紧急部署，紧紧围绕抢救生命这一中心，顽强拼搏，连续奋战，帮助灾区同胞重建家园的行动得到了党和政府的高度评价，也得到社会各界的认同，得到全国口腔医学界的支持与鼓励。中华全国总工会授予华西口腔医院"抗震救灾重建家园工人先锋号"的荣誉称号。

以青年学生为主的华西口腔医院、解放军第四军医大学口腔医院的志愿者，包括社会各界人士共同参与的抗震救灾自愿者服务队，在难忘的日日夜夜中，用爱心参战，用行动救援。在急诊救助中心，志愿者配合医护人员将伤员接送下车、护送至病房。志愿者们用爱心帮扶伤员，用温情的语言交流，给他们心理援助；用行动日夜守护，让伤者在失去家园、失去亲人的情况下，不觉得孤单，尽力减轻他们的痛苦。在伤员最需要的时候，总有志愿者的身影。虽说不知道他们来自哪个学院、哪个班级，没有留下姓名，但他们都有一个共同的名字——志愿者。他们是这次抗震救灾中的无名英雄，同样感人。救人，助人！这些平凡的医生、护士、志愿者，他们是灾区伤员黑暗中的光亮，绝望中可依赖的力量。他们无私，他们光荣。我们将永远记住他们，怀念他们，感谢他们！

地震发生后，中华口腔医学会、北京大学口腔医院、武汉大学口腔医院、南京市口腔医院、南京大学医学院附属口腔医院、广西医科大学口腔医院、温州医学院附属口腔医院、日本大阪齿科大学、东北大学等口腔界同仁，以及日本森田公司、NSK公司等国内外口腔医疗器械厂商都纷纷发来慰问电、捐款、捐物，捐赠口腔医疗设备、器械，支持四川的抗震救灾工作；留学国外的华西学子也发来电邮，打来电话，询问母校受灾情况，组织募捐，支持母校的灾后重建工作，对华西口腔医院在抗震救灾中所做出的工作表示敬意。而灾区同胞也将他们的感动化为一封封感谢信，对于华西口腔医院全体师生在抗震救灾中给予的帮助和救援表示最诚挚的谢意。华西口腔医院的领导也在不同场合向支持、关心华西口腔抗震救灾工作的口腔界同仁表示了最诚挚的感谢。

(三)地震灾区口腔医疗机构的恢复重建与人员培训

汶川大地震让灾区医疗机构与人员损失较大，都江堰市80%的医疗机构建筑严重受损不能正常运作，城区损坏更为严重。全市医疗体系包括口腔保健体系受到重创，急需重建与恢复。党中央、国务院提出：坚持一方有难、八方支援，自力更生、艰苦奋斗的方针，建立对口支援机制，组织有关省市对口支援灾区，加快灾后恢复重建。全国各地口腔医院也应为地震灾区灾后口腔医疗体系恢复重建提供技术支持和对口支援。

首先要整体规划地震灾区口腔医疗体系

重建。在重建和恢复的县、乡、村三级卫生服务网络中，恢复口腔卫生服务的资源和功能，并建立相应的民营口腔门诊或私人牙科诊所。积极探索符合地震灾区的口腔卫生工作方法，依托三级卫生服务网络体系。加强口腔疾病防治网络建设，实施综合防治策略，把口腔卫生工作重点放到受灾地区和儿童及老年人群，提高基层专业队伍的服务能力；开展常见口腔疾病监测和基本信息收集工作，加强全民口腔健康教育，预防和减少口腔疾病的发生，不断满足群众的口腔卫生服务需求。其次，要加强口腔专业人员培训，提高基层医务人员的技术水平，推广新技术、新材料的使用。第三，捐助口腔医疗设备、器械和材料。灾区医疗机构建筑严重受损，口腔医疗设备、器械不能正常运行，急需口腔医疗设备、器械和材料，各地口腔医疗单位和口腔设备器械公司可捐至地震灾害地区红十字会或灾害地区卫生局，进行统一分配、管理，加快灾后口腔医疗机构和口腔卫生服务恢复重建。

（四）提高灾难救护的教育与意识，组建应急医疗队伍

灾难医学是研究为受灾伤病员提供医疗卫生服务的科学，有其自身的特点和内容，如灾难救援组织机构的随机性、工作的高效性；灾难救援现场的危险性、生活的艰苦性；灾难伤情救治的复杂性、协同性、社会性等。灾难医学作为医学的一个分支科学，以其自身的特殊性，要求对救援人员实施灾难医学教育培训。

灾难医学已受到世界各国医学界的高度重视，进行了广泛的理论与实践探索，急救意识被要求普及到各个阶层，而在我国，群体性急救知识普及不够，急救技术不普及，高等医学院校学历教育和继续教育培训教材均未涉及灾难医学内容，更缺少对灾难医学有所研究的优秀人才，灾难医学救援体系远远不能适应我国政治经济发展的需要。面对灾难的严重威胁和挑战，有必要建立灾难医学教育培训体系，加强灾难医学师资队伍和教材建设，建设一支高素质的师资队伍，积极开展多种形式的灾难医学教育，加快灾难医学人才培养。无论是在大医学还是在口腔医学教育中都应开展灾难医学的教育与培训。让每一位医护人员都要熟悉灾难医学知识、掌握应急处理方法，具有高度的应变能力和镇定有序的医疗救护原则。建立院前急救队伍，完善急救人员、物资配备，经过急救医学知识系统培训与重点技术训练，提高并加强院前急救人员的素质。提高救援人员对灾难的应急能力对于抗灾、减灾具有重要理论和现实意义。这也提示，在医疗资源配置及灾后重建过程中，有必要在地市以上地区组建具有一定规模的口腔医院或口腔治疗中心，设立口腔颌面外科，培训专门人才，在灾难发生时，能够与其他专业人员配合协调，积极投入到灾害医疗救助之中，更加有效地发挥口腔专业人员的作用。

在灾害面前，人类并非束手无策，运用人类现有的智慧、知识和科学技术，可以防范和减轻灾害的破坏和损失。更重要的是在灾害发生之前采取了有效的对策，建立预警系统，制定应急预案，设置避难设施，进行安全评估等，对灾害进行有关的研究，完全有可能减少灾害造成的损失。当然，医学科学在预防救治疾病和灾难损伤上具有不可替代和十分重要的作用，而口腔医学在灾害发生时如何参与救治工作，如何在口腔医学教学中增加灾难医学的内容，使口腔医生在灾害发生时能更有效地参与医疗救助工作，挽救更多的生命是值得进一步探讨的课题。

索　引

G

H

J

K

L

M

N

P

Q

R

S

T

W

X

Y

Z